Библейское учение

VOL 2

Biblical Doctrine

A Systematic Summary of Bible Truth

John MacArthur and Richard Mayhue

GENERAL EDITORS

WHEATON, ILLINOIS

ТОМ 2

Библейское учение

Систематическое изложение библейской истины

Под редакцией

Джона Мак-Артура и Ричарда Мейхью

Перевод с английского

БЛАГАЯ ВЕСТЬ
Самара, 2022

The Master's Academy
International, 2025

УДК 274-284
ББК 86.376-42
М15

Перевод: С. Омельченко
Редакция: А. Раугас
Верстка: А. Раугас

Цитаты из Библии, если не указано иное, даны по Синодальному переводу. Цитаты по изданию «Новый Завет Господа нашего Иисуса Христа» (пер. с греч. под ред. епископа Кассиана. М.: Рос. библ. о-во, 2001) помечены «Кассиан». Цитаты по изданию «Библия: Новый перевод на русский язык» (4-е изд. Б. м.: Международ. библ. о-во, 2014) помечены «НРП». Цитаты по изданию «Библия: Современный русский перевод» (2-е изд. М.: Рос. библ. о-во, 2015) помечены «СРП». Цитаты по изданию «The Holy Bible, English Standard Version» (Wheaton, IL: Crossway, 2001) помечены «ESV».

Мак-Артур, Д.

М15   Библейское учение : Систематическое изложение библейской истины / Под ред. Джона Мак-Артура и Ричарда Мейхью ; пер. с англ. С. Омельченко. — Самара : Благая весть, 2022. — 1088 с.

The Master's Academy International ISBN: 978-1-967358-01-4

Эта книга — плод почти 50 лет служения библейской проповеди. Джон Мак-Артур с Ричардом Мейхью ясно излагают ортодоксальное протестантское богословие, опираясь на тщательную грамматико-историческую экзегезу, и защищают креационизм молодой земли, кальвинистскую сотериологию, крещение по вере, правление пресвитеров, комплементаризм, цессационизм и диспенсационализм. Книга адресована преподавателям и студентам семинарий и библейских школ, проповедникам и учителям поместных церквей, а также всем, изучающим Писание. Издание содержит подробный указатель и обширную библиографию.

УДК 274-284
ББК 86.376-42

VOL 2
TMAI Edition: 978-1-967358-01-4

Всем верным выпускникам семинарии «Мастерс»,
которые служат Христу по всему миру.

«Господа славь ты, мой дух»

Господа славь ты, мой дух, восхваляй Всеблагого!
Славь песнопеньем Царя, Всемогущего Бога!
Славь ты Творца!
Славь ты Его без конца!
Он нам дарует так много.

Господа славь ты! Он мудрый правитель Вселенной,
К целям Своим нас ведущий стезей сокровенной;
Он и тебя
вел по пути, где, скорбя,
Шел ты, тревогой смущенный.

Господа славь ты! Кто дивно тебя так устроил;
Кто до сих пор все тебя и хранил, и покоил;
Кто Сам тебя
от смерти спас, возлюбя,
Жизни благой удостоил.

Господа славь ты, мой дух, не умолкни хвалою.
Он же тебя утоляет спасенья струею.
В Боге лишь свет,
нам без Него в мире нет
Счастия, мира, покоя.

Иоахим Неандер (1650–1680)
(перевод И. С. Проханова)

«Служение Джона Мак-Артура повлияло на весь мир. Мак-Артур и Мейхью ясно излагают доктрины, лежащие в основе этого служения, затронувшего столь многих. Здесь мы видим служение, построенное на истине, истине Божьего Слова и истине Евангелия. Замечательный материал для студентов, пасторов и преподавателей».

Томас Шрайнер, профессор толкования Нового Завета и профессор библейского богословия, Южная баптистская богословская семинария, Луисвилл, Кентукки

«Эта книга—результат целой жизни, посвященной исследованиям, и накопленной веками мудрости. Сочетая верность Писанию с приверженностью библейской доктрине, она восполняет огромную нужду современности. Где сильные убеждения, там и сильные церкви. Даже те, кто не во всем согласен с уважаемыми авторами, могут быть благодарны за такой содержательный труд, имеющий непреходящее значение».

Иан Мюррей, автор книг; основатель и попечитель, «Banner of Truth Trust»

«Это новое издание представляет собой насыщенное и убедительное изложение богословских оснований христианства, предоставляя читателям доступную, но убедительную систематизацию библейской истины. Когда последние остатки христианского влияния на Западе исчезают, такие ценные богословские ресурсы, как „Библейское учение“, будут назидать и укреплять церковь, противостоящую жесткой оппозиции мира».

Альберт Молер, президент и профессор христианского богословия, Южная баптистская богословская семинария

«Я с удовольствием рекомендую книгу Джона Мак-Артура и Ричарда Мейхью „Библейское учение“. Ее оценят за четкий план и ясное изложение библейских доктрин. Она слишком хороша, чтобы ее пропустить».

Уолтер Кайзер, почетный президент и заслуженный профессор Ветхого Завета, Богословская семинария Гордона — Конуэлла

«В служении Джона Мак-Артура всегда выделялась проповедь—раскрытие Божьей истины через проповедь Божьего Слова. При этом его служение всегда подкреплялось доктриной—доктриной, тщательно и последовательно выведенной из Библии. Тысячи его разъяснительных проповедей служат доказательством его верности как проповедника; „Библейское учение“ служит доказательством его верности как богослова. Пусть и то, и другое послужит стимулом для нового поколения проповедников-богословов посвятить свою жизнь высокому призванию—учить и укреплять церковь Христа».

Тим Чаллис, блогер, Challies.com

«Непременным качеством книг по систематическому богословию должна быть ясность. И данная книга предлагает именно это! Исчерпывающее изложение всего, что необходимо знать христианину—звучит как то, что должно быть у каждого христианина, не так ли? К тому же книга написана автором, чье имя олицетворяет ортодоксальность и истину—Джоном Мак-Артуром. Довольно слов. Пусть книга говорит сама за себя».

Дерек Томас, старший служитель Первой пресвитерианской церкви, Колумбия, Южная Каролина; профессор систематического и пасторского богословия, Реформатская богословская семинария—Атланта; декан программы «Доктор служения», Академия «Лигоньер»

«На протяжении десятилетий Джон Мак-Артур служит примером разъяснительной проповеди, раскрывая Слово Божье для народа Божьего. Теперь Мак-Артур, в сотрудничестве с Ричардом Мейхью и преподавателями семинарии „Мастерс“, написал книгу по систематическому богословию, демонстрирующую, как разъяснение текста стих за стихом естественным образом складывается в прочную и яркую богословскую мозаику. Эта книга—богословский десерт в конце разъяснительной трапезы. Каким бы ни было ваше богословское наследие, я советую каждому христианину погрузиться в доктринальное учение Мак-Артура и Мейхью. Безусловно, вы насытитесь Писанием и останетесь в глубоком благоговении, вкусив величие и славу нашего милосердного Бога».

Мэтью Бэрретт, преподаватель систематического богословия и церковной истории, Богословский колледж «Оук Хилл»

«Помимо изложения ортодоксального богословия, характерного для протестантов прошлых веков, Мак-Артур и Мейхью защищают необычную комбинацию взглядов, о которых спорят евангельские верующие, таких как креационизм молодой земли, кальвинистская сотериология, крещение по вере, правление пресвитеров, комплементаризм, цессационизм и традиционный диспенсационализм (или то, что они называют футуристическим премилленаризмом). Их аргументы ясны и упорядочены, и их стоит выслушать, даже если вы с ними не согласны».

Эндрю Дейвид Населли, доцент кафедры Нового Завета и библейского богословия, Колледж и семинария «Бетлехем», Миннеаполис, Миннесота

«Как профессор богословия я могу рекомендовать своим студентам этот однотомник по систематическому богословию Мак-Артура и Мейхью и с уверенностью сказать им, что это книга, которую я могу одобрить от корки до корки. Я особенно ценю диспенсационные аспекты этой работы и то, как авторы последовательно и прочно утверждают доктрины на библейском тексте».

Кевин Зубер, профессор богословия, Библейский институт Муди, Чикаго, Иллинойс; автор книг

TOM 2

Оглавление

Аналитический план

Список гимнов

Список таблиц

Предисловие

Профессор Юджин Меррилл предупреждал своих студентов, что писать библейские учебники богословия — это «удел стариков». Он поясняет:

> Я имею в виду, что это требует такого количества других дисциплин и такого объема накопленных знаний, что немногие исследователи готовы к этой задаче, если только они не посвятили долгие, тяжелые годы подготовке к ее выполнению[1].

Мы согласились с его мудрым советом и дождались «вечера» своей жизни, чтобы взяться за эту книгу по богословию.

Общий замысел и структуру книги «Библейское учение» определяют следующие ее особенности:

1. *Библейская* по содержанию с учетом последовательного откровения в Писании.
2. *Экзегетическая* по методологии, поскольку смысл Писания выводится из текстов Библии.
3. *Систематическая* по изложению, представляя упорядоченный синтез всего, чему учит Писание в каждом разделе богословия.
4. *Всесторонняя* по широте, равномерно охватывая основные разделы систематического богословия.
5. *Пасторская* по применению, с уклоном на разъяснительную проповедь и святую жизнь.
6. *Практическая* по доступности, переносимости и полезности.

Следующие пять принципов толкования направляли наши объяснения библейского откровения и учения[2]:

1. *Буквальный принцип.* Писание следует понимать в его буквальном, обычном смысле. Хотя Библия и содержит образные выражения и символы, они предназначены для выражения буквальной истины. В основном Библия понимается буквально, и ей необходимо позволить говорить самой за себя.
2. *Исторический принцип.* Отрывок должен толковаться в историческом контексте. Мы должны учитывать, что означал этот текст для людей, которым он был изначально адресован. Таким образом можно понять и сформулировать правильное контекстуальное понимание первоначального значения Писания.

---

[1] Eugene H. Merrill, *Everlasting Dominion: A Theology of the Old Testament* (Nashville: Broadman, 2006), xv.

[2] Первые четыре принципа взяты из «Учебной Библии с комментариями Джона Мак-Артура» (Б. м.: Славян. еванг. о-во, 2011. С. xxiii).

3. *Грамматический принцип*. Эта задача требует понимания грамматической структуры каждого предложения на языке оригинала. К кому относятся местоимения? В каком времени стоит основной глагол? Задавая такие простые вопросы, можно обнаружить, что значение текста становится более ясным.

4. *Комплексный принцип*. Этот принцип, называемый *analogia scriptura*, означает, что Писание должно толковаться Писанием[3]. Он предполагает, что Библия не противоречит себе. Поэтому, если понимание текста противоречит истине, ясно изложенной в других текстах Писания, такое толкование не может быть правильным. Чтобы понять текст полностью, Писание нужно сопоставлять с Писанием.

5. *Принцип ясности*. Бог задумал, чтобы Писание было понятным. Однако не все части Библии одинаково ясны. Поэтому более ясные тексты следует использовать для толкования менее ясных.

Хотя многие назвали бы нас «фундаменталистами», этот термин может быть уничижительным и исторически неточным. Почти четыре десятилетия мы время от времени задумывались, как лучше всего описать нас одним словом. Рассматривались такие варианты, как «футуристы», «нормалисты» и «суверентисты», но они не были приняты, так как ни один из них не выражает в достаточной мере самый главный элемент нашего богословия. Хотя и не идеальный вариант, мы выбрали термин «библеисты», потому что в основании наших убеждений лежит непоколебимая вера в Божью безошибочную и непогрешимую Библию, правильно истолкованную.

Данную книгу отличают следующие особенности[4]:

1. Пресуппозиционный подход к Писанию, утверждающий: (1) вечное существование всемогущего Бога и (2) Его постепенное записанное откровение, собранное в 66 книгах канона Писания, безошибочное и непогрешимое в оригинальных текстах.

2. Утверждение таких положений креационизма как молодая Земля и Всемирный потоп.

3. Акцент на тех заветах, что описаны в Библии, а не на тех, что выведены богословскими рассуждениями.

4. Сотериология, отражающая суверенность Бога в искуплении грешников.

5. Вера в прекращение всех чудесных даров при завершении библейского канона, совпадающем с окончанием апостольской эры.

6. Основанное на Библии понимание новозаветной церкви.

7. Комплементарный подход к пониманию ролей мужчин и женщин в семье и в церкви.

8. Футуристическое премилленаристское понимание эсхатологии в соответствии с Божьим суверенным замыслом для всего мира, включая Израиль.

---

[3] R. C. Sproul, "Biblical Interpretation and the Analogy of Faith," in *Inerrancy and Common Sense*, ed. Roger R. Nicole and J. Ramsey Michaels (Grand Rapids, MI: Baker, 1980), 119–135.

[4] «Библейское учение» имеет характерное сочетание особенностей. Эти отличительные признаки в целом соответствуют подходу таких известных авторов как Аллан А. Макрей (1902–1997), Джеймс Монтгомери Бойс (1938–2000) и С. Льюис Джонсон (1915–2004).

Кроме того, значительный объем библиографических ссылок позволит читателям расширить свои исследования за пределы этой книги.

«Библейское учение» рассчитано на разные категории читателей:

1. Преподаватели семинарий, колледжей и библейских школ.
2. Студенты семинарий, колледжей и библейских школ.
3. Проповедники[5].
4. Учители в поместных церквах.
5. Верующие, желающие полнее понимать Писание.

Все богословские книги должны начинаться с систематического изложения библейского материала, которое затем побуждает христиан к святой жизни в послушании Божьему Слову во славу Господа (1 Пет. 4:11; 1 Кор. 10:31; Кол. 4:17). Для этого и написана данная книга в надежде, что она

увеличит библейские познания, которые...
улучшат здравое понимание учения, которое...
умножит данную Богом мудрость, которая...
укрепит в послушании, которое...
углубит поклонение Господу[6].

Эта книга принесет больше пользы, если вместе с ней использовать (1) «Учебную Библию с комментариями Джона Мак-Артура», (2) «Тематическую Библию Мак-Артура» и (3) серию толкований Джона Мак-Артура на книги Нового Завета. Мини-библиотека из этих четырех учебных ресурсов составит базу, чтобы всю жизнь изучать Писание (2 Тим. 2:15).

Труд такого масштаба возможен только при значительном участии многих людей. Мы высоко ценим видение и поддержку издательства «Кроссуэй» при работе над этой книгой, особенно д-ра Лейна Денниса (президента), д-ра Джастина Тейлора (исполнительного вице-президента по книгоизданию), Дейва Девита (вице-президента по книгоизданию), д-ра Дейвида Баршингера (редактора, отдел книг) и Джил Картер (редактора-администратора). Мы выражаем благодарность членам совета попечителей университета и семинарии «Мастерс», которые великодушно поощряли этот проект и молились за него. Коллеги из семинарии «Мастерс» д-р Билл Бэррик, д-р Нейтан Бузениц, д-р Джим Мук, д-р Брайан Мерфи, д-р Майкл Влак и профессор Майкл Риккарди поддерживали нас, подготовив черновики нескольких разделов. Особая благодарность Джереми Смиту за его советы. Выражаем глубокую благодарность Майклу Риккарди и Нейтану Бузеницу за тщательную окончательную редакцию всей книги.

---

[5] R. Albert Mohler Jr., "The Pastor as Theologian," in *A Theology for the Church*, ed. Daniel L. Akin (Nashville: B&H Academic, 2007), 927–934; John Murray, "Calvin as Theologian and Expositor," in *The Collected Writings of John Murray* (Edinburgh: Banner of Truth, 1976), 1:305–311.

[6] «Цель богословия — поклонение Богу. Поза богословия — на коленях. Метод богословия — покаяние» (Синклер Фергюсон, цит. по: James Montgomery Boice and Philip Graham Ryken, *The Doctrines of Grace* [Wheaton, IL: Crossway, 2002], 179).

Дженис Осборн с готовностью работала с бесчисленными черновиками вплоть до окончательного варианта, отправленного издателю.

Мы предлагаем этот материал с молитвой,

чтобы Бог Господа нашего Иисуса Христа, Отец славы, дал вам Духа премудрости и откровения к познанию Его, и просветил очи сердца вашего, дабы вы познали, в чем состоит надежда призвания Его, и какое богатство славного наследия Его для святых, и как безмерно величие могущества Его в нас, верующих по действию державной силы Его... (Еф. 1:17–19)

Джон Мак-Артур
доктор богословия, доктор литературы
пастор, церковь «Грейс Коммьюнити»
президент, университет и семинария «Мастерс»

Ричард Мейхью, доктор богословия
почетный вице-президент,
декан и профессор богословия,
семинария «Мастерс»

Список сокращений

Стандартные сокращения

букв. буквально

в. век

г., гг. год, годы

гл. глава

греч. греческий

д-р доктор

до Р. Х. до Рождества Христова

евр. еврейский

и т. д. и так далее

изд-во издательство

изд. издание

лат. латинский

мн. ч. множественное число

напр. например

о-во общество

ок. около

особ. особенно

от Р. Х. от Рождества Христова

с. страница

см. смотри

ст. стих

т. е. то есть

Сокращения источников

BECNT Baker Exegetical Commentary on the New Testament

BETS *Bulletin of the Evangelical Theological Society*

BSac *Bibliotheca Sacra*

CTR *Criswell Theological Review*

ICC International Critical Commentary

JETS *Journal of the Evangelical Theological Society*

JTS *Journal of Theological Studies*

MNTC MacArthur New Testament Commentary

MSJ *The Master's Seminary Journal*

NAC New American Commentary

NICNT New International Commentary on the New Testament

NICOT New International Commentary on the Old Testament

NIGTC New International Greek Testament Commentary

NTC New Testament Commentary

RevExp *Review and Expositor*

SNTSMS Society for New Testament Studies Monograph Series

TJ *Trinity Journal*

WTJ *Westminster Theological Journal*

Сокращения библейских книг

Ветхий Завет

Быт.	Бытие
Исх.	Исход
Лев.	Левит
Чис.	Числа
Втор.	Второзаконие
И. Нав.	Иисуса Навина
Суд.	Судей
Руф.	Руфь
1 Цар.	1 Царств
2 Цар.	2 Царств
3 Цар.	3 Царств
4 Цар.	4 Царств
1 Пар.	1 Паралипоменон
2 Пар.	2 Паралипоменон
Езд.	Ездры
Неем.	Неемии
Есф.	Есфирь
Иов.	Иова
Пс.	Псалтирь
Прит.	Притчи
Еккл.	Екклесиаста
Песн.	Песнь песней
Ис.	Исаии
Иер.	Иеремии
Пл. Иер.	Плач Иеремии
Иез.	Иезекииля
Дан.	Даниила
Ос.	Осии
Иоил.	Иоиля
Ам.	Амоса
Авд.	Авдия
Ион.	Ионы
Мих.	Михея
Наум.	Наума
Авв.	Аввакума
Соф.	Софонии
Агг.	Аггея
Зах.	Захарии
Мал.	Малахии

Новый Завет

Матф.	Матфея
Марк.	Марка
Лук.	Луки
Иоан.	Иоанна
Деян.	Деяния
Иак.	Иакова
1 Пет.	1 Петра
2 Пет.	2 Петра
1 Иоан.	1 Иоанна
2 Иоан.	2 Иоанна
3 Иоан.	3 Иоанна
Иуд.	Иуды
Рим.	Римлянам
1 Кор.	1 Коринфянам
2 Кор.	2 Коринфянам
Гал.	Галатам
Еф.	Ефесянам
Флп.	Филиппийцам
Кол.	Колоссянам
1 Фес.	1 Фессалоникийцам
2 Фес.	2 Фессалоникийцам
1 Тим.	1 Тимофею
2 Тим.	2 Тимофею
Тит.	Титу
Флм.	Филимону
Евр.	Евреям
Откр.	Откровение

6

Человек и грех

Антропология и гамартиология

Основные темы 6-й главы

Человек	Грех
Введение в учение о человеке	Введение в учение о грехе
Сотворен по образу Божьему	Последствия грехопадения
Устройство человека	Другие вопросы о грехе
Происхождение души	Библейское богословие греха
Пол	
Личность	
Человек и общество	
Библейское богословие о человеке	

ЧЕЛОВЕК

Введение в учение о человеке

Важность антропологии
Внезапный креационизм
Адам как историческая личность

Важность антропологии

Одна старая поговорка гласит: «Берегитесь бесплодия занятой жизни». Жизнь часто полна бурной деятельности, и большинство людей редко задумывается, что в ней самое важное. Но едва ли есть вопросы столь же важные, как вопрос о том, кто мы и зачем существуем. Царь Давид был занятым человеком, но, глядя на луну и звезды на небосводе, в глубоком раздумье спросил: «...что есть человек, что Ты помнишь его, и сын человеческий, что Ты посещаешь его?» (Пс. 8:5). На фоне чудесного Божьего творения человек кажется таким маленьким и незначительным. Над этим вопросом Давида должен задуматься каждый.

Вопрос псалмопевца: «Что есть человек?»—относится к антропологии. Греческий термин *anthrōpos* означает «человек» или «человечество». То есть антропология—это изучение человека. Но для антропологии нужен правильный подход. Светские университеты предлагают курсы по антропологии, но они изучают ее с человекоцентричной точки зрения. Исключив Бога из обсуждения, они не видят, кто есть человек на самом деле и как он вписывается в этот мир. Чтобы правильно понимать человека, нужно рассматривать его с богоцентричной точки зрения.

Почему антропология так важна? Во-первых, антропология—это изучение человеком самого себя. Что может быть более личным и практичным? Антропология отвечает на самые главные вопросы, такие как: кто я? Зачем я здесь? Почему я могу рассуждать и чувствовать? В чем цель моей жизни? Куда я направляюсь?

Во-вторых, человек, созданный последним в шестой день творения, представляет собой кульминацию Божьего творения. Луи Беркхоф отмечает: «Писание представляет человека венцом творения. Он был сделан царем над низшими творениями, ему было поручено владычествовать над всякой тварью»[1]. Изучая антропологию, мы узнаем, что человек уникален. Это помогает осознать роль человека в созданном Богом мире.

В-третьих, антропология помогает лучше понять нашу связь с Богом. Поскольку человек создан по образу Божьему, мы узнаем, как он должен поступать и относиться к Богу. Те, кто интересуется библейским учением о человеке, могут узнать, что Бог думает о них и ожидает от них.

В-четвертых, библейская антропология помогает рассматривать конкретные проблемы, такие как аборт, эвтаназия, гомосексуализм, трансгендерность и защита окружающей среды. Большинство людей в современном мире запутались и поступают греховно в этих вопросах, поскольку исходят из ошибочного представления о Боге и человеке. Но антропология, построенная с точки зрения Бога, дает нам истинное наставление по этим и другим вопросам. Библейская антропология направляет нас в применении христианского мировоззрения к острым вопросам, стоящим перед миром.

В-пятых, библейский взгляд на человека отвергает ложные философские системы. Светский натурализм утверждает, что Бога нет, а Вселенная лишь материальна. Человек—просто случайное сочетание молекул, случайно эволюционировавшее из низших форм жизни без какого-либо замысла. Поскольку

---

[1] Беркхоф Л. Систематическое богословие. Мн.: Полиграфкомбинат им. Я. Коласа, 2014. С. 203.

человек случаен, ничто в нем не имеет реальной ценности или вечного значения. Он просто высшая форма животного. Само человечество однажды исчезнет, завершив свое существование.

Некоторые философские течения прошлого столетия акцентировали внимание на отдельных аспектах человека. Коммунизм подчеркивал, что человек — это главным образом экономическое существо, движимое материальными потребностями. Он утверждал, что история — это неизбежное движение человечества от рабовладельческого строя к феодализму, капитализму, а потом к высшему идеалу коммунизма, где не будет частной собственности и государство будет владеть всем. Зигмунд Фрейд (1856–1939) утверждал, человек в первую очередь — сексуальное существо, чье поведение обусловлено сексуальными побуждениями. Постмодернизм учит, что люди — это продукт своего социального окружения и что высших нравственных ценностей не существует. То, что считают «истиной» — это умственные построения, имеющие смысл только для людей в определенных культурах. Великие повествования или метанарративы, помогающие людям понять свое место в истории в целом, воспринимаются с презрением.

Восточные религии, такие как индуизм и буддизм, верят, что участь человека — в духовном или мистическим союзе с безличной силой, такой как Брахман. Подобно капле воды, упавшей в океан, цель человека — утратить индивидуальность, чувства и желания, чтобы достичь безличного единения с божественным, чем бы оно ни было.

Но все ложные представления о человеке опровергаются библейской антропологией, которая открывает, что человек непосредственно сотворен личностным Богом, создавшем его с достойной целью служить Богу. Чтобы понять, что делать, мы должны знать, кто мы. В этом состоит польза основанного на Писании учения о человеке.

Поскольку человечество состоит как из мужчин, так и из женщин, уместно ли использовать термин «человек» для обозначения человечества?[2] Еврейское слово *'adam*, которое в Библии означает «человек», используется и для обозначения человечества в целом, и для обозначения мужчины в отличие от женщины. Широкое значение слова *'adam* видно в следующих текстах из Бытия:

> И сотворил Бог человека [*'adam*] по образу Своему,
> по образу Божию сотворил его;
> мужчину и женщину сотворил их (Быт. 1:27).

> Вот родословие Адама [*'adam*]: когда Бог сотворил человека [*'adam*], по подобию Божию создал его, мужчину и женщину сотворил их, и благословил их, и нарек им имя: человек [*'adam*], в день сотворения их (Быт. 5:1–2).

В обоих текстах слово *'adam* (или «человек») подразумевает как мужчину, так и женщину. Однако *'adam* (или «человек»), используется и для обозначения мужчины в отличие от женщины, как показывают следующие два примера:

---

[2] Особенно в английском языке, где слово *man* значит «человек, мужчина». — *Примеч. пер.*

И создал Господь Бог из ребра, взятого у человека [*adam*], жену, и привел ее к человеку [*adam*] (Быт. 2:22).

И были оба наги, Адам [*adam*] и жена его, и не стыдились (Быт. 2:25).

Итак, на основании Писания можно использовать слово «человек» в отношении человечества. Некоторые считают, что употребление слова «человек» выражает предвзятое отношение к женщинам, а потому следует использовать только такие термины, как «человечество» или «человеческий род». Безусловно, эти термины могут применяться, но слово «человек» уже давно было подходящим для определения человечества, и его не следует избегать. Употребление этого слова по отношению к человечеству в целом также согласуется с концепцией главенства мужчины в семье и мужского руководства в церкви. И в 1 Коринфянам 11:2–16, и в 1 Тимофею 2:8–15 Павел ссылается на истины о сотворении, чтобы подчеркнуть функциональные различия между мужчинами и женщинами в церкви. В этой главе, говоря о человечестве в целом, используются такие термины, как «человечество» и «люди», но слово «человек» в более широком значении также подходит по смыслу и тоже используется[3].

Внезапный креационизм[4]

Вопрос о происхождении физической Вселенной остается одним из самых крупных библейских сражений XXI века. И мир, и христианское общество спорят о достоверности рассказа о сотворении в Бытии 1–2. Даже многие христиане всерьез сомневаются в этом библейском повествовании и предпочитают научные выводы свидетельству Писания. Сегодня лишь меньшинство богословов придерживается *внезапного креационизма* — точки зрения, что процесс сотворения, описанный в Бытии 1, произошел за шесть буквальных последовательных дней. Многие утверждают, что возраст Вселенной — миллионы или даже миллиарды лет, и что между возникновением Земли и появлением первых людей был огромный промежуток времени.

Полное обсуждение различных взглядов на сотворение выходит за рамки этой главы, но представленная здесь позиция — внезапный (или прямой) креационизм[5]. Это точка зрения Писания и контекст для понимания, что человек был сотворен на шестой день. Ключевые истины, такие как Божье величие и сила, теряются, если отказаться от прямого смысла Бытия 1 и 2, что Земля была напрямую создана Богом за шесть буквальных дней.

Сотворение Вселенной не было длительным процессом, как и сотворение человека. Божья сила и слава проявились во внезапном творении, включавшем как землю, так и человека. Конкретные утверждения о Божьей силе в творении встречаются на протяжении всего Писания:

---

[3] См. Грудем У. Систематическое богословие: Введение в библейское учение. СПб.: Мирт, 2004. С. 495–496.

[4] Этот раздел адаптирован из: Richard Mayhue, "Editorial: Scripture on Creation," *MSJ* 23, no. 1 (2012): 1–6. Использовано с разрешения MSJ.

[5] Более подробно об этом взгляде см. «Творение» (с. 227) в гл. 3 «Бог Отец».

Ты, Господи, един, Ты создал небо, небеса небес и все воинство их, землю и все, что на ней, моря и все, что в них, и Ты живишь все сие, и небесные воинства Тебе поклоняются (Неем. 9:6).

Так говорит Господь, искупивший тебя
    и образовавший тебя от утробы матерней:
«Я Господь, Который сотворил все,
    один распростер небеса
    и Своею силою разостлал землю…» (Ис. 44:24).

О, Господи Боже! Ты сотворил небо и землю великою силою Твоею и простертою мышцею; для Тебя ничего нет невозможного… (Иер. 32:17)

Мужи! Что вы это делаете? И мы — подобные вам человеки, и благовествуем вам, чтобы вы обратились от сих ложных к Богу Живому, Который сотворил небо и землю, и море, и все, что в них… (Деян. 14:15)

В начале Ты, Господи, основал землю, и небеса — дело рук Твоих… (Евр. 1:10)

Достоин Ты, Господи,
    приять славу и честь и силу:
ибо Ты сотворил все,
    и все по Твоей воле существует и сотворено (Откр. 4:11).

Помимо этих ясных утверждений о том, что Бог создал Вселенную, Библия также делает конкретные заявления и о характере сотворения. Чтобы проиллюстрировать требование соблюдать четвертую заповедь о субботнем покое, Бог через Моисея ссылается на пример сотворения:

Помни день субботний, чтобы святить его; шесть дней работай и делай всякие дела твои, а день седьмой — суббота Господу, Богу твоему: не делай в оный никакого дела ни ты, ни сын твой, ни дочь твоя, ни раб твой, ни рабыня твоя, ни скот твой, ни пришлец, который в жилищах твоих; ибо в шесть дней создал Господь небо и землю, море и все, что в них, а в день седьмой почил; посему благословил Господь день субботний и освятил его (Исх. 20:8–11).

Человек должен трудиться шесть дней, потому что Бог создал небо и землю за шесть дней. Поскольку работу измеряли 24-часовыми днями, то и периоды творения, послужившие их прототипом, также должны быть той же продолжительности. Та же логика относится и к седьмому дню покоя. Если бы эти дни не были одинаковой продолжительности, иллюстрация была бы бессмысленной.

Автор Послания к евреям пишет о том, как появился мир: «Верою познаем, что веки устроены словом Божиим, так что из невидимого произошло видимое» (Евр. 11:3). Бог Своим словом сотворил Вселенную (Пс. 32:6, 9). Он не использовал ранее существовавшую материю (Рим. 4:17). Материя не вечна. Сотворение происходило *ex nihilo* — материальное и духовное творение возникло из ничего.

Величие творения отражает Божью силу, славу и власть: «Небеса проповедуют славу Божью, и о делах рук Его вещает твердь» (Пс. 18:2). Никакой механистический процесс эволюции не может указать на величие и силу Бога. Только внезапный креационизм свидетельствует о Божьем могуществе от начала. Павел пишет: «Ибо невидимое Его, вечная сила Его и Божество, от создания мира через рассматривание творений видимы, так что они безответны» (Рим. 1:20).

Внезапный божественный акт творения также подтверждается истиной о том, что человек создан по образу Божьему (Быт. 1:26). Люди не могли эволюционировать в образ Бога, потому что не было промежутка времени между сотворением человека и его уподоблением образу Божьему. Так, в Бытии 5:1 сказано: «Вот родословие Адама: когда Бог сотворил человека, по подобию Божию создал его...» Бог в одно мгновение создал человека по Своему образу. Эволюционный процесс не может объяснить ни уникальную природу человека, ни то, как человечество было поражено грехом. Бог послал Своего Сына искупить человечество, а не множество иных форм жизни.

Доказательства внезапного креационизма также есть в личности Иисуса Христа. Он Сам непосредственно участвовал в творении: «Все чрез Него [Иисуса] начало быть, и без Него ничто не начало быть, что начало быть» (Иоан. 1:3). И еще: «...ибо Им создано все, что на небесах и что на земле, видимое и невидимое: престолы ли, господства ли, начальства ли, власти ли, — все Им и для Него создано...» (Кол. 1:16). Большинство альтернативных объяснений сотворения требуют значительного промежутка времени между созданием материи и появлением человека. Но Иисус сказал: «В начале же создания, Бог мужчину и женщину сотворил их» (Марк. 10:6). Иисус заявил, что человек с самого начала был частью творения, а не появился в процессе его развития.

Об этом свидетельствуют и творческая сила в чудесах Иисуса. Он создал вино из воды (Иоан. 2:1–11) и дважды создавал пищу, чтобы накормить тысячи людей (Матф. 14:13–21; 15:34–39). Эти чудеса совершались мгновенно, без какого-либо процесса или периода времени.

Доказательства внезапного креационизма также можно увидеть в будущем прославлении верующих. Бог в одно мгновение воскресит и прославит тела Своих детей (Дан. 12:2; Иоан. 5:29; Рим. 8:23; 1 Кор. 15:51; 1 Фес. 4:16–17). Они будут мгновенно воссозданы из праха земного. Это весьма сходно с сотворением Адама, только теперь будет воссоздано не одно тело, а миллионы. И если множество людей обретет воссозданные тела при воскресении, насколько же легко было Богу создать Адама и Еву в начале?

Кроме того, подтверждением внезапного креационизма служит и то, что Бог сделает с этой землей в конце ее существования. В стремительном проявлении божественной силы Он в огне уничтожит нынешнюю проклятую землю и Вселенную. Вместо нее Он создаст новое небо и новую землю (2 Пет. 3:10–13). Новое не произойдет из старого. Благодаря стремительному проявлению Своей силы Бог быстро и мощно разрушит и сотворит, положив начало последней эпохе. Если Он внезапно создаст из ничего новую Вселенную, то разумно считать, что и нынешний мир был сотворен подобным образом.

Бытие 1–2 также содержит подтверждение того, что Бог сотворил землю за короткий промежуток времени. Во-первых, слово «день» (евр. *уот*) в Бытии 1 обозначает либо светлое время за период в 24 часа, либо совокупность темного и светлого времени суток (24 часа). Единственное исключение — Бытие 2:4, где слово «день» обозначает весь период творения.

Во-вторых, еврейское слово «день» (*yom*) в сочетании с порядковым числительным, таким как «третий» или «четвертый», никогда не используется в переносном смысле. Оно всегда означает сутки. Кроме того, в Ветхом Завете еврейское слово «день» во множественном числе никогда не используется в переносном смысле вне контекста творения (напр., Исх. 20:9).

В-третьих, слова «вечер» и «утро» в Бытии 1 никогда не используются в переносном смысле в Ветхом Завете. Они всегда описывают 24-часовой день. Бог определяет «день» в Бытии 1:5 как период смены света и темноты. Создав свет (Быт. 1:3) и разделив в пространстве тьму и свет по отношению к земле (Быт. 1:5), Бог установил смену света и тьмы в качестве основной меры времени — один день (Быт. 1:5). Эта смена происходит за одно вращение Земли вокруг своей оси, то есть за 24-часовой день.

Все это вместе показывает, что Бог сотворил землю и все, что на ней, за шесть последовательных 24-часовых дней. Человек не эволюционировал из низших форм жизни, а был создан прямым проявлением Божьей воли из безжизненного праха (Быт. 2:7; 3:19; Еккл. 3:20; 12:7). Далее, женщина не эволюционировала из мужчины, а была лично и непосредственно создана Богом (Быт. 2:21–23; 1 Кор. 11:8, 12). При происхождении женщины от мужчины (что в любой другой системе происхождения считалось бы мутацией) не было существенных промежутков времени, чтобы она могла «развиваться». Поскольку мужчина и женщина появились в течение короткого промежутка времени, для этого требовалась творческая сила Бога, о чем и свидетельствует модель внезапного креационизма.

В заключение следует отметить, что свидетельство Нового Завета о Бытии 1–2 подтверждает свидетельство Ветхого Завета. В Новом Завете есть больше 30 прямых цитат или аллюзий на Бытие 1–2. В каждом случае авторы Нового Завета понимали текст Бытия в обычном, прямом, не символическом смысле (напр., Матф. 19:4; 2 Пет. 3:5; Рим. 5:1; 1 Кор. 15:38; 2 Кор. 4:6; Кол. 3:10; 1 Тим. 2:13)[6].

Адам как историческая личность

Еще один спорный вопрос касается того, был ли Адам из Бытия реальной личностью. В прошлом в церкви Адама считали реальным человеком, но с принятием теории эволюции некоторые стали утверждать, что это не так. Люди, верящие в то, что Земля существует миллионы или миллиарды лет, не принимают истину, что Бог полностью сформировал человека Адама через несколько дней после создания Вселенной. Однако Бытие представляет Адама как реальную историческую личность, а не как результат многих эпох эволюции.

---

[6] Более подробную библейскую защиту теории молодой земли и буквального шестидневного креационизма см.: Вникая в книгу Бытия: Авторитетность Библии и возраст Земли / Под ред. Терри Мортенсона и Тейна Юри. Симферополь: Диайпи, 2010.

Самое простое и естественное толкование 1-й главы Бытия гласит, что Бог сотворил конкретного человека Адама в шестой день творения. Затем в 2-й главе сотворение Адама и Евы описывается более подробно. Связь Адама с другими историческими личностями подтверждает, что он действительно был конкретной личностью. Адам был отцом Каина, Авеля и Сифа (Быт. 4:1–2, 25; 5:1–3). Также сказано, что у него были супружеские отношения со своей женой Евой, родившей Каина и Сифа, а в Бытии 5:3 также сказано, что Адам родил Сифа в возрасте 130 лет. Эти подробности никак нельзя объяснить поэтическими или образными выражениями, но только как фактическое описание реальности.

Длинный список потомков Адама, живших и умерших до Ноя (Быт. 5), доказывает, что Адам был конкретной исторической личностью. Поэтому в Бытии 5:1 прямо сказано: «Вот родословие Адама». Адам реален, как реальны и люди, произошедшие от него. Упоминается не только о сотворении Адама, но и о его смерти. Адам умер в возрасте 930 лет (Быт. 5:5).

Богословие семени в Бытии подтверждает существование буквального Адама. Еврейское слово «семя», *zera*, шесть раз используется в Бытии 1 и всегда по отношению к растительности. Наличие семени означает, что каждое растение и дерево будут производить другие растения по своему роду. В Бытии 3:15 Бог обещает, что в итоге грядущее «семя жены» победит силу, стоящую за змеем (сатану). Остальная часть книги Бытия развивает тему семени, когда Бог раскрывает Свои планы по спасению и восстановлению человечества. Ной, Сим, Авраам, Исаак и затем Иаков входят в Божий план о семени. Они потомки Адама, и как они реальны, так реален и Адам, их предок. Кроме того, нельзя признавать историчность Бытия 12–50, включая Авраама, Исаака и Иакова, и при этом исторически отделять этот раздел от лиц, описанных в Бытии 1–11. Обещанное семя в Бытии 3:15 и его связь со всей книгой Бытия не допускают подобного разделения.

Авторы Нового Завета также называют Адама исторической личностью. Он включен в родословие Иисуса у Луки (3:38). Это согласуется с 1 Паралипоменон 1:1, где Адам также упоминается в родословии. Апостол Павел явно верил в буквального Адама. В Римлянам 5:12 и 14 Павел утверждает: «...одним человеком [Адамом] грех вошел в мир...» и «...смерть царствовала от Адама до Моисея и над несогрешившими подобно преступлению Адама...» Павел считает Адама личностью, точно так же, как и Моисея. Далее в Римлянам 5:12–21 Павел делает несколько сравнений между Адамом и Христом и показывает, что они оба являются буквальными главами человечества, чьи действия повлияли на него. Человек Адам принес смерть, вину и осуждение всем, кто в нем (т. е. всем, у кого есть физическая жизнь, кроме Господа Иисуса), а человек Христос Иисус принес жизнь, праведность и оправдание всем, кому дарована духовная жизнь благодаря союзу с Ним по вере. Если Адам — не реальный человек, это сравнение рушится, в том числе и роль Иисуса как Спасителя, представляющего человечество. Отвержение историчности Адама, по сути, подрывает само Евангелие.

Подобным образом апостол Павел несколько раз противопоставляет Адама и Христа в 1 Коринфянам 15:

Как в Адаме все умирают, так во Христе все оживут... (1 Кор. 15:22)

Так и написано: «Первый человек Адам стал душою живущею»; а последний Адам есть дух животворящий (1 Кор. 15:45).

Первый человек [Адам] — из земли, перстный; второй человек [Иисус] — Господь с неба (1 Кор. 15:47).

И как мы носили образ перстного, будем носить и образ небесного (1 Кор. 15:49).

Павел утверждает, что как сейчас мы, люди, носим образ Адама, так в грядущем прославлении мы будем носить образ Иисуса. Сравнение предполагает, что и Адам, и Иисус — исторические личности, представляющие человечество. Иисус как личность может быть «последним Адамом», только если Адам тоже был реальным человеком. Далее, в 1 Тимофею 2:13 Павел объясняет функциональные различия между мужчинами и женщинами в церкви, ссылаясь на то, что «прежде создан Адам, а потом Ева». Его довод не имел бы смысла, если бы Адам был просто символическим образом.

Историчность Адама — не второстепенный вопрос. Адам — это основание для понимания происхождения и истории человеческого рода, природы человечества, происхождения греха, появления смерти человека и животных, необходимости спасения, сути исторических событий книги Бытия, причины функционального порядка в церкви и даже будущего существования человечества[7].

Сотворен по образу Божьему

Человек непосредственно сотворен Богом
Человек как образ Божий (*imago Dei*)
Иисус как образ Божий
Сюжетная линия Библии и образ Божий

Человек непосредственно сотворен Богом

Человек существует исключительно благодаря божественному творению. Признание этого факта приводит к библейской антропологии, которая рассматривает три аспекта существования человека: (1) онтологию (сущность) человека (2) взаимоотношения человека и (3) функцию человека.

Бытие 1:1 гласит: «В начале сотворил Бог небо и землю». Бог — вечная и высшая причина всего. За шесть буквальных 24-часовых дней Бог создал все материальное и нематериальное (см. Кол. 1:16). Бытие 1 построено так, чтобы выделить сотворение человека на шестой день. Сотворение человека после всего остального указывает на его значимость. Кроме того, первые пять дней и в начале

---

[7] Дополнительно о защите историчности Адама см.: William D. Barrick, "A Historical Adam: Young-Earth Creation View," in *Four Views on the Historical Adam*, ed. Matthew Barrett and Ardel B. Caneday, Counterpoints: Bible and Theology (Grand Rapids, MI: Zondervan, 2013), 197–227.

шестого для описания творческих действий Бога используются слова «да будет...» или «да...» (Быт. 1:3, 6, 9, 11, 14, 20, 24). Но при сотворении человека используется другая фраза: «Сотворим человека...» (Быт. 1:26). Это подчеркивает уникальность человека в Божьем творении. Кроме того, союз «и» в Бытии 1:26 («И сказал
Бог: „Сотворим человека..."») выделяет сотворение человека как особенное.

Предназначение человека также подчеркивается в Бытии 1–2. Сотворение
солнца, луны, звезд, растений и животных в 1-й главе упоминается лишь ми-
молетно. А 2-я глава Бытия полностью посвящена созданию человека, включая
то, как были созданы первые мужчина и женщина. Кроме того, различные термины, такие как «сотворим»/«сотворил» и «создал» подчеркивают активное
участие Бога в этом процессе:

1. «Сотворим»/«создал» (евр. *'asah*)

    И сказал Бог: «*Сотворим* человека...» (Быт. 1:26)

    И увидел Бог все, что Он *создал*... (Быт 1:31)

    И сказал Господь Бог: «Не хорошо быть человеку одному; *сотворим* ему по-
    мощника, соответственного ему» (Быт. 2:18).

    Вот родословие Адама: когда Бог сотворил человека, по подобию Божию
    создал его... (Быт. 5:1)

    И сказал Господь: «Истреблю с лица земли человеков, которых Я сотворил,
    от человека до скотов, и гадов и птиц небесных истреблю, ибо Я раскаялся,
    что *создал* их (Быт. 6:7).

2. «Сотворил» (евр. *bara'*)

    И *сотворил* Бог человека по образу Своему,
        по образу Божию *сотворил* его;
        мужчину и женщину *сотворил* их (Быт. 1:27).

    Вот родословие Адама: когда Бог *сотворил* человека, по подобию Божию со-
    здал его, мужчину и женщину *сотворил* их, и благословил их, и нарек им имя:
    человек, в день *сотворения* их (Быт. 5:1–2).

3. «Создал» (евр. *yatsar*)

    И *создал* Господь Бог человека из праха земного... (Быт. 2:7)

    И насадил Господь Бог рай в Едеме на востоке, и поместил там человека,
    которого *создал* (Быт. 2:8).

Непосредственное сотворение человека Богом подтверждается в разных
текстах Писания. Псалом 99:3 гласит: «Познайте, что Господь есть Бог, что Он
сотворил нас, и мы — Его...» Иисус сказал: «Не читали ли вы, что Сотворивший
[т. е. Бог] вначале мужчину и женщину сотворил их?» (Матф. 19:4). Иаков говорит
о людях, «сотворенных по подобию Божию» (Иак. 3:9).

Сотворение человека Богом имеет огромное значение. Во-первых, люди
не находятся в вакууме. Предпосылка существования человека — это Бог, и человека можно понять лишь отталкиваясь от Творца. Обращаясь к языческим

философам в Афинах, Павел начал с сотворения, то есть того, что есть «Бог, сотворивший мир и все, что в нем» (Деян. 17:24). Затем он сказал, что люди существуют и действуют только благодаря Богу: «...мы Им живем и движемся, и существуем...» (Деян. 17:28). Мы живем только потому, что Бог существует, создал нас и поддерживает нашу жизнь. Некоторые люди думают, что Бога нет, но на самом деле, если бы не было Бога, то не было бы ни этих мыслей, ни самих людей, которые могли бы так думать. Из ничего не может произойти нечто. Никто, помноженный на ничто, не равняется всё. Личности не происходят из безличного. Считать, что нет небес и нет Бога — значит считать, что нет ничего. Бог — предпосылка для всего.

Во-вторых, непосредственное сотворение означает, что человек — это не Бог. Человек не божественное и не высшее существо. Между Богом и человеком существует метафизическая или онтологическая пропасть. Человек никогда не может быть Богом и не должен стремиться быть Им. Лидер мормонов Лоренцо Сноу заявил: «Каков человек сейчас — таким был однажды Бог, каков Бог сейчас — таким может стать человек»[8]. Это ложь. Бог никогда не был человеком (одно уникальное исключение — это воплощение Христа как Богочеловека), и человек никогда не сможет стать Богом. Осия 11:9 гласит: «...ибо Я Бог, а не человек; среди тебя Святой...» Творения всегда будут ниже создавшего их вечного Творца.

В-третьих, будучи творением, человек обязан подчиняться Богу. Человек не волен делать все, что пожелает, как будто у его действий нет последствий перед Богом (см. Еккл. 11:9). Все действия человека должны рассматриваться в свете Божьей воли для него. Согласно Римлянам 1, основная проблема падшего человека в том, что он действует независимо от своего Творца. Он не славит Бога и служит творению вместо Творца. Павел отмечает, что неверующие «заменили истину Божию ложью, и поклонялись, и служили твари вместо Творца...» (Рим. 1:25).

Чтобы показать, что люди не могут действовать независимо от Бога, Иисус рассказал притчу о глупом богаче, который жил для себя и в итоге узнал, что в эту ночь Бог потребует у него отчета: «Но Бог сказал ему: „Безумный! В сию ночь душу твою возьмут у тебя; кому же достанется то, что ты заготовил?"» (Лук. 12:20). Люди часто поступают независимо и убеждают себя, что могут жить без Бога и в непослушании Ему, но без покаяния и спасающей веры они собирают себе гнев. Павел предупреждает, чтобы люди не пренебрегали Божьим долготерпением и благостью (Рим. 2:4), потому что поступающий так «сам себе [собирает] гнев на день гнева и откровения праведного суда от Бога...» (Рим. 2:5). Даже в совершенных условиях на новой земле народ Божий будет служить Богу; люди не станут богами. В Откровении 22:3 сказано: «...престол Бога и Агнца будет в нем [Новом Иерусалиме], и рабы Его будут служить Ему». Даже в вечном раю безгрешные люди будут радостно служить и поклоняться Богу.

---

[8] The Church of Jesus Christ of Latter-Day Saints, "The Grand Destiny of the Faithful," chap. 5 in *Teachings of Presidents of the Church: Lorenzo Snow*, accessed April 8, 2016, https://www.lds.org/manual/teachings-of-presidents-of-the-church-lorenzo-snow/chapter-5-the-grand-destiny-of-the-faithful?lang=eng.

В-четвертых, человек имеет уникальную роль в Божьем творении. В Бытии 1:26–28 открыто, что человеку поручено размножаться, наполнять землю и обладать ей. Псалмопевец заявляет: «Небо — небо Господу, а землю Он дал сынам человеческим» (Пс. 113:24). Даже в вечности человек всегда будет царствовать на новой земле (см. Откр. 21:1; 22:5).

В-пятых, человек был создан, чтобы воздавать славу Богу. Исаия 43:6–7 говорит, что Господь призывает «...сыновей Моих... и дочерей Моих... каждого кто называется Моим именем, кого Я сотворил для славы Моей, образовал и устроил». Здесь Бог говорит, что Его народ создан для Его славы. Павел утверждает, что христиане были «предназначены к тому по определению Совершающего все по изволению воли Своей...» (Еф. 1:11). Все, что делает человек, должно быть для славы Божьей (1 Кор. 10:31).

Человек как образ Божий (*imago Dei*)

Понимание человека включает осознание того, что он есть «образ» и «подобие» Бога. Джеймс Бек и Брюс Демарест пишут: «Значение того, что люди созданы по образу Божьему, огромно для богословия, психологии, служения и христианской жизни. Последствия *imago* охватывают вопросы человеческого достоинства и ценности, личной и социальной этики, отношений между полами, общности человеческой семьи... и расовой справедливости»[9]. Вот тексты, явно упоминающие «образ» (евр. *tselem*) или «подобие» (евр. *demuth*) Божие:

И сказал Бог: «Сотворим человека по *образу Нашему* и по *подобию Нашему*» (Быт. 1:26).

И сотворил Бог человека по *образу Своему*,
    по *образу Божию* сотворил его;
    мужчину и женщину сотворил их (Быт. 1:27).

Вот родословие Адама: когда Бог сотворил человека, по *подобию Божию* создал его, мужчину и женщину сотворил их, и благословил их, и нарек им имя: человек, в день сотворения их (Быт. 5:1–2).

...Кто прольет кровь человеческую,
    того кровь прольется рукою человека:
ибо человек создан по *образу Божию*... (Быт. 9:6).

Им [языком] благословляем Бога и Отца, и им проклинаем человеков, сотворенных по *подобию Божию* (Иак. 3:9).

Итак муж не должен покрывать голову, потому что он есть *образ* и слава *Божия*... (1 Кор. 11:7)

Еврейское слово со значением «образ» означает «копия», но также передает идею представительства. В древнем мире царь или правитель ставил свое изображение или идола как символ своей власти в царстве. Люди, видя изображение,

---

[9] James R. Beck and Bruce Demarest, *The Human Person in Theology and Psychology: A Biblical Anthropology for the Twenty-First Century* (Grand Rapids, MI: Kregel, 2005), 131.

знали, кому принадлежит власть. Подобным образом носители Божьего образа представляют Бога в мире. Но, в отличие от безжизненных статуй, носители образа Божьего живы. Они должны вести себя как Божьи представители и посредники на земле. Поэтому «образ» связан с идеей Царства. Хотя Бог—Царь, Он создал человека как царя, соправителя и посредника над творением от Его имени.

В дополнение к этому слову еврейский термин «подобие» (*demuth*) может означать «образец», «очертание» или «форма». Он описывает нечто, сделанное по образцу оригинала. Его использование в Бытии 1:26 указывает на то, что человек создан по образцу Бога; он сын Божий. Этот взгляд подтверждается текстом Бытия 5:3, где сказано, что Сиф был сыном «по подобию» своего отца Адама. Объединив эти значения вместе, можно сделать вывод, что, поскольку человек—сын Божий, он способен действовать как Его представитель.

ЗНАЧЕНИЕ СОЗДАНИЯ ЧЕЛОВЕКА ПО ОБРАЗУ БОЖЬЕМУ

Хотя люди—не боги, тот факт, что они созданы по «образу» и «подобию» Бога, выражает важные истины. Во-первых, Божий образ утверждается равно для всех людей: и мужчин, и женщин. Бытие 1:27 говорит: «И сотворил Бог человека по образу Своему, по образу Божию сотворил его; мужчину и женщину сотворил их». Хотя мужчины и женщины имеют разный пол, они равны как личности и имеют равную ценность.

Во-вторых, даже после грехопадения (см. Быт. 3) люди по-прежнему обладают образом и подобием Божьим. Это утверждается в Бытии 5:1–3 как для мужчин, так и для женщин, для потомков Адама и Евы:

> Вот родословие Адама: когда Бог сотворил человека, по подобию Божию создал его, мужчину и женщину сотворил их, и благословил их, и нарек им имя: человек, в день сотворения их. Адам жил сто тридцать лет и родил сына по подобию своему по образу своему, и нарек ему имя: Сиф.

Бытие 9:6 говорит, что смертная казнь—соответствующее наказание за убийство, поскольку человек по-прежнему носит образ Божий: «...кто прольет кровь человеческую, того кровь прольется рукою человека: ибо человек создан по образу Божию...» После потопа люди по-прежнему имеют образ Божий. Подобно этому Иакова 3:9 осуждает произнесение проклятий на людей, потому что они сотворены «по подобию Божию». Это также подтверждает, что даже после грехопадения люди все еще имеют подобие Божие. Носители образа Божьего, конечно, были запятнаны проклятием, но образ и подобие Бога, хотя и исказились, не были упразднены.

В-третьих, образ Божий объясняет потребность человека жить в отношениях с другими людьми. Триединый Бог—три Лица в одном: Отец, Сын и Святой Дух. Это основополагающее определение сущности Бога. Всю вечность Лица Троицы пребывали в совершенном личном общении друг с другом. Если бы Бог был просто одиночным существом с одной личностью, подобно ложным богам,

Он не мог бы быть вечно любящим, потому что до сотворения некого было любить. Но Бог есть любовь, и в вечном прошлом эта любовь совершенным образом выражалась внутри Троицы (Иоан. 5:20; 17:24, 26).

Божья любовь также обращена к Его творению. Бог любит мир (Иоан. 3:16) и особенно Своих детей (Иоан. 13:1; 15:9; 16:27; 17:23, 26; Рим. 5:5), которым Он дает силу любить своих врагов (Матф. 5:42–48), других верующих (Иоан. 13:34–35; 15:12–13) и Его Самого (Иоан. 14:21–24). Таким образом, человек создан по образу Божьему как существо, способное к отношениям, причем он не только может относиться к другим людям и к Богу с любовью, но и обязан так поступать, чтобы обрести удовлетворение (Быт. 2:18, 22–24).

В-четвертых, Божий образ связан с задачей человека «обладать» и «владычествовать» землей от имени Бога. Сразу же после слов, что человек создан по образу и подобию Божьему, Бог сказал: «...и да владычествуют они над рыбами морскими, и над птицами небесными, и над скотом, и над всею землею, и над всеми гадами, пресмыкающимися по земле» (Быт. 1:26). Затем Бог сказал: «Плодитесь и размножайтесь, и наполняйте землю, и обладайте ею, и владычествуйте над рыбами морскими и над птицами небесными, и над всяким животным, пресмыкающимся по земле» (Быт. 1:28). Еврейское слово со значением «владычествовать», дважды использованное в Бытии 1:26–28, — это *radah*, которое означает «властвовать», «править» или «доминировать»[10]. Позднее, в Псалме 109:2, этим словом описано будущее правление Мессии: «Жезл силы Твоей пошлет Господь с Сиона: господствуй [*radah*] среди врагов Твоих». Также в Бытии 1:28 есть слово «обладайте» — это перевод еврейского слова *kabash*, означающего «подчинять», даже с применением силы. Этот термин используется в 2 Царств 8:11 в контексте покорения народов царем Давидом.

Глаголы «владычествовать» и «обладать» связаны с царской властью и показывают, как отмечает Юджин Меррилл, что «человек создан, чтобы царствовать таким образом, который являет его господство и власть (если нужно, с применением силы) над всем творением»[11]. Эта власть видна в том, что человек дал имена животным, проявив свое господство (см. Быт. 2:19–20). Таким образом, есть царственный аспект в том, что человек создан по образу Божьему.

Эта власть над творением принадлежит не исключительно Адаму и Еве. Бог сказал: «...и да владычествуют они...» (Быт. 1:26). Местоимение множественного числа «они» могло бы относиться именно к Адаму и Еве, но подобное ограничение маловероятно. Поскольку первые люди должны были размножаться и наполнять землю, местоимение «они», вероятно, охватывает все человечество, происходящее от Адама. Власть господствовать и обладать Божьим творением через Адама была дана всему человечеству.

---

[10] См.: Francis Brown, S. R. Driver, and Charles A. Briggs, *A Hebrew and English Lexicon of the Old Testament* (Oxford: Clarendon, 1962), 921.

[11] Eugene H. Merrill, "A Theology of the Pentateuch," in *A Biblical Theology of the Old Testament*, ed. Roy B. Zuck (Chicago: Moody Press, 1991), 15.

Право человека владычествовать над творением утверждается в Псалме 8:5–9:

...то что есть человек, что Ты помнишь его,
          и сын человеческий, что Ты посещаешь его?
Не много Ты умалил его пред Ангелами:
          славою и честью увенчал его;
поставил его владыкою над делами рук Твоих;
          все положил под ноги его:
овец и волов всех,
          и также полевых зверей,
птиц небесных и рыб морских,
          все, преходящее морскими стезями.

Евреям 2:5–9 говорит, что «будущую вселенную» Бог покорил людям, чтобы они правили землей. И это будет совершаться через совершенного Человека — Иисуса Мессию, Который будет царствовать вместе с теми, кто соединен с Ним (см. 1 Кор. 15:27; Откр. 5:10). Человек обладает образом Божьим и он действует как царь-посредник на земле. Бог поручает, чтобы человек распоряжался миром как Его представитель.

В ЧЕМ СОСТОИТ ОБРАЗ БОЖИЙ В ЧЕЛОВЕКЕ?

В ответ на вопрос о том, в чем состоит образ Божий в человеке, были предложены три взгляда: субстанциальный, функциональный и реляционный. Во-первых, субстанциальный взгляд утверждает, что образ Божий присущ человеку по самой его структуре. Это свойство заложено в устройстве человека. Образ — часть человека, а не просто то, что он делает. Некоторые утверждают, что образ — это физическое тело человека или какая-то его физическая характеристика, например его прямохождение. Другие говорят, что образ — это психологическое или духовное качество, такое как разум, память, воля или нравственность.

Во-вторых, функциональный взгляд утверждает, что Божий образ — это то, что люди делают. Поскольку в Бытии 1:26–28 образ связан с владычеством и обладанием землей, некоторые считают, что образ проявляется в господстве человека над творением. Немецкий протестантский богослов Ганс Вальтер Вольф (1911–1993) утверждал: «Именно в своей функции правителя он [человек] является образом Божьим»[12].

В-третьих, реляционный взгляд утверждает, что отношения составляют образ Божий. Обобщая данный взгляд, Миллард Эриксон пишет: «Человек пребывает в образе [Божьем] или являет его, когда находится в определенных отношениях. Фактически, отношения и есть образ»[13]. Подобная точка зрения была популярна у неоортодоксов и богословов-экзистенциалистов. В поддержку реляционного взгляда ссылаются на то, что образ Божий тесно связан с тем, что человек создан как мужчина и женщина (Быт. 1:27). Поскольку концепция

---

[12] Hans Walter Wolff, *Anthropology of the Old Testament* (Philadelphia, PA: Fortress, 1974), 160–161.

[13] Эриксон М. Христианское богословие. СПб. Библия для всех, 1999. С. 427.

отношений имеет важное значение для связи человека с Богом и людьми, образом считают то, что человек находится во взаимоотношениях.

Итак, какая позиция правильная? Все три взгляда тесно связаны с образом Божьим, и истину можно почерпнуть из каждого. Наилучший взгляд, однако, заключается в том, что образ Бога в человеке субстанциальный или структурный. Функциональные и реляционные проявления — это *следствия* того, что человек по структуре есть образ Божий. Такой взгляд признает важность функций и отношений, но считает структуру человека основой для осуществления его функций и отношений. Поскольку человек есть образ Божий, он способен господствовать и иметь отношения. Согласно Бытию 1:26–28, человек был создан по образу Божьему (Быт. 1:26*а*), а *затем* ему дано поручение владычествовать и обладать землей и находиться во взаимоотношениях (Быт. 1:26*б*–28).

Какая же структура делает человека образом Божьим? Лучше не ограничивать ее какой-либо одной характеристикой или качеством. Образ пронизывает все существо человека. Эта структура, вероятно, состоит из сложных качеств и атрибутов человека, которые и делают его человеком. Сюда входят физические и духовные составляющие. Образ также может быть связан с индивидуальностью и личностью, со способностью действовать и иметь взаимоотношения. Его можно связать с мышлением и разумом. Грудем, возможно, говорит об этом лучше всего: «Все, в чем человек подобен Богу, — это часть его схожести с Богом, часть того феномена, который называют „богоподобием“ человека или его сотворенностью по образу Божию»[14]. Все, что делает человека человеком, связано с образом Божьим. Следующие характеристики помогают точнее описать человека как образ Божий.

Онтологически человек — это живое, личное, обладающее самосознанием, активное существо, обладающее индивидуальностью. Он является сложным единством души/духа и тела. Хотя Бог есть дух (Иоан. 4:24) и дает дух человеку, физическая составляющая человека связана с образом Божьим. Роберт Калвер отмечает: «В человеческом теле есть что-то, аналогичное чему-то в Божестве… Хотя тело человека само по себе, очевидно, не является образом Бога Библии, вся физическая природа человека первоначально была создана, чтобы носить этот образ»[15].

Волеизъявительно человек обладает волей и способностью делать выбор между разными вариантами. Он может отличить правильное от неправильного. Этот волевой аспект отличает человека от животных и других существ, упомянутых в Бытии 1–2.

Интеллектуально человек имеет рациональный ум. Он осознает себя, свою среду, других людей и Бога. Он способен мыслить критически и логично. Он обладает памятью, воображением, творческими способностями и языковыми навыками, чтобы выражать свои мысли и понимать мысли других.

---

[14] Грудем. Систематическое богословие. С. 501.

[15] Robert Duncan Culver, *Systematic Theology: Biblical and Historical* (Fearn, Ross-shire, Scotland: Mentor, 2005), 251–252.

Эмоционально человек испытывает разнообразные эмоции и чувства, такие как страх, гнев, чувство вины, беспокойство, сожаление, стыд, счастье и радость. Он может смеяться и плакать. Кроме того, человеческая эмоциональность сложна, так как люди могут испытывать две или более эмоций почти одновременно. Например, родители могут испытывать грусть, гордость, беспокойство и счастье, когда дочь уезжает учиться в колледж в другом городе.

Реляционно человек может участвовать во взаимоотношениях с Богом и с другими людьми. Иисус сказал, что величайшие заповеди — любить Бога и любить ближних (Матф. 22:36–40). Только люди могут проявлять и принимать любовь.

Функционально человек наделен всем необходимым, чтобы наполнять землю, владычествовать и обладать ей от имени Бога и для Его славы. Люди имеют тела, способные давать потомство и взаимодействовать с физическим миром. Человечество обладает изобретательностью для реализации успешной стратегии в отношении земли.

Не будучи Богом, человек отражает Его образ и подобие удивительным, сложным и таинственным способом.

Иисус как образ Божий

Лучший способ понять образ Божий — это посмотреть на Господа Иисуса, в Котором он раскрыт в совершенстве. Павел называет Иисуса «последним Адамом» (1 Кор. 15:45), связывая Иисуса с человечеством. Он также говорит: «…[Иисус] есть образ Бога невидимого…» (Кол. 1:15). Греческое слово со значением «образ» — это *eikōn*, сопоставимое с еврейским словом *tselem*. Оно выражает как идею представления, так и проявления. Бог есть дух, а потому Он невидим, но Иисус как Богочеловек есть образ невидимого Бога.

Кроме того, Евреям 1:3 говорит, что Иисус есть «сияние славы и образ ипостаси» Бога. Здесь «образ» — это перевод греческого слова *charaktēr*, означающего «штамп» или «отпечаток», сделанный на монете или клейме. Поэтому Иисус как последний Адам есть точный образ или отпечаток Бога. Когда мы смотрим на Иисуса, мы видим все, что Бог задумал для человека. Иисус сказал: «Видевший Меня видел Отца…» (Иоан. 14:9).

Иисус полностью проявил божественный образ в трех отношениях: к Богу, к людям и к творению. Тем самым Иисус показал людям, как правильно проявлять этот образ. Во-первых, Иисус явил основополагающую природу триединого Бога в Своих отношениях со Святым Духом и в общении с Отцом. Он любил Отца и полностью повиновался Ему в силе Святого Духа. Во-вторых, Иисус любил людей. Он любил тех, кто ненавидел Его. А Иоанна 13:1 говорит, что Иисус, «возлюбив Своих сущих в мире, до конца возлюбил их». «До конца» — это перевод греческой фразы *eis telos*, которая значит «бесконечно» или «вечно» (см. Иоан. 17:23). Величайшая заповедь, данная человеку, — любить Бога и любить людей (Матф. 22:36–40). Иисус показал совершенную любовь и к Богу, и к людям. И, в-третьих, Своими чудесами и исцелениями Иисус продемонстрировал власть над творением. Когда Он ходил по воде, умножал хлеб и рыбу или успокаивал бурю, Иисус показал неограниченную власть над природой, владычество, которое полностью проявится в Его грядущем Тысячелетнем царстве на земле (Ис. 11; 35).

Господь Иисус сделал образ Божий видимым. Бог призывает и спасает грешников, чтобы они уподоблялись и преображались в образ Его Сына. Павел говорит: «Ибо кого Он [Бог] предузнал, тем и предопределил быть подобными образу Сына Своего...» (Рим. 8:29). Он также утверждает: «Мы же все открытым лицом, как в зеркале, взирая на славу Господню, преображаемся в тот же образ от славы в славу...» (2 Кор. 3:18). Бог действует в верующих, чтобы сделать их более похожими на Своего Сына. Следовательно, они все больше и больше показывают, каким должен быть образ Божий. Уподобление Христу в процессе освящения означает проявление этого образа. Божий образ—это не какое-то таинственное, абстрактное учение. Иисус есть Божий образ в действии и пример для подражания.

Процесс преображения завершится, когда христиане будут прославлены при возвращении Иисуса. Иоанн пишет: «Возлюбленные! Мы теперь дети Божии; но еще не открылось, что будем. Знаем только, что, когда откроется, будем подобны Ему, потому что увидим Его, как Он есть» (1 Иоан. 3:2). Обсуждая грядущее воскресение, Павел говорит: «И как мы носили образ перстного [Адама], будем носить и образ небесного» (1 Кор. 15:49). До пришествия Христа мы преображаемся в Его образ, а когда Он придет, во мгновение ока станем подобны Ему.

Сюжетная линия Библии и образ Божий

Связь Божьего образа с сюжетной линией Библии заметна в следующем:

Творение: Человек, как мужчина, так и женщина, создан по образу Божьему. Подобно своему Создателю, человек проявляет единство и разнообразие во взаимоотношениях любви. Человек сотворен как мужчина и женщина, имеющие разный пол и выполняющие разные роли. При сотворении человек имел правильные отношения с Богом, другими людьми и творением.

Грехопадение: Человек нарушил различие между Творцом и творением, действуя независимо и восстав против Бога. Божий образ был искажен, но не утрачен. Взаимоотношения человека пострадали в трех сферах: (1) что касается Бога, человек духовно мертв; (2) что касается людей, отношения мужчин и женщин нарушены, и женщины должны страдать от боли при родах; (3) что касается творения, земля теперь враждебна человеку, противится ему и поглотит его в смерти.

Воплощение (Иисус Христос): Иисус, Богочеловек,—совершенный образ Божий. Он в точности являет этот образ, в совершенстве любя Бога, любя людей и проявляя власть над природой. Те, кто принадлежит Иисусу через спасающую веру, становятся новыми творениями и своей любовью являют восстановленный образ Божий, хотя и несовершенный до окончательного воскресения. Освящение—это процесс, в котором христиане уподобляются образу Христа, а Он есть совершенный образ Божий.

Восстановление: Когда Иисус вернется, христиане будут прославлены и станут подобны Ему. Они в совершенстве будут являть образ Божий всю вечность.

Устройство человека

Тело
Душа
Дух
Сердце
Совесть
Три взгляда на устройство человека

В отношении людей в Писании используются разные термины. Пять наиболее распространенных слов — это «тело», «душа», «дух», «сердце» и «совесть». Полезно будет рассмотреть каждое из них.

Тело

В строении человека есть физический компонент. Бытие 2:7 говорит: «И создал Господь Бог человека из праха земного...» Между человеком и землей есть связь. Человек взят из земли. Как творение материально, так и носители Божьего образа обладают материальной составляющей, которую обычно называют телом.

В Ветхом Завете есть два основных древнееврейских термина со значением «тело». Слово *gewiyyah* встречается 12 раз при описании живого тела (Быт. 47:18; Неем. 9:37) или трупа (1 Цар. 31:10, 12). Слово *basar*, часто переводимое «плоть», встречается 266 раз. Оно обозначает: (1) кровного родственника (Быт. 29:14; 2 Цар. 5:1); (2) все человечество (Быт. 6:12–13; Иов. 34:15); (3) все живое (Быт. 9:15–17); (4) вещество, составляющее тело (Быт. 2:23; 17:14; Иов. 19:25–26); (5) всего человека (Лев. 17:11; Пс. 15:9; 62:2; Еккл. 4:5); и (6) человека как слабого, зависимого и временного (Быт. 6:3; 2 Пар. 32:8; Пс. 77:39; Ис. 40:6).

В Новом Завете словом «тело» переведен греческий термин *sōta*. Он может описывать: (1) физическое тело (Марк. 5:29; Иак. 2:16; Рим. 8:11; Гал. 6:17); (2) всего человека (Рим. 12:1; Еф. 5:28; Флп. 1:20); и (3) падшую, плотскую природу (Рим. 6:6; 8:13; Флп. 3:21).

Бытие 1:31 говорит, что все, созданное Богом, было «хорошо весьма». Это касается и человеческого тела. Создание физического мира послужило фоном для создания человека. Бог дал человеку физическое тело, чтобы он управлял материальным миром (Быт. 1:26, 28). Тела христиан — это также место обитания Святого Духа. Павел спрашивает: «Не знаете ли, что тела ваши суть храм живущего в вас Святого Духа?..» (1 Кор. 6:19). Тело так важно для человека, что при воскресении Бог даст людям новые тела, пригодные для вечности (Иоан. 5:25–29; Рим. 8:23).

Однако многие в истории отвергали благость тела. Дуалистические философские традиции, связанные с Платоном, убедили многих в том, что человеческое тело — и, по сути, вся материя — малоценно. Сократ, к примеру, считал тело темницей для души. Он жаждал смерти, чтобы навсегда освободиться от плотской оболочки. Гностицизм угрожал христианству своими сверхдуховными и антиматериальными взглядами. Восточные религии, такие как индуизм и буддизм, учат, что человеческое тело и материальные реалии — это иллюзии (*майя*). Даже сегодня многие на Западе считают, что небеса или высший идеал — это вечное, бестелесное существование.

Однако библейский взгляд на человеческое тело резко отличается от этих небиблейских философских представлений. Тело Адама при сотворении было безгрешным и бессмертным, но грех привел к резким переменам в теле человека. Бог обещал смерть за грех, так что в результате греха тело Адама стало подвергаться тлению, ведущему к смерти, и это повреждение передалось телам всех людей. Сейчас тело — это «уничиженное тело» (Флп. 3:21) и «тело смерти» (Рим. 7:24). Телесные страсти и желания усугубляют греховное состояние человека, поэтому телу нужна дисциплина (1 Кор. 9:27; 1 Тим. 4:8). Оно ждет искупления от тления (Рим. 8:23). Хотя непрославленные тела не могут войти в вечное Божье Царство (1 Кор. 15:50), для тела есть надежда. Иисус умер и воскрес телесно, и Он первенец в процессе воскресения к вечной жизни, а также гарантия того, что и другие воскреснут в теле (1 Кор. 15:20–24).

Существование без тела апостол Павел сравнил с наготой (2 Кор. 5:3). Он ожидал получения прославленного тела, которое будет дано с неба (2 Кор. 5:1–5). Церковь испытает воскресение тела при восхищении (1 Фес. 4:13–18). Это великая надежда для христиан, как пишет Павел: «...мы ожидаем и Спасителя, Господа нашего Иисуса Христа, Который уничиженное тело наше преобразит так, что оно будет сообразно славному телу Его...» (Флп. 3:20–21). Святые Ветхого Завета и мученики времени Великой скорби воскреснут во время царствования Господа Иисуса (Дан. 12:2; Откр. 20:4).

Однако телесное воскресение будет не только у верующих. Нечестивые воскреснут для вечного наказания (Дан. 12:2). Иисус сказал: «Не дивитесь сему; ибо наступает время, в которое все, находящиеся в гробах, услышат глас Сына Божия; и изыдут творившие добро в воскресение жизни, а делавшие зло — в воскресение осуждения» (Иоан. 5:28–29). Как воскреснут праведные святые, так воскреснут и нечестивые и обретут тело, предназначенное для наказания в озере огненном (Откр. 20:11–15). В нынешнем веке смерть приводит к временному разделению тела и духа (Иак. 2:26), но в Божьей программе воскресения все — верующие и неверующие — будут обладать телами, пригодными либо для вечной жизни на новой земле, либо для вечного отделения от Бога в огненном озере.

Душа

Следующий важный аспект природы человека — это *душа*. Еврейское слово *nephesh*, «душа», встречается около 750 раз в Ветхом Завете. В отношении людей *nephesh* часто означает человека во всей полноте как живое существо. Бытие 2:7 говорит, что, создав человека из праха земного, Бог «вдунул в лицо его дыхание жизни, и стал человек душою [*nephesh*] живою». Господь сказал Моисею: «Пойди, возвратись в Египет, ибо умерли все, искавшие души [*nephesh*] твоей» (Исх. 4:19). Слово *nephesh* здесь снова обозначает самого человека.

В Писании есть также места, где слово *nephesh* имеет более узкий смысл, указывая лишь на нематериальную часть человека. Когда Рахиль рожала Вениамина, ее душа оставила тело: «Выходила из нее душа [*nephesh*], ибо она умирала» (Быт. 35:18). В этом примере душа отличается от тела, поскольку она покидает тело. Иногда слово *nephesh* относится к жизненной силе в теле. Левит 17:11 гласит: «...душа [*nephesh*] тела в крови...» Это слово также может быть связано с внутренними функциями человека, такими как разум, воля и эмоции: «Твердо помнит это [страдания] душа [*nephesh*] моя и падает во мне» (Пл. Иер. 3:20).

В Новом Завете греческое слово со значением «душа», — это *psychē*, которое встречается около 110 раз. Оно переводится «душа», «жизнь» и «я». Это слово обозначает: (1) всего человека (Деян. 2:41; Рим. 13:1; 2 Кор. 12:15); (2) сущность или местопребывание личности, часто по отношению к Богу и спасению (Матф. 10:28, 39; Лук. 1:46; Иоан. 12:25); (3) внутреннюю жизнь тела (Деян. 20:10; Еф. 6:6); (4) разум (Деян. 14:2; Флп. 1:27); (5) волю (Матф. 22:37; Еф. 6:6); (6) чувства (Матф. 26:38; Марк. 14:34); (7) нравственную и духовную жизнь (1 Пет. 1:22; 3 Иоан. 2; Евр. 6:19).

В момент физической смерти душа остается жить и мгновенно оказывается в присутствии Бога. В притче о безумном богаче Бог сказал ему: «В сию ночь душу твою возьмут у тебя...» (Лук. 12:20). Богач умер, а душа его предстала перед Богом, чтобы дать отчет. Подобным образом в Откровении души святых, убитых на земле, оказываются на небесах: «...я увидел под жертвенником души убиенных за слово Божие и за свидетельство, которое они имели» (Откр. 6:9). Таким образом, в момент физической смерти душа возвращается к Богу.

В конечном счете души всех людей объединятся с их воскресшими телами. При возвращении Иисуса на землю мученики, о которых говорится в Откровении 6:9–11, воскреснут, чтобы править в Его Царстве на земле (Откр. 5:10). В Откровении 20:4 сказано: «И увидел я престолы и сидящих на них, которым дано было судить, и души обезглавленных за свидетельство Иисуса и за слово Божие, которые не поклонились зверю, ни образу его, и не приняли начертания на чело свое и на руку свою. Они ожили и царствовали со Христом тысячу лет». Души на небесах однажды получат физические прославленные тела.

Дух

Нематериальная часть человека также обозначается словом «дух». Еврейское слово *ruakh*, переводимое как «дух», встречается в Ветхом Завете 378 раз. Оно может обозначать ветер (Быт. 8:1; Ам. 4:13), физическое дыхание (Иов. 9:18; Пс. 134:17), Дух Божий (Пс. 50:13; 105:33; Ис. 42:1) и жизнь животных (Быт. 6:17; Еккл. 3:19, 21).

По отношению к людям слово *ruakh* описывает: (1) всего человека (Пс. 30:6; Иез. 21:7); (2) жизненную силу, исходящую от Бога и оживляющую тело (Быт. 2:7; Суд. 15:19; Иов. 27:3); (3) внутреннюю жизнь, включающую местопребывание разума (Быт. 41:8; Иез. 20:32), духовного понимания (Иов. 20:3; 32:8), мудрости (Исх. 28:3), воли (Дан. 5:20) и чувств (1 Цар. 1:15; Прит. 15:13); и (4) открытость души по отношению к Богу (Пс. 50:12; Ис. 26:9)[16].

Греческое слово со значением «дух» — это *pneuma*. Как и со словом *ruakh*, слово *pneuma* может означать разные понятия. В антропологическом смысле это жизненная сила, которая оживляет тело и покидает его в момент смерти (Матф. 27:50; Деян. 7:59; Иак. 2:26; Откр. 11:11). Это то в человеке, что взаимодействует с Богом. Слово *pneuma* часто описывает взаимосвязь с Богом и с духовной сферой (Рим. 1:9; 8:16; 1 Кор. 14:14; Откр. 21:10). Это слово часто используется в отношении Святого Духа (Гал. 5:18).

Итак, слова *ruakh* и *pneuma* в Библии означают: (1) ветер или дыхание (Быт. 8:1; Иоан. 3:8); (2) отношение или расположение (Матф. 5:3); (3) Святого Духа (Быт. 1:2; Матф. 1:18, 20); (4) ангельских духов (1 Цар. 16:14; Матф. 8:16; Лук. 7:21); и (5) дух человека (Быт. 41:8; Деян. 17:16). Самое распространенное значение слова *ruakh* в Ветхом Завете — это «ветер», а в Новом Завете слово *pneuma* чаще всего относится к Святому Духу. Слово «дух» по отношению к людям часто означает способность иметь взаимоотношения с Богом, а иногда используется взаимозаменяемо со словом «душа» (Пс. 30:6; Еккл. 12:7; Евр. 12:23; Лук. 1:46–47).

Сердце

Библия много говорит о сердце, но не как о физическом органе, а как о центре управления человека и средоточии его мыслей, отношений, побуждений и действий. Словом «сердце» переводятся еврейские слова *leb* (598 раз) и *lebab* (252 раза). В отношении людей эти два термина могут означать и человека в целом (Пс. 21:27), и центр его внутренней жизни (Исх. 7:3, 13; Пс. 9:2; Иер. 17:9). Из сердца исходят «источники жизни» (Прит. 4:23), как добрые, так и злые мысли (Быт. 6:5; 1 Цар. 3:12; Иов. 8:10), намерения (Исх. 35:5; Дан. 5:20), а также эмоции и страсти (Втор. 19:6; 1 Цар. 1:8). С сердцем связана совесть (1 Цар. 24:6; Иов. 27:6) и действия человека. Пророк Исаия заявляет: «Ибо невежда говорит глупое, и сердце его помышляет о беззаконном...» (Ис. 32:6).

Греческое слово со значением «сердце» — это *kardia*. Оно описывает управляющую функцию человека (Матф. 18:35; Рим. 6:17; 2 Кор. 5:12). Иисус подтвердил учение Ветхого Завета о том, что все мысли и поступки человека исходят из сердца: «...ибо из сердца исходят злые помыслы, убийства, прелюбодеяния, любодеяния, кражи, лжесвидетельства, хуления...» (Матф. 15:19). Он также сказал: «Добрый человек из доброго сокровища сердца своего выносит доброе, а злой человек из злого сокровища сердца своего выносит злое, ибо от избытка сердца говорят уста его» (Лук. 6:45). Сердце также служит источником разума: «Иисус же, видя помышления их, сказал: „Для чего вы мыслите худое в сердцах ваших?“» (Матф. 9:4; см. Деян. 8:22).

---

[16] См.: Beck and Demarest, *The Human Person*, 132.

Все люди рождаются с греховным, нечистым сердцем. Перед Всемирным потопом Бог охарактеризовал человечество так: «...все мысли и помышления сердца их были зло во всякое время...» (Быт. 6:5). Бог также сказал: «...помышление сердца человеческого—зло от юности его...» (Быт. 8:21). Иеремия пишет подобное: «Лукаво сердце человеческое более всего и крайне испорчено; кто узнает его?» (Иер. 17:9). А Павел, говоря о неверующих, заметил: «...омрачилось несмысленное их сердце...» (Рим. 1:21).

Бог заменяет злые сердца новыми. В Иезекииля 36:26, говоря о новом завете, Он объявил: «И дам вам сердце новое, и дух новый дам вам; и возьму из плоти вашей сердце каменное, и дам вам сердце плотяное». Иеремии 31:33 также обещает, что на этих новых сердцах Бог напишет Свой закон. Сам Иисус заявил: «Блаженны чистые сердцем...» (Матф. 5:8), и также сказал: «...а упавшее на добрую землю, это те, которые, услышав слово, хранят его в добром и чистом сердце и приносят плод в терпении» (Лук. 8:15). Павел называл верующих «призывающими Господа от чистого сердца» (2 Тим. 2:22), а Послание к евреям провозглашает: «...да приступаем с искренним сердцем, с полною верою, кроплением очистив сердца от порочной совести...» (Евр. 10:22). Христианин имеет новое, очищенное сердце, которое любит Бога, желает повиноваться Ему и приносит добрые плоды.

Совесть

Создавая людей, Бог наделил их совестью—способностью давать нравственную оценку, различать правильное и неправильное, добро и зло. Связанная с самосознанием и разумом совесть предупреждает человека о нравственной стороне его поступков. Она действует как божественный нравственный арбитр. Отказ слушаться голоса совести часто приводит к чувству вины и стыда.

Хотя в Ветхом Завете явно присутствует эта концепция, там нет конкретного термина для понятия «совесть». Например, Соломон попросил у Бога «сердце разумное, чтобы... различать, что добро и что зло...» (3 Цар. 3:9). Авигея сказала Давиду, что не должно быть его «сердцу... огорчением и беспокойством [то], что не пролил напрасно крови...» (1 Цар. 25:31).

Греческий термин со значением «совесть»—это *syneidēsis*, который встречается в Новом Завете 30 раз, причем более двух третей из них—в посланиях Павла. Римлянам 2:14–15 дает объяснение совести. Там Павел говорит, что язычники, не имея доступа к записанному закону Моисея, тем не менее знают, чего требует от них Бог. Как? «...Они [язычники] показывают, что дело закона у них написано в сердцах, о чем свидетельствует совесть их и мысли их, то обвиняющие, то оправдывающие одна другую...» (Рим. 2:15). Будучи носителями образа Божьего, все люди наделены врожденным знанием о правильном и неправильном, основанным на Божьем законе. Совесть реагирует на поведение в зависимости от исполнения или нарушения этого морального закона. Говоря о своей любви к собратьям-евреям, Павел заявляет: «Истину говорю во Христе, не лгу, свидетельствует мне совесть моя в Духе Святом...» (Рим. 9:1).

Ложь и заблуждение могут заглушить нравственный закон, данный Богом каждому человеку, и тем самым дезинформировать совесть. Также грех может притупить и выжечь совесть. Все это ведет к опасным и даже смертельным ситуациям. Павел объясняет: «Для чистых все чисто; а для оскверненных и неверных нет ничего чистого, но осквернены и ум их и совесть» (Тит. 1:15). Он также упоминает «лицемерие лжесловесников, сожженных в совести своей...» (1 Тим. 4:2). Никогда нельзя пренебрегать предупреждающим сигналом совести.

В 1984 году пассажирский самолет авиакомпании «Авианка» разбился в Испании[17]. При анализе записей черного ящика выяснилось, что за несколько минут до крушения система автоматического предупреждения несколько раз повторяла: «Поднимитесь выше! Поднимитесь выше!» Пилот, приняв это за сбой системы, рявкнул: «Заткнись, приятель!»—и выключил систему. Через несколько минут самолет врезался в гору. Все находившиеся на борту погибли. Эта трагическая история иллюстрирует, к каким катастрофическим последствиям приводит введение совести в заблуждение или игнорирование ее предупреждений.

Три взгляда на устройство человека

В целом, для описания человека используются несколько терминов: «тело», «душа», «дух», «сердце» и «совесть». Но из какого количества компонентов или элементов состоит человек? Из одного? Двух? Трех? Более трех? Ниже рассматриваются основные взгляды на устройство человека.

МОНИЗМ

Монизм полагает, что человек состоит из одного элемента. Человек—единое существо, а не сочетание нескольких частей. Светский материализм утверждает, что во Вселенной есть только материя. Бога или духовных существ нет. Ни у кого нет души или нематериальной составляющей. Любая умственная и духовная деятельность—результат химических процессов в мозге. Человек—это комок мыслящей материи. После физической смерти никакая нематериальная часть не остается жить. Менее распространенный вариант монизма, идеализм, утверждает, что вся реальность состоит только из разума или идей. Джордж Беркли (1685–1753) придерживался мнения, что единственные существующие реалии—это идеи или восприятия.

Джон Робинсон в книге «Тело: Исследование богословия Павла»[18] утверждал, что между душой и телом нет различия. По его мнению, у древних евреев был унитарный взгляд на личность человека, и у них не было слова для «тела», аналогичного греческому термину *sōma*. Различие между телом и душой—якобы греческая идея, чуждой еврейской и библейской мысли. Согласно этой точке

---

[17] Этот раздел адаптирован из: Мак-Артур Д. Отмирающая совесть. СПб.: Библия для всех, 2004. С. 37–38.

[18] John A. T. Robinson, *The Body: A Study in Pauline Theology* (London: SCM, 1952).

зрения, тело и душа—это не противоположные понятия, а, скорее, взаимозаменяемые синонимы. То же утверждается и для таких терминов, как «плоть» (греч. *sarx*), «душа» (греч. *psychē*) и «дух» (греч. *pneuma*). Это синонимы для обозначения всего человека. Таким образом, по этому представлению, Библия не учит различию между телом и душой.

ДИХОТОМИЗМ

Дихотомизм утверждает, что человек—двусоставное существо из тела и нематериальной части, называемой душой или духом. Между этими двумя терминами нет реального различия, они взаимозаменяемые. Таким образом, дихотомизм утверждает, что человек—это сочетание тела и души/духа. Данный взгляд отличается от материалистического монизма, поскольку утверждает, что реальность и человек состоят не только из материи, но существует и духовная составляющая. Хотя у человека есть физическое тело, душа/дух дают телу жизнь и продолжают существовать после его физической смерти.

Христианские дихотомисты указывают на Бытие 2:7, где при сотворении Бог образовал человека из земли (материальное) и вдохнул в него жизнь (нематериальное). Иисус также подтвердил различие между телом и душой в Матфея 10:28: «И не бойтесь убивающих тело, души же не могущих убить; а бойтесь более Того, Кто может и душу и тело погубить в геенне». Кроме того, в Библии говорится, что нематериальная составляющая остается после физической смерти. Души святых мучеников пребывают на небесах в Откровении 6:9–11. Согласно Луки 16:19–31, и богач, и Лазарь после смерти продолжают существовать. А когда Стефана побивали камнями, он ожидал, что Иисус примет его дух (Деян. 7:59).

ТРИХОТОМИЗМ

Трихотомизм также утверждает, что человек состоит из нескольких частей, но считает, что человек—трехчастное существо из тела, души и духа. Термин «трихотомизм» возник из сочетания греческих терминов *tricha*, «три», и *temno*, «резать». Первая составляющая человека—это тело, его материальная часть. Вторая часть—это душа, психологическая составляющая человека, благодаря которой он взаимодействует с людьми и миром природы. Душа служит основой разума, эмоций, характера и социального взаимодействия. Третья часть—это дух, который обычно считается религиозной составляющей, реагирующей на духовные вопросы и общение с Богом. Считается, что душа взаимодействует в горизонтальной сфере отношений человека с людьми и природой, а дух— в вертикальной сфере отношений человека с Богом. Присутствие духа якобы отличает человека от животных.

Для поддержки трихотомизма часто используются два текста. В 1 Фессалоникийцам 5:23 сказано: «Сам же Бог мира да освятит вас во всей полноте, и ваш дух и душа и тело во всей целости да сохранится без порока в пришествие Господа нашего Иисуса Христа». Здесь перечисляются все три составляющие: «дух», «душа» и «тело». В Евреям 4:12 также упоминаются и душа, и дух: «Ибо слово Божие живо и действенно и острее всякого меча обоюдоострого: оно проникает до разделения души и духа...»

Трихотомизм был популярен у александрийских отцов ранней церкви, особенно у Климента Александрийского (ок. 150—ок. 215 гг.) и Оригена (ок. 184—ок. 254 гг.). Данный взгляд постепенно угасал вплоть до XIX века, когда вновь стал популярным.

ОЦЕНКА ТРЕХ ВЗГЛЯДОВ

Материалистический монизм следует отвергнуть, поскольку он отрицает существование Бога и всей духовной реальности. Идеалистический монизм также следует отвергнуть. Реальность—это не просто разум, дух или идеи. Бог создал физическую Вселенную с материальными созданиями и заявил, что все «хорошо весьма» (Быт. 1:31). Более того, Бог создал наши органы чувств не для того, чтобы обманывать нас, будто мы взаимодействуем с материальным миром.

Христианские формы монизма справедливо утверждают, что человек—это единое существо, но они не признают разнообразия в единстве. Библия утверждает различие между телом и душой (Матф. 10:28) и что после физической смерти остается нематериальная часть (Откр. 6:9–11). Павел ждал, что в результате физической смерти он окажется со Христом (Флп. 1:23), а Иисус сказал, что покаявшийся на кресте разбойник в тот же день будет с Ним в раю (Лук. 23:43). Реальность промежуточного состояния опровергает христианские варианты монизма.

И дихотомизм, и трихотомизм правильно утверждают, что человек состоит не только из материи. Спорный вопрос заключается в том, есть ли существенное различие между душой и духом. Свидетельство Библии показывает, что его нет. Слова «душа» и «дух» используются в Писании взаимозаменяемо, и оба обозначают сходные функции в отношениях с Богом, людьми и природой. Поэтому трудно утверждать, что это различные части человека. В некоторых стихах «душа» и «дух» даже расположены вместе в параллельной форме, показывая, что речь идет об одном и том же понятии:

Не буду же я удерживать уст моих;
    буду говорить в стеснении духа [*ruakh*] моего;
    буду жаловаться в горести души [*nephesh*] моей (Иов. 7:11).

Душою [*nephesh*] моею я стремился к Тебе ночью,
    и духом [*ruakh*] моим я буду искать Тебя во внутренности моей с раннего утра... (Ис. 26:9)

И сказала Мария:
    «Величит душа [*psychē*] моя Господа,
    И возрадовался дух [*pneuma*] мой о Боге, Спасителе моем» (Лук. 1:46–47).

Эти стихи показывают, что слова «душа» и «дух» в Библии взаимозаменяемы и называют одно и то же понятие. В Исаии 26:9 и Луки 1:46–47 душа даже общается с Богом, так что такая деятельность не ограничивается духом человека.

Следующие два примера также подтверждают, что «душа» и «дух» относятся к одному и тому же. Во-первых, Иисус выражает скорбь по поводу Своих предстоящих страданий:

> Душа [*psychē*] Моя теперь возмутилась; и что Мне сказать? Отче! избавь Меня от часа сего! (Иоан. 12:27)

> Сказав это, Иисус возмутился духом [*pneuma*]... (Иоан. 13:21)

Во-вторых, два текста описывают святых на небесах:

> ...к торжествующему собору и церкви первенцев, написанных на небесах, и к Судии всех Богу, и к духам [*pneuma*] праведников, достигших совершенства... (Евр. 12:23)

> И когда Он снял пятую печать, я увидел под жертвенником души [*psychē*] убиенных за слово Божие... (Откр. 6:9)

А как насчет 1 Фессалоникийцам 5:23 и Евреям 4:12? Должны ли эти тексты считаться подтверждением трихотомизма? Писание называет нематериальный аспект человека разными терминами, но не каждый из них означает отдельную часть. Иногда термины перечисляются или соединяются для выделения какой-то мысли. В Луки 10:27, например, Иисус говорит, что Бога надо любить всем «сердцем», «душой», «крепостью» и «разумением». Он использует четыре термина и даже не упоминает «дух». Должны ли мы делать вывод, что человек состоит из четырех, пяти или даже больше нематериальных частей? Нет, нематериальную часть человека можно назвать «душой», «духом», «сердцем» или «разумом», но иногда эти названия могут относиться ко всему человеку. Таким образом, это частично совпадающие понятия, а не отдельные части. Поэтому дихотомизм имеет самую сильную поддержку в Писании.

Однако есть ли определение лучшее, чем дихотомизм? Поскольку Писание представляет человека как единое, но сложное существо, предпочтительнее использовать обозначение «комплексное единство»[19]. В одном человеке материальное (тело) и нематериальное (душа/дух) функционируют совокупно, заключая в себе как единство, так и разнообразие. Это комплексное единство условно, поскольку в падшем мире смерть разделяет тело и дух (Иак. 2:26). Однако это временное разделение, поскольку всех людей ожидает воскресение — воссоединение тела и духа в вечных формах. Понятие комплексного единства даже можно сопоставить с другими истинами. Например, Бог один, но Он и множество. Бог есть Троица — Отец, Сын и Святой Дух. Кроме того, Иисус — это одна личность, однако Он и Бог, и человек.

---

[19] См.: Beck and Demarest, *The Human Person*, 137.

Человек как комплексное единство также вмещает все аспекты физических и духовных потребностей личности. Рассуждая о важности спасающей веры, Иаков упоминает о важности удовлетворения физических потребностей: «Если брат или сестра наги и не имеют дневного пропитания, а кто-нибудь из вас скажет им: „Идите с миром, грейтесь и питайтесь", но не даст им потребного для тела: что пользы?» (Иак. 2:15–16). Кроме того, Божье спасение в конечном счете приводит к восстановлению всего человека. Святой Дух возрождает мертвых грешников, делая их духовно живыми для Бога (Тит. 3:5), однако Господь Иисус также искупит и прославит их тела (Рим. 8:23; Флп. 3:20–21).

Происхождение души

Предсуществование
Креацианизм
Традуционизм
Оценка трех взглядов

Индивидуальность—это проявление нематериальной души/духа. Но каково происхождение души? Создается ли она непосредственно Богом в момент зачатия или же передается от родителей через естественные процессы? Есть три основных взгляда на происхождение души: предсуществование, креацианизм и традуционизм.

Предсуществование

Некоторые, подобно древним грекам, считают, что душа человека существует до зачатия. Богослов ранней церкви Ориген (ок. 184—ок. 254 гг.) учил, что Бог первоначально создал определенное количество духов, и некоторые из них соединились с материальными телами и стали людьми. Ислам также придерживается формы предсуществования до рождения. Этот взгляд не имеет поддержки в Писании и по праву отвергался ортодоксальными христианами (кроме Оригена).

Креацианизм

Креацианизм учит, что каждая душа создается Богом в определенный момент времени между зачатием и рождением, а не передается от предков подобно телу. Библейская поддержка этого взгляда опирается на Бытие 2:7, где сказано, что Бог создал душу Адама и соединил ее с телом. Подобным образом, в Екклесиаста 12:7 сказано, что в момент смерти человека «дух возвратился к Богу, Который дал его». В Исаии 42:5 Бог описан как Творец неба и земли, «дающий дыхание народу на ней и дух ходящим по ней». В Захарии 12:1 Он представлен как Бог, «образовавший дух человека внутри него». Также Бог назван «Отцом духов» (Евр. 12:9). В истории церкви можно найти значительную поддержку креацианизма; его придерживались Иероним (ок. 340–420 гг.), Фома Аквинский (1225–1274 гг.) и Жан Кальвин (1509–1564 гг.).

Традуционизм

Традуционизм учит, что душа, как и тело, передается детям от родителей в естественном процессе размножения. Хотя Бог, безусловно, Творец человека, и хотя тело и душа Адама были созданы непосредственно Богом, состав всех людей после Адама передается через задуманный Богом процесс размножения. Прямое создание каждого тела и души не требуется. Бог использует вторичные средства человеческого размножения. Традуционисты утверждают, что на Адама нельзя ссылаться для поддержки креационизма, поскольку он уникален как первый человек, и его ситуация не нормативна для его потомков. Бытие 5:3 говорит, что у Адама родился сын по его подобию и образу, и это, видимо, включает в себя душу. В истории церкви традуционистами были Тертуллиан (ок. 160 — ок. 220 гг.), Григорий Нисский (ок. 330 — ок. 395 гг.) и Мартин Лютер (1483–1546 гг.).

Оценка трех взглядов

Наилучшей представляется позиция традуционизма. Важный недостаток креацианизма заключается в том, что прямые творческие действия Бога, как сказано, прекратились на шестой день творения. В случае истинности креацианизма Бог должен был бы постоянно осуществлять сотворение «из ничего» начиная с шестого дня творения. Но подобное мнение противоречит тому, что в седьмой день Бог покоился от дел творения (Быт. 2:1–2).

Кроме того, нет никаких свидетельств Писания, подтверждающих, что хотя тела людей создаются естественным путем, их души создаются непосредственно Богом. Креацианистский взгляд вносит ненужную асимметрию в происхождение личности. Хотя, действительно, в Слове Божьем не раз говорится, что Бог создает душу или дух человека, то же самое сказано и о теле. Давид пишет: «Ибо Ты устроил внутренности мои и соткал меня во чреве матери моей. <...> Не сокрыты были от Тебя кости мои, когда я созидаем был в тайне, образуем был во глубине утробы» (Пс. 138:13, 15). Такие утверждения вовсе не означают, что тело создается непосредственно Богом, помимо естественного воспроизведения. Бог создал человека, но Он также установил процесс размножения людей для наполнения земли (Быт. 1:28). Бог использует естественные средства для размножения, но Он его главная причина. Как комплексное единство тела и души/духа, все наше существо — результат установленного Богом процесса продолжения рода.

Пол

Пол создан Богом
Пол и брак
Пол и размножение
Гомосексуализм

Современное общество все больше запутывается в вопросах пола и гендерных ролей. Это печально, поскольку пол имеет стратегическое значение в Божьих замыслах о человечестве и Бог ясно открыл Свою волю по данному вопросу. Основополагающий раздел о создании и назначении пола находится в Бытии 1–2. Другие тексты дополняют этот раздел.

Пол создан Богом

Бог создал пол и половые отношения людей. Бытие 1:27 говорит: «И сотворил Бог человека по образу Своему, по образу Божию сотворил его; мужчину и женщину сотворил их». Иисус повторил эту истину: «Не читали ли вы, что Сотворивший вначале мужчину и женщину сотворил их?» (Матф. 19:4). Пол — это не что-то неопределенное, гибкое или определяемое личными предпочтениями, он не возникает случайно или в процессе эволюции.

Бытие 2 сообщает дополнительные подробности создания первых людей. Сначала Бог создал мужчину из праха земного и вдунул в него дыхание жизни. Получив это дыхание, «стал человек душою живою» (Быт. 2:7). Позже Бог взял у мужчины ребро и создал из него женщину (Быт. 2:21–22). Таким образом, первые мужчина и женщина были созданы непосредственно Богом как часть творения, которое было «хорошо весьма» (Быт. 1:31).

Помимо того, что они были созданы Богом, мужчина и женщина были созданы по-разному. Мужчину Бог создал из праха, но женщину Он создал иначе. Для создания женщины Бог взял ребро у Адама (Быт. 2:22). Итак, женщина была создана из мужчины. Это не случайная деталь, но имеет значение для функциональных различий между мужчинами и женщинами. Обсуждая различие ролей мужчин и женщин в церкви, Павел подчеркнул этот момент, сказав: «Ибо не муж от жены, но жена от мужа...» (1 Кор. 11:8). Объясняя, почему мужчины должны учить в церкви, Павел заявил: «Ибо прежде создан Адам, а потом Ева...» (1 Тим. 2:13). Роли мужчин и женщин в обществе, в семье и в церкви основаны на различиях между ними, установленных Богом при сотворении.

Пол глубоко укоренен в природе человека и закладывается в момент зачатия. Когда яйцеклетку оплодотворяет сперма, несущая X-хромосому, получается девочка, а Y-хромосома приведет к рождению мальчика. Когда рождается ребенок, то обычно первая реакция: «Это мальчик!» или «Это девочка!» При рождении ребенка все признают, что у него есть пол. Родители не выбирают пол ребенка и не говорят, что он не имеет значения. Также не приходится ждать, чтобы увидеть, не станет ли потом мальчик девочкой или наоборот. Пол навсегда определяется при зачатии и обнаруживается при рождении.

И то, что Бог создал пол, и биологическая реальность пола показывают, что половая принадлежность объективна. Она не субъективна, как если бы она зависела от прихотей отдельных людей или всего общества. Никто не может законно утверждать, что он или она на самом деле другого пола, и никто не может действительно изменить свой пол. О путанице в отношении полов говорится во Второзаконии 22:5: «На женщине не должно быть мужской одежды, и мужчина не должен одеваться в женское платье, ибо мерзок пред Господом

Богом твоим всякий делающий сие». Бог повелевает женщинам вести себя как женщины, а мужчинам—как мужчины. Для женщины одеваться как мужчина, а также наоборот, считается «мерзостью», то есть крайним оскорблением Бога. Из этого следует, что Бог ожидает, что человек будет жить в соответствии с полом, который Бог дал ему или ей при рождении.

К сожалению, трансгендерность становится все более приемлемой в некоторых обществах. Это происходит, когда человек воспринимает себя, одевается или ведет себя наперекор своему биологическому полу, данному Богом. Сюда можно отнести и трансвеститов. Однако, вопреки истинному и очевидному, пол в современной культуре все чаще воспринимается как субъективный. Якобы мужчина может объявить себя женщиной или наоборот, и общество должно подстроиться к такому заявлению. Некоторые даже используют медицинские технологии в попытке изменить пол. Но гендерная путаница и манипуляции посягают на Божьи цели при сотворении человека. Христианское мировоззрение утверждает, что пол и биологическое строение тела имеет значение. У них есть поставленная Богом цель. Это не плод эволюционного случая, лишенного нравственного значения, а Божий дар, который следует использовать для Его целей и Его славы. Поскольку Бог создал мужчину и женщину, Он является отправной точкой для определения пола. Отклонение от Божьего замысла в вопросах пола и половых отношений—это восстание против Бога (см. Рим. 1:24–27).

Пол и брак

Мужчина и женщина были созданы для взаимоотношений, а не для одиночества. Оценивая только что сотворенного мужчину, Бог сказал: «Не хорошо быть человеку одному; сотворим ему помощника, соответственного ему» (Быт. 2:18). Поэтому Бог решил создать Адаму «помощника» (евр. 'ezer). Другие творения были замечательными, но они не были соответственными человеку. Таким образом, стремление к человеческому общению—это не дефект, как если бы это было последствием грехопадения. Адам не ошибался, желая общения с человеком, это не было подменой отношений человека с Богом. Бог хотел, чтобы люди были созданы для взаимоотношений.

Создав женщину из ребра Адама, Бог привел ее к человеку, и Адам воскликнул:

> Вот, это кость от костей моих
> и плоть от плоти моей;
> она будет называться женою,
> ибо взята от мужа (Быт. 2:23).

Адам сразу понял, что женщина была подходящим спутником для него. Его незавершенность сменилась полнотой. Эта женщина была похожа на него. Она была «кость от костей» его и «плоть от плоти» его. Однако она была другой.

Она была создана, чтобы дополнять его и наполнять его жизнь. К его мужским чертам она добавила женственности. Он назвал ее «женщина», потому что она произошла от мужчины.

Бытие 2:24 кратко выражает Божий замысел для мужчины и женщины: «Потому оставит человек отца своего и мать свою и прилепится к жене своей; и будут одна плоть». Брачные отношения предполагают, что надо оставить отца и мать, чтобы стать «одной плотью» в браке. Слово «оставит» (евр. *'azab*) имеет сильное значение и означает «отказаться» или «покинуть». Кроме того, слово «прилепится» (евр. *dabaq*) означает сильную личную привязанность и преданность. Позже оно было использовано для описания того, как Израиль должен проявить свою посвященность Богу: «...но прилепитесь [*dabaq*] к Господу Богу вашему...» (И. Нав. 23:8). В результате брачного союза супруги становятся «одной плотью». Это единение, безусловно, включает половой союз, лежащий в основе единства, а также детей, которые едины от двоих. Но оно выходит за эти рамки и предполагает обоюдную зависимость во всех сферах жизни. Единство и близость должны пронизывать супружеские отношения.

Брак—это милостивое и благое Божье установление. Он задуман как благословение. В 1 Петра 3:7 о нем говорится как о «благодатной жизни». Притчи 18:23 гласят: «Кто нашел добрую жену, тот нашел благо и получил благодать от Господа». Иисус в Матфея 19:4–6 подтвердил союз одной плоти в браке между мужчиной и женщиной. Павел также говорит: «Но, во избежание блуда, каждый имей свою жену, и каждая имей своего мужа» (1 Кор. 7:2). В конечном счете, брак указывает на Христа и церковь: «Посему оставит человек отца своего и мать и прилепится к жене своей, и будут двое одна плоть. Тайна сия велика; я говорю по отношению ко Христу и к Церкви» (Еф. 5:31–32). Брак должен быть иллюстрацией близких отношений любви Христа и церкви, когда муж любит свою жену, как Христос любит церковь, а жена повинуется заботливому руководству мужа, как церковь повинуется руководству Христа (Еф. 5:22–33). Хотя после грехопадения человека брак подвержен проклятию, у христиан под водительством Святого Духа должны быть мирные, плодотворные и полноценные браки. Верующие должны вступать в брак только с верующими (1 Кор. 7:29; 2 Кор. 6:14).

Брачный союз имеет единственное определение, утвержденное Богом: это союз одного мужчины и одной женщины (Быт. 2:23–24). Он должен быть публичным, формальным и официально признанным заветом между мужчиной и женщиной. Сожительство не равнозначно браку и не признается таковым (Иоан. 4:18). Когда брак был заключен до прихода к Христу, супруги должны хранить завет и оставаться в браке (1 Кор. 7:24).

Пол и размножение

Взаимоотношения между мужчиной и женщиной в браке задуманы Богом для продолжения рода. Бог благословил мужчину и женщину и сказал: «Плодитесь и размножайтесь, и наполняйте землю...» (Быт. 1:28). Биологическое строение людей задумано Богом для рождения детей.

С момента сотворения мужчины и женщины человечество должно было размножаться, чтобы земля наполнялась носителями Божьего образа. Эти дети, в свою очередь, также должны были размножаться и наполнять землю. Бог использовал размножение для спасения человечества и восстановления творения после грехопадения. Когда Адам и Ева согрешили, Бог сказал сатане, стоявшему за змеем: «...и вражду положу между тобою и между женою, и между семенем твоим и между семенем ее; оно будет поражать тебя в голову, а ты будешь жалить его в пяту» (Быт. 3:15). «Семя» женщины будет вести непрерывную борьбу, кульминацией которой станет Тот, Кто нанесет смертельный удар силе, стоящей за змеем. Ева, родив своего первенца Каина, заявила: «Приобрела я человека от Господа» (Быт. 4:1). Некоторые предлагают альтернативный перевод: «Я приобрела человека—даже Господа». Если так, то Ева могла верить, что ее первенец Каин был избавителем, которого Бог обещал в Бытии 3:15. Позже Ламех считал, что его сын Ной может стать обещанным избавителем: «Ламех жил сто восемьдесят два года и родил сына, и нарек ему имя: Ной, сказав: „Он утешит нас в работе нашей и в трудах рук наших при возделывании земли, которую проклял Господь“» (Быт. 5:28–29). Ни то, ни другое ожидание не сбылось. Каин убил своего брата Авеля. А Ной, хотя Бог его необычайно использовал, тоже был грешником и не подходил на роль обещанного Спасителя (Быт. 9:20–23). В конце концов Иисус, Сын Марии, родился как обещанное «семя», чтобы восстановить все (Деян. 3:21, Кассиан; Гал. 3:16).

Повеление о размножении, данное Адаму, Бог повторил Ною: «И благословил Бог Ноя и сынов его и сказал им: „Плодитесь и размножайтесь, и наполняйте землю“» (Быт. 9:1, 7). Это поручение было необходимо после Всемирного потопа, когда погибли все, кроме восьми человек. Однако серьезной угрозой для наполнения земли были убийства людей. Поэтому в Ноевом завете Бог установил смертную казнь для тех, кто убивает носителей Божьего образа: «...кто прольет кровь человеческую, того кровь прольется рукою человека: ибо человек создан по образу Божию...» (Быт. 9:6). Для защиты жизни Бог дал человеку право казнить тех, кто убивает носителей Божьего образа. Это показывает, насколько ценной Бог считает жизнь человека.

После грехопадения проклятие для женщины означало, что роды будут болезненными. Бог сказал Еве: «Умножая умножу скорбь твою в беременности твоей; в болезни будешь рождать детей...» (Быт. 3:16). В падшем мире деторождение, несмотря на все его благословения, болезненно и часто даже трагично. Рахиль умерла, когда рожала Вениамина (Быт. 35:16–18). Некоторые дети умирают в утробе матери, жизнь других прерывается в результате абортов. Некоторые женщины, желающие иметь детей, страдают от бесплодия (Быт. 30:1).

Опасность родов будет устранена во время грядущего Царства Мессии после возвращения Иисуса. Исаия пророчествовал об этом времени, говоря: «Там [в том городе] не будет более малолетнего и старца, который не достигал бы полноты дней своих...» (Ис. 65:20), а также: «Не будут трудиться напрасно и рождать детей на горе; ибо будут семенем, благословенным от Господа, и потомки их с ними» (Ис. 65:23). В Тысячелетнем царстве Христа болезненные и трагические последствия грехопадения для женщин и детей исчезнут (Откр. 20:1–6). Поскольку в вечности, после Тысячелетнего царства, брака не будет, то не будет и размножения (Матф. 22:30).

Гомосексуализм[20]

Сатана и люди постоянно пытаются извратить красоту Божьего творения, в том числе половые отношения и брак. Это искажение скоро началось в Бытии. Как только Адам и Ева согрешили, они сразу осознали, что наги: «И открылись глаза у них обоих, и узнали они, что наги, и сшили смоковные листья, и сделали себе опоясания» (Быт. 3:7). Невинность сменилась чувством вины и стыда (Быт. 3:8–10). Даже священный дар физических, интимных отношений был загрязнен. Не стало его чистоты. Появились нечестивые, скверные мысли. Сшив одеяния из смоковных листьев, первые люди попытались прикрыть свой позор, и с тех пор одежда стала повсеместным проявлением человеческой стыдливости.

Половые извращения также быстро распространялись. В Бытии 4:19 появляется многоженство. Бытие 6:2 говорит о бесовском половом извращении. Среди других отклонений были непристойность (Быт. 9:22), прелюбодеяние (или почти прелюбодеяние) (Быт. 12:15–19), блуд (Быт. 16:4), кровосмешение (Быт. 19:36), изнасилование (Быт. 34:2), проституция (Быт. 38:15) и сексуальные домогательства (Быт. 39:7). Бытие 19 говорит о крупномасштабном проявлениим гомосексуализма.

Брак добродетелен и свят, а гомосексуализм—это извращение, угрожающее Божьему замыслу о браке и семье. Бог не создавал людей, чтобы у мужчин были интимные отношения с мужчинами, а у женщин—с женщинами. В последнее время гомосексуализм достиг такого уровня принятия, какого еще не было в истории человечества. Там, где раньше гомосексуализм считали извращением, сейчас его преподносят как нечто естественное. При начале XXI века гомосексуальный брак не был законным ни в одной стране. Но с тех пор его узаконили в нескольких странах, включая Соединенные Штаты, легализировавшие однополые браки в 2015 году.

Библия называет гомосексуализм грехом и прямо говорит, что гомосексуалисты не наследуют Царства Божьего (1 Кор. 6:9–10). Гомосексуализм извращает Божий замысел для брака, отражающего отношение Христа к церкви: «Посему оставит человек отца своего и мать и прилепится к жене своей, и будут двое одна плоть. Тайна сия велика; я говорю по отношению ко Христу и к Церкви» (Еф. 5:31–32). Брак иллюстрирует отношение Господа Иисуса к Своей церкви;

---

[20] Этот раздел адаптирован из: John MacArthur, "God's Word on Homosexuality: The Truth about Sin and the Reality of Forgiveness," *MSJ* 19, no. 2 (2008): 153–174. Использовано с разрешения MSJ.

заботливое главенство мужа отражает заботливое главенство Христа над Своей невестой, а радостное подчинение жены изображает радостное подчинение церкви Господу. Подменяя участников брака, гомосексуальная связь или гомосексуальный брак искажают евангельскую картину, которую Бог задумал представить в браке. Гомосексуализм бросает вызов воле Творца, подвергает опасности благое и наносит вред тем, кто вовлечен в эту практику.

В Бытии 1:27 еврейские слова «мужчина» и «женщина» имеют логическое ударение, так что означают «один мужчина и одна женщина». Вначале существовал только один мужчина и одна женщина, так что был возможен только моногамный, гетеросексуальный брак. Это Божий образец брака. Основываясь на этом установленном при сотворении образце брака одного мужчины и одной женщины, Писание строго запрещает любые половые отношения вне брака, включая блуд (Деян. 15:29; 1 Кор. 6:9; Евр. 13:4), прелюбодеяние (Исх. 20:14; Лев. 20:10; Матф. 19:18), скотоложство (Исх. 22:19; Лев. 18:23; 20:15–16; Втор. 27:21) и гомосексуализм (Лев. 18:22; 20:13; Рим. 1:26–27).

Гомосексуальный союз нельзя по праву считать «браком», поскольку он включает только один пол, не может давать потомство и не может обеспечить интимные отношения, задуманные Богом. Он также не символизирует отношения между Иисусом и церковью. Гомосексуализм — это не еще один вариант по согласию двух взрослых людей; это отклонение от Божьего замысла о размножении, удовольствии и сохранении человеческого рода. В 1 Тимофею 1:9–10 Павел осудил «блудников, мужеложников» как «беззаконных и непокоривых» и поступающих «противно здравому учению». Греческое слово *arsenokoitais*, которым он назвал гомосексуалистов, буквально означает «мужчины на брачном ложе» и, видимо, взято из терминологии Септуагинты (Лев. 18:22; 20:13). Сам термин подчеркивает, что гомосексуальные связи — отклонение от Божьей нормы для брачного ложа.

ГОМОСЕКСУАЛИЗМ В КНИГЕ БЫТИЯ

Неприятие Богом гомосексуального поведения показано в Его реакции на жителей Содома в Бытии 19. Когда ангелы пришли спасти Лота, жители Содома проявили ужасающую степень своей похоти. Необузданная толпа со всех концов города была охвачена безнравственным вожделением. Даже ослепленные, они продолжали искать вход (Быт. 19:10–11). Лот признавал их гомосексуальные страсти злом (Быт. 19:7), и Бог истребил содомлян за их великое нечестие (Быт. 18:20–33; 19:23–29).

Некоторые считают, что данный инцидент был просто нарушением древних законов гостеприимства, но подобное мнение игнорирует контекст. Толпа хотела «познать» (Быт. 19:5) гостей Лота не в смысле знакомства. Их намерения носили явно сексуальный характер, о чем свидетельствуют слова Лота в ст. 7, где он называет их действия «злом». Кроме того, в ст. 8, где Лот предлагает взамен своих дочерей, используется тот же глагол «познать». Хотя их жестокость

заслуживала осуждения, их гомосексуальная похоть была особенно отврати-
тельна для Бога, о чем ясно говорят тексты Иуды 7 и 2 Петра 2:6–7. Таким образом, осуждается не просто насилие или даже гомосексуальное изнасилование,
а любой гомосексуальный акт или образ жизни. Поскольку содомляне были
настолько развращены, Господь уничтожил весь город огнем и серой. Возник-
ший после этого термин «содомия» описывает гомосексуальное поведение, как
у содомлян.

И Иуды 7, и 2 Петра 2:6 подтверждают, что отличительной характеристикой
этого города и главной причиной его осуждения были половые извращения.
Иуда пишет, что это были «...Содом и Гоморра и окрестные города... блудодей-
ствовавшие и ходившие за иною плотию...». Используя слово «блудодействовать» (греч. *ekporneuō*), он показывает, что их гомосексуальное поведение было
особенно презренным в глазах Бога. «Иной плотью», за которой они ходили, были ангелы, гости Лота, которых жители города приняли за посетителей мужского пола (Быт. 19:5). По словам Петра, Содом и Гоморра были населены «неистово
развратными» людьми, а потому и были осуждены «на истребление» (2 Пет.
2:6–7). Лот, однако, назван праведным, поскольку он «мучился в праведной душе, видя и слыша дела беззаконные» (2 Пет. 2:8). Лот и его дочери были спасены,
а остальные жители Содома и окружающих его городов—истреблены.

Содом показывает, что развращенные люди не могут предаваться сладостра-
стию и нечестию и избежать Божьего суда (Матф. 25:41; Рим. 1:18; 2:5, 8; Еф. 5:6;
1 Фес. 2:16; 2 Фес. 1:8; Евр. 10:26–27; Откр. 6:17). Содом и Гоморра более 20 раз упоминаются в Писании как предупреждение для тех, кто живет такой нечестивой
жизнью (см. Матф. 10:14–15; 11:23–24; Лук. 17:28–32).

ГОМОСЕКСУАЛИЗМ И ЗАКОН МОИСЕЯ

Закон Моисея говорит, что гомосексуализм отвратителен в глазах Бога. Левит
18:22 гласит: «Не ложись с мужчиною, как с женщиною: это мерзость». И последствия этого вполне ясны: «...ибо если кто будет делать все эти мерзости, то
души делающих это истреблены будут из народа своего» (Лев. 18:29). Этот запрет
повторяется далее в книге Левит: «Если кто ляжет с мужчиною, как с женщиною, то оба они сделали мерзость: да будут преданы смерти, кровь их на них»
(Лев. 20:13).

Гомосексуализм упоминается в 18-й и 20-й главах книги Левит в контексте
других сексуальных грехов и считается таким же безнравственным, как прелюбодеяние, кровосмешение и скотоложство. То, что христиане уже не под законом Моисея, не означает, что изменилось отношение Бога к этим сексуальным
грехам, включая гомосексуализм. Новый Завет подтверждает, что гомосексуализм—это грех.

Отношение Бога к гомосексуализму передается словом «мерзость». Это слово
многократно встречается в данном контексте (Лев. 18:22, 26, 27, 29, 30; 20:13),
а также часто встречается в книге Второзаконие (см. Втор. 7:25; 17:1, 4; 18:9–14;

27:15). Как идолопоклонство постоянно оскорбляет нравственный характер Бога, так и любое извращение Божьего замысла о браке.

ГОМОСЕКСУАЛИЗМ И РИМЛЯНАМ 1

В Римлянам 1:26–27 апостол Павел повторяет запрет гомосексуализма:

> Потому предал их Бог постыдным страстям: женщины их заменили естественное употребление противоестественным; подобно и мужчины, оставив естественное употребление женского пола, разжигались похотью друг на друга, мужчины на мужчинах делая срам и получая в самих себе должное возмездие за свое заблуждение.

Этот текст говорит как о мужском гомосексуализме, так и о лесбиянстве. Божий суд постигнет и тех, и других, так как они совершают противоестественные действия. Слово, переведенное «употребление» (греч. *chrēsis*), было обычным обозначением полового акта, и в этом контексте называет гомосексуальную связь. Такое поведение проистекает из «постыдных страстей», вызванных эгоистичной похотью, а не любовью. Это искажение творческого замысла Бога. Когда человек оставляет Творца природы, он неизбежно оставляет и установленный в природе порядок.

Брак—это священное установление, и любые половые отношения вне брака строго запрещены Богом (Гал. 5:19; Евр. 13:4). Это включает не только блуд и прелюбодеяние, но и любую форму гомосексуализма, поскольку он противоречит божественному замыслу, установленному при сотворении.

Личность

Происхождение личности
Конец человеческой жизни
Участь после смерти

Происхождение личности

Подобно вопросу пола, взгляды на личность человека также искажены в современном обществе, которое часто не признает личность тех, кого Библия считает людьми. Согласно Библии, все люди—это личности, обладающие достоинством, так как они созданы по образу Божьему. Это касается и самых младших, и самых старших, и всех между ними.

Когда появляется личность? Были предложены разные взгляды на возникновение личности. Только один из них—библейский. Личность начинается с зачатия.

Научные факты свидетельствуют, что жизнь человека начинается в момент зачатия, когда все 23 пары хромосом полностью сформированы. Тогда оплодотворенная яйцеклетка имеет фиксированную генетическую структуру (ДНК)[21].

---

[21] Beck and Demarest, *The Human Person*, 43.

Между 12-м и 28-м днями начинает биться сердце. Клетки крови формируются на 17-й день, а глаза начинают формироваться на 19-й день. Между 4-й и 6-й неделями можно зарегистрировать мозговые волны. В 1 месяц эмбрион выглядит явно как человек. В 2 месяца появляются отпечатки пальцев. К 8 неделям формируются скелет, система кровообращения и мышечная система. Проявления личности появляются вскоре после зачатия.

Но не все связывают личность человека с его биологической жизнью. Некоторые утверждают, что личность появляется после зачатия, но до рождения, возможно, с развитием мозговых волн или жизнеспособностью плода. В 1973 году своим печально известным решением по делу «Роу против Уэйда» Верховный суд США объявил, что понятие «личность», используемое в Конституции США, применяется только с момента рождения. Как следствие, людей миллионами убивают в утробе, так как их считают «не личностями». Биоэтик Майкл Тули даже утверждал, что личность появляется только в возрасте самосознания, спустя какое-то время после рождения. В своей работе «Аборт и детоубийство» Тули утверждал, что полноценная личность достигается не ранее годовалого возраста[22].

Библия называет младенцев в утробе личностями без указания, что должно что-то еще произойти с момента зачатия до появления личности. Например, когда Исаак молился, чтобы его бесплодная жена Ревекка имела детей, Писание говорит: «...и Господь услышал его, и зачала Ревекка, жена его. Сыновья в утробе ее стали биться...» (Быт. 25:21–22). Здесь видна тесная связь между словами «зачала» и «сыновья». Подобным образом Иов связывал зачатие с личностью, когда заявил: «Погибни день, в который я родился, и ночь, в которую сказано: „Зачался человек“!» (Иов. 3:3). То есть в момент своего зачатия Иов был «человеком», личностью. Также в Луки 1:41 говорится: «Когда Елисавета услышала приветствие Марии, взыграл младенец во чреве ее...» Затем Елизавета сказала: «Ибо когда голос приветствия Твоего дошел до слуха моего, взыграл младенец радостно во чреве моем» (Лук. 1:44). Находившийся в утробе Елизаветы (Иоанн Креститель) назван «младенцем», и он выражал чувство радости. Бог также называл Иеремию личностью до его рождения: «Прежде нежели Я образовал тебя во чреве, Я познал тебя, и прежде нежели ты вышел из утробы, Я освятил тебя...» (Иер. 1:5). Другие тексты также говорят, что Бог лично знал и участвовал в жизни людей, находившихся в утробе (напр., Иов. 10:8–11; Пс. 138:13–16; Ис. 44:24).

Кроме того, Исход 21:22–25 ясно говорит, что нерожденные должны считаться людьми:

> Когда дерутся люди, и ударят беременную женщину, и она выкинет, но не будет другого вреда, то взять с виновного пеню, какую наложит на него муж той женщины, и он должен заплатить оную при посредниках; а если будет вред, то отдай душу за душу, глаз за глаз, зуб за зуб, руку за руку, ногу за ногу, обожжение за обожжение, рану за рану, ушиб за ушиб.

---

[22] Michael Tooley, *Abortion and Infanticide* (Oxford: Clarendon, 1983), 424.

Этот текст показывает, что если человек ударил беременную женщину, и ее ребенок родился живым, без ущерба для здоровья, то ударивший ее должен заплатить штраф. А если ребенку причинен вред, тогда должен применяться закон о возмездии, включающий смерть, если ребенок умрет («отдай душу за душу»). Ребенок в утробе считался личностью, поскольку, если он был убит, за это полагалась смертная казнь. Любой младенец в утробе — это личность, и к нему следует относиться как личности.

Появление личности — это не процесс; это событие. Она возникает в момент зачатия. Попытки разделить понятие личности и биологической жизни человека ненаучны, произвольны и опасны. Все, из чего состоит физическая личность, возникает сразу в момент зачатия. Биологическая жизнь человека означает, что существует его личность. Жизнь человека равнозначна его личности. Разделение понятий жизни и личности человека привело к убийствам людей в утробе посредством абортов и даже к убийствам детей после рождения. Джеймс Бек и Брюс Демарест отмечают, что есть четыре условия, чтобы поступок считался убийством:

1. Человек должен быть лишен жизни.
2. Человек должен быть убит намеренно.
3. Жертва должна быть невиновной.
4. В убийстве должно быть противозаконное или греховное побуждение.

Они также справедливо заключают: «Аборты, практикуемые сегодня, отвечают этим критериям»[23].

Конец человеческой жизни

В падшем мире человеческая смерть — суровая и неизбежная конечная реальность. Смерть означает отделение духа от тела (Иак. 2:26). В момент физической смерти тело возвращается в землю, где оно разлагается. За исключением тех, кто будет жить при восхищении и попадет на небеса, не умерев, и таких редких случаев, как Енох и Илия, смерть постигнет всех. Бог сказал Адаму, что если он согрешит, то наступит смерть (Быт. 2:17). В Римлянам 5:12 сказано, что «одним человеком [Адамом] грех вошел в мир, и грехом смерть». Бытие 5 подобно кладбищу, так как перечисляет потомков Адама, которые жили, а потом умерли. Соломон сказал, что есть «время рождаться, и время умирать» (Еккл. 3:1–2), и что однажды «серебряная цепочка» жизни порвется, и тело возвратится в землю (Еккл. 12:6–7).

Смерть — «царь ужасов» (Иов. 18:14), и сатана использует ее, чтобы насаждать страх и рабство (Евр. 2:15). Павел назвал смерть «врагом», который должен быть побежден (1 Кор. 15:26). Смерть не только уничтожает жизнь, но и оставляет за собой море горя. Когда Сарра умерла, Авраам рыдал и оплакивал ее (Быт. 23:2).

---

[23] Beck and Demarest, *The Human Person*, 45.

По смерти Иакова его сын Иосиф «пал на лицо отца своего, и плакал над ним, и целовал его» (Быт. 50:1).

Хотя смерть часто считают чем-то естественным, на самом деле это посягательство на Божье творение. Бог создал людей для жизни, а не для смерти. В своем первоначальном состоянии человек не был создан для смерти, хотя она и предполагалась в случае его восстания против Создателя. Иисус победил смерть Своим воскресением, и тот факт, что смерть будет окончательно устранена в грядущем вечном состоянии (Откр. 21:4), показывает, что смерть нельзя считать неотъемлемой частью существования человека.

Бог суверенно контролирует жизнь и смерть. «Господь умерщвляет и оживляет, низводит в преисподнюю и возводит…» (1 Цар. 2:6). Иов сказал: «В Его [Божьей] руке душа всего живущего и дух всякой человеческой плоти» (Иов. 12:10). В будущем, после суда Великого белого престола и перед наступлением вечного состояния, смерть будет брошена в озеро огненное (Откр. 20:14).

Библия связывает смерть с последним вздохом человека (Иов. 14:10). В Бытии 25:8 говорится об Аврааме: «Он испустил последний вздох и умер…» (НРП). То же самое сказано об Измаиле (Быт. 25:17, НРП). На кресте Иисус, «возгласив громко, испустил дух» (Марк. 15:37).

Реальность личности начинается в утробе матери и продолжается до последнего вздоха, до конца жизни. Библия считает, что все люди до самой смерти — это личности, обладающие достоинством. Поскольку наличие образа Божьего входит в устройство человека, человек никогда не становится чем-то меньшим, чем полноценная личность. Сюда относятся и престарелые, и люди с серьезными физическими и умственными ограничениями. Некоторые утверждают, что личность существует только если человек может функционировать в определенном качестве. Но тогда личность человека определяется тем, что он делает, а не тем, кто он есть. Понимание этого исключает убийство людей, которых общество может считать недостойными жизни. Библейское понимание человеческой жизни ставит барьер перед уничтожением жизни, если человек не может «приносить пользу обществу», что бы под этим ни подразумевалось. От зачатия до последнего вздоха все люди — это Божье творение и должны приниматься таковыми.

Участь после смерти

Что происходит с человеком в момент смерти? Этот вопрос стоит очень остро и оказывает большое влияние на то, как мы должны жить в настоящем. Есть несколько точек зрения.

ПРЕКРАЩЕНИЕ СУЩЕСТВОВАНИЯ

Приверженцы натуралистического мировоззрения верят, что смерть значит прекращение существования. Поскольку натуралисты считают, что мир и люди состоят только из материи, смерть тела означает окончательное прекращение существования человека. Так как сознание и мышление связаны только с тканями мозга, то после смерти тела сознание и мышление перестают существовать. Ничто не переходит в следующую жизнь. Тело хоронят или кремируют, и на этом всё. Умершие продолжают жить только в воспоминаниях тех, кто их знал. Но даже эти воспоминания исчезают, когда знавшие их тоже умирают. Согласно этому взгляду, Вселенная движется к окончательному исчезновению.

Одним из тех, кто отрицал загробную жизнь, был древний философ Эпикур (341–270 гг. до Р. Х.). По его мнению, смерти не следовало бояться, поскольку она означала прекращение существования. Никакого божественного суда нет, и поскольку смерть—это конец самосознания, то она не имеет значения. Атеист Ричард Докинз, который также утверждает, что смерть—это небытие, считает, что люди должны быть довольны уже тем, что они вообще жили. Понимание того, что они вообще жили, говорит Докинз, указывает, что им «повезло», поскольку они «выиграли лотерею рождения вопреки всякой вероятности»[24].

ПРОДОЛЖЕНИЕ СУЩЕСТВОВАНИЯ ТОЛЬКО ДУШИ

Некоторые полагают, что люди обладают нематериальной душой, которая остается после физической смерти, чтобы существовать в другой сфере—на небесах или в каком-то еще месте для душ. Физическое тело, однако, временно и не будет воскрешено. Бессмертна только душа. Греческий философ Сократ (ок. 470–399 гг. до Р. Х.) считал, что тело—темница души. Он ждал физической смерти, чтобы его душа освободилась от плотской оболочки и перешла к более высокому духовному существованию. Платон (ок. 428–348 гг. до Р. Х.) также считал, что после смерти остается только душа. Такого взгляда на бессмертие души придерживаются некоторые сторонники протестантского либерализма. Гарри Эмерсон Фосдик (1878–1969 гг.) сказал: «Я верю в сохранение личности после смерти, но не верю в воскресение плоти»[25].

АННИГИЛЯЦИОНИЗМ

Аннигиляционизм учит, что только некоторые люди перестанут существовать. В отличие от сторонников теории о прекращении существования, аннигиляционисты утверждают, что верующие будут жить вечно в воскресших телах, а нечестивые в какой-то момент перестанут существовать. Предполагается, что это может произойти в момент физической смерти, на грядущем суде или после некоторого времени наказания в аду.

Этот взгляд предполагает асимметрию вечной участи спасенных и погибших. Спасенные получат бессмертие и будут жить вечно, а погибшие перестанут существовать. Якобы тексты, говорящие о «вечном» наказании для погибших, не означают бесконечных сознательных мучений. Лишь последствия истребления

---

[24] Richard Dawkins, *Unweaving the Rainbow: Science, Delusion, and the Appetite for Wonder* (New York: Houghton Mifflin, 1998), 1.

[25] Harry Emerson Fosdick, *The Modern Use of the Bible* (New York: Macmillan, 1924), 99.

будут вечными. Филип Хьюз (1915–1990 гг.) утверждал: «Вечная смерть — это погибель, не имеющая конца... погибель уничтожения»[26]. Для Эдварда Фаджа библейский язык огненного озера — это символ «необратимой аннигиляции»[27].

В основе аннигиляционизма лежат два предполагаемых богословских убеждения. Первое состоит в том, что Божий характер несовместим с сознательным вечным наказанием. Якобы такая участь не сочетается с Божьей любовью. Второе убеждение состоит в том, что бессмертие не присуще бытию человека. Оно даруется тем, кто верит в Бога, а погибшие лишаются его. Это награда для тех, кто получает спасение, но неспасенным она не дана.

СОН ДУШИ

Учение о сне души, или *психопанихия*, утверждает, что с физической смертью наступает временное прекращение сознательного существования до дня воскресения. Как человек долгое время может находиться в глубоком сне, не помня о том, как он спал, так и между смертью и воскресением в сознании происходит разрыв. Данный взгляд отрицает промежуточное состояние сознательного существования после смерти и утверждает, что души верующих спят, а не мгновенно перемещаются на небеса. Сторонники мнения о сне души ссылаются на следующие тексты: «Живые знают, что умрут, а мертвые ничего не знают, и уже нет им воздаяния, потому что и память о них предана забвению...» (Еккл. 9:5), и: «И многие из спящих в прахе земли пробудятся, одни для жизни вечной, другие на вечное поругание и посрамление» (Дан. 12:2). К приверженцам сна души относятся Свидетели Иеговы, адвентисты седьмого дня и христадельфиане.

РЕИНКАРНАЦИЯ

Реинкарнация, или переселение души, утверждает, что после физической смерти душа человека вселяется в другую сущность, например, в человека или животное. Реинкарнация, чаще всего связанная с восточной религией индуизма, — это вера в то, что все живые существа переживают цикл рождения, смерти и перерождения, пока не достигнут безличного союза с высшей реальностью. В индуизме эта высшая реальность — Брахман. Затем цикл реинкарнации прекращается. Поскольку союз с божественным трудно достижим, большинство людей переживают реинкарнацию тысячи и более раз. Процесс реинкарнации якобы регулируется законом кармы. Карма действует как закон причины и следствия, определяющий существование человека в следующей жизни. Если человек поступал правильно, кармический долг может уменьшиться, и человек достигнет более высокой формы существования. А неправильные поступки увеличивают кармический долг и понижают существование человека в следующей жизни — возможно, даже до такого низшего существа, как червь.

---

[26] Philip E. Hughes, *The True Image: The Origin and Destiny of Man in Christ* (Grand Rapids, MI: Eerdmans, 1989), 405.
[27] Edward W. Fudge, *The Fire That Consumes: A Biblical and Historical Study of Final Punishment* (Fallbrook, CA: Verdict, 1982), 117.

В реинкарнацию верят миллионы индусов, буддистов и джайнистов. Распространяющийся религиозный плюрализм принес идеи реинкарнации на Запад. Ее формы встречаются в неоязычестве, колдовстве, оккультизме и философии Нью-эйдж. Проведенный в 2009 году опрос показал, что 24 % американцев верят в реинкарнацию[28].

ПРОМЕЖУТОЧНОЕ СОСТОЯНИЕ В ОЖИДАНИИ ВОСКРЕСЕНИЯ

Согласно традиционному христианскому взгляду, после смерти и до телесного воскресения душа/дух пребывает в промежуточном состоянии. Хотя человек—это комплексное единство тела и души/духа, смерть на время разделяет тело и душу. Тело возвращается в землю, а душа обитает в другой сфере. Душа верующего пребывает с Богом на небесах, а душа неверующего отделена от Бога и находится в аду. При будущем воскресении у всех людей их души и тела навсегда воссоединятся для вечного пребывания на небесах или в аду.

АНАЛИЗ ВЗГЛЯДОВ

Библейские данные решительно свидетельствуют в пользу того, что души входят в промежуточное состояние в ожидании воскресения. Возражения против других взглядов содержатся главным образом в убедительных подтверждениях данного взгляда, основанного на трех истинах: (1) человек обладает нематериальной душой; (2) промежуточное состояние существует; и (3) воскресение будет.

Наличие нематериальной составляющей у человека обсуждалось выше в разделах о душе и устройстве человека. О промежуточном состоянии Павел сказал, что выйти из тела означает оказаться у Господа (2 Кор. 5:8). Он также сказал, что разрешиться и быть со Христом лучше, чем жить на земле (Флп. 1:22–24). Присутствие Моисея и Илии в момент преображения Христа показывает их сознательное существование за пределами земной жизни (Лук. 9:30–31). И богач, и Лазарь продолжили существовать после смерти (Лук. 16:19–31), а разбойнику на кресте Иисус сказал, что в тот же день он будет с Ним в раю (Лук. 23:43). Стефан, когда его побивали камнями, также молился, чтобы Иисус принял его дух (Деян. 7:59–60). Все эти примеры опровергают мнения о реинкарнации, прекращении существования или сне души. После физической смерти существует сознательная жизнь.

Многие тексты также учат о будущем воскресении тела. Иов выразил надежду на свое физическое воскресение, связывая это с присутствием своего Искупителя на земле: «Но я знаю: Искупитель мой жив, и в конце Он встанет над землей; и когда моя кожа с меня спадет, я все же во плоти моей увижу Бога...» (Иов. 19:25–26, НРП). О грядущем Божьем Царстве пророк Исаия сказал: «Оживут мертвецы Твои, восстанут мертвые тела! Воспряните и торжествуйте, поверженные в прахе: ибо роса Твоя—роса растений, и земля извергнет

---

[28] "Many Americans Mix Multiple Faiths," Pew Research Center, accessed July 14, 2016, http://www.pewforum.org/2009/12/09.

мертвецов» (Ис. 26:19). Даниил сказал: «И многие из спящих в прахе земли пробудятся, одни для жизни вечной, другие на вечное поругание и посрамление» (Дан. 12:2). Иисус, как и Даниил, говорил о телесном воскресении праведных и нечестивых в Иоанна 5:28–29. Павел сказал, что мы, христиане, ожидаем «искупления тела нашего» (Рим. 8:23), и что Иисус «уничиженное тело наше преобразит так, что оно будет сообразно славному телу Его...» (Флп. 3:21). Кроме того, Иисус назван начатком воскресения (1 Кор. 15:23, Кассиан); поскольку Иисус телесно воскрес из могилы, в истории уже произошло одно воскресение.

Ясное учение Библии о грядущем телесном воскресении опровергает мнение, что после смерти будет существовать только душа. Более того, такой взгляд не учитывает, что Бог оценил материальное творение, включая тело, как весьма хорошее (Быт. 2:7). Напротив, этот взгляд считает, что участь человека — чисто духовное существование, а тело воспринимается как бремя, от которого нужно с радостью избавиться.

Представление об аннигиляции отрицает свидетельство Писания, что нечестивые будут терпеть вечные мучения в полном сознании. Библия использует выражение «огонь вечный» (Матф. 25:41) и говорит, что «дым мучения их будет восходить во веки веков», и что они «не будут иметь покоя ни днем, ни ночью» (Откр. 14:11). Отсутствие покоя указывает на самосознание. Наконец, в Матфея 25:46 Иисус ставил бок о бок вечную жизнь и вечное наказание: «И пойдут сии [нечестивые] в муку вечную, а праведники в жизнь вечную». Как вечная жизнь будет бесконечной для верующих, так и вечное наказание будет бесконечным для неверующих. Отношение между ними симметричное, а не асимметричное.

Человек и общество

> Этническая принадлежность и нации
> Человеческая власть
> Человеческая культура

Этническая принадлежность и нации

Важная, но часто игнорируемая часть библейской антропологии касается этнической принадлежности и наций. В настоящее время в мире около 196 стран, которые состоят из тысяч этнических групп. Как различные группы людей вписываются в Божьи цели?

Подобно тому, как в Боге одновременно есть и единство (один Бог) и множественность (три Лица), так и носители Божьего образа обладают единством и разнообразием. Человечество едино, поскольку все люди произошли от Адама, но есть множество этнических групп и наций. Павел говорит о единстве и разнообразии в человечестве: «От одной крови [Адама] Он [Бог] произвел весь род человеческий для обитания по всему лицу земли...» (Деян. 17:26). Люди происходят от «одной крови» (единство), но в итоге получился «весь род человеческий» (разнообразие/множественность).

Адам, превосходящий этническое разнообразие и нации, был главой человеческого рода. Бог создал Адама и Еву с генетической способностью производить потомство с расовыми различиями и разным цветом кожи. Бог повелел человеку размножаться и наполнять землю (Быт. 1:26–28). Последующее откровение ясно показывает, что это размножение и наполнение включало появление разных групп людей. В Бытии 10–11 перечислены народы, произошедшие от трех сыновей Ноя. Павел отмечает, что Бог назначил «предопределенные времена и пределы их [народов] обитанию» (Деян. 17:26).

После Всемирного потопа Ной представлял человечество как тот, от кого снова произойдет разнообразие. От его сыновей Сима, Хама и Иафета произошли главы разных народов мира. Бытие 9:19 говорит: «Сии трое были сыновья Ноевы, и от них населилась вся земля». Проклятие Ханаана в Бытии 9:18–27, которое часто неправильно понимают, на самом деле было предсказанием победы Израиля над хананеями, населявшими Землю обетованную. Оно вовсе не было проклятием для сына Ноя Хама или предсказанием, что его темнокожие потомки будут рабами других народов.

Перечисление народов в Бытии 10–11 необходимо для понимания важности этнических групп. Оно также служит фоном для Божьего плана благословить все народы через Авраама (Быт. 11:27–12:3). Катализатором разнообразия стало событие с Вавилонской башней, описанное в Бытии 11:1–9. Грешные люди поселились в земле Сеннаар и стали строить башню, чтобы сделать себе великое имя и остаться в одном месте (Быт. 11:4), тем самым восстав против Божьего повеления наполнять землю (Быт. 9:1). Бог разрушил их планы, смешав их язык. Так возникло множество языков, что привело к рассеянию людей по земле.

Рассеяние связано с расселением потомков трех сыновей Ноя. Бытие 10 перечисляет потомков Иафета (Быт. 10:2–5), Хама (Быт. 10:6–20) и, наконец, Сима (Быт. 10:21–31). Это родословие потомков сыновей Ноя записано до истории с Вавилонской башней (Быт. 11), показывая, что расселение групп людей не было Божьим судом, а было частью Его плана с самого начала.

Со временем этнический состав ветхозаветного мира стал разнообразным. В нем были азиаты (Израиль и их семитские родственники—хананеи, моавитяне, идумеи, аммонитяне), чернокожие африканцы (хушиты/эфиопы), чернокожие африканские азиаты (египтяне) и индоевропейцы (филистимляне, хеттеи). Ветхий Завет в основном сосредотачивается на Израиле, но Божье призвание Авраама (потомка Сима) раскрывает Его намерение благословить весь мир. Именно от Авраама произойдет «великий народ», Израиль. Предназначение Авраама и Израиля—благословение всего мира: «...и благословятся в тебе все племена земные» (Быт. 12:3). Последующее обещание Бога Аврааму в Бытии 22:18 подчеркивает более широкую идею благословения «народов».

Группы людей могут быть разными: от семей и племен до родов, более крупных групп и наций. Сам Израиль прошел путь от Авраама и его семьи через

Исаака и Иакова до большей группы людей (евреи), в итоге став народом (Израиль). В Откровении 5:9 дается обещание, что Божье спасение достигнет «всякого колена и языка, и народа и племени».

От Бытия 12 до Малахии Ветхий Завет больше выделяет Израиль, но он также говорит и о благословениях для других народов. Бытие 49:8–10 открывает, что вождем из колена Иудина будет Тот, Кому покорятся народы. Во время исхода вместе с Израилем из Египта вышло «множество разноплеменных людей» (Исх. 12:38), состоявшее, вероятно, как из иностранцев, включая некоторых египтян, так и из смешанных семей египтян и евреев. Сам Моисей был женат на африканке из Эфиопии (Чис. 12:1).

Исход 19:6 говорит, что Израиль должен был стать царством священников Божьих для всего мира. Если бы Израиль поступал правильно, то привлек бы и другие народы к своему Бо (Втор. 4:5–6). В законе Моисея предписывалось, чтобы Израиль хорошо относился к иностранцам. Их нельзя было притеснять или угнетать (Исх. 22:21). Вместо этого к ним нужно было относиться так же, как к коренным израильтянам: «...пришлец, поселившийся у вас, да будет для вас то же, что туземец ваш; люби его, как себя; ибо и вы были пришельцами в земле Египетской. Я Господь, Бог ваш» (Лев. 19:34).

Некоторые язычники в Ветхом Завете поверили в Бога Израиля. Раав блудница, ханаанеянка, помогла израильтянам и стала примером верующей язычницы (Евр. 11:31). Руфь, моавитянка, проявила веру и стала прародительницей Иисуса (Матф. 1:5). Во дни Ионы ниневитяне покаялись и на время избежали Божьего гнева.

Однако, чтобы язычники могли стать участниками заветов и обетований Израиля, не принимая иудаизма, должен был прийти Мессия. Павел напомнил верующим из язычников: «Итак помните... что вы были в то время без Христа, отчуждены от общества Израильского, чужды заветов обетования, не имели надежды и были безбожники в мире» (Еф. 2:11–12). Смерть Христа и Его новый завет разрушают преграду между евреями и язычниками (Еф. 2:14–16).

К сожалению, Израиль в эпоху Ветхого Завета не повиновался Богу. Он не только не стал свидетельством о Боге для других народов, но и сам поклонялся богам других народов. В результате Бог отправил народ в плен в Ассирию и Вавилон, а затем они были под властью Мидо-Персии, Греции и Рима. Однако пророки предсказывали восстановление царства Израиля и обещали благословения народам. Исаия предсказал день, когда Бог установит всемирное согласие, которое будет исходить из Иерусалима, и народы придут, чтобы учиться закону Божьему (Ис. 2:2–4). Он также написал, что Бог возвысит Раба Господнего, величайшего Израильтянина, Который восстановит народ Израиля и принесет благословения язычникам (Ис. 49:1–6). Согласно предсказанию Исаии, иноплеменники будут включены в Божий народ (Ис. 56). А пророк Амос сказал, что восстановление царства Давида в Израиле будет означать благословения для народов мира (Ам. 9:11–15).

В Новом Завете Иисус Христос предстает как Тот, Кто благословит и Израиль, и язычников. Поэтому Симеон пророчествовал, что Иисус явит «свет к просвещению язычников и славу народа Твоего Израиля» (Лук. 2:31–32). Ангел Гавриил сказал Марии, что ее Сын Иисус будет царствовать на престоле Давида над Израилем вовеки (Лук. 1:32–33); когда же волхвы пришли к Младенцу Иисусу, язычники поклонились Царю Израиля (Матф. 2:1–12). В Матфея 8:5–13 Господь Иисус похвалил веру римского сотника и сказал, что язычники придут на пир в Божьем Царстве вместо неверующих еврейских вождей.

В начале Своего служения Иисус возвещал о Царстве исключительно Израилю (Матф. 10:5–7), но после Его смерти и воскресения Евангелие стало провозглашаться по всему миру, и Сам Иисус повелел Своим последователям: «Итак, идите, научите все народы...» (Матф. 28:19). В день Своего вознесения Иисус подтвердил ожидание восстановления царства для народа Израиля, и в то же время провозгласил, что нужно нести Евангелие всем народам мира (Деян. 1:6–8). Как описано в книге Деяний, Евангелие распространилось из Иерусалима в Самарию и далее к язычникам. Иерусалимский собор также показал, что воскресший Сын Давида принес мессианское спасение язычникам (Деян. 15:13–18), а это означало, что им не нужно было становиться частью Израиля или соблюдать закон Моисея.

Учитывая эти исторические события, апостол Павел в своих посланиях дал четкое учение об этнической принадлежности в церкви. Так, Галатам 3:28 объясняет, что верующие в равной степени имеют спасение и духовные благословения во Христе, независимо от их расы, пола или социального положения. Ефесянам 2:11–3:6 говорит, что в церкви верующие язычники наравне с верующими евреями участвуют в заветах и обещаниях, данных через Израиль. Верующие язычники не становятся в духовном смысле евреями; напротив, и евреи, и язычники являются частью церкви. Это единство евреев и язычников основано на смерти Христа и отмене закона Моисея (Еф. 2:13–16). Поэтому в Колоссянам 3:9–11 сказано об обновлении во Христе, «где нет ни еллина, ни иудея, ни обрезания, ни необрезания, варвара, скифа, раба, свободного». Спасение одинаково доступно всем.

В последней книге Библии также описываются благословения, которые распространяются на всех. Представители всякого колена и языка, и народа и племени будут спасены Христом и будут царствовать, когда Его Царство придет на землю (Откр. 5:9–10). Откровение 7:4–9 говорит о спасении как колен Израиля, так и людей из всех народов. В Откровении 21:3 использовано греческое слово *laoi* во фразе «они будут Его народами» (Кассиан), что говорит об этническом разнообразии на новой земле. Откровение 21:24, 26 свидетельствует, что народы со своими царями принесут дары в Новый Иерусалим. А Откровение 22:2 говорит, что листья дерева жизни несут исцеление и согласие между народами. Этнической или национальной вражды больше не будет — только мир и согласие.

Библейское богословие этнической принадлежности и наций раскрывает следующие истины и принципы:

1. Все люди из любого народа созданы по образу и подобию Божию.
2. Никакая группа людей не хуже и не лучше других групп.
3. Расизм—отвратительный грех, поскольку он отрицает полноценную личность некоторых групп людей, тем самым оскорбляя достоинство всех носителей образа Божьего.
4. Израиль был избран как нация, через которую Бог восстановит падшее человечество и принесет спасение и восстановление всему миру.
5. Спасение даруется всем через величайшего Израильтянина, Иисуса Мессию, Который восстановит народ Израиля и благословит язычников, даровав им спасение.
6. Смерть Христа и установление нового завета объединяют всех, кто следует за Иисусом. Истинное расовое единство и согласие обретаются только в Иисусе Мессии, а не просто в образовании, социальной реформе, законодательстве или любых других человекоцентричных усилиях.
7. Церковь должна свидетельствовать о расовой гармонии и служить для всего мира примером Божьего замысла.
8. Когда Иисус вернется, Он будет править всеми народами из Израиля и благословит все народы (Ис. 27:6; Рим. 11:12).
9. В вечном состоянии нации и правители будут существовать в гармонии.

Человеческая власть

Бог есть Бог порядка, а не хаоса. Человеческая власть—это институт, созданный Богом для обеспечения общественного порядка в мире.

БИБЛЕЙСКИЕ ПРИНЦИПЫ ЧЕЛОВЕЧЕСКОЙ ВЛАСТИ

Наиболее подробное обсуждение предназначения власти дано в Римлянам 13:1–7:

> Всякая душа да будет покорна высшим властям, ибо нет власти не от Бога; существующие же власти от Бога установлены. Посему противящийся власти противится Божию установлению. А противящиеся сами навлекут на себя осуждение. Ибо начальствующие страшны не для добрых дел, но для злых. Хочешь ли не бояться власти? Делай добро, и получишь похвалу от нее, ибо начальник есть Божий слуга, тебе на добро. Если же делаешь зло, бойся, ибо он не напрасно носит меч: он Божий слуга, отмститель в наказание делающему злое. И потому надобно повиноваться не только из страха наказания, но и по совести. Для сего вы и подати платите, ибо они Божии служители, сим самым постоянно занятые. Итак отдавайте всякому должное: кому подать, подать; кому оброк, оброк; кому страх, страх; кому честь, честь.

Петр выразил тот же взгляд на человеческую власть в 1 Петра 2:13–14:

> Итак будьте покорны всякому человеческому начальству, для Господа: царю ли, как верховной власти, правителям ли, как от него посылаемым для наказания преступников и для поощрения делающих добро...

Из этих текстов следует несколько истин:

1. Бог установил человеческую власть (Рим. 13:1–2), чтобы она была Его «слугой» (Рим. 13:4). Правительство входит в общую Божью благость к человечеству.

2. Поскольку власть поставлена Богом, противиться ей—значит противиться Богу. Те, кто противится власти, будут осуждены (Рим. 13:2).

3. Одна из задач правительства—«наказание преступников» (1 Пет. 2:14). Таким образом, человек, наделенный властью,—«отмститель в наказание делающему злое» (Рим. 13:4). Власть действует как Божий посредник для обуздания зла.

4. Правительство имеет право на смертную казнь: «Он не напрасно носит меч» (Рим. 13:4). Когда Пилат сказал Иисусу, что имеет право распять Его (Иоан. 19:10), Иисус не оспаривал это, но объяснил, что эта власть дана ему от Бога: «Ты не имел бы надо Мною никакой власти, если бы не было дано тебе свыше...» (Иоан. 19:11).

5. Еще одна функция власти—поощрять и хвалить делающих добро (1 Пет. 2:14; Рим. 13:3). Мирные, законопослушные граждане не должны бояться власти. Она редко делает зло тем, кто подчиняется ее законам; скорее, стремится оказать уважение таковым.

6. Власти «страшны» для тех, кто делает зло (Рим. 13:3). Нарушители закона должны бояться наказания. Даже самые безбожные власти могут сдерживать преступное поведение.

7. Все люди, и особенно христиане, должны «быть покорны» человеческой власти (1 Пет. 2:13; Рим. 13:1, 5). Слово «покорный» описывало полное повиновение воина командиру. Единственное исключение возникает, если повиновение гражданской власти означает непослушание Божьей заповеди (Исх. 1:17; Дан. 3:16–18; 6:7, 10). В таком случае «должно повиноваться больше Богу, нежели человекам» (Деян. 5:29).

8. Послушание власти успокаивает совесть (Рим. 13:5).

9. Люди должны платить налоги и проявлять уважение к властям (Рим. 13:7). Иисус подтвердил необходимость уплаты налогов, сказав: «...отдавайте кесарево кесарю...» (Матф. 22:21).

ЧЕЛОВЕЧЕСКАЯ ВЛАСТЬ В БИБЛЕЙСКОМ ПОВЕСТВОВАНИИ

Хотя общество существовало начиная с сотворения, Бог установил власть как посреднический институт после потопа. Каин убил своего брата Авеля и боялся возмездия. «...Я... буду изгнанником и скитальцем на земле; и всякий, кто встретится со мною, убьет меня»,—сказал он (Быт. 4:14). Но Бог защитил Каина, сделав ему знак, предупреждавший о возмездии каждого, кто попытался бы его убить (Быт. 4:15). Ламех убил ударившего его юношу (Быт. 4:23–24). Каин и Ламех были убийцами, боявшимися возмездия, но не от рук гражданской власти. Каин построил город к востоку от Эдема в земле Нод и назвал его по имени своего сына Еноха (Быт. 4:16–17). Это первый город, упомянутый в Библии.

Свою силу и главную угрозу власть стала демонстрировать после потопа, когда Бог ввел смертную казнь. Он объявил: «...Я взыщу... душу человека от руки человека... кто прольет кровь человеческую, того кровь прольется рукою человека: ибо человек создан по образу Божию...» (Быт. 9:5–6). Здесь Бог дал правительству право применять смертную казнь против тех, кто убьет человека, созданного по образу Божию. Это должны делать не люди из личной мести, а официальное правительство, у которого есть право и обязанность наказывать преступников.

Попытка установить централизованное человеческое правительство описана в Бытии 11:1–9. Те, кто строил Вавилонскую башню в земле Сеннаар, хотели сделать себе имя, оставшись в одном месте вопреки Божьему повелению наполнять землю (Быт. 9:1). Бог оценил их дерзкие планы как непокорность Его воле, поэтому Он расстроил их замысел, произведя чудесное смешение языков. Длинный список этнических групп в Бытии 10–11 — результат вавилонского рассеяния.

Во времена патриархов Израиля общественное взаимодействие происходило на более низком уровне семей и групп семей, объединившихся в племена. Позже растущий еврейский народ, произошедший от Авраама, Исаака и Иакова, был порабощен сверхдержавой того времени Египтом. После исхода из Египта евреи сами стали царством (Исх. 19:6), а завет Моисея действовал в качестве конституции Израиля. Во дни Иисуса Навина земля Ханаана была дана как место, где Израиль будет иметь свою власть. Бытие 17:6 показывает Божье намерение, чтобы Израиль в конечном счете имел царя, и Саул стал первым царем Израиля. Следующий царь Давид получил завет, обещавший вечное царство над Израилем и всем миром, в котором будет править наследник Давида (2 Цар. 7:12–19; Лук. 1:32–33).

Однако Израиль отличался непослушанием, что привело к его пленению и рассеянию. Израильское царство, как вожди, так и народ, не осуществляли праведной власти. Царство достигло своего расцвета, когда Божье присутствие наполнило храм (3 Цар. 8–10), и казалось, что обещания земли, семени и всеобщего благословения, данные Аврааму, скоро исполнятся. Даже правители других стран приходили послушать мудрости израильского царя Соломона (3 Цар. 10:1–13, 23–25). Но идолопоклонство Соломона (3 Цар. 11) поставило Израиль на путь, который привел к разделению двенадцати колен на два царства и последующему рассеянию среди народов. Власть в Израиле пришла к краху, причем не только для евреев, но и для всего мира, который должен был обрести благословение через Израиль. Это крушение было разрушительным, но не окончательным.

В падшем мире человеческое правительство всегда подвержено коррупции и нечестию. В частности, Вавилон был городом, олицетворявшим самовосхваление, гордость и противление Божьим замыслам, как религиозным, так и политическим. Власти Египта и Ассирии были безбожными, но Бог все равно использовал их как Свои орудия. Толкуя сон вавилонского царя Навуходоносора об истукане, Даниил открыл, что пять последовательных империй — Вавилон, Мидо-Персия, Греция, Рим и возрожденная в будущем Римская империя —

будут править миром, а затем внезапно с небес придет Божье Царство и сокрушит эти языческие правительства. Тогда ведущей мировой державой на земле будет Царство Божье с центром в Израиле (Дан. 2). Исаия предсказал, что, когда наступит Божье Царство, даже традиционные враги, такие как Египет и Ассирия, станут вместе с Израилем народом Божьим (Ис. 19:24–25).

Для праведного правительства необходим праведный правитель. О грядущем Мессии Исаия предсказал: «...владычество на раменах Его... Умножению владычества Его и мира нет предела на престоле Давида и в царстве его...» (Ис. 9:6–7). О правителе из рода Давида, «от корня Иессеева», Исаия также сказал: «И будет препоясанием чресл Его правда...» (Ис. 11:5) и «Он будет судить бедных по правде, и дела страдальцев земли решать по истине...» (Ис. 11:4).

Когда пришел Иисус, Он был признан законным потомком Авраама и Давида, Который будет царствовать над Израилем (Матф. 1:1; Лук. 1:32–33). Но люди не поверили в Него, а потому правление Христа над народами отложено до Его второго пришествия. В то время Он придет со Своими ангелами, чтобы судить народы земли (Матф. 25:31–46) и установить Свое царство. Тогда двенадцать апостолов под Его руководством будут вместе с церковью править восстановленным народом Израиля (Матф. 19:28; Откр. 2:26–27; 5:10).

Однако незадолго до возвращения Иисуса сатана будет властвовать над народами через антихриста, которому он даст силу (2 Фес. 2:3–12; Откр. 13), и город Вавилон будет его столицей (Откр. 17–18). Иисус же вернется, чтобы «поражать народы» и пасти их «жезлом железным» (Откр. 19:15).

В Тысячелетнем царстве Христа будут нации и правительства, поскольку в Откровении 20:3 говорится, что в то время сатана будет удален с земли, чтобы он «не прельщал уже народы». Значит, в то время будут существовать народы. В Исаии 2:2–4 говорится, что тогда Господь будет принимать административные решения в интересах народов и установит международное согласие. Когда тысячелетнее правление Христа приблизится к концу, сатана будет освобожден из темницы и «выйдет обольщать народы» (Откр. 20:7–8). Присоединившиеся к нему люди будут уничтожены огнем с неба (Откр. 20:9–10).

Народы будут существовать и в вечном состоянии. В Откровении 21:24, 26 говорится, что «народы... и цари земные принесут... славу и честь свою» в Новый Иерусалим. Листья дерева жизни будут поддерживать согласие между этими народами (Откр. 22:2), и эти народы будут править на новой земле в присутствии Бога Отца и Его Сына Иисуса (Откр. 22:1–5).

Человеческая культура

Человеческая культура уходит корнями в Бытие 1–2. Данное человеку повеление владычествовать и обладать землей и живущими на ней существами (Быт. 1:26, 28) часто называют «культурным поручением», поскольку человек должен был использовать свои способности и статус носителя Божьего образа, чтобы управлять творением от имени Бога. Это охватывает землю, растительность, животных, птиц и обитателей водоемов. Бог поместил Адама «в саду Едемском, чтобы возделывать его и хранить его» (Быт. 2:15). Человеку было дано земное занятие, и из этого возникла культура.

Культура охватывает труд, искусство, музыку, образование и все сферы, в которых человек взаимодействует с окружающей средой. Творец культуры — Бог, а человек призван участвовать в ней от имени Бога. Способность человека развивать угодную Богу культуру была повреждена грехопадением в Бытии 3. Человеку был вынесен смертный приговор, а окружающая среда и все ее составляющие подпали под проклятие. Человечество было обречено на тяжелый труд на земле, которая будет противиться ему терниями и волчцами и в итоге поглотит его в смерти (Быт. 3:17–19).

Тем не менее культура развивалась, о чем говорят события 4-й главы Бытия. Иавал, потомок Еноха через Ламеха, стал первым скотоводом, жившим со стадами крупного рогатого скота: «...он был отец живущих в шатрах со стадами» (Быт. 4:20). Брат Иавала, Иувал, стал первым сочинять музыку и играть на инструментах: «он был отец всех играющих на гуслях и свирели» (Быт. 4:21). Еще один сын Ламеха, Тувалкаин, был первым металлургом. Он «был ковачом всех орудий из меди и железа» (Быт. 4:22).

Несмотря на такое развитие культуры, время перед Всемирным потопом характеризовалось преобладанием нечестия (Быт. 6:5). После потопа Ноев завет обещал стабильность в природе как основу для выполнения Божьих планов. Это принесло бы положительные результаты для земледелия: «...впредь во все дни земли сеяние и жатва, холод и зной, лето и зима, день и ночь не прекратятся» (Быт. 8:22).

Ной занялся земледелием: «Ной начал возделывать землю и насадил виноградник...» (Быт. 9:20). Но его греховность проявилась, когда «выпил он вина, и опьянел, и лежал обнаженным в шатре своем» (Быт. 9:21). Культура также проявлялась в коллективных, но нечестивых действиях, таких как попытка построить в земле Сеннаар (современный Ирак) башню высотой до небес:

> И сказали друг другу: «Наделаем кирпичей и обожжем огнем». И стали у них кирпичи вместо камней, а земляная смола вместо извести. И сказали они: «Построим себе город и башню, высотою до небес, и сделаем себе имя, прежде нежели рассеемся по лицу всей земли» (Быт. 11:3–4).

Такие подробности, как «кирпичи вместо камней» и «земляная смола вместо извести», говорят об архитектурном мастерстве, хотя люди использовали его, чтобы сделать себе имя и остаться в одном месте вопреки Божьему повелению заселять землю (Быт. 9:1). Бог не остался безучастным к этому мятежу, но сошел с небес, чтобы расстроить их планы, смешав их язык, в результате чего люди рассеялись по земле (Быт. 11:5–9). Бог продолжает вмешиваться Своими судами, препятствуя культурным достижениям человека, если они идут наперекор Его целям (см. Рим. 1:18–32).

В дни патриархов Израиля преобладала культура скотоводства (Быт. 37:13–17). На зиму люди строили временные жилища, а весной искали пастбища для своих стад. Позже евреи соприкоснулись с Египтом, где культура на то время была высоко развита. Иосиф, находясь в тюрьме, общался с виночерпием и хлебодаром фараона (Быт. 40:1–2). Когда он впоследствии был назначен правителем Египта, Иосиф помог египтянам собрать зерно на время грядущей засухи (Быт. 41:53–57). Когда евреи стали рабами в Египте, им было поручено строить фараону «города для запасов» (Исх. 1:11).

Моисей был воспитан в египетской культуре (Деян. 7:22), но оставался верным Божьему народу, евреям. Выходя из Египта, евреи обобрали египтян (Исх. 12:36). В Моисеевом завете, данном на Синае, были связанные с культурой предписания, такие как строительство скинии, ставшей центром поклонения для Израиля. Эту работу должны были возглавить два одаренных ремесленника, Веселеил и Аголиав, и их выдающиеся способности описаны в Исходе 31:2–6:

Смотри, Я назначаю именно Веселеила, сына Уриева, сына Орова, из колена Иудина; и Я исполнил его Духом Божиим, мудростью, разумением, ведением и всяким искусством, работать из золота, серебра и меди, резать камни для вставливания и резать дерево для всякого дела; и вот, Я даю ему помощником Аголиава, сына Ахисамахова, из колена Данова, и в сердце всякого мудрого вложу мудрость, дабы они сделали все, что Я повелел тебе...

Однако нечестивое употребление культуры в Израиле проявилось, когда люди сделали золотого тельца для поклонения (Исх. 32). Контраст между 31-й и 32-й главами Исхода показывает культуру падшего мира. Будучи носителями Божьего образа, люди способны на великие культурные достижения, но без Божьей воли культура может использоваться для идолопоклонства и зла.

Культура занимала важное место в жизни Давида. Он был одаренным музыкантом и псалмопевцем. Его пример показывает, что для прославления Господа надо использовать музыкальные инструменты, в том числе трубы, тимпаны, струны, орган и кимвалы (Пс. 150:3–5). Соломон также проявлял большие творческие способности и использовал разные материалы при строительстве славного и прекрасного Первого храма (3 Цар. 7–8). Когда царица Савская увидела мудрость Соломона, храм, пищу за его столом, стройность его слуг и их одежду, у нее захватило дух (3 Цар. 10:4–5). Она была потрясена красотой и порядком израильской культуры в тот период процветания царства Израиля.

К сожалению, и Соломон, и народ израильский увлеклись идолопоклоннической культурой других народов. Это привело к божественному суду в виде рассеяния и рабства. Завоевание Израиля Вавилоном привело к разрушению храма и расхищению его золота и драгоценных предметов (4 Цар. 24:13). Во время вавилонского пленения Даниил и трое его друзей показали пример, что можно быть воспитанным в вавилонской культуре, но при этом сохранить преданность Богу Библии. Они отказались вкушать царскую пищу и поклоняться золотому истукану (Дан. 1; 3).

Обличая неповиновение Израиля завету, пророки также предсказывали будущее восстановление Израиля в области культуры. Это время процветания описано в Исаии 60:5–7:

Тогда увидишь, и возрадуешься,
    и затрепещет и расширится сердце твое,
потому что богатство моря обратится к тебе,
    достояние народов придет к тебе.
Множество верблюдов покроет тебя—
    дромадеры из Мадиама и Ефы;
    все они из Савы придут,
принесут золото и ладан
    и возвестят славу Господа.
Все овцы Кидарские будут собраны к тебе;
    овны Неваиофские послужат тебе:
взойдут на алтарь Мой жертвою благоугодною,
    и Я прославлю дом славы Моей.

Согласно Исаии 65:17–25, условия Царства будут охватывать сельское хозяйство, архитектуру и взаимодействие с животным миром.

Когда пришел Иисус, Он провозгласил приближение Царства Божьего во всех его проявлениях (Матф. 4:17), однако и вожди, и народ израильский отвергли Его (Матф. 11–12). Тем не менее смерть Иисуса искупила грехи и заложила основание для примирения и восстановления Израиля, всех народов и всего творения (Деян. 3:21; Кол. 1:20; Откр. 5:9–10). Когда Иисус снова придет во славе, наступит «пакибытие», то есть новый мир. Те, кто оставил все и последовал за Ним, получат в Его Царстве дома, семьи и земли (Матф. 19:28–29).

В нынешнюю эпоху сатана правит этой порочной мировой системой (Еф. 2:2). Он продолжает красть, убивать и губить (см. Иоан. 8:44; 1 Пет. 5:8). Кульминация его обмана наступит во время будущей Великой скорби, когда город Вавилон поднимет религиозное, экономическое и политическое восстание (Откр. 17–18). Это сатанинская культура в своем худшем проявлении. Однако последний Вавилон придет к жалкому концу, когда вернется Господь Иисус. Сатана будет удален с земли (Откр. 20:1–3), и народы будут процветать под руководством Христа (Ис. 2:2–4). Грядущее Царство Иисуса включает и восстановление культуры (Ис. 11; 35; 65–66). Даже в вечном состоянии останется все лучшее из человеческой культуры, поскольку народы и цари земные принесут свою «славу» в Новый Иерусалим. Их славой, вероятно, будет культурный вклад этих народов. Вся культура в то время будет существовать для славы Божьей, и ее центром будет Новый Иерусалим, сделанный из чистого золота и драгоценных камней (Откр. 21:9–21).

Подводя итог, можно сказать, что Бог создал культуру. Он создал мир во всем его разнообразии и поручил человеку управлять и обладать им для Божьей славы. Между Богом и культурой или человеком и культурой нет дихотомии.

Бог ожидает, что человек будет успешно управлять Его творением (Пс. 8:5–9), хотя это ожидание до конца исполнится только в Царстве Иисуса в «будущей вселенной» (Евр. 2:5–8). Культура в падшем мире поражена грехом, поэтому необходимо очищение огнем от всех оскверненных остатков падшего мира, в том числе и от греховной человеческой культуры (2 Пет. 3:8–13). На новой земле культура всегда будет служить Божьей славе. Культура небес будет славить Бога с абсолютно святым совершенством.

Библейское богословие о человеке

Учение о человеке можно обобщить следующим образом:

Кульминацией буквального шестидневного творения стало то, что Бог создал человека, причем двух полов: мужского и женского. Начиная с первого мужчины (Адама) и первой женщины (Евы) человечеству было дано поручение размножаться и наполнять землю, а также управлять и обладать творением от имени Бога. В этом заключаются основные обязанности человека.

Человек был создан по «образу» и «подобию» Божьему, а это значит, что он в некотором смысле похож на Бога и представляет Его на земле. Человек— и царь, и сын. Но он при этом не Бог. Человеку присуща связь с землей и всем творением, хотя он сам—вершина Божьего творения. Человечество наделено тремя видами отношений: (1) с Богом, (2) с другими людьми, и (3) с творением. Будучи носителем Божьего образа, человек устроен так, чтобы быть эффективным во всех трех сферах отношений. Каждый человек также представляет собой комплексное единство тела и души/духа. Как существо, обладающее волей и разумом, человек призван любить Бога и проявлять свою верность через послушание Богу.

Однако человек ослушался Бога и не выполнил Его повеление о царстве— владычествовать и обладать творением. Он умер духовно, и начался процесс физической смерти. Пострадали его отношения с другими людьми, а также с землей, которая стала противиться ему. Человек по-прежнему оставался образом Божьим, но этот образ был запятнан и искажен грехом. Человек стал полностью греховным по природе и не мог сделать ничего для своего спасения. Однако надежда не была потеряна, так как Бог начал осуществлять план, чтобы спасти человечество и отменить проклятие через грядущее семя женщины. Человечество пало, но грядущий особый Человек станет Спасителем мира. Адам и Ева и их потомки ожидали этого грядущего Избавителя, хотя и не знали времени Его прихода (см. Быт. 4:1; 5:28–29). Право человека править миром было подтверждено даже после грехопадения (Пс. 8:5–9), хотя в нынешнем веке человек не имеет в этом успеха. Эта способность человека проявится в «будущей вселенной» (Евр. 2:5–8).

Бог воздвигал людей, спасенных благодатью через веру, чтобы они осуществляли Его план спасения человечества и творения. Среди них были главы заветов, такие как Ной, Авраам, Моисей и Давид. Но каждый из них был грешен и не мог быть Спасителем. Израиль как народ будет использован для достижения Божьих целей, хотя и этот народ показал себя грешным. То же самое относится и к царям из рода Давида, которые должны были стать примером послушания и праведности в Израиле, но также потерпели неудачу.

Когда пришел Иисус, Он стал «последним Адамом» (1 Кор. 15:45), Мессией, тем самым семенем женщины (Гал. 3:16). Другими словами, Он был (и остается) Человеком в самом полном смысле — Божьим человеком. Он был совершенным Божьим образом, явившим замысел Бога о человеке. Иисус исполнил Божьи планы в отношении человека. Он был праведным и послушным. В сфере отношений Иисус безгранично любил Бога и людей. В функциональной сфере Он показал Свое владычество над землей посредством чудес.

Иисус показал Себя Царем, Чье Царство приблизилось (Матф. 4:17). Однако люди не приняли Его. Своей смертью Иисус искупил грехи носителей Божьего образа и заложил основание для Царства Божьего и восстановления всего творения (Кол. 1:20; Евр. 2:5–9; Откр. 5:9–10). Иисус вознесся на небеса как превознесенный Мессия и воссел по правую руку от Бога, чтобы править Своим духовным Царством спасения и ожидать наступления Своего земного правления с престола Давида при втором пришествии (Пс. 109:1–2; Матф. 25:31; Откр. 3:21).

Благодаря искупительному крестному подвигу Христа и установлению нового завета все, кто соединен с Иисусом, получают спасение и начинают преображаться в образ Христа, Который есть совершенный образ Бога. Освящение — это процесс, посредством которого Божьи люди в этом веке становится больше похожи на Христа, все более и более являя то, каким должен быть образ Божий. Но этот мир по-прежнему лежит во зле, и успешное господство человека над землей откладывается до возвращения Иисуса и наступления Его Царства. Когда Иисус вернется на землю, Он свяжет сатану и удалит его с земли. Затем вместе с теми, кто принадлежит Ему, Христос тысячу лет будет править земным царством, что и будет исполнением поручения о царстве в Бытии 1:26–28. Иисус будет править народами (Пс. 2) вместе со Своими святыми (Откр. 2:26–27; 3:21).

Когда Иисус исполнит предназначение человека на земле, окончательно и полностью преуспев там, где первый Адам потерпел неудачу, Его Царство перейдет в Царство Отца в вечном состоянии (1 Кор. 15:24–28; Откр. 20–21). Благодаря свершениям величайшего Человека Иисуса земля будет успешно подчинена и покорена, сатана будет повержен, неверующие будут осуждены, а проклятие будет навсегда снято. Божьи святые будут вечно пребывать в совершенных отношениях с Богом, другими людьми и новым творением. Благодаря Иисусу предназначение человека будет успешно выполнено! Последний стих, описывающий жизнь на новой земле, гласит: «...и будут царствовать во веки веков» (Откр. 22:5). Произойдет то, что было невозможно на протяжении тысячелетий: для искупленного человечества история закончится хорошо!

ГРЕХ

Введение в учение о грехе

Определение греха
Связь учения о грехе с другими доктринами
Происхождение греха

Всеобщая греховность человека очевидна и может быть проверена. Грех пронизывает каждый аспект нашего существования. Он влияет на нас как индивидуально, так и в обществе. Он глубоко укоренен в нас и проявляется постоянно. На протяжении истории в обществе всегда признавали присущую человеку греховность. Однако со времени эпохи Просвещения западная цивилизация становится все более антагонистичной к реальности греха, особенно к его библейскому определению. У такой перемены есть четыре основные причины.

Во-первых, современный мир склонен считать людей добрыми по природе. До того как в XVIII веке произошли изменения в философии, преобладало общее представление о порочности человека. Протестантская Реформация, к примеру, была связана с терзаниями Мартина Лютера по поводу своей греховности. Однако с наступлением современной эпохи традиционный взгляд на греховность человека стал угасать, и человека стали считать хорошим от природы. Человеческие проблемы и страдания стали связывать с невежеством. В ложной эйфории эпохи Просвещения многие, опираясь на достижения в образовании, науке и технологии, пришли к выводу, что человек по своей сути добр и что благодаря его образованию мир будет становиться лучше. Затем XX век окончательно разрушил эту иллюзию, и порочность человека была выставлена напоказ, когда мир потрясли самые крупные в истории войны и кровопролитие, в том числе две опустошительные мировые войны, Холокост и холодная война. И XXI век тоже изобилует войнами, нестабильными странами, стремящимися обладать или уже обладающими ядерным оружием, а также ростом исламского терроризма. Глобальные средства массовой информации по нарастающей демонстрируют человеческую развращенность на таком уровне, который раньше невозможно было представить. Образование, наука и технологии, которые привели к большим медицинским достижениям и комфорту, в то же время создали оружие массового поражения. Общество все чаще выступает против Божьих стандартов, даже пересматривая такие основополагающие аспекты жизни человека, как пол и брак. Вопреки модернистскому и постмодернистскому мышлению, грех реально существует и проявляется в полной мере.

Во-вторых, детерминистские взгляды на человечество поставили под сомнение библейское понимание греха. Людей рассматривают в основном как продукт их окружения, социального воспитания, либо психологических стремлений или лишений. Общество так далеко зашло в стремлении приспособиться к собственной испорченности, что не желает никого считать морально виновным практически ни за какое поведение. Это согласуется с мнением, что человек—это, по сути, механизм, делающий то, на что он был заранее запрограммирован.

В-третьих, с появлением постмодернизма общество перешло к нравственному релятивизму. Сегодня правильное и неправильное, добро и зло не определяются в абсолютных терминах, а рассматриваются субъективно. Считается, что не Бог, а сами люди и общество имеют право определять, что неправильно. Подавляющее большинство людей сегодня полагает, что истина и мораль— понятия гибкие и субъективные, а не фиксированные. И их не интересует, что сказано в Писании.

В-четвертых, грех—неприятная тема. В наш век высокой самооценки и субъективизма людям не нравится считать себя плохими. Миллард Эриксон отмечает: «На официальных добропорядочных светских встречах или даже в церкви разговор о греховности человека выглядит почти как сквернословие или непристойность. Эта тема запрещена. Такую всеобщую настроенность можно рассматривать как новое проявление законничества, главный запрет которого выражается словами: „Не говори ничего отрицательного“»[29].

Определение греха

Из 1189 глав в 66 книгах Библии только 4 главы в 2 книгах не говорят о грехе или грешниках. Бытие 1–2 и Откровение 21–22 выделяются как уникальные главы, повествующие о творении до греха и о новом небе и новой земле, которые никогда не будут поражены грехом. Все остальное в Библии, от Бытия 3:1 до Откровения 20:15, изобилует описанием человеческого греха и необходимости спасения. Грех—это крупная доктрина.

Учение о грехе называется *гамартиологией*. Это название происходит от греческого слова *hamartia*, «грех». Несколько сопутствующих терминов и понятий показывают, что грех—многогранное и сложное явление. В Ветхом Завете еврейское слово *khata'* часто переводится «грешить» или «согрешил» (Быт. 20:6; Исх. 10:16). Это слово связано с идеей промаха мимо цели (Суд. 20:16). Притчи 19:2 говорят: «...торопливый ногами оступится [*khata'*]». Этот термин тесно связан с греческим существительным *hamartia* («грех») и его глагольной формой *hamartanō*, означающей «промахиваться», «ошибаться» или «заблуждаться». Глагольная форма встречается в Римлянам 3:23: «...потому что все согрешили [*hamartanō*] и лишены славы Божией».

Еще одно емкое древнееврейское слово, называющее грех в Ветхом Завете,— это *pasha'*. Оно означает «восставать», «посягать» или «предавать». Это слово описывает восстание Израиля против Бога в Исаии 1:2: «...а они возмутились [*pasha'*] против Меня». Также древнееврейское слово *'abar* означает «преступать» или

---

[29] Эриксон. Христианское богословие. С. 477.

«переходить». В нравственном контексте оно описывает нарушение заповеди или завета. Моисей сказал: «Для чего вы преступаете [*abar*] повеление Господне? Это будет безуспешно...» (Чис. 14:41). В Судей 2:20 Бог разгневался на Израиль, сказав: «Народ сей преступает [*abar*] завет Мой, который Я поставил с отцами их, и не слушает гласа Моего».

В Новом Завете есть несколько греческих терминов, называющих грех. Слово *adikia* означает «неправедность» или «несправедливость» (Рим. 1:18). Некоторые люди были описаны Павлом как «не веровавшие истине, но возлюбившие неправду [*adikia*]» (2 Фес. 2:12). Термин *planaō* подразумевает «блуждать» или «сбиваться с пути» (2 Пет. 3:17; 2 Тим. 3:13). Грех — это также *anomia*, что значит «беззаконие», то есть отвержение Божьего закона. В 1 Иоанна 3:4 просто сказано: «...грех есть беззаконие».

Слово *apeitheō* имеет значение непослушания и умышленного противления Божьей воле (Рим. 11:31; Иоан. 3:36). *Asebeia* может переводиться как «нечестие», «непочтительность» или «кощунство». Иуда пишет: «...в последнее время появятся ругатели, поступающие по своим нечестивым [*asebeia*] похотям» (Иуд. 18). *Agnoia* означает невежество или отсутствие понимания. Павел говорит, что неверующие помрачены в своем разуме «по причине их невежества [*agnoia*]» (Еф. 4:18). Слово *parabasis* означает нарушение или уклонение от Божьего закона. В Римлянам 2:23 сказано: «Хвалишься законом, а преступлением [*parabasis*] закона бесчестишь Бога?»

Приведенный выше список не является исчерпывающим, но взятые вместе эти библейские термины иллюстрируют многогранную природу греха. Очевидно, что грех неправильный во многих отношениях. Но есть ли центральный или основной элемент греха? На данный вопрос предлагались разные ответы. Августин утверждал, что в основании греха лежит гордость, потому что она побуждает человека жить, надеясь только на себя. Другие полагают, что в основании греха лежит отсутствие мира (евр. *shalom*), поскольку это всегда приводит к разрушению и страданиям. Упоминаются также эгоизм и идолопоклонство. Эгоизм — это любовь к себе больше, чем к Богу. Идолопоклонство — это поклонение творению вместо Творца. Первая заповедь предостерегает от идолопоклонства: «Я Господь, Бог твой... да не будет у тебя других богов пред лицом Моим» (Исх. 20:2–3). Несомненно, все рассмотренные выше понятия входят в состав сложного явления греховности человека.

Грех следует рассматривать с богоцентричной точки зрения. По сути своей грех — это нарушение взаимоотношений между Творцом и творением. Человек существует только потому, что его создал Бог, и он обязан служить своему Создателю. Грех побуждает человека присвоить себе роль Бога и заявить о своей независимости от Творца. Поэтому наиболее всеобъемлющее представление о главном источнике греха — это требование независимости.

Поскольку Бог — Творец всего, то все сущее должно повиноваться Ему и жить по Его воле. Падение сатаны, а затем Адама и Евы связано с независимыми действиями и непокорным стремлением стать как Бог. Устами человеческого царя сатана заявил: «...буду подобен Всевышнему» (Ис. 14:14). Позже вдохновленный сатаной змей сказал Еве: «...в день, в который вы вкусите их [плоды дерева познания добра и зла], откроются глаза ваши, и вы будете, как боги...» (Быт. 3:5). Ева и затем Адам, пренебрегши Божьей заповедью, послушались этого совета: «И увидела жена, что дерево хорошо для пищи, и что оно приятно для глаз и вожделенно, потому что дает знание; и взяла плодов его и ела; и дала также мужу своему, и он ел» (Быт. 3:6).

В случаях с сатаной, Адамом и Евой, они не были удовлетворены послушанием Богу. Они были созданы, чтобы любить Бога всем своим существом и воспринимать мир с Его точки зрения. Но они не захотели любить Бога через послушание. Действуя независимо, они переступили черту, стремясь быть подобными Богу. Эта нечестивая самонадеянность повторяется с каждым грехом. Вместо того, чтобы говорить: «Да будет воля Божья», грешник говорит: «Да будет воля моя». Таким образом, грех—это независимое действие и узурпация Божьей власти.

Подробно рассматривая греховность человека в Римлянам 1–3, Павел объяснил, как грешные творения нарушили свои отношения с Творцом: «Они заменили истину Божию ложью, и поклонялись, и служили твари вместо Творца, Который благословен во веки, аминь» (Рим. 1:25). Таким образом, идолопоклонство происходит, когда люди поклоняются творению вместо Бога. Мир и гармония, которые приходят только от поклонения истинному Богу, исчезают, когда поклонение направлено на творение. Отвергнув Создателя, неверующее сердце стремится удовлетворить себя тем, что не может дать постоянной радости или подлинного удовлетворения, будь то имущество, успех, слава, безнравственные отношения, наркотики, алкоголь, азартные игры и многие другие заменители. Предающиеся этому нечестию становятся его рабами (2 Пет. 2:19).

В контексте 1-й главы Римлянам Павел сказал, что безрассудные люди с омраченными сердцами «...славу нетленного Бога изменили в образ, подобный тленному человеку, и птицам, и четвероногим, и пресмыкающимся...» (Рим. 1:23). Он особо выделил гомосексуализм у женщин и у мужчин: «Потому предал их Бог постыдным страстям: женщины их заменили естественное употребление противоестественным; подобно и мужчины, оставив естественное употребление женского пола, разжигались похотью друг на друга, мужчины на мужчинах делая срам и получая в самих себе должное возмездие за свое заблуждение» (Рим. 1:26–27).

В свете перечисленных факторов предлагается следующее краткое определение греха: *грех—это любое несоответствие Божьей воле в расположении, мыслях или действиях, будь то активное или пассивное. Центр всякого греха—это независимость, когда человек заменяет собой Бога. С грехом всегда тесно связаны его плоды: гордость, эгоизм, идолопоклонство и отсутствие мира.*

Связь учения о грехе с другими доктринами

УЧЕНИЕ О БОГЕ

Учение о грехе неотделимо от остальных библейских доктрин. Оно связано с Богом, поскольку грех в первую очередь направлен против Бога. Псалом 50:6 говорит: «Тебе, Тебе единому согрешил я и лукавое пред очами Твоими сделал...» Кроме того, только Бог может взять на Себя инициативу по устранению вражды между человеком и Богом (2 Кор. 5:19).

УЧЕНИЕ О ЧЕЛОВЕКЕ

Учение о грехе прямо характеризует человечество как падшее и затрагивает каждого, поскольку грех от рождения обуславливает каждую жизнь; он нарушает отношения каждого человека с Богом, с другими людьми и с творением; и он всех приводит к смерти. Грех влияет на все в человеке и в его жизни, искажая каждый аспект нашего существа, и тело, и душу. Грех также повредил способность человека управлять и обладать творением. Только праведный Человек Иисус может в совершенстве преуспеть там, где Адам и человечество потерпели неудачу. Только Сын Человеческий может отменить проклятие, и Он это сделает.

УЧЕНИЕ О СПАСЕНИИ

Учение о грехе, очевидно, влияет на учение о спасении, так как грешники нуждаются в спасении, но не могут спасти сами себя. Поскольку они глубоко и всесторонне грешны, грешникам необходимо спасение по благодати. Без спасения исключительно по Божьей благодати человек не только не справляется с предназначенными ему Богом отношениями и функциями, но и обречен на вечный Божий гнев.

УЧЕНИЕ О ХРИСТЕ

Учение о грехе имеет непосредственное отношение к Иисусу Христу, поскольку Он есть последний Адам, страдающий Раб, Мессия и семя женщины—Тот, Кто побеждает грех во всех его формах и со всеми его последствиями, искупает верующих, восстанавливает творение и побеждает сатану. Иисус все это совершает через искупление грехов Своего народа. Без Его совершенной заместительной смерти не было бы спасения от греха. А без Его воскресения и превознесения как Господа над всем человек не смог бы править творением, как обещал и ожидает Бог.

УЧЕНИЕ ОБ АНГЕЛАХ

И сатана, и падшие ангелы согрешили против Бога и были удалены от Него. Для сатаны и последовавших за ним бесов спасение не предусмотрено. В то время как святые ангелы—это служебные духи, посылаемые на служение людям, наследующим спасение (Евр. 1:14), сатана и его злые духи—это обманщики, искушающие человечество не покоряться Богу. Сатана и все падшие ангелы будут наказаны тем, что будут навеки брошены в приготовленное для них озеро огненное.

УЧЕНИЕ О ЦЕРКВИ

Церковь—это сообщество людей, спасенных от греха в этом веке. Она также выступает как Божий посланник всему миру, возвещающий грешникам о примирении. Церковь проповедует Евангелие прощения грехов в Иисусе Христе. Божья благодать разрушает власть греха в жизни христиан, и они могут одерживать победу над грехом, подчиняясь Божьему Слову в силе Святого Духа, что свидетельствует о силе Бога в спасении.

ЭСХАТОЛОГИЯ

Падший мир наполнен грехом и его последствиями. Но все еще не так плохо, как могло бы быть и как однажды будет, ведь наступает время, когда Святой Дух перестанет сдерживать грех, как Он это делает сейчас. Как только это произойдет, откроется антихрист—человек сатаны, олицетворяющий беззаконие (см. 2 Фес. 2:3–4; Откр. 13:1–10). Связанные в древности бесы будут освобождены из бездны и придут на землю, чтобы искушать и мучить людей (Откр. 9:1–11). Вернувшись на землю, Иисус победит антихриста и его последователей (Откр. 19:19–21). Сатана и его бесы будут связаны на тысячу лет (Откр. 20:1–6), и впоследствии будут брошены в озеро огненное (Откр. 20:10), а грех и его последствия будут окончательно устранены с наступлением вечного состояния. О новой земле в Откровении 21:4 сказано: «И отрет Бог всякую слезу с очей их, и смерти не будет уже; ни плача, ни вопля, ни болезни уже не будет, ибо прежнее прошло».

Происхождение греха

САТАНА

Библия возлагает вину за появление греха и смерти в мире на первого человека Адама (Рим. 5:12). Однако в описании грехопадения человека (Быт. 3) можно заметить темную духовную фигуру со злыми намерениями. Это существо искушало носителей Божьего образа и ставило под сомнение то, что Бог сказал им. Оно склонило их смотреть на мир с его позиции, а не с Божьей. Хотя это существо и было буквальным змеем (Быт. 3:1), за ним стоял падший ангел Люцифер, известный ныне как сатана, что значит «противник».

Бытие не описывает падение сатаны, но в 3-й главе главный бес появляется как падшее существо, неистово противящееся Богу. Падение сатаны, вероятно, подразумевается в Иезекииля 28 и Исаии 14. Оба текста говорят о людях, царях Тира и Вавилона, однако там изображено то, что выходит далеко за рамки любого человеческого монарха. Скорее, оба текста описывают первый грех во Вселенной. В Иезекииля 28:13 сказано: «Ты находился в Едеме, в саду Божием...»

Далее говорится, что сатана был «помазанным херувимом, чтобы осенять... на святой горе Божией...» (Иез. 28:14). Слово «херувим» означает, что сатана был ангелом в Божьем присутствии. Затем в Иезекииля 28:15 говорится: «Ты совершен был в путях твоих со дня сотворения твоего, доколе не нашлось в тебе беззакония». Итак, сатана пал от совершенства до беззакония. На Бога нельзя возложить ответственность за беззаконие. Оно было найдено в сатане, и вина лежит на нем. В Исаии 14:14 сказано, что причиной восстания этого вождя ангельского поклонения было желание быть подобным «Всевышнему», то есть Богу (Ис. 14:11−12).

АДАМ И ЕВА

Змей предложил Еве ложь, что если она вкусит от дерева познания добра и зла, то получит знание и станет подобной Богу. Ева поддалась этой лжи и первой ела плод с дерева, а затем дала его Адаму (Быт. 3:6). Однако главную ответственность за этот поступок Писание возлагает на Адама, поскольку Адам, а не Ева, был главой человечества. Адам и Ева сразу же стали грешниками и скрылись, испытывая страх и вину. Бог обратился именно к Адаму: «И воззвал Господь Бог к Адаму и сказал ему: „Где ты?"» (Быт. 3:9). Павел говорит, что и Адам, и Ева согрешили, но главное отличие в том, что Адам не был обманут, «но жена, прельстившись, впала в преступление...» (1 Тим. 2:14). Римлянам 5:12 прямо возлагает вину за грех и смерть в мире на Адама как главу человечества: «...одним человеком [Адамом] грех вошел в мир, и грехом смерть...»

Между первыми двумя восстаниями есть параллели. И сатана, и Адам согрешили, будучи безгрешными созданиями и лично испытав Божье присутствие. Сатана был с Богом на небесах, а Адам ходил с Богом в Эдемском саду (Быт. 3:8). Они оба были недовольны своим совершенным состоянием и восстали, желая стать подобными своему Творцу (Быт. 3:5). Но вместо того чтобы стать равными Богу, из-за своего мятежа они стали гораздо меньше похожи на Бога, чем уже были, и оказались отделены от Него.

Поскольку Бог не может быть источником греха и никого не искушает к греху (Иак. 1:13), и поскольку Люцифер, последовавшие за ним ангелы, Адам и Ева—все были сотворены безгрешными, возникает вопрос, откуда произошел грех. Многие считают, что поскольку Бог всемогущий, вина за грех должна лежать на Нем. Это неверно. Конечно, происхождение греха — глубокая, покрытая мраком тайна, но Бог не несет ответственности за появление греха. Поскольку создания согрешили, у них должна была существовать потенциальная способность грешить. Грех произошел, потому что сатана, Адам и Ева решили проявить свою волю и не послушаться Бога вместо того, чтобы любить Его. Следовательно, как творения они не могут избежать ответственности перед Творцом.

Грех не был неожиданностью для Бога. Он может победить грех и даже предназначил, чтобы через это наиболее полно явилась Его слава, но вина за грех лежит на тех, кто решил ослушаться Бога. Абсолютная суверенность Бога никоим образом не снимает ответственности с человека[30]. Это касается как сатаны и падших ангелов, так и Адама и Евы, передавших греховность всем своим потомкам.

Последствия грехопадения

Личные последствия
Влияние грехопадения на отношения
Три вида смерти
Передача греха Адама
Ветхий человек и новый человек
Полная греховность

Личные последствия

Грех всегда разочаровывает и никогда не удовлетворяет. Адам и Ева сразу столкнулись с этой реальностью. То, что произошло после их греховного поступка, указывает на последствия греха. Принимая ложь змея, Адам и Ева ожидали стать, как Бог, просвещенными и удовлетворенными. Однако все произошло наоборот. Когда Ева, а затем Адам вкусили от запретного дерева, «открылись глаза у них», но не так, как они ожидали (Быт. 3:7). Они не получили ни удовлетворения, ни блаженства. Напротив, они испытали чувство вины и стыда. Они сразу поняли, что наги, и сшили смоковные листья, чтобы скрыть свое положение (Быт. 3:7). Больше не было чистоты и невинности их состояния до грехопадения. Все внезапно изменилось. Открылся ящик Пандоры, полный извращений и пагубных последствий. Они были совсем непохожи на Бога.

Сатана обещал Еве, что, вкусив от дерева, она получит познание добра и зла (Быт. 3:5), и это осуществилось, но совсем не так, как Ева ожидала. Адам и Ева теперь на опыте познали зло и его разрушительные последствия. Помимо стыда еще одним последствием был страх. Услышав, как Бог ходит в саду, «скрылся Адам и жена его от лица Господа Бога между деревьями рая» (Быт. 3:8). Адам сказал: «...я... убоялся...» (Быт. 3:10). Грех вызывает страх и желание скрыться от Бога. Вкусив от дерева, Адам и Ева отвергли Бога и сосредоточились на своих желаниях. Но действовать независимо не означало убежать от Бога. Их святой Творец пришел искать их, и тогда они впервые, сознавая свой грех, испугались.

Еще одним результатом греха было перекладывание вины. Когда Бог обличил Адама, тот, как кажется, обвинил Еву: «Жена, которую Ты мне дал, она дала мне от дерева, и я ел» (Быт. 3:12). На самом же деле он обвинил Бога, сказав:

---

[30] Подробнее о том, как суверенность Бога над грехом и злом не делает Бога их причиной, см. «Божье извечное решение и проблема зла» (с. 518) и «Оправдание Бога» (с. 537) в гл. 7 «Спасение».

«*Жена, которую Ты мне дал...*» Когда Бог спросил Еву, что она сделала, она обвинила животное, сказав: «Змей обольстил меня, и я ела» (Быт. 3:13). Повсеместная реакция падших людей — обвинять в своем грехе других.

Эти личные последствия греха весьма тяжелы. Грех обещает знание и мир, но приносит стыд, страх, перекладывание вины, а также смерть (Быт. 2:17). И, как показывает следующий раздел, его последствия выходят далеко за эти пределы.

Влияние грехопадения на отношения

Негативные последствия греха выходят далеко за границы личных потрясений и отчаяния. Человек был создан для взаимоотношений с Богом, другими людьми и с творением. Грехопадение нарушило все виды отношений.

БОГ

Прежде всего, и это самое важное, были разорваны отношения с Богом. Человек стал духовно мертвым. (Подробнее о том, что влечет за собой духовная смерть, будет сказано ниже [с. 485]).

Кроме того, грех влечет за собой Божий гнев — Его праведное недовольство грехом. В Римлянам 1:18 сказано: «Ибо открывается гнев Божий с неба на всякое нечестие и неправду человеков, подавляющих истину неправдою» (см. Кол. 3:5–6). Ефесянам 5:6 утверждает: «...приходит гнев Божий на сынов противления...» Божий гнев навис над всеми, кто восстал против Него, и он будет явлен, когда наступит день Господень и окончательное осуждение в озере огненном (Откр. 20:11–15). Павел обращается к нераскаявшемуся грешнику: «...ты сам себе собираешь гнев на день гнева и откровения праведного суда от Бога...» (Рим. 2:5).

Грех также влечет за собой Божье возмездие. Поскольку Бог свят и праведен, Он должен покарать грех. Иисус сказал, что нечестивые «пойдут... в муку вечную» (Матф. 25:46). Серьезность возмездия за грех была показана, когда Сын Божий на кресте взял на Себя наказание за грехи всех избранных Божьих.

Грех создает вражду, враждебные отношения между сторонами. Римлянам 5:10 говорит, что до спасения во Христе люди являются «врагами» Бога. Неверующие «отчуждены от жизни Божией» (Еф. 4:18). Кроме того, «плотские помышления суть вражда против Бога...» (Рим. 8:7). Ответственность за эту вражду лежит исключительно на человеке.

ЛЮДИ

Грех также разрушил все человеческие отношения. Во-первых, Бог сказал, что женщины будут испытывать сильные боли при родах, так что даже воспроизведение потомства станет трудным: «Жене сказал: „Умножая умножу скорбь твою в беременности твоей; в болезни будешь рождать детей...“» (Быт. 3:16*а*).

Во-вторых, возникнет напряженность между мужчиной и женщиной в основополагающем и необходимом брачном союзе. Бог сказал Еве: «...к мужу твоему влечение твое, и он будет господствовать над тобою» (Быт. 3:16б). Хотя «влечение» могло бы указывать на физическое желание, здесь, скорее всего, имеется в виду ее желание контролировать. В Бытии 4:7, где есть похожая конструкция, слово «влечет» используется в смысле контроля: «А если не делаешь доброго, то у дверей грех лежит; он влечет тебя [Каина] к себе, но ты господствуй над ним». Поэтому в Бытии 3:16 предсказана борьба и конфликт, которые появятся в браке, в самых тесных отношениях любви.

В-третьих, была предсказана, а затем реализована вражда между людьми в обществе. Каин из зависти убил своего брата Авеля (Быт. 4:8). Ламех убил ударившего его юношу (Быт. 4:23). История человечества свидетельствует о постоянной ненависти, раздорах, убийствах и войнах.

ТВОРЕНИЕ

Грех человека отрицательно повлиял на его отношения с творением. Данное человеку поручение владычествовать и обладать землей не отменяется (Пс. 8:5–9), но теперь творение противится человеку и мешает его трудам. Бог сказал Адаму: «...проклята земля за тебя; со скорбью будешь питаться от нее во все дни жизни твоей...» (Быт. 3:17). Находящаяся под проклятием земля будет приносить человеку «скорбь». Адаму также было сказано: «...терния и волчцы произрастит она тебе; и будешь питаться полевою травою; в поте лица твоего будешь есть хлеб...» (Быт. 3:18–19а). Поэтому взаимодействие человека с землей будет затруднено, и земля даже поглотит его после смерти (Быт. 3:19б). Ожидания Бога, что человек будет править успешно, до сих пор не исполнились. Евреям 2:5–8 подтверждает, что Бог создал человека для господства над творением, но признает, что «ныне же еще не видим, чтобы все было ему покорено» (Евр. 2:8). Нужен последний Адам, Иисус (1 Кор. 15:45), и верующие в Него, чтобы успешно править землей (Откр. 5:10). Это произойдет, когда Иисус вернется и установит Свое Тысячелетнее царство (Откр. 20:1–6).

В итоге Адам и его потомки не только будут страдать и умирать как отдельные люди, но и пострадают все отношения человека. Только Господь Иисус сможет восстановить отношения людей с Богом, друг с другом и с творением. Как «последний Адам» (1 Кор. 15:45) Он будет любить Бога и людей совершенной любовью и продемонстрирует полный контроль над творением.

Три вида смерти

Повсеместные и разрушительные последствия греха можно обобщить одним словом—«смерть». Бог сказал Адаму: «...а от дерева познания добра и зла не ешь от него, ибо в день, в который ты вкусишь от него, смертью умрешь» (Быт. 2:17). Смерть—это расплата за непослушание. Эта сложная концепция охватывает (1) духовную смерть, (2) физическую смерть и (3) вечную смерть.

ДУХОВНАЯ СМЕРТЬ

Когда Адам и Ева согрешили, физическая смерть не наступила мгновенно. Адам прожил 930 лет (Быт. 5:5). Однако духовная смерть наступила сразу. Духовная смерть — это состояние духовного отчуждения от Бога. Из-за греха Адама все люди (кроме Господа Иисуса Христа) рождаются духовно мертвыми. Павел говорит о духовной смерти в Ефесянам 2:1: «И вас, мертвых по преступлениям и грехам вашим...» В Ефесянам 2:5 Павел описывает неспасенных как «мертвых по преступлениям». Адама и Еву грех привел к отчуждению от Бога, изгнанию из Его присутствия и потере духовной жизни (Быт. 3:23–24). Все их потомки теперь рождаются духовно мертвыми. Эта мертвость также делает человека невосприимчивым к духовной истине (Рим. 8:7–8; 1 Кор. 2:14; 2 Кор. 4:4; Еф. 4:17–18). Только посредством божественного чуда возрождения Бог устраняет духовную смерть грешников и заново творит их, делая живыми для Себя (2 Кор. 4:6).

ФИЗИЧЕСКАЯ СМЕРТЬ

Хотя Бог милостиво не подверг Адама и Еву физической смерти сразу, процесс физической смерти начался, когда они согрешили. Бог сказал Адаму: «...в поте лица твоего будешь есть хлеб, доколе не возвратишься в землю, из которой ты взят, ибо прах ты и в прах возвратишься» (Быт. 3:19).

Адам был создан из праха, но теперь появилась трагическая ирония. Из-за греха он возвратится в прах, и земля поглотит его в смерти. Физическая смерть наступит, поскольку Адам и Ева не имели доступа к дереву жизни (Быт. 3:24).

Также, до того как умер кто-либо из людей, наступила смерть животного, которое Бог убил, чтобы из его кожи сделать одежду Адаму и Еве (Быт. 3:21). Первая смерть человека произошла, когда первенец Адама и Евы Каин убил своего брата Авеля (Быт. 4:8). Список потомков Адама в 5-й главе Бытия четко показывает, что смерть стала концом каждой человеческой жизни, ведь после описания каждого человека повторяется: «...и он умер» (Быт. 5:5, 8, 11, 14, 17, 20, 27, 31). Кроме исключений в прошлом — Еноха и Илии, и исключений в будущем — тех, кто будет жив во время восхищения (1 Фес. 4:13–18), физическая смерть постигнет всех потомков Адама. Автор Послания к евреям утверждает: «И как человекам положено однажды умереть, а потом суд...» (Евр. 9:27). После потопа физическая жизнь стала короткой. Моисей сказал: «Дней лет наших — семьдесят лет, а при большей крепости — восемьдесят лет; и самая лучшая пора их — труд и болезнь, ибо проходят быстро, и мы летим» (Пс. 89:10).

ВЕЧНАЯ СМЕРТЬ

Вечная смерть предстоит тем, кто умирает физически, будучи духовно мертвым. Умирающие в неверии грешники навеки окажутся в озере огненном (Откр. 20:11–15). Иоанн называет это «второй смертью» (Откр. 20:6). Хотя вечная смерть не означает, что люди перестанут существовать, это все же вид смерти, поскольку она предполагает вечную погибель, воздаяние за грехи и отделение от Божьего благословляющего присутствия. Только избавленные благодаря благодатному подвигу Господа Иисуса избегнут вечной смерти. Откровение 20:6 говорит: «Блажен и свят имеющий участие в воскресении первом: над ними смерть вторая не имеет власти...»

Передача греха Адама

Как грех первого человека влияет на всех людей, рожденных после него? Богословы часто называют это *первородным* грехом (лат. *peccatum originale*). В каком-то смысле, первородный грех — это первый грех, совершенный Адамом. Но в понятие первородного греха также входит греховное состояние всех людей из-за их связи с Адамом, что объясняет, почему люди испорчены и запятнаны грехом с самого зачатия.

Понятие первородного греха подтверждается несколькими стихами, включая Псалом 50:7: «Вот, я в беззаконии зачат, и во грехе родила меня мать моя», и Ефесянам 2:3: «...мы все... были по природе чадами гнева, как и прочие...» Кроме того, грех Адама связывается с греховностью человека в Римлянам 5:12–21, самом подробном тексте Писания по этой теме. Этот отрывок также один из самых спорных в Послании к римлянам, поскольку есть несколько мнений о том, как грех Адама повлиял на человечество.

Римлянам 5:12 гласит: «Поэтому, как чрез одного человека грех вошел в мир, и чрез грех вошла смерть, и тем самым во всех людей перешла смерть, потому что все согрешили...» (Кассиан). В этом стихе утверждаются четыре истины. Во-первых, грех вошел в мир «чрез одного человека» — Адама. Во-вторых, грех принес смерть. В-третьих, смерть перешла во всех людей. В-четвертых, смерть перешла во всех людей, «потому что все согрешили». Именно этот последний момент самый спорный. Августин использовал латинские переводы Римлянам 5:12, где греческая фраза *eph hō* передавалась в смысле *in quo* («в ком»), переводя последнюю часть стиха как «в нем [т. е. в Адаме] все согрешили». Большинство переводов сегодня справедливо выбирают вместо этого причинный смысл: «...потому что все согрешили».

Но как «все согрешили» в Адаме? Говорит ли Павел, что все люди совершают грехи? Или фраза «все согрешили» как-то связывает грех Адама с тем, что все люди грешники? В Римлянам 5:18–19 Павел объясняет, что «преступлением одного всем человекам осуждение» и что «непослушанием одного человека сделались многие грешными». В Римлянам 5:15 он также заявляет: «...преступлением одного подверглись смерти многие...» Кроме того, время аорист для глагола «согрешили» (греч. *hēmarton*) в конце Римлянам 5:12 указывает на конкретное историческое событие. Таким образом, есть прямая связь между грехом Адама и греховностью его потомков. Но что это за связь? На этот вопрос было предложено несколько ответов.

НЕОБЪЯСНЕННАЯ ОБЩНОСТЬ

Одна из точек зрения состоит в том, что Римлянам 5:12–21 упоминает некую общность между Адамом и всеми людьми, но не объясняет ее. Сторонники этой идеи признают, что некая связь есть, но утверждают, что ее нельзя узнать с уверенностью. Незнания должно быть достаточно. Такой позиции необъясненной общности, по-видимому, придерживаются те, кто не удовлетворен другими взглядами, приведенными ниже.

ПЛОХОЙ ПРИМЕР

Некоторые считают, что грех Адама служит плохим примером для всех. Когда люди грешат, они следуют плохому примеру Адама. Люди на самом деле не виновны в грехе Адама и не наследуют от него греховную природу. Они просто решают последовать дурному примеру Адама. Между Адамом и его потомками нет прямой передачи греха. Это представление об Адаме как плохом примере исторически связано с Пелагием (ок. 354 — ок. 420 гг.), британским монахом, отвергавшим учение о том, что все люди обладают греховной природой. Он учил, что люди могут повиноваться Богу без божественной благодати. Таким образом, все они подобны Адаму при сотворении, а потому свободны повиноваться или не повиноваться Богу.

Этот взгляд о плохом примере ошибочен, поскольку он недостаточно учитывает греховность людей после грехопадения Адама (Еф. 2:1, 5). Он также не дает правильной оценки сопоставлению Адама и Христа в Римлянам 5:12–21. Кроме того, если Адам — только плохой пример, значит ли это, что Христос — только хороший пример, и что нам нужно спасать себя самим? Судя по тому, как Пелагий полагался на свободу воли человека для спасения, на этот вопрос следует ответить утвердительно. Поэтому его осуждение за ересь на Ефесском соборе в 431 году вполне оправдано.

УНАСЛЕДОВАННАЯ ГРЕХОВНАЯ ПРИРОДА

Идея унаследованной греховной природы утверждает, что все люди получают от Адама испорченную, греховную природу. Потомки Адама зачаты со склонностью к греху. Такое представление устанавливает реальную связь между Адамом и передачей греховности. Адам фактически передал роду человеческому греховную природу. Но вина Адама не возлагается на других. Таким образом, загрязнение или испорченность Адама естественным образом передается человеку, а вина за грех Адама — нет. Некоторые сторонники данного взгляда признают, что унаследованной греховной природы достаточно для осуждения человека как грешника, но утверждают, что такое осуждение не связано с виной Адама, вмененной его потомкам.

Варианты этого взгляда существуют среди арминиан, утверждающих, что и вина, и испорченность Адама передаются всем его потомкам, но предваряющая благодать устраняет вину и испорченность, исходящие от него. Никто кроме Адама не несет ответственности за то, что сделал Адам. Человек становится ответственным как грешник, только когда выбирает грех.

Такой взгляд подвергся критике за то, что он не идет до конца. Правильно утверждая, что все люди унаследовали от Адама испорченную природу, он не признает, что грех Адама непосредственно возлагает вину на всех людей. Павел пишет: «...преступлением одного всем человекам *осуждение*...» (Рим. 5:18), а это юридический термин, который устанавливает вину. Следовательно, этот стих учит, что люди получают не просто греховную природу, поскольку преступление Адама приводит к их осуждению. Из-за его поступка все люди сделались грешниками (Рим. 5:19). Кроме того, арминианская концепция предваряющей благодати, которая устраняет или нейтрализует вину Адама, не имеет поддержки в Писании.

РЕАЛЬНОЕ ПРЕДСТАВИТЕЛЬСТВО

Реальное представительство (реализм), которое также называют природным представительством или августинским взглядом, утверждает, что все человечество физически присутствовало в Адаме, когда он согрешил. Адам как первый человек коллективно представлял человеческую природу, частью которой являются все его потомки. Все находились в Адаме в форме семени, когда он согрешил. Это значит, что потомки Адама были в его чреслах, участвуя в его грехе. И поскольку все участвовали в этом грехе, все люди морально виновны и осуждены за это. Поэтому и греховная природа, и вина естественным образом передаются от Адама.

В пользу реального представительства ссылаются на Евреям 7:9–10: «И, так сказать, сам Левий, принимающий десятины, в лице Авраама дал десятину: ибо он был еще в чреслах отца, когда Мелхиседек встретил его». Левий был правнуком Авраама, но заплатил десятину через своего прадеда, поскольку «был еще в чреслах отца [Авраама], когда Мелхиседек встретил его». Здесь о потомке Авраама сказано, что он заплатил десятину через него. Действие Авраама было действием Левия, и тот же принцип можно отнести к потомкам Адама, которые согрешили, когда Адам согрешил.

Взгляд реального представительства утверждает, что связь между грехом Адама и грехом всего человечества—это не просто плохой пример Адама или унаследованная греховная природа. Но все люди фактически участвовали в грехе Адама. Поэтому вина и осуждение заслужены, так как все действительно согрешили. Реализм предлагает объяснение, как все люди могут быть виновны в грехе Адама. Когда Адам согрешил, в нем все согрешили. Если это так, говорят сторонники реализма, то никто не сможет возразить, что «невиновным» людям ошибочно вменяется грех Адама, так как все фактически участвовали в его преступлении.

Однако не нам судить об «уместности» Божьих юридических заявлений. Допущение, что было бы несправедливо вменять человеку грех Адама, если бы мы «фактически не участвовали» в преступлении Адама, нарушает параллель между Адамом и Христом в Римлянам 5:12–21. Никто не ставит под сомнение «уместность» юридического вменения праведности грешникам. Мы не говорим, что праведность Христа ошибочно вменяется грешникам, если только они фактически, как семя, не участвовали в Его послушании.

А мы, конечно же, не участвовали. Союз между Христом и Его народом не физический, потому что у Христа не было физических детей. Но этот союз юридический. Послушание Христа как нашего представителя засчитывается Богом (юридически вменяется или судебно признается) как наше послушание. Чтобы сохранить параллель между первым и последним Адамом (Рим. 5:12–21; см. 1 Кор. 15:45), грех Адама должен передаваться так же, как и праведность Христа. Следовательно, поскольку Адам был представителем всего человечества, его непослушание засчитывается Богом (юридически вменяется или судебно признается) как непослушание всех, кто был в нем. Считающие подобное вменение ошибочным или неуместным, поскольку каждый лично не участвовал в грехе Адама, проявляют непоследовательность, когда не выдвигают такого же возражения против вменения праведности Христа. Первое вызывает возражения, потому что связано с наказанием, а последнее принимается, потому что это дар. Джон Мюррей поясняет:

> Аналогия, показанная в Римлянам 5:12–19 (см. 1 Кор. 15:22), представляет собой весомое возражение против концепции реализма. Реалист признает, что между Христом и оправданными нет «реалистического» союза. <...> Поэтому, исходя из предпосылок реалиста, необходимо признать радикальное несоответствие между характером союза Адама и его потомков, с одной стороны, и союзом Христа и тех, кто принадлежит ему, с другой. <...> Но здесь нет и намека на такое расхождение, которое должно было бы возникнуть, если бы различие между природой союза в этих двух случаях было столь радикальным, как должен считать реализм. <...> [И] дело не только в том, что нет никакого намека на такое различие; последовательный параллелизм свидетельствует против любого такого предположения. Этот постоянный акцент не только на одном человеке Адаме и одном человеке Христе, но и на одном преступлении и одном праведном поступке указывает на то, что они в принципе идентичны по способу действия[31].

ПРЕДСТАВИТЕЛЬНОЕ ГЛАВЕНСТВО

Наиболее приемлемая позиция заключается в том, что грех Адама вменяется всем, кто соединен с ним как представителем человечества. Его вина — это наша вина. Признавая, что греховная природа унаследована от Адама, представительное главенство учит, что все люди осуждены из-за их прямой связи с Адамом.

Согласно данному взгляду (часто называемому союзным представительством), действие представителя имеет последствия для всех, кто соединен с ним.

---

[31] John Murray, "The Imputation of Adam's Sin: Second Article," *WTJ* 19, no. 1 (1956): 36.

Адам, когда согрешил, представлял всех людей, поэтому его грех засчитывается его потомкам.

Примером главенства, затрагивающего других, служит Ахан и его семья (И. Нав. 7). Поражение Израиля у Гая объяснялось тем, что Ахан ослушался Бога, незаконно взяв серебро и золото и положив их к себе в шатер. Хотя Ахан один совершил это греховное действие, его сыновья и дочери были побиты камнями вместе с ним, понеся наказание за его поступок (И. Нав. 7:24–25). Подобным образом и вина за грех Адама вменяется или засчитывается всей его семье — человечеству.

Сторонники союзного представительства сначала ссылаются на параллели с Христом в Римлянам 5:12–21 (см. выше при обсуждении реального представительства). В Римлянам 5:18 сказано, что «правдою одного [Иисуса] всем человекам оправдание к жизни». Смерть Иисуса на кресте приносит оправдание грешникам. Римлянам 5:19 добавляет: «Ибо, как непослушанием одного человека сделались многие грешными, так и послушанием одного сделаются праведными многие». Послушание Иисуса вменяется другим в праведность. Логика здесь предполагает, что если оправдание и праведность Господа Иисуса вменены тем, кто в Нем, то и вина за грех Адама была вменена тем, кого он представлял. Как уже отмечалось, параллель между Адамом и Христом в Римлянам 5:12–21 лучше всего объясняется идеей представительства. Как христиане считаются праведными, потому что чужая для них праведность Христа (праведность, внешняя для верующего) вменяется всем, кто принадлежит Христу, так и вина Адама вменяется всем его потомкам, хотя сами они не согрешили, когда согрешил он.

Сторонники этого взгляда также ссылаются на 1 Коринфянам 15:22: «Как в Адаме все умирают, так во Христе все оживут...» Этот стих показывает, что смерть и жизнь связаны с Адамом и Христом как двумя представителями человечества. Кроме того, в Римлянам 5:14 утверждается, что «смерть царствовала от Адама до Моисея и над несогрешившими подобно преступлению Адама...». Этот стих прямо говорит, что потомки Адама не совершали его греха. Таким образом, Адам связан со своими потомками как представляющий их глава, и поэтому его поступок вменяется другим, хотя они на самом деле не совершали греха, который совершил Адам.

Итак, оба человека — и Адам, и Христос — считаются представителями человечества, и последствия их действий возлагаются на других. Адам — представитель грешного человечества, а Иисус — представитель праведного человечества. Существенно, что этот взгляд, хотя и подчеркивает вменение из-за главенства Адама, также признает унаследованную греховность, передавшуюся от Адама всему человечеству.

Идеи союзного представительства были развиты Иоанном Кокцеем (1603–1669) и стали популярны среди многих приверженцев теологии завета, которые связывают этот взгляд с предполагаемым «заветом дел», согласно которому от Адама как главы человеческого рода требовалось совершенное послушание ради обретения вечной жизни. Когда Адам нарушил этот так называемый завет дел, он сделал это от имени всего человечества, так что его грех был засчитан как проступок всех его потомков. Впрочем, не все сторонники теологии завета связывают союзное представительство с заветом дел. Например, Энтони Хукема пишет: «Хотя... я отверг учение о завете дел, это не означает, что я также отвергаю учение о прямом вменении, — я по-прежнему верю, что Адам был главой и представителем всего человечества»[32]. Хукема прав, отвергнув завет дел как определяющий принцип для федерального главенства, поскольку в Писании нет упоминания о завете дел.

Хотя исторически этот взгляд известен как «союзное представительство», название «представительное главенство» предпочтительнее, поскольку лучше передает тот факт, что и Адам, и Христос выступают как законные представители тех, кто считается находящимися в них. Как было показано выше, эта позиция лучше всего объясняет параллели между Адамом и Христом, изложенные в Римлянам 5 и 1 Коринфянам 15.

Некоторые считают, что позиция представительного главенства противоречит ясному свидетельству Писания, что дети не несут ответственности за грехи своих отцов. Например, во Второзаконии 24:16 сказано: «Отцы не должны быть наказываемы смертью за детей, и дети не должны быть наказываемы смертью за отцов; каждый должен быть наказываем смертью за свое преступление». Иезекииль 18:20 добавляет: «Душа согрешающая, она умрет; сын не понесет вины отца, и отец не понесет вины сына, правда праведного при нем и остается, и беззаконие беззаконного при нем и остается». Однако между учением о первородном грехе и этими текстами, касающимися вины и воздаяния за *личный* грех, нет реальной связи.

Ветхий человек и новый человек

Связь Адама и Иисуса Христа с человечеством также имеет отношение к понятиям «ветхого человека» и «нового человека», которые дважды встречаются в посланиях Павла:

> ...отложить прежний образ жизни *ветхого человека*, истлевающего в обольстительных похотях, а обновиться духом ума вашего и облечься в *нового человека*, созданного по Богу, в праведности и святости истины (Еф. 4:22–24).

> ...Не говорите лжи друг другу, совлекшись *ветхого человека* с делами его и облекшись в *нового*, который обновляется в познании по образу Создавшего его... (Кол. 3:9–10)

В обоих текстах греческое слово со значением «человек» — это *anthropos*. Иногда эти выражения переводят «ветхое я» и «новое я».

---

[32] Хукема Э. Образ Божий. Мн.: Полиграфкомбинат им. Я. Коласа, 2019. С. 376, сноска 66.

Павел отмечает контраст, имеющий важные последствия. В Колоссянам 3:9–10 он напоминает своим верующим читателям, что они уже сняли с себя ветхого человека и оделись в нового. Это констатация факта, а не повеление. Христианин больше не ветхий человек, он теперь новый. Эта перемена произошла, когда он уверовал во Христа.

В отношении Ефесянам 4:22–24 идет полемика о том, повелевает ли Павел читателям снять с себя ветхого человека и одеться в нового или же он констатирует факт, что христианин уже новый человек, как в Колоссянам 3:9–10. В любом случае Павел подчеркивает, что во Христе произошло преображение. Христиане перестали быть ветхими людьми и стали новыми. И они и должны жить в свете того, что это произошло.

Но что апостол подразумевает под «ветхим человеком» и «новым человеком», и как это связано с учениями о человеке и грехе? Ветхий человек — это невозрожденное «я», связанное с Адамом. Оно охватывает все, что представляет собой человек в Адаме до союза со Христом. Новый человек — это возрожденное «я», соединенное со Христом и заменившее ветхого человека. Когда человек становится христианином, он облекается в нового человека и становится новым творением во Христе (2 Кор. 5:17). Он больше не ветхий человек. Невозрожденное «я» в Адаме ушло навсегда. Новое «я» во Христе стало реальностью. Но поскольку прославление тела еще не произошло и христиане все еще борются с плотью, они должны постоянно отказываться от плотских желаний. Им нужно поступать в силе Святого Духа, чтобы «не... исполнять вожделений плоти» (Гал. 5:16).

В этих понятиях «ветхого человека» и «нового человека» выражены важные отличия, противопоставляющие человечество в Адаме человечеству во Христе. Каждый человек либо в Адаме, либо во Христе; других вариантов нет. Согласно Римлянам 5:18–19, пребывать в Адаме означает смерть, вину и осуждение, а пребывать во Христе — жизнь, оправдание и праведность.

Полная греховность

В Библии говорится о полной (или всеобщей) греховности, то есть о повреждении и осквернении человека грехом, передавшимся от Адама. Полная греховность подчеркивает разрушительное влияние греха на человека и охватывает три взаимосвязанных понятия: (1) осквернение и повреждение всех аспектов личности; (2) полная неспособность человека угодить Богу; и (3) всеобщность, поскольку все зачаты и рождены грешниками. Это в совокупности показывает ужасное состояние неискупленного человечества, в котором никто не может и не хочет прославлять Бога.

Полная греховность не означает, что неспасенные люди всегда поступают так плохо, как только возможно. Не означает это и того, что неспасенные не могут совершать относительно добрых поступков. Неверующие могут делать добро для общества, друзей и семьи. Они могут остановить драку, пожертвовать на благотворительность, сделать операцию, которая кому-то спасет жизнь. Они могут помочь потерявшемуся ребенку найти родителей. Такие поступки относительно добрые, что соответствует словам Иисуса: «Итак если вы, будучи злы, умеете даяния благие давать детям вашим...» (Матф. 7:11).

Что касается первой особенности, греховность полная или всеобщая в том смысле, что все составляющие человека поражены грехом. Как дым от огня пропитывает все в помещении, так и весь человек испорчен грехом. Никакая часть человека не свободна от этого. Это включает как материальный, так и нематериальный аспекты человека—тело и душу. Тело распадается и движется к физической смерти, попутно действуя как орудие зла. Духовная часть человека также полностью испорчена. Это охватывает мысли, разум, желания и чувства человека. Поэтому Павел заключает: «...для оскверненных и неверных нет ничего чистого, но осквернены и ум их и совесть» (Тит. 1:15). Описывая безбожных людей, он говорит о «суетности ума» (Еф. 4:17). Сердце тоже испорчено, поэтому в Иеремии 17:9 говорится: «Лукаво сердце человеческое более всего и крайне испорчено; кто узнает его?» Иисус также учил, что именно из сердца исходят злые дела (Марк. 7:21–23). Библия неоднократно говорит как об испорченном мышлении, так и о злом сердце. Павел пишет о людях, которые «помрачены в разуме, отчуждены от жизни Божией, по причине их невежества и ожесточения сердца их» (Еф. 4:18). Кроме того, грешники «осуетились в умствованиях своих, и омрачилось несмысленное их сердце...» (Рим. 1:21). Жан Кальвин справедливо заявил: «Мы так подчиняемся власти греха, что весь разум, все сердце, все наши действия стремятся ко греху»[33].

Во-вторых, греховность полная в том, что сам по себе человек неспособен угодить Богу. Павел говорит: «...потому что плотские помышления суть вражда против Бога; ибо закону Божию не покоряются, да и не могут. Посему живущие по плоти Богу угодить не могут» (Рим. 8:7–8). А Иисус говорит: «...без Меня не можете делать ничего» (Иоан. 15:5).

В-третьих, грех всеобщий, поскольку все люди—грешники. В 3 Царств 8:46 сказано: «...ибо нет человека, который не грешил бы...» И Псалом 13:3 утверждает: «Все уклонились, сделались равно непотребными; нет делающего добро, нет ни одного». Целый раздел Римлянам 1:18–3:20 посвящен тому, чтобы показать, что все люди—грешники, которые не могут спасти себя, и затем сделан вывод: «...все согрешили и лишены славы Божией...» (Рим. 3:23).

Таким образом, духовное состояние человека—это не относительный нейтралитет, при котором он может принять или отвергнуть Бога и Его Евангелие. Человек активно ненавидит Бога (Рим. 8:7) и не может принимать духовную истину (1 Кор. 2:14). Полная греховность человека указывает на абсолютную суверенность Бога в спасении. Человек ничего не может сделать. Всё должен совершить Бог даром, по суверенной благодати.

---

[33] Кальвин Ж. Толкование на Послания апостола Павла к Римлянам и Галатам. Мн.: МФЦП, 2007. С. 178.

Другие вопросы о грехе

Есть ли степени греха?
Непростительный грех
Грех к смерти
Есть ли смертные и простительные грехи?
Грех и христианин
Грядущий человек греха
Бог и проблема зла

Есть ли степени греха?

Все ли грехи одинаковы в Божьих глазах или некоторые грехи хуже других? Все грехи одинаковы в том смысле, что каждый из них делает человека виновным и достойным Божьего гнева. Корень всякого греха—это независимость и замена Бога на свое «я». Каким бы маленьким ни казался грех, он показывает, что человек действует независимо от Бога. Такой поступок, как съесть плод с дерева в саду, что сделали Адам и Ева, может показаться не настолько аморальным и даже незначительным по сравнению с другими преступлениями, но это было беззаконие, которое имело ужасные последствия для рода человеческого. Нарушение любой заповеди—это оскорбление божественного Законодателя. Иаков сказал: «Кто соблюдает весь закон и согрешит в одном чем-нибудь, тот становится виновным во всем. Ибо Тот же, Кто сказал: „Не прелюбодействуй“, сказал и: „Не убей“; посему, если ты не прелюбодействуешь, но убьешь, то ты также преступник закона» (Иак. 2:10–11). Грудем прав, говоря, что «в смысле наших „юридических“ отношений с Богом, любой грех, даже такой, который может показаться очень маленьким, делает нас виновными перед Богом и потому достойными вечного наказания»[34]. Даже один грех против бесконечно святого Бога требует бесконечного наказания.

В то же время Писание говорит, что некоторые грехи считаются более тяжкими, чем другие. Когда Иезекиилю были показаны мерзости в храме, ему было сказано: «...увидишь еще большие мерзости, какие они делают» (Иез. 8:13). То есть некоторые мерзости были больше, чем другие. Иисус объяснил, что на тех, кто предал Его Пилату, было «более греха» (Иоан. 19:11). В Матфея 11:20–24 Иисус сказал, что израильским городам, которые слышали весть о Царстве, будет хуже в день суда, чем языческим, которые ее не слышали. Если больше знаний, то больше и ответственности. В Луки 12:47–48 Иисус учит, что раб, который знал волю господина, но не исполнял ее, бит будет больше, чем тот, который не знал его воли. Также Иаков сказал, что учителей ожидает более строгий суд: «Братия мои! Не многие делайтесь учителями, зная, что мы подвергнемся большему осуждению...» (Иак. 3:1).

---

[34] Грудем. Систематическое богословие. С. 567.

Эти два библейских факта согласуются, если учесть, что в грехе и наказании есть как количественный, так и качественный аспекты. Все человечество виновно в грехе против бесконечно святого Бога. Поэтому всех, кто умирает без покаяния и веры во Христа, ожидает одинаковое количество вечного наказания за их грехи. И все же, поскольку Бог строго справедлив, Он покарает тех, кто совершил качественно более тяжкие преступления, качественно более суровым наказанием. Характер их страданий будет точно соответствовать совершенным ими преступлениям (напр., 2 Пет. 2:17; Иуд. 13).

Непростительный грех

Иисус сказал, что есть грех, который никогда не будет прощен:

> Посему говорю вам: всякий грех и хула простятся человекам, а хула на Духа не простится человекам; если кто скажет слово на Сына Человеческого, простится ему; если же кто скажет на Духа Святого, не простится ему ни в сем веке, ни в будущем (Матф. 12:31–32).

Что такое непростительный грех? Иисус говорит об этом в контексте обличения спорящих с Ним фарисеев (Матф. 12). В 12:1–21 Иисуса обвинили в том, что Он нарушил в субботу, и Он, отвечая фарисеям, заявил, что имеет власть над субботой, будучи Господином субботы (12:8). В 12:22–24 фарисеи обвинили Его, что Он изгоняет бесов силой сатаны. Иисус дал ответ на нескольких уровнях. Во-первых, Он отметил, что если бы Он изгонял бесов силой сатаны, то сатана действовал бы против самого себя. Эта стратегия не только не имела смысла, но и была обречена на провал (12:25–26). Во-вторых, еврейские экзорцисты также изгоняли бесов (12:27). Почему же тогда еврейские вожди принимали этих экзорцистов, но не принимали Его? В-третьих, истина заключалась в том, что Иисус изгонял бесов силой Святого Духа, чтобы продемонстрировать, что Царство Божье достигло народа (12:28). Это и было правильным значением Его чудес. Изгнание бесов Святым Духом показывало, что через Мессию действовало Царство Божье.

Затем Иисус сказал о непростительном грехе (12:30–32), включавшем хулу на Святого Духа. Этот грех не мог быть прощен ни в этом веке, ни в будущем. Этот грех представлял собой нечто большее, чем грубые, уничижительные слова об Иисусе или Святом Духе, сказанные опрометчиво или по незнанию. Он означал отрицание явных дел, которые Дух Святой совершал через Сына Божьего. *Таким образом, непростительный грех — это намеренное и окончательное отвержение Святого Духа, действующего через Иисуса, когда действие Бога во Христе приписывают сатане.* В случае с враждебно настроенными религиозными вождями в Матфея 12 это было непреклонное и окончательное неверие перед лицом ясного откровения. Лично увидев то, что сделал Господь, и услышав Его учение, эти вожди сделали окончательный вывод, что Он был от сатаны, — полная противоположность истине. Такое окончательное отвержение не могло быть прощено.

Поскольку условия для совершения непростительного греха были ограничены земным служением Иисуса, то и сам этот грех был возможен только в тот период Его земной жизни.

Но есть ли параллель с непростительным грехом за пределами земного служения Иисуса? Ответ может быть «да». Главной причиной непростительного греха было ожесточенное и упорное неверие несмотря на ясное свидетельство Святого Духа. В Евреям 6:4–6 говорится об «однажды просвещенных» и «соделавшихся причастниками Духа Святого». Однако им дается предупреждение об отпадении от веры, поскольку «невозможно... отпадших, опять обновлять покаянием...». Этот текст говорит о людях, обладающих большими знаниями о Святом Духе. Они видели, как Дух совершал чудеса через апостолов (Евр. 2:3–4), но не посвятили свою жизнь Иисусу. Упорствуя в неверии, они подвергали себя угрозе пройти точку невозврата. Даже сегодня люди могут знать Евангелие, но постоянно его отвергать. Такие люди — отступники, оставшиеся без покаяния и благодати (Евр. 10:26–31).

Дело в том, что все, кто отвергает Господа Иисуса в этой жизни и никогда не принимает Его спасающей верой, не могут быть прощены, так как прощение даруется только тем, кто верит в Него. Хотя непростительный грех, описанный в Матфея 12, означал окончательное ожесточение сердца против Иисуса, когда Он был на земле, нераскаянное отвержение Господа Иисуса Христа — это всегда непростительный грех, потому что прощение можно обрести только через покаяние и веру во Христа. А всякий, приходящий ко Христу с истинным покаянием и подлинной верой, будет прощен (см. Иоан. 6:37; Рим. 10:9).

Грех к смерти

В 1 Иоанна 5:16 апостол упоминает два вида греха у другого христианина («брата»). Во-первых, он говорит, что бывает грех не к смерти. И во-вторых, он упоминает о грехе к смерти:

> Если кто видит брата своего согрешающего грехом не к смерти, то пусть молится, и Бог даст ему жизнь, то есть согрешающему грехом не к смерти. Есть грех к смерти: не о том говорю, чтобы он молился.

«Грех к смерти» представляет особый интерес. Что это за грех? Один из предложенных ответов состоит в том, что Иоанн имеет в виду человека, называющего себя верующим, но своим постоянным грехом показывающего, что на самом деле он не христианин (1 Иоан. 3:6). Поэтому здесь имеется в виду грех неверующего, который ведет к вечной смерти. Такое отвержение Иисуса имеет те же последствия, что и отвержение у иудейских руководителей, приписавших чудеса Иисуса силе сатаны (Матф. 12:31–32). Отступничество непростительно. Молитва о восстановлении в данном случае бесполезна, потому что Бог уже определил будущее отвергающего (Евр. 6:6).

Другой взгляд заключается в том, что грех к смерти может относиться к истинному верующему, чья жизнь, как у некоторых в Коринфе (1 Кор. 11:29–30), позорила Христа, и поэтому Бог наказал его преждевременной смертью. Грех христианина настолько серьезен, что Бог лишает его жизни. Например, Анания и Сапфира умерли на месте, когда солгали Святому Духу перед церковью (Деян. 5:1–11). Подобным образом, в 1 Коринфянам 5:5 Павел предписал, что согрешившего члена церкви, впавшего в блуд, надо «предать сатане во измождение плоти, чтобы дух был спасен в день Господа нашего Иисуса Христа». Если христианин находится на церковном взыскании, верующие в церкви не должны молиться об устранении последствий такого взыскания, пока грешник не покается. Церковь предает этого человека сатане, чтобы он покаялся. Поэтому грех к смерти в 1 Иоанна 5:16 — это не какой-то определенный грех, но любой грех, который Господь считает достаточно серьезным для сурового наказания.

Оба взгляда отражают библейскую истину, и трудно с уверенностью сказать, какой из них имел в виду Иоанн. В любом из этих случаев он делает вывод, что молитва за того, кто согрешает грехом к смерти, не даст ожидаемого результата, потому что не соответствует Божьей воле (1 Иоан. 5:14–15).

Есть ли смертные и простительные грехи?

Римско-католическая церковь использует понятия «смертные грехи» и «простительные грехи». Смертные грехи якобы приводят к духовной смерти души. Это преднамеренные, тяжкие грехи, такие как убийство, прелюбодеяние и блуд. Если человек умирает со смертным грехом на душе, он погиб навеки. Средство от смертного греха — таинство покаяния, которое восстанавливает человека в отношениях с Богом. Простительный грех — это меньший грех, который не разрушает общения с Богом и не приводит к вечному разлучению души с Богом. Например, хотя преднамеренная клевета считается смертным грехом, человек, сказавший что-то злое в порыве чувств, не задумываясь, может быть виновен в простительном грехе.

Библия не подтверждает римско-католические идеи о смертных и простительных грехах или о покаянии как таинстве, в контексте которого они понимаются. Все грехи влекут за собой юридическую вину, и без веры во Христа грешники достойны вечного разделения с Богом. Категории смертных и простительных грехов опираются на неверное представление о спасении, когда оправдание считают процессом, в течение которого человек может совершить определенные грехи, разрушающие его отношения с Богом, в то время как другие грехи не лишают этого общения. Библейский взгляд состоит в том, что в момент спасающей веры христианин объявляется праведным благодаря вмененной праведности Христа (Рим. 4:3–5). Все грехи верующего прощены, так что ничто не может отделить его от общения с Богом (Рим. 8:1, 38–39). Более того, римско-католическая идея о необходимости таинства покаяния для устранения смертного греха — это заблуждение, которое наносит удар по достаточности искупительной жертвы Христа за грех. Вместо того, чтобы полагаться на собственные дела покаяния, христианин смотрит на жертву Христа как на полную плату за все свои грехи (Евр. 10:10–18).

Грех и христианин

Каковы последствия того, что христианин грешит? Библия не учит перфекционизму в этой жизни или до воскресения, поэтому христиане будут грешить. В 1 Иоанна 1:8 сказано: «Если говорим, что не имеем греха, — обманываем самих себя, и истины нет в нас»[35]. Но, поверив в Иисуса Христа, человек получает и прощение грехов, и праведность Христа. Как следствие, Павел заявляет: «Итак, нет ныне никакого осуждения тем, которые во Христе Иисусе...» (Рим. 8:1). Христос умер за наши грехи (1 Кор. 15:3), поэтому все наши грехи — прошлые, настоящие и будущие — прощены. Бог, начавший в нас доброе дело, обязательно завершит начатое (Флп. 1:6). Грех не отделит христианина от Божьей любви; ведь Павел говорит, что ничто «не может отлучить нас от любви Божией во Христе Иисусе, Господе нашем» (Рим. 8:39).

Впрочем, хотя проявления личного греха не могут разорвать *союз* верующего со Христом, они отрицательно сказываются на *общении* верующего со Христом. Когда христиане грешат, они оскорбляют Святого Духа (Еф. 4:30). Грех также влечет за собой Божье наказание. Иисус сказал: «Кого Я люблю, тех обличаю и наказываю. Итак будь ревностен и покайся» (Откр. 3:19). Более того: «Ибо Господь, кого любит, того наказывает; бьет же всякого сына, которого принимает» (Евр. 12:6). Христиане должны исследовать себя на наличие греха и быть открытыми для любящего увещания и обличения от других верующих (Гал. 6:1). Для борьбы с грехом в жизни людей, называющих себя христианами, Господь установил процесс церковной дисциплины (Матф. 18:15–20). Нераскаянный грех должен вести к отлучению, чтобы церковь хранила свою чистоту (1 Кор. 5:13).

Грех в жизни христианина — это серьезная проблема. Он мешает духовному росту и свидетельству о Христе. Хотя христиане никогда не подвергнутся осуждению за грехи, они предстанут перед судилищем Христовым, чтобы дать отчет в том, что они делали, живя в теле, хорошее или плохое. (2 Кор. 5:10). Шлак сгорит, а вечная награда будет соответствовать тому, что останется (1 Кор. 3:12–15).

Грядущий человек греха

Грех разрушителен и смертоносен для человечества как в прошлом, так и в настоящем. Изменится ли это в будущем? Библия предсказывает, что перед вторым пришествием Христа будет особый «человек греха», антихрист, который будет полным воплощением греха и зла. В грядущий день Господень он станет

---

[35] Подробнее о библейском опровержении доктрины перфекционизма см. «Завершенное освящение» (с. 672) в гл. 7 «Спасение».

сатанинской подделкой Господа Иисуса (2 Фес. 2:3–4). Иисус — Богочеловек, и Он воплощение праведности и любви. А человек сатаны будет полной противоположностью. Павел назвал его «человеком греха» (2 Фес. 2:3).

События, связанные с этим «беззаконником», описаны в 2-й главе 2 Фессалоникийцам. Там Павел опроверг ошибочное мнение, что «день Христов» уже начался. Он объяснил, что два события совпадут с наступлением дня Господня, а поскольку ни одно из них еще не произошло, то день Господень еще не мог наступить. Первым событием станет крупное восстание, в ходе которого произойдет великое отступничество от Бога. Вторым будет приход человека греха, противящегося Богу и требующего поклонения себе:

> Пусть никто не обманет вас никаким способом, потому что раньше придет отступление, и откроется человек беззакония, сын погибели, противник и превозносящийся выше всего, называемого Богом или святынею, так что в храме Божием сядет он, выдавая себя за Бога (2 Фес. 2:3–4, Кассиан).

Слово, переведенное «беззаконие», происходит от греческого слова *anotos*, которое означает «противозаконный» или «беззаконный». В данном контексте оно имеет значение «противящийся Божьему закону и целям». Грядущий человек беззакония будет воплощением вопиющего противления Богу и будет известен как «сын погибели» (2 Фес. 2:3). Ранее Иисус сказал, что сатана приходит, «чтобы украсть, убить и погубить» (Иоан. 10:10); и этот представитель сатаны будет делать то же самое.

Далее 2 Фессалоникийцам описывает дела этого человека греха. Он будет противиться Богу и превозноситься над всем, чему люди поклоняются, включая истинного Бога. Он потребует, чтобы поклонялись только ему (2 Фес. 2:4). Он также воссядет в Божьем храме в Иерусалиме и объявит себя Богом (см. Дан. 9:27; Матф. 24:15). Хотя в настоящее время Святой Дух не дает явиться этому нечестивцу, затем Дух даст «открыться ему в свое время», когда перестанет его удерживать (2 Фес. 2:6). Это не означает, что грех сейчас не действует, потому что «тайна беззакония уже в действии» (2 Фес. 2:7). Но когда «будет взят от среды удерживающий», «тогда откроется беззаконник» (2 Фес. 2:8). Его действия описываются так: «...беззаконник... которого пришествие, по действию сатаны, будет со всякою силою и знамениями и чудесами ложными, и со всяким неправедным обольщением погибающих за то, что они не приняли любви истины для своего спасения» (2 Фес. 2:8–10). Эсхатологический беззаконник будет совершать свои дела «по действию сатаны». Как Иисус совершал Свои чудеса силой Святого Духа, так этот человек будет получать силу от сатаны. Он придет со «знамениями и чудесами ложными», которые усугубят неправедное обольщение погибающих.

Успех человека греха будет недолгим: «И тогда откроется беззаконник, которого Господь Иисус убьет духом уст Своих и истребит явлением пришествия Своего» (2 Фес. 2:8). Человек сатаны будет брошен в озеро огненное, а его царство нечестия сменится Царством праведности, где править будет Господь Иисус Христос (Ис. 11; Зах. 4).

Бог и проблема зла

Некоторые используют реальность зла и страданий как причину для отвержения Бога. Они заявляют, что если бы Бог был всеблагим и всемогущим, то зла и страданий не было бы. Но зло и страдания не опровергают существование Бога, и полноценно объяснить их можно только с позиций христианского мировоззрения, основанного на библейском представлении о сотворении мира и грехопадении. Подробнее о теодицее—защите Бога в свете проблемы зла—говорится в 3-й главе («Проблема зла и теодицея», с. 236) и в 7-й главе («Божье извечное решение и проблема зла», с. 518; «Оправдание Бога», с. 537). Но некоторые пояснения уместно привести здесь в связи с ролью греха в причинении зла и страданий.

Нельзя забывать, что Бог—суверенный Царь Вселенной, Он делает, что хочет, и не обязан отчитываться перед человеком (Рим. 9:20). Бог не стоит перед судом, и любые кажущиеся противоречия между существованием Бога и реальностью зла действительно кажущиеся, а не реальные. Если принять это, то следующие положения могут быть полезны для понимания зла и страданий.

Во-первых, Бог создал мир и сказал, что все в нем «хорошо весьма» (Быт. 1:31). Во время недели творения не было ни греха, ни смерти. Они появились позже из-за Адама (Быт. 3; Рим. 5:12). Бог сказал человеку, что если он вкусит от дерева познания добра и зла, то придет смерть (Быт. 2:15–17), но несмотря на это Адам сознательно ослушался Творца, Которому был подотчетен. Ответственность за грех лежит на грешном человеке. Бог не может быть обвинен в том, что Он причина зла (см. Рим. 3:5–6; 9:14).

Во-вторых, ослушавшись Бога, Адам ввел в мир как нравственное, так и естественное зло. Согрешив против Бога, человек принес вражду в человеческие отношения и нравственное зло—в творение. Грех также повлиял на установленный в природе порядок. Поскольку человек был венцом творения и ему было поручено управлять и обладать творением, его грех повлиял на всю природу. Бог проклял землю из-за греха человека, и теперь природа противодействует человеку (Быт. 3:17). Павел говорит, что творение покорилось суете не добровольно (Рим. 8:20). Поэтому ответственность за падший мир лежит на человеке, а не на Боге.

Но почему Бог просто не исправит мир и не вмешается, чтобы положить конец трагедиям и злу? Часть ответа состоит в том, что человечество испытывает на себе последствия греха. Человека постигла беда, которую он сам и породил. Бог сделал человека Своим наместником, и у человека было все необходимое, чтобы успешно править землей. Но когда он согрешил, Бог не был обязан защищать его от последствий его непослушания.

В-третьих, Бог не оставил человека в одиночку бедствовать и страдать без надежды. Он пообещал восстановить творение и победить злую силу, стоявшую за змеем (Быт. 3:15), — план, который в итоге достигнет кульминации в Иисусе Христе и исполнится при Его первом и втором пришествиях. Бог также проявляет незаслуженную общую благость к человечеству (Матф. 5:45). Он сдерживает зло (2 Фес. 2:7) и предназначил совесть для ограничения свободы грешника (Рим. 2:14–15), а также человеческие власти — для наказания злодеев (Рим. 13:1–7). И Сам Бог испытал последствия грехопадения, когда Иисус стал «Мужем скорбей» (Ис. 53:3), Который жил, страдал и умер на кресте, взяв на Себя грех и понеся божественный гнев. Смерть и воскресение Иисуса заложили основание для грядущего восстановления всего творения (Кол. 1:20; Откр. 5:9–10). Никто не имеет права говорить, что Бог отстраненно смотрит на зло и страдания. Иисус оставил небеса и пострадал так, как никто и никогда не страдал, чтобы избавить грешников от вечных мук.

Наконец, грядет день суда, когда Бог все исправит. Он вознаградит то, что правильно, и покарает то, что неправильно. Все мысли и поступки всех людей будут судимы. Павел отметил, что когда Иисус придет, Он «осветит скрытое во мраке и обнаружит сердечные намерения, и тогда каждому будет похвала от Бога» (1 Кор. 4:5). Праведники, получившие спасение во Христе, обретут славу, многократно превосходящую страдания в этой жизни. Павел пишет: «Ибо думаю, что нынешние временные страдания ничего не стоят в сравнении с тою славою, которая откроется в нас» (Рим. 8:18). Эта истина помогает воспринимать наши временные страдания в падшем мире с позиции вечности. Наступит день, когда Бог отрет все слезы печали, и смерти уже не будет. (Откр. 21:4). Верующие будут вечно радоваться на новой земле, а с грехом будет покончено навсегда. Павел поясняет: «Жало же смерти — грех... Благодарение Богу, даровавшему нам победу Господом нашим Иисусом Христом!» (1 Кор. 15:56–57). И все дети Божьи будут вечно любимы Богом так, как Он всегда любил Своего вечного Сына (Иоан. 17:24–26).

Библейское богословие греха

Многие вопросы, касающиеся проблемы греха, уже были рассмотрены в этой главе, но важно завершить рассуждение обзором библейского учения по данной теме. И ангелы, и люди были созданы с волей и способностью повиноваться Богу или грешить против Него. Сатана совершил первый грех во Вселенной, желая и стремясь возвыситься над Богом. Треть ангелов, теперь известных как бесы, решили присоединиться к его мятежу. Грех сатаны не принес в мир грех и смерть, но сатана соблазнил людей ко греху, что и привело к смерти.

Бог предупредил Адама, что он умрет, если не послушается и вкусит от дерева познания добра и зла. Бог не искушал Адама и не принуждал его грешить против воли, но предоставил ему выбор повиноваться или ослушаться. В Бытии 3 появился змей-искуситель, за которым стоял падший ангел, сатана. Змей искушал Еву согрешить, подвергая сомнению Божье Слово и говоря ей, что она может стать, как Бог, если съест плод запретного дерева. Ева и затем Адам ели от дерева. Это непокорное проявление независимости привело к страху, стыду, желанию скрыться от Бога и перекладыванию вины на другого. Грех принес в мир смерть и проклятие.

Адам и Ева умерли духовно, а их тела стали подвержены разложению и смерти. Также возник конфликт в отношениях между мужчиной и женщиной и во всех остальных сферах отношений, что и проявилось, когда их первенец убил своего брата. Кроме того, творение было проклято, а способность человека исполнять данное ему поручение управлять землей превратилась в постоянную неудачу. Вместо того чтобы быть покорной и податливой, земля сопротивляется, расстраивая планы человека и поглощая его в смерти. Из-за греха человек терпит неудачу как в отношениях, так и в способности действовать в качестве правителя земли от имени Бога.

Бытие 3:15 — это первое обещание надежды для проклятого человека. Бог предсказал, что грядущее семя женщины отменит проклятие и победит сатанинскую силу, стоящую за змеем. Грех привел к борьбе между семенем женщины и семенем змея, но однажды потомок Евы победит сатану и его последователей. Ева думала, что ее первый сын, Каин, может стать тем человеком, который избавит род человеческий (Быт. 4:1). Но Каин сам стал убийцей. Отец Ноя, Ламех, думал, что Ной может быть обещанным спасителем (Быт. 5:28–29). Но хотя Бог необычайно использовал Ноя, он тоже был грешником и не подходил на роль обещанного избавителя из Бытия 3:15.

Родословие смерти в 5-й главе Бытия показало, что все потомки Адама, кроме Еноха, умерли. Во времена Ноя Бог оценил человека, что он всегда нечестив (Быт. 6:5, 11–13). Бог предал суду грешное человечество Всемирным потопом, избавив только Ноя и его семью, а также по паре от каждого вида животных (Быт. 7–8). В Ноевом завете Бог обещал, что не истребит грешного человека, чтобы могли исполниться Его планы о Царстве и спасении (Быт. 8:20–9:17). После потопа человек восстал против Бога при Вавилонской башне. Грешники собрались, чтобы сделать себе имя, и оставались в одном месте вопреки Божьему повелению расселиться по земле (Быт. 11:1–9). Но Бог наказал человечество, разделив их по языкам.

Последовательность событий в Бытии 1–11 показала, что основной проблемой человечества оставался грех. Всемирный потоп покарал грешный мир, но не смог устранить грех, поскольку он обитал в сердцах людей. Ожидание Избавителя и Спасителя от греха продолжалось. План победы над грехом стал разворачиваться, когда Бог избрал Авраама и произошедший от него великий народ (Израиль). Вместе они должны были стать Божьими избранными орудиями для благословения и спасения всего мира (Быт. 12:2–3; 22:18). Авраам был великим человеком, но он тоже был грешен и сам не мог быть спасителем (Быт. 20:2). Израильтяне становились многочисленнее, и после исхода из Египта они получили завет Моисея и стали нацией. То, что произошло на Пасху, когда кровь ягненка защитила людей от смерти, было прообразом грядущей жертвы Избавителя, Господа Иисуса Христа (1 Кор. 5:7).

Израиль был призван стать царством священников для народов, и его послушание Богу должно было стать свидетельством для них (Исх. 19:6; Втор. 4:5–6). Вместо этого Израиль вопиющим образом согрешил против Бога, поклонившись золотому тельцу, и продолжал нарушать Моисеев завет. После идолопоклонства царя Соломона (3 Цар. 11) Израиль сильно деградировал и был на пути к разделению и рассеянию. Мало того, что народ израильский потерпел неудачу, но и цари из рода Давида, которые должны были служить примером послушания Богу, показали себя несостоятельными грешниками.

Пророки укоряли Израиль за постоянное непослушание завету Моисея и в результате этого Самому Богу. Они предсказывали, что евреи в несколько этапов будут рассеяны среди народов. Но надежда появилась, когда Исаия предсказал, что в Израиле будет Раб, Который Своей жертвой искупит грехи Израиля и принесет спасение язычникам (Ис. 49:3–6; 52:13–53:12). Проблему греха человека должен был решить праведный Раб, Который возьмет на Себя вину за грехи других. Он подвергнется божественному суду вместо грешников (Ис. 53).

Этот Раб явился в начале Нового Завета в лице Иисуса, Избавителя и безгрешного Спасителя. Потомок Авраама и Давида, Иисус — это и Мессия, и Царь. А Иоанн Креститель объявил: «Вот Агнец Божий, Который берет на Себя грех мира» (Иоан. 1:29). Иоанн Креститель и Иисус проповедовали одну и ту же весть: «Покайтесь, ибо приблизилось Царство Небесное» (Матф. 3:2; 4:17). Эта проповедь показала, что вход в царство Мессии требует покаяния в грехе. Иисус сказал, что пришел, чтобы отдать душу Свою для искупления многих (Марк. 10:45), и Своей смертью Иисус искупил грехи Своих людей, став заместительной жертвой (1 Пет. 2:24; 2 Кор. 5:21).

Апостол Павел объяснил, что все люди, будь то евреи или язычники, — грешники, и не могут спасти себя (Рим. 1:18–3:20). Спасение от греха можно найти и получить, но только через веру в Иисуса и даруемую Им праведность (Рим. 3:21–5:21). Страдания Христа и новый завет, учрежденный Его смертью, разрушают власть греха над всеми, кто соединен с Ним (Рим. 6:1–8:17). Верующие в Господа Иисуса спасены от греха и получают духовную и вечную жизнь. Они становятся новым творением (2 Кор. 5:17). Но уничтожение смерти и последствий греха в физическом теле произойдет только при возвращении Спасителя и воскресении верующих (Рим. 8:23; 1 Кор. 15:20–24).

Хотя Иисус победил смерть на кресте, окончательное поражение греха пока еще в будущем. Грядущий день Господень станет временем, когда Бог будет судить и наказывать грешников на земле (Ис. 13:9, 11). Грядущий человек греха и беззакония явится в связи с наступлением дня Господнего, и Дух Святой прекратит Свое удерживающее служение, чтобы открылся этот человек греха и наполнилась мера беззаконий (2 Фес. 2:1–12). Но этот человек греха вместе со всеми своими последователями будет уничтожен Иисусом, когда Он вернется на землю (Откр. 19:11–21).

Царство Господа Иисуса будет характеризоваться исключительно праведностью и благословениями для народов. Это также будет правление жезлом железным (Пс. 2:9), и все, кто не подчинится Царю Иисусу, будут наказаны (Ис. 65:20; Зах. 14:16–19). Через тысячелетнее царствование Мессии и Его святых исполнится успешное царствование, которого Бог ожидал от Адама и человечества при сотворении (Быт. 1:26–28). После Тысячелетнего царства Христа произойдет последнее восстание, когда сатана будет освобожден из бездны, чтобы возглавить последний мятеж против Господа в Иерусалиме. Оставшиеся неверующие присоединятся к этому восстанию, но все они будут сразу уничтожены огнем с небес (Откр. 20:7–10). Даже при отсутствии сатаны и установлении совершенного порядка во время Тысячелетнего царства сердца грешников будут испорчены, и когда им представится возможность, те, кто отвергнет Христа в этот период, присоединятся к последнему восстанию. Затем все неверующие будут собраны на суд перед Великим белым престолом. Суд над ними будет основан на делах, но поскольку никакие дела не могут спасти, то все они будут отправлены в озеро огненное навеки. Греха больше никогда не будет, а Божьи святые будут вечно править в Его присутствии на новой земле (Откр. 22:3–5). Грех и его последствия будут удалены навсегда (Откр. 21:3–4). Останутся только слава, мир, радость и любовь.

Молитва[36]

Отче, спасибо за животворящую истину,
    которой Дух Святой преобразует нас.
Мы знаем, что преображенная жизнь—это результат,
    а не причина нашего спасения.
Ты—Единственный, Кто избрал и привлек нас к Себе,
    а Христос—Творец и Совершитель нашей веры.
Подвиг Его—единственное основание и причина нашего оправдания.
Наше спасение не было следствием каких-либо заслуг или добродетелей,
    ибо в таковых мы замечены не были.

Но мы знаем, что, даровав нам способность держаться верою Иисуса,
    Ты изменил нас совершенно.
Тот, кто во Христе, тот—новое творение,
    «древнее прошло, теперь все новое».

---

[36] Эта молитва воспроизводится дословно из: Мак-Артур Д. У престола благодати. СПб.: Виссон, 2015. С. 149–151.

Дух Святой дал нам новые сердца.
С момента нашего обращения к Богу Он обитает в нас,
    и благодаря Его животворящему присутствию в наших сердцах
        Ты постоянно преображаешь нас в образ Христа.

Да, мы понимаем,
    что нам никогда не стать абсолютно безгрешными в этой жизни,
    ведь мы не можем полностью уподобиться Христу,
        пока не увидим Его лицом к лицу.
Но когда мы согрешаем, то знаем, что «имеем Ходатая перед Отцом,
    Иисуса Христа, праведника».
Мы благодарны, что Он ходатайствует за нас прямо сейчас
    и просит о преуспевании нашем пред престолом Твоим.
        Его молитвы заставляют нас устыдиться своих жалких стенаний.
Дух Святой тоже «ходатайствует за нас
    воздыханиями неизреченными».

Господь, день ото дня мы все больше осознаем свою вину
    и стыдимся своего греха.
Поэтому просим, чтобы Ты наполнил наши сердца еще большей благодарностью
    за Твою неизменную любовь к нам.
Дай нам еще больше сил,
    чтобы служить Тебе с верой и радостью.
Но прежде всего просим,
    чтобы нам день ото дня все больше и больше походить на Христа.

Господь, не дай нам забыть, что ныне мы — рабы праведности,
    а не греха.
Мы смиренно предстаем пред Тобой, Господь,
    признательные за милость Твою и благодарные за преображение,
        позволившее нам возлюбить Тебя и совершать дела, угодные Тебе.

Бог наш, Создатель и Господь,
    мы наслаждаемся праведностью и мудростью Твоей.
Мы благословлены милостью и благодатью Твоей.
Мы торжествуем в милосердии и сострадании Твоем
    к таким грешникам, как мы.
И хотя мы ни в коей мере не заслуживаем Твоего благоволения,
    Ты милостиво избавил нас от вины и осуждения за наш грех.
Наш приговор был вынесен на Голгофе Христу,
    Который Своей добровольной жертвой забрал наши грехи,
    а Ты воскресил Его из мертвых
        в подтверждение Его великой победы.

Христос, наш Спаситель,
    гарантировал нам Твою милость и благодать.
Поэтому мы желаем прославить Его, служа Ему.
Но да не помыслим мы, что деяния наши достойны награды
    или являются достойным дополнением к Его совершенному спасению.

Мы признаем, что все силы, отданные на служение Тебе,
    ни на что негодны,
    а все попытки слушаться Тебя доказывают лишь одно:
    мы по-прежнему — «рабы ничего не стоящие,
        потому что сделали, что должны были сделать».

Да будем мы вечно надеяться лишь на Христа,
    доверять Ему,
    чтить Его
    и служить Ему верно и смиренно.
Мы расторгаем узы греха, уповая на Твое непрестанное очищение и прощение.
Помоги нам жить так,
    чтобы привлекать неверующих к славе Христа,
    во имя Которого мы молимся. Аминь.

«Милость Господня»

Милость Господня чудес полна.
Милость сильнее, чем грех и суд.
К нам чрез Голгофу пришла она,
И о Распятом с тех пор поют.

Припев:
Милость Божья
Нас очищает от всех грехов.
Милость Божья —
Глубже морей, выше облаков.

Грех и пороки, как глубь морей,
Тянут тебя поглотить скорей.
Милость, что больше людских грехов,
Жизнь возвещает чрез крест Христов.

Пятна греха невозможно скрыть,
Их не омоешь всех рек водой,
Но со креста в мир течет струей
Кровь примиренья, чтоб все покрыть.

Милость чудесна, ей нет конца,
Милость простер Господь над людьми.
Жаждешь ли видеть миров Творца?
Милость Господню сейчас прими.

    Джулия Джонстоун (1849–1919)
    (перевод Д. А. Ясько)

Список литературы

Основные труды по систематическому богословию: человек

Беркхоф Л. Систематическое богословие. Мн.: Полиграфкомбинат им. Я. Коласа, 2014. С. 201–243.

* Грудем У. Систематическое богословие: Введение в библейское учение. СПб.: Мирт, 2004. С. 495–552.

Тиссен Г. Лекции по систематическому богословию. СПб.: Библия для всех, 1994. С. 168–186.

Эриксон М. Христианское богословие. СПб. Библия для всех, 1999. С. 385–474.

Bancroft, Emery H. *Christian Theology: Systematic and Biblical*. 2nd ed. Grand Rapids, MI: Zondervan, 1976. 183–210.

Buswell, James Oliver, Jr. *A Systematic Theology of the Christian Religion*. 2 vols. Grand Rapids, MI: Zondervan, 1962–1963. 1:221–430.

Culver, Robert Duncan. *Systematic Theology: Biblical and Historical*. Fearn, Ross-shire, Scotland: Mentor, 2005. 227–335.

Dabney, Robert Lewis. *Systematic Theology*. 1871. Reprint, Edinburgh: Banner of Truth, 1985. 292–305.

Hodge, Charles. *Systematic Theology*. 3 vols. 1871–1873. Reprint, Grand Rapids, MI: Eerdmans, 1975. 2:3–122.

Lewis, Gordon R., and Bruce A. Demarest. *Integrative Theology*. 3 vols. Grand Rapids, MI: Zondervan, 1987–1994. 2:17–180.

Reymond, Robert L. *A New Systematic Theology of the Christian Faith*. Nashville: Thomas Nelson, 1998. 415–40.

* Shedd, William G. T. *Dogmatic Theology*. 3 vols. 1889. Reprint, Minneapolis: Klock & Klock, 1979. 2A:3–147; 3:249–331.

Strong, August Hopkins. *Systematic Theology: A Compendium Designed for the Use of Theological Students*. Rev. ed. New York: Revell, 1907. 465–532.

Swindoll, Charles R., and Roy B. Zuck, eds. *Understanding Christian Theology*. Nashville: Thomas Nelson, 2003. 641–722.

Turretin, Francis. *Institutes of Elenctic Theology*. 3 vols. Edited by James T. Dennison Jr. Translated by George Musgrove Giger. 1679–1685. Reprint, Phillipsburg, NJ: P&R, 1992–1997. 1:569–89.

* Обозначает самые полезные.

Основные труды по систематическому богословию: грех

Беркхоф Л. Систематическое богословие. Мн.: Полиграфкомбинат им. Я. Коласа, 2014. С. 245–293.

* Грудем У. Систематическое богословие: Введение в библейское учение. СПб.: Мирт, 2004. С. 553–581.

Тиссен Г. Лекции по систематическому богословию. СПб.: Библия для всех, 1994. С. 187–217.

* Эриксон М. Христианское богословие. СПб. Библия для всех, 1999. С. 475–560.

Bancroft, Emery H. *Christian Theology: Systematic and Biblical*. 2nd ed. Grand Rapids, MI: Zondervan, 1976. 211–35.

Buswell, James Oliver, Jr. *A Systematic Theology of the Christian Religion*. 2 vols. Grand Rapids, MI: Zondervan, 1962–1963. 1:255–320.

Culver, Robert Duncan. *Systematic Theology: Biblical and Historical*. Fearn, Ross-shire, Scotland: Mentor, 2005. 337–417.

Dabney, Robert Lewis. *Systematic Theology*. 1871. Reprint, Edinburgh: Banner of Truth, 1985. 306–51.

Hodge, Charles. *Systematic Theology*. 3 vols. 1871–1873. Reprint, Grand Rapids, MI: Eerdmans, 1975. 2:123–309.

Lewis, Gordon R., and Bruce A. Demarest. *Integrative Theology*. 3 vols. Grand Rapids, MI: Zondervan, 1987–1994. 2:183–245.

Reymond, Robert L. *A New Systematic Theology of the Christian Faith*. Nashville: Thomas Nelson, 1998. 440–58.

* Shedd, William G. T. *Dogmatic Theology*. 3 vols. 1889. Reprint, Minneapolis: Klock & Klock, 1979. 2A:148–257; 3:331–77.

Strong, August Hopkins. *Systematic Theology: A Compendium Designed for the Use of Theological Students*. Rev. ed. New York: Revell, 1907. 533–664.

Swindoll, Charles R., and Roy B. Zuck, eds. *Understanding Christian Theology*. Nashville: Thomas Nelson, 2003. 723–800.

Turretin, Francis. *Institutes of Elenctic Theology*. 3 vols. Edited by James T. Dennison Jr. Translated by George Musgrove Giger. 1679–1685. Reprint, Phillipsburg, NJ: P&R, 1992–1997. 1:591–685.

* Обозначает самые полезные.

Специальные труды

Вникая в книгу Бытия: авторитетность Библии и возраст Земли» / Под ред. Терри Мортенсона, Тейна Юри. Симферополь: Диайпи, 2010.

* Мак-Артур Д. Битва за начало. СПб.: Библия для всех, 2004.

* Мак-Артур Д. Отмирающая совесть. СПб.: Библия для всех, 2004.

* Хукема Э. Образ Божий. Мн.: Полиграфкомбинат им. Я. Коласа, 2019.

Barrick, William D. "A Historical Adam: Young-Earth Creation View." In *Four Views on the Historical Adam*, edited by Matthew Barrett and Ardel B. Caneday, 197–254. Grand Rapids, MI: Zondervan, 2013.

Berkouwer, G. C. *Man: The Image of God*. Grand Rapids, MI: Eerdmans, 1962.

Berkouwer, G. C. *Sin*. Studies in Dogmatics 11. Grand Rapids, MI: Eerdmans, 1971.

Clark, Gordon H. *The Biblical Doctrine of Man*. Trinity Paper 7. Jefferson, MD: Trinity Foundation, 1984.

Hughes, Philip Edgcumbe. *The True Image: The Origin and Destiny of Man in Christ*. Grand Rapids, MI: Eerdmans, 1989.

Laidlaw, John. *The Biblical Doctrine of Man*. 1895. Reprint, Minneapolis: Klock & Klock, 1983.

Machen, J. Gresham. *The Christian View of Man*. 1937. Reprint, Edinburgh: Banner of Truth, 1984.

Pink, Arthur W. *Gleanings from the Scriptures: Man's Total Depravity*. Chicago: Moody Press, 1969.

Ramm, Bernard. *Offense to Reason: A Theology of Sin*. San Francisco: Harper & Row, 1985.

Whitcomb, John Clement. *The Early Earth: An Introduction to Biblical Creationism*. 3rd ed. Winona Lake, IN: BMH, 2010.

* Обозначает самые полезные.

Социальные вопросы

Кестенбергер А., Джонс Д. Бог, брак и семья: Как восстановить библейские основы. СПб.: Библия для всех, 2009.

* Мак-Артур Д. Различны по замыслу. СПб., Киев: Изд-во Христиан. библ. братства св. ап. Павла, 2007.

Строк А. Мужчины и женщины: Равные, но разные. СПб.: Шандал, 2004.

* Clouse, Robert G., ed. *War: Four Christian Views*. Rev. ed. Downers Grove, IL: Inter Varsity Press, 1991.

* DeYoung, Kevin. *What Does the Bible Really Teach about Homosexuality?* Wheaton, IL: Crossway, 2015.

* Feinberg, John S., and Paul D. Feinberg. *Ethics for a Brave New World*. 2nd ed. Wheaton, IL: Crossway, 2010.

* MacArthur, John. *The Divorce Dilemma: God's Last Word on Lasting Commitment*. Leominster, England: Day One, 2009.

* Murray, John. *Principles of Conduct: Aspects of Biblical Ethics*. Grand Rapids, MI: Eerdmans, 1957.

* Piper, John, and Wayne Grudem, eds. *Recovering Biblical Manhood and Womanhood: A Response to Evangelical Feminism*. Wheaton, IL: Crossway, 1991.

Young, Curt. *The Least of These: What Everyone Should Know about Abortion*. Chicago: Moody Press, 1983.

* Обозначает самые полезные.

«Как может быть?»

Как может быть, что за меня
Пролит был поток крови святой?
Он за мои грехи страдал,
Когда я был Ему чужой.
Любовь Христа! Как может быть,
Что умер Сын, чтоб я мог жить?

Припев:
Любовь Христа! Как может быть,
Что умер Сын, чтоб я мог жить?

Оставил в небе Свой престол,
На землю к грешникам сошел,
Уничижил, смирил Себя,
Пошел на казнь, нас возлюбя.
Милость Христа светлее дня,
Во тьме греха нашла меня.

Мой дух в темнице изнывал,
Греха цепями скован был;
Христос небесный свет послал,
Оковы крепкие разбил.
По милости я стал другим,
Поднялся, встал, иду за Ним.

Нет осужденья, не страшусь:
Всё за меня свершил Иисус.
Он — мой Спаситель и Глава,
И в Нем вся праведность моя.
Смело стою пред вечным Отцом,
Венец златой мне дан Христом.

Чарльз Уэсли (1707–1788)
(перевод Д. А. Ясько, куплеты 2–4а)

7

Спасение

Сотериология

Основные темы 7-й главы

Введение в сотериологию

План искупления

Осуществление искупления

Применение искупления

Введение в сотериологию

Конечная цель спасения

Общая благодать

Приступая к доктрине сотериологии, изучающий Писание поднимается на вершину христианского богословия, потому что темы и вопросы, рассматриваемые при изучении спасения, достигают самого сердца Евангелия и центра истории искупления. Как показано в 6-й главе, человек был создан по образу и подобию Божьему, и ему было поручено управлять творением в качестве представителя Бога на земле. Однако человек совсем не справился с этим поручением, согрешив против Бога через непослушание Адама, и утратил первоначальное состояние благословенного общения, которое было у него в раю. В результате все потомки Адама зачаты в грехе и рождаются врагами Бога. По своей природе человек и отчужден от Бога в отношениях, и отвечает перед Ним как перед Судьей, то есть он и не может пребывать в общении с Богом, для чего был создан, и за нарушение Божьих законов и умаление Его славы подлежит наказанию, а именно, смерти.

Но Бог—Спаситель, и по Своей спасающей благодати Он сделал все, чтобы искупить от греха и смерти тех, кто уверует. Этот план искупления начал исполняться в вечном прошлом, когда Бог Отец обратил Свою избирающую любовь к недостойным грешникам и решил спасти их от гибели и заслуженных последствий непослушания. Он определил, что искупление избранных совершит Господь Иисус Христос, Бог Сын, когда станет человеком, как человек проявит совершенное послушание Богу и умрет вместо Своих людей, чтобы расплатиться за их грехи. Отец и Сын послали Бога Святого Духа применить к избранным все спасительные блага, которые Сын приобрел для них. Таким образом, эта глава построена в тринитарной форме, в которой по очереди представлены план искупления, задуманный Отцом, осуществление искупления Сыном и применение искупления Духом, при этом она проливает свет на следующие доктрины: избрание и отвержение, искупление, призвание и возрождение, покаяние и вера, союз со Христом, оправдание, усыновление, освящение, неотступность святых и прославление.

Конечная цель спасения

Прежде чем обратиться к доктрине сотериологии, необходимо обратить внимание на то, что цель, которой Бог достигает, спасая Своих людей, соответствует Его конечной цели, а именно—принести славу и честь Себе. Поскольку верующие получают огромные благословения от Божьей спасающей благодати, то часто складывается неверное представление, что Бог совершает спасение главным образом для самих грешников. То, что человек избран Богом к спасению без всякого основания в нем самом, что за него принесена столь драгоценная и благородная жертва, как Сам Сын Божий, что он даром получил новое рождение без каких-либо собственных дел, что он соединен со Христом, объявлен праведным независимо от дел, усыновлен в Божью семью и уподобляется Его образу, постепенно на земле и в совершенстве на небе, — это обилие даров благодати, обретаемых человеком в спасении, склоняет изучающего Писание к мысли, что Божья спасающая любовь в конечном счете обращена лишь к человеку. Однако Библия показывает, что спасение сосредоточено не на человеке, а на Боге. Бог спасает грешников «в похвалу славы благодати Своей» (Еф. 1:6).

Писание изобилует свидетельствами, что основное стремление Бога—добиваться славы Своего имени. Ветхозаветный прообраз Божьего спасения—это искупление Израиля из египетского рабства. Говоря об этой земной кульминации Божьего спасительного избавления, псалмопевец отмечает: «Но Он спас их ради имени Своего, дабы показать могущество Свое» (Пс. 105:8). И хотя Бог, безусловно, сострадал бедственному положению Своего народа, желал его освобождения от ига рабства (см. Исх. 2:23–25; 3:7–8, 16) и намеревался совершить правосудие над Египтом за жестокость и притеснение Израиля (см. Исх. 3:9; 6:19), тем не менее Его главным побуждением в искуплении Израиля было прославить Свое имя (см. Исх. 9:16; 14:4, 17–18). Позднее, когда Бог обещает, что

Его исполненный Духом Раб придет, чтобы установить справедливость на земле, открыть глаза слепым и освободить узников из тьмы (Ис. 42:1–7), Он провозглашает: «Я Господь [Яхве], это — Мое имя, и не дам славы Моей иному...» (Ис. 42:8). Это все равно, что сказать: «Я не позволю, чтобы честь и хвала, принадлежащие Моему имени, были даны кому-то другому. Я — Яхве, и потому хвала будет Мне». Подобным образом в ответ на упрямство Израиля Бог заявляет: «Ради имени Моего [Я] отлагал гнев Мой, и ради славы Моей удерживал Себя от истребления тебя» (Ис. 48:9). Хотя Израиль получает милость, когда Бог удерживает Свой гнев, главное побуждение Господа — возвеличить Себя. Он снова подчеркивает эту цель: «Ради Себя, ради Себя Самого делаю это, — ибо какое было бы нарекание на имя Мое! Славы Моей не дам иному» (Ис. 48:11). Читатель видит логику, на которую опираются эти доводы Бога: Он будет действовать ради Себя, потому что немыслимо, чтобы Он не получил славы, которой достоин. Кроме того, богоцентричность спасения распространяется на решение Бога не только отсрочить гнев, но и окончательно спасти от гнева. Незадолго до вавилонского плена Бог заявляет, что спасет и восстановит Израиль, но ясно отрицает, что спасет их ради них самих:

Не для вас Я сделаю это, дом Израилев, а ради святого имени Моего... И освящу великое имя Мое, бесславимое у народов, среди которых вы обесславили его, и узнают народы, что Я Господь... когда явлю на вас святость Мою перед глазами их (Иез. 36:22–23).

Бог настолько связал Свое имя со Своим народом, что их истребление повредило бы Его репутации (см. Исх. 32:7–14; Дан. 9:18–19). Поэтому Он избавит Свой народ ради Своей славы. В конечном счете, спасающий Бог изглаживает преступления ради Себя Самого (Ис. 43:25); Он прощает грехи ради Своего имени (1 Иоан. 2:12).

Нет более сильного свидетельства, что основное стремление Бога в спасении — это Его слава, чем сказанное Павлом в величественном гимне хвалы Спасителю Богу в 1-й главе Ефесянам. Превознося Бога, дающего каждое духовное благословение, Павел заявляет, что все аспекты спасения человека: избрание Отцом (1:4–6), искупление Сыном (1:7–12) и запечатление Святым Духом (1:13–14) — осуществляются «в похвалу славы благодати» Его (1:6), «к похвале славы Его» (1:12), «в похвалу славы Его» (1:14). Хотя в спасении великая Божья любовь обращена к человеку (Рим. 5:8; Еф. 2:4), не он конечная цель Божьей спасающей благодати. Сам Бог и слава Его имени стоят для Бога на первом месте. Любой взгляд на спасение, возвышающий человека до главного объекта Божьих устремлений, обязательно принижает Божью славу[1].

---

[1] Подробнее об основном стремлении Бога к Своей славе во всех делах творения, провидения и искупления см.: Jonathan Edwards, *Dissertation on the End for Which God Created the World*, in *The Works of Jonathan Edwards*, ed. Edward Hickman (1834; repr., Carlisle, PA: Banner of Truth, 1974), 1:94–121. Трактат Эдвардса был переиздан с полезным введением и пояснительными примечаниями в книге: John Piper, *God's Passion for His Glory: Living the Vision of Jonathan Edwards* (Wheaton, IL: Crossway, 1998), 115–251.

Общая благодать

Еще один предварительный вопрос—это обсуждение доктрины общей благодати. Строго говоря, это не сотериологический вопрос, потому что общая благодать—это не спасающая благодать[2]. Как выражение Божьей доброты и благоволения (Пс. 144:9) общая благодать распространяется на всех без исключения людей, включая тех, кто никогда не получит спасения (см. Пс. 32:5; 51:3; 106:8; 118:68). Она отличается от *особой*, или *спасающей благодати*, которой Бог спасает избранных от наказания за грех и власти греха (Еф. 2:5; Кол. 1:13–14), возрождая и освящая их через действие Святого Духа (2 Кор. 5:17; Тит. 3:5). Таким образом, общая благодать не дает прощения грехов и не возрождает неверующие сердца. Хотя она открывает истины о Творце (Рим. 1:18–20) и обличает в проступках (Рим. 2:15), но она не может привести к спасению сама по себе, без спасающей благодати. По этой причине ее вполне можно было рассмотреть в 3-й главе «Бог Отец» как выражение Божьих атрибутов благодати и милости. И все же, поскольку общая благодать предшествует обретению спасающей благодати, она рассматривается здесь.

Божья общая благодать дарует человечеству как минимум три блага. Во-первых, она временно сдерживает грех и препятствует его разрушительным последствиям. Без божественной благодати полное выражение падшей человеческой природы в обществе было бы бесконтрольным, ведя к катастрофическим результатам. Хотя люди полностью греховны, то есть грех влияет на все аспекты их существа (Рим. 3:10–18, 23; см. Иер. 17:9; Еф. 2:1; Тит. 3:3), полное проявление этой греховности сдерживается совестью, которая позволяет грешникам понимать разницу между правильным и неправильным (Рим. 2:15); властью родителей, которые учат и наказывают детей (Прит. 2:1–5; 3:1–2; 13:1–2, 24; 19:18); и гражданской властью, которая поддерживает порядок в обществе (Рим. 13:1–5).

Во-вторых, общая благодать позволяет неверующим наслаждаться красотой и добротой в этой жизни (Пс. 49:2). И праведники, и нечестивые принимают многочисленные благословения из Божьих рук (Пс. 103:14–15; Матф. 5:45; Деян. 14:15–17; 17:25). Каждый вдох, каждый кусочек пищи, каждая земная радость и приятное мгновение возможны только благодаря Божьей милостивой заботе (см. Иов. 12:10; Деян. 17:28). Он единственный источник всякой доброты (Пс. 105:1; Марк. 10:18; Иак. 1:17; 1 Тим. 4:4). Следовательно, все, что хорошо и ценно, исходит из Его щедрой руки. Этот мир был опустошен проклятием греха

---

[2] Такое понимание общей благодати отличается от арминианского представления, когда считают, что общая благодать значит, что всем людям без исключения Бог дает способность покаяться и поверить в Евангелие. В этом смысле это просто начало спасающей благодати и практически совпадает с арминианской доктриной предваряющей благодати, которая якобы преодолевает последствия полной греховности у всех грешников, приводя их в состояние нравственного нейтралитета, чтобы они сами могли выбрать, принять ли им Христа или отвергнуть. Однако Божья благодать, которая распространяется на всех без исключения людей, не спасительна в духовном смысле, потому что все благословения спасения находятся только во Христе как Спасителе (Еф. 1:3). Поскольку о неверующих нельзя сказать, что они в каком-либо смысле пребывают «во Христе», то они не имеют участия ни в каком из благословений спасения.

(Рим. 8:20–22), но Божья общая благодать позволяет грешникам вкушать Его изобильную благость (см. Пс. 33:9).

В-третьих, общая благодать дает грешникам время услышать Евангелие, побуждающее к покаянию. Хотя Бог по справедливости мог бы свершить суд над грешниками мгновенно, Он временно удерживает наказание, которое они заслужили (см. Иез. 18:4, 32; Рим. 6:23; 9:22–23; 1 Тим. 4:10). Апостол Павел спрашивает: «Или пренебрегаешь богатство благости, кротости и долготерпения Божия, не разумея, что благость Божия ведет тебя к покаянию?» (Рим. 2:4; см. 2 Пет. 2:5; 3:9, 15). Хотя грешники в неправедности подавляют истину Евангелия, Божья общая благодать оставляет их отвержение Бога без извинений (Рим. 1:18–20).

Общая благодать показывает благость и великодушие Бога ко всему человечеству, но только в преизобильных благословениях особой благодати полностью проявляется Его характер как Спасителя. Далее в этой главе подробно рассматривается откровение и действие Божьей суверенной спасающей благодати.

План искупления

Божье извечное решение
Извечное решение об избрании
Извечное решение об отвержении
Выводы

Действие спасающей благодати Божьей для грешников начинается задолго до того, как какой-либо грешник испытает на себе плоды этой благодати. До обращения и оправдания грешника, до заместительного искупления, совершенного Спасителем, и даже до сотворения мира Божья искупительная благодать берет свое начало от вечного прошлого в суверенном изъявлении воли триединого Бога. Павел писал Тимофею, что Бог спасает Своих людей согласно Своему вечному замыслу, изливая на них благодать «во Христе Иисусе прежде вековых времен» (2 Тим. 1:9). В полновластной свободе, исключительно от обилия милосердия и благодати, Бог обращает Свою любовь к отдельным людям, избирает их к спасению от греха и смерти и решает, что они будут восстановлены в правильных отношениях с Ним через искупительный подвиг Его Сына, примененный Его Духом. Поэтому то, как Сын совершает искупление и как Дух применяет его, происходит согласно вечному искупительному плану Отца (Еф. 3:11).

Божье извечное решение

Поскольку извечное решение об избрании входит в общее извечное решение Бога (см. 1 Кор. 2:7), которым Он непогрешимо установил все происходящее[3]

---

[3] Это прекрасно описано в Вестминстерском исповедании веры: «Прежде всех времен Бог по Своему в высшей степени мудрому и святому произволению свободно и непреложно предопределил все, что должно произойти» (3.1).

и согласно которому все совершает (Еф. 1:11), то необходимо кратко напомнить библейское учение о Божьем извечном решении, так как все, что верно о Его извечном решении в целом, должно быть верно и о Его решении об избрании и спасении[4]. В Писании Божье извечное решение названо разными терминами, такими как Его предвечное определение (Еф. 3:11; см. Ис. 46:10; Рим. 8:28; 9:11; Еф. 1:9; 2 Тим. 1:9; Евр. 6:17), Его определенный совет (Деян. 2:23; 4:28), Его совет (Пс. 32:11; Ис. 5:19; 46:10), изволение Его воли (Еф. 1:11), благоволение Его воли (Еф. 1:5), Его благоволение (Лук. 12:32; Флп. 2:13) и Его воля (Рим. 9:19).

ХАРАКТЕР БОЖЬЕГО ИЗВЕЧНОГО РЕШЕНИЯ[5]

Обзор этих и других текстов показывает ключевые характеристики Божьего извечного решения. Во-первых, Писание говорит, что Божье решение было принято до сотворения времени, и поэтому оно называется извечным. Давид восхваляет Бога, потому что все его дни были назначены и записаны в Божьей книге, когда ни один из них еще не наступил (Пс. 138:16). Павел объясняет, что план спасения язычников был осуществлен по Божьему предвечному определению (Еф. 3:11), что это тайна, «которую предназначил Бог прежде веков» (1 Кор. 2:7). Апостол также ясно учит, что Бог решил спасти Своих «прежде создания мира» (Еф. 1:4; см. 2 Тим. 1:9). Поэтому Иисус мог сказать, что Царство было приготовлено для избранных «от создания мира» (Матф. 25:34). В Исаии 46:10 Яхве утверждает, что сделает все, угодное Ему, и Его совет состоится. Павел делает подобное заявление в Ефесянам 1:11, когда говорит, что верующие были «предназначены... по определению Совершающего все по изволению воли Своей». Таким образом, все провиденциальные действия Бога во времени соответствуют определенному замыслу, который был прежде времени.

Во-вторых, важное следствие вечного характера Божьего решения состоит в том, что оно непременно безусловное. То есть, поскольку вечный, самосуществующий триединый Бог—единственный, Кто существовал в вечном прошлом (Ис. 43:10; 44:24), то невозможно, чтобы нечто внешнее по отношению к Богу побудило Его принять одно решение, а не другое, ведь ничего внешнего по отношению к Нему *не было* (Быт. 1:1; Иоан. 1:1–3). Таким образом, каждое решение, входящее в Божье извечное решение, было независимым и свободным, принятым по Его «благоволению», то есть так, как Ему угодно (Пс. 113:11; 134:6; Ис. 46:10; 48:14; Флп. 2:13). Его извечное решение настолько не зависит от выбора или действий людей, что Писание провозглашает: «И все, живущие на земле, ничего не значат; по воле Своей Он действует как в небесном воинстве, так и у живущих на земле...» (Дан. 4:32).

---

[4] Краткое изложение Божьего извечного решения в контексте Его провидения см. с. 224 в гл. 3 «Бог Отец».

[5] Этот раздел адаптирован из: Mike Riccardi, "I Will Surely Tell of the Decree of the Lord," *The Cripplegate* (blog), August 28, 2015, http://thecripplegate.com/i-will-surely-tell-of-the-decree-of-the-lord/. Используется с разрешения автора.

В-третьих, Божье извечное решение непреложно, а потому действенно. Как ничто не могло повлиять на суверенное Божье решение при его принятии в вечном прошлом, так ничто во времени не может изменить его. Никакое творение не может изменить то, что Бог решил осуществить; напротив, псалмопевец утверждает, что *Бог* упраздняет советы *творений* и уничтожает замыслы народов (Пс. 32:10). Следующий стих подкрепляет эту истину: «Совет же Господень стоит вовек; помышления сердца Его — в род и род» (Пс. 32:11). Навуходоносор признает, что «нет никого, кто мог бы противиться руке Его» или призвать Его к ответу за Его действия (Дан. 4:32); когда Бог поднимает Свою руку, чтобы совершить что-то, это нельзя отменить. Подобным образом Сам Бог посмеивается над народами, спрашивая: «...ибо Господь Саваоф определил, и кто может отменить это? Рука Его простерта, — и кто отвратит ее?» (Ис. 14:27). Получив, возможно, самый резкий и суровый упрек во всем Писании, Иов говорит о непреложности Божьего извечного решения: «Знаю, что Ты все можешь, и что намерение Твое не может быть остановлено» (Иов. 42:2). Планы людей часто нуждаются в пересмотре, потому что человеку не хватает мудрости или способности осуществить эти планы. Бог же не испытывает недостатка ни в мудрости, ни в способности исполнить Свой бесконечно мудрый замысел. Его извечное решение непреложно, а потому действенно, ибо Он говорит: «Мой совет состоится, и все, что Мне угодно, Я сделаю. <...> Я сказал, и приведу это в исполнение; предначертал, и сделаю» (Ис. 46:10–11).

Наконец, Божье извечное, безусловное, непреложное и действенное решение также является исчерпывающим. Бог «*во всем* содействует ко благу» согласно Своим целям (Рим 8:28, Кассиан) и совершает «*все* по изволению воли Своей» (Еф. 1:11). Псалмопевец повторяет, что Господь «творит *все*, что хочет» (Пс. 113:11; 134:6). Сам Бог заявляет: «*Все*, что Мне угодно, Я сделаю» (Ис. 46:10).

Более того, эта исчерпывающая полнота указывает не только на общий контроль, но и на Божье конкретное и тщательное провиденциальное руководство над всем. Писание говорит, что Бог — причина разной погоды: снег, дождь, лед, ветер и молнии — все «они направляются по намерениям Его, чтоб исполнить то, что Он повелит им на лице обитаемой земли. Он повелевает им идти или для наказания, или в благоволение, или для помилования» (Иов. 37:12–13; см. 37:6–12; Пс. 148:8). Бог велит солнцу, которое Иисус называет *Его* солнцем, сиять на праведных и неправедных (Матф. 5:45), благодаря чему растет трава и земля приносит плод (Пс. 103:14). Он определяет продолжительность жизни даже самых маленьких птиц (Матф. 10:29) и дает пищу животным, которые бродят по земле (Пс. 103:27; Матф. 6:26). Он определяет границы для обитания народов (Деян. 17:26) и владычествует над ними (Пс. 21:29); низлагает и поставляет царей (Дан. 2:21) и даже направляет их сердца, куда захочет (Прит. 21:1). То, что Бог направляет их сердца, показывает, что Он определяет даже желания и свободный выбор людей, будь то на добро (Еф. 2:10) или на зло (Быт. 45:5–8; 50:20; 1 Цар. 2:25; 2 Цар. 24:1; Ис. 10:1–8; Деян. 2:23; 4:27–28). Даже то, что кажется случайным, определяется Богом, поскольку «в полу бросается жребий, но все решение его—от Господа» (Прит. 16:33). События в личной жизни людей тоже не избегают суверенного Божьего установления, поскольку Он восполняет все их нужды (Иак. 1:17; Флп. 4:19), определяет продолжительность их жизни (Иов. 14:5; Пс. 138:16) и даже направляет их шаги (Прит. 16:9; Иер. 10:23). Возможно, самое яркое выражение исчерпывающей полноты Божьего извечного решения записано в славословии Павла: «Ибо *все* из Него, Им и к Нему» (Рим. 11:36)[6]. Будь то цели, средства, непредвиденные обстоятельства, желания, решения и даже добрые или злые поступки людей—ничто не ускользает от провиденциального контроля Божьего извечного решения.

БОЖЬЕ ИЗВЕЧНОЕ РЕШЕНИЕ И ПРОБЛЕМА ЗЛА[7]

Естественное возражение против учения об исчерпывающем полновластии состоит в том, что оно якобы делает Бога морально виновным в грехе. Хотя справедливо говорить, что Бог предопределяет все, то есть Он Первопричина всего, это не значит, что Он виновен в причинении зла. Писание проводит различие между: (1) Первопричиной действий и (2) их непосредственными и действенными причинами, указывая, что только непосредственные и действенные причины виновны в злых делах. Кроме того, Писание также учитывает мотивы злых дел. Хотя Бог предопределяет злой выбор нравственно свободных существ, Он не принуждает их к этому; скорее, они свободно действуют согласно своим наклонностям. Поскольку Бог никогда не служит действенной причиной зла и всегда предопределяет зло во благо, на Нем нет никакой вины.

Эта теодицея подтверждается многочисленными библейскими текстами, например, о роли Бога в том, что Иосиф оказался в рабстве (Быт. 45:5–8; 50:20), что Ассирия отправилась разорять Израиль (Ис. 10:1–8) и что Давид решил провести перепись в Израиле (2 Цар. 24:1; 1 Пар. 21:1). Но самый ясный пример можно найти в том, как апостолы повествуют о величайшем злодеянии в истории— убийстве Сына Божьего. Если Бог может быть освобожден от ответственности за предопределение величайшего зла, не может быть никаких возражений против его справедливости в предопределении меньших зол.

Например, в распятии Христа справедливо можно обвинить Ирода, Понтия Пилата, язычников и народ израильский (Деян. 4:27). И Петр открыто обвинил израильтян в этом преступлении (Деян. 2:23, 36). Но при этом Петр прямо сказал, что это зло совершилось по Божьему извечному решению, то есть «по определенному совету и предведению Божию» (Деян. 2:23). Действительно, Ирод, Пилат,

---

[6] Превосходный обзор Божьих действий в провидении см.: Грудем У. Систематическое богословие: Введение в библейское учение. СПб.: Мирт, 2004. С. 349–371.

[7] Этот раздел адаптирован из: Mike Riccardi, "God and Evil: Why the Ultimate Cause Is Not the Chargeable Cause," *The Crripplegate* (blog), October 9, 2015, http://thecripplegate.com/god-and-evil-why-the-ultimate-causeis-not-the-chargeable-cause/. Используется с разрешения автора.

евреи и язычники собрались против Иисуса, «чтобы сделать то, чему быть *предопределила* рука [*Божья*] и совет [*Его*]» (Деян. 4:27–28).

Во-первых, можно увидеть, что Бог—это *Первопричина* распятия, ведь Он предопределил все обстоятельства, которые привели к этому событию, сделав его неизбежным. Во-вторых, евреи были *непосредственной* причиной, поскольку они побудили римлян распять Христа. В-третьих, Ирод, Пилат и другие безбожники были *действительной* причиной, так как распятие было совершено римской властью. Таким образом, евреи несли ответственность как непосредственная причина, о чем Петр и сказал им: «*...вы взяли [Иисуса] и, пригвоздив руками* беззаконных, убили» (Деян. 2:23). То, что именно римляне прибили Иисуса к кресту, не делает евреев менее виновными в этом преступлении. И все же Бог, Чья рука в конечном счете привела ко всему этому, не виновен ни в каком зле, потому что, в то время как преступники умышляли это во зло, Бог умышлял это во благо. Джонатан Эдвардс (1703–1758) поясняет:

[Вполне допустимо говорить], что Бог определил каждое действие людей, даже каждое их греховное действие и все обстоятельства этих действий; [что] Он определяет, что они во всех отношениях будут такими, какие они и есть впоследствии; [что] Он определяет, что такие действия будут, и тем самым обеспечивает, чтобы они были такими греховными, каковы они есть; и все же Бог не определяет греховные действия как греховные, но определяет [их] как благие. ...Под определением действия как греховного я подразумеваю определение [его] ради греховности действия. Бог определяет, что оно должно быть греховным, ради блага, которое Он производит из его греховности, тогда как человек определяет его ради заключенного в нем зла[8].

Таким образом, Ирод, Пилат, Иуда и евреи сговорились совершить распятие, потому что хотели избавиться от Того, Кто обвинял их в грехе. Но Бог определил зло распятия *ради блага*, которое принесет крест, а именно, ради спасения Своих людей от греха. Возможно, такое объяснение не удовлетворит все возражения падшего человека, но такова теодицея, вытекающая из самого Писания. Исходя из этого, следует признать, что хотя Бог действительно Первопричина всего, это не значит, что Он виновен в причинении зла.

БОЖЬЕ ИЗВЕЧНОЕ РЕШЕНИЕ И ПРЕДОПРЕДЕЛЕНИЕ

Поскольку Божье извечное решение всеобъемлющее, Его суверенность распространяется и на план искупления. По сути, учение о Божьем всеобщем извечном решении и учение о предопределении—это не отдельные учения; второе входит в первое. Поэтому то, что характеризует Божье извечное решение обо всем, характеризует также Его извечное решение о спасении и отвержении человека. Таким образом, Божье предопределение человека вечное, безусловное, непреложное и действенное. Термин «предопределение» часто используют в широком

[8] Jonathan Edwards, "The 'Miscellanies' no. 85," in *The "Miscellanies": Entry Nos. a–z, aa–zz, 1–500*, ed. Thomas A. Schafer, vol. 13 of *The Works of Jonathan Edwards* (New Haven, CT: Yale University Press, 1994), 250.

смысле как синоним Божьего извечного решения, поскольку Бог предопределяет все. Однако это слово также используют в более узком смысле действий Бога в отношении падшего человека в вопросе спасения, и здесь оно имеет двоякий смысл: учение о предопределении касается решения Бога избрать некоторых людей к спасению (избрание) и Его решения пройти мимо других и покарать их за грехи (отвержение). В связи с этим необходимо рассмотреть избрание и отвержение.

Извечное решение об избрании

Извечное решение об избрании—это принятое в вечном прошлом свободное и суверенное решение Бога возлюбить определенных людей и избрать их не на основании чего-либо в них самих, но исключительно по благоволению Своей воли, чтобы они были спасены от греха и погибели и унаследовали благословения вечной жизни через посреднический труд Христа.

БИБЛЕЙСКАЯ КОНЦЕПЦИЯ ИЗБРАНИЯ

Учение об избрании—одна из самых спорных доктрин христианского богословия. Неверное понимание природы Бога, небиблейская концепция любви и представления падшего человека о справедливости побудили многих отказаться от идеи, что Бог безусловно избирает одних и не избирает других к спасению. Поскольку полновластная свобода Бога шокирует испорченный человеческий разум, некоторые богословы вообще отвергают библейское учение об избрании и предопределении.

Однако и терминология, и концепция избрания ясно преподаются во всем Писании. В Ефесянам 1:4–5 Павел пишет, что Отец «*избрал* [греч. *eklegomai*] нас в Нем [Христе] прежде создания мира, чтобы мы были святы и непорочны перед Ним в любви, *предопределив* [греч. *proorizō*] усыновить нас…». В Римлянам 8:29–30 он говорит: «Ибо кого Он [Отец] предузнал [греч. *proginōskō*], тем и *предопределил* [греч. *proorizō*] быть подобными образу Сына Своего, дабы Он был первородным между многими братиями. А кого Он *предопределил* [греч. *proorizō*], тех и призвал…» В следующей главе Павел иллюстрирует абсолютную свободу Бога в спасении, указывая на Его неравный выбор между близнецами Иаковом и Исавом:

> Ибо, когда они еще не родились и не сделали ничего доброго или худого (дабы *изволение Божие в избрании* [греч. *hē kat' eklogēn prothesis tou theou*, букв. «предустановление Бога, которое по избранию»] происходило не от дел, но от Призывающего), сказано было ей: «Больший будет в порабощении у меньшего», как и написано: «Иакова Я возлюбил, а Исава возненавидел» (Рим. 9:11–13).

Возможно, яснее всего о Божьем суверенном избрании в спасении Павел пишет фессалоникийцам: «…Бог от начала, через освящение Духа и веру истине, *избрал* [греч. *haireomai*] вас *ко спасению* [*eis sōtērian*]…» (2 Фес. 2:13).

Помимо этих нескольких ссылок на суверенный предопределяющий выбор Бога, Новый Завет также отмечает категорию людей, названных «избранными» (греч. *hoi eklektoi*). Это конкретные люди, объекты Божьего спасительного избрания. Для апостолов было обычным называть всех верующих «избранными Божиими» (Кол. 3:12; см. Тит. 1:1) или «избранными» (1 Пет. 1:1; см. 1 Фес. 1:4). Именно ради «избранных Божиих» Христос был предан на смерть, поэтому они оправданы и свободны от всех обвинений и осуждения (Рим. 8:32–34). Поскольку они принадлежат Богу, то Он «защитит избранных Своих, вопиющих к Нему день и ночь» (Лук. 18:7). Именно «ради избранных» сократятся дни Великой скорби (Матф. 24:22; Марк. 13:20), и Христос вернется со Своими ангелами, которые «соберут избранных Его от четырех ветров» (Матф. 24:31; Марк. 13:27). И «ради избранных» апостол Павел терпел множество трудностей в служении, чтобы те, кто был избран Богом в вечном прошлом, «получили спасение во Христе Иисусе с вечною славою» (2 Тим. 2:9–10). Читая Писание, просто невозможно отрицать, что доктрина избрания — это библейское учение, пронизывающее страницы божественного откровения.

КАТЕГОРИИ ИЗБРАНИЯ

Писание использует терминологию избрания в нескольких значениях. Во-первых, Бог выбирает или избирает определенных людей на некоторую должность или для выполнения конкретной задачи в служении. Он избирал людей для руководства Израилем, например, Моисея (Чис. 16:5–7), и Зоровавеля (Агг. 2:23). Писание указывает, что Бог избирал на священническое служение в Израиле тех, кого Он желал, как все колено Левия (Втор. 18:1–5; 21:5; 1 Пар. 15:2), так и конкретных людей (напр., 1 Цар. 2:27–28). Как и в случае с саном священника, Бог ставил Своих избранных на служение царя (Втор. 17:15; 1 Цар. 10:24; 1 Пар. 28:4–6; 29:1) и пророка (Иер. 1:10). Отец также особым образом выбрал Сына совершить спасение избранных (Ис. 42:1; Лук. 9:35; 1 Пет. 1:20; 2:4, 6). Затем во время Своего земного служения Господь Иисус избрал двенадцать из Своих учеников для апостольского служения и проповеди (Марк. 3:13–15; Лук. 6:13; Иоан. 6:70; 13:18; 15:16, 19; Деян. 1:2, 24).

Во-вторых, Писание также говорит о коллективном избрании, то есть избрании определенных народов или групп для особых привилегий или уникальных Божьих задач. Яснее всего это видно в том, как Бог избрал Израиль, чтобы он принял Его любовь и благословения по завету. Когда Моисей объявлял закон Божий второму поколению израильтян, готовившихся войти в Землю обетованную, он заявил, что их заветные отношения с Яхве коренятся в Его суверенном избрании:

> …тебя избрал [евр. *bakhar*] Господь, Бог твой, чтобы ты был собственным Его народом из всех народов, которые на земле. Не потому, чтобы вы были многочисленнее всех народов, принял [евр. *khashaq*] вас Господь и избрал [евр. *bakhar*] вас, — ибо вы малочисленнее всех народов… (Втор. 7:6–7)

...Но только отцов твоих принял [евр. *khashaq*] Господь и возлюбил их, и избрал [евр. *bakhar*] вас, семя их после них, из всех народов... (Втор. 10:15; см. 4:37; 3 Цар. 3:8; Ис. 41:8; 44:1; 45:4; Ам. 3:2)

Бог обратил Свою избирающую любовь и привязанность на Израиль как Свое особое владение среди всех народов земли. Он заключил с ними завет, и поэтому Его выбор этого народа непреложен. Хотя подавляющее большинство евреев в настоящее время враги Евангелия и лишены благословений завета, придет время, когда «весь Израиль спасется» (Рим. 11:26), поскольку «не отверг Бог народ Свой, который Он наперед знал [греч. *proginōskō*]» (Рим. 11:2). «...Они... в отношении к *избранию* [греч. *eklogē*], — говорит Павел, — возлюбленные Божии ради отцов. Ибо дары и призвание Божие непреложны» (Рим. 11:28–29).

Наконец, помимо избрания на служение и коллективного избрания Писание ясно учит, что Бог избирает отдельных людей к спасению. Некоторые богословы, возражая против учения о безусловном личном избрании, ссылаются на тексты Писания, говорящие об избрании на труд или о коллективном избрании. Однако такой довод несостоятелен. Бесспорно, Писание использует терминологию избрания в разных значениях, но само по себе наличие одного значения не будет аргументом против допустимости другого. Действительно, Писание изобилует ссылками на индивидуальное избрание к спасению. В Ветхом Завете Неемия провозгласил, что Бог избрал Аврама и вступил с ним в завет (Неем. 9:7), о чем Сам Господь объявил с самого начала: «...ибо Я избрал его для того, чтобы он заповедал сынам своим и дому своему после себя, ходить путем Господним, творя правду и суд; и исполнит Господь над Авраамом, что сказал о нем» (Быт. 18:19). Он также избрал Исаака, а не Измаила (Быт. 17:19–21; 21:12; см. Рим. 9:7–9), и Иакова, а не Исава (Рим. 9:10–13), чтобы они были детьми обетования.

Новый Завет особенно ясно говорит, что Бог избрал отдельных людей к спасению. В первую очередь, в нем прямо указана связь между избранием и спасением. Божье предузнание и предопределение тесно связаны с другими аспектами применения искупления, такими как действенное призвание, оправдание, освящение и прославление (Рим. 8:29–30). Павел заявляет, что сфера Божьего избрания — *во Христе* (Еф. 1:4), так что те, на кого распространяется Божье избрание, выбраны в союзе с Посредником их спасения. Более того, он указывает, что цель Божьего избрания в том, чтобы Его избранные были святы и непорочны перед Ним как Его усыновленные дети (Еф. 1:5), ясно связывая избрание со спасением. Лука повествует об обращении язычников в Антиохии Писидийской, отмечая: «...уверовали все, которые были предуставлены [греч. *tassō*] к вечной жизни» (Деян. 13:48), а это явное подтверждение, что конкретные люди уверовали, потому что они были предназначены к вечной жизни. Используя похожие выражения, Павел пишет фессалоникийцам: «...Бог определил нас... к получению спасения [греч. *etheto... eis peripoiēsin sōtērias*]...» (1 Фес. 5:9). И он прямо возвещает: «...Бог от начала... избрал вас ко спасению...» (2 Фес. 2:13). В случае с народом Израиля, хотя большинство отвергло Мессию и ожесточилось, по благодати Божьей «избранные... получили» спасение (Рим. 11:7).

Итак, поскольку не может быть никаких сомнений в том, что избрание тесно связано со спасением, противники этой доктрины ставят под сомнение надлежащие объекты избрания. То есть, даже признавая, что избрание явно касается спасения, они утверждают, что это коллективное избрание, а не индивидуальное. Другими словами, для получения спасения Бог избирает не конкретных людей, а класс или категорию людей, уповающих на Христа. Как в Ветхом Завете Бог коллективно избрал израильский народ, так теперь, в эпоху нового завета, Он коллективно избирает церковь. Поэтому, говорят они, когда Павел утверждает, что Бог «избрал нас [во Христе] прежде создания мира» (Еф. 1:4), он использует местоимение «нас» во множественном числе, указывая на церковь в целом, а не на отдельных людей[9].

Впрочем, это слабое утверждение, поскольку местоимение первого лица множественного числа было единственным вариантом, который не искажал намерений Павла. Если бы он использовал первое лицо единственного числа «меня», то сказал бы, что Бог избрал только его, что явно не было его намерением. Так же он не мог использовать местоимение второго лица единственного числа «тебя», потому что писал всем святым (греч. *toi hagioi*, Еф. 1:1) в Ефесе, а не кому-то одному. Далее, если бы он использовал второе лицо множественного числа «вас», его могли бы неверно понять, что только ефесяне были избраны, а это также не было намерением Павла. Только местоимение «нас» выражало истину, что Бог по Своему полновластному благоволению избрал каждого отдельного верующего во Христа. Таким образом, этот аргумент о коллективном избрании на основании множественного числа прямого дополнения в Ефесянам 1:4 не отвергает ясного учения Писания.

Еще один аргумент в пользу коллективного избрания основан на утверждении Павла, что верующие избраны во Христе. Поскольку Христос — первоначальный избранный Божий (Ис. 42:1; Лук. 9:35; 1 Пет. 1:20; 2:4, 6), индивидуально Бог избрал только Христа; верующие же присоединяются к избранным благодаря союзу со Христом в момент уверования[10]. Данная позиция имеет несколько проблем. Во-первых, она неверно оценивает слова Павла, что Бог «избрал нас» во Христе (Еф. 1:4); прямое дополнение Божьего избрания — это «нас», а не «Его». Во-вторых, коллективное избрание чуждо контексту, поскольку каждое из благословений спасения, перечисленных в Ефесянам 1:3–14, принимается лично. В спасении конкретные люди получают духовные благословения (1:3), становятся святыми и непорочными (1:4), усыновляются Богом (1:5), даром получают

[9] William G. MacDonald, "The Biblical Doctrine of Election," in *The Grace of God, the Will of Man: A Case for Arminianism*, ed. Clark H. Pinnock (Grand Rapids, MI: Zondervan, 1989), 219–226.

[10] Karl Barth, *Church Dogmatics*, trans. G. T. Thompson, G. W. Bromiley, et al., ed. G. W. Bromiley and T. F. Torrance, vol. 2, part 2 (Edinburgh: T&T Clark, 1957), 94–194; Markus Barth, *Ephesians 1–3: A New Translation with Introduction and Commentary*, Anchor Bible 34, ed. William Foxwell Albright and David Noel Freedman (Garden City, NY: Doubleday, 1974), 107–109.

благодать (1:6), конкретные люди были искуплены (1:7–8) и запечатлены Духом (1:13). Эти последние два благословения несомненно индивидуальные и личные; каждый отдельный верующий, а не просто неопределенная группа, был искуплен Христом и запечатлен Духом. Таким же образом, правильным объектом духовного благословения избрания служат отдельные люди. В-третьих, в другом месте Павел учит, что Бог избрал не просто безымянную, безликую массу, а немудрых, немощных и незнатных, чтобы никто не мог похвалиться перед Ним (1 Кор. 1:27–31). Дело не в том, что Бог избрал Христа, чтобы люди сами соединились с Ним верой. Как говорит Бёттнер, такая схема «ставит цели Всемогущего Бога в зависимость от изменчивой воли падших людей и выдает временные события за причину Его вечных деяний»[11]. Павел же учит, что Бог избрал нас во Христе «прежде создания мира» (Еф. 1:4), а не в тот момент, когда мы поверили. Именно «от Него»—не от нас—мы во Христе Иисусе (1 Кор. 1:30).

Поэтому, хотя и верно, что Бог избрал людей, чтобы они были единой общиной, эта община церкви состоит из отдельных членов, которых Бог знает лично по имени (Исх. 33:12, 17; Ис. 45:4). Иисус как Добрый Пастырь утверждал, что лично знает Своих овец (Иоан. 10:14), данных Ему Отцом (Иоан. 10:29; см. 6:37, 39, 44, 65; 17:2), даже тех, кто еще не существовал (Иоан. 17:20–21). И Он говорил Отцу о Своих овцах: «...они были Твои, и Ты дал их Мне» (Иоан. 17:6). От самой вечности Отец таким образом избрал конкретных людей, что они названы принадлежащими Ему, и именно этих драгоценных овец Он вверяет Пастырю. Избрание настолько глубоко личное, что имена избранных Отцом были записаны в книге жизни еще прежде создания мира (Откр. 13:8; 17:8; 21:27). Ясно, что Бог индивидуально избрал людей к спасению.

ОСНОВАНИЕ ИЗБРАНИЯ

В приведенном выше определении избрания отмечалось, что Бог выбрал определенных людей не на основании чего-либо в них самих, но исключительно по благоволению Своей воли. Это значит, что избрание *безусловное;* Бог избрал людей к спасению не на основании каких-либо добродетелей или достоинств, которые Он видит в этих людях. Моисей сказал Израилю: «Не потому, чтобы вы были многочисленнее всех народов, принял вас Господь и избрал вас,—ибо вы малочисленнее всех народов...» (Втор. 7:7). Другими словами, в Израиле не было ничего, что могло бы послужить для Бога основанием избрать их. Напротив, Моисей продолжает: «...но потому, что любит вас Господь, и для того, чтобы сохранить клятву, которою Он клялся отцам вашим...» (Втор. 7:8). Слова Моисея близки к тавтологии: Бог принял Свой народ через избрание, потому что Он любит их. Когда спрашивают, почему Бог избрал одного человека, а не другого, ответ не в том, что этот человек сделал то или иное, а в том, что Бог действовал согласно суверенной свободе Своей воли (Еф. 1:5).

---

[11] Loraine Boettner, *The Reformed Doctrine of Predestination* (1932; repr., Phillipsburg, NJ: Presbyterian and Reformed, 1991), 101.

Арминианская доктрина условного избрания. Арминианские богословы отвергают учение о безусловном избрании. Они утверждают, что было бы несправедливо для Бога спасать одних и не спасать других, хотя они во всем равны между собой. Поэтому, ссылаясь на слова Павла о Божьем предузнании в Римлянам 8:29, они утверждают, что Бог избрал, кого спасти, потому что из вечного прошлого Он посмотрел в будущее и заранее увидел, кто поверит во Христа, а кто Его отвергнет. Бога часто представляют как «смотрящего сквозь коридоры времени» и видящего, кто по своей свободной воле поверит во Христа, — именно их Он избирает для спасения на основании их предвиденной веры. Узнав, что остальные отвергнут Христа, он решил не спасать их на том основании, что у них нет веры. Поэтому данный взгляд на избрание часто называют взглядом *предвиденной веры, предвидения* или *простого предведения*. Таким образом, арминианская концепция избрания признает человека, а не Бога конечной причиной спасения; посредством избрания Бог просто ратифицирует выбор людей, который Он предвидел.

У такого взгляда на избрание есть несколько серьезных недостатков. Во-первых, он предполагает, что события реальности каким-то образом отделены от Самого Бога. Утверждается, что когда Бог «смотрит в будущее», Он видит, что произойдет независимо от Его суверенного извечного решения, и затем принимает решения на основании того, что Он узнал Своим так называемым предузнанием. Кроме того, что эта позиция в корне подрывает всеведение Бога, она не признает, что события будущего происходят именно потому, что Бог предназначил им произойти. Как было показано выше, Бог совершает «все по изволению воли Своей» (Еф. 1:11; см. Пс. 113:11; 134:6; Ис. 46:10; Дан. 4:32). Таким образом, Бог формирует Свое извечное решение не потому, что знает будущее; наоборот, Он знает будущее, потому что Сам определил его[12].

Во-вторых, взгляд, что избрание зависит от предвидения, также показывает принципиальное непонимание природы Божьего предузнания, особенно его объяснения в Римлянам 8:29. Прежде всего, этот стих не говорит, что Бог предузнал факты о действиях или решениях Своих созданий; он говорит, что Бог предузнал конкретных *людей*: «Ибо *кого* Он предузнал [то есть любящих Бога и призванных по Его изволению], тем и предопределил...» (Рим. 8:28–29). Если

---

[12] Божье знание, «основанное» на Его извечном решении, — это Его свободное знание, которое следует отличать от Его необходимого знания. Беркхоф дает полезное обобщение: «В Боге есть необходимое знание, включающее в себя знание всех возможных причин и следствий. На основании этого знания Бог принимает Свое извечное решение; из этого источника Бог черпает мысли, которые Он желает овеществить. Из этого знания всего возможного действием Своей совершенной воли Он, руководствуясь Своей мудростью, выбирает то, что желает реализовать, и таким образом формирует Свой извечный замысел. Божье извечное решение, в свою очередь, есть основание Его [свободного] знания, то есть *scientia libera*. Это знание того, что произойдет в истории. Таким образом, необходимое Божье знание по логике предшествует извечному решению, а Его [свободное] знание по логике следует за ним. Это важно иметь в виду в споре с теми, кто верит в условное предопределение (например, с полупелагианами и арминианами), так как они утверждают, что предопределение Бога основано на Его предузнании» (Беркхоф Л. Систематическое богословие. Мн.: Полиграфкомбинат им. Я. Коласа, 2014. С. 110).

предузнание, о котором говорится в Римлянам 8:29, как утверждают арминиане, просто означает «знание наперед» (простое предведение), то какой смысл говорить о подгруппе людей в более широкой группе тех, кого Бог предузнал? Если Он всеведущий, то должен был предузнать всех, а не только тех, кого предопределил быть подобными образу Христа. А если в число тех, «кого Он предузнал», входят все люди без исключения, то это приведет к учению о всеобщем окончательном спасении. Ведь в Римлянам 8:29–30 говорится, что тем, кого Бог предузнал, Он также предопределил стать подобными образу Христа, а тех, кого предопределил, Он действенно призвал Своим Духом, а тех, кого призвал, Он оправдал и прославил. Таким образом, арминианское толкование вынуждает своих сторонников выбирать из двух зол: чтобы быть последовательными в своем толковании предузнания, им придется: (а) либо отрицать всеведение Бога (т. е. утверждать, что Он предузнал только тех, кто спасен), (б) либо принять всеобщее спасение (т. е. утверждать, что все, кого Он предузнал, а это все люди, будут оправданы и прославлены). Арминиане справедливо отрицают оба этих вывода, которые противоречат Писанию, но делают это в ущерб последовательности арминианской системы.

На самом деле греческий глагол *proginōskō* в Римлянам 8:29 означает не простое предведение, а знание, *характеризующее близкие, личные отношения*. В Новом Завете есть еще два текста, где *proginōskō* означает Божье предузнание. В первом из них апостол Петр описывает Христа как «предназначенного [предузнанного] еще прежде создания мира, но явившегося в последние времена для вас...» (1 Пет. 1:20). Если предузнание просто означает, что Бог смотрит в будущее и видит, что произойдет, то этот стих не имеет смысла. Последовательно придерживаясь определения простого предузнания, пришлось бы сказать, что этот стих означает, что Бог посмотрел сквозь коридоры времени, увидел, что Христос добровольно положит Свою жизнь за грешников, и на этом основании решил назначить Его Посредником между Богом и людьми. Однако Петр имеет в виду личное знание, состоящее в близких отношениях между Отцом и Сыном в Троице, принимающей решение об искуплении. В другом месте Павел использует данный термин в отношении Израиля, говоря: «Не отверг Бог народа Своего, который Он наперед знал» (Рим. 11:2). И снова мы не можем заключить, что Израиль был единственным народом, который был известен Богу; скорее, мысль Павла состоит в том, чтобы подчеркнуть близкие отношения между Богом и Израилем, основанные на заветах обетования.

Это понимание слова *proginōskō* подтверждается его ветхозаветным еврейским аналогом *yada‘*, поскольку это слово, хотя часто обозначает простое знание, много раз говорит о близком личном знании. Возможно, наиболее яркой иллюстрацией этого значения служит использование слова *yada‘* в Библии для описания интимных отношений между мужчиной и женщиной. Бытие повествует: «Адам познал [*yada‘*] Еву, жену свою, и она зачала, и родила

Каина...» (Быт. 4:1), и еще: «И познал [*yada‘*] Адам еще жену свою, и она роди- ла сына, и нарекла ему имя: Сиф...» (Быт. 4:25; см. 4:17; 19:5, 8; 24:16; 38:26; Суд. 11:39; 19:25; 21:11–12; 1 Цар. 1:19). Слово *yada‘* выражает настолько личное и глу- бокое знание, что оно подходит для описания интимного союза мужа и жены. «Простое знание» никак не приводит к зачатию детей! Кроме того, Бог, раз- мышляя о том, скрывать ли от Авраама разрушение Содома, говорит: «...ибо Я избрал [*yada‘*] его для того, чтобы он заповедал сынам своим и дому своему после себя, ходить путем Господним, творя правду и суд; и исполнит Господь над Авраамом, что сказал о нем» (Быт. 18:19). Знание, обозначаемое словом *yada‘*, настолько точно описывает Божье личное и полновластное избрание, что все современные переводы используют слово «избрал» (ESV, HCSB, NASB, NIV). Подобную идею передает и Амос 3:2, где Бог говорит Израилю: «...только вас признал [*yada‘*] Я из всех племен земли...» Как и в Римлянам 11:2, это не мо- жет означать, что Израиль был единственным народом, о котором Бог был *осведомлен*, но указывает на близкие заветные отношения Бога с Израилем, осно- ванные на Его полновластном выборе (Втор. 7:6–8). По сути, многие переводы, чтобы верно выразить смысл глагола *yada‘*, используют слово «избрал» (NASB, NIV).

Помимо этого, когда Моисей умоляет Бога, чтобы Его присутствие сопровож- дало Израиль, Бог говорит ему: «То, о чем ты говорил, Я сделаю, потому что ты приобрел благоволение в очах Моих, и Я знаю [*yada‘*] тебя по имени» (Исх. 33:17; см. 33:12). Здесь понятие «быть известным по имени» параллельно понятию «об- рести благоволение в очах Божьих». Конечно, в буквальном смысле Бог знает каждого человека по имени, потому что Он всеведущий. Но здесь Бог знает человека по имени в другом смысле, что Он проявляет к нему Свое благоволе- ние. Похожим пояснением завершается Псалом 1, где псалмопевец восклицает: «Ибо знает [*yada‘*] Господь путь праведных, а путь нечестивых погибнет» (Пс. 1:6). В силу Своего всеведения Бог знает путь каждого человека. Однако намерение псалмопевца — показать, что Бог благоволит к праведнику и защищает его путь от погибели. Наконец, связь между этим глубоким знанием и любовью заметна в синонимическом параллелизме Псалма 90:14, где Бог говорит о верующем: «За то, что *он возлюбил Меня*, избавлю его; защищу его, потому что *он познал имя Мое*».

Еврейское слово *yada‘* соответствует не только слову *proginōskō*, но и одноко- ренному слову *ginōskō*, имеющему похожее значение. Тем, кто призывал имя Христа, но никогда не исполнял волю Его Отца, Иисус скажет: «Я никогда не знал [*ginōskō*] вас...» (Матф. 7:23). В 1 Коринфянам 8:3 Павел говорит о верующем: «...кто любит Бога, тот познан [*ginōskō*] Им» (Кассиан; см. Гал. 4:9), а в 2 Тимо- фею 2:19 апостол заявляет: «Познал [*ginōskō*] Господь Своих» (см. Иоан. 10:15, 27). Если принять арминианскую концепцию простого предведения, то знание, о котором говорится в этих стихах, будет не близким познанием в отноше- ниях, а обычным знанием. Однако тогда Иисус не мог бы сказать: «Я никогда не знал вас» (Матф. 7:23), потому что Господь знает всех людей, Он всеведущий (Иоан. 16:30; 21:17). Снова видно, что доктрина простого предведения противоречит Божьему всеведению.

Таким образом, употребление слова *proginōskō*, родственного ему *ginōskō* и их ветхозаветного аналога *yada'* подтверждает, что в Римлянам 8:29 говорится о Божьем знании не в смысле простого знания фактов, а о близких, заветных отношениях, основанных на Божьем суверенном выборе и отмеченных Его благоволением и любовью. Когда Павел пишет, что Бог *предузнал* отдельных людей, он указывает, что Бог решил проявить к ним Свою избирающую любовь и расположение, отделив их для близких, личных, спасительных отношений с Ним. Предузнать—значит «заранее полюбить». В этом смысле и предузнание в Римлянам 8:29, и предопределение, о котором Павел пишет в следующей фразе,—просто синонимы Божьего избрания. Предопределение говорит об избрании с точки зрения Божьего полновластия, а предузнание—с точки зрения Его любви. Таким образом, арминианская доктрина простого предведения не может опираться на Римлянам 8:29, а без этого нет библейского подтверждения для доктрины условного избрания, основанного на предвиденной вере.

Божья безусловная, избирающая любовь. Для условного избрания не только нет библейского основания, но Писание прямо свидетельствует об обратном. В Ефесянам 1:4 Павел сначала называет получателей избрания (всех верующих индивидуально) и сферу избрания (союз со Христом), а затем указывает время избрания—«прежде создания мира». Избрание Отцом было извечным решением, предшествовавшим сотворению и истории. Как Отец возлюбил Сына «прежде основания мира» (Иоан. 17:24) и предузнал Его «прежде создания мира» (1 Пет. 1:20), так и избранных Он возлюбил и предузнал прежде создания мира, избрав их по Своей благодати, «данной нам во Христе Иисусе *прежде вековых времен...*» (2 Тим. 1:9). Важное следствие из этого (фактически, ради чего Павел и обсуждает время избрания) состоит в том, что личные заслуги исключаются как основание избрания. Никакие временные обстоятельства или личные качества не влияли на избрание Отцом людей, поскольку это было извечное решение, принятое до начала времени.

Далее Павел прямо называет основание Божьего выбора: «...в любви предопределив нас к усыновлению Ему чрез Иисуса Христа, по благоволению воли Своей [греч. *kata tēn eudokian tou thelēmatos autou*]...» (Еф. 1:4–5, Кассиан). Предлог «по» (*kata* с винительным падежом) указывает критерий или основание действия[13]. Поэтому Павел говорит, что предопределение осуществляется согласно критерию или на основании благоволения Божьей воли. Хотя и по отдельности

---

[13] Walter Bauer, *A Greek-English Lexicon of the New Testament and Other Early Christian Literature*, rev. and ed. Frederick W. Danker, 3rd ed., based on the previous English editions by W. F. Arndt, F. W. Gingrich, and F. W. Danker (Chicago: University of Chicago Press, 2000), 404, 512.

слова *eudokia* («благоволение») и *thelēma* («воля») в достаточной степени выразили бы намерение Павла, он повторяет эти синонимы, чтобы подчеркнуть абсолютную свободу Бога в избрании. Это наносит смертельный удар по предположению, что избрание было обусловлено верой или какой-либо мыслью или поступком грешника. Если бы основанием Божьего выбора была предвиденная вера или действия тех, кого Он избрал, Павлу пришлось бы написать, что Бог «предопределил нас… по Своему предузнанию нашей веры». Но он прямо заявляет, что основанием Божьего выбора было благоволение *Его* воли, а не воли человека. Поэтому, если бы избрание было обусловлено верой, как утверждают арминиане, то Павел в Ефесянам 1:5 просто ошибся. Напротив, подобно пояснениям Моисея для Израиля во Второзаконии 7:6–8, причина, по которой Господь обратил Свою любовь на Своих, не в том, что они чем-то отличились перед Ним, но лишь в том, что Он по Своей суверенной свободе решил спасительно возлюбить их.

Павел развивает и иллюстрирует это представление в Римлянам 9:6–18. Он напоминает, как Бог избрал Исаака, а не Измаила, и Иакова, а не Исава, чтобы проиллюстрировать Его суверенную свободу избирать Своих для спасения. В то время как Его выбор Исаака, а не Измаила иллюстрирует, что Бог относится не ко всем одинаково, Его выбор Иакова, а не Исава указывает именно на безусловный характер избрания. Павел пишет: «Ибо, когда они еще не родились и не сделали ничего доброго или худого (дабы изволение Божие в избрании происходило не от дел, но от Призывающего), сказано было ей [Ревекке]: „Больший будет в порабощении у меньшего“, как и написано: „Иакова Я возлюбил, а Исава возненавидел“» (Рим. 9:11–13). Как в Ефесянам 1:4 Павел сказал, что избрание произошло «прежде создания мира», так и здесь он указывает, что Бог сделал Свой выбор до рождения Иакова и Исава, именно с той целью, чтобы исключить их личные заслуги как основание Его решения. На момент Божьего выбора они не сделали ничего хорошего или плохого; ни одно из злых действий Исава не настроило Бога против него, и ни один из праведных поступков Иакова не расположил Бога к нему. Но Бог избрал Иакова, а не Исава, «чтобы изволение Божие в избрании происходило…» (Рим. 9:11), то есть выбор Бога опять основан на Его суверенном замысле.

Далее Павел говорит еще яснее. Добавляя прямое отрицание, он заявляет, что Божье избрание «происходило не от дел, но от Призывающего» (Рим. 9:11–12). На утверждение, что Бог избрал Иакова, а не Исава, *прежде* чем они сделали что-либо хорошее или плохое, некоторые возражают, что, хотя это так, выбор Бога все же мог быть основан на предвидении *будущих* действий Иакова и Исава. Однако здесь Павел отвергает подобное мнение. Он недвусмысленно утверждает, что избрание происходило ни в коем случае *не от дел* в каком бы то ни было смысле, но только от Призывающего.

Это заявление опровергает условное избрание, основанное на предвиденной вере. В своих посланиях Павел неоднократно противопоставляет дела и веру:

Где же то, чем бы хвалиться? Уничтожено. Каким законом? Законом *дел?* Нет, но законом *веры.* Ибо мы признаем, что человек оправдывается *верою,* независимо от *дел* закона (Рим. 3:27–28).

Что же скажем? Язычники, не искавшие праведности, получили праведность, праведность от веры. А Израиль, искавший закона праведности, не достиг до закона праведности. Почему? Потому что искали не в *вере,* а в *делах* закона (Рим. 9:30–32).

...Однако же, узнав, что человек оправдывается не *делами* закона, а только *верою* в Иисуса Христа, и мы уверовали во Христа Иисуса, чтобы оправдаться *верою* во Христа, а не *делами* закона... (Гал. 2:16)

...Через *дела* ли закона вы получили Духа, или через наставление в *вере?* <...> Подающий вам Духа и совершающий между вами чудеса через *дела* ли закона сие производит, или через наставление в *вере?* (Гал. 3:2, 5)

Поэтому, дойдя до утверждения Павла в Римлянам 9:11 и прочитав, что избрание происходит «не от дел», естественно ожидать, что он скажет: «но от веры». Если бы Дух Святой хотел донести, что условием для избрания служит вера, то не было бы лучшей возможности раскрыть это, чем в данном отрывке. Однако здесь апостол отказывается от типичного противопоставления дел и веры именно потому, что избрание не основано на вере. Он утверждает, что оно «не от дел, но от *Призывающего*». Основание Божьего избрания коренится в Самом Боге, а это соответствует утверждению, что избрание основано на благоволении Божьей воли (см. Еф. 1:5). Хотя вера—это условие для оправдания, но это не условие для избрания. Избрание безусловно[14].

Апостол сознает, что когда его учение столкнется с падшим человеческим разумом, его реакцией будет обвинить Бога в несправедливости (Рим. 9:14). Это важно, потому что арминианская доктрина условного избрания никогда бы не вызвала этого возражения. Кто стал бы обвинять Бога в несправедливости за решение спасти людей на основании того, что Он предвидел, примут ли они или отвергнут Иисуса? Только учение о том, что Бог безусловно избрал одних, а не других, вызывает обвинения в несправедливости. Но Павел не отступает. Он цитирует слова Самого Бога Моисею: «Кого миловать, помилую; кого жалеть, пожалею» (Рим. 9:15; см. Исх. 33:19), и заключает, что избрание зависит «не от желающего [греч. *ou tou thelontos*] и не от подвизающегося [греч. *oude tou trechontos*], но от Бога милующего» (Рим. 9:16). Этого стиха должно быть достаточно, чтобы положить конец спору о спасении и воле человека. Павел недвусмысленно отрицает идею, что человеческая воля и усилия как-то связаны с основанием Божьего избранию к спасению. Ни вера, рожденная человеческой волей, ни дела любви, происходящие от усилий человека, не составляют основания, на котором Бог избирает Себе людей. Напротив, избрание зависит от *Бога* милующего, а это

---

[14] John Piper, *The Justification of God: An Exegetical and Theological Study of Romans 9:1–23* (Grand Rapids, MI: Baker, 1983), 51–53.

еще раз утверждает, что решающим основанием избрания служит суверенная воля Самого Бога. Избрание безусловное.

Последняя проблема, связанная с доктриной условного избрания, заключается в том, что она не может избежать обвинений в нарушении доктрины спасения только по благодати (*sola gratia*). Основывая замысел Божьего избрания на предвиденной вере человека, а не на Божьей суверенной воле, арминиане считают человека, а не Бога решающей причиной спасения. Согласно этому взгляду, спасенного от неспасенного в конечном счете отличает не то, что сделал Бог, а то, что сделал человек. На вопрос Павла: «Ибо кто отличает тебя?» (1 Кор. 4:7) арминианин чтобы быть последовательным, должен в конечном счете ответить: «Я отличаю. Бог избрал меня, а не моего ближнего, потому что предвидел, что я поверю, а он—нет». В таком случае у верующего есть основания хвалиться. Но Павел объясняет, что Бог избрал немудрое, немощное и незнатное, а не мудрое, сильное или верное «для того, чтобы никакая плоть не хвалилась пред Богом. От *Него* и вы во Христе Иисусе...» (1 Кор. 1:29–30). Грудем делает полезное обобщение:

> Какое *главное различие* между теми, кто верит, и теми, кто не верит? Если наш ответ заключается в том, что это различие основывается на чем-то, что в конечном счете совершается Богом (а именно на Его суверенном избрании тех, кто будет спасен), то мы видим, что спасение, на его самом фундаментальном уровне, основано *исключительно на благодати*. С другой стороны, если мы отвечаем, что разница между теми, кто спасен, и теми, кто не спасен, основывается на чем-то, что заключено *в самом человеке* (т. е. в его предрасположенности к вере или неверию), то спасение в конечном счете зависит от сочетания благодати и человеческих способностей[15].

Извечное решение об отвержении

Спасительные благословения, вытекающие из Божьего суверенного избрания, даны не всем, кто создан по Его образу. Господь Иисус говорит, что немногие войдут в узкие ворота, ведущие в жизнь, но многие пойдут широким путем к погибели (Матф. 7:13–14). Он учит, что будут овцы и козлы—те, кто наследует вечную жизнь, и те, кто пойдет на вечные муки (Матф. 25:46). Он лаконично сказал: «...много званых, а мало избранных» (Матф. 22:14). Таким образом, Писание учит, что Бог в Своей неисследимой мудрости избрал к спасению не всех людей. Его избрание частное, а не всеобщее. Учитывая это, следует задать вопрос об участи тех, кого Он не избрал к спасению.

Так как Божье извечное решение является исчерпывающим, учение о предопределении распространяется не только на Его решение избрать некоторых к спасению, но и на решение не избирать других и тем самым оставить их на погибель, заслуженную ими из-за грехов. Как Бог определил вечную участь тех грешников, которые в конце концов будут спасены, так же Он определил

---

[15] Грудем. Систематическое богословие. С. 764. Курсив как в оригинале.

и участь тех, которые в итоге погибнут. Первое—извечное решение об избрании, а второе—об отвержении.

ФОРМУЛИРОВКА ДОКТРИНЫ

Извечное решение об отвержении—это принятое в вечном прошлом свободное и суверенное решение Бога пройти мимо определенных людей и не возлюбить их спасительной любовью, но покарать за их грехи, чтобы возвеличить Свою справедливость[16].

Доктрина отвержения—трудное для принятия учение. Размышление о вечных муках само по себе неприятно, а тем более мысль о том, что Бог, Который есть любовь и по природе Своей Спаситель, суверенно решил обречь грешников на столь ужасную участь. Поскольку это так легко ранит чувства падшего человека, многие христиане, принимающие учение об избрании, в то же время совсем не признают учение об отвержении. Это происходит еще и потому, что это учение так легко и так часто неверно понимают. Поэтому в вопросе доктрины отвержения необходимо точно указать, во что мы верим, а во что—нет.

Прежде всего, учение об отвержении часто путают с доктриной симметричного предопределения, которая учит, что действия Бога в избрании и отвержении абсолютно симметричны, то есть Бог так же активно производит неверие в сердцах отверженных, как и веру в сердцах избранных. Эта доктрина представляет, что Бог в вечном прошлом созерцал все человечество как еще не падшее и нравственно нейтральное, и произвольно решил произвести в отверженных грех и неверие, чтобы иметь основание подвергнуть их вечному наказанию. Хотя многие подразумевают именно это, слыша термины «отвержение» или «двойное предопределение», это грубая карикатура на библейское учение об отвержении, совершенно чуждая Писанию, противоречащая Божьей любви и справедливости; это искажение исторического кальвинизма, повсеместно отвергаемое реформатской ортодоксией[17].

Писание же учит асимметричному предопределению в вопросе избрания и отвержения, то есть, хотя Бог действительно определил спасение некоторых и осуждение других, в этих извечных решениях присутствует необходимая асимметрия. Такая асимметрия наблюдается, например, в Римлянам 9:22–23, где Павел использует действительный залог, говоря о Божьем участии в избрании («над сосудами милосердия, которые Он приготовил к славе»), и страдательный залог, говоря о Его участии в отвержении («сосуды гнева, готовые к погибели»). Когда Бог избирал некоторых к спасению, Он оценивал их не как нравственно нейтральных, а как уже падших существ. Это не значит, что они уже были созданы и пали, потому что Божье решение извечное, оно вне

---

[16] Беркхоф. Систематическое богословие. С. 125.

[17] Спраул справедливо отмечает, что она отождествляется с гиперкальвинизмом, который он предпочитает называть «субкальвинизмом» или «антикальвинизмом» (Спраул Р. Избранные Богом. СПб.: Мирт, 2001. С. 114).

времени. Скорее, от вечности, прежде чем кто-либо был сотворен, Бог представлял или созерцал всех людей в свете их грехопадения в Адаме, то есть как греховных существ[18]. В случае с избранными Он активно вмешивается, являя им Свою любовь, решая сделать Христа их Спасителем и послать Духа, чтобы Он воскресил их от духовной смерти к новой жизни во Христе. Однако в случае с неизбранными Он не вмешивается, а просто проходит мимо них, решая оставить их в состоянии греховности и затем покарать за их грех. В то время как Бог—действенная причина благословения избранных, Он не действенная причина погибели неизбранных; скорее, Он предопределяет их на погибель посредством второстепенных причин[19]. Таким образом, избранные получают милость, ведь они не наказаны, как того заслуживают их грехи, а неизбранные получают справедливость, ведь они по заслугам осуждены за свои грехи. Ни на том, ни на другом основании Бог не может быть обвинен в неправедности, потому что все виновны, а Он не обязан кому-либо являть благодать.

Иногда, справедливо желая отличить отвержение от симметричного предопределения, люди допускают неточные высказывания о том, в чем именно избрание и отвержение неравны или асимметричны. Например, часто ошибочно утверждают, что избрание положительное и безусловное, а отвержение—отрицательное и обусловленное грехом человека. Хотя такие утверждения могут быть истинными в зависимости от того, что имеется в виду, они неточные, потому что не учитывают отличий между двумя составляющими извечного решения об отвержении: (1) решением пройти мимо некоторых, называемым *претерицией*, и (2) решением осудить их, называемым *предосуждением*. Что касается

---

[18] То есть извечные решения об избрании и отвержении *логически* следовали за решениями о сотворении и грехопадении. В этом мы придерживаемся инфралапсарианского порядка решений. Хотя Божье извечное решение—единый и вневременной акт внутри Самого Бога в вечном прошлом, ограничения человеческого мышления и языка заставляют говорить о нескольких аспектах или составляющих Его извечного решения, которые, хотя и не допускают хронологического порядка, все же могут быть расположены в *логическом* порядке. Супралапсарианство (лат. «выше падения») учит, что Божьи извечные решения об избрании и отвержении логически предшествовали Его решениям о сотворении и грехопадении. Инфралапсарианство (лат. «после падения») учит противоположному, а именно—что избрание и отвержение логически следовали за Божьими извечными решениями о сотворении и грехопадении.

Инфралапсарианство предпочтительнее по нескольким причинам. Кажется неизбежным, что Бог должен был решить *создать* мужчин и женщин логически до того, как Он мог решить спасти или осудить их. Как Он мог избрать людей, существование которых Он еще не определил? Точно так же кажется неизбежным, что извечные решения о *спасении* и *наказании* обязательно предполагают, что есть *грех*, от которого нужно спасать или за который нужно наказывать. Поэтому извечное решение о сотворении и извечное решение о предопределении грехопадения человека должны логически предшествовать извечному решению об избрании некоторых к спасению от греха. Наконец, когда Павел говорит о Божьих извечных решениях об избрании и отвержении, он изображает Бога как горшечника, создающего сосуды гнева и сосуды милосердия из одной и той же смеси (Рим. 9:19–23). Поскольку апостол называет избранных «сосудами *милосердия*», то уместно заключить, что он представляет глину греховной, потому что милосердным можно быть только к сосудам, которые сами не заслуживают милосердия.

Полезное введение в учение о порядке Божьих извечных решений см.: Беркхоф. Систематическое богословие. С. 125–133; Boettner, *The Reformed Doctrine of Predestination*, 126–132.

[19] См. «Божье извечное решение и проблема зла» выше в этой главе (с. 518), где объясняется, почему Бог, будучи Первопричиной всего, не может быть виновен в причинении зла. См. также Рим. 9:19–23, где Павел говорит, что отвержение сосудов гнева являет богатство Божьей славы сосудам милосердия, и это достаточно благое побуждение даже для отвержения.

различия между положительным и отрицательным, претериция действительно отрицательное или пассивное действие со стороны Бога; Он просто проходит мимо человека, оставляя его в состоянии греховности. Предосуждение же — это положительное действие Бога, когда Он активно решает воздать за грех судебным наказанием. «Сосуды гнева, готовые к погибели» (Рим. 9:22), были определены на неповиновение (1 Пет. 2:8, Кассиан); это «люди... предназначенные к сему осуждению» (Иуд. 4)[20]. Что касается различия между безусловным и условным, предосуждение действительно условное, потому что Бог осуждает людей на основании их греха и вины. Претериция же безусловная. Грех не может быть основанием, чтобы Бог прошел мимо некоторых, так как все без исключения люди — грешники. Как и избрание, Божье решение не избирать кого-то к спасению не основано на чем-то в самом человеке, но это суверенное действие Божьей воли. Таким образом, претериция пассивная и безусловная, а предосуждение — активное и условное. Говорить, что избрание положительное, а отвержение отрицательное, — значит недостаточно выделять активную природу предосуждения. А говорить, что избрание безусловное, а отвержение условное — значит недостаточно выделять безусловный характер претериции. Если избегать этих двух неточных утверждений, можно будет точнее понимать доктрину отвержения.

ОБОСНОВАНИЕ ДОКТРИНЫ

Разобравшись с тем, что подразумевается и не подразумевается под отвержением, необходимо доказать истинность этой доктрины на основании Писания. Отвержение — это сложная доктрина, которую сам Кальвин назвал *decretum horribile*, признав, что «мы должны ужасаться Божьему решению»[21]. Тем не менее учение об отвержении *есть* в Библии, и мы обязаны в благоговении подчинить свои мысли и чувства бесконечной мудрости Божьего откровения, полагаясь на то, что Его слова правильны и справедливы (Рим. 3:4).

Прежде всего, отвержение является необходимым следствием библейского учения об избрании. Если Бог избрал к спасению лишь некоторых грешников, то Он непременно решил не спасать других. Само существование категории людей, называемых *избранными* (Матф. 24:22; Лук. 18:7; 1 Пет. 1:1; Рим. 8:33; 11:7;

---

[20] Хотя это глаголы страдательного залога, филологи называют их «божественным страдательным залогом», указывая, что подразумевается Бог как действующее лицо (см.: Уоллас Д. Углубленный курс грамматики греческого языка: Экзегетический синтаксис Нового Завета. Новосибирск: Новосибирская библ. богосл. семинария, 2010. С. 459–460). Авторы используют страдательный залог именно для того, чтобы показать асимметричность между избранием и отвержением, что Бог не так же активен в отвержении, как в избрании, что Он не служит действенной причиной нечестия в нечестивых, как блаженства в избранных, вместо этого осуществляя отвержение через вторичные причины. Однако было бы ошибкой сделать из этого вывод, что Он ни в каком смысле не участвует в этом действии.

[21] Кальвин Ж. Наставление в христианской вере: в 3 т. СПб.: Изд-во Рос. гос. гуманит. ун-та, 1997. Т. 2. С. 409 (3.23.7). Однако важно отметить, как это делает Грудем, что «латинское слово *horribilis* [у Кальвина] не означает „ненавистный“, а скорее „пугающий, внушающий страх“» (Wayne Grudem, *Systematic Theology: An Introduction to Biblical Doctrine* [Grand Rapids, MI: Zondervan, 1994], 685n23).

2 Тим. 2:10), неизбежно подразумевает существование категории *неизбранных*. Само по себе решение не выбрать—это уже определяющий выбор. Лорейн Бёттнер справедливо заключает:

> Те, кто придерживается учения об избрании, но отрицает учение об отвержении, едва ли могут притязать на последовательность. Если утверждать первое и при этом отрицать второе, то извечное решение о предопределении окажется нелогичным и однобоким. Вероучение, признающее первое, но не второе, напоминает раненого орла, пытающегося лететь лишь с одним крылом[22].

Отвержение не только подразумевается в библейском учении об избрании, но и ясно излагается в Новом Завете. В своем первом послании апостол Петр говорит о неверующих, которые «претыкаются, не повинуясь слову, на что они и были определены» (1 Пет. 2:8, Кассиан). Важно, что Петр не просто говорит, что их претыкание или неповиновение было определено, хотя, конечно, это так. Но, используя глагол третьего лица множественного числа (греч. *etethēsan*), он утверждает, что сами эти люди были определены не повиноваться и претыкаться. Если спросить, кем они были на это определены, то единственный разумный ответ состоит в том, что их на это определил Сам Бог, Который определяет всё. Подобным образом Иуда говорит о лжеучителях, которые смущали церковь своим учением о том, что спасение по благодати позволяет распутство и сладострастие. Иуда говорит, что это «некоторые люди, издревле предназначенные к сему осуждению» (Иуд. 4). «Предназначенные»—это перевод греческого слова *prographō*, который буквально значит «писать заранее». Иуда изображает отвержение этих лжеучителей Богом как сценарий, написанный в вечном прошлом, который должен исполняться во времени и завершиться их осуждением. Они относятся к тем, «которых имена не записаны в книге жизни у Агнца, закланного от создания мира» (Откр. 13:8; см. 17:8; 20:15; 21:27).

Самый ясный раздел Писания, подтверждающий учение об отвержении,— это Римлянам 9, где Павел рассматривает суверенную свободу Бога в безусловном избрании. Как Бог возлюбил Иакова (избрание), так же Он возненавидел Исава (отвержение) (9:13). Далее Павел говорит о том, как Бог поступил с фараоном, чтобы проиллюстрировать истину, что Бог «кого хочет, милует; а кого хочет, ожесточает» (9:18), и что Он так делает, чтобы показать Свою силу и провозгласить Свое имя по всей земле (см. 9:17, 22). Итак, отметив, что Бог непреложно определяет участь как спасенных, так и погибших независимо от воли, усилий или заслуг человека (см. 9:11, 16), Павел предвосхищает возражение: «Ты скажешь мне: „За что же еще обвиняет? Ибо кто противостанет воле Его?"» (9:19). Если никто не способен противостать суверенной воле или извечному решению Бога, как Он может справедливо привлекать людей к ответственности за то,

---

[22] Boettner, *The Reformed Doctrine of Predestination*, 105. Автор продолжает: «В интересах „умеренного кальвинизма" некоторые склонны отказываться от доктрины отвержения, и этот термин (сам по себе вполне невинный) стал отправной точкой для агрессивных нападок на чистый и простой кальвинизм. „Умеренный кальвинизм"—синоним больного кальвинизма, а болезнь, если ее не лечить,—это начало конца».

что они не могут сделать?[23] Павел отвечает тем, кто хотел бы упрекнуть Бога, напоминая, что простые смертные не вправе требовать отчета у Бога: «А ты кто, человек, что споришь с Богом? Изделие скажет ли сделавшему его: „Зачем ты меня так сделал?"» (9:20). Затем, продолжая эту аналогию, Павел представляет Бога как горшечника, сравнивая избрание некоторых с изготовлением глиняного сосуда для почетного употребления, а отвержение других—с изготовлением сосуда для низкого употребления (9:21). Защищая свободу Бога делать с принадлежащим Ему все, что Он хочет (Матф. 20:15), Павел далее называет избранных «сосудами милосердия, которые Он приготовил к славе», а нечестивых описывает как «сосуды гнева, готовые к погибели» (Рим. 9:22–23). Эти сосуды «готовые» только потому, что так сделал горшечник, и Павел ясно указывает, что те, кого Бог ожесточает (9:18),—это те, кого Он приготовил к погибели.

Хотя этих текстов достаточно для подтверждения доктрины отвержения, Писание также ясно говорит о средствах, которые Бог использует, чтобы совершилась погибель, назначенная Им для отверженных. Поскольку сам Павел использовал рассказ о фараоне для иллюстрации отвержения, уместно рассматривать то, как Бог ожесточал сердце фараона, в качестве указания на средство отвержения (Исх. 4:21; 8:19; 9:7; 10:1; 11:10; 14:4, 8). У Господа была цель показать славу Своей искупительной силы в избавлении Израиля от рабства, для чего Он много раз ожесточал сердце фараона (см. также Втор. 2:30; И. Нав. 11:20; 1 Цар. 2:25). Точно так же, Его цель в отвержении—справедливо воздать за грехи тех, кого Он не избрал к спасению, ожесточая их сердца для достижения этой цели. Павел прямо учит этому, говоря: «И за сие пошлет им Бог действие заблуждения, так что они будут верить лжи, да будут осуждены все, не веровавшие истине, но возлюбившие неправду» (2 Фес. 2:11–12). Поскольку Бог определил осуждение этих неверующих, Он также определил средства, с помощью которых совершится это осуждение, в данном случае намеренно ведя их в заблуждение. В другом месте сказано, что Господь ослепил глаза и ожесточил сердца неверующих именно для того, чтобы они не увидели, не уразумели и не покаялись (Иоан. 12:37–40, Кассиан; см. Ис. 6:9–10). Ответом Самого Иисуса на это была публичная благодарность Небесному Отцу за то, что Он утаил истину от мудрых и разумных, и при этом открыл ее младенцам, что Иисус объясняет не чем иным, как только

---

[23] Следует отметить, что арминианская доктрина условного избрания и либертарианской свободы воли не может объяснить это возражение. Не было бы загадкой, почему Бог все равно считает виновными тех, кого Он не избрал, если бы Его выбор в конечном счете был основан на *их* выборе. Они утверждают, что на самом деле можно противостоять Божьей воле, а это именно то, что Павел считает очевидно невозможным. Он задает риторический вопрос: «Ибо кто противостанет воле Его?»—то есть указывает на очевидный ответ: «Никто!» Единственная возможность объяснить, почему Павел приводит это возражение в данном месте своего рассуждении,—это если: (1) Бог повелевает людям покаяться и верить, (2) у людей нет нравственной способности так поступить, и (3) Бог все же возлагает на людей ответственность за то, чтобы они покаялись и поверили, и покарает за их невыполнение этого. С философской точки зрения возражение Павла имеет смысл только в том случае, если «должен» не подразумевает «может»—то есть если ответственность необязательно подразумевает нравственную способность.

благоволением Отца (Матф. 11:25–26). Поэтому очевидно, что Бог предопределил и цели, и средства отвержения.

ОПРАВДАНИЕ БОГА[24]

Как уже упоминалось, главное обвинение, выдвигаемое против доктрины отвержения, состоит в том, что она несовместима с Божьей справедливостью. Однако следует помнить, что Бог не зависит от представлений падшего человека о справедливости и не будет судим судом человеческого разума. А тем, кто выдвигает такие обвинения, уместен упрек Павла: «А ты кто, человек, что споришь с Богом?» (Рим. 9:20). Все эти обвинения исходят из ошибочного допущения, что если Бог дает благодать кому-либо из Своих созданий, то Он должен давать ее всем. Бёттнер говорит: «Многие люди говорят о спасении так, будто человек имеет на него право по рождению. И, забывая о том, что в Адаме человек потерял свою чрезвычайно благоприятную возможность, они сообщают, что Бог был бы несправедлив, если бы не дал всем виновным созданиям возможность спастись»[25]. Но представление, что грешным людям *должна* быть дана благодать, противоречит самой ее природе. Поистине, вопрос о Божьем предопределении состоит не в том, почему Бог не избрал *всех до одного*, а в том, как может быть, чтобы этот абсолютно святой Бог избрал *хотя бы одного*. Это чудо из чудес, что Царь царей, Чья слава превыше небес, сделал хоть что-то, чтобы спасти даже одного из таких нечестивцев, как потомки Адама. И тогда понимание, что этот бесконечно достойный Царь решил искупить не одного, а несметное множество ценой жизни Своего драгоценного Сына, смиряет сердце грешника в трепетном изумлении. Для тех, кто имеет глаза, чтобы видеть, все ответы на возражения против этих трудных доктрин заключены в откровении такой славы.

И это та самая защита, которую Павел приводит в Римлянам 9:22–23. Он строго обличил надменного оппонента и сказал ему положить свою руку на уста. Но смиренному вопрошающему поклоннику, который меньше всего желает обвинять Бога и просто хочет знать Его и поклоняться Ему за то, Кто Он есть, Павел дает другой ответ о том, как Бог может обвинять тех, кто не может противостать Его воле. Он говорит: «Что же, если Бог, желая показать гнев и явить могущество Свое, с великим долготерпением щадил сосуды гнева, готовые к погибели, дабы вместе явить богатство славы Своей над сосудами милосердия, которые Он приготовил к славе...» (Рим. 9:22–23). Бог предназначил грех и зло, и даже вечное наказание нечестивых, чтобы показать избранным всю славу Своего имени. Лучше всего это объяснил Джонатан Эдвардс:

> Когда сияет бесконечная слава, это уместно и прекрасно; по той же причине уместно, чтобы сияние Божьей славы было полным, то есть чтобы сияли все части Его славы, чтобы вся красота была пропорционально лучезарной, так что созерцающий мог бы получить правильное представление о Боге. Было бы

---

[24] Этот раздел адаптирован из: Riccardi, "God and Evil: Why the Ultimate Cause Is Not the Chargeable Cause."

[25] Boettner, *The Reformed Doctrine of Predestination*, 116.

неверно, если бы одна часть славы была явлена чрезвычайно, а другая не явлена вовсе. <...> Поэтому необходимо, чтобы [проявлялось] внушающее страх великолепие Бога, Его власть и грозное величие, правосудие и святость; а это было бы невозможно, если бы грех и возмездие не были или, по меньшей мере, не могли быть предопределены. Иначе сияющая слава была бы несовершенной как из-за того, что эти части Божьей славы не сияли бы, как другие, так и [потому что] тогда слава Его благости, любви и святости была бы бледной без них, да и едва ли они могли бы сиять вообще.

Если было бы неправильно, чтобы Бог предопределил, позволил и наказал грех... [то] не могло бы быть никакого проявления Божьей святости в ненависти к греху или в том, что в Своем провидении Он предпочитает ему благочестие.

Отсутствие всякого рода зла не было бы проявлением Божьей благодати или истинной благости, ибо было бы абсолютно невозможно, чтобы было что-либо иное; и сколько бы счастья Он ни даровал, Его благость не ценилась бы столь высоко и не вызывала бы такого восторга, а значение ее не было бы таким исключительным. <...>

И как существование зла необходимо, поскольку без него слава Божья оказалась бы несовершенной и неполной, так оно необходимо и для счастья творения, для полноты того выражения Бога, ради которого Он создал мир; ведь счастье творения состоит в познании Бога и осознании Его любви, а если знание о Нем несовершенно, в такой же степени несовершенным будет и счастье[26].

Бог предопределил все, что происходит, — даже приготовление сосудов гнева к погибели, — чтобы Его народ мог видеть самое полное явление Его славы. Те, кто готов упрекать Бога за предопределение участи нечестивых ради Своей славы, должны помнить, что Божье стремление к Своей славе ничуть не похоже на манию величия или самолюбование, но, как сказал Эдвардс, оно необходимо «для счастья творения... ведь счастье творения состоит в познании Бога». Наше познание Бога было бы неполным, если бы мы не видели полного выражения Его атрибутов, таких как благодать, милосердие, прощение, справедливость, праведность и все остальное великолепие Его совершенств. Однако ни одно из этих качеств не могло бы быть выражено в полной мере, если бы не было греха, чтобы его наказывать и прощать, или грешников, чтобы миловать их или вершить над ними правосудие. Бог не менее, а более славен, потому что Он предопределил зло, а чем больше Он возвеличивает Свою славу, тем больше Его любовь к Своему народу. Бога никак нельзя обвинить в неправедности за то, что приносит наибольшую пользу тем, кто принадлежит Ему.

Доктрины избрания и отвержения также не противоречат тому, что всем дано повеление покаяться и верить в Евангелие. Те, кто считает, что Божье суверенное избрание несовместимо с ответственностью человека верить, не учитывают всю полноту Божьего откровения. Действительно, сразу после самого величественного текста о полновластии Бога в Римлянам 9, Павел так же ясно учит об ответственности человека в Римлянам 10. Он заявляет, что «всякий,

---

[26] Edwards, "The 'Miscellanies' no. 348," in *The "Miscellanies": Entry Nos. a–z, aa–zz, 1–500*, 419–421.

кто призовет имя Господне, спасется» (10:13), подчеркивает необходимость посылать проповедников Евангелия, чтобы всех призывать к покаянию (10:14–17), и говорит о Божьем благоволении даже к самым упорным, представляя Его простирающим руки и призывающим людей к спасению (10:21). Писание нигде не говорит, что абсолютное полновластие Бога снимает с грешника ответственность за то, чтобы отвернуться от грехов и поверить во Христа. Также грешника не призывают выяснять, избрал ли его Бог к спасению или нет. Его ответственность не в том, чтобы разгадывать тайную волю Божьего извечного решения, а в том, чтобы прислушаться к ясным повелениям Писания покаяться и верить в Евангелие (Марк. 1:15; Деян. 17:30).

Выводы

Павел завершает изложение доктрин избрания и отвержения, преклоняясь в благоговении перед великолепием этого полновластного Бога: «О, бездна богатства и премудрости и ведения Божия! Как непостижимы судьбы Его и неисследимы пути Его!» (Рим. 11:33). Размышление над этими истинами побудило его в первых стихах Послания к ефесянам изливать хвалу Богу, благословившему «нас во Христе всяким духовным благословением в небесах, так как Он избрал нас в Нем прежде создания мира, чтобы мы были святы и непорочны пред Ним...» (Еф. 1:3–4). Это должно характеризовать и нас как получателей такой славной благодати. Прежде всего, доктрины полновластного избрания и отвержения должны побуждать нас склонить свой ум в кротком восхищении Богом, Чья мудрость непостижима, а благодать настолько изобильна, что спасает таких жалких мятежников, как мы. Мы одарены всяким духовным благословением не благодаря каким-то достойным похвалы или ценным качествам в нас, а по причине свободной и суверенной милости Бога, Который дарует Свою любовь недостойным. Эта истина должна вызывать хвалу из глубины нашего сердца: «Ему слава вовеки, аминь» (Рим. 11:36).

Однако щедрое проявление Божьей благодати не ограничилось избранием нас в вечном прошлом. Бог не только спланировал наше искупление, но и послал Господа Иисуса Христа совершить его. К осуществлению искупления мы сейчас и обратимся.

Осуществление искупления

План спасения и миссия Сына
Причина искупления
Необходимость искупления
Природа искупления
Неполные теории искупления
Совершенная достаточность искупления
Масштаб искупления
Воскресение, вознесение и ходатайство

Практически во всех религиях есть какое-то представление об *искуплении* — средстве, с помощью которого происходит возмещение ущерба, искупление греха, удовлетворение божества и примирение между божеством и грешником. Человеческие религии предлагают способы, как грешник должен совершить приемлемое искупление, чтобы приобрести заслуги, возмещающие или устраняющие грех, избавляясь от чувства вины через добрые дела, религиозные обряды, возмещение ущерба, уплату взыскания, жертвоприношение или какое-нибудь самоуничижение. Отличительное учение библейского христианства состоит в том, что Сам Бог совершил полное искупление грешников и сделал это посредством заместительной жертвы Своего собственного Сына на кресте. Грешники ничего не добавляют к искуплению своими заслугами или жертвами.

Эта доктрина лежит в основании Евангелия. Бог совершенно праведен, и по определению это значит, что от тех, кто будет иметь общение с Ним, Он требует праведности никак не меньше совершенной (Матф. 5:48; 1 Иоан. 1:5). Грешники по определению уже нарушили Божий закон и восстали против Него, а поскольку грех проник до самой глубины их существа, у них нет возможности заплатить за грех или достичь праведности, чтобы предстать перед Ним. У них нет склонности или способности подчиняться Божьей власти (Рим. 8:7–8), и они обречены на справедливое наказание в излиянии Божьего праведного гнева (Иоан. 3:36; 2 Фес. 1:9). Разрыв между порочностью грешника и недостижимой святостью Бога настолько велик, что грешник, даже прилагая самые благородные усилия, не имеет никакой надежды достичь правильных отношений со святым Богом. Единственная надежда на спасение исходит — как и должно быть — извне грешника. Она заключается в том, что Сам Бог предоставил полное и безвозмездное искупление за грех. Это славное искупление удовлетворяет справедливость и дарует благодать прощения.

В 1 Коринфянам 15 апостол Павел говорит, что суть Евангелия в том, «что Христос умер за грехи наши, по Писанию, и что Он погребен был, и что воскрес в третий день, по Писанию» (1 Кор. 15:3–4). Как было показано в 6-й главе, греховность человека указывает на *потребность* в спасении. В предыдущей части данной главы отмечалось, что решение Отца о безусловном избрании сформировало *план* спасения. Но именно Бог Сын *осуществляет* этот план искупления в пространстве и времени. Чтобы в полной мере быть преданными Евангелию, необходимо посвятить себя точному, глубокому, библейскому пониманию искупления.

План спасения и миссия Сына

Выше рассматривалось библейское учение о задуманном Отцом плане спасения — Его намерении спасти Свои создания от греха и смерти и восстановить их в правильных отношениях с Собой. Этот милостивый план выразился в Божьем извечном решении о безусловном избрании — Его свободном и суверенном решении возлюбить некоторых людей и независимо от чего-либо в них самих, но только по благоволению Своей воли, избрать их для получения спасения. При этом в Своей мудрости Бог не определил, чтобы это спасение совершалось и даровалось грешнику лишь Его суверенным избранием. Вместо этого триединый Бог задумал вечный план, по которому спасение человека осуществится искупительной жертвой Бога Сына, а благословения спасения, приобретенные этой жертвой, будут применены Богом Духом. Второе Лицо Троицы примет нá Себя всю слабость и немощь человеческой природы (кроме греха) и приобретет для Своих людей праведность, прощение и очищение, которых сами они никогда бы не смогли достичь. Он будет жить как человек в совершенном послушании Отцу, умрет на кресте как заместительная жертва для искупления грехов людей, избранных Отцом, и воскреснет, одержав победу над грехом и смертью, и все это силой Святого Духа. Искупление осуществится через чудесное воплощение, безгрешную жизнь, заместительную смерть и победное воскресение Богочеловека, Господа Иисуса Христа.

Изучающему Писание необходимо понимать, что искупительная миссия Сына родилась из этого тринитарного плана спасения. Искупление, осуществленное Сыном, неразрывно связано с замыслом Отца спасти тех, кого Он избрал. Таким образом, когда Христос взялся заплатить за грех и даровать праведность, это не было «самоуправством», спонтанным началом миссии, задуманной Им Самим. Он прямо говорил, что пришел исполнить не Свою волю, а волю Пославшего Его (Иоан. 6:38). То есть Он действовал строго в соответствии с конкретным, согласованным планом, составленным в вечных советах Троицы[27].

Несколько текстов из Писания свидетельствуют об этом четком предвечном плане спасения. Прежде всего, в некоторых текстах искупительный труд Сына представлен как предопределенный свыше. По словам Павла, он соответствовал «предвечному определению, которое [Отец] исполнил во Христе Иисусе, Господе нашем» (Еф. 3:11). Этот стих ясно говорит, что труд, совершенный Христом во время Его земной миссии, был выполнен согласно предопределенному плану — в соответствии с определением Отца, принятым в вечности (см. также Еф. 1:9, 11). На Тайной вечере Иисус также предсказал, что будет предан, говоря: «...впрочем, Сын Человеческий идет по предназначению [греч. *kata to hōrismenon*, букв. „по предопределению"]...» (Лук. 22:22). Хотя Его предаст Иуда, смерть Мессии была определена в вечном прошлом. Поэтому Писание описывает Иисуса как «предназначенного еще прежде создания мира» (1 Пет. 1:20) и Того, в Ком

---

[27] Многие богословы по-разному называют этот план. Некоторые называют этот Божий вечный план, замысел или решение о спасении популярной латинской фразой *pactum salutis*, что означает «договор о спасении». Другие говорят о нем как о завете — завете искупления или завете творения. Мы утверждаем, что называть это предвечное, внутритринитарное соглашение заветом неверно по двум причинам. Во-первых, в Писании слово «завет» используется для обозначения договора между двумя неравными сторонами: господином и вассалом (кем-то меньшим). Хотя в Троице есть различие ролей, Лица Божества полностью равны. У Них нет отношений типа «вассал-сюзерен», характерных для завета. Во-вторых, Писание, по-видимому, указывает, что завет скрепляется кровью (Евр. 9:16–18), а это очевидно не так для *pactum salutis*. Поэтому это внутритринитарное соглашение явно отличается от библейского завета. Более точно считать его одним из аспектов Божьего извечного решения.

благодать даруется от вечности по Божьему «изволению» (греч. *prothesis*, букв. «намерению») (2 Тим. 1:9). Даже само распятие было лишь исполнением вечного Божьего замысла, так как Петр утверждает, что Иисуса предали «по определенному совету (греч. *tē hōrismenē boulē*] и предведению Божию» (Деян. 2:23), и вся церковь исповедала перед Богом, что Ирод, Пилат, язычники и Израиль сделали «то, чему быть предопределила [греч. *proōrisen*] рука Твоя и совет Твой» (Деян. 4:27–28).

В дополнение к этим общим заявлениям о предопределении миссия Сына часто упоминается как вопрос послушания воле Отца, а это указывает, что Отец открыл Сыну Свою волю в заключенном ранее соглашении. Когда Иисус говорит, что отдает Свою жизнь в жертву за грех, Он поясняет: «Сию заповедь получил Я от Отца Моего» (Иоан. 10:18). В другом месте Он говорит, что принесет Себя в жертву за грех, поскольку готов исполнить волю Отца (Евр. 10:7). Молясь Отцу перед тем, как Он был предан, Иисус упоминает, что у Него было вечное общение с Отцом (Иоан. 17:5), и заверяет, что совершил дело, которое поручил Ему Отец (Иоан. 17:4), то есть Он действовал в послушании согласно плану Отца. Каждый из этих случаев показывает, что Иисус действовал в соответствии с полученными ранее указаниями Своего Отца. Поэтому Павел характеризует искупительный труд Иисуса как вопрос послушания: «...и по виду став как человек; смирил Себя, быв послушным даже до смерти, и смерти крестной» (Флп. 2:7–8).

Третьим аспектом этого вечного плана было обещание Отца наградить Сына по завершении Его труда. В беседе с Ним Сын говорит об *определении* Отца, в котором Тот обещал Ему награду за послушание: «...дам народы в наследие Тебе и пределы земли во владение Тебе...» (Пс. 2:7–8). В пророчестве о страждущем Рабе Исаия поясняет условия этого соглашения, связанные с послушанием и наградой:

> Но Господу угодно было
>> поразить Его, и Он предал Его мучению;
>> когда же душа Его принесет жертву умилостивления,
>> Он узрит потомство долговечное,
>> и воля Господня благоуспешно будет исполняться рукою Его.
> На подвиг души Своей
>> Он будет смотреть с довольством;
>> чрез познание Его Он, Праведник,
>> Раб Мой, оправдает многих
>> и грехи их на Себе понесет.
> Посему Я дам Ему часть между великими,
>> и с сильными будет делить добычу,
>> за то, что предал душу Свою на смерть,
>> и к злодеям причтен был,
>> тогда как Он понес на Себе грех многих
>> и за преступников сделался ходатаем (Ис. 53:10–12).

Таким образом, в этом внутритринитарном совете Отец поручил Сыну отдать Свою жизнь как жертвоприношение за грешников и обещал в награду наследие, то есть народы— Его духовное потомство, которое Он оправдает,— и Господне благоденствие. И сразу после упоминания послушания Христа «до смерти» Павел пишет: «Посему [по этой причине] и Бог превознес Его и дал Ему имя выше всякого имени» (Флп. 2:9). За послушание этому вечному божественному поручению Отец награждает Сына величественным титулом «Господь», перед которым преклонится каждое колено, и каждый язык исповедует, что распятый, как раб, стал Господином над всеми (Флп. 2:10–11).

Наконец, возможно, самый важный аспект вечного плана спасения состоит в том, что Отец дал Сыну конкретных людей, искупление которых Он должен совершить. Другими словами, Отец поручает Сыну быть представительной и заместительной жертвой за конкретных людей, а именно за всех, кого Отец избрал для спасения, и только за них. Несколько пояснений Иисуса в Евангелии от Иоанна указывают на это, когда Он говорит о тех, кого Отец дал Ему:

Все, что дает Мне Отец, ко Мне придет; и приходящего ко Мне не изгоню вон, ибо Я сошел с небес не для того, чтобы творить волю Мою, но волю пославшего Меня Отца. Воля же пославшего Меня Отца есть та, чтобы *из того, что Он Мне дал*, ничего не погубить, но все то воскресить в последний день. Воля Пославшего Меня есть та, чтобы всякий, видящий Сына и верующий в Него, имел жизнь вечную; и Я воскрешу его в последний день (Иоан. 6:37–40).

Я есмь пастырь добрый; и знаю Моих, и Мои знают Меня. Как Отец знает Меня, так и Я знаю Отца; и жизнь Мою полагаю за овец. <...> Отец Мой, *Который дал Мне их*, больше всех; и никто не может похитить их из руки Отца Моего (Иоан. 10:14–15, 29).

Отче! Пришел час, прославь Сына Твоего, да и Сын Твой прославит Тебя, так как Ты дал Ему власть над всякою плотью, да *всему, что Ты дал Ему*, даст Он жизнь вечную. Сия же есть жизнь вечная, да знают Тебя, единого истинного Бога, и посланного Тобою Иисуса Христа. <...> Я открыл имя Твое человекам, *которых Ты дал Мне* от мира; *они были Твои, и Ты дал их Мне*, и они сохранили слово Твое. <...> Я о них молю: не о всем мире молю, но *о тех, которых Ты дал Мне, потому что они Твои*. <...> Отче! *Которых Ты дал Мне*, хочу, чтобы там, где Я, и они были со Мною, да видят славу Мою, которую Ты дал Мне, потому что возлюбил Меня прежде основания мира (Иоан. 17:1–3, 6, 9, 24).

В этих текстах из Евангелия от Иоанна Иисус говорит, что пришел на землю исполнить не Свою волю, а волю пославшего Его Отца (6:38; 17:4). Тем самым Иисус снова подтверждает, что Его миссия связана с вечным замыслом Отца и направляется им. В контексте этого тринитарного вечного плана спасения Иисус провозглашает, что Отец дал Ему группу конкретных людей, ради которых Он совершает Свой искупительный труд. Он называет их Своими (10:14) и Своими овцами (10:15–16). Как Добрый Пастырь, Иисус никогда не потеряет этих овец (6:39) и не позволит похитить их из Его руки (10:29). Поскольку Отец действительно привлек их к Христу (6:44, 65), овцы приходят к Нему (6:37), смотрят на Него с верой (6:40), знают Его близко (10:14), получают от Него вечную жизнь

(6:40; 10:28; 17:2), имеют уникальную привилегию Его ходатайства, недоступную для мира (17:9), и в итоге станут участниками воскресения мертвых (6:40) и будут вечно жить с Иисусом, восхищаясь Его славой (17:24). И Господь утверждает, что когда Отец поручил Сыну совершить искупление как часть вечного плана спасения, Он дал Ему этих конкретных людей. Они избранные, те, кого Отец избрал ко спасению (Еф. 1:4), то есть те, кого Он предузнал, предопределил, призвал, оправдал и прославил во Христе (Рим. 8:29–30; см. 8:33). Тех, кого Отец избрал, Он дал Сыну как невесту (Откр. 19:7; см. Иоан. 3:29; Еф. 5:23–24), и Сын очистит их ценой собственной жизни (Еф. 5:25–27; Тит. 2:14), так что они будут представлены Ему в совершенной святости, как подарок любви от Отца, чтобы любить и чтить Его, поклоняться и служить Ему всю вечность (Откр. 21:2, 9; 22:17).

Этот вечный внутритринитарный план спасения формирует и обусловливает каждый аспект миссии Сына, осуществляющего искупление. Отец задумал спасти Своих, и средство, которым Он совершит их искупление, — это отдать их Сыну. Вверив их Сыну, Отец поручает Ему родиться Богочеловеком через Духа Святого (Матф. 1:18; Лук. 1:35), прожить жизнь совершенного послушания Отцу в силе Духа (Матф. 3:15; Рим. 5:18–19), отдать Свою жизнь в жертву за грехи Своих людей (Иоан. 10:14–15; Евр. 9–10; Откр. 5:9) и воскреснуть, став первым плодом и гарантией их воскресения (Рим. 4:25; 1 Кор. 15:22–23, 42–57). Джон Мюррей делает полезное обобщение: «Богу угодно направить Свою любовь на бесчисленное множество людей, и окончательной цели этой любви достигает искупление»[28].

Причина искупления

Что побудило триединого Бога составить такой план искупления? Понятие заместительного наказания, согласно которому Сын должен умереть вместо грешников, чтобы утолить гнев Отца, часто порицают враги и неверно понимают друзья. Для многих этот взгляд на искупление представляет Отца как по природе гневного и сердитого по отношению к человеку и лишь неохотно уступающего благодаря исполненной любви жертве Сына. Но это совсем не так. Отец любит Своих не на том основании, что Иисус умер за них; скорее, Иисус умер за Своих, потому что Отец возлюбил их[29]. В этом смысле Божья любовь — не результат смерти Христа, а ее причина, ведь именно потому, что Бог так *возлюбил* мир, Он отдал Своего единственного Сына стать жертвой на кресте (Иоан. 3:16). Сам Бог *есть* любовь (1 Иоан. 4:8), и то, что Он послал Сына стать умилостивлением за грехи людей — это следствие, выражение и проявление Божьей любви к Своим (1 Иоан. 4:9–10; Рим. 5:8). Другими словами, план искупления рождается из благоволения свободной и суверенной избирающей любви

---

[28] Мюррей Д. Искупление, достигнутое и примененное к грешнику. Одесса: Содействие, 1997. С. 6.

[29] Джон Стотт писал: «Нельзя преувеличить значение того, что Божья любовь является первопричиной, а не следствием искупления. <...> Бог любит нас не потому, что Христос умер за нас; Христос умер за нас, потому что Бог уже тогда любил нас. В то время как Божий гнев требовал умилостивления, Божья любовь сделала возможным это умилостивление» (Крест Христа. Черкассы: Смирна, 2003. С. 249–250).

Отца (Еф. 1:4–5, 9). Именно потому, что «принял... Господь и избрал» Свой народ (Втор. 7:7), Он решил избавить их посредством искупительной жертвы Христа. Причина и источник Христова искупления — это Божья любовь.

Не только Божья любовь, но и Его справедливость действительно определяет Христово искупление. Когда триединый Бог в Своей любви решил примирить с Собой тех, кого Он избрал, Ему было необходимо решить, чтобы это произошло в соответствии с требованиями Его справедливости[30]. По причине греха люди виновны в нарушении Божьего закона, навлекли на себя Его праведный гнев и потому отчуждены от Него. Хотя Божья любовь побуждает Его спасать и прощать, грех человека не может остаться без внимания. Чтобы Бог примирил грешников с Собой, грех должен быть наказан, требования закона удовлетворены, а Божий гнев справедливо утолен. Все эти цели достигаются в личности и жертве Господа Иисуса Христа, Который исполнил закон (Матф. 3:15; Рим. 5:18–19; Гал. 4:4–5), оплатил возмездие за грех (1 Пет. 2:24) и утолил Божий гнев (Евр. 2:17) ради избранных. Как говорит Павел, Отец предложил Сына «в жертву умилостивления в крови Его через веру, для показания правды Его...» (Рим. 3:25). Божий гнев утолен крестом, потому что на кресте Иисус Сам понес полное выражение праведного гнева Отца против грехов Своих людей. Грех не остался без внимания, но был наказан во Христе, а потому Бог показывает Свою праведность «в настоящее время, да явится Он праведным и оправдывающим верующего в Иисуса» (Рим. 3:26).

Следовательно, Божья любовь и справедливость представляют собой двойную причину искупления, осуществленного Сыном. Любовь побуждает Его совершать спасение как таковое, а справедливость гарантирует, что Он совершит его так, чтобы оно соответствовало Его святости. Ни тем, ни другим нельзя пренебречь. Если не подчеркивать, что мотивом спасения служит Божья любовь, то искупление сводится к безличной процедуре или, того хуже, к произвольному проявлению мстительности и ненависти. А если не подчеркивать, что Божья справедливость направляет и определяет Его любовь, это скрывает полноту Божьего характера и делает значение креста непонятным, ведь умилостивление — удовлетворение справедливого гнева — представляет собой вершину проявления Божьей любви (1 Иоан. 4:10). Поэтому, «если мы притупляем острые края креста, мы делаем тусклым сияющий алмаз Божьей любви»[31].

---

[30] Недостаточность языка и ограничения нашего ума заставляют нас говорить о логической последовательности в Божьем извечном решении несколько неточно. Как показано в разделе «План искупления» (с. 515), извечное решение Бога постоянное и неизменное, а потому оно единое и вневременное. Поэтому, говоря, что Божье решение спасти предшествовало решению спасти определенным образом, мы говорим только о логической, а не хронологической последовательности.

[31] Steve Jeffery, Michael Ovey, and Andrew Sach, *Pierced for Our Transgressions: Rediscovering the Glory of Penal Substitution* (Wheaton, IL: Crossway, 2007), 153. Контекст приведенной выше цитаты таков: «Понимание креста как заместительного наказания помогает понять Божью любовь и оценить ее силу и красоту. Писание возвеличивает Божью любовь тем, что отказывается преуменьшать наше бедственное положение грешников, достойных Божьего гнева, и тем, что бескомпромиссно изображает крест как место, где Христос понес это наказание вместо Своего народа. Если мы притупляем острые края креста, мы делаем тусклым сияющий алмаз Божьей любви».

Необходимость искупления

Свобода Божьего благоволения в спасении грешников побудила многих поставить вопрос о необходимости Христова искупления. Другими словами, была ли у Бога возможность совершить спасение людей каким-либо другим способом, или же это обязательно должно было произойти через заместительную смерть Его Сына? Не мог ли Бог просто проявить Свою неисчерпаемую силу, чтобы уничтожить грех каким-то другим образом? Не мог ли Он Своей безграничной властью объявить Свой народ спасенным лишь на основании Своего решения? Или личности и жертве Христа присуще нечто, из-за чего крест становится не только единственным *реальным*, но и единственным *возможным* путем спасения?[32] Хотя изучающие Писание дали несколько разных ответов на эти вопросы, мы затронем лишь два наиболее популярных взгляда.

Некоторые отцы церкви (напр., Афанасий, Августин), богословы Средневековья (напр., Фома Аквинский) и ранние реформаторы (напр., Жан Кальвин) придерживались так называемого взгляда *гипотетической необходимости* искупления. Согласно этому взгляду, в свете суверенной свободы Бога, для Которого нет ничего невозможного, Он мог бы решить спасти Своих людей другим путем, без заместительного искупления во Христе. Хотя Он *действительно* решил совершить спасение через пролитие крови Христа, в природе Бога или в природе прощения нет ничего, что делает это абсолютно необходимым.

Но подавляющее большинство богословов (напр., Ириней, Ансельм Кентерберийский, Джон Оуэн, Франциск Турретин, Чарльз Ходж, Арчибальд Ходж, Луи Беркхоф, Джон Мюррей) поддерживают взгляд, который называют взглядом *последующей абсолютной необходимости* искупления. Эта точка зрения признает, что для Бога не было абсолютно необходимо спасать от греха кого-либо вообще, — иллюстрацией этого служит Его немедленное проклятие падших ангелов, для которых не было предусмотрено спасение (2 Пет. 2:4; см. Евр. 2:16). Как и в случае с падшими ангелами, Бог имел полное право оставить грешное человечество на погибель и явить Свою справедливость, отправив всех в ад. В этом смысле искупление не было абсолютно необходимым; то, что Бог милостиво решил спасти кого-либо, — свободное выражение благоволения Его воли (Еф. 1:5). Однако, когда Бог *уже* решил спасти человека, крест Христов, как следствие, стал абсолютно необходимым. Джон Мюррей объясняет: «Хотя спасти людей и не было для Бога неотъемлемой потребностью, но поскольку целью было спасение, то это спасение необходимо было обеспечить удовлетворением, которое можно получить только через заместительную жертву и купленное кровью прощение грехов»[33].

---

[32] Это обсуждение необходимости искупления не равнозначно вопросу, может ли человек спастись на каком-либо другом основании, кроме заместительной смерти Христа. Те, кто отрицает абсолютную необходимость искупления, необязательно учат множеству путей к спасению. Соглашаясь, что крест необходим для спасения, сторонники этого взгляда просто размышляют, была ли у Бога возможность решить, чтобы это было иначе.

[33] Мюррей. Искупление, достигнутое и примененное к грешнику. С. 7–8.

Писание ясно подтверждает этот второй взгляд, поскольку оно часто говорит о необходимости креста Христова. В Евреям 2:10 сказано, что надлежало — то есть соответствовало природе Бога, греха и спасения, — чтобы Отец, приводящий многих сынов во славу, сделал Христа совершенным через страдания. Несколькими стихами ниже также говорится об этой необходимости, потому что Иисус «*должен* был во всем уподобиться братиям, чтобы быть милостивым и верным первосвященником пред Богом, для умилостивления за грехи народа» (Евр. 2:17). Левитские жертвоприношения не могли спасти, «ибо невозможно, чтобы кровь тельцов и козлов уничтожала грехи» (Евр. 10:4). Но «образы небесного *должны* были очищаться сими, самое же небесное лучшими сих жертвами» (Евр. 9:23). Из-за требований Божьей святости никто без совершенной праведности не может иметь с Ним никакого общения (Матф. 5:48; 1 Иоан. 1:5). Однако человек не мог достичь собственной праведности, соблюдая повеления Божьего закона, потому что нет такого закона, который мог бы дать жизнь (Гал. 3:21). Закон был лишь воспитателем, чтобы привести нас к Христу, Чья праведность даром вменяется человеку через веру в Его искупительную жертву (Гал. 3:22–27). Более того, Сам Господь Иисус ясно показывает, что если бы Бог не возлюбил мир, послав Своего единственного Сына в жертву за грех, все человечество погибло бы в своих грехах (Иоан. 3:14–16; см. Чис. 21:6–9).

В конечном счете, любовь и справедливость Бога, служащие причиной искупления, также служат основанием его необходимости. Писание показывает, что заместительная жертва Христа как умилостивление за грешников — это высшее проявление Божьей любви к человеку (1 Иоан. 3:16; 4:10; Рим. 5:8). Величина Божьей любви открывается через высочайшую цену, которую Он готов заплатить за наше спасение. При этом немыслимо, чтобы Отец излил полноту Своей праведной ярости на Своего возлюбленного Сына, в Котором Его благоволение, если бы это не было абсолютно необходимо, если бы такая цена не была единственным средством достижения желаемой цели. Кроме того, наказания за грех требует справедливость и правдивость Самого Бога. Он объявил, что Он Бог, «не оставляющий без наказания» (Исх. 34:7). Бог не может лгать (Евр. 6:18), поэтому полнота Его праведного гнева должна излиться на грех. Именно через крест Христа Бог доказывает Свою праведность, потому что грех человека получает возмездие в Том, Кто взял его на Себя (Рим. 3:25; Гал. 3:13). Божье неуклонное требование справедливости означает, что для спасения необходима жертва умилостивления, так как иначе Бог не может быть «праведным и оправдывающим» Свой народ (Рим. 3:26).

Как народ Божий, мы видим особое сияние бесконечной славы и ценности Христова искупления, когда понимаем, что даже всемогущий Бог не мог совершить наше спасение каким-либо другим способом. Чтобы хоть кто-то мог обрести спасительную благодать и милосердие спасающего Бога, крест Христа был абсолютно необходим.

Природа искупления

Писание использует несколько образов для описания того, что Христос совершил на кресте. Труд Христа—это заместительная жертва, в которой Спаситель понес наказание за грех вместо грешников (1 Пет. 2:24); умилостивление, благодаря которому Божий гнев на грех был полностью удовлетворен и исчерпан трудом нашего Заместителя (Рим. 3:25); примирение, посредством которого устранено отчуждение между человеком и Богом и установлен мир (Кол. 1:20, 22); искупление, в котором рабы греха выкуплены драгоценной кровью Агнца (1 Пет. 1:18–19); и победа, в которой грех, смерть и сатана разбиты силой победившего Спасителя (Евр. 2:14–15). Каждая из этих тем достойна изучения и будет обсуждаться в данном разделе.

ПОСЛУШАНИЕ ХРИСТА

Впрочем, в Писании есть объединяющий принцип, охватывающий множество аспектов искупления Христа,—Его послушание[34].

Есть три смысла, в которых послушание охватывает весь заместительный труд Христа. Во-первых, Писание характеризует труд Христа как послушание божественному плану спасения, описанному выше. Отец послал Сына с небес на землю совершить миссию искупления, и Сын объявляет: «...Я сошел с небес не для того, чтобы творить волю Мою, но волю пославшего Меня Отца» (Иоан. 6:38; см. 12:49). О том, что Он станет высшей жертвой, Мессия говорит Отцу: «...иду исполнить волю Твою...» (Евр. 10:7, 9), поскольку Он всегда делает то, что угодно Отцу (Иоан. 8:29). Он добровольно и охотно отдает Свою жизнь в жертву за грех, потому что Он говорит: «Сию заповедь получил Я от Отца Моего» (Иоан. 10:17–18), а также: «...как заповедал Мне Отец, так и творю...» (Иоан. 14:31). Поэтому в гимне хвалы о воплощении Сына Божьего и совершенном Им искуплении Павел описывает подвиг Христа, Который был «*послушным* даже до смерти, и смерти крестной» (Флп. 2:8). Искупительный труд Христа был делом послушания Отцу.

Во-вторых, для Христа было необходимо быть послушным всем повелениям Отца, чтобы стать подходящей заместительной жертвой за грешников. В левитской системе жертвоприношений требовалось, чтобы животное, приносимое Господу, было без порока: «...никакого животного, на котором есть порок, не приносите; ибо это не приобретет вам благоволения. ...Жертва должна быть без порока, чтоб быть угодною Богу: никакого порока не должно быть на ней...» (Лев. 22:20–21; см. 1:3, 10; 3:1, 6; 22:18–25). То же самое касалось пасхального агнца; Бог поставил условие, какой должна быть подходящая замена: «Агнец у вас должен быть без порока...» (Исх. 12:5). Если наказание вместо грешников должна нести

---

[34] Кальвин писал: «Если задать вопрос, как Иисус Христос, изгладив грех, устранил разлад между Богом и нами, приобрел для нас праведность и сделал Бога благорасположенным к нам, уже иным, то самый общий ответ будет таков: Он сделал это через свое неизменное послушание» (Наставление в христианской вере: в 3 т. СПб.: Изд-во Рос. гос. гуманит. ун-та, 1997. Т. 1. С. 509 [2.16.5]).

заместительная жертва, эта жертва должна быть без пятна или порока. Тот же принцип распространяется на искупительную жертву Христа как исполнение левитских жертвоприношений (Евр. 9:23). Сам Христос—наш пасхальный Агнец (1 Кор. 5:7; см. Ис. 53:7; Иоан. 1:29; Откр. 5:12), и мы искуплены Его драгоценной кровью, «как непорочного и чистого Агнца» (1 Пет. 1:18–19). Чтобы быть подходящей заменой для принятия наказания за грех вместо грешников, Христос должен быть безгрешным—святым, невинным, непорочным и отделенным от грешников (Евр. 7:26). Поэтому Писание связывает жизнь Христа, в которой Он «страданиями научился послушанию» (Евр. 5:8, Кассиан), с тем, что Он мог стать «для всех послушных Ему источником спасения вечного» (Евр. 5:9). Конечно, для Него учиться послушанию не означало оставлять грех и укрепляться в практической праведности, как для нас. Однако до Своего воплощения Иисус не знал, что значит подчиняться Отцу в немощи человеческой плоти со всеми ее слабостями и искушениями, с которыми сталкиваются люди, стремящиеся повиноваться Богу. Но, испытывая страдания в падшем мире, Он учился повиноваться как страдающий человек, чему должны учиться и мы. И «как Сам Он претерпел, быв искушен, то может и искушаемым помочь» (Евр. 2:18; см. 4:15). Научившись послушанию через страдания, которые приносит человеческая жизнь, Он был готов быть послушным и в страданиях, которые принесет смерть.

Наконец, для Христа было необходимо быть послушным закону Божьему, чтобы обеспечить праведность, которая служит основанием оправдания. Совершенная норма Божьей праведности, изложенная в Его законе, включает два ключевых аспекта: предписывающие повеления, требующие полного послушания, и карательные меры за нарушение этих повелений. Грешный человек не только не подчиняется требованиям Божьего закона, но и не имеет возможности оплатить предписанное наказание за непослушание, поскольку возмездие за грех—смерть (Рим. 6:23; см. Тит. 3:5). Поэтому, чтобы стать нашим Спасителем, Христос должен был соответствовать обоим требованиям. Став послушным до крестной смерти (Флп. 2:8), «Христос искупил нас от клятвы закона, сделавшись за нас клятвою...» (Гал. 3:13; см. Втор. 21:23), то есть приняв на Себя полноту божественного гнева. Но если бы труд нашего заместителя сводился лишь к этому, мы никогда не могли бы спастись. В этом случае карательные меры закона были бы соблюдены и наша вина была бы снята, но у нас бы по-прежнему не было праведности, требуемой законом. Мы бы остались в том состоянии, в котором был Адам до падения,—невиновные, но без положительной праведности, требуемой Богом для общения с Ним (см. Матф. 5:20, 48). Поэтому человеку нужен тот, кто не только послушно умрет вместо нас ради прощения грехов, но и будет послушно жить вместо нас, чтобы обеспечить праведность, которая вменяется нам по вере (Рим. 4:3–5; Флп. 3:9). По этой причине Павел противопоставляет первого Адама Христу как последнему Адаму (1 Кор. 15:22, 45), говоря: «Ибо, как непослушанием одного человека сделались многие грешными, так и послушанием одного сделаются праведными многие» (Рим. 5:19; см. Гал. 4:4–5). Грех Адама представляет собой реальный факт человеческого непослушания, который считается нашим через союз с ним и становится основанием, чтобы Бог справедливо признал всех людей виновными (Рим. 5:12). Точно так же заместительное послушание Христа представляет собой реальный факт человеческой праведности, которая считается нашей через союз с Ним и становится основанием, чтобы Бог справедливо признал виновных грешников праведными. Оправданные грешники праведны не сами по себе, но результат совершенной жизни Христа засчитывается им через союз с Ним по вере: «От Него [Бога] и вы *во* Христе Иисусе, Который сделался для нас... *праведностью*...» (1 Кор. 1:30; см. Рим. 10:4; 2 Кор. 5:21).

Господь Иисус Христос не просто умер за наши грехи; Он также жил, чтобы исполнить нашу праведность. Его разговор с Иоанном Крестителем при крещении Иисуса подтверждает это. Иоанн ходил по местам возле Иордана, «проповедуя крещение покаяния для прощения грехов» (Лук. 3:3; см. Матф. 3:11). Возникшее в период между заветами, это крещение было обрядом для язычников, обращенных в иудаизм, посредством которого они признавали свою нечистоту и нужду в духовном очищении. Во дни Иоанна Израиль стал настолько нечестивым (то есть нуждающимся в таком очищении), что этнические евреи тоже принимали прозелитское крещение, чтобы выразить свое покаяние[35]. Люди из Иерусалима, со всей Иудеи и окрестностей Иордана приходили исповедовать свои грехи и креститься (Матф. 3:5–6). Поэтому, когда Иисус пришел к Своему двоюродному брату, чтобы креститься, Иоанн справедливо недоумевал: «Иоанн же удерживал Его и говорил: „Мне надобно креститься от Тебя, и Ты ли приходишь ко мне?"» (Матф. 3:14). Иоанн знал, что Иисус—безгрешный Сын Божий (Иоан. 1:29, см. Лук. 1:41). Как же Он просит о крещении покаяния? Краткий ответ Иисуса полон значимости: «Оставь теперь, ибо так надлежит нам исполнить всякую правду» (Матф. 3:15). Иисусу не нужно было проходить обряд прозелитского крещения для покаяния. У Него не было грехов, чтобы в них каяться. Благодаря присущей Ему божественной праведности Он мог стать праведной жертвой; и даже если бы Он не был крещен, Он не был

---

[35] Это крещение «разительно отличалось от ветхозаветных омовений, включавших в себя омовение рук, ног и головы. Ессеи, группа иудейских аскетов, которые проживали на северо-западном побережье Мертвого моря, практиковали обрядовое омовение, напоминавшее крещение. Однако и ветхозаветные омовения, и омовения ессеев повторялись неоднократно, ессейские—даже несколько раз в день или ежечасно. Все они символизировали повторное очищение за совершаемые грехи. В отличие от них крещение Иоанна было однократным. Единственное однократное омовение, совершавшееся в иудаизме, предназначалось для язычников. Оно символизировало их обращение в истинную иудейскую веру. Любой иудей, совершавший такой обряд, показывал, что признает себя как бы язычником, желающим присоединиться к народу Божьему—признание для иудея из ряда вон выходящее. Представители избранного народа, потомки Авраама, наследники завета Моисеева приходили к Иоанну, чтобы креститься, словно язычники! Такой поступок символизировал для мира признание того, что ни расовая принадлежность, ни даже именование себя избранным народом Божьим и наследниками обетования не могло спасти. Чтобы получить спасение, им нужно было покаяться, оставить свой грех и поверить в Господа» (Мак-Артур Д. Толкование книг Нового Завета: Евангелие от Матфея, 1–7. Б. м.: Славян. еванг. о-во, 2006. С. 72).

бы менее пригоден стать безупречным Агнцем Божьим. Он подчинился этому крещению, чтобы «исполнить всякую правду» — не ради Себя, а ради Своих людей, которые нуждались в праведности, исполненной вместо них. С самого начала Своей жизни Иисус продолжал накапливать совершенную человеческую праведность, которая будет вменена грешникам, верующим в Него для спасения (Рим. 4:4–5). Таким образом, «послушанием одного сделаются праведными многие» (Рим. 5:19)[36].

Итак, Писание говорит, что оба аспекта заместительного труда Христа — плата за грех и обеспечение праведности — были достигнуты через Его послушание Отцу. Своим послушанием Иисус исполнил всякую праведность, стал сострадающим первосвященником, показал Себя совершенной жертвой для грешников и принял жертвенную смерть. Джон Мюррей заключает: «Послушанием Он добился нашего спасения, потому что послушанием Он исполнил труд, обеспечивший его»[37].

ЗАМЕСТИТЕЛЬНОЕ НАКАЗАНИЕ

После послушания Отцу наиболее фундаментальное описание, характеризующее труд искупления, состоит в том, что это заместительное наказание. То есть Иисус на кресте вместо Своих людей (отсюда *заместительное*) понес *наказание* за их грехи . Когда человек согрешил против Бога, его грех воздвиг правовой и социальный барьер между ним и Творцом. Божественный закон был нарушен; человек оказался виновным и должен понести наказание в виде духовной смерти. Святость Бога была оскорблена, и поэтому разгорелся Его гнев против греха. Из-за этого человек отчужден от Бога; нарушение общения и даже враждебность отличают отношения между Богом и человеком, находящимся в рабстве греха и смерти. Чтобы человек освободился от греха и примирился с Богом, необходимо искупить грех. Но из-за духовной смерти и испорченности человека он неспособен оплатить наказание за свой грех. Однако Бог в Своей любви послал Господа Иисуса Христа занять место грешников, чтобы понести их грех, вину и наказание и тем самым удовлетворить Божий гнев против них.

По этой причине Исаия говорит о страдающем Рабе, что «Он взял на Себя наши немощи и понес наши болезни» (Ис. 53:4), что «Он понес на Себе грех многих» (Ис. 53:12). «Господь возложил на Него грехи всех нас» (Ис. 53:6), поэтому Он «грехи их на Себе понесет» (Ис. 53:11). Таким образом, когда Иисус пришел в мир, Иоанн Креститель свидетельствовал о Нем: «Вот Агнец Божий, Который берет на Себя грех мира» (Иоан. 1:29). Апостол Павел пишет, что Иисуса Отец «соделал грехом вместо нас» (2 Кор. 5:21*а*, Кассиан). Это не означает, что Иисус стал грехом в каком-то онтологическом смысле, но Отец сделал Его грехом в том же смысле, в каком нас Он делает праведностью Божьей (2 Кор. 5:21*б*, Кассиан):

---

[36] Более подробно о том, что традиционно называют активным послушанием Христа, см. «Основание оправдания: вмененная праведность» (с. 649).

[37] Мюррей. Искупление, достигнутое и примененное к грешнику. С. 14.

путем вменения, когда наша вина засчитывается Ему. Проклятие закона, под которым мы находились, понес Христос, ставший за нас проклятием (Гал. 3:13). Апостол Петр говорит: «Он грехи наши Сам вознес телом Своим на древо, дабы мы, избавившись от грехов, жили для правды...» И затем, цитируя слова Исаии о страдающем Рабе, добавляет: «...ранами Его вы исцелились» (1 Пет. 2:24; см. Евр. 9:28). Господь Иисус Христос понес наказание за грехи Своих людей и тем самым даровал им благословение: «Но Он изъязвлен был за грехи наши и мучим за беззакония наши; наказание мира нашего было на Нем, и ранами Его мы исцелились» (Ис. 53:5).

В дополнение к этим ясным утверждениям Новый Завет приписывает концепцию заместительного наказания кресту Христа, используя четыре греческих предлога, которые выражают замещение: *peri* («за», «о»), *dia* («из-за», «ради»), *anti* («вместо», «взамен») и *hyper* («за», «ради»). Во-первых, Христос «пострадал за грехи наши» (греч. *peri hamartiōn*, 1 Пет. 3:18), и поэтому «Он есть умилостивление за грехи наши» (греч. *peri tōn hamartiōn hēmōn*, 1 Иоан. 2:2; 4:10). Эти тексты показывают, что наши грехи требовали, чтобы мы страдали под гневом Божьим, но Христос сделал это за нас. Во-вторых, сказано, что Иисус умер «ради вас» (греч. *di' hymas*, 2 Кор. 8:9; см. 1 Кор. 8:11), еще одно ясное указание на замещение.

В-третьих, предлог *anti*, видимо, сильнее всего указывает на замещение, буквально означая «вместо». Это значение очень ясно видно в Матфея 2:22, где сказано: «...Архелай царствует в Иудее вместо [*anti*] Ирода, отца своего...» В Матфея 5:38 предлог *anti* также используется в правиле *lex talionis* (закон равного возмездия): «Око за [*anti*] око и зуб за [*anti*] зуб», — согласно которому преступника надо было лишить глаза или зуба вместо глаза или зуба, которого он лишил другого. Иисус использует такое выражение в отношении Своей смерти, когда говорит: «...так как Сын Человеческий не для того пришел, чтобы Ему служили, но чтобы послужить и отдать душу Свою для искупления многих» (греч. *anti pollōn*, Матф. 20:28; Марк. 10:45). То есть, хотя грешники из-за своего греха заслуживают смерти, Иисус заплатил выкуп, отдав Свою жизнь вместо жизни Своих людей, чтобы они могли обрести свободу.

Наконец, хотя *anti* сильнее всего выражает замещение, *hyper* отстает лишь немного, означая «за, ради». Также этот предлог намного чаще используется для описания заместительных отношений между Христом и Его народом. Тело Христово «за вас предается» (греч. *hyper hymōn*, Лук. 22:19; см. 1 Кор. 11:24) и «за жизнь мира» (греч. *hyper tēs tou kosmou zōēs*, Иоан. 6:51), а кровь нового завета изливается «за многих» (греч. *hyper pollōn*, Марк. 14:24) и «за вас» (греч. *hyper hymōn*, Лук. 22:20). То есть тело и кровь Христа отдаются как заместительная жертва за грешников, чтобы те могли избежать гнева и наказания. Как Добрый Пастырь, Иисус полагает жизнь Свою за овец (греч. *hyper tōn probatōn*, Иоан. 10:11, 15; см. 1 Иоан. 3:16); Он умер за нас, нечестивых (греч. *hyper asebōn*, Рим. 5:6; *hyper hēmōn*, Рим. 5:8; 1 Фес. 5:10). Он отдал Себя за Свою невесту, церковь (Еф. 5:25), о чем Павел говорит и собирательно (Еф. 5:2; Тит. 2:14), и лично (Гал. 2:20). За нас (греч. *hyper hēmōn*) Он сделался грехом (2 Кор. 5:21, Кассиан), проклятием (Гал. 3:13) и вкусил смерть (Евр. 2:9). Он пострадал за грех, Праведник за неправедных (греч. *dikaios hyper adikōn*), чтобы примирить грешников с Богом (1 Пет. 3:18).

Из приведенных выше текстов видно, что во всем Новом Завете нет более ясной доктрины, чем учение о заместительных страданиях Господа Иисуса Христа за Своих людей. Заместительное наказание вплетено в ткань новозаветного откровения от начала до конца, ведь в этом суть евангельской вести. В добровольном и охотном послушании Отцу Господь Иисус Христос занял место грешников, умер как жертва за их грех и вину, умилостивил гнев Отца против них, примирил их с Богом, для Которого они были сотворены, искупил их из рабства греха и смерти и победил власть греха и сатаны в их жизни. Каждая из этих тем: жертвоприношение, умилостивление, примирение, искупление и победа — это отдельная грань заместительного труда Христа, заслуживающая дополнительного изучения.

Жертвоприношение[38]. Новый Завет прямо называет смерть Христа жертвой за грехи: «…Он же однажды, к концу веков, явился для уничтожения греха жертвою Своею» (Евр. 9:26). Этот образ взят из истории Израиля и ветхозаветных предписаний о жертвенном поклонении Богу. Послание к евреям прямо говорит, что левитские жертвоприношения, учрежденные по завету Моисея, были прообразом, исполнением которого стал искупительный труд Христа (Евр. 9:23). Поэтому, чтобы правильно понять значение смерти Христа как жертвы, необходимо обратиться к левитскому закону.

Книга Левит начинается с событий сразу после того, как слава Божья наполнила готовую скинию (Исх. 40:34–38), символизируя духовное присутствие Господа, пребывающего теперь среди Своего народа. По сути, еврейский термин *mishkan* («скиния») означает «место обитания». Таким образом, присутствие Бога — ключевая тема книги Левит, и это подтверждается фразой «перед Господом» (евр. *liphne Yahweh*, букв. «к лицу Яхве», в присутствии), которая встречается в ней 59 раз. Книга Левит также учит, что этот Бог абсолютно *святой;* еврейское слово со значением «святой» и родственные ему слова встречаются 150 раз в 27 главах книги, это чаще, чем в любой другой книге. Вопрос, на который старается ответить книга Левит, заключается в том, как может святое присутствие Бога обитать среди грешного народа. Ответ в том, что грешники должны приносить Господу жертвы, которые очистят их от греха, чтобы они могли быть в Его присутствии: «…пусть приведет ее [жертву] к дверям скинии собрания, чтобы приобрести ему благоволение пред Господом; и возложит руку свою на голову жертвы всесожжения — и приобретет он благоволение, во очищение грехов его…» (Лев. 1:3–4).

Хотя не всякая левитская жертва предназначалась для очищения греха, обряды Дня очищения были именно такими. Раз в год израильский первосвященник

---

[38] Подробное обсуждение см. «Смерть и искупление» (с. 322) в гл. 4 «Бог Сын».

должен был входить в Святое святых со следующей целью: «И так очистит он себя, дом свой и все общество Израилево» (Лев. 16:17; см. 16:24, 32–34). Следовало принести двух козлов: одного в жертву, а другого как козла отпущения, на которого возлагали грехи людей и изгоняли от присутствия Господа (Лев. 16:8–10). Кровью жертвенного козла надо было окропить место умилостивления, то есть крышку ковчега завета, где совершалось очищение (Лев. 16:15–19). Бог объясняет: «…душа тела в крови, и Я назначил ее вам для жертвенника, чтобы очищать души ваши, ибо кровь сия душу очищает…» (Лев. 17:11). После этого первосвященник совершал обряд с козлом отпущения:

> …и возложит Аарон обе руки свои на голову живого козла, и исповедает над ним все беззакония сынов Израилевых и все преступления их и все грехи их, и возложит их на голову козла, и отошлет с нарочным человеком в пустыню: и понесет козел на себе все беззакония их в землю непроходимую, и пустит он козла в пустыню (Лев. 16:21–22).

Возлагая руки на голову козла отпущения и исповедуя на нем все грехи Израиля, первосвященник символически показывал, что Бог признает грех и вину народа переложенными на козла. Вместо того чтобы нести свое беззаконие (см. Лев. 5:1, 17; 7:18; 17:16; 19:8; 20:17, 19; 22:16) и в наказание за это быть изгнанными из святого Божьего присутствия (т. е. «истребиться из народа своего», см. Лев. 7:20–27; 17:4, 9, 10, 14; 18:29; 19:8; 20:3–6, 17–18; 22:3; 23:29), израильтяне могли освободиться от греха, который вменялся заместительной жертве. Невинного козла отпущения, который нес грех, вину и наказание людей, изгоняли вместо них. Окропляя крышку ковчега кровью одной заместительной жертвы и вменяя грех народа второй, священники совершали очищение грехов Израиля, и народ освобождался от наказания.

Еще одна картина ветхозаветного жертвоприношения — единственная, по важности сопоставимая с Днем очищения, — это пасхальная жертва в 12-й главе Исхода. То, как Бог искупил Свой народ из египетского рабства, стало образом того, как Он в конце концов искупит Свой народ из рабства греха и смерти. Бог пообещал убить всех первенцев у людей и животных во всем Египте. Хотя первые девять казней не коснулись Израиля, Божий народ не был автоматически освобожден от десятой, потому что они впали в идолопоклонство и стали поклоняться богам Египта (Иез. 20:8). Чтобы люди спаслись от Его гнева, Бог потребовал от каждой семьи в Израиле заколоть ягненка без порока и помазать его кровью косяки дверей дома. Он сказал: «И будет у вас кровь знамением на домах, где вы находитесь, и увижу кровь и пройду мимо вас, и не будет между вами язвы губительной, когда буду поражать землю Египетскую» (Исх. 12:13). Пасхальный агнец умер вместо первенцев Израиля. Кровь безупречного ягненка отвратила Божий гнев. Израиль должен был «[хранить] сие, как закон для себя и для сынов своих навеки» (Исх. 12:24), чтобы напоминать, как Господь простил их грехи посредством заместительной жертвы (Исх. 12:27).

Обе левитские жертвы, представленные в Дне очищения и в обряде Пасхи, символизируют жертвенный труд Господа Иисуса Христа. Именно во время пасхальной трапезы состоялась Тайная вечеря Иисуса со Своими учениками, когда Он установил новый завет, сказав, что Его тело будет ломимо, а Его кровь изольется за них (Матф. 26:17–29; Марк. 14:12–25; Лук. 22:7–20). Так Он возвестил, что Его смерть станет исполнением праздника Пасхи: «Если старая Пасха сосредотачивалась на теле и крови ягненка, заколотого в качестве заместительной жертвы для искупления Израиля, то вечеря Господня сосредотачивается на теле и крови Христа, Который отдал Себя в заместительную жертву за Своих людей»[39]. Иисус—«Агнец Божий, Который берет на Себя грех мира» (Иоан. 1:29; см. 1:36). Народ Божий искуплен «драгоценною кровию Христа, как непорочного и чистого Агнца» (1 Пет. 1:18–19). Павел прямо называет Иисуса исполнением Пасхи, когда говорит: «...ибо Пасха наша, Христос, заклан за нас» (1 Кор. 5:7). Как кровь закланного ягненка защищала Израиль от Божьего суда, так кровь Агнца закланного, Иисуса, защищает Его народ от гнева Отца против их греха.

Подобным образом, Новый Завет считает Иисуса исполнением левитского священства и жертвенной системы. Хотя Бог позволил временно умилостивлять Себя жертвами Израиля, факт оставался фактом, что это были «жертвы, не могущие сделать в совести совершенным приносящего...» (Евр. 9:9):

> Закон, имея тень будущих благ, а не самый образ вещей, одними и теми же жертвами, каждый год постоянно приносимыми, никогда не может сделать совершенными приходящих с ними. <...> ...Ибо невозможно, чтобы кровь тельцов и козлов уничтожала грехи (Евр. 10:1, 4).

Поэтому автор Послания к евреям объясняет:

> Но Христос, Первосвященник будущих благ, придя с большею и совершеннейшею скиниею, нерукотворенною, то есть не такового устроения, и не с кровью козлов и тельцов, но со Своею кровию, однажды вошел во святилище и приобрел вечное искупление (Евр. 9:11–12).

Параллелизм в образах поражает. Как первосвященник входил за завесу во Святое святых, так и Христос, Великий Первосвященник (см. Евр. 3:1; 4:15; 7:26; 8:1), вошел за завесу небесной скинии (Писание называет завесой Его плоть, Евр. 10:20), в присутствие Самого Бога. И если первосвященник для очищения кропил крышку ковчега кровью жертвенного козла, то Господь Иисус окропил Своей кровью (1 Пет. 1:2; Евр. 9:21–22; 12:24), и поскольку Его кровь бесконечно ценнее, чем кровь козлов и тельцов, то Он таким образом совершил вечное искупление. Поэтому во Христе нашли исполнение и первосвященник, и жертва; Он и приносящий, и приношение, ибо Он «принес Себя непорочного, Богу» (Евр. 9:14; см. Еф. 5:2; Евр. 7:27; 9:23, 26, 28; 10:10, 12, 14).

В Иисусе нашли исполнение не только первосвященник и жертва, но и само место умилостивления. Первосвященник должен был окропить кровью крышку

---

[39] Jeffery, Ovey, and Sach, *Pierced for Our Transgressions*, 39.

ковчега (евр. *kapporet*, греч. *hilastērion* [Септуагинта]), где уникальным образом проявлялось святое присутствие Бога для общения с Израилем (Исх. 25:22; 30:6). Сам Бог предупредил, что любой, кто приблизится к месту умилостивления, кроме первосвященника в День очищения, умрет: «Ибо над крышкою Я буду являться в облаке» (Лев. 16:2). Однако апостол Павел, когда пишет, что Бог предложил Иисуса «в жертву умилостивления [греч. *hilastērion*] в крови Его» (Рим. 3:25), использует то же самое греческое слово, которым в Септуагинте названа крышка ковчега в книге Исход. Как крышка ковчега была местом, где совершалось очищение и отвращался Божий гнев против греха, так теперь в Иисусе совершается очищение и отвращается Божий гнев против греха. Иисус — и приносящий жертву Первосвященник, и сама жертва, и место, где совершается жертвоприношение.

Наконец, Иисус также стал совершенным исполнением козла отпущения. Вменение греха Израиля козлу отпущения выразилось в том, как Отец возложил на Христа грехи всех нас (Ис. 53:6), посчитал Его грехом вместо нас (2 Кор. 5:21, Кассиан), так что Он вознес наши грехи телом Своим на дерево (1 Пет. 2:24). Когда полуденное солнце было окутано тьмой, Отец как бы возложил руки на голову Сына и исповедовал над Ним грехи Своих людей. Как следствие того, что Сын понес их грехи, Он был изгнан из присутствия Отца, так что пострадал вне врат (Евр. 13:12) и испытал ужасающее состояние оставленности Отцом (Матф. 27:46)[40]. «Вне стана», вдали от присутствия Господа и Его народа, было место, где сжигались остатки жертв (Лев. 4:12, 21; 6:11; 8:17; 9:11; 16:27; см. Евр. 13:11); это было то пустынное место, где в одиночестве нес свой позор прокаженный (Лев. 13:46) и где следовало побивать камнями богохульника (Лев. 24:14, 23). В это место позора и одиночества был изгнан Божий Сын, чтобы открыть нам вход в святое Божье присутствие.

Умилостивление. Смерть Христа представлена в Писании не просто как жертва, но как жертва *умилостивления*. То есть Христос, испытав полное излияние гнева Отца против грехов Своих людей, утолил праведный Божий гнев на грех и тем самым отвратил его от нас, а если бы не Он, нам бы пришлось самим испытать этот гнев. Новый Завет прямо называет труд Христа умилостивлением в четырех текстах:

> ...[мы получаем] оправдание даром, по благодати Его, искуплением во Христе Иисусе, Которого Бог предложил в жертву умилостивления [греч. *hilastērion*] в крови Его через веру... (Рим. 3:24—25)

---

[40] Это оставление — тайна из тайн. Вопль Иисуса об оставлении, как говорил Альберт Мартин, останется изречением, которое даже вечность не истолкует для нас. Тем не менее следует отметить, что это разделение между Отцом и Сыном касалось их отношений, но не было онтологическим. Онтологически Сын никогда не мог по сущности отделиться от Троицы, иначе триединый Бог перестал бы существовать. Христос оставался Богом. Троица оставалась неразрывной и неизменной. Тем не менее каким-то образом, до конца непостижимым нашему уму, Бог Отец оставил Бога Сына, когда возложил на Христа беззакония всех нас, чтобы Он понес весь Божий гнев за грехи Его людей.

Посему Он должен был во всем уподобиться братиям, чтобы быть милостивым и верным первосвященником пред Богом, для умилостивления [греч. *eis to hilaskesthai*] за грехи народа (Евр. 2:17).

...Он есть умилостивление [греч. *hilasmos*] за грехи наши, и не только за наши, но и за грехи всего мира (1 Иоан. 2:2).

В том любовь, что не мы возлюбили Бога, но Он возлюбил нас и послал Сына Своего в умилостивление [греч. *hilasmos*] за грехи наши (1 Иоан. 4:10).

Хотя Писание очень ясно определяет труд Христа греческим термином *hilasmos* (из группы *hilaskomai*), некоторые утверждают, что «умилостивление» — неверный перевод этого слова. Они считают, что оно означает не жертву, которая утоляет и отвращает Божий гнев, а возмещение, погашение или устранение греха[41]. Евангельские богословы предложили весьма убедительные ответы, подтверждающие традиционное понимание, что группа слов *hilaskomai* означает умилостивление[42]. Хотя полное обсуждение этого вопроса выходит за рамки данной книги, тем не менее есть четкое библейское основание, чтобы считать *hilaskomai* жертвой, отвращающей гнев.

Греческие слова группы *hilaskomai* также переводят еврейский термин *kaphar*, имеющий диапазон значений, включающий «прощать» (напр., Лев. 4:20, 26, 31; 19:22), «очищать» (напр., Лев. 14:18–20, 29–31; 15:19–30; 16:16, 18–19, 30) и «выкупать» (напр., Исх. 30:11–16; Чис. 35:29–34)[43]. Однако несколько ключевых текстов показывают, что слово *kaphar* также может означать умилостивление как то, что отвращает Божий гнев. Во-первых, когда Израиль совершил первый акт открытого идолопоклонства с золотым тельцом, Бог в гневе сказал Моисею: «...итак оставь Меня, да воспламенится гнев Мой на них, и истреблю их, и произведу многочисленный народ от тебя» (Исх. 32:10). На следующий день Моисей сказал народу, что собирается ходатайствовать за них перед Богом. Он сказал: «Вы сделали великий грех; итак я взойду к Господу, не заглажу ли [евр. *kaphar*; греч. *exilaskomai* (Септуагинта)] греха вашего» (Исх. 32:30). Моисей ясно понимает проблему: гнев Божий возгорелся на грех народа. Его инстинктивным решением было попытаться «загладить» их грех, то есть отвратить Божий гнев от народа. Это ясно говорит о том, что идея умилостивления присуща библейскому учению об искуплении и может выражаться еврейским словом *kaphar*.

Во-вторых, в 25-й главе книги Чисел Израиль вновь оказался в подобной трясине идолопоклонства. Народ блудодействовал с моавитянками и начал поклоняться богам Моава. Ответом Господа снова был гнев: «И воспламенился

---

[41] В особенности: C. H. Dodd, "Hilaskesthai. Its Cognates, Derivatives, and Synonyms, in the Septuagint," *JTS* 32, no. 128 (1931): 352–360; reprinted in *The Bible and the Greeks* (London: Hodder & Stoughton, 1935).

[42] См.: Leon Morris, *The Apostolic Preaching of the Cross*, 3rd ed. (Grand Rapids, MI: Eerdmans, 1965); Roger Nicole, "C. H. Dodd and the Doctrine of Propitiation," *WTJ* 17, no. 2 (1955): 117–157.

[43] Jeffery, Ovey, and Sach, *Pierced for Our Transgressions*, 44–45.

гнев Господень на Израиля» (Чис. 25:3). Его гнев проявился в виде язвы, которая в итоге унесла 24 тысячи жизней (см. Чис. 25:8–9). Бог повелел Моисею казнить вождей народа, чтобы Его гнев отвратился (Чис. 25:4). В это время еще один израильтянин привел в свой шатер мадианитянку, очевидно, намереваясь блудодействовать по примеру остальных. Финеес, один из священников, возмущенный таким явным беззаконием, «взял в руку свою копье, и вошел вслед за израильтянином в спальню и пронзил обоих их, израильтянина и женщину в чрево ее...» (Чис. 25:7–8). В результате ревности Финееса Божий гнев был умилостивлен, и поражение прекратилось (Чис. 25:8). Господь похвалил Финееса за праведное негодование:

> Финеес, сын Елеазара, сына Аарона священника, *отвратил ярость Мою* от сынов Израилевых, возревновав по Мне среди их, и Я не истребил сынов Израилевых в ревности Моей; посему скажи: «Вот, Я даю ему Мой завет мира, и будет он ему и потомству его по нем заветом священства вечного, за то, что он показал ревность по Боге своем и *заступил* [евр. *kaphar;* греч. *exilaskomai* (Септуагинта)] сынов Израилевых» (Чис. 25:11–13).

Здесь отвращение Божьего гнева синонимично искуплению. Из этого ясно видно, что умилостивление присуще понятиям, выраженным еврейским словом *kaphar* и греческим словом *hilaskomai*.

Последний пример представлен в 16-й главе книги Чисел, когда Израиль роптал на Моисея в пустыне после гибели Корея и его людей. В ответ на мятеж народа против Моисея и Аарона гнев Господа вновь воспламенился против Израиля, и снова в форме поражения язвой, от которой умерли 14 700 человек (см. Чис. 16:48–49). Бог сказал Моисею и Аарону: «Отстранитесь от общества сего, и Я погублю их во мгновение» (Чис. 16:45). Моисей же сказал Аарону: «Возьми кадильницу и положи в нее огня с жертвенника и всыпь курения, и неси скорее к обществу и заступи [евр. *kaphar;* греч. *exilaskomai* (Септуагинта)] их, ибо вышел *гнев* от Господа, и началось поражение» (Чис. 16:46). Аарон сделал, как сказал Моисей: «И он положил курения и заступил [евр. *kaphar;* греч. *exilaskomai* (Септуагинта)] народ; стал он между мертвыми и живыми, и поражение прекратилось» (Чис. 16:47–48). И снова прослеживается четкий параллелизм между искуплением и отвращением Божьего гнева против греха, который проявился в виде язвы. Хотя слово *kaphar* не в каждом случае говорит об умилостивлении, в некоторых случаях это значение несомненно.

Поэтому, когда авторы Нового Завета используют греческие слова группы *hilaskomai*—то есть той же группы, которой переводили еврейское *kaphar* в Септуагинте,—вполне логично ожидать, что имеется в виду умилостивление, как и в Ветхом Завете, особенно с учетом контекста, в котором они используются. Например, в Новом Завете термин «умилостивление» впервые встречается в Римлянам 3:25, после двух глав подробных объяснений, что гнев Божий воспламеняется против грехов всего человечества, как язычников (Рим. 1:18–32), так и евреев (Рим. 2:1–3:20). Бог являет праведный гнев, предавая язычников «похотям» и «нечистоте», «постыдным страстям» и «превратному уму» (Рим. 1:24, 26, 28). Евреям, имеющим закон и все же не раскаивающимся, Павел говорит: «...ты сам себе собираешь гнев на день гнева и откровения праведного суда от Бога...» (Рим. 2:5; см. 2:8; 3:5). Нить божественного гнева настолько вплетена в этот начальный раздел послания, что читатель практически ожидает увидеть, как же Бог обеспечит его утоление. Именно это мы и видим в Римлянам 3:21–26: Бог предложил Своего Сына, Господа Иисуса Христа, «в жертву умилостивления в крови Его через веру» (Рим. 3:25). Бог утоляет Свой гнев против греха кроплением крови непорочного Агнца на место умилостивления небесного жертвенника (Евр. 9:11–15, 23–24). Он покарал грехи Своих людей через заместительную жертву, поэтому Его гнев отвратился от них[44].

В конечном счете, отрицать, что умилостивление составляет один из аспектов совершенного Христом искупления, — значит отрицать, что Божий гнев воспламеняется против греха или что он должен быть утолен, чтобы человек получил спасение. Однако такое предположение не соответствует всей широте библейского откровения. Те несколько текстов, которые мы рассмотрели, четко показывают, что это именно так. В ответ на грех человека — будь то идолопоклонство, распутство или ропот на своих руководителей — Бог праведно воспламеняется гневом. А если обратить внимание на широкие утверждения, что «открывается гнев Божий с неба на всякое нечестие и неправду человеков...» (Рим. 1:18), то исчезают все сомнения. И поскольку Бог свят, Он должен излить Свой гнев против греха. Мюррей говорит: «И так как Он питает к Себе совершенную любовь, Он не может допустить ущемления того, что принадлежит целостности Его Личности и Его славе. Вот причина умилостивления»[45].

Итак, важность умилостивления в том, что оно характеризует подвиг Христа как жертву, понесшую гнев. Грех нельзя просто проигнорировать, он должен и всегда будет наказан, или в грешнике в аду, или во Христе на кресте. Бог не поступился Своей справедливостью, ведь Он Сам заверил, что не оставит виновных без наказания (Исх. 34:7). Каждый грамм гнева, который заслужил избранный грешник, — весь гнев, который Бог излил бы на грешника в вечных муках ада, — был полностью излит на нашу заместительную жертву за три ужасных часа на Голгофе. Благодаря этому не осталось никакого гнева на тех, кто во Христе. Бог благоволит к ним, потому что за их грех уже заплачено.

---

[44] То же можно сказать об употреблении греческого слова *hilasmos* в 1 Иоанна 2:2. Реймонд пишет: «То, что в 1 Иоанна 2:1 Иисус назван нашим Ходатаем перед Отцом, когда мы согрешаем, особенно то, что Он охарактеризован как *Праведник*, подразумевает, что Тот, перед Кем Он ходатайствует за нас — а Он представляет оскорбленного триединого Бога, — недоволен нами. Соответственно, описание Иисуса сразу же за этим в 1 Иоанна 2:2 несомненно подразумевает, что именно Его ходатайство перед Отцом, особенно то, что Он охарактеризован как наше *hilasmos*, устраняет это божественное негодование» (Robert L. Reymond, *A New Systematic Theology of the Christian Faith*, 2nd ed. [Nashville: Thomas Nelson, 2010], 638. Курсив как в оригинале). И хотя в контексте Евреям 2:17 и 1 Иоанна 4:10 возможно как умилостивление, так и возмещение, другие примеры дают основание понимать слова группы *hilaskomai* в значении умилостивления.

[45] Мюррей. Искупление, достигнутое и примененное к грешнику. С. 19.

Примирение. Грех человека не только навлек вину и вызвал Божий гнев, но и породил вражду и отчуждение между Богом и человеком. Это отчуждение показано во всем Писании, но нагляднее всего оно проявилось в Эдемском саду, когда первой реакцией Адама и Евы после греха было желание спрятаться от Бога, чтобы избежать общения с Ним (Быт. 3:8), и от этого общения они были изгнаны (Быт. 3:22–24). В истории Израиля отделение Бога от грешников было ярко показано через тройную преграду в скинии и храме: во внешний двор могли входить только те, кто приносил жертвы; в святилище—только священники, приносившие жертвы за людей; в Святое святых—только первосвященник в День очищения для умилостивления за грехи народа. Это совсем не похоже на общение с Богом лицом к лицу в прохладе дня (Быт. 3:8). Пророк Исаия говорит о характере этих разрушенных отношений: «Но беззакония ваши произвели разделение между вами и Богом вашим, и грехи ваши отвращают лицо Его от вас, чтобы не слышать [ваших молитв]» (Ис. 59:2). Бог стал врагом человеку (греч. *echthros*, Рим. 5:10), и мысли человека—«вражда (греч. *echthra*) против Бога» (Рим. 8:7).

Поэтому Писание также говорит об искуплении как о деле примирения, посредством которого решается и устраняется причина вражды между Богом и людьми—вина за грех и излияние Божьего гнева, что приводит к миру. Эту мысль подтверждают ключевые тексты, в которых выделены греческие термины:

Ибо если, будучи врагами [*echthroi*], мы примирились [*katēllagēmen*] с Богом смертью Сына Его, то тем более, примирившись [*katallagentes*], спасемся жизнью Его. И не довольно сего, но и хвалимся Богом чрез Господа нашего Иисуса Христа, посредством Которого мы получили ныне примирение [*katallagēn*] (Рим. 5:10–11).

Все же от Бога, Иисусом Христом примирившего [*katallaxantos*] нас с Собою и давшего нам служение примирения [*katallagēs*], потому что Бог во Христе примирил [*ēn... katallassōn*] с Собою мир, не вменяя людям преступлений их, и дал нам слово примирения [*katallagēs*] (2 Кор. 5:18–19).

...[Чтобы Христу] в одном теле примирить [*apokatallaxē*] обоих с Богом посредством креста, убив вражду [*tēn echthran*] на нем (Еф. 2:16).

...Благоугодно было Отцу... посредством Его примирить [*apokatallaxai*] с Собою все, умиротворив через Него, кровию креста Его, и земное и небесное.
    И вас, бывших некогда отчужденными [*apēllotriōmenous*] и врагами [*echthrous*], по расположению к злым делам, ныне примирил [*apokatēllaxen*] в теле Плоти Его, смертью Его, чтобы представить вас святыми и непорочными и неповинными пред Собою... (Кол. 1:19–22)

Из этих текстов можно вывести несколько характеристик доктрины примирения. Во-первых, примирение—это действие Бога, совершенное Христом посредством Его крови (2 Кор. 5:18; Кол. 1:20). Человек не достигает примирения, совершая что-то, чтобы устранить враждебность Бога к его греху. Но грешники получают примирение даром благодаря подвигу Христа (Рим. 5:11). Во-вторых, Писание представляет примирение как законченный труд, совершенный жертвой Христа. Каждый из приведенных выше отрывков указывает, что примирение раз и навсегда произошло в прошлом благодаря смерти Христа. В-третьих, примирение имеет судебный характер. Это подтверждается параллелизмом в Римлянам 5, где фраза: «мы примирились с Богом смертью Сына Его», параллельна словам: «ныне, будучи оправданы кровию Его», из предыдущего стиха (Рим. 5:9–10). Поскольку оправдание—это судебное понятие, и здесь оно параллельно примирению, то и примирение, видимо, следует считать судебным понятием. Павел устраняет все сомнения, когда в 2 Коринфянам 5:19 говорит: «...Бог во Христе примирил с Собою мир, не вменяя людям преступлений их...» Здесь использовано греческое слово *logizomai*, которым чаще всего обозначается вменение в Новом Завете (напр. Рим. 4:1–25). Вменяя наши грехи Христу подобно козлу отпущения, излив Свой гнев на Него как нашу заместительную жертву и вменив нам Его праведность (2 Кор. 5:21), Бог устранил причину Своей вражды против нас, то есть вину за грех. Как умилостивление—это устранение Божьего гнева на грешников, так примирение—это устранение Его вражды против грешников.

Поэтому, подобно жертве и умилостивлению, которые совершаются именно «пред Богом» (Евр. 2:17; 5:1), библейское понятие примирения главным образом объективное, а не субъективное; то есть его фундаментальное действие проявляется в Боге, а не в человеке. Отчуждение между Богом и человеком обоюдное. Разумеется, человек враждебен Богу, поскольку его разум и сердце развращены, но Бог также враждебен человеку, так как в Своей святости Он ненавидит грех. Когда мы понимаем, (1) что Библия представляет примирение как судебный акт, совершенный Богом во Христе, и (2) что избранные грешники, которые еще не уверовали, остаются враждебными Богу, то очевидно, что примирение говорит не «об устранении субъективной враждебности в сердце примиряющегося человека, но об отчужденности со стороны того, с кем нам сказано примириться»[46]. Поэтому взаимный мир, достигнутый актом примирения, субъективно воспринимается как результат примирения, когда возрождающее действие Святого Духа преодолевает враждебность человека к Богу, поскольку Дух применяет объективный труд Христа к грешникам, даруя им оправдывающую веру, которой они имеют мир с Богом (Рим. 5:1). Благодаря совершенному Христом искуплению грешники, некогда отделенные от Бога, могут быть восстановлены в близких отношениях с Тем, познавать Кого и поклоняться Кому они были созданы: «...потому что и Христос, чтобы привести нас к Богу, однажды пострадал за грехи наши, праведник за неправедных...» (1 Пет. 3:18).

---

[46] Там же. С. 23.

Искупление. Заместительный труд Христа, будучи жертвой, позволяет устранить вину и наказание за грех. Как умилостивление он позволяет устранить гнев, вызванный грехом. Будучи примирением он позволяет устранить отчуждение и вражду, порожденные грехом. Кроме того, заместительный труд Христа назван искуплением, поскольку через него человек освобождается от рабства греху и закону благодаря пролитой крови Христа, служащей выкупом.

Наиболее важное следствие описания труда Христа как искупления заключается в том, что терминология искупления по своей сути относится к коммерческой сфере. Греческие термины *agorazō* и *exagorazō* происходят от существительного *agora*, означающего «рынок» (Матф. 20:3; Лук. 7:32; Деян. 17:17). То есть искупить—значит купить на рынке. *Lytroō*, другое греческое слово со значением «искупить», говорит о приобретении путем уплаты выкупа (*lytron*). Например, когда израильтянин становился настолько беден, что был вынужден продать себя в рабство, закон предусматривал возможность, чтобы семья его выкупила (евр. *ga'al*; греч. *lytroomai* [Септуагинта]), внеся плату (Лев. 25:47–55). Подобным образом грешники оказались в рабстве греха (Рим. 6:6), и Христос искупил их ценой Своей жизни. Он Сам говорит, что пришел «отдать душу Свою для искупления [греч. *lytron*] многих» (Матф. 20:28; Марк. 10:45; см. 1 Тим. 2:6). Иисус характеризует миссию Своего воплощения как искупление, в котором ценой была Его жизнь, отданная «для» (греч. *anti*, «вместо») многих грешников, чью свободу Он купил. По этой причине Павел может увещать верующих прославлять Бога в своих телах, ибо они «куплены [греч. *agorazō*] дорогою ценою» (1 Кор. 6:20; см. 7:23). Так же и апостол Петр напоминает, что верующие «не тленным серебром или золотом искуплены [греч. *lytroō*]... но драгоценною кровию Христа, как непорочного и чистого Агнца» (1 Пет. 1:18–19). Здесь кровь Христа, противопоставленная серебру и золоту, прямо названа ценой, уплаченной для искупления. Так, когда апостол Иоанн описывает, как находящиеся на небесах поклоняются вознесенному Христу, он отмечает, что они восхваляют Его за Его искупительный труд: «Достоин Ты... ибо Ты был заклан, и кровию Своею искупил [греч. *agorazō*] нас Богу из всякого колена и языка, и народа и племени...» (Откр. 5:9; см. Деян. 20:28). Принадлежащие Христу, то есть «те, которые следуют за Агнцем, куда бы Он ни пошел», названы «искупленными» (Откр. 14:3–4) или купленными именно потому, что имеют «искупление кровию Его» (Еф. 1:7; см. Кол. 1:14).

Итак, вполне очевидно, что Христос искупил грешников из рабства, заплатив цену выкупа Своей кровью. Но возникает вопрос: кому Он заплатил? Можно подумать, что выкуп должен быть уплачен сатане, ведь он имеет державу греха и смерти (Евр. 2:14–15), чему порабощены люди. Поэтому некоторые отцы церкви считали искупление выкупом сатане[47]. Однако Бог Сын не должник сатаны, чтобы расплачиваться с ним; сатана и сам—главный пленник Бога, а потому

---

[47] См. «Неполные теории искупления» (с. 565).

не имеет права ничего у Него требовать. На самом деле выкуп кровью Христа был уплачен Богу, Чья святость требовала справедливой расплаты в наказание за грех. Здесь снова заметен принципиально объективный характер искупления и его направленность к Богу: место умилостивления небесного жертвенника было окроплено кровью Агнца, и это была жертва, умилостивление и выкуп за грешников.

Однако искупление направлено и к человеку, поскольку в то время как Бог умилостивлен и примирен, человек искуплен. Во-первых, «Христос искупил нас от клятвы закона...» (Гал. 3:13; см. 4:4–5). Закон Божий всегда сопровождался обещаниями благословений за послушание и обещаниями проклятий за непослушание (см. Втор. 27–28). Собственно, в 3-й главе Послания к галатам Павел цитирует обещанное проклятие за непослушание всего несколькими стихами ранее: «...а все, утверждающиеся на делах закона, находятся под клятвою. Ибо написано: „Проклят всяк, кто не исполняет постоянно всего, что написано в книге закона“» (Гал. 3:10; см. Втор. 27:26). От тех, кто стремится достичь праведности своими делами, закон требует совершенного послушания (Иак. 2:10). Поскольку «все согрешили и лишены славы Божией» (Рим. 3:23), то все оказались под проклятием закона. От этого проклятия духовной смерти и погибели Христос искупил Своих. Он достиг этого, сделавшись за нас проклятием, то есть понеся вместо нас последствия этого проклятия.

Во-вторых, Христос искупил нас от греха. Грешники порабощены грехом (Иоан. 8:34; 2 Пет. 2:19; Рим. 6:6, 16–17), а потому смерть Христа была «для искупления от преступлений» (Евр. 9:15). Своей заместительной смертью Христос искупил Своих людей от вины греха, заплатив его возмездие (см. Рим. 6:23). Поэтому через искупление Его кровью мы имеем прощение грехов (Матф. 26:28; Еф. 1:7; Кол. 1:14). Но Христос также искупил Своих людей от власти греха в их плоти. Будучи искуплены от порабощающей власти греха, они «стали рабами праведности» (Рим. 6:18), поэтому Павел делает вывод: «Но ныне, когда вы освободились от греха и стали рабами Богу, плод ваш есть святость, а конец — жизнь вечная» (Рим. 6:22). Значит, искупление от власти греха становится тем, на основании чего верующие оставляют грех и облекаются в праведность (1 Пет. 1:17–19), потому что Христос «дал Себя за нас, чтобы избавить нас от всякого беззакония и очистить Себе народ особенный, ревностный к добрым делам» (Тит. 2:14).

Кроме того, несколько текстов Писания говорят об искуплении человека в эсхатологическом смысле, когда мы, наконец, освободимся не только от наказания за грех и от власти греха, но и от его присутствия. В Римлянам 8:23 Павел отмечает, что как верующие «мы в себе стенаем, ожидая усыновления, искупления тела нашего». Это не значит, что приобретенное на кресте искупление в каком-то смысле не действует до прославления верующего, но что совершенное действенное Христово искупление, примененное к душе верующего при его оправдании в конце концов будет применено и к телу при прославлении.

Другими словами, крест обеспечил не только начало нашего спасения, но и его завершение. Поэтому тот последний день называется «избавление ваше» (Лук. 21:28) и «день искупления» (Еф. 4:30).

Победа. Хотя искупление Своего народа, которое совершил Христос, состояло не в том, чтобы заплатить выкуп сатане, это искупление все-таки отразилось на нем. Заплатив наказание за грех и освободив Своих людей от греха и смерти, Иисус также победил сатану, начальства, власти, мироправителей века сего, «духов злобы поднебесной» (Еф. 6:12). Поскольку «мир в целом лежит во власти лукавого» (1 Иоан. 5:19, Кассиан), то есть «князя, господствующего в воздухе» (Еф. 2:2), который есть «бог века сего» (2 Кор. 4:4), то для Христа преодолеть наказание и силу греха в жизни Своего народа — значит одержать победу над сатаной, «войти в дом сильного и расхитить вещи его» (Матф. 12:29; см. Лук. 11:21–22). Поэтому, приближаясь к концу Своего земного служения, Иисус заявил: «Ныне суд миру сему; ныне князь мира сего изгнан будет вон» (Иоан. 12:31), а через несколько дней провозгласил: «...князь мира сего осужден» (Иоан. 16:11). То есть Своим искупительным подвигом на кресте Христос нанес решающий смертельный удар сатане и его царству тьмы и тем самым исполнил — то есть привел в действие, хотя еще не завершил — ту цель, ради которой Он пришел в мир: «разрушить дела диавола» (1 Иоан. 3:8). Когда Иисус простил «нам все согрешения», «стер осуждавшую нас рукопись с постановлениями, рукопись, которая была против нас» и «устранил ее, пригвоздив ее ко кресту», то Он удалил основание для обвинений сатаны против нас (Кол. 2:13–14, Кассиан). Поэтому Павел пишет, что Христос отнял «силы у начальств и властей, властно подверг их позору, восторжествовав над ними Собою» (Кол. 2:15). В этой парадоксальной победе Он смог Своей «смертью лишить силы имеющего державу смерти, то есть диавола, и избавить тех, которые от страха смерти через всю жизнь были подвержены рабству» (Евр. 2:14–15). А на третий день Иисус явил Свою победу над властью греха и смерти, воскреснув из мертвых. Смерть не смогла удержать Его в своих узах (Деян. 2:24), потому что, победив смерть, Он имеет «ключи ада и смерти» (Откр. 1:17–18).

Вывод. Таков характер заместительного наказания, совершенного Христом. За вину нашего греха требовалось наказание смертью, поэтому Агнец Божий был заклан как искупительная жертва за нас. Гнев Божий воспламенился против нашего греха, и поэтому Христос был предложен как умилостивление, чтобы принять этот гнев вместо нас. Осквернение нашего греха разделило нас с Богом и вызвало у Него святую вражду против нас, а Христос, совершив очищение от греха, примирил Бога с человеком. Подчиняясь греху, человек был в рабстве греха через закон, обличавший грех в нашей жизни, поэтому Христос заплатил Своей драгоценной кровью Богу Отцу, чтобы выкупить нас из этого рабства. Тем самым Он расхитил дом сатаны, победив смерть и ее предводителя могуществом Своей силы.

Неполные теории искупления[48]

Как было показано, природа искупления касается самой сути Христова Евангелия. Поэтому непонимание характера подвига Христа может привести к серьезному богословскому заблуждению, а в некоторых случаях и к ереси. В истории церкви есть примеры и того, и другого, когда в попытке объяснить, что же на самом деле произошло на кресте, выдвигались самые разные взгляды и теории. Поэтому важно познакомиться с некоторыми основными историческими концепциями искупления и оценить каждую из них по Писанию.

ТЕОРИЯ ВЫКУПА

Сторонники теории выкупа, или классической теории искупления, утверждают, что в борьбе между добром и злом, между Богом и сатаной, сатана удерживал человечество в плену греха. Поэтому, чтобы спасти человечество, Бог должен был выкупить его из-под власти сатаны, отдав Иисуса в обмен на души, удерживаемые в плену. Сторонники теории выкупа часто ссылаются на слова Христа, что Он пришел, чтобы «отдать душу Свою для искупления многих» (Матф. 20:28; Марк. 10:45). Современная версия теории выкупа стала известна как теория *Christus Victor*, подчеркивающая Христово искупление как достижение победы над вселенскими силами греха, смерти, зла и сатаны.

Хотя Христос действительно отдал Свою жизнь для искупления многих, и хотя Его смерть обезоружила силы тьмы (Кол. 2:15), лишив силы дьявола, имевшего власть над смертью (Евр. 2:14), этот взгляд на искупление приписывает сатане больше власти, чем у него есть на самом деле. Сатана никогда не имел права или возможности выдвигать требования к Богу. Кроме того, справедливого наказания за грех требует святость Бога, а не какая-то власть сатаны. Писание ясно показывает, что Иисус на кресте заплатил цену, чтобы искупить грешников от справедливого наказания, от святого Божьего гнева (Рим. 5:9). В самом глубоком смысле Христос спас нас от Бога, а не просто от власти греха и сатаны.

ТЕОРИЯ САТИСФАКЦИИ

Теория сатисфакции, главным поборником которой был Ансельм Кентерберийский (1033–1109), отстаивает идею, что смерть Христа обеспечила Отцу удовлетворение за грех. Однако Ансельм, опиравшийся на принципы феодального общества того времени, уделял больше внимания удовлетворению уязвленной чести Бога, чем умиротворению его праведного гнева.

Несомненно, когда творения совершают грех, Божья слава умаляется. По сути, грех равнозначен неоказанию Богу *чести* через благодарность (Рим. 1:21) и лишению Его *славы* (Рим. 3:23). Таким образом, любая верная теория искупления

---

[48] Этот раздел адаптирован из: Mike Riccardi, "Theories of the Atonement: What Happened on the Cross?," *The Cripplegate* (blog), June 26, 2015, http://thecripplegate.com/theories-of-the-atonement-what-happened-on-the-cross/. Используется с разрешения автора.

будет включать защиту Божьей праведности и восстановление Его чести. Однако Христос совершил это подтверждение праведности особым образом, а именно, став заместительной жертвой за грешников, понеся в Своем теле наказание, справедливо заслуженное Его людьми (1 Пет. 2:24). Предложив Иисуса как умилостивление святого гнева, Бог показал Себя «праведным и оправдывающим верующего» во Христа (Рим. 3:26).

ТЕОРИЯ НРАВСТВЕННОГО ВЛИЯНИЯ

Теория нравственного влияния считает искупительный подвиг Христа не более чем прекрасным примером жертвенной христианской любви и поведения. Первоначально предложенная Пьером Абеляром (1079–1142) и затем принятая социнианами и более поздними либеральными богословами, теория нравственного влияния утверждает, что смерть Иисуса не достигла ничего объективного, поскольку Бог не требовал наказания в уплату за грех. Он не гневался на человечество, и поскольку Бог ничем не стеснен, не было абсолютной необходимости удовлетворять Божью справедливость. Вместо этого смерть Христа была лишь примером того, как должно поступать человечество. Как явление такой любви, смерть Христа якобы должна была завоевать сердца нераскаявшихся грешников и тем самым вдохновить их жить нравственной жизнью, какой жил Иисус, — отсюда и название «нравственное влияние». Ее сторонники также подчеркивают, что для Бога крест был средством проявить сопереживание Своим созданиям, присоединившись к их страданиям.

Хотя это красивые рассуждения, и хотя совершенно верно, что жертва Иисуса — *пример* христианской любви и служения (см. Иоан. 15:12; 1 Пет. 2:24; 1 Иоан. 3:16; Еф. 5:12), но если сводить искупление *лишь* к примеру, то оно перестанет быть настоящим выражением любви, в котором Христос объективно и полностью заплатил за наши грехи, утолил святой гнев глубоко оскорбленного Бога, ставшего из-за наших грехов нашим беспощадным врагом (Рим. 5:10; 8:7–8), и тем самым устранил нашу вину и отчуждение. Невозможно отрицать эти ключевые истины о грехе и благодати, присущие искуплению, не подрывая в корне Евангелие Иисуса Христа.

ТЕОРИЯ УПРАВЛЕНИЯ

Теория искупления, известная как теория управления, впервые была предложена Гуго Гроцием (1583–1645), учеником Якоба Арминия (1560–1609). Теория управления преуменьшает представление, что Христос действительно уплатил возмездие, соответствующее конкретным грехам человека. Вместо этого считается, что смерть Христа была наглядным примером страданий за грехи в целом, демонстрирующим, что за нарушение законов должно быть назначено наказание, но на самом деле она не оплачивает конкретное наказание, назначенное за конкретные проступки. По сути, сторонники теории управления считают, что Божья справедливость вовсе не *требовала* расплаты за грех[49]. Приняв эти символические страдания, Бог отложил или смягчил Свой закон, поскольку Он «не подвластен никакому закону»[50]. Тем не менее Он решил наказать Христа ради сохранения нравственного порядка при управлении Вселенной (отсюда и название). Наказание Христа также служит сдерживающим средством от греха в будущем, поскольку показывает, на какие страшные меры готов пойти Бог, чтобы защитить Свое нравственное правление в мире.

Это еще один случай, когда показана лишь часть картины, но не отражена вся широта свидетельства Писания, и поэтому не представлена истинно библейская концепция искупления. Христос на самом деле оплатил наказание за конкретные грехи (1 Кор. 15:3; Евр. 2:17). Его страдания не были просто показательным примером неприязни Бога к злу, как если бы в широком смысле зло было ненавистно Богу, но в целом Он его терпел. Нет, у Бога скрупулезная справедливость, и во Христе Он предоставил полностью достаточную плату за грех. Без конкретной компенсации за конкретные грехи абсолютная справедливость Бога не была бы удовлетворена, а грешники не имели бы надежды на прощение.

БИБЛЕЙСКИЙ ЦЕНТР: ЗАМЕСТИТЕЛЬНОЕ НАКАЗАНИЕ

В конечном счете, единственная концепция искупления, отражающая всю полноту библейского откровения Евангелия, — это заместительное наказание. Каждый из описанных выше взглядов содержит часть истины. Правильно утверждать, что смерть и воскресение Христа победили смерть и искупили грешников, но надо уточнить, что выкуп был заплачен Богу, а не сатане. Правильно утверждать, что смерть Христа удовлетворила уязвленную честь Бога, но мы должны добавить, что она также удовлетворила Его праведный гнев и справедливость, обеспечив достаточную плату за грех. Кроме того, крест — это действительно прекрасный нравственный пример христианского поведения, но мы столько теряем, если не видим, что он значит гораздо больше. Наконец, искупление — это действительно проявление Божьего нравственного управления Вселенной, но более конкретное, чем утверждал Гроций и другие. Без концепции заместительного наказания, лежащей в основе всех этих иллюстраций искупления, мы не сможем отдать должное всему библейскому откровению о том, что Иисус вместо грешников понес на Себе грех и умилостивил Божий гнев[51].

---

[49] Таким образом, Гроций отверг бы обе представленные выше точки зрения о *гипотетической необходимости* и *последующей абсолютной необходимости* искупления. Он учил, что искупление не было необходимым для спасительного замысла Бога. См.: Беркхоф. Систематическое богословие. С. 443–444.

[50] Hugo Grotius, *A Defense of the Catholic Faith concerning the Satisfaction of Christ against Faustus Socinus*, trans. Frank Hugh Foster (Andover, MA: Warren F. Draper, 1889), 100.

[51] Джеффери, Ови и Сак пишут: «Конечно, идея о том, что Иисус умер вместо грешников, понеся наказание Божьего гнева, которое они заслужили своей непокорностью, — не *единственное*, чему учит Библия о распятии. <...> Библейская картина искупления имеет много граней. Здесь наша задача — просто показать, что заместительное наказание — одна из этих граней, и оно настолько существенно, что не может оставаться на втором плане» (Jeffery, Ovey, and Sach, *Pierced for Our Transgressions*, 33–34).

Своей смертью Господь Иисус Христос оплатил наказание за наши грехи, пострадав вместо нас. Праведный гнев, вызванный у Бога нашими грехами, полностью излился на страдающего Раба, когда Отец «возложил на Него грехи всех нас» (Ис. 53:6). Спаситель, наш пасхальный Агнец (Иоан. 1:29; 1 Кор. 5:7; Откр. 5:12), не знавший греха, был сделан грехом вместо нас (2 Кор. 5:21, Кассиан), став проклятием за нас (Гал. 3:13), и таким образом угасил гнев Отца на наши грехи (Евр. 2:17). Благодаря этой достаточной жертве и вмененной нам праведности Христа (Рим. 4:3–5; 5:18–19; см. Матф. 3:15) наши грехи могут быть справедливо прощены (Рим. 3:25–26), и мы можем примириться с Богом (Рим. 5:10). В этом и заключается самое главное значение креста. Это не *просто* демонстрация Божьей любви или пример христианской этики, хотя это действительно так (1 Пет. 2:21; Рим. 5:8). Центральное значение креста в том, что невинный и праведный Сын Божий взял на Себя грехи Своего народа, был сокрушен праведным гневом Отца, понес вместо них наказание и тем самым снял с них грех. Отрицать заместительный характер креста, на котором Христос понес гнев, или просто не придавать этому должного значения, — значит в корне неверно понимать само Евангелие, составляющее самую суть христианской веры.

Совершенная достаточность искупления[52]

Если и можно дать одно описание природы Христова искупления как заместительного наказания, то оно состоит в том, что это совершенно достаточная жертва. Его совершенную достаточность определяют несколько особенностей.

Во-первых, это объективное искупление. Сторонникам достаточности искупления всегда приходилось защищать это здравое учение от нападок лжеучений. На протяжении истории церкви дух века всегда побуждал людей надменно брать на себя роль своих соспасителей. Естественное заблуждение грешного человеческого сердца заключается в том, что в самом человеке остается достаточно добра, чтобы он мог хотя бы содействовать спасительному труду Господа Иисуса Христа, что грешники могут и должны сотрудничать со Спасителем, чтобы совершить свое собственное искупление. Отсюда проистекают мутные потоки всех лжерелигий, согласно которым человек добавляет к делу Христа свои собственные религиозные достижения (умножение добрых дел и отказ от злых дел), чтобы получить спасение. Либеральное богословие не только охотно восприняло такое идолопоклонство, но и канонизировало его как одну из немногих догм, на которых оно стоит: человек по сути своей добр, и чтобы угодить Богу, ему нужно лишь откликнуться на нравственное влияние смерти Христа и подражать Его примеру самопожертвования. Оно утверждает, хотя и не так прямо, что благодаря этому Бог будет доволен нами и не будет ставить нам в вину наши грехи.

---

[52] Этот раздел следует изложению Джона Мюррея в книге «Искупление, достигнутое и примененное к грешнику» (С. 31–35).

Однако Господь Иисус полностью обладает природой Самого Бога, Который сказал: «Я, Я Господь, и нет Спасителя кроме Меня» (Ис. 43:11), а также: «Я Господь, это — Мое имя, и не дам славы Моей иному и хвалы Моей истуканам» (Ис. 42:8; см. 48:11). Имя нашего Господа — Ревнитель (Исх. 34:14), и Он не поделится с другими славой, которая принадлежит Ему как единственному Спасителю людей. Искупление, которое Он совершил, — *объективное*, то есть это независимый труд, совершенный без участия тех, кто в итоге воспользуется его благами. Никакое сотрудничество или ответ на благодать не добавляет и не усиливает это основание нашего спасения. Конечно, те, кто субъективно воспринимает преимущества искупления, должны отвечать с покаянием и верой, но эти ответы относятся к *применению* искупления, а не к его *осуществлению*, и сами они куплены совершенным подвигом Христа. С креста раздался торжествующий возглас: «Совершилось!» — а не «Началось». Как действие Отца в избрании зависит «не от желающего и не от подвизающегося» (Рим. 9:16), и как действие Духа в применении, когда Он дышит, где хочет (Иоан. 3:8), так и действие Сына в искуплении. У Господа спасение (Ион. 2:10), и поэтому *Он* полностью совершил его две тысячи лет назад, без участия тех, кто пожнет его божественные благословения[53].

Во-вторых, достаточность искупления определяется его завершенностью. Это единократное, законченное, неповторимое дело. Однако Римско-католическая церковь учит совершенно противоположному, умаляя достаточность дела Христа, когда предлагает повторять Его жертву в обряде мессы. С богохульной прямотой католический богослов Людвиг Отт пишет:

При Жертве Мессы и при Жертве Креста жертвенный дар и Первенствующий Жертвователь [Христос] тождественны; различен только образ действий жертвования. <...> Согласно томистскому взгляду, *Христос совершает в каждой Мессе также фактическое непосредственное жертвенное действо*, которое, однако, надо мыслить не как сумму многих отдельных, следующих друг за другом актов предания [Себя], но как единый непрерывный жертвенный акт преображенного Христа. Также и цель жертвы при Жертве Мессы та же, что и при Жертве Креста: первично — прославление Бога, вторично — *примирение*, благодарение и прошение[54].

---

[53] Джон Мюррей пишет: «Христос действительно подал нам пример, и нам следует идти по Его стопам. Но никогда не предполагалось, что наше подражание простирается до самого труда искупления, умилостивления, примирения и спасения, который Он завершил. <...> С какой бы стороны мы ни смотрели на Его жертву, мы увидим, что уникальность ее нерушима, как и уникальность Его личности, Его миссии, Его сана. Кто кроме Него — Богочеловек? Кто кроме Него — великий Первосвященник? Кто кроме Него пролил кровь в заместительной жертве? Кто кроме Него раз и навсегда вошел в святилище, получив вечное искупление?» (Искупление, достигнутое и примененное к грешнику. С. 34).

[54] Отт Л. Основные положения католической догматики. Б. м.: б. и., 2011. С. 282 (курсив добавлен). Здесь мы полагаемся на исследование Уэйна Грудема (Систематическое богословие. С. 653, сноска 15). Столь же поразительно заявление католического священника Джона О'Брайена: «Когда священник произносит величественные слова посвящения, он достигает небес, сводит Христа с Его престола и возлагает Его на наш алтарь, чтобы Он снова был принесен как Жертва за грехи людей. Если Пресвятая Дева была той, посредством которой Христос воплотился один раз, то священник сводит Христа с небес и возлагает Его на наш алтарь как вечную Жертву за грехи человеческие — и не один раз, а тысячу! Священник возглашает, и вот! Христос, вечный и всемогущий Бог, склоняет Свою голову в смиренном послушании повелению священника» (John A. O'Brien, *The Faith of Millions: The Credentials of the Catholic Religion*, rev. ed. [Huntington, IN: Our Sunday Visitor, 1974], 256).

Однако в отличие от этого Послание к евреям неустанно свидетельствует об окончательности жертвы Христа:

> Таков и должен быть у нас Первосвященник: святой, непричастный злу, непорочный, отделенный от грешников и превознесенный выше небес, Который не имеет нужды ежедневно, как те первосвященники, приносить жертвы сперва за свои грехи, потом за грехи народа, ибо Он совершил это *однажды*, принеся в жертву Себя Самого. Ибо закон поставляет первосвященниками человеков, имеющих немощи; а слово клятвенное, после закона, поставило Сына, *на веки* совершенного (Евр. 7:26–28).

> Но Христос, Первосвященник будущих благ, придя с большею и совершеннейшею скиниею, нерукотворенною, то есть не таковаго устроения, и не с кровью козлов и тельцов, но со Своею кровью, *однажды* вошел во святилище и приобрел *вечное* искупление (Евр. 9:11–12).

> ...И *не* для того, чтобы *многократно* приносить Себя, как первосвященник входит во святилище каждогодно с чужою кровью; иначе надлежало бы Ему многократно страдать от начала мира; Он же *однажды*, к концу веков, явился для уничтожения греха жертвою Своею. И как человекам положено однажды умереть, а потом суд, так и Христос, *однажды принеся Себя в жертву*, чтобы подъять грехи многих, во второй раз явится не для очищения греха, а для ожидающих Его во спасение (Евр. 9:25–28).

> По сей-то воле освящены мы *единократным принесением* тела Иисуса Христа. И всякий священник ежедневно стоит в служении, и многократно приносит одни и те же жертвы, которые никогда не могут истребить грехов. Он же, *принеся одну жертву за грехи*, навсегда *воссел* одесную Бога, ожидая затем, доколе враги Его будут положены в подножие ног Его. Ибо Он *одним приношением навсегда* сделал совершенными освящаемых (Евр. 10:10–14).

Эти тексты прямо отрицают, что Христос должен многократно приносить Себя в жертву (Евр. 9:25). Утверждать подобное—значит посягать на характер Самого Христа, так как именно *немощь* первосвященников—то, что они сами были грешными и никогда не могли принести совершенную жертву для искупления грехов,—требовала многократных жертвоприношений (Евр. 7:28). Но у нашего Первосвященника нет такой немощи; Он вечно совершенный Сын, святой, невинный, непорочный и отделенный от грешников (Евр. 7:26).

Кроме того, скинию и храм украшали различные предметы святой утвари, такие как умывальник, стол для хлебов предложения, светильник и ковчег. Но чего там не было, так это стула. Священник Израиля никогда не садился, а всегда стоял, потому что его труд никогда не был завершен. Грех всегда оставался, а потому всегда необходимо было приносить жертвы. Но как новый завет отличается от старого, так и наш Великий Первосвященник—от священников Израиля. Христос вошел в совершенную скинию, нерукотворную (Евр. 9:11; см. 8:2), принес одну жертву и *воссел* (Евр. 10:12), так как Его приношение отличалось от их приношения. Он принес не кровь тельцов и козлов, которая не может уничтожить грехи (Евр. 10:4), а Свою драгоценную кровь, которой «приобрел вечное искупление» (Евр. 9:12). И поскольку Сын Божий по самой Своей природе достоин, Его жертва была *лучшей* (Евр. 9:23; см. 8:6)—такой, что навсегда сделала *совершенными* тех, за кого была принесена (Евр. 10:14). Можно ли еще больше исказить эти тексты, чем предположить, что жертва Христа должна повторяться? Такое извращенное учение лишает крест его спасительной силы, ведь «где прощение грехов, там *не нужно* приношение за них» (Евр. 10:18; см. Рим. 6:10). Если же остается необходимость в приношении, значит, не было прощения грехов.

Наконец, достаточность искупления подтверждается его действенностью. Это значит, что, умерев на кресте, Христос *действительно* спас Своих людей. Он пришел не для того, чтобы сделать спасение гипотетическим, возможным или всего лишь доступным, ведь сказано, что Он на самом деле «спасет людей Своих от грехов их» (Матф. 1:21). Он пришел не сделать людей пригодными к искуплению, а искупить их. Он умер не потенциально, а фактически, и поэтому даровал не условное искупление, а реальное. Когда Господь славы готовился предать Свой дух в руки Отца, понимая, что выполнил труд, ради которого пришел, Он произнес: «Совершилось!» (Иоан. 19:30). Искупление было завершено. Наш Первосвященник на самом деле очистил грехи и, закончив Свой труд, воссел (Евр. 1:3). Добрый Пастырь действительно взял грехи Своих овец (1 Иоан. 3:5), понеся их в Своем теле (1 Пет. 2:24). Он действительно угасил полное проявление гнева Отца (Рим. 3:25), подлинно «сделавшись за нас клятвою» (Гал. 3:13), и потому во всей полноте уплатил наказание за наши грехи. В результате Он фактически приобрел искупление Своих людей ценой собственной крови (Деян. 20:28; Откр. 5:9). Каждый из этих текстов говорит о действенном завершении. Искусственно привносить в любой из этих текстов идею возможности или потенциальности— значит подменять прямой смысл Писания своим богословием.

По сути, этот элемент действенности свойственен библейской концепции искупления с самого ее начала в левитском законе. Еврейский глагол *kaphar*— наиболее распространенный в Ветхом Завете для концепции искупления, и более половины случаев его употребления находятся в книге Левит. Во многих из них он стоит без поясняющих слов (напр., Лев. 16:32). Однако в нескольких случаях дается пояснение к искуплению, о котором только что говорилось, и каждый раз при этом утверждается действенность искупления:

...и так очистит их священник, и прощено будет им... (Лев. 4:20)

...И так очистит его священник от греха его, и прощено будет ему (Лев. 4:26, 31, 35; 5:10, 13, 16, 18; 6:7; 19:22).

...И очистит ее священник, и она будет чиста (Лев. 12:8).

...И очистит его священник, и он будет чист (Лев. 14:20).

...И очистит дом, и будет чист (Лев. 14:53).

Такое повторение законов о жертвоприношении должно было глубоко запечатлеть в сознании верующего израильтянина представление, что когда священник совершал искупление, оно действительно происходило, и это искупление достигало желаемого результата—прощения грехов[55]. Таким образом, когда в Новом Завете при описании искупительного труда Мессии используется та же греческая группа слов (*hilaskomai, hilasmos, hilastērion*), что и в Септуагинте при переводе слова *kaphar*, для читателя естественно понимать, что такая же действенность присуща понятию Христова искупления. Смерть Иисуса не сделала грехи простительными, но совершила их прощение. Его искупление не было гипотетическим, потенциальным или условным, оно было действенным.

Ничто из этого не значит, что избранные были оправданы или обрели покаяние и спасающую веру в момент смерти Христа в I веке. Это также не значит, что кто-либо получает спасение без веры. Подобные предположения путают осуществление искупления с его применением. Но говорить об окончательном искуплении и завершенном спасении—значит говорить о том, что за грехи Своих людей Христос понес все наказание, заплатил полную цену и удовлетворил весь Божий гнев. Это значит, что Он сделал все необходимое, чтобы полностью обеспечить спасение тех, за кого Он умер, чтобы применение благ спасения стало определенным и окончательным для всех, для кого Христос приобрел их. Наконец, это значит, что невозможно ничего добавить к труду Христа, чтобы наделить его силой или действенностью, но, поскольку Он вместо нас понес всю полноту осуждения за грех, «нет ныне никакого осуждения тем, которые во Христе Иисусе» (Рим. 8:1).

Масштаб искупления

Поняв славную природу искупительного труда Христа, необходимо ответить на вопрос о его масштабе. Ради кого умер Христос? За кого Он принес Себя в жертву для заместительного наказания? Для кого Он умилостивил гнев Отца? Кого Христос примирил с Богом и искупил из рабства греха и сатаны?[56]

С самого начала следует отметить, что эта тема—не умозрительная теория, о которой рассуждают только заядлые богословы ради забавы. Ответы на приведенные выше вопросы—не абстрактные или эзотерические умствования ученых, удалившихся в башню из слоновой кости. Это весьма практическая дискуссия, поскольку характер крестного подвига Христа касается самой сердцевины Евангелия; вопрос о том, для кого Христос совершил все это, совсем

---

[55] Конечно, это не значит, что грехи прощались независимо от искупления Христа, так как все ветхозаветные жертвы предвосхищали окончательную жертву Христа и от нее получали свою действенность (Рим. 3:24–26; Евр. 9:11–10:18). Тем не менее на основании жертвы Христа Бог милостиво позволил совершать временное умилостивление жертвами, которые Он предписал Израилю.

[56] Два незаменимых руководства в этом обсуждении: John Owen, *Salus Electorum, Sanguis Jesu: Or, The Death of Death in the Death of Christ*, in *The Works of John Owen*, vol. 10, *The Death of Christ*, ed. William H. Goold (1854–1855; repr., Edinburgh: Banner of Truth, 1967), 139–428 (originally published in 1648); David Gibson and Jonathan Gibson, eds., *From Heaven He Came and Sought Her: Definite Atonement in Historical, Biblical, Theological, and Pastoral Perspective* (Wheaton, IL: Crossway, 2013).

не далек от сути христианской веры. Очень жаль, что вопрос о масштабе искупления часто вызывает сильные разногласия и раскол среди верующих, во многом похожих друг на друга, но еще больше жаль, что некоторые, не проявляя терпения к строгим богословским дебатам, считают этот вопрос недостойным обсуждения и насмехаются над теми, кто из библейских убеждений отстаивает свою позицию. Если Сын Божий разрушил власть греха и приобрел искупление, благодаря которому грешники могут избавиться от божественного суда, то может ли быть что-то важнее вопроса: «Для кого Он это сделал?» Это вопрос, на который изучающий Писание должен постараться дать библейский ответ.

Среди ответов на этот важный вопрос можно выделить две широкие категории. Универсалистская школа мысли отвечает, что Христос заплатил за грехи всех без исключения людей, которые когда-либо жили. Это часто называют *общим, неограниченным или всеобщим искуплением* [57]. Партикуляристы, напротив, учат, что Христос умер как заместительная жертва только за избранных—за тех, кого Отец избрал в вечном прошлом и дал Сыну. Хотя такую позицию обычно называли *ограниченным искуплением,* поскольку Христово искупление ограничено избранными, многие ее сторонники считают, что такое название часто понимают неверно и предпочитают термины «определенное искупление» или «частное искупление»[58]. В данной книге при изучении сотериологии утверждается частное искупление. В этом разделе оно будет подтверждено Писанием.

То, что обсуждение этой темы слишком часто дает больше жара, чем света, объясняется двумя основными факторами. Во-первых, часто неправильно понимают суть рассматриваемого вопроса. Вопрос: «За кого умер Христос?»—не равнозначен вопросу: «Кому следует проповедовать Евангелие?» И партикуляристы, и универсалисты признают, что Евангелие надо возвещать всем людям

---

[57] Хотя универсалистами обычно называют тех, кто верит, что в итоге спасутся все без исключения люди, здесь имеется в виду не это. При обсуждении масштаба искупления этот термин относится к тем, кто считает, что по масштабу искупление универсально, то есть, что Христос умер за всех без исключения, хотя применение искупления будет ограничено только избранными. К этому относится арминианство, амиральдианство и гипотетический универсализм. Пояснения Трумэна помогают разграничить эти взгляды в контексте современных споров: «Гипотетическим универсализмом называют те позиции, которые отстаивают потенциально общее, неограниченное или всеобщее искупление. Арминианством называют направления христианской мысли, считающие, что искупление всеобщее, а решающий фактор личной действенности искупления заключается в непринужденном проявлении веры человека. Амиральдианство стало модным термином для тех, кто считает себя кальвинистом или реформатом, но отвергает традиционное понимание ограниченного искупления. Фактически, амиральдианство, строго говоря, представляет собой особую форму теологии завета, когда считают, что решение сделать Христа посредником логически предшествует решению об избрании; таким образом, Христос поставлен посредником для всех, хотя не все получают от этого пользу. Поэтому современное использование термина „амиральдианство" в целом довольно небрежное и неточное. Большинство современных „амиральдианцев"—это скорее гипотетические универсалисты: они просто верят, что Христос умер за всех, хотя считают Божье избрание ограниченным и частным» (Carl R. Trueman, "Definite Atonement View," in *Perspectives on the Extent of the Atonement: 3 Views,* ed. Andrew David Naselli and Mark A. Snoeberger [Nashville: B&H Academic, 2015], 21–22n4).

[58] Поэтому мы используем термин «партикулярист», говоря о традиционном реформатском взгляде на масштаб искупления. Эту позицию часто называют «пятипунктовым кальвинизмом», что указывает на принятие всех пяти доктрин благодати, включая доктрину ограниченного искупления, которая вызывает больше всего споров.

без исключения; Христос искренне предлагает Себя как Спасителя любому, кто отвернется от своих грехов и поверит в Него к праведности. И вопрос не в следующем: «Для прощения чьих грехов достаточна жертва Христа?» Оба взгляда соглашаются, что если бы Бог избрал к спасению больше грешников, чем Он фактически избрал, для их спасения Христу не пришлось бы страдать больше, чем Он пострадал. Также это не вопрос: «Кто в конце концов спасется?» Оба взгляда считают, что блага Христова спасения применяются только к тем, кто покается и поверит в Него. Таким образом, и партикуляристы, и универсалисты могут подписаться под популярным изречением, что искупление «достаточно для всех, но действенно только для избранных»[59]. Это также не спор о том, распространяются ли на неизбранных какие-либо неспасающие блага, вытекающие из искупления. Если бы Бог не намеревался спасти грешников через Христово искупление, Он бы, скорее всего, сразу же совершил суд над ними, как над падшими ангелами (2 Пет. 2:4). Однако, поскольку Бог задумал спасти Своих людей через Христа при наступлении полноты времени, то даже те, кого Он в конечном счете не спасет, пользуются благами общей благодати, божественного долготерпения и временной отсрочки божественного суда. Поэтому, чтобы избежать ненужной путаницы и споров, следует признать, что позиция по вопросу о масштабе искупления необязательно влияет на то, как отвечают на эти другие вопросы. Вопрос должен звучать так: «Чье место занял Христос в качестве заместительной жертвы, когда понес всю ярость праведного гнева Отца против греха?» Вот ответ: «Только тех, кто никогда сам не понесет этот гнев, то есть только избранных».

Во-вторых, еще одна причина, почему эта дискуссия часто приводит к разочарованию, связана с методологией. Слишком часто универсалисты цитируют ряд текстов, содержащих слова «все» или «мир», и считают вопрос закрытым, объявив партикулярное толкование нарушением «простого прочтения» этих текстов. Однако такой подход не учитывает контекст этих изолированных текстов, а также учение Писания в других местах и тем самым показывает, что часто так называемое «простое чтение» оказывается просто поверхностным.

Всеобщие формулировки есть во многих текстах Писания, хотя они и не говорят обо всех без исключения людях. Например, в Римлянам 5:18 сказано: «Посему, как преступлением одного всем человекам осуждение, так правдою одного всем человекам оправдание к жизни». Так называемое «простое прочтение» этого текста потребовало бы, чтобы две фразы «всем человекам» одинаково толковались в обеих частях стиха. Однако такая позиция ведет либо к утверждению доктрины всеобщего спасения, либо к отрицанию доктрины первородного греха. Все без исключения осуждены в Адаме (Рим. 5:12), но не все до одного

---

[59] Населли проницательно пишет: «Бесполезно описывать вашу позицию по масштабу искупления, не указывая содержательного отличия от других позиций. В частности, бесполезно определять свою позицию фразой: „достаточное для всех, действенное для избранных". <…> Эту гибкую фразу используют для описания своей позиции и арминиане, и гипотетические универсалисты, и кальвинисты; поэтому, если использовать ее для описания своей позиции, будет больше путаницы, а не ясности и точности" (Andrew David Naselli, "Conclusion," in *Perspectives on the Extent of the Atonement*, 219).

получают оправдание и жизнь (Матф. 7:13, 22–23; Откр. 21:8). В Римлянам 5:12–21 Павел противопоставляет Адама и Христа как двух представителей человечества, и это проливает смысл на ход его мыслей в 5:18. Как действия Адама влияют на всех, кто в нем, так действия Христа влияют на всех, кто в Нем. Таким образом, изучение контекста может исправить поверхностное чтение изолированного текста Писания.

В других случаях всеобщие формулировки—это просто нормы обычной речи. Когда фарисеи сказали об Иисусе: «Весь мир идет за Ним» (Иоан. 12:19), они не имели в виду, что все жившие в то время на земле последовали за Христом. Когда Павел сказал: «Все мне позволительно» (1 Кор. 6:12; см. 10:23), он не имел в виду, что свободен делать все без исключения, поскольку признавал, что он не без закона, «но подзаконен Христу» (1 Кор. 9:21). Поэтому наличие всеобщих формулировок не должно автоматически означать «все без исключения». Как и все остальное, всеобщие формулировки следует надлежащим образом толковать в соответствии с контекстом и всем учением Библии.

Вместо того, чтобы перебрасываться текстами, подтверждающими свою правоту, важно рассмотреть ясное учение Писания о *характере* миссии Христа по осуществлению искупления. Учение Библии о характере искупления имеет большое значение для правильного понимания его масштаба. Для поддержки партикуляристского взгляда на искупление необходимо рассмотреть несколько направлений библейских свидетельств.

ТРИНИТАРНЫЙ ПАРТИКУЛЯРИЗМ

В начале этой главы было изложено библейское учение о божественном плане спасения и его связи с миссией Сына. Как было показано, решение о том, что Сын примет человеческую плоть и спасет грешников от смерти и суда, было принято не в одностороннем порядке, а по согласованному внутри Троицы плану. В совершенном единстве Отец поручил Сыну в силе Святого Духа спасти грешников. Отец *послал* Сына с определенной целью, чтобы выполнить конкретную миссию. Вот почему Иисус постоянно описывал Свое служение как исполнение воли пославшего Его Отца, так что даже говорил: «Моя *пища* есть творить волю Пославшего Меня и совершить дело Его» (Иоан. 4:34; см. 6:38; 17:4; Евр. 10:7). О Своей искупительной смерти Он сказал, что именно Отец повелел Ему отдать Свою жизнь (Иоан. 10:17–18), поэтому Его миссия целиком справедливо названа проявлением послушания Отцу (Флп. 2:8). Все, что Сын намеревался совершить в Своей спасительной миссии, было именно той целью, ради которой Отец послал Его. В спасающей воле Отца и спасающей воле Сына есть совершенное единство цели и намерений[60].

---

[60] Трумэн делает полезное замечание, что такое единство воли и цели между Отцом и Сыном подразумевает Их единосущность: «Важно отметить, что слово *homoousian* означает, что взаимодействие между Отцом и Сыном не может быть истолковано ни в каких терминах, подразумевающих даже самые мягкие трения»; это означало бы «явное тяготение к троебожию» (Trueman, "Definite Atonement View," 26).

Однако ясно, что Отец не всех избрал к спасению. Кого Он возлюбил Своей избирающей любовью, тех и предопределил, а кого предопределил, тех и действенно призвал, а кого призвал, тех и объявил праведными во Христе, а кого оправдал, тех и прославил (Рим. 8:29–30, 33; см. Еф. 1:4–5). Поскольку не все оправданы и прославлены, следовательно, не все были предузнаны и предопределены Отцом к спасению. Есть «сосуды гнева, готовые к погибели», и «[сосуды] милосердия, которые Он приготовил к славе» (Рим. 9:22–23). Избрание Отцом не всеобщее. Если избрание Отцом частное, а не всеобщее, и если Отец и Сын имеют совершенное единство спасающей воли и цели, то невозможно, чтобы осуществленное Сыном искупление было всеобщим, а не частным. Роберт Реймонд пишет:

> Просто невозможно поверить, что Христос мог бы сказать: «Я признаю, Отец, что Твое избрание и Твои спасительные намерения распространяются только на часть человечества, но поскольку Моя любовь более всеобъемлющая и обширная, чем Твоя, Я не готов умереть только за тех, кого Ты избрал. Я умру за всех»[61].

Однако этот вывод неизбежен для тех, кто отрицает частное искупление. Иначе говоря, если искупление всеобщее, то либо избрание также всеобщее, либо у Отца и Сына различные цели. Однако Писание опровергает оба мнения. Спасительная воля Отца выражается в Его частном избрании (Он избрал к спасению некоторых, а не всех), и Сын пришел исполнить волю пославшего Его Отца.

Какова эта воля? Иисус прямо объясняет: «Воля же пославшего Меня Отца есть та, чтобы *из того, что Он Мне дал*, ничего не погубить, но все то воскресить в последний день» (Иоан. 6:39). Есть группа людей, которых Отец избрал и дал Сыну, и Он именно ради *них* совершает Свой труд искупления. Это все те, кто в конце концов придет к Нему (Иоан. 6:37) и уверует (Иоан. 6:40), потому что они были действенно привлечены Отцом (Иоан. 6:44, 55–65); это овцы, за которых Сын полагает Свою жизнь (Иоан. 10:14–15, 27) и которым дает вечную жизнь (Иоан. 6:40; 10:28; 17:2). Христос просто говорит Отцу: «...они были Твои, и Ты дал их Мне...» (Иоан. 17:6; см. 17:9, 24), и Он ясно отличает их от остального мира (Иоан. 17:9). Эти люди, принадлежавшие Отцу прежде основания мира, не могут быть никем иным, как только избранными, которых Он избрал к спасению. Поэтому именно их, и только их, Отец отдает Сыну, и поэтому именно за них, и только за них, Сын совершает искупление.

Поэтому неудивительно, что в Писании есть множество выражений, которыми названы *конкретные* люди как получатели благ крестного подвига Христа. Он отдал Свою жизнь для искупления *многих* (Матф. 20:28; Марк. 10:45; см. Ис. 53:12; Матф. 26:28), но не всех. Он Добрый Пастырь, положивший жизнь за Своих *овец* (Иоан. 10:11–15), а не за козлов, которые не принадлежат Ему (см. Иоан. 10:26). Он возлюбил братьев и отдал Свою жизнь за *друзей* (Иоан. 15:13). Он великий Искупитель, Который Своей кровью приобрел *церковь* Бога (Деян. 20:28). Он жених

⁶¹ Reymond, *Systematic Theology*, 678.

церкви (Откр. 19:7; см. Иоан. 3:29), которую Он возлюбил и за которую отдал Себя (Еф. 5:25). Он был предан за *избранных* (Рим. 8:32–33), за которых и продолжает ходатайствовать (Рим. 8:34; см. Иоан. 17:9). И Он освятил «*Себе народ особенный, ревностный к добрым делам*» (Тит. 2:14).

Универсалисты любят отвечать, что такие партикуляристские формулировки необязательно исключают универсализм; то есть Христос мог умереть за Своих овец, но из этого не следует, что Он не умер и за козлов. Но защита частного искупления гораздо большее, чем просто перечень отдельных партикуляристских текстов; она помещает эти тексты в контекст явного единства между спасающей волей Отца и Сына, которую Писание определяет как частную, а не всеобщую. Кроме того, есть подтверждения, что по крайней мере некоторые из этих частных формулировок обязательно исключительные. Павел описывает тех, за кого Отец отдал Своего Сына, как «избранных Божьих» (Рим. 8:32–33), а эта категория обязательно исключает тех, кто не избран; уже было показано, что это не всеобщая категория. Иисус говорит, что полагает жизнь за Своих овец (Иоан. 10:14–15), и поясняет, что это те, кого дал Ему Отец (Иоан. 10:29), так что «овцы» — это еще одно обозначение избранных. Надо отметить и слова Иисуса фарисеям: «Но вы не верите, ибо вы не из овец Моих» (Иоан. 10:26). Учитывая, что Иисус сказал: «Я... жизнь Мою полагаю за овец» непосредственно перед Его заявлением фарисеям: «Вы не из овец Моих», разумно заключить, что Он не полагал ее за этих фарисеев. Наконец, когда Павел называет жертвенную любовь Христа к церкви примером для любви мужа к жене, он не оставляет другого выбора как только принять частное понимание любви Христа к Своей невесте (Еф. 5:25–27). Ясно, что мужья должны любить своих жен по-особенному, не так, как они любят всех остальных. Если (1) Христос любил даже неизбранных и отдал Себя за них точно так же, как за Свою невесту, и если (2) мужья призваны так же любить своих жен, тогда любовь мужей к женам ничем не должна отличаться от их любви к другим женщинам. Конечно, Павел не это имел в виду. Поэтому можно сделать обоснованный вывод, что жертвенная любовь Христа к Своей церкви уникальная и исключительная.

Таким образом, в силу единства Своей сущности Отец, Сын и Святой Дух совершенно едины в вопросе спасающей воли и цели. Христос был послан властью Отца и в силе Святого Духа, чтобы спасти не больше и не меньше людей, чем избрал Отец и возрождает Дух (см. Еф. 1:3–14). Отец избрал некоторых, но не всех; Дух возрождает некоторых, но не всех. Утверждать, что Христос искупил всех, а не некоторых, — значит говорить, что Лица Троицы полностью противоречат друг другу; это значит сказать, что воля Сына не совпадает с волей Отца и Духа. Это не только не соответствует единосущности Лиц Троицы, но и прямо противоречит словам Христа о том, что Он предпринял Свою спасительную миссию именно для того, чтобы исполнить волю Отца. Поскольку Отец дал Сыну конкретных людей из мира, то именно за них — за овец, за Своих, за церковь — Христос и полагает Свою жизнь. Единство в Троице требует частного искупления.

ДЕЙСТВЕННОЕ ИСКУПЛЕНИЕ

Возможно, наиболее распространенный аргумент сторонников какой-либо формы неограниченного искупления — это то, что Христос умер за всех без исключения в *потенциальном* смысле. Христос умер, чтобы *обеспечить возможность* спасения всем, а не безоговорочно гарантировать его кому-либо в частности. Утверждается, что Он умер *потенциально* за всех, так что у любого есть возможность воспользоваться результатами Его жертвы через покаяние и веру. Очень редко такой условный характер искупления подтверждают экзегезой Писания; скорее, это представляют как богословское построение, позволяющее объяснить тексты, говорящие о смерти Христа в универсалистских терминах. Аргумент обычно принимает следующую форму:

1. Писание говорит о смерти Христа в универсалистских терминах; следовательно, Христос умер за всех без исключения.
2. Не каждый получает спасительные блага от смерти Христа; некоторые погибают в аду.
3. Поэтому Христос умер за всех только в условном или потенциальном смысле; искупление обретает действенность благодаря решению грешника покаяться и уверовать.

Весь этот аргумент зависит от недоказанного допущения в первом пункте, а именно, что универсалистский язык должен толковаться как «все без исключения». Однако у этого предположения нет оснований. Если показать, (1) что универсалистский язык, взятый в контексте, можно правильно истолковывать в смысле «все без различия», и (2) что все библейское учение говорит об искуплении не как об условном, а как о непременно действенном, то аргумент универсалиста рассыпается. Первый пункт будет рассмотрен ниже[62], а второй — здесь.

Ключевой момент в аргументации универсалистов заключается в том, что искуплению Христову не присуща действенность. Однако в приведенном выше объяснении совершенной достаточности искупления было установлено из Писания, что действенность — неотъемлемый атрибут библейской концепции искупления. Писание учит, что Христос фактически — не потенциально, условно или гипотетически — совершил спасение людей Своим крестным подвигом. Будет почти тавтологией сказать, что когда Писание утверждает, что Христос вместо нас «грехи наши Сам вознес телом Своим на древо» (1 Пет. 2:24), это значит, что Он действительно, а не потенциально, вознес грехи наши телом Своим на древо. Когда Писание говорит: «Но Он изъязвлен был за грехи наши и мучим за беззакония наши; наказание мира нашего было на Нем, и ранами Его мы исцелились» (Ис. 53:5), было бы экзегетически чудовищно заключить, что Христос был только потенциально изъязвлен или потенциально мучим, что Его наказание принесло только потенциальный мир или что

---

[62] См. «Объяснение универсалистских текстов» (с. 585).

Его раны даровали только потенциальное исцеление. Это было бы искусственное привнесение идеи *потенциальности* в тексты, говорящие о действенном, объективном достижении. Нет, Христос *фактически* был изъязвлен и мучим, получил наказание и раны, а потому Он принес фактический мир и фактическое исцеление. Писание не говорит: «Ранами Его вы стали излечимы». Оно не говорит: «Его ранами вы пришли в состояние, в котором вы *можете* быть исцелены, если выполните определенные условия, приводящие в действие гипотетически всеобщий масштаб ран Христа»[63]. В тексте просто сказано: «...ранами Его вы исцелились» (1 Пет. 2:24). То есть объективные, заместительные страдания и смерть Христа фактически совершили духовное исцеление тех, за кого Он умер, — тех, кто благодаря ценности и действенности, присущим жертве Христа, «не только могут быть спасены, но действительно спасены, должны быть спасены и ни в коем случае не могут подвергнуться опасности оказаться неспасенными»[64].

Подобных примеров в Библии достаточно. Как уже упоминалось, начиная еще с левитского закона искупление всегда представляется как неотъемлемо действенное, всегда достигающее предназначенного ему результата (см. Лев. 4:20, 26, 31, 35; 5:10, 13, 16, 18; 6:7; 12:7–8; 14:20, 53; 19:22). Поэтому, когда Новый Завет применяет ветхозаветную терминологию искупления к труду Мессии, следует считать Христово искупление таким же действенным по своей сути. Именно так его изображают авторы Нового Завета: Иисус действительно взял наши грехи (1 Иоан. 3:5), действительно умилостивил гнев Отца на нас (Рим. 3:25; Евр. 2:17–18), действительно примирил Бога с нами (Кол. 1:22) и действительно заплатил за наше искупление (Деян. 20:28; Откр. 5:9). Он пришел не для того, чтобы сделать спасение возможным, а чтобы решительно спасти Своих людей (Матф. 1:21). Своим искупительным трудом Христос предоставил не гипотетическое спасение, а обеспечил непреложное спасение тех, за кого Он умер, действительно понеся их наказание. Джеймс Пакер едко пишет:

> Божий спасительный замысел о смерти Его Сына не был просто бездейственным желанием, исполнение которого зависит от готовности человека верить, так что при всем том, что Бог сделал, Христос мог бы умереть, а никто не был бы спасен. <...> В Библии крест показан как откровение спасающей Божьей силы, а не бессилия. Христос совершил не гипотетическое спасение гипотетических верующих, не просто возможность спасения для всех, кто мог бы поверить, но реальное спасение Своих избранных людей. Его драгоценная кровь действительно спасает нас всех; намеченные результаты Его самопожертвования достигаются, потому что крест был тем, чем он был. Спасительная сила креста не зависит от

---

[63] Trueman, "Definite Atonement View," 42.

[64] Charles Spurgeon, "Particular Redemption," in *The New Park Street Pulpit* (London: Alabaster and Passmore, 1856), 4:135. Мотиер пишет: «Богословское значение этого очень глубокое: именно *само* искупление, а не что-то вне его (напр., решение грешника) служит причиной обращения. Ресурсы для обращения заключаются в смерти Раба; они проистекают из нее. Таким образом, именно от искупления происходит обращение, а не наоборот. (см. Тит. 3:3–5)» (J. Alec Motyer, "'Stricken for the Transgression of My People': The Atoning Work of Isaiah's Suffering Servant," in Gibson and Gibson, *From Heaven He Came and Sought Her*, 261–262).

добавленной к нему веры; его спасительная сила такова, что вера *проистекает* из него. Крест *обеспечил* полное спасение всех, за кого умер Христос[65].

Итак, поскольку искуплению Христову присуща действенность, и поскольку есть согласие, что не все в конце концов будут спасены, масштаб искупления должен быть ограничен. Единственный другой вариант — это предположить, что Бог требует расплаты за грех сначала от Христа на кресте, а затем еще раз от неверующего грешника в аду. Но такая двойная ответственность полностью противоречит справедливости Бога. В своем незабываемом гимне «Зачем неверие и страх?» Огастес Топлади (1740–1778) превосходно изложил эту истину:

> Ведь если долг с меня Ты снял
> И за меня Сам испытал
> Весь Божий гнев сполна,
> Не взыщет Бог цены двойной:
> Сперва с Тебя, Заступник мой,
> Затем опять с меня.

Писание утверждает, что наш Заступник действенно претерпел «весь Божий гнев сполна» вместо тех, за кого Он умер. Если бы еще оставался гнев, чтобы излиться на неверующего грешника, это значило бы, что он не был удовлетворен заместительной жертвой Христа. Если бы еще оставалось наказание, за которое грешник должен расплачиваться в аду, это значило бы, что за это наказание не было заплачено Христом на кресте. Остается только два варианта: либо (1) жертва Христа была бессильной и бездейственной, либо (2) сильная и действенная жертва Христа совершилась для определенного числа людей. Поскольку первый вариант — это кощунство и явное противоречие Писанию, то изучающему Слово Божье остается только принять второй вариант.

Итак, поскольку совершенное Христом искупление по самой своей природе состоит в действенном замещении, то есть, поскольку Он действительно утолил весь гнев Отца против грехов тех, за кого Он умер, то нельзя утверждать всеобщее искупление и при этом отрицать всеобщее спасение, не лишая искупление его спасительной силы. Джеймс Пакер вновь напоминает:

> Всем, занимающим эту позицию, придется переопределить замещение в неточных терминах или вообще отказаться от этого термина, ведь они берутся отрицать, что заместительная жертва Христа гарантирует чье-либо спасение. <...> Чтобы утверждать заместительное наказание для всех без исключения, надо

---

[65] J. I. Packer, "Saved by His Precious Blood: An Introduction to John Owen's *The Death of Death in the Death of Christ*," in J. I. Packer and Mark Dever, *In My Place Condemned He Stood: Celebrating the Glory of the Atonement* (Wheaton, IL: Crossway, 2007), 123, курсив добавлен. Мюррей также хорошо обобщает: «Толковать понятие искупления как нечто меньшее, чем эффективное свершение, обеспечивающее спасение тем, для кого оно предназначено — значит обеднять его как результативное избавление посредством платы и властью Христа. Он пришел не для того, чтобы сделать возможным искупление греха, но чтобы искупить для Себя народ. Должным образом проанализировав значение искупления, умилостивления и примирения, мы получим тот же результат. Христос пришел не для того, чтобы создать ситуацию искупления грехов. Он пришел искупить грехи... (Евр. 1:3). Христос пришел не для того, чтобы сделать возможным примирение для Бога, Он примирил нас с Богом Своей кровью» (Мюррей. Искупление, достигнутое и примененное к грешнику. С. 38).

либо признать всеобщее спасение, либо, чтобы избежать этого, отрицать спасительную действенность замещения для кого-либо; а чтобы утверждать заместительное наказание как действенное спасительное действие Бога, надо либо признать всеобщее спасение, либо, чтобы избежать этого, ограничить масштаб замещения, считая его замещением для некоторых, но не для всех[66].

Итак, становится очевидным, что *каждый*, кто не верит во всеобщее окончательное спасение, ограничивает искупление. Партикулярист ограничивает его масштаб, а универсалист—его действенность. Однако бездейственное искупление не только противоречит библейскому учению о природе искупления (как описано выше), но и в корне подрывает само Евангелие, поскольку бездейственное искупление—это вовсе не искупление. Если искупление бездейственное, то такое искупление не искупает.

Последствия такого мышления катастрофичны. Если Христос предоставил одинаковое «потенциальное искупление» для всех, то различие между спасенными и погибшими определяется не всемогущей благодатью Спасителя, а испорченной волей грешника. Если довести это до логического завершения, то получится, что «Христос спасает нас с нашей помощью; а это, если поразмыслить, означает, что мы спасаем себя с помощью Христа»[67]. Но это не то совершенно достаточное искупление и не то всемогущее спасительное Евангелие, которые открыты на страницах Писания. Доктрина определенного искупления отнюдь не *подрывает* свободное предложение Евангелия, в чем ее так часто обвиняют, а *утверждает* свободное предложение Евангелия[68]. Всеобщее искупление не может предложить грешникам ничего, кроме *возможности* спасения—просто перевести их в состояние, в котором они могут быть спасены. Действительно, что значит для универсалиста объявить грешникам: «Христос умер за вас», когда, по его мнению, те, за кого умер Христос, вполне могут оказаться в аду? Что за спасение можно предложить без действенного замещения, если таковое вообще возможно? Только совершенно действенное искупление предлагает завершенное спасение, к которому ничего не нужно добавлять,—дар, принимаемый только верой[69]. Поэтому, вместе со Спердженом мы приходим к выводу, что универсалист может оставить себе такое бездейственное искупление:

---

[66] J. I. Packer, "What Did the Cross Achieve? The Logic of Penal Substitution," in *In My Place Condemned He Stood*, 90–91.

[67] Packer, "Saved by His Precious Blood," 129.

[68] Подробнее о том, как партикуляризм в избрании, искуплении и применении искупления не противоречит всеобщему искреннему предложению Евангелия, см. «Внешнее призвание: провозглашение Евангелия» (с. 603).

[69] Мюррей пишет: «Что предлагает людям евангелие? Это не возможность спасения, не просто благоприятные условия для него. Предлагается именно спасение. Более конкретно, это Сам Христос во всей славе Своей личности и всем совершенстве Своего искупительного труда. <...> Но Он не мог быть таким даром, если бы не обеспечил спасения и не совершил искупления. Он не мог быть Спасителем и воплотить в Себе полное и щедрое спасение, если бы Он просто гарантировал спасение или сделал его возможным для всех людей. Именно учение о том, что Христос обеспечил спасение, и лежит в основе силы и богатства доступной для всех благой вести. Только это учение представляет Христа достойно Его свершения и Его личности» (Искупление, достигнутое и примененное к грешнику. С. 39).

Арминиане говорят: Христос умер за всех людей. Спросите у них, что они имеют в виду. Умер ли Христос так, что это гарантирует спасение всех людей? Они скажут: «Нет, конечно». Задаем следующий вопрос: «Умер ли Христос так, что это гарантирует спасение какого-нибудь конкретного человека?» Они отвечают: «Нет». Они обязаны признать это, если они последовательны. Они говорят: «Нет; Христос умер так, чтобы любой человек мог быть спасен, если...» — и называют определенные условия спасения. Тогда мы говорим, просто возвращаясь к прежнему утверждению: «Получается, что Христос умер так, что это никому не гарантирует несомненного спасения?» Вам придется ответить: «Да». Вы обязаны это сказать. <...> Ну и кто ограничивает смерть Христа? Конечно, вы. Вы говорите, что Христос умер так, что это никому не гарантирует непреложного спасения. Извините, но когда вы говорите, что мы ограничиваем смерть Христа, мы отвечаем: «Нет, милостивый государь, это делаете вы». Мы говорим, что Христос умер так, что это гарантирует непреложное спасение несчетного множества людей, которые смертью Христа не только могут быть спасены, но действительно спасены, должны быть спасены и ни в коем случае не могут подвергнуться опасности оказаться неспасенными. Если вам нужно такое искупление, можете оставить его себе. Ради этого мы никогда не откажемся от нашего[70].

ЕДИНСТВО ПЕРВОСВЯЩЕННИЧЕСКОГО СЛУЖЕНИЯ ХРИСТА

Писание часто говорит о Христе как о Великом Первосвященнике Своего народа (Евр. 2:17; 3:1; 4:14–15; 5:1, 5, 10; 6:19–20; 8:1–6; 9:11–12, 25), используя концепцию ветхозаветной системы жертвоприношений для понимания искупительного труда Христа. Поэтому, кроме тех случаев, когда Новый Завет явно противопоставляет священническое служение Христа и ветхозаветных священников (напр., Евр. 7:27), между ними в целом существует преемственность. Таким образом, труд левитского священства проливает свет на масштаб искупления благодаря неразрывному единству между принесением жертвы и ходатайством священника.

В День очищения первосвященник должен был заколоть одного козла в жертву за грехи израильского народа (Лев. 16:9). Однако со смертью жертвы труд священника не заканчивался. Ожидалось, что он не только заколет козла, но и «внесет кровь его за завесу», в Святое святых, и «покропит ею на крышку и пред крышкою» (Лев. 16:15; см. 16:18–19). Именно благодаря этому двойному действию — закланию козла и ходатайственному окроплению его кровью — совершалось искупление грехов Израиля. Это было так не только в День очищения, но и во всех случаях, когда для жертвоприношения требовалась смерть животного. Ожидалось, что священники, заколов животное, «принесут кровь и покропят кровью со всех сторон на жертвенник» (Лев. 1:5; см. 1:11; 3:2, 8, 13; 4:6–7, 17–18, 25, 30, 34; 5:9; 7:2; 17:6). Из этих ритуалов следует сделать вывод, что масштаб принесенной священником жертвы равен масштабу его заступничества. Дело не в том, что первосвященник должен был приносить козла в жертву за всех людей языческого мира, а затем кропить его кровью только за Израиль. Нет,

---

[70] Spurgeon, "Particular Redemption," 4:135.

жертва и заступничество были двумя сторонами одной монеты искупления; и то, и другое совершалось только за Израиль.

Тот же принцип применяется к единству двухчастного первосвященнического служения Христа. В Послании к евреям Христос изображен Великим Первосвященником, Который принес Себя как совершенную жертву и вошел в Святое святых, чтобы ходатайствовать за Свой народ: «Ибо Христос вошел не в рукотворенное святилище, по образу истинного устроенное, но в самое небо, чтобы предстать ныне за нас пред лице Божие...» (Евр. 9:24). Иначе говоря, то, что Христос принес Себя в жертву, неразрывно связано с Его ходатайственным служением за Своих людей в присутствии Бога (1 Иоан. 2:1; Евр. 4:14–15; 7:25). То есть Христос ходатайствует за всех, за кого умер, и умер за всех, за кого ходатайствует.

Этот вывод также подтверждается в Римлянам 8:29–39, где Павел описывает искупление от начала до конца—от избрания Отцом в вечном прошлом (8:29–30) до смерти и воскресения Христа (8:32–34) и далее до применения искупления к грешникам в оправдании (8:33) и в неотступности до прославления (8:35–39). Особый интерес представляют слова Павла в Римлянам 8:34, связывающие смерть и воскресение Христа с Его нынешним ходатайством: «Христос Иисус умер, но и воскрес: Он и одесную Бога, Он и ходатайствует за нас». Вопрос в том, кто назван словом «нас». Ближайший антецедент находится в Римлянам 8:32: «Тот, Который Сына Своего не пощадил, но предал Его *за всех нас*, как с Ним не дарует *нам* и всего?» Таким образом, те, за кого сейчас ходатайствует Христос,—это те, за кого Отец предал Христа на смерть.

Итак, снова видно, что Христос ходатайствует за всех, за кого умер, а умер Он за всех, за кого ходатайствует. Ключевой вопрос в том, ходатайствует ли Христос перед Отцом за всех без исключения или только за избранных? Конечно, только за избранных. Молится ли Христос Отцу о спасении и благословении неизбранных, ведь это просьба, в которой Отец откажет Своему Сыну, так как Он не намерен спасать неизбранных? Настолько ли разделены Лица Троицы? Здесь учение о неограниченном искуплении снова вбило бы клин между волей Отца и волей Сына, приведя к катастрофическим последствиям для библейского тринитаризма[71]. Более того, Сам Христос отвечает на этот вопрос в первосвященнической молитве (Иоан. 17). В ней Великий Первосвященник ходатайствует перед Отцом о тех, за кого скоро принесет Себя в жертву: «Я о них молю—не обо всем мире молю, но о тех, которых Ты дал Мне, потому что они Твои» (Иоан. 17:9). Иисус как Первосвященник ходатайствует только за тех, кого Ему дал Отец (см. Иоан. 6:37, 39, 44, 65; 10:29; 17:2, 6, 20, 24), а именно, за «избранных» из Римлянам 8:33. Поскольку священнический труд жертвоприношения и ходатайства неразрывно связан, и поскольку немыслимо, чтобы Христос отказался ходатайствовать за

---

[71] Трумэн проницательно замечает: «Отец и Сын не могут иметь противоборствующую волю, потому что это потребовало бы, чтобы Они были разными богами; и Отец не может просто пересилить волю Сына, поскольку это потребовало бы ситуации, когда Сын явно ниже Отца—разновидность арианства» (Trueman, "Definite Atonement View," 47).

тех, за кого пролил Свою драгоценную кровь, следует заключить, что масштаб искупления, как и масштаб ходатайства Христа, ограничивается избранными.

АРГУМЕНТ В РИМЛЯНАМ 8:29–39

Если вернуться к Римлянам 8, то сами пояснения Павла в этом отрывке дают библейский аргумент в пользу частного искупления. Он прямо называет масштаб искупления в 8:32, когда говорит, что Отец не пощадил Своего Сына, но предал Его «за всех нас». Кто эти «все мы», за кого был предан на смерть Христос? Павел отвечает на этот вопрос несколькими способами. Сначала, если поискать антецедент для «всех нас» (8:32), найдем еще одно «нас» в 8:31, где сказано: «Бог за нас». Продолжая поиск антецедента, обнаруживаем, что те, за кого Бог, — это те, кого Он предузнал, предопределил, призвал, оправдал и прославил (8:29–30). Если заглянуть вперед, мы увидим, что те, за кого был предан Христос, — это те, кому Бог милостиво даст все благословения спасения, приобретенные смертью Христа, ибо «как [Бог] с Ним не дарует нам и всего?» (8:32). Затем в 8:33 об этих людях прямо сказано как об «избранных Божиих», кого Он оправдывает, а в 8:34 сказано, что это те, за кого ходатайствует Христос. Наконец, те, за кого умер Христос, — это те, кто никогда не может быть отлучен от любви Христа (8:35–39).

Из этих наблюдений следует сделать несколько выводов. Во-первых, поскольку неизбранные не получают всех спасительных преимуществ Божьей благодати, как обещано в Римлянам 8:32 (в частности, спасения от вечного наказания), то они не часть «всех нас», за кого был предан Христос. Во-вторых, поскольку в 8:33 Павел описывает «всех нас», за кого был предан Христос, как «избранных Божиих», то Христос не был предан за неизбранных. В-третьих, поскольку все, за кого был предан Христос, будут также пользоваться плодами Его ходатайственного служения по правую руку Отца, и поскольку Христос не ходатайствует за неизбранных, то они не включены в число «всех нас», за кого был предан Христос. В-четвертых, поскольку все, за кого был предан Христос, никогда не могут быть отлучены от любви Христа, и поскольку неизбранные действительно будут отделены от любви Христа в вечном наказании, то они не включены в число «всех нас», за кого был предан Христос. Это снова показывает, что масштаб совершенного Христом искупления обязательно ограничен только избранными[72].

---

[72] Гипотетические универсалисты могут ответить, заявив: «Да, в Римлянам 8:28–39 Павел говорит о тех, за кого умер Христос, но он не говорит обо *всех*, за кого умер Христос. Он умер и за других, а именно — за неизбранных; они просто не упоминаются здесь». Такой ход мысли несостоятелен по двум причинам. Во-первых, хотя это звучит как тавтология, но когда Павел говорит, что Христос был предан за «всех нас», он говорит обо *всех*, за кого был предан Христос. Если бы Павел имел в виду только часть тех, за кого умер Христос, он едва ли добавил бы всеобщее «всех», когда мог просто сказать «за нас». Во-вторых, все это рассуждение Павел приводит, чтобы ободрить и поддержать тех, за кого принесена искупительная жертва Христа. Для этого он перечисляет блага, которые дарованы им благодаря смерти Христа. Если эти блага (напр., что ничто не может отлучить от любви Христа) гарантированы каждому, то почему Павел делает смерть Христа основой их утешения? Это не дало бы никакого утешения. Удрученные святые могли бы просто ответить: «Как смерть Христа связана с моей безопасностью? Он умер за всех без исключения, а миллионы отлучены от любви Христовой!» Несомненно, фраза «всех нас» в Римлянам 8:32 относится к *каждому*, за кого был предан Христос.

ОБЪЯСНЕНИЕ УНИВЕРСАЛИСТСКИХ ТЕКСТОВ

Представленные выше аргументы достаточны, чтобы утвердить частное искупление как библейскую доктрину. Однако наиболее распространенное возражение против ограничения масштаба искупления опирается на несколько мест Писания, которые как будто прямо противоречат этому, поскольку они используют универсалистские выражения в связи со смертью Христа: «Ибо так возлюбил Бог *мир*, что отдал Сына Своего единородного...» (Иоан. 3:16); Христос Иисус есть «предавший Себя для искупления *всех*» (1 Тим. 2:6) и так далее. Поэтому, чтобы аргумент в пользу частного искупления был убедительным, эти универсалистские тексты надо объяснить так, чтобы это (1) согласовывалось с принципами частного искупления и (2) соответствовало контекстуальному, грамматико-историческому толкованию. Итак, в этом разделе будут рассмотрены три категории текстов, которые используют для обоснования всеобщего искупления, дано их толкование в контексте и показано, что ни один из них не противоречит учению о частном искуплении, но все они дополняют и в некоторых случаях служат дальнейшим доказательством этого учения.

Христос умер за «всех». Как уже говорилось выше, один из самых неприятных моментов при обсуждении вопроса о степени искупления — это когда универсалисты ссылаются на тексты, содержащие слово «все», и просто объявляют, ничем это не подтверждая, что «все» должно всегда означать «все люди без исключения». Конечно, в некоторых случаях это действительно так: все люди без исключения «согрешили и лишены славы Божией» (Рим. 3:23; хотя даже здесь есть исключение — Господь Иисус Христос). Но, как было показано, в нескольких местах Писания слово «все» просто не может означать всех людей без исключения. Отрицать это — значит считать Иисуса лжецом (Матф. 10:22; Иоан. 18:20 [Кассиан]) и верить в окончательное спасение всех без исключения (Рим. 5:18; 11:32). Сам Павел указывает на необходимое ограничение универсалистских выражений, когда в 1 Коринфянам 15:27 комментирует Псалом 8:7: «Когда же сказано, что Ему всё покорено, то ясно, что кроме Того, Который покорил Ему всё». В этом случае «всё» не означает «всё без исключения». Таким образом, слово «все» нельзя считать однозначным. Хотя вполне допустимо считать, что оно говорит о каждом человеке, который когда-либо жил (т. е. все без исключения), также допустимо считать, что оно говорит обо всем разнообразии людей во всем мире (т. е. все без различия). Решающим фактором для правильного понимания слова «все» будут не *априорные* допущения, а контекст конкретного отрывка, в котором употребляется это слово. Если эти отрывки тщательно исследовать с помощью контекстуальной экзегезы, становится ясно, что ни один из них не поддерживает неограниченное искупление.

В Иоанна 12:32 Иисус говорит: «И когда Я вознесен буду от земли [т. е. распят; Иоан. 12:33; см. 3:14], всех привлеку к Себе». Универсалисты учат, что слово «всех» относится ко всем без исключения, и утверждают, что «привлеку» относится ко всеобщей благодати, которая для всех устраняет последствия греховности, приводя всех людей в нейтральное состояние, откуда они могут принять или отвергнуть Христа. Часто это называют *предваряющей благодатью*, означающей благодать, которая «предшествует». Следует заметить, что универсалисты, чтобы сохранить, как они думают, простой смысл слова «всех», должны до неузнаваемости исказить простой смысл слова «привлеку», поскольку Писание нигде не говорит о бездейственной предваряющей благодати, а только о действенном призвании суверенного и всемогущего Бога (Иоан. 6:37, 44, 65). Впрочем, помимо этого в контексте Иоанна 12:32 предпочтительнее толкование слова «всех» как «всех без различия». Несколькими стихами выше, в Иоанна 12:20–21, Иоанн пишет, что некоторые эллины просили увидеть Иисуса. В ответ на это Иисус объясняет необходимость Своей смерти (Иоан. 12:22–28) и затем объявляет, что Своей смертью Он привлечет всех людей к Себе — то есть не только Своих соотечественников, евреев, но даже язычников, как те, что искали Его.

Универсалисты также ссылаются на 2 Коринфянам 5:14–15, где Павел пишет: «Ибо любовь Христова объемлет нас, рассуждающих так: если один умер за всех, то все умерли. А Христос за всех умер, чтобы живущие уже не для себя жили, но для умершего за них и воскресшего». Универсалисты утверждают, что выражение «один умер за всех» указывает, что Христос умер за всех людей без исключения. Однако у этого толкования есть существенные проблемы. Сразу после этого Павел говорит: «...то [т. е. на основании смерти Христа за них] все умерли». То есть они умерли во Христе и с Ним (Рим. 6:8; Кол. 2:20; 3:3), и поэтому они умерли для себя и теперь живут для Христа (2 Кор. 5:15). Кроме того, Христос не только умер за Своих людей, но и воскрес за них (2 Кор. 5:15). Если союз со Христом в Его смерти неизбежно производит духовную смерть тех, за кого Он умер, то и союз с Ним в Его воскресении обязательно приводит к их духовному воскресению. Павел ясно говорит об этом в Римлянам 6:5: «Ибо если мы соединены с Ним подобием смерти Его, то должны быть соединены и подобием воскресения...» Однако, если не признавать всеобщего окончательного спасения, то просто нельзя сказать, что все люди без исключения, включая неверующих, умерли для себя, воскресли к новой жизни и теперь живут для Христа. В действительности, Павел говорит о коллективной солидарности, — что один умер за многих, — чтобы подчеркнуть союз между Христом и Его людьми. Он умер *за них*, а они умерли *в* Нем для греха и себя, так что теперь живут для Его чести и славы.

Подобным образом следует трактовать универсальное утверждение в Евреям 2:9. Поскольку там сказано, что Христос вкусил смерть за всех, универсалисты утверждают, что искупление неограниченное. Однако несколько контекстуальных обоснований говорят против такого толкования. Во-первых, буквально в следующем стихе автор провозглашает действенность смерти Христа: Своими страданиями Христос приводит многих сынов во славу. Это утверждение несовместимо с искуплением, всеобщим по масштабу, но ограниченным по действенности. Он не приводит многих сынов в состояние, в котором они гипотетически могут обрести славу; наоборот, благодаря действенности Своих страданий, не зависящей от их реакции, Он фактически приводит их в славу. Во-вторых, те, ради кого Он пострадал, названы «братьями» (Евр. 2:11–12); такое личное, родственное обращение не может относиться ни к кому, кроме избранных. В-третьих, автор говорит, что те, за кого умер Христос, — это «дети, которых дал [Ему] Бог» (Евр. 2:13). Это утверждение, что Отец дал Сыну определенную группу людей, напоминает первосвященническую молитву Иисуса: «...Ты [Отец] дал Ему [Сыну] власть над всякою плотью, да *всему, что Ты дал Ему,* даст Он жизнь вечную» (Иоан. 17:2; см. 6:37, 39; 10:29; 17:6, 9, 20, 24); речь идет об избранных. Наконец, в Евреям 2:16 говорится, что Иисус спасительно «восприемлет семя Авраамово». Если бы все люди без исключения были целью спасительного замысла Иисуса, можно было бы ожидать, что в тексте будет сказано, что Сын восприемлет семя Адамово. Но автор Послания к евреям ограничивает тех, кого принимает Сын, избранным Божьим народом, детьми обетования. Следовательно, универсалистские формулировки в Евреям 2:9 необходимо согласовать с несколькими партикулярными пояснениями в ближайшем контексте и поэтому толковать их как выражение коллективной солидарности между одним и многими, за которых Он заступился.

Гипотетические универсалисты часто прибегают к тексту Колоссянам 1:20, где сказано, что Богу было благоугодно через Иисуса «примирить с Собою всё, умиротворив через Него, кровию креста Его, и земное и небесное». Грамматически «всё» стоит в среднем роде, а потому, скорее всего, обозначает все творение. Поскольку такое примирение достигается кровью креста Христова, гипотетические универсалисты ретроспективно утверждают, что в каком-то смысле Христос должен был умереть за всех. Однако выводить из этого текста, что Христос в каком-то смысле искупил все творение, значит смешивать искупление с результатами искупления. Творение проклято (и потому нуждается в примирении с Богом) не за свои грехи, а за грех человека (Быт. 3:17; Рим. 8:20). Подобным образом «сама тварь освобождена будет от рабства тлению» (Рим. 8:21) вследствие искупления человека. Вот почему Павел описывает свободу творения как «свободу славы детей Божиих» (Рим. 8:21). Поэтому Колоссянам 1:20 говорит не о том, что Христос искупил грехи всего творения, а о том, что совершенное Христом частное искупления людей имеет вселенские последствия. Последствия искупления не следует смешивать с самим искуплением. Таким образом, Колоссянам 1:20 не дает оснований для всеобщего искупления. Джонатан Гибсон убедительно говорит:

[Павел] говорит об эсхатологическом влиянии креста Христова, а не о масштабе его замещения. Ретроспективный аргумент от эсхатологических последствий смерти Христа к всеобщему искуплению неверен. Действительно, параллельный текст, Римлянам 8:19–23, показывает, что *вселенское* обновление объясняется не тем, что искуплением Христос всем дал возможность спастись, но завершенным искуплением *определенной* группы людей—«сынов Божиих»[73].

Еще один текст, который часто используют в поддержку неограниченного искупления, — это 1 Тимофею 2:3–6, где говорится о Спасителе нашем Боге, «Который хочет, чтобы все люди спаслись и достигли познания истины. Ибо един Бог, един и посредник между Богом и человеками, человек Христос Иисус, предавший Себя для искупления всех. Таково было в свое время свидетельство...» Если Бог хочет, чтобы все люди спаслись, и если Христос предал Себя для искупления всех, как можно отрицать всеобщее искупление? И снова, этот отрывок надо рассмотреть в контексте. Когда Павел писал 1 Тимофею, некоторые «учили иному» (1:3), отвращаясь от здравого учения и уклоняясь в пустословие (1:6). Эти лжеучители хотели «быть законоучителями» (1:7), и их споры о родословиях (1:4) и запрет брака и определенной пищи (4:1–3) указывают на то, что их лжеучение сводилось к исключительно еврейской элитарности.

Универсалистские утверждения Павла в этом послании (см. 1 Тим. 2:2, 4, 6; 4:10) вполне понятны в контексте этого элитарного лжеучения. Он не учит, что Христос умер за всех без исключения, а что Христос умер за всех без различия[74]. Этот вывод подкрепляется тем, что апостол призывает молиться «за всех людей» (1 Тим. 2:1), и он имеет в виду не всех до одного людей во всем мире (это было бы невозможно), а все категории людей: «за царей и за всех начальствующих» (1 Тим. 2:2). Кроме того, сразу после рассматриваемого текста он говорит о своем апостольском поручении быть учителем язычников (1 Тим. 2:7), то есть снова указывает, что подразумевает всех без различия (не только евреев, но и язычников). Наконец, следует помнить, что выкуп, заплаченный Иисусом, был не потенциальным, а реальным и действенным. Если мы примем универсалистское толкование 1 Тимофею 2:6, то должны будем либо (1) принять всеобщее окончательное спасение, либо (2) отказаться от действенности искупления. Вместо этого надо принять частное толкование, поскольку оно лучше всего объясняет всю совокупность библейских сведений. Под словом «все» Павел имеет в виду все разнообразие людей, чтобы опровергнуть еретический еврейский элитизм, появившийся в Ефесе.

Такой же вывод можно сделать и об утверждении Павла в Титу 2:11. Учитывая, что Павел давал наставления о разных группах людей: старцах, старицах, молодых женщинах, юношах и рабах (Тит. 2:2–6, 9–10), фраза «всех человеков», называющая тех, кому благодать принесла спасение, относится ко всем людям без различия, а не ко всем без исключения. Это толкование подкрепляется

---

[73] Jonathan Gibson, "For Whom Did Christ Die? Particularism and Universalism in the Pauline Epistles," in Gibson and Gibson, *From Heaven He Came and Sought Her*, 310.

[74] Даже Маршалл, придерживавшийся неограниченного искупления, писал: «Это универсалистское значение, скорее всего, служит корректирующим ответом на исключительно элитарное понимание спасения, связанное со лжеучением. <...> Контекст показывает, что здесь основной вопрос — это включение язычников в спасение вместе с евреями» (I. Howard Marshall, *A Critical and Exegetical Commentary on the Pastoral Epistles*, in collaboration with Philip H. Towner, ICC [Edinburgh: T&T Clark, 2006], 420, 427).

еще одним утверждением о действенности искупления в Титу 2:14, где о Христе говорится, что Он отдал Себя, чтобы искупить и очистить Себе народ особенный.

Отрывок, который стал предметом многочисленных дискуссий, — это 1 Тимофею 4:10, где Павел говорит, что Бог «есть Спаситель всех человеков, а наипаче верных». Универсалисты учат, что Иисус — Спаситель всех людей в том смысле, что Он умер за всех, но Он особенно Спаситель верующих, потому что блага спасения применяются только к ним. Однако следует отметить, что в этом отрывке ближайшим антецедентом слова «Спаситель» будет не Сын; скорее, здесь в центре внимания Бог Отец, «Бог живой». Этот стих не говорит именно о Христовом искуплении, а о природе Бога как Спасителя. Таким образом, Павел описывает два разных выражения спасительной природы Бога. Он Спаситель всех людей во временном смысле; то есть, хотя все люди согрешили против Него, понесли вину и будут платить за свои грехи в аду, Бог не сразу совершил Свое правосудие над ними, как это было с падшими ангелами (см. 2 Пет. 2:4; Рим. 3:25). Даже нечестивые пользуются отсрочкой наказания и потому наслаждаются радостями жизни в мире, наполненном Божьей общей благодатью (Матф. 5:44–45). Но спасительная природа Бога также выражается более глубоким образом по отношению к тем, кто принадлежит Ему. Он Спаситель всех людей во временном смысле, но в вечном смысле Он Спаситель избранных, тех, кто в конце концов уверует к спасению.

Наконец, хотя в 2 Петра 3:9 прямо не говорится об искуплении, универсалисты утверждают, что там раскрывается всеобщая спасительная Божья воля, которая противоречит частному искуплению. Петр пишет: «Не медлит Господь исполнением обетования, как некоторые почитают то медлением; но долготерпит нас, не желая, чтобы кто погиб, но чтобы все пришли к покаянию». Поскольку Бог не желает, чтобы кто-нибудь погиб, но чтобы все покаялись, то утверждается, что Он сделал все возможное, чтобы дать возможность спасения благодаря совершенному Христом всеобщему искуплению, так что грешнику только остается принять спасение покаянной верой. Однако из того, что Бог в некотором смысле не хочет смерти грешников (Иез. 18:31–32; 33:11), отнюдь не следует, что Христос совершил искупление за всех без исключения.

На универсалистский подход к этому тексту можно дать два ответа. Первый связан с многогранностью божественной воли. Что это значит, что Бог желает, чтобы все без исключения покаялись, когда Он Сам выразил Свою спасительную волю, избрав к спасению некоторых, но не всех? Что это значит, что Бог, Который делает все, что Ему угодно (Ис. 46:9–10; Пс. 113:11; 134:6; Еф. 1:11), Чье намерение никем не может быть остановлено (Иов. 42:2), желает спасения всех, когда Он не проявляет Свою суверенную волю, чтобы привести всех к окончательному спасению? Вместо того, чтобы отрицать Божье абсолютное полновластие, как это делают универсалисты, следует заметить различие в том, как Писание говорит о Божьей воле[75]. Божья *предопределяющая* воля—это воля, соответствующая Его суверенному извечному решению. Исаия говорит об этом аспекте Божьей воли в пророчестве о распятии Христа: «Но Господу угодно было поразить Его...» (Ис. 53:10). Именно эта суверенная действенная воля никогда не нарушается и всегда исполняется. С другой стороны, Божья *предписывающая* воля—это тот аспект Его воли, который выражается в предписаниях, или повелениях, Библии. Бог повелевает (предписывает) всем людям покаяться и поверить в Евангелие (Деян. 17:30). В отличие от Его предопределяющей воли, Божья предписывающая воля нарушается всякий раз, когда кто-либо не подчиняется любой из Его заповедей. Далее, Писание также иногда говорит о Божьей воле при описании Его склонности—что Ему приятно или в чем Он находит удовольствие. Мы бы могли назвать это Его *желательной* волей[76].

Какое из этих значений соответствует утверждению в 2 Петра 3:9? Это не может быть предопределяющая Божья воля, ведь если бы Бог определил покаяние всех без исключения, то все без исключения и покаялись бы. Однако всеобщее окончательное спасение противоречит учению Библии. Не следует также воспринимать это как утверждение о Его предписывающей воле, поскольку это означало бы, что Бог запрещает кому-либо погибать. В этом смысле погибнуть было бы против Божьего закона, так что Ему пришлось бы наказывать людей за то, что они погибают. Предпочтительнее понимать этот стих как выражение желательной воли Бога. Петр описывает ту же истину о Боге, что и Иезекииль, записавший слова Бога: «Не хочу смерти грешника, но чтобы грешник обратился от пути своего и жив был» (Иез. 33:11). Хотя Бог не избрал всех, и хотя Христос не искупил всех, Бог все же искренне желает блага всем Своим созданиям. И хотя Богу действительно нравится проявлять справедливость против греха и зла, Он не злорадствует, когда карает Свои создания. Итак, в этом желательном смысле Бог хочет, чтобы все люди покаялись. Однако, поскольку Бог абсолютно суверенен, и поскольку не все люди действительно каются, значит, Бог не определил, чтобы все покаялись. Поэтому в предопределяющем смысле Бог не желает покаяния всех людей. Хотя мы, возможно, и не понимаем всей сложности Божьей воли, нельзя переопределять Его суверенность из-за такого непонимания[77].

Хотя этот ответ опровергает универсалистское толкование 2 Петра 3:9, и по Своей желательной воле Бог действительно хочет покаяния всех (см. Иез. 18:23,

---

[75] Замечательное изложение этого аргумента см.: John Piper, "Are There Two Wills in God?," in *Still Sovereign: Contemporary Perspectives on Election, Foreknowledge, and Grace*, ed. Thomas R. Schreiner and Bruce A. Ware (Grand Rapids, MI: Baker, 2000), 107–131.

[76] В грамматике *желательным* называют наклонение глаголов, выражающих желание (напр., 1 Пет. 1:2; 2 Фес. 3:16).

[77] Следует также отметить, что предопределяющая и предписывающая воля Бога—это не две разные воли, а два различимых аспекта единой воли Бога. Кальвин делает полезное пояснение: «Но божественная воля, единая и простая сама по себе, нам кажется разной потому, что... мы не можем понять...» (*Наставление в христианской вере*. Т. 1. С. 229 [1.18.3]).

32; 33:11), есть еще лучший способ понять слова Петра. Следует принять в расчет получателей этого послания и непосредственный контекст отрывка. В этом же стихе апостол обращается к читателям, говоря, что Господь «оказывает *вам* долготерпение» (Кассиан). Если учесть, что словом «вам» названы «возлюбленные» из 2 Петра 3:8 и что он пишет «принявшим с нами равно драгоценную веру по правде Бога нашего и Спасителя Иисуса Христа» (2 Пет. 1:1), то следует признать, что Петр обращается к народу Божьему. Господь Иисус откладывает Свое возвращение, потому что долготерпит тех, кто принадлежит Ему, кого дал Ему Отец и за кого Он умер, но кто еще не уверовал. Итак, этот отрывок не говорит обо всех людях без исключения, как утверждают универсалисты, но по контексту он ограничен избранными, что соответствует частному взгляду на искупление.

Христос умер за «мир». Как и со словом «все», стихи, говорящие о смерти Иисуса за «мир», также должны толковаться согласно своему контексту. В тех случаях, когда они описывают масштаб искупления, их правильно понимать как «все без различия», а не «все без исключения».

Универсалисты часто заявляют, что Иоанна 3:16 окончательно решает вопрос о масштабе искупления. Иисус говорит: «Ибо так возлюбил Бог мир, что отдал Сына Своего единородного, дабы всякий верующий в Него, не погиб, но имел жизнь вечную». Универсалисты говорят, что, отдав Своего единственного Сына на заместительную жертвенную смерть, Бог проявил Свою любовь ко всему миру, а это, по их мнению, означает всех людей, когда-либо живших на земле. Однако ничто в тексте не требует, чтобы «мир» понимали в смысле «все без исключения». При этом есть веские причины понимать его в смысле «все без различия». В частности, здесь Иисус рассуждает о спасении с Никодимом, который был из фарисеев, «один из начальников иудейских» (Иоан. 3:1). Фарисеи, как и весь Израиль во дни Христа, считали язычников нечистыми и чуждыми заветных обещаний Бога. В разговоре о спасении с этим иудейским начальником Иисус объясняет, что Божья любовь распространяется не только на Израиль, но на всех людей по всему миру, и на язычников, и на евреев. Далее, следует обратить внимание на партикуляризм Самого Иисуса в этом же стихе. Христос был отдан, чтобы каждый *верующий* (греч. *pas ho pisteuōn*) не погиб, но имел вечную жизнь. Иисус ясно ограничивает масштаб Своей искупительной смерти теми, кто в конечном счете поверит в Него к спасению.

Вариант, предлагаемый универсалистами, создал бы множество проблем. Например, если Христос был послан искупить всех людей без исключения, не должно ли это включать и тех грешников, которые уже умерли и расплачиваются за свои грехи в аду? Но с какой целью? Чтобы дать им возможность покаяться? Однако такая возможность упущена, потому что они уже подверглись божественному суду (см. Евр. 9:27). Еще более серьезная проблема заключается в том, что когда универсалист говорит, что Христос искупил людей, которые в итоге погибнут в аду, он обязательно ограничивает действенность жертвы Христа. Если Христос искупил чьи-то грехи, но этот человек все равно может попасть в ад, то спасение, в конечном счете, зависит от чего-то другого, а не от совершенного Христом искупления.

То же самое относится к заявлению Иоанна Крестителя: «Вот Агнец Божий, Который берет на Себя грех мира» (Иоан. 1:29). Если Христос берет на Себя грехи всех без исключения, и все же некоторые гибнут в аду, то что значит, что их грехи взял на Себя Христос? В этот момент универсалисту приходится озвучить невысказанное допущение: «берет на Себя» было изменено на «потенциально берет на Себя». Но в тексте говорится не об этом. Искупление, достигнутое Христом, было не просто предложением или возможностью; Он на самом деле приобрел спасение тех, ради кого умер. Таким образом, чтобы избежать фундаментального противоречия с характером искупления, следует толковать «мир» как обозначение евреев и язычников — всех без различия, а не всех без исключения[78].

Подобные моменты прослеживаются и в 1 Иоанна 2:2. Иоанн пишет: «Он есть умилостивление за грехи наши, и не только за наши, но и за грехи всего мира». Здесь дано утверждение о природе искупления (умилостивления), а затем утверждение о масштабе или охвате этого труда (весь мир). Поверхностное прочтение этого текста на первый взгляд оставляет читателя в напряжении, ведь принесенное за всех без исключения умилостивление, то есть фактическое удовлетворение Божьего гнева против греха, потребовало бы всеобщего окончательного спасения. Но поскольку Писание учит, что не все в итоге спасутся (Матф. 7:13, 23; 25:31–46; 2 Фес. 1:9; Откр. 21:8), такое толкование несостоятельно.

В связи с этим есть два варианта. Согласно первому, универсалист принимает поверхностное толкование выражения «весь мир» как «все без исключения», и тогда меняет умилостивительный *характер* искупления на «потенциальное умилостивление». Однако такое толкование идет против всего, чему учит Писание о действенной природе умилостивления. Для такого толкования нет экзегетического основания. Второй вариант — это когда партикулярист толкует природу умилостивления в соответствии со всем библейским учением и стремится понять фразу «весь мир» таким способом, чтобы не искажать грамматику, контекст и замысел автора в 1 Иоанна 1–2 и при этом избежать проблемных последствий универсализма. Такой способ есть. Для этого надо понимать выражение «весь мир» как «все без различия», а не «все без исключения». Этот вариант лучше соответствует лексике, поскольку соответствует единообразному библейскому значению слова *hilasmos* как действенному утолению гнева. Он также лучше соответствует контексту, потому что Иоанн писал церквям, столкнувшимся с угрозой лжеучения безгрешного перфекционизма (1 Иоан. 1:6–10), которое, вероятно, было связано с зарождавшимся гностицизмом, обещавшим,

---

[78] Тот же подход следует использовать с Иоанна 6:33 и 6:51.

что ключ к духовной победе находится в тайном знании, доступном только гностикам. Таким образом, когда Иоанн пишет о масштабах подвига Спасителя, он отвергает все намеки на исключительность: Христос не есть умилостивление только за наши грехи, будь то евреи в отличие от язычников, гностики в отличие от других христиан или верующие в Малой Азии в отличие от верующих во всем остальном мире. Он есть умилостивление за грехи Божьих людей, рассеянных по всему миру.

Такое толкование дополнительно подтверждается синтаксической параллелью в Иоанна 11:49–52. Там говорится, как Каиафа пророчествовал о смерти Христа, что один человек умрет за народ (Иоан. 11:50). Затем Иоанн поясняет: «Сие же он сказал не от себя, но, будучи на тот год первосвященником, предсказал, что Иисус умрет за народ, и не только за народ, но чтобы и рассеянных чад Божиих собрать воедино» (Иоан. 11:51–52). Обратите внимание на параллелизм:

> Иоанна 11:51–52: ...Иисус умрет за народ, и не только за народ, но чтобы и рассеянных чад Божиих собрать воедино.

> 1 Иоанна 2:2: ...Он есть умилостивление за грехи наши, и не только за наши, но и за грехи всего мира.

Итак, это замечание, сделанное Иоанном в другом месте, подтверждает толкование слов «весь мир» в 1 Иоанна 2:2 как «все без различия», а именно: дети Божьи, рассеянные по всему миру (см. Иоан. 10:16). Более того, в Откровении 5:9 Иоанн прямо пишет о частном Христовом искуплении, описывая его как искупление для всех без различия, потому что святые поют: «Достоин Ты взять книгу и снять с нее печати, ибо Ты был заклан, и кровию Своею искупил нас Богу из всякого колена и языка, и народа и племени...» Иоанн не говорит, что Агнец искупил каждое колено, язык, народ и племя, что соответствовало бы универсалистскому толкованию, но что Он искупил людей *из* каждого колена, языка, народа и племени—то есть не всех без исключения, а всех без различия.

Что касается 1 Иоанна 2:2, частное толкование слов «весь мир» соответствует языку, контексту и авторскому замыслу текста, не противоречит другим текстам Писания, имеет параллели с другими текстами Иоанна и избегает нежелательных толковательных выводов о всеобщем окончательном спасении или бездейственном умилостивлении, один из которых неизбежен при универсалистском толковании. Таким образом, частное толкование предпочтительнее как в библейским, так и в богословском отношении.

Наконец, следует рассмотреть пояснение Павла в 2 Коринфянам 5:19: «...Бог во Христе примирил с Собою мир, не вменяя людям преступлений их, и дал нам слово примирения». Ближайший контекст снова побуждает толкователя понимать «мир» не как «все без исключения», а как «все без различия по всему миру». Павел сразу определяет, в чем состоит Божье примирение: «...не вменяя людям преступлений их...» Единственные люди, которым Бог не вменяет их преступления,—это те, кто получает благословение спасения (Рим. 4:6–8).

Если не признавать всеобщее окончательное спасение, то это должно относиться только к избранным. Предыдущий стих также подтверждает это чтение, поскольку «мир» в 2 Коринфянам 5:19 имеет тот же охват, что и «нас» в 5:18, то есть те из нас, кого Бог примирил с Собой через Христа. И снова универсалистский язык оказывается дополнительным подтверждением ограниченного масштаба искупления.

Христос умер за тех, кто в итоге погибнет. Осталось рассмотреть последнюю группу текстов. Эти тексты предполагают, что те, за кого умер Христос, могут в конце концов погибнуть за свои грехи в аду. Павел, видимо, высказывает одну и ту же мысль в двух текстах:

> Если же за пищу огорчается брат твой, то ты уже не по любви поступаешь. Не губи [греч. *apollye*] твоею пищею того, за кого Христос умер (Рим. 14:15).

> И от знания твоего погибнет [греч. *apollytai*] немощный брат, за которого умер Христос (1 Кор. 8:11).

Здесь Павел обращает внимание на то, что из-за верующего, чья сильная совесть позволяет ему пользоваться христианской свободой и есть мясо, принесенное в жертву идолам, может преткнуться более слабый брат. В обоих случаях более слабый брат описывается как тот, «за кого умер Христос», и в обоих случаях ему грозит опасность погибнуть. Описывая эту гибель, Павел использует греческое слово *apollymi*, которым он часто называет гибель вечного наказания (см. Рим. 2:12; 1 Кор. 1:18; 15:18; 2 Кор. 2:15; 4:3; 2 Фес. 2:10).

Хотя может показаться, что такой ход мыслей вызывает серьезные трудности, следует помнить, что авторы Писания часто «могут говорить о тех, кто в конце концов погибнет, как о людях, временно обладающих всеми признаками истинных верующих»[79]. Смитон называет это «судом милосердия»[80]. То есть эти люди показывали, что принадлежат к общине завета, и пока они оставались в церкви, их считали истинными верующими. Так, Иоанн называет Иуду одним из учеников Иисуса (Иоан. 12:4), автор Послания к евреям обращается с многочисленными предупреждениями к «братьям», хотя церковь включает в себя и верующих, и неверующих (напр., Евр. 3:12–4:7), а Петр пишет о лжеучителях как искупленных Господом (2 Пет. 2:1). Однако их окончательный уход из общины завета показывает, что они никогда не принадлежали Христу, потому что ничто не может отделить истинного верующего от любви Христа (Рим. 8:35–39; см. Иоан. 10:27–30; Флп. 1:6). Итак, хотя злоупотребление христианской свободой может огорчать (Рим. 14:15) и уязвлять совесть (1 Кор. 8:12), немощный брат, истинный брат, за которого умер Христос, никогда не отпадет окончательно. Если же человек отпадает от веры, он показывает, что никогда не был истинным братом (1 Иоан. 2:19).

---

[79] Gibson, "For Whom Did Christ Die?," 322.

[80] George Smeaton, *The Apostles' Doctrine of the Atonement* (1870; repr., Carlisle, PA: Banner of Truth, 2009), 447.

С этим связан комментарий Петра о лжеучителях в 2 Петра 2:1: «Были и лжепророки в народе, как и у вас будут лжеучители, которые введут пагубные ереси
и, отвергаясь искупившего их Господа, навлекут сами на себя скорую погибель».
Здесь апостол указывает, что лжеучители были «искуплены» (греч. *agorazō*) Господом (греч. *despotēs*), и все же их ожидает вечная погибель. Таким образом,
универсалисты утверждают, что Господь Христос умер за всех без исключения,
даже за лжеучителей, но поскольку они не были действительно спасены, они
в конце концов не испытают спасительных благословений смерти Христа.

Однако как минимум пять факторов побуждают нас отвергнуть это толкование. Во-первых, во всех случаях, кроме одного (Иуд. 4), словом *despotēs* в Новом
Завете назван не Сын, а Отец. Поэтому здесь, вероятно, не говорится об искупительном труде Христа на кресте. Во-вторых, Лонг поясняет:

> Из 30 случаев употребления в Новом Завете слово *agorazō* никогда не использует-
> ся в сотериологическом контексте (если 2 Пет. 2:1 не является исключением) без
> слова «цена» (*timēs*, термин, относящийся к крови Христа) или его эквивалента,
> названного прямо или очевидного из контекста (см. 1 Кор. 6:20; 7:23; Откр. 5:9;
> 14:3, 4)[81].

То есть, скорее всего, Петр использует термин *agorazō* не в сотериологическом
смысле. В-третьих, Петр явно ссылается на Второзаконие 32:6: «Сие ли воздаете
вы Господу, народ глупый и несмысленный? Не Он ли Отец твой, Который усво-
ил [купил] тебя, создал тебя и устроил тебя?» Выражение «отвергая искупившего
их Господа» сопоставляет лжеучителей во дни Петра с лжепророками Израиля.
В-четвертых, вполне вероятно, что Петр ради аргумента допускает предпосылку,
что лжеучители действительно верующие. Другими словами, как говорит Шрайнер: «Складывалось *впечатление*, что Господь приобрел лжеучителей Своей кровью [2 Пет. 2:1], хотя на самом деле они не принадлежали Господу»[82]. Тогда Петр
с сарказмом говорит: «Хотя они и утверждают, что искуплены, своими делами
и учением отвергают Господа, Который, по их словам, искупил их. Они не лучше
лжепророков Израиля». В-пятых, если довести универсалистское толкование
до логического завершения, оно отрицает не только действенное искупление,
ясно излагаемое Писанием (Еф. 1:7; Кол. 1:14), но и учение о неотступности святых, состоящее в том, что поистине искупленные не могут погибнуть (Иоан.
10:27–30; 1 Иоан. 2:19; Рим. 8:31–39).

ИТОГИ

Итак, хотя в нескольких текстах Писания используется универсалистский язык
в отношении масштаба смерти Христа, после внимательного экзегетического
рассмотрения ни один из них не поддерживает неограниченное искупление. Но
если истолковать их в контексте, то стихи о смерти Христа за «всех» и за «мир»

---

[81] Gary D. Long, *Definite Atonement* (Nutley, NJ: Presbyterian and Reformed, 1976), 72.

[82] Thomas R. Schreiner, "'Problematic Texts' for Definite Atonement in the Pastoral and General Epistles," in Gibson
and Gibson, *From Heaven He Came and Sought Her*, 390.

говорят о всех без различия, а не о всех без исключения, а места, в которых, на первый взгляд, сказано, что те, за кого умер Христос, могут окончательно погибнуть в своих грехах, на самом деле ничему такому не учат.

Поскольку Писание говорит, что (1) три Лица Троицы полностью едины в Своей спасительной воле и цели, (2) что искупление не бывает потенциальным или условным, но всегда фактическим и действенным, (3) что жертвоприношение Христа как Первосвященника по охвату совпадает с Его служением ходатайства, (4) что несколько мест Писания говорят об искупительном труде Христа в частных терминах, и (5) что ни одно место Писания не учит, что Христос искупил всех без исключения, следовательно, Писание учит, что по масштабу Христово искупление не всеобщее, но ограничено только избранными.

Воскресение, вознесение и ходатайство

Также необходимо упомянуть, что ходатайственный труд Христа не завершился на кресте. Он не только был «предан за грехи наши», но и «воскрес для оправдания нашего» (Рим. 4:25). Кроме того, Он вознесен и посажен по правую руку Отца, чтобы владычествовать над всем (Еф. 1:20–23), и о верующих сказано, что они посажены с Ним (Еф. 2:6). Вознесшись, Христос послал Святого Духа, чтобы Он постоянно жил в каждом члене Его церкви (Иоан. 14:17; 16:7) и давал нам силу для святой жизни и служения. Помимо этого, Христос и сегодня по правую руку Отца ходатайствует о нас (Рим. 8:34; Евр. 7:25), молясь о наших духовных благах, защищая от обвинителя, освящая молитвы и помогая во время нужды (см. Евр. 4:16)[83].

Кульминацией нашего изучения того, как осуществилось искупление, должно стать поклонение триединому Богу за труд Сына. Верное богословие всегда должно выливаться в возвышенное славословие. Сатана прекрасно знает богословие искупления; бесы веруют и трепещут (Иак. 2:19). Хотя сатана и бесы могут много знать о подвиге Христа, Его искупление не распространяется на них. Но блага искупления даны нам, Его народу. И потому наше изучение Христова искупления завершается песней святых и ангелов из Откровения 5:9–13:

> Достоин Ты взять книгу
>   и снять с нее печати,
> ибо Ты был заклан, и кровию Своею искупил нас Богу
>   из всякого колена и языка, и народа и племени,
> и соделал нас царями и священниками Богу нашему;
>   и мы будем царствовать на земле.
>
> …Достоин Агнец закланный
> принять силу и богатство, и премудрость и крепость,
> и честь и славу и благословение.
>
> …Сидящему на престоле и Агнцу
> благословение и честь, и слава и держава во веки веков.

---

[83] Более подробно о воскресении, вознесении и нынешнем ходатайстве Христа см. гл. 4 «Бог Сын».

Применение искупления

Одна из важнейших характеристик спасительного труда Господа Иисуса Христа — его достаточность и действенность. Сын Божий — не потенциальный Спаситель. Он не просто «принял участие» в спасении людей, оставив решающее слово за ними. Действительно, в Своей молитве Отцу накануне предательства и ареста Он заявил, что уже совершил дело, которое Отец поручил Ему исполнить (Иоан. 17:4). На кресте, испив не только уксус, но и горькую чашу гнева Отца, взяв на Себя все наказание за грехи Своих людей (1 Пет. 2:24; 2 Кор. 5:21; Гал. 3:13), Он победно воскликнул: «Совершилось!» (Иоан. 19:30). В тот момент Спаситель мира раз и навсегда непреложно обеспечил спасение Своих людей (Рим. 6:10; Евр. 7:27; 10:10). Сын Божий полностью выполнил Свою миссию искупления.

Благодаря достаточности искупительного труда Христа, если верующего спрашивают, когда Бог спас его, то в определенном смысле он должен ответить: «Две тысячи лет назад». И все же никто не приходит в этот мир спасенным. Мы все рождены в беззаконии (Пс. 50:7), мертвы по преступлениям и грехам (Еф. 2:1), по природе дети гнева (Еф. 2:3) и враги Бога (Рим. 5:10; 8:7–8). Хотя все благословения спасения раз и навсегда были приобретены на кресте, народ Божий не пользуется благами жертвы Христа, пока Святой Дух не применит эти благословения к отдельным верующим — пока они не родятся от Духа к покаянию и вере, не соединятся с Христом и, тем самым, не будут оправданы, усыновлены и отделены для святой жизни и служения Богу. Именно по этой причине мы должны различать осуществление искупления и его применение.

По Божьей премудрости Дух Святой не сразу при обращении дает верующему всю полноту благ, приобретенных жертвой Христа. Эти благословения даются нам постепенно, поэтапно. Например, освящение обещано, но происходит постепенно; мы не получаем духовное благословение прославления сразу же в момент обращения. Возможно, мы предпочли бы освободиться от присутствия греха в момент, когда мы уверовали, но Бог задумал, чтобы прославление было завершением длящегося всю жизнь процесса возрастания в святости. Более того, даже те аспекты спасения, которые применяются одновременно, следует отличать друг от друга. Например, хотя оправдание и усыновление мы получили в один и тот же момент (когда получили спасающую веру), это два уникальных благословения. Если смешать их в одно, то каждое из них лишится своей особой славы. Подобно драгоценному бриллианту, слава применения искупления многогранна и полностью постигается лишь тогда, когда каждая грань участвует в сиянии целого. Поэтому при изучении сотериологии необходимо исследовать отличительные черты каждого из аспектов применения искупления.

Порядок спасения

Эти аспекты спасения не просто отличаются друг от друга, но они логически, а иногда и хронологически связаны друг с другом. Такие логические и хронологические отношения между различными этапами применения искупления обозначают латинской фразой *ordo salutis* (что значит «порядок спасения»)[84].

Некоторые сомневаются, уместно ли даже пытаться выяснить такой порядок, утверждая, что Библия не дает подробного *ordo salutis*. Однако, хотя ни один текст не содержит четкого изложения порядка спасения, в Писании есть существенные основания для признания такого порядка. В некоторых случаях библейское определение некоторой доктрины требует хронологического порядка. Например, учение о прославлении описывает применение спасения при его завершении, когда Христос «уничиженное тело наше преобразит так, что оно будет сообразно славному телу Его...» (Флп. 3:21). Сегодня для верующих это еще не совершилось, но мы предвкушаем, что это обязательно произойдет (Рим. 8:23; Флп. 3:20). Когда Дух говорит: «...ныне ближе к нам спасение, нежели когда мы уверовали» (Рим. 13:11), в этом показан определенный порядок для прославления как последнего благословения спасения, которое будет применено к Божьему народу. В других случаях связь двух или более из этих аспектов спасения четко определена в тексте. Такой пример есть в Иоанна 1:12, где сказано: «А тем, которые приняли Его [Иисуса], верующим во имя Его, дал власть быть чадами Божиими...» Этот текст учит, что право стать Божьими детьми, то есть получить благодать усыновления, обусловлено принятием Иисуса и верой в Него. Таким образом, даже если благодать усыновления даруется в тот же самый момент, когда человек поверил, вера все же *логически* предшествует усыновлению. Подобным образом, многочисленные тексты Писания свидетельствуют, что человек оправдывается верой (напр., Рим. 3:28; 5:1), то есть вера — это средство оправдания. Таким образом, вера должна логически предшествовать оправданию, как и усыновлению.

Эти несколько примеров ясно показывают, что концепция порядка спасения не чужда библейскому тексту. Действительно, полагать, что прославление —

---

[84] Важно признавать различие между логическим и хронологическим порядком. Например, когда богословы утверждают, что в *ordo salutis* возрождение предшествует вере, в большинстве случаев они не имеют в виду, что их разделяет промежуток времени, как будто кто-то может родиться свыше, а через несколько месяцев уверовать во Христа. Но они говорят, что между ними есть причинно-следственная связь, а именно, что возрождение служит логической причиной веры. Хотя по времени они совпадают, происходя в тот же самый момент, логически они различны. Сказать, что возрождение предшествует вере, — значит просто сказать, что человек должен родиться свыше, чтобы поверить, а не что он должен поверить, чтобы родиться свыше. Это различие между логическим и хронологическим порядком следует учитывать, чтобы можно было понять *ordo salutis*.

не последний шаг в применении искупления или что вера дается после оправдания, означало бы нарушать ясный смысл приведенных выше отрывков. Поэтому говорить о логическом порядке или приоритете не значит навязывать «человеческую логику» тексту Писания. Но это значит находить в тексте божественную логику и порядок, которые ясно открыл Дух Самого Бога. Такова цель библейского *ordo salutis*.

ORDO SALUTIS И РИМЛЯНАМ 8:29–30

Самый ясный текст, говорящий о порядке спасения, — Римлянам 8:29–30. Павел пишет: «Ибо кого Он предузнал, тем и предопределил быть подобными образу Сына Своего, дабы Он был первородным между многими братиями. А кого Он предопределил, тех и призвал, а кого призвал, тех и оправдал; а кого оправдал, тех и прославил». Изучая этот текст, мы найдем предварительный *ordo salutis*.

Во-первых, следует отметить, что перечисленные в этом отрывке события спасения выходят за рамки только лишь применения искупления, так как упомянутые здесь предузнание и предопределение избранных Отцом восходят к Его вечному плану искупления[85]. Тем не менее они естественно вписываются в определенный порядок. Даже приставка «пред-» (греч. *pro-*) в обоих словах говорит о том, что предузнание и предопределение предшествуют более поздним аспектам искупления. Их упоминание в других местах Писания также свидетельствует об этом порядке, поскольку оба термина встречаются с фразой «прежде создания мира» в других текстах о спасении (1 Пет. 1:20; Еф. 1:4–5). Итак, вечный совет Троицы, в котором Отец Своей избирающей любовью возлюбил тех, кого намерен спасти, служит основанием всех спасительных дел при осуществлении и применении искупления.

Во-вторых, последним в этой последовательности Павел называет прославление. Мы уже показали, что прославление — это завершающий этап в применении искупления, поскольку оно представляет собой искоренение греха и немощи из наших тел, истинное и окончательное избавление от греха и всех его последствий (Рим. 8:19–25; 1 Кор. 15:50–57; Флп. 3:20–21). Поэтому, как бы ни были связаны друг с другом все остальные элементы спасения, прославление явно должно быть последним в *ordo salutis*. Призвание и оправдание должны предшествовать ему.

Итак, какая же связь между призванием и оправданием? Во-первых, следует заметить, что призвание, о котором здесь говорит Павел, — это Божье действенное призвание, приводящее к спасению (напр., 2 Пет. 1:3, 10; 1 Кор. 1:9, 24, 26; 2 Тим. 1:9; см. Иоан. 11:43–44)[86], а не общее призвание, которое может быть от-

---

[85] Более подробное изложение доктрин предузнания и предопределения и их места в божественном плане искупления см. «Извечное решение об избрании» (с. 520).

[86] Хотя полное определение и обсуждение *действенного призвания* будет дано ниже при рассмотрении доктрины призвания, здесь можно определить его как то, что Бог призывает духовно мертвого грешника и творческой силой этого призыва наделяет его духовной жизнью, делая его способным поверить во Христа для спасения.

вергнуто (напр., Матф. 22:14; Деян. 7:51). Это видно из его слов, что все призван-
ные также оправданы и прославлены (Рим. 8:30). Никто, услышав этот призыв,
не останется без спасительных благословений оправдания и прославления. Во-
вторых, учитывая, что Павел приводит предузнание и предопределение первыми, а прославление последним, можно сделать обоснованный вывод, что при
перечислении этих различных аспектов спасения он имеет в виду определенный порядок. Следовательно, поскольку он приводит призвание до оправдания,
надо понимать, что призвание предшествует оправданию. Итак, в Римлянам
8:30 представлен следующий порядок применения искупления: действенное
призвание, оправдание, а затем прославление.

ORDO SALUTIS И ДРУГИЕ НОВОЗАВЕТНЫЕ ТЕКСТЫ

Римлянам 8:29–30 не дает исчерпывающего объяснения каждого аспекта применения искупления. Там не упоминаются возрождение, вера, освящение и другие
спасительные благословения. Чтобы понять, как другие доктрины расположены
в порядке спасения, необходимо исследовать весь Новый Завет[87].

В первую очередь, проще всего, наверное, определить положение дара веры
в порядке спасения, поскольку Писание ясно называет веру условием оправдания. Сказано, что грешники оправдываются «верой» (Рим. 3:28; 5:1; Гал. 2:16;
3:24), «через веру» и «по вере» (Флп. 3:9). Грешник не будет объявлен праведным
в Божьих глазах, если не будет верить, и только посредством веры он получит
Божью праведность во Христе. Итак, веру надо поместить перед оправданием,
и, поскольку вера — его непосредственная причина[88], между ними не должно
быть ничего другого. После добавления веры получится следующий *ordo salutis*:
действенное призвание, вера, оправдание, а затем прославление.

Далее, следует также учитывать, что спасительная вера — это всегда покаянная вера, ведь когда с верой обращаются к Христу за спасением, то обязательно
отворачиваются от греха и самоправедности (Деян. 26:17–18; 1 Фес. 1:9). Вот почему Евангелие проповедуется как призыв и покаяться, и поверить (Марк. 1:14–15;
Деян. 20:21), так как одно не может существовать без другого. Покаяние настолько важно для спасительной веры, что апостол Иаков говорит, что разделить
их — значит убить веру, ибо вера без дел (т. е. без достойных плодов покаяния,
Лук. 3:8) мертва (Иак. 2:17, 26). Это не истинная, спасающая вера, а совершенно
бесполезная (Иак. 2:20). Кроме того, вера и покаяние настолько тесно связаны
друг с другом, что Писание часто говорит об одном, когда подразумеваются оба.
Например, когда людей обличила проповедь Петра на Пятидесятницу и они
спрашивали, что им делать, чтобы спастись, Петр ответил: «Покайтесь, и да крестится каждый из вас во имя Иисуса Христа для прощения грехов...» (Деян. 2:38).
А когда темничный страж в Филиппах после подобного обличения задал тот

---

[87] Опять же, полное определение и обсуждение каждой из этих доктрин будет дано ниже в этой главе.

[88] См.: Уоллас. Углубленный курс грамматики греческого языка. С. 453–457.

же вопрос Павлу и Силе, они ответили: «Веруй в Господа Иисуса Христа, и спасешься...» (Деян. 16:31). Если не принимать абсурдную идею, что Петр и Павел проповедовали не одно и то же Евангелие, то очевидно, что покаяние, которое спасает, — это покаяние с верой, а вера, которая спасает, — это вера с покаянием (см. Матф. 4:17; Лук. 24:47; Иоан. 3:16; 20:31). Таким образом, покаяние и вера — это две стороны одной медали, и вместе они составляют обращение (см. Деян. 15:3). И поскольку логически человек должен сначала отвернуться *от* чего-то, чтобы потом обратиться *к* чему-то другому, то покаяние находится перед верой. Поэтому получается следующий порядок: действенное призвание, обращение (покаяние и вера), оправдание, а затем прославление.

Вокруг взаимосвязи между возрождением и верой имеются значительные разногласия, однако Писание, как кажется, ясно изображает веру как следствие нового рождения. Во-первых, поскольку душевный человек мертв во грехе (Еф. 2:1–3) и поэтому не может понять и принять то, что от Духа Божьего (1 Кор. 2:14), то он абсолютно не способен верить, пока Дух не даст ему духовную жизнь. Поэтому Иисус говорит: «...никто не может прийти ко Мне, если то не дано будет ему от Отца Моего» (Иоан. 6:65). Во-вторых, Иисус говорит, что новое рождение необходимо, чтобы «увидеть» (Иоан. 3:3) Царство Божье и «войти» (Иоан. 3:5) в него. Увидеть Царство — это, несомненно, образное описание спасительной веры (см. Евр. 11:1), и невозможно отрицать, что человек входит в Царство при обращении (когда кается и верует в Евангелие). Следовательно, новое рождение логически предшествует вере. В-третьих, апостол Иоанн пишет: «Всякий верующий, что Иисус есть Христос, от Бога рожден...» (1 Иоан. 5:1). В этом стихе большое значение имеют времена глаголов. «Всякий верующий» (греч. *Pas ho pisteuōn*) — причастие настоящего времени, описывающее продолжающееся действие в настоящем. «От Бога рожден» (греч. *ek tou theou gegennētai*) — перевод перфекта изъявительного наклонения, который описывает действие в прошлом с результатами в настоящем. Таким образом, Иоанн говорит, что каждый, кто сейчас верит в Иисуса, *уже был* рожден от Бога. Те же самые отношения (выраженные идентичными грамматическими конструкциями) существуют между новым рождением и праведными поступками (1 Иоан. 2:29), любовью (1 Иоан. 4:7) и победой над миром (1 Иоан. 5:4). Однако ничто из этого не предшествует возрождению и, тем более, не вызывает его. Наконец, есть веские основания полагать, что призвание и возрождение говорят о двух аспектах одного и того же события, а именно, о призыве к духовной жизни, с одной стороны, и о наделении ею — с другой[89]. Поэтому, если призвание и возрождение можно считать

---

[89] В 2 Коринфянам 4:6 Павел сравнивает сотворение мира словом Божьим (см. Быт. 1:3; Пс. 32:6) с возрождением грешника словом Божьим (см. Иак. 1:18; 1 Пет. 1:23, 25). Говоря о сотворении мира, мы не разграничиваем между Божьим повелением сотворения и самим действием сотворения. Вселенная буквально появилась по Его слову. Мы должны придерживаться такого же подхода к созданию духовной жизни в грешнике. Само призвание создает жизнь, которой требует. Таким образом, действенный призыв следует отождествлять с возрождением. Прекрасную защиту этой точки зрения см.: Appendix 3 of Matthew Barrett, *Reclaiming Monergism: The Case for Sovereign Grace in Effectual Calling and Regeneration* (Phillipsburg, NJ: P&R, 2013).

единым целым, то понятно, что когда Павел говорит о призвании в Римлянам 8:30, ему не нужно добавлять сюда возрождение, ведь он представляет их как одно и то же действие. Поскольку уже было показано, что вера следует за призванием, разумно заключить, что хотя они происходят одновременно, возрождение логически стоит раньше и порождает веру. Поэтому мы можем продолжать строить наш *ordo salutis*: действенное призвание/возрождение, обращение (покаяние и вера), оправдание, а затем прославление.

Теперь довольно легко расположить оставшиеся аспекты применения искупления. Как и в случае с оправданием, сказано, что благодать усыновления верующие получают по вере (Иоан. 1:12; Гал. 3:26). Это достаточная причина, чтобы считать оправдание и усыновление одновременными. Однако надо признать, что усыновление должно логически следовать за оправданием. Действительно, верующие не могли бы получить законное право войти в Божью семью, не имея правильного положения перед Ним. Сначала Бог должен объявить нас праведными, а потом уже принять в семью Того, Чье имя — Святой (Ис. 57:15). Далее, вера, посредством которой мы получаем оправдание и усыновление, — это вера, непрерывно действующая любовью (Гал. 5:6). В то время как возрождение, обращение, оправдание и усыновление происходят мгновенно, освящение — это постепенный процесс, который продолжается на протяжении всей христианской жизни (2 Кор. 3:18). Таким образом, освящение происходит после усыновления, но до прославления. Процесс освящения характеризуется неотступностью христианина в вере (Матф. 24:13) и его растущей уверенностью в спасении (2 Пет. 1:10; 1 Иоан. 5:13).

Итак, на основании приведенного выше библейского анализа, мы видим, что Писание представляет следующий *ordo salutis*:

1. Предузнание/предопределение/избрание (Божье избрание некоторых к спасению)
2. Действенное призвание / возрождение (новое рождение)
3. Обращение (покаяние и вера)
4. Оправдание (провозглашение правым перед законом)
5. Усыновление (принятие в Божью семью)
6. Освящение (постепенное возрастание в святости)
7. Неотступность (пребывание во Христе)
8. Прославление (получение воскресшего тела)

Первое из этих спасительных благословений является предвременным и предшествует даже применению искупления. Шаги со второго по пятый происходят все одновременно, когда человек становится христианином. Шестой и седьмой длятся всю христианскую жизнь. Наконец, восьмой шаг завершает применение искупления при возвращении Христа. Теперь можно более обстоятельно рассматривать эти доктрины, связанные с применением искупления.

Внешнее призвание: провозглашение Евангелия

Как уже упоминалось, когда Павел говорит о доктрине божественного призвания в Римлянам 8:30, он имеет в виду действенное призвание или возрождение, посредством которого Бог полновластно призывает грешника из духовной смерти к духовной жизни. Фактически, когда в новозаветных посланиях говорится о божественном призвании, в каждом случае подразумевается это внутреннее, действенное призвание. Безусловно, Евангелия говорят и о другом призвании, которое часто называют внешним, общим или евангельским призванием. Оно заключается в словесном провозглашении Евангелия, в котором всех грешников призывают отвернуться от греха и поверить в Иисуса Христа, чтобы спастись (Матф. 22:14). Другими словами, есть различие между Божьим призывом (внутренним призванием) и призывом проповедника (внешним призванием). Внутреннее призвание обращено только к избранным и всегда приводит грешника к спасению. В отличие от этого внешнее призвание обращено ко всем людям без различия и часто отвергается. Поэтому внешнее призвание не входит в *ordo salutis*, поскольку спасительные блага Христова искупления всегда и обязательно действенно применяются к избранным. Тем не менее, поскольку внешнее евангельское призвание—это средство, которым Бог производит действенное призвание к возрождению, его необходимо учитывать при изучении применения искупления.

НЕОБХОДИМОСТЬ ВНЕШНЕГО ПРИЗВАНИЯ

Римлянам 10:13 говорит, что внешнее призвание необходимо, чтобы грешник мог «призвать» Господа и спастись:

> Ибо всякий, кто призовет имя Господне, спасется.
>
> Но как призывать Того, в Кого не уверовали? Как веровать в Того, о Ком не слыхали? Как слышать без проповедующего? И как проповедывать, если не будут посланы? Как написано: «Как прекрасны ноги благовествующих мир, благовествующих благое!» Но не все послушались благовествования. Ибо Исаия говорит: «Господи! Кто поверил слышанному от нас?» Итак вера от слышания, а слышание от слова Божия (Рим. 10:13–17).

Этот текст ясно показывает, что провозглашение евангельской вести абсолютно необходимо для спасения людей. Грех проник в саму суть человека, так что человек—это грешник не только по своему выбору, но и по природе (см. Рим. 8:7; 1 Кор. 2:14; Еф. 2:3; 4:17–18). Поэтому Божьего откровения о Себе в природе (Рим. 1:19–20) достаточно, чтобы представить всех людей виновными перед Богом, не имеющими извинения, и обличить их в грехе и грядущем суде как здесь (1:21–31), так и в вечности (1:32). Однако выход из этого ужасного духовного состояния человечества дан не в естественном откровении и не в том, что грешник может найти в самом себе или в том, что у него есть. Чтобы человек обрел спасение, ему должна быть проповедана евангельская весть о жизни, смерти, погребении и воскресении Сына Божьего, посланного с небес спасти грешников по благодати через веру, независимо от дел.

Послушайте, что Дух Божий говорит в 1 Коринфянам 1:18–21:

> Ибо слово о кресте для погибающих юродство есть, а для нас, спасаемых, — сила Божия. Ибо написано:
>
> Погублю мудрость мудрецов,
> и разум разумных отвергну.
>
> Где мудрец? Где книжник? Где совопросник века сего? Не обратил ли Бог мудрость мира сего в безумие? Ибо когда мир своею мудростью не познал Бога в премудрости Божией, то благоугодно было Богу юродством проповеди спасти верующих.

Это так, потому что слово истины — это средство, с помощью которого Бог производит новое рождение (Иак. 1:18). Апостол Петр пишет, что верующие — это люди, «возрожденные не от тленного семени, но от нетленного, от слова Божия, живого и пребывающего вовек» (1 Пет. 1:23). Двумя стихами ниже он добавляет: «...а это есть то слово, которое вам проповедано» (1 Пет. 1:25). Таким образом, проповедь Евангелия — это необходимое требование для спасения, потому что именно посредством проповеди Слова грешники пробуждаются к новой жизни. Поэтому о благовествовании сказано, что это «сила Божия к спасению» (Рим. 1:16–17; см. 1 Кор. 1:18). Именно безумием проповеди Евангелия Богу было угодно спасти верующих. Следовательно, мы должны посылать проповедников Евангелия.

СОСТАВЛЯЮЩИЕ ВНЕШНЕГО ПРИЗВАНИЯ

В свете того, что внешнее евангельское призвание необходимо для спасения грешников, крайне важно понять, что на самом деле составляет это призвание. В проповеди Евангелия обязательно нужно сообщать как минимум три элемента. В первую очередь проповедник Евангелия должен объяснить святость Бога, греховность человека и труд Христа, совершившего искупление. Бог — Творец всего сущего (Пс. 23:1), и человек как Его творение подотчетен Богу, своему Судье. Бог совершенно свят (Матф. 5:48); Он есть сущность всякого добра, причем в такой степени, что не может иметь никакого общения с теми, кто не достиг нравственного совершенства (1 Иоан. 1:5; см. Иак. 2:10). А Писание гласит, что все люди согрешили против Бога, нарушив Его закон, и не достигают совершенных норм праведности, требуемых для общения с Ним (Рим. 3:23). Вердикт, вынесенный всему человечеству, гласит: «Нет праведного ни одного» (Рим. 3:10), и потому все приговорены к смерти: «Ибо возмездие за грех — смерть...» (Рим. 6:23). Поскольку грех против бесконечно святого Бога требует бесконечного наказания, эта смерть не просто физическая или временная, но духовная и вечная. Справедливое наказание за всякий грех — это ад: вечные сознательные мучения вдали от лица Господа (Матф. 13:50; 25:46; 2 Фес. 1:9; Откр. 14:11).

В то время как человек был беспомощен под гнетом греха, не имея возможности оплатить его наказание и избежать его последствий (Рим. 5:6), Бог Сын стал человеком, (1) чтобы прожить совершенно праведную жизнь, что не удалось сынам Адама, и (2) чтобы умереть заместительной смертью вместо Своих людей (Рим. 5:6, 8), приняв на Себя все наказание гнева Отца за их грех (Ис. 53:6; 1 Пет. 2:24; 2 Кор. 5:21). Умерев за грешников, Христос был погребен и на третий день воскрес из мертвых, восторжествовав над грехом и смертью (Рим. 4:25; 1 Кор. 15:4; Евр. 2:14–18), и вознесся по правую руку Небесного Отца (Еф. 1:20–23). Если проповедник не дал четкого объяснения проблемы человеческого греха, а также воплощения, заместительного искупления и воскресения Господа Иисуса Христа, то Евангелие не было проповедано.

Хотя вера в эти истины Евангелия абсолютно необходима для спасения, этого недостаточно, ведь даже бесы верят в истины о Боге и Его Евангелии (Иак. 2:19). Чтобы интерес грешника к Христу был спасительным, он в ответ на эти факты должен обратиться от греха и поверить во Христа к праведности. Поэтому второй ключевой элемент внешнего призвания — это настоятельный призыв проповедника к грешнику покаяться и поверить. Сам Господь Иисус показал пример такой проповеди Евангелия. Марк пишет, что Он пришел, «проповедуя Евангелие Царствия Божия и говоря, что исполнилось время и приблизилось Царствие Божие: покайтесь и веруйте в Евангелие» (Марк. 1:14–15). О благовестии апостолов сказано, что они возвещали «покаяние пред Богом и веру в Господа нашего Иисуса Христа» (Деян. 20:21; см. 1 Фес. 1:9). То есть библейское изложение Евангелия призывает грешников (1) признать свой грех и вину перед Богом (Лук. 15:18); (2) оставить всякую надежду получить прощение добрыми делами (Евр. 6:1); (3) отвернуться от жизни, управляемой грехом и своим «я» (Ис. 55:7; Лук. 9:23); и (4) всецело уповать исключительно на праведность Христа, чтобы угодить Богу и примириться с Ним (Рим. 10:4, 9; Флп. 3:4–9). Лишь с покаянной верой грешник может субъективно принять блага, объективно приобретенные Христом. Более того, поскольку это единственная надежда грешника на жизнь и спасение, призыв покаяться и поверить должен излагаться как весьма неотложный. Проповедники не должны говорить грешникам о Христе холодно и безучастно; наоборот, движимые страхом Господним (2 Кор. 5:11), они должны горячо убеждать и умолять людей: «Примиритесь с Богом» (2 Кор. 5:20).

Третий необходимый элемент внешнего призвания — это обещание прощения грехов и вечной жизни. Побуждая грешников к покаянию и вере, следует рассказать им о несравненных благословениях, обещанных тем, кто послушен зову Евангелия. Как и с другими элементами, мы видим примеры этого в проповедях Иисуса и апостолов. В Иоанна 3:16 Иисус обещает, что верующий в Него не погибнет, но будет иметь жизнь вечную. Петр в своей проповеди на Пятидесятницу после призыва к покаянию, говорит евреям об обещанном прощении грехов (Деян. 2:38; см. 3:19). А Павел в Антиохии Писидийской прямо утверждает:

«Итак, да будет известно вам, мужи братия, что ради Него возвещается вам прощение грехов; и во всем, в чем вы не могли оправдаться законом Моисеевым, оправдывается Им всякий верующий» (Деян. 13:38–39). В конечном счете, величайшее обещание Евангелия состоит в том, что грешники, некогда отчужденные от Бога, могут примириться и иметь с Ним правильные отношения (1 Пет. 3:18; Еф. 2:18). Это примирение настолько глубоко, что грешнику дано право стать Божьим чадом (Иоан. 1:12). Поэтому богоцентричное изложение Евангелия не только провозглашает великие обещания прощения и вечной жизни, но и заверяет, что вечная жизнь состоит в познании триединого Бога и общении с Ним (Иоан. 17:3), и показывает, что величайший дар Евангелия и есть Тот, Кто дает его.

ХАРАКТЕРИСТИКИ ВНЕШНЕГО ПРИЗВАНИЯ

Внешнее призвание к спасению через благовестие имеет несколько ключевых характеристик. Первая характеристика в том, что это общее (или всеобщее) призвание. Это значит, что благая весть о покаянии и вере для прощения грехов должна провозглашаться всем людям без различия. Хотя внутреннее возрождающее призвание касается только избранных, внешнее евангельское призвание должно проповедоваться одинаково как избранным, так и отверженным. Некоторые, желая возвысить Божье абсолютное полновластие, отвергают это учение и утверждают, что поскольку Бог намерен спасти только избранных, то Евангелие следует проповедовать только им. Однако это не только невозможно (поскольку мы не можем отличить избранных от остальных людей), но и явно противоречит Писанию. Бог говорит, что Он искренне желает, чтобы нечестивые покаялись (Иез. 18:23, 32; 33:11; см. 2 Кор. 5:20), и в соответствии с этим желанием щедро призывает всех людей к Себе: «Жаждущие! Идите все к водам; даже и вы, у которых нет серебра, идите, покупайте и ешьте; идите, покупайте без серебра и без платы вино и молоко. <...> Приклоните ухо ваше и придите ко Мне: послушайте, и жива будет душа ваша...» (Ис. 55:1, 3). Он взывает к грешникам, чтобы они искали Его, и готов помиловать и простить их (Ис. 55:6–7). Он призывает всех без различия: «Ко Мне обратитесь, и будете спасены, все концы земли...» (Ис. 45:22). Глубина и широта божественного сострадания также в полной мере проявляется в Том, Кто в точности отображает природу Отца. Если бы благовестники должны были ограничивать внешнее призвание только избранными, мы бы непременно увидели пример этого в служении Иисуса, ведь Он, в отличие от нас, прекрасно знал, кто избран. Однако Господь не делал такого разграничения, а проповедовал Евангелие даже тем, кто Его отвергал (Матф. 22:2–14; Лук. 14:16–24), приглашая всех труждающихся найти в Нем покой (Матф. 11:28–30). Этот всеобщий характер проповеди представлен в Великом поручении церкви: «Итак идите, научите все народы...» (Матф. 28:19; см. Лук. 24:47), а также: «...проповедуйте Евангелие всей твари» (Марк. 16:15). Поэтому нет ничего удивительного, что такой же пример можно видеть в апостольской проповеди, когда Павел заявил философам в ареопаге, что Бог «повелевает людям всем повсюду покаяться» (Деян. 17:30). Поистине, нельзя отрицать всеобщий характер евангельского призыва.

Вторая характеристика внешнего призвания в том, что это искреннее, подлинное приглашение. Некоторые возражают, что поскольку Бог намерен спасти только тех, кого Он избрал, чтобы дать им покаяние и веру, то для Бога всеобщий призыв Евангелия не может быть подлинным. Это не что иное, как богохульное обвинение людей, возвысивших свои собственные рассуждения над Божьим откровением. Как уже было показано, Бог действительно призывает всех к покаянию и говорит, что Он искренне желает покаяния нечестивых. Он спрашивает: «Разве Я хочу смерти беззаконника?.. Не того ли, чтобы он обратился от путей своих и был жив?» (Иез. 18:23; см. 18:32; 33:11). Может ли кто усомниться в искренности Божьих слов: «О, если бы народ Мой слушал Меня и Израиль ходил Моими путями!» (Пс. 80:14)? Господь говорит об Израиле: «Целый день Я простирал руки Мои к народу непослушному и упорному» (Рим. 10:21). Хотя может быть трудно понять, как заявления о сострадании к неизбранным можно согласовать с доктринами суверенного избрания и частного искупления, все же никак нельзя делать вывод, что Бог имеет в виду не то, что говорит! Беркхоф пишет:

> Внешний призыв—это искренний, не формальный призыв. Это не предложение, сделанное с расчетом на то, что оно не будет принято. Когда Бог призывает грешника принять Христа верой, Он искренне желает его спасения, и, когда Он обещает покаявшимся и уверовавшим вечную жизнь, Его обещание заслуживает доверия. Это вытекает из самой природы Бога, Его правдивости. Было бы кощунством думать, что Бога можно обвинить в двуличии и обмане; что Он говорит одно, но имеет в виду другое; что Он искренне призывает грешника к покаянию и вере к спасению, но в то же время совсем не желает этого[90].

Тот же Бог, Который, «кого хочет, милует; а кого хочет, ожесточает» (Рим. 9:18), не хочет смерти беззаконника. Для христианина, который верит Библии, недопустимо считать, что первое несовместимо со вторым. Предложение спасения, выраженное во внешнем призвании Евангелия, обусловлено покаянием и верой. Чтобы со стороны Бога это было подлинным, искренним предложением, Он просто должен быть искренне расположен даровать обещанные благословения при удовлетворении условий этого предложения[91]. И все обстоит именно так: если кто-то покается и поверит во Христа, Бог простит и спасет его. Однако такое покаяние и вера невозможны для душевного человека (Рим. 8:7–8; 1 Кор. 2:14). Без возрождающей благодати никто никогда не покается и не поверит. Таким образом, для тех, кто не избран, условия предложения никогда не будут

---

[90] Беркхоф. Систематическое богословие. С. 532–533.

[91] Никол заключает: «Главное условие искреннего предложения состоит лишь в том, чтобы при соблюдении условий предложения то, что предлагается, было действительно предоставлено» (Roger R. Nicole, "Covenant, Universal Call and Definite Atonement," *JETS* 38, no. 3 [1995]: 403–412).

выполнены. Полагать, что Божье предложение неискреннее—и даже, что Он притворяется искренним,—поскольку Он не дает необходимую благодать, чтобы преодолеть греховность человека,—значит полагать, что Бог обязан дать благодать всем. На такое мнение Сам Господь отвечает: «...разве я не властен в своем делать, что хочу?» (Матф. 20:15). Горшечник властен над глиной, «чтобы из той же смеси сделать один сосуд для почетного употребления, а другой для низкого» (Рим. 9:21). Бог никому не обязан давать благодать, тем более всем. Несовершенство евангельского призвания заключается в испорченности человека, а не в мнимой скупости Божьей благодати. Предполагать подобное граничит с высшей степенью кощунства.

Наконец, третья характеристика внешнего призвания заключается в том, что само по себе оно не обладает силой. В отличие от действенного призвания, которое непременно приводит человека к духовной жизни (напр., 1 Кор. 1:9; см. Иоан. 6:44, 65), так что он обязательно будет оправдан и в итоге прославлен (Рим. 8:30), внешнее призвание может быть отвергнуто. Иисус указывает на это различие в заключении к притче о брачном пире: «...ибо много званых, а мало избранных» (Матф. 22:14). То есть многие приглашены на пир благословений вечной жизни, однако, поскольку Отец избрал не всех, а только некоторых, действенно призваны немногие. Поэтому многие званые отвергают внешнее призвание. Любой пример, когда проповеданное Евангелие отвергают , свидетельствует, что внешнее призвание лишено внутренне присущей действенности (напр., Иоан. 3:18; 6:64; 12:37; Деян. 7:51; 17:32). Именно по этой причине внешнее призвание недостаточно для спасения.

Внутреннее призвание: возрождение

Из-за недостаточности внешнего призвания грешникам нужно суверенное действенное призвание, по самой своей природе способное преодолеть последствия греховности и привести к покаянию и спасающей вере. Для человека в естественном состоянии характерна духовная смерть (Еф. 2:1). По своей природе он духовный труп, совершенно невосприимчивый к духовной истине, провозглашаемой во внешнем евангельском призвании. Душевный человек всегда будет отвергать Евангелие, ведь слыша то, что от Духа Божьего, «он почитает это безумием; и не может разуметь, потому что о сем надобно судить духовно» (1 Кор. 2:14). Грех настолько глубоко проник в человека, что повредил все его способности. Он духовно слеп, поскольку у неверующих «бог века сего ослепил умы, чтобы для них не воссиял свет благовествования о славе Христа...» (2 Кор. 4:4; см. Рим. 1:21–22; Еф. 4:17–18). Когда слава Христа представлена в Евангелии, душевный человек не видит ее, потому что у него ослеплены очи сердца. Он также духовно глух, ведь «ухо у них необрезанное» (Иер. 6:10), так что он не может различить мудрость, благодать и истину, звучащие в Евангелии благодати (Ис. 6:9–10; Матф. 13:15; Иоан. 8:43). Более того, воля и чувства человека полностью нарушены, поскольку, как свидетельствует пророк Иеремия, «лукаво сердце человеческое более всего и крайне испорчено» (Иер. 17:9)[92]. Неверующий лишен духовной жизни, так как Писание говорит, что у него каменное сердце (Иез. 11:19; 36:26), холодное и нечувствительное к содержанию и славе открытой Богом истины.

Но «Бог, богатый милостью, по Своей великой любви, которою возлюбил нас, и нас, мертвых по преступлениям, *оживотворил со Христом...*» (Еф. 2:4–5). По Своему суверенному благоволению Бог направляет действенное призвание в сердце избранных. Он властно призывает грешника из духовной смерти и слепоты и при этом животворной силой Своего Слова наделяет его новой, духовной жизнью, дает ему новое сердце, а также глаза, чтобы видеть, и уши, чтобы слышать, так что он обретает силу покаяться и уверовать во Христа к спасению (1 Пет. 5:10; 2 Пет. 1:3; Рим. 8:30; 1 Кор. 1:24; 2 Тим. 1:9). Господь действенно призывает Своих людей к Себе (Деян. 2:39), «из тьмы в чудный Свой свет» (1 Пет. 2:9), в общение со Своим Сыном (1 Кор. 1:9), чтобы они принадлежали Христу (Рим. 1:6), и «в Свое Царство и славу» (1 Фес. 2:12). Это божественное чудо возрождения или нового рождения.

АВТОР ВОЗРОЖДЕНИЯ

Как ясно видно из предыдущего раздела, автором такого радикального изменения природы человека не может быть он сам, но только Бог—Создатель всей жизни, в том числе вечной. Некоторые другие аспекты применения искупления требуют активного участия верующих. При обращении, например, хотя покаяние и вера—это суверенные дары от Бога (Деян. 11:18; Еф. 2:8), человек должен отвернуться от греха и поверить во Христа. Хотя веру дает Бог, Он вместо нас не верит в Евангелие. Подобным образом, хотя рост христианина в святости—это суверенный труд Духа Божьего (Флп. 2:13; см. 2 Кор. 3:18; Гал. 5:16–17, 22–23), мы призваны пользоваться средствами, которыми Дух освящает нас, со страхом и трепетом совершая свое спасение (Флп. 2:12) и прилагая все усилия, чтобы показать в нашей вере добродетель (2 Пет. 1:5–8). Труд же возрождения отличается от этих аспектов применения искупления. При возрождении человек полностью пассивен; только Бог активно действует, творя чудо нового рождения.

Существенно, что Писание использует образ рождения свыше для описания этого действия возрождения (Иоан. 3:3–8; 1 Пет. 1:3, 23; 1 Иоан. 3:9). В физическом мире ребенок не вносит никакого вклада в свое зачатие или рождение. Поскольку его еще нет, то его появление на свет полностью зависит от воли родителей. Точно так же Иисус выбирает эту аналогию, чтобы указать, что мертвые и развращенные грешники не могут содействовать своему возрождению к духовной жизни, но всецело зависят в этом от суверенной воли Бога. Иисус объяснял это Никодиму, фарисею «из начальников иудейских», который описан как «учитель

---

[92] В еврейском языке «сердце» представляет собой центр, контролирующий чувства и духовную жизнь человека. Оно говорит о воле, желаниях и чувствах.

Израилев» (Иоан. 3:1, 10). Никодим принадлежал к самому строгому и ревностному направлению иудаизма, был членом руководящего органа, синедриона, и как учитель Израиля занимал уникальное, высокое место в религиозной системе. И такому человеку, поднявшемуся на вершину религиозной набожности, Иисус объявил: «...должно вам родиться свыше» (Иоан. 3:7). И это относится не только к Никодиму, так как Иисус говорит в целом о людях: «Истинно, истинно говорю тебе, если кто не родится свыше, не может увидеть Царствия Божия» (Иоан. 3:3). Грех настолько поразил и извратил человека, что для спасения требуется не что иное, как полное обновление души. Навести порядок в жизни, исправить свое поведение или умножить религиозные достижения — это не поможет. С человеком произошло что-то настолько ужасное и необратимое, что мы должны родиться заново. Когда Никодим спросил, как это может произойти, Иисус не дал ему список религиозных обязанностей, с помощью которых он мог бы содействовать Божьей благодати. Вместо этого Христос указал на суверенную волю Бога и заявил: «Дух дышит, где хочет...» (Иоан. 3:8). Джон Мюррей отмечает: «Ветер не на побегушках у нас; также и возрождающее воздействие Святого Духа от нас не зависит»[93].

Помимо образа нового рождения Писание прямо утверждает, что возрождение — это только Божье действие. Апостол Иоанн заявляет, что при возрождении дети Божьи «ни от крови, ни от хотения плоти, ни от хотения мужа, но от Бога родились» (Иоан. 1:13). Человек рождается свыше не от крови, то есть новое рождение не передается по наследству ни через какие родословные, оно полностью сверхъестественное. В то время как от крови отца и матери происходит физическая жизнь, их союз никогда не может произвести духовную жизнь. Происхождение человека или его предки не имеют никакого отношения к возрождению. Также Божье дитя не рождается от хотения плоти. Человек не может просто решить родиться свыше усилием своей воли. Никакие нравственные усилия или религиозная деятельность не могут дать нового рождения, так как плоть может родить только плоть (Иоан. 3:6). Поскольку новое рождение духовное, оно не может произойти по воле плоти. Наконец, Иоанн говорит, что дитя Божье не рождается от хотения человека. Это доказывает, что никакая человеческая религия или система обрядов не могут произвести возрождение.

Но дети Божьи рождаются *от Бога* (Иоан. 1:13). Писание спокойно использует самые сильные выражения, описывая роль Бога в возрождении. Отнюдь не по желанию человека грешники рождаются к духовной жизни, но по желанию *Бога* (Иак. 1:18). В то время как человек был мертв по своим преступлениям и никак не мог оживить себя, «Бог... нас... оживотворил со Христом...» (Еф. 2:4–5, см. Кол. 2:13). Отец — это Бог, «по великой Своей милости возродивший нас...» (1 Пет. 1:3). Через пророка Иезекииля Бог обещал, что придет время, когда Он совершит возрождение Своего народа:

---

[93] Мюррей. Искупление, достигнутое и примененное к грешнику. С. 60.

И окроплю вас чистою водою, и вы очиститесь от всех скверн ваших, и от всех идолов ваших очищу вас. И дам вам сердце новое, и дух новый дам вам; и возьму из плоти вашей сердце каменное, и дам вам сердце плотяное. Вложу внутрь вас дух Мой и сделаю то, что вы будете ходить в заповедях Моих и уставы Мои будете соблюдать и выполнять (Иез. 36:25–27).

В этом тексте явно видно монергическое[94] действие Бога при возрождении. Лишь в этих трех стихах Бог шесть раз говорит, что Он сделает, тем самым утверждая, что эта духовная пересадка сердца—полностью Его труд. В следующей главе Бог дает иллюстрацию Своего полновластия и беспомощности человека, когда при описании будущего возрождения Израиля говорит, что Он вдохнет жизнь в сухие кости, наполняющие долину (Иез. 37:1–11). Хотя ясно, что это пророчество о возрождении и спасении евреев перед возвращением Христа, оно предполагает, что именно Бог возрождает людей—в случае с Израилем, целый народ (Иез. 37:11). Таково естественное состояние греховного человека; он не более способен оживить себя, чем груда мертвых и сухих костей могла бы оживить себя. Проиллюстрировав Свое обещание, Господь говорит: «Вот, Я открою гробы ваши и выведу вас, народ Мой, из гробов ваших и введу вас в землю Израилеву. ...И вложу в вас дух Мой, и оживете...» (Иез. 37:12, 14).

Эти тексты в книге Иезекииля указывают на роль Святого Духа в возрождении. Во многих текстах исполнителем возрождения назван Отец (Иак. 1:18; 1 Пет. 1:3; см. Рим. 8:30; 1 Кор. 1:9). Однако Писание указывает, что Святой Дух также участвует в этом труде. Иисус, обсуждая новое рождение с Никодимом, называет Божье дитя «рожденным от Духа» (Иоан. 3:5, 6, 8). Позже Он говорит, что «Дух животворит» (Иоан. 6:63), и эта концепция стала принципом апостольского учения (2 Кор. 3:6; см. Рим. 8:2). Апостол Павел пишет, что Христос «спас нас... банею возрождения и обновления Святым Духом...» (Тит. 3:5). Поэтому можно сделать вывод, что Отец—главный исполнитель возрождения, призывающий нас из смерти в жизнь, а Святой Дух—действенная причина возрождения, так как Он исполняет волю Отца, даруя нам духовную жизнь.

ПРИРОДА ВОЗРОЖДЕНИЯ

Греческий термин со значением «возрождение» (*palingenesia*) встречается в Новом Завете лишь дважды. Первый раз—в Матфея 19:28, когда Иисус говорит

---

[94] Слово «монергизм» образовано от греческих слов *monos*, «один», и *ergos*, «труд». Оно говорит, что у действия есть только один исполнитель. Богословы используют этот термин для описания изложенного здесь взгляда на возрождение, а именно, что только Бог совершает возрождение, а человек полностью пассивен. «Синергизм» же указывает на «совместный труд» и описывает взгляд, что человек сотрудничает с Богом в возрождении. Уэслианский богослов и синергист Джон Майли писал: «Возрождение—это работа не только Духа. <...> Есть условия, которые не могут быть выполнены без нашего свободного участия. Должно быть искреннее обращение души к Богу, глубокое покаяние в грехе и истинная вера в Христа. Это требует нашего собственного участия. Без них для нас возрождения нет» (John Miley, *Systematic Theology* [New York: Hunt & Eaton, 1892], 2:336). Такое учение полностью противоречит акценту Писания на действии Бога и беспомощности человека в вопросе возрождения. Искусную защиту монергического возрождения см.: Matthew Barrett, *Salvation by Grace: The Case for Effectual Calling and Regeneration* (Phillipsburg, NJ: P&R, 2013).

Своим ученикам: «Истинно говорю вам, что вы, последовавшие за Мною, — в пакибытии [греч. *en tē palingenesia;* букв. „в возрождении"], когда сядет Сын Человеческий на престоле славы Своей, сядете и вы на двенадцати престолах судить двенадцать колен Израилевых». Он использует термин *palingenesia*, говоря об обновлении творения, которое начнется в Тысячелетнем царстве и завершится на новом небе и новой земле. Второй раз в Новом Завете этот термин встречается в Титу 3:5: «...Он спас нас не по делам праведности, которые бы мы сотворили, а по Своей милости, банею возрождения [греч. *palingenesia*] и обновления Святым Духом...» Здесь Павел употребляет это слово, говоря о спасении человека от греха, и показывает, что возрождение характеризуется и омовением, и обновлением. Такое понимание возрождения подобно описанному в Иоанна 3:5, где Иисус говорит, что при рождении свыше человек «родится от воды и Духа»; это ссылка на пророчество в Иезекииля 36:25–26, метафорически описывающее возрождение как кропление чистой водой и получение нового сердца. Исходя из употребления библейского термина, можно сделать вывод, что возрождение говорит об очищении от греха и создании духовной жизни. Это очищающее обновление.

На самом фундаментальном уровне возрождение означает, что Бог наделяет духовно мертвого грешника вечной духовной жизнью. В Писании есть много образов, иллюстрирующих Божье действенное призвание при возрождении. Как в долине сухих костей, Бог творческой силой Своего Слова даст духовную жизнь мертвым сердцам иудеев, как бы вдохнув дыхание божественной жизни в сухие кости их душ, чтобы они ожили. Так Иисус, стоя у гробницы друга, который уже четыре дня был мертв, громко позвал: «Лазарь! Иди вон» (Иоан. 11:43). Слова Иисуса властно призвали Лазаря из смерти к жизни, так что из гробницы «вышел умерший, обвитый по рукам и ногам погребальными пеленами» (Иоан. 11:44). Точно так же Бог повелевает духовно безжизненному грешнику выйти из смерти, и Его слово действенно оживляет его. Возможно, самый яркий образ — это когда апостол Павел сравнивает возрождение с сотворением мира. Он пишет: «...Бог, повелевший из тьмы воссиять свету, озарил наши сердца, дабы просветить нас познанием славы Божией в лице Иисуса Христа» (2 Кор. 4:6). В начале Бог словом создал мир из ничего (Пс. 32:6; 148:5): «И сказал Бог: „Да будет свет". И стал свет» (Быт. 1:3); Он мгновенно призвал его «из небытия в бытие» (Рим. 4:17, Кассиан). При возрождении Бог соединяет внешнее призвание через проповедь Евангелия со Своим суверенным действенным призыванием к новой жизни. Помраченным и мертвым сердцам Бог повелевает: «Да будет свет», мгновенно рождая свет вечной духовной жизни там, где его не было[95].

---

[95] Таким образом, действенное призвание при возрождении создает ту жизнь, которой требует. Джон Мюррей объясняет: «[Призыв] облачен действенностью, которая приводит нас к намеченной цели — мы действительно входим в общение со Христом. В призыве Бога есть нечто окончательное; Его верховной властью и благодатью он не может не достичь цели» (Искупление, достигнутое и примененное к грешнику. С. 55).

Это наделение духовной жизнью касается не только нематериальной части человека, но в корне перерождает всю личность. Павел прямо говорит: «Итак, кто во Христе, тот новая тварь; древнее прошло, теперь все новое» (2 Кор. 5:17). Не только дух или душа грешника — новое творение, но он сам как личность теперь новое творение. Подобно тому, как греховность человека полная, — то есть как грех пронизывает природу человека, не оставляя ни одной части не затронутой моральным разложением, — так и возрождение охватывает всю личность. Ум неверующего ослеплен (2 Кор. 4:4); грешник помрачен в разуме (Еф. 4:18), а потому не может слышать (Иоан. 8:43) или понимать духовную истину (1 Кор. 2:14). Его чувства настолько искажены, что он любит тьму и ненавидит свет (Иоан. 3:19–20), восхищаясь тем, что объективно отвратительно, и испытывая отвращение к тому, что объективно восхитительно. Под влиянием этих чувств его воля упрямо отвергает Христа и славу Его Евангелия (Иоан. 5:40). В своем уме, чувствах и воле человек находится в плену греха. Поэтому обновление человека при возрождении столь же обширно, как и его испорченность.

Итак, при возрождении Дух открывает слепые очи сердца (Деян. 26:18; 2 Кор. 4:4, 6; Еф. 1:18), вместо плотских помышлений дает помышления Духа (Рим. 8:5–9) — и даже ум Христов (1 Кор. 2:16), — так что возрожденный человек постигает все то, чего раньше не мог понять (1 Кор. 2:15; см. 1 Иоан. 2:20, 27). Дух забирает у грешника сердце каменное и дает сердце плотяное, способное воспринимать и любить духовную истину (Иез. 11:19; 36:26; см. Втор. 30:6). Таким образом, чувства обновляются по образу Христа, так что новый человек ненавидит грех (Матф. 5:4), любит праведность (Матф. 5:6; Иоан. 3:21), жаждет Бога, Которого когда-то ненавидел (Пс. 26:4; 41:2–3), и любит Христа и радуется о Нем, хотя раньше считал это безумием (1 Пет. 1:8; см. 2 Кор. 5:16). С новыми чувствами его воля наконец освобождается от рабства греха в свободу праведности. Теперь он хочет того же, чего хочет Бог (Пс. 39:9), потому что Дух Божий производит в нем «и хотение и действие по Своему благоволению» (Флп. 2:13; см. Иез. 36:27). Некогда связанные грехом и духовной смертью, теперь ум, сердце и воля человека обновляются к жизни. Фергюсон дает полезное обобщение: «Возрождение точно так же, как и испорченность, касается всех частей человеческого естества... В его жизни не остается ни одной области, не затронутой обновляющим и очищающим действием Духа, хотя возрожденный человек еще не настолько святой, насколько мог бы быть»[96]. Поистине, грешник возрождается «в нового человека, созданного по Богу, в праведности и святости истины» (Еф. 4:24).

Картина возрождения в 2 Коринфянам 4 особенно полезна для пояснения ключевых истин о природе нового рождения. В этом отрывке Павел описывает состояние неверующих, говоря: «...бог века сего ослепил умы, чтобы для них не воссиял свет благовествования о славе Христа, Который есть образ Бога невидимого» (2 Кор. 4:4). Именно это подразумевает Павел, когда описывает

---

[96] Фергюсон С. Святой Дух. Мн.: Позитив-центр, 2014. С. 123. (Контуры христиан. богословия)

неверующих как «мертвых по преступлениям и грехам» (Еф. 2:1; см. Кол. 2:13). Он не имеет в виду, что они неподвижны или пребывают в оцепенении; он имеет в виду, что они лишены духовной жизни, которая позволяет им увидеть истинную ценность славы Христа, явленной в Евангелии. Суть духовной смерти — это духовная слепота[97]. Духовное восприятие человека настолько искажено грехом, что он не имеет вкуса к тому, что действительно приятно (то есть к Евангелию славы Христа), а наполняет себя тем, что действительно мерзко и отвратительно (то есть грехом и прославлением себя). Невозрожденный человек гоняется за бесполезным, потому как слеп к его ничтожности, и отказывается от самого драгоценного, потому как слеп к его ценности. Итак, когда в евангельской вести открывается объективная красота Христа, невозрожденный человек не видит в Нем никакой славы, и поэтому, предоставленный самому себе, он постоянно и неизменно будет отвергать Евангелие.

Что же может помочь в таком плачевном состоянии? Нет никакой надежды на порабощенную волю человека, но только на суверенную благодать и животворящую силу Бога. Павел отвечает, что от духовной слепоты человека избавляет монергическое возрождение: «...потому что Бог, повелевший из тьмы воссиять свету, озарил наши сердца, дабы просветить нас познанием славы Божией в лице Иисуса Христа» (2 Кор. 4:6). Бог проливает свет жизни в слепое сердце. Он дает нам новые духовные глаза, чтобы мы наконец увидели грех как он есть — во всем его подлинном уродстве — и увидели Христа как Он есть — во всей Его подлинной красоте и славе. А когда грешники наконец обретают духовное зрение и свет, чтобы видеть вещи такими, каковы они на самом деле, они с отвращением отворачиваются от грязи греха (покаяние) и с готовностью принимают Христа, Чью славу они наконец могут увидеть (вера).

Именно по этой причине богословы называют возрождающую благодать Бога непреодолимой[98]. Это не значит, что Божьей благодати нельзя противиться; люди постоянно противятся Божьей общей благодати, выраженной во внешнем призыве Евангелия (Деян. 7:51). Но дело в том, что непреодолимой благодатью возрождения Бог превозмогает естественное сопротивление человека Евангелию, проливая свет в его сердце и открывая ему глаза на славу Иисуса. Поэтому непреодолимая благодать не означает, что человека принуждают или заставляют покаяться и поверить; его воля не попирается. Скорее, эта благодать *освобождает* волю человека, открывает наши глаза, чтобы мы могли правильно сопоставить мерзость греха со славой Христа. Вестминстерское исповедание веры объясняет это так:

---

[97] Это подтверждается тем, что Писание часто использует свет как метафору духовной жизни, а тьму — как метафору духовной смерти и неверия (Иоан. 12:46; Деян. 26:18; 1 Пет. 2:9; Еф. 5:8). Кроме того, Писание постоянно проводит параллель между духовным зрением и духовной жизнью (Иоан. 6:40; 1 Иоан. 3:6; Евр. 11:27).

[98] Непреодолимая благодать — это первая буква «Н» в аббревиатуре «ПИОНН», обобщающей доктрины благодати. Другие буквы означают полную греховность, избрание без условий, ограниченное искупление и неотступность святых.

Всех тех, кого Бог предопределил к жизни, и только их, Ему угодно, в назначенное Им и приемлемое Ему время действенно призвать Своим Словом и Духом из того состояния греха и смерти, в котором они находятся по природе, к благодати и спасению через Иисуса Христа; духовно и спасительно просвещая их разум, чтобы постигать дела Божии; убирая их каменное сердце, и давая им сердце плотяное; обновляя их волю, и Своей всемогущей силой определяя ее к добру, и действенно привлекая их к Иисусу Христу; но так, что *они приходят в высшей степени добровольно, поскольку Его благодать делает их готовыми*[99].

Невозможно, чтобы человек, получивший новое духовное зрение через возрождение, увидел одновременно грех и Христа и не обратился бы от греха, чтобы принять Христа в спасительной вере. Таким образом, при возрождении человеческая воля не подавляется, а преображается. В конечном счете, возрождающая благодать непреодолима, потому что непреодолим *Христос*, а возрождающая благодать открывает наши духовные очи, чтобы увидеть Его таким.

СРЕДСТВО ВОЗРОЖДЕНИЯ[100]

В то время как Отец—главный исполнитель возрождения, а Дух—действенная причина возрождения, Писание говорит, что само Слово Божье, в частности, евангельская весть,—это инструмент или средство возрождения. Иаков выделяет роль Отца и Слова, когда говорит: «Восхотев, родил Он [Отец] нас словом истины...» (Иак. 1:18). Желание Отца—главная причина нашего нового рождения, но Он совершил это чудо посредством Слова истины. Петр говорит, что дети Божьи—это «возрожденные не от тленного семени, но от нетленного, от слова Божия, живого и пребывающего вовек» (1 Пет. 1:23). Затем, двумя стихами ниже, он поясняет, что это живое и пребывающее слово «есть то слово, которое вам проповедано» (1 Пет. 1:25). Сходным образом Павел утверждает, что Божье действенное призвание к возрождению совершается «благовествованием нашим» (2 Фес. 2:14). Итак, именно через благовествование Дух Божий действует могущественно, чтобы открыть очи нашего сердца для славы Христа. Следует отметить, что само по себе внешнее призвание не действенное; хотя благовествование и служит средством возрождения, оно не действенное, если не сопровождается внутренним призванием, которое совершает Дух. Тем не менее, хотя внешнего призвания недостаточно для возрождения, оно абсолютно необходимо, так как внешнее призвание в проповеди Евангелия становится проводником внутреннего призвания к возрождению. По этой причине Павел говорит: «Итак вера [непосредственный результат возрождения] от слышания, а слышание от слова Божия» (Рим. 10:17), то есть от благовествования о Христе.

Поскольку Писание называет слово Евангелия средством возрождения, любой сакраментальный взгляд на возрождение будет небиблейским. Римский

---

[99] Шо Р. Толкование Вестминстерского исповедания веры. Б. м.: Христиан. наследие, 2009. С. 214. Курсив добавлен.

[100] Части этого раздела адаптированы из: John MacArthur, *John 1–11*, MNTC (Chicago: Moody Press, 2006), 104–105. Использовано с разрешения Moody Publishers.

католицизм, восточное православие и даже некоторые направления лютеранства и англиканства учат возрождению через крещение, считая, что благодать нового рождения передается через таинство крещения[101]. Сторонники возрождения через крещение часто ссылаются на Иоанна 3:5, где Иисус говорит: «Истинно, истинно говорю тебе, если кто не родится от воды и Духа, не может войти в Царствие Божие». Упомянутая здесь вода, как они считают, указывает на христианское крещение.

Однако есть ряд причин, почему не следует понимать слова «родится от воды» как указание на крещение. Во-первых, в беседе с Никодимом Иисус нигде не упоминает крещение. Хотя само предположение, что «вода» автоматически относится к крещению, весьма неубедительно, эта мысль еще больше ослабляется, если учесть, что далее в этом разделе крещение вообще не упоминается. Иисус постоянно говорит о необходимости веры для спасения (Иоан. 3:15, 16, 18, 36), но ничего не говорит о крещении. Если бы крещение было необходимым средством рождения свыше, трудно объяснить, почему Иисус больше ничего не говорит о нем, когда обсуждает спасение. Во-вторых, такое сакраментальное понимание крещения не согласуется с утверждением Иисуса в Иоанна 3:8, что в вопросе нового рождения Дух подобен ветру, который дует, где хочет. Такое выражение изображает суверенную свободу Духа, образ, несовместимый с идеей, что возрождение привязано к обряду, физическому проявлению человеческой воли. Пайпер отмечает, что в этом случае «работа Духа была бы связана таинством»[102]. В-третьих, Иисус ожидает, что Никодим, учитель Израиля, поймет Его учение о новом рождении (Иоан. 3:10). Поэтому не было смысла упрекать Никодима за то, что он не понимал практику, которая еще не была введена.

Напротив, можно было ожидать, что Иисус упрекнет Никодима за непонимание ветхозаветного учения по этому вопросу, и это наиболее вероятное объяснение Его слов. Ветхий Завет часто использует образы воды и Духа, символизируя духовное очищение и обновление, но никак не крещение (см. Чис. 19:17–19;

---

[101] В «Катехизисе Католической церкви» (§1265) сказано: «Крещение не только очищает от всех грехов, оно делает неофита „новым творением" (2 Кор. 5:17), усыновленным Богом, ставшим „причастником Божеского естества" (2 Пет. 1:4), членом Христовым и сонаследником вместе с Ним (Рим. 8:17), храмом Духа Святого» (4-е изд. М.: Культурный центр «Духовная библиотека», 2001. С. 308).

В «Пространном катехизисе Православной церкви» сказано: «Крещение есть Таинство, в котором верующий... умирает для жизни плотской, греховной, и возрождается от Духа Святого...» (Филарет Московский. Пространный христианский катехизис Православной Кафолической Восточной церкви. М.: Сибирская Благозвонница, 2013. С. 76–77).

В «Кратком катехизисе» Лютера (вопрос 251Б) объясняется: «Святое Крещение является единственным средством, при помощи которого младенцы, тоже нуждающиеся в рождении свыше, могут быть обычным путем возрождены и приведены к вере» (Краткий катехизис д-ра Мартина Лютера. Б. м.: Фонд «Лютеранское наследие», 2000. С. 255).

В англиканской «Книге общих молитв» говорится: «Благодарим Тебя, Отче, за воду Крещения. В ней мы погребены с Христом в Его смерти. В ней мы участвуем в Его воскресении. Через нее мы возрождаемся Святым Духом» (The [Online] Book of Common Prayer [New York: The Church Hymnal Corporation, n. d.], 306, accessed May 3, 2016, http://www.bcponline.org/).

[102] Пайпер Д. Истинно живы: Что происходит, когда мы рождаемся свыше. Чернигов: In Lumine Media, 2018. С. 36.

Ис. 4:4; 32:15; 44:3; 55:1; Иоил. 2:28–29; Зах. 13:1). В пророчестве Иезекииля о новом завете вода и Дух упоминаются в контексте возрождения:

> И *окроплю вас чистою водою*, и вы очиститесь от всех скверн ваших, и от всех идолов ваших *очищу* вас. И дам вам сердце новое, и дух новый дам вам; и возьму из плоти вашей сердце каменное, и дам вам сердце плотяное. *Вложу внутрь вас дух Мой* и сделаю то, что вы будете ходить в заповедях Моих и уставы Мои будете соблюдать и выполнять (Иез. 36:25–27).

Несомненно, именно эту истину имел в виду Иисус, когда говорил о рождении от воды и Духа. Он заявлял, что истина о возрождении была открыта в Ветхом Завете (напр., Втор. 30:6; Иер. 31:31–34; Иез. 11:18–20), и потому она должна была быть знакома Никодиму. На этом ветхозаветном фоне слова Христа ясно указывали: без духовного омовения души, очищения, совершаемого Святым Духом (Тит. 3:5) только посредством благовествования (1 Пет. 1:23–25; Еф. 5:26), никто не может войти в Божье Царство[103]. При таком правильном понимании Иоанна 3:5 учение о возрождении через крещение не имеет библейского основания. Единственным средством нового рождения служит само Евангелие.

СВЯЗЬ ВОЗРОЖДЕНИЯ С ВЕРОЙ

Один из самых распространенных вопросов в евангельской сотериологии касается взаимосвязи между возрождением и верой. Что из них производит другое? Верит ли грешник во Христа к спасению и, как следствие своей веры, переживает новое рождение? Или же он при рождении свыше обретает спасающую веру? Какое действие приводит к другому? Приводит ли вера человека к возрождающему действию Духа, или же возрождающее действие Духа приводит человека к вере? Писание неоднократно свидетельствует в пользу последнего: возрождение — это причина, а не следствие спасающей веры.

С самого начала важно напомнить полученное из Писания определение возрождения. Возрождение — это суверенное действие Бога через Святого Духа посредством проповеди Евангелия, при котором Он мгновенно наделяет духовной жизнью грешника, призывая его из духовной смерти к духовной жизни. Многие евангельские верующие, считающие, что вера предшествует возрождению, определяют новое рождение по-другому. Они склонны путать возрождение с его *результатами*, представляя его практически равнозначным освящению — постоянному процессу, в ходе которого природа грешника постепенно все больше и больше «возрождается», чтобы отражать образ Христа. Если бы мы так определяли возрождение, то неизбежно бы заключили, что возрождение следует за верой, поскольку освящение — это результат спасающей веры. Однако Писание учит не определять возрождение по его результатам. Иисус утверждает, что возрождение само по себе таинственное, невидимое и неудержимое,

---

[103] Подробное изучение различных толкований фразы «родится от воды» см.: Карсон Д. Комментарий на Евангелие от Иоанна. Мн.: Полиграфкомбинат им. Я. Коласа, 2019. С. 236–243.

как ветер, который дует, где хочет (Иоан. 3:8). Мы можем ощутить результаты действия ветра, например, услышать сильный порыв или увидеть, как он качает деревья. Но это воздействие ветра, а не сам ветер. Так и результаты возрождения—это не само возрождение. Хотя освящение верующего тесно связано с его новым рождением (в некотором смысле, возрождение становится началом освящения, а освящение—продолжением возрождения), все же такая тесная связь не должна приводить к слиянию этих понятий. Продолжающееся возрастание верующего в святости—это *следствие* возрождения, а не его составная часть.

Еще одно предварительное замечание в этой дискуссии состоит в том, что различие между возрождением и верой следует понимать не в смысле времени, а в смысле логической причинности. Некоторые сторонники синергизма отвергают представление, что возрождение приводит к вере, чтобы не говорить, что человек может быть возрожден *без* спасающей веры. И хотя некоторые сторонники монергизма утверждают, что возрождение по времени предшествует вере[104], большинство уточняет, что речь идет о логическом порядке, а не о хронологическом. Если говорить о времени, возрождение и вера происходят одновременно; в тот самый момент, когда человек рождается свыше, он раскаивается и верит в Евангелие. Тем не менее эта одновременность не исключает причинности. Хотя два события могут происходить одновременно, одно все же может быть причиной другого. Для иллюстрации можно взять образное выражение у Павла, который пишет, что при возрождении ослепленные духовные глаза грешника открываются, так что он видит свет славы Христа (2 Кор. 4:4, 6). Павел изображает возрождение как открытие слепых глаз, а веру—как духовное восприятие славы Христа (см. Иоан. 3:3; Евр. 11:1). Так вот, человек видит свет в тот самый момент, когда открывает глаза; между открыванием глаз и восприятием света нет никакого промежутка времени. Однако восприятие им света находится в причинной зависимости от открытия глаз. То, что он видит, не побуждает его открыть глаза; то, что он видит,—это *следствие* открытия глаз. Таким же образом, хотя они происходят в одно и то же мгновение, вера грешника—это не причина его возрождения; напротив, возрождение как открытие духовных глаз—причина веры как духовного зрения.

Более того, библейское учение о духовной неспособности неверующего исключает какой-либо синергизм при возрождении. В своем состоянии духовной смерти (Еф. 2:1–3) человек неспособен понимать то, что от Духа, а тем более принимать его (1 Кор. 2:14). Разум грешника настолько враждебен Богу, что буквально неспособен подчиняться Божьему закону (Рим. 8:7), а потому никак не может угодить Богу (Рим. 8:8), в том числе проявить веру (Евр. 11:6). Человек

---

[104] Например, Луи Беркхоф, чтобы обосновать крещение младенцев, утверждает, что между возрождением и верой проходит некоторое время. Это объясняет статус крещенных младенцев как «детей завета» до проявления ими спасающей веры (Беркхоф. Систематическое богословие. С. 544–545). В Писании, однако, таких оговорок нет. См.: Matt Waymeyer, *A Biblical Critique of Infant Baptism* (The Woodlands, TX: Kress, 2008).

слеп к величию Божьей славы, явленной во Христе, и безнадежно увлечен грехом, несмотря на его ничтожность. Полагать, что грешник в таком состоянии может без возрождающей благодати Святого Духа сам пробудить в своем мертвом существе спасительную веру, которую Бог назвал Своим суверенным даром (Еф. 2:8), — значит в корне недооценивать ужас человеческой греховности. Мюррей объясняет, что «вера — это поступок любящего доверия и душевной преданности»[105]. А неверующий без нового рождения совершенно не способен на такой благородный и духовный поступок. Действительно, Иисус говорит Никодиму: «...если кто не родится свыше, не может увидеть Царствия Божия» (Иоан. 3:3). Способность увидеть Царство Божье может подразумевать только духовное зрение спасающей веры (Евр. 11:1, 27; см. 2 Кор. 4:18), причем Иисус говорит, что без рождения свыше такое зрение невозможно. Позже Он утверждает: «Никто не может прийти ко Мне, если не привлечет его Отец, пославший Меня...» (Иоан. 6:44), а также: «Для того-то и говорил Я вам, что никто не может прийти ко Мне, если то не дано будет ему от Отца Моего» (Иоан. 6:65). Прийти к Иисусу — то же самое, что поверить в Него, ведь именно это приводит к спасению (Иоан. 5:40), а привлечение Отцом в Иоанна 6:44 — то же, что дар Отца в Иоанна 6:65, они оба обозначают Божье действенное непреодолимое призвание при возрождении. Итак, Иисус учит, что из-за своей греховности никто не может прийти к Нему со спасающей верой, пока Отец не привлечет его, дав дар действенного призвания при возрождении[106].

Апостол Иоанн также прямо высказывается о связи между возрождением и верой в своем первом послании. Хотя Иоанн намеревался не преподать урок богословия на тему *ordo salutis*, а дать наставление асийским церквям о взаимной любви между верующими, его пояснения все же показывают, как он понимает связь между возрождением и верой. В 1 Иоанна 5:1 он пишет: «Всякий верующий [греч. *Pas ho pisteuōn*, действительное причастие настоящего времени], что Иисус есть Христос, от Бога рожден [греч. *ek tou theou gegennētai*, страдательный перфект изъявительного наклонения], и всякий, любящий Родившего, любит и Рожденного от Него». Греческое действительное причастие настоящего времени *ho pisteuōn* выражает действие, продолжающееся в настоящее время, а страдательный перфект изъявительного наклонения *gegennētai* говорит действии в прошлом, результаты которого продолжаются до настоящего времени[107]. Другими словами, всякий, кто сейчас верит, что Иисус есть Христос,

---

[105] Мюррей. Искупление, достигнутое и примененное к грешнику. С. 52.

[106] Некоторые сторонники синергизма возражают, что привлечение Отцом нельзя называть действенным, поскольку привлекать подразумевает убеждать, а не решительно действовать. Они часто ссылаются на то, что «влечь» не означает «тащить». Интересно, что греческое слово *helkō*, переведенное в Иоанна 6:44 как «привлечет», часто описывает именно решительное, действенное перемещение. В других случаях в Новом Завете слово *helkō* описывает, как рыбаки вытаскивают сеть (Иоан. 21:6, 11), как в сражении извлекают меч из ножен (Иоан. 18:10), как разгневанные люди ведут чужеземцев на суд (Деян. 16:19) и как толпа тащит изменника за город, чтобы там убить (Деян. 21:30). В Иоанна 6:44 говорится не о том, что Отец бездейственно приглашает, а что Он решительно и действенно призывает к возрождению.

[107] Уоллас. Углубленный курс грамматики греческого языка. С. 591.

уже был рожден от Бога. Таким образом, Иоанн представляет веру как следствие, а не причину нового рождения.

Такое понимание грамматики в 1 Иоанна 5:1 подтверждается при изучении параллельных конструкций в этом послании. Есть еще два примера, когда Иоанн использует действительное причастие настоящего времени вместе со страдательным перфектом изъявительного наклонения, иллюстрируя взаимосвязь между новым рождением и тем, что ему сопутствует:

> Если вы знаете, что Он праведник, знайте и то, что всякий, делающий [греч. *pas ho poiōn*] правду, рожден от Него [греч. *ex autou gegennētai*] (1 Иоан. 2:29).

> Возлюбленные! Будем любить друг друга, потому что любовь от Бога, и всякий любящий [греч. *pas ho agapōn*] рожден от Бога [греч. *ek tou theou gegennētai*] и знает Бога (1 Иоан. 4:7).

Оба текста состоят из той же самой грамматической конструкции, что и в 1 Иоанна 5:1. В первом тексте Иоанн говорит, что постоянство в практической праведности—это признак нового рождения. Причинная связь между практикой праведности и новым рождением очевидна. Конечно, человек не рождается свыше в результате исполнения добрых дел! Павел явно отрицает это в Титу 3:5, открыто противопоставляя новое рождение спасению на основании праведных дел. Здесь взаимосвязь очевидна: обретение новой духовной жизни при возрождении приводит к постоянству в добрых делах (см. Еф. 2:10). Во втором тексте Иоанн выделяет одно из добрых дел: «Всякий любящий рожден от Бога». И здесь взаимосвязь между любовью и возрождением очевидна: любовь не дает новое рождение, но является его следствием. Если предположить обратное, это в корне подорвет Евангелие о спасении только по благодати. Итак, если надо признать, что практическая праведность (1 Иоан. 2:29) и любовь к братьям (1 Иоан. 4:7)—это следствие, а не причина возрождения, то и веру необходимо признать следствием возрождения, поскольку 1 Иоанна 2:29, 4:7 и 5:1 грамматически идентичны.

Еще один текст заслуживает внимания. В 1 Иоанна 5:4 написано: «Ибо всякий, рожденный от Бога, побеждает мир; и сия есть победа, победившая мир, вера наша». Хотя грамматическая конструкция здесь не совсем такая, как в трех рассмотренных выше текстах, но достаточно похожая. Здесь Иоанн говорит о новом рождении, используя перфект («всякий, рожденный от Бога», греч. *pan to gegennēmenon*), а о сопутствующих обстоятельствах нового рождения, используя настоящее время («побеждает мир», греч. *nika ton kosmon*). И опять причинно-следственная связь ясна: человек не побеждает мир, чтобы родиться свыше, а наоборот, побеждает мир вследствие рождения свыше. Сразу после этого Иоанн говорит, что победа (греч. *nikē*), победившая (греч. *nikēsasa*) мир,—это наша вера. Здесь снова вера названа следствием нового рождения.

Учитывая ясность библейских образов возрождения, следствия из полной греховности человека и четкие пояснения Иисуса и апостола Иоанна, изучающий Писание должен сделать вывод, что хотя возрождение и вера происходят одновременно, возрождение логически предшествует вере и служит ее причиной. Грешники не верят во Христа, чтобы родиться свыше, но рождаются свыше и потому веруют.

РЕЗУЛЬТАТЫ ВОЗРОЖДЕНИЯ

Из приведенного выше обсуждения ясно, что спасающая вера — это первый и главный результат возрождения. Когда божественный свет проливается в сердце грешника, открывая его духовные глаза на омерзительность греха и восхитительность Христа (2 Кор. 4:6), новорожденная душа с отвращением отворачивается от греха и принимает Христа спасающей верой. Однако божественная жизнь, зародившаяся в душе человека при возрождении, не бездействует после момента обращения. По обильной Божьей благодати Дух на протяжении всей жизни верующего продолжает постепенно укреплять его святой характер, заложенный при возрождении. То есть после покаяния и веры следствием возрождения будет освящение. Хотя детальное изучение освящения ожидает своей очереди при рассмотрении *ordo salutis* здесь стоит упомянуть несколько его аспектов, которые Писание прямо называет следствием нового рождения.

Во-первых, для возрожденного верующего нормой становится практическая праведность, как говорит апостол Иоанн: «…всякий, делающий правду, рожден от Него» (1 Иоан. 2:29). Доминирующее направление жизни верующего — возрастание в святости (Рим. 6:4; Еф. 2:10; 4:24). Обратная сторона той же истины: «Всякий, рожденный от Бога, не делает греха, потому что семя Его пребывает в нем; и он не может грешить, потому что рожден от Бога» (1 Иоан. 3:9). Подобно тому как рождение человека происходит от семени, которое затем вырастает в новую физическую жизнь, так и «семя» божественной жизни вкладывается в сердце верующего через возрождающее действие Духа (1 Пет. 1:23). Природа человека коренным образом изменилась от смерти во грехе к жизни во Христе; старое прошло, теперь наступило новое (2 Кор. 5:17), поэтому он уже не живет в грехе. Это не значит, что Божье дитя полностью перестает грешить с момента возрождения, потому что закон греха продолжает жить в нашей плоти (Рим. 7:14–25) и его надо постоянно умерщвлять (Рим. 8:12–13). Эти тексты говорят не о совершенстве, а о направлении. Для верующего характерна благодатная привычка оставлять грех и облекаться в праведность (Еф. 4:22–24). Кто считает себя спасенным, но не возрастает в послушании заповедям Христа, те не могут по праву называться истинными детьми Божьими. Что бы ни говорили их уста, жизнь выдаст невозрожденное сердце. Поскольку новое рождение — это действие Духа (Иоан. 3:5, 6, 8; 6:63; Тит. 3:5; см. Рим. 8:2; 2 Кор. 3:6), то рожденные свыше непременно приносят плод Духа, так что в них все более возрастают любовь, радость, мир, долготерпение, благость, милосердие, вера, кротость и воздержание (Гал. 5:22–23).

Во-вторых, возрожденная жизнь характеризуется преодолением злого влияния этого мира. Иоанн пишет: «Ибо всякий, рожденный от Бога, побеждает мир; и сия есть победа, победившая мир, вера наша» (1 Иоан. 5:4). До этого в своем послании Иоанн отмечал, что мир наполнен похотью плоти, похотью очей и гордостью житейской (1 Иоан. 2:15–17), и все это орудия сатаны, во власти которого лежит весь мир (1 Иоан. 5:19, Кассиан). Он использует их как орудия искушения в жизни верующих, искренне желая вызвать кораблекрушение веры и тем самым очернить имя Христа (1 Тим. 1:19; см. Иак. 2:17). Но Иоанн заверяет, что рожденный от Бога человек противостоит давлению и искушениям «настоящего лукавого века» (Гал. 1:4), побеждая их неотступной верой в послушании Господу. Он никогда полностью и окончательно не уступит искушениям сатаны, потому что «Тот, Кто был рожден от Бога, хранит его, и лукавый не прикасается к нему» (1 Иоан. 5:18, Кассиан). Верующим незачем жить в страхе потерять свое спасение, потому что неотступная вера—удел тех, кто поистине рожден свыше.

Дитя Божье повинуется добровольно и с радостью, ибо, как говорит Иоанн в предыдущем стихе, «заповеди Его нетяжки» (1 Иоан. 5:3). Это важное указание на то, что суверенное чудо возрождения невозможно подделать или имитировать греховным человеческим лицемерием. Самоправедные моралисты могут силой воли привести свое поведение в соответствие с внешними стандартами Божьего Слова (см. Матф. 15:8), но для них это тяжелое бремя. Они не могут воскликнуть с псалмопевцем: «Как люблю я закон Твой!» (Пс. 118:97), а также: «...я желаю исполнить волю Твою, Боже мой, и закон Твой у меня в сердце» (Пс. 39:9). Чтобы находить удовольствие в послушании, нужно иметь новое сердце, новую природу, воссозданную по подобию Бога (Еф. 4:24). По Божьей благодати это право принадлежит каждому подлинно рожденному от Бога. Возрожденный верующий не порабощен ненавистной обязанности, но благодаря действию Святого Духа его сердце свободно любить закон, соблюдать который ему заповедано.

В-третьих, Божье дитя проявляет не только любовь к Богу, которая выражается в добровольном послушании, но и любовь к своим собратьям по вере, которая выражается в жертвенном служении. Иоанн пишет: «Возлюбленные! Будем любить друг друга, потому что любовь от Бога, и всякий любящий рожден от Бога и знает Бога» (1 Иоан. 4:7). Сам Бог есть любовь (1 Иоан. 4:8, 16), такова Его природа. Те, кто рожден от Бога, стали причастными Его природе (2 Пет. 1:4), а потому будут отражать ее, служа и принося пользу другим (1 Иоан. 3:16–18). В тех, кто действительно рожден свыше, заметна любовь к церкви, так как дитя Божье любит детей Божьих (1 Иоан. 5:1) и стремится восполнять нужды своих братьев и сестер во Христе.

Обращение

В предыдущем разделе рассматривался первый шаг в применении искупления: Божье действенное призвание к возрождению через проповедь Евангелия, при котором Он суверенно наделяет грешника духовной жизнью, изменяя его природу и переводя его из смерти в жизнь. Самым первым действием обновленной природы возрожденного грешника становится обращение (см. Деян. 15:3), осознанное решение покаяться в грехе и уверовать во Христа для спасения. Если вернуться к иллюстрации Павла о духовном пробуждении, нам будет легче понять обращение. Бог, проливая свет возрождения в сердце грешника, открывает его духовные глаза, так что он видит ничтожность греха и ценность Христа (Деян. 26:18; 2 Кор. 4:6), ведь только Он может простить грехи и дать праведность, необходимую для вечной жизни. Получив способность воспринимать реальность, как она есть, новорожденная душа обязательно и немедленно с омерзением отворачивается от греха и охотно спешит принять Христа. Обращение от греха и неверия — это покаяние, а охотное принятие Христа как Спасителя от греха и Господа над своей жизнью — это вера. Вместе покаяние и вера составляют единое действие обращения.

Очевидно, что покаяние и вера тесно связаны, даже неотделимы друг от друга. Это, по сути, две стороны одной медали. В первую очередь, их связь следует простой логике: человек не может, отвернувшись от чего-то, не повернуться к чему-то другому. И, наоборот, нельзя повернуться к чему-то, не отвернувшись от того, что занимало внимание раньше. Ведь невозможно одновременно смотреть в двух направлениях. Но неразделимость покаяния и веры — это еще и богословская необходимость. Невозможно представить себе, чтобы тот, кто наконец увидел грех и Христа такими, какие они на самом деле, последовал за Христом, не оставив греха, или оставил грех, не приняв Христа. Следует помнить, что возрождение — это духовная пересадка сердца, радикальное обновление вкусов, желаний и привязанностей. Для такого обновленного сердца красота славы Христа непреодолимо притягательна, она затмевает ложную славу греха так же, как от сияния полуденного солнца звезды становятся невидимыми. Полагать, что человек может принять Христа без решительного намерения отставить грех, — значит считать, что грех объективно более желанный для возрожденного сердца, чем Христос. При этом для новообращенного грешника Христос — бесценное сокровище, и, чтобы приобрести Его, человек с радостью оставляет все (Матф. 13:44–46; Флп. 3:8). Таким образом, спасающая вера — это вера с покаянием, а спасающее покаяние — это покаяние с верой.

По этой причине призыв Евангелия к спасению — это призыв и к покаянию, и к вере. Марк кратко пересказывает «Евангелие Царствия Божия», которое проповедовал Господь Иисус: «...исполнилось время и приблизилось Царствие Божие: покайтесь и веруйте в Евангелие» (Марк. 1:15). Апостолы следуют по стопам своего Господа, поскольку Павел, описывая свой труд, в прощальных словах к пресвитерам в Милите говорит, что служил, «возвещая иудеям и еллинам покаяние пред Богом и веру в Господа нашего Иисуса Христа» (Деян. 20:21). Такое поручение Павел получил от Самого Христа, Который, как Павел сказал Агриппе, послал его «открыть глаза [язычникам], чтобы они обратились от тьмы к свету и от власти сатаны — к Богу...» (Деян. 26:18). Именно такое двоякое обращение произошло и при спасении фессалоникийцев, которые «обратились к Богу от идолов, чтобы служить Богу живому и истинному...» (1 Фес. 1:9). В истинном обращении всегда есть поворот *от* греха (покаяние) и одновременный поворот *к* Богу во Христе (вера). Невозможно, чтобы одно происходило без другого[108].

И все же, изучая, что говорит Писание о природе этих двух составляющих обращения, необходимо рассмотреть их по порядку. Хотя эти действия происходят одновременно, в каждом случае, когда они упоминаются вместе, Новый Завет называет покаяние первым (Марк. 1:15; Деян. 19:4; 20:21; Евр. 6:1), указывая на логический приоритет. Поэтому сначала рассмотрим покаяние, а потом — веру.

ПОКАЯНИЕ

Чтобы понять полноту библейской концепции покаяния, необходимо изучить различные термины, которыми Писание его описывает. Прежде всего, еврейский термин *nakham* часто используется, чтобы передать эмоциональную составляющую покаяния. Его основные значения: «сожалеть», «печалиться», «огорчаться» и «скорбеть». Даже фонология слова *nakham*, считающегося звукоподражательным, передает идею глубокого дыхания, или вздоха, в печали или горе. Например, это слово описывает семью, оплакивающую смерть любимого человека (Быт. 37:35; 38:12). Когда Господь совершил суд над коленом Вениаминовым за нечестие, сделанное с наложницей левита (Суд. 19:1–30), израильтяне скорбели [*nakham*] о потере соплеменников (Суд. 21:6, 15). Нетрудно понять, насколько скорбь переплетается с покаянием, учитывая, что Господь изрек благословение на тех, кто оплакивает свой грех (Матф. 5:4). Помимо скорби слово *nakham* выражает печаль о грехе, как в случае с Иовом: «Я отрекаюсь и раскаиваюсь [*nakham*] в прахе и пепле» (Иов. 42:6). Такая печаль может сопровождаться уместным стыдом и смущением (Иер. 31:19), приводя к раскаянию в нечестии (Иер. 8:6). Поэтому слово *nakham* показывает, что у эмоций есть свое место в покаянии. Раскаиваясь, люди будут искренне сожалеть и сокрушаться о своих делах, а иногда будут испытывать такую печаль, что их сокрушение проявится в действии.

Самое распространенное древнееврейское слово со значением «покаяние» — это глагол *shub*, основное значение которого — «повернуть» или «вернуться». Специалисты по древнееврейскому языку говорят, что «он лучше, чем любой другой глагол, объединяет в себе два необходимых элемента покаяния: отвернуться от зла и повернуться к добру»[109]. Он описывает библейское покаяние как обращение от греха (3 Цар. 8:35), нечестия (Ис. 59:20) и беззакония (Дан. 9:13) и как удаление беззакония от своего шатра (Иов. 22:23). Покаяние, обозначенное

---

[108] Поэтому Беркхоф пишет: «Истинное покаяние не может существовать без веры, и, наоборот, истинная вера всегда предполагает искреннее покаяние. Это два разных аспекта одного и того же действия — отвращения от греха и обращения к Богу... Эти два понятия неразделимы: это всего лишь взаимодополняющие этапы одного процесса» (Систематическое богословие. С. 563).

[109] Victor P. Hamilton, *"šub,"* in *Theological Wordbook of the Old Testament*, ed. R. Laird Harris, Gleason L. Archer Jr., and Bruce K. Waltke (Chicago: Moody Press, 1980), 2:909.

словом *shub*, подразумевает, что надо отказаться от злого пути и исправить свое поведение, обратиться от помыслов злого сердца (Иер. 18:11–12; 25:5; 26:3; 35:15). Это значит оставить все известные грехи и соблюдать Божьи заповеди (Иез. 18:21). Действительно, покаяние и грех взаимно исключают друг друга, так как греховные дела не позволяют «обратиться [*shub*] к Богу» (Ос. 5:4). Поэтому покаяние—это не просто отвращение *от* греха, но и обращение *к* Богу. О покаявшихся сказано, что они прибегают к Господу (Ис. 9:13), умоляют Его (Дан. 9:13), благоговеют перед Его благостью и ищут Его (Ос. 3:5), оставляя идолопоклонство, чтобы поклоняться только Богу (Иер. 4:1–4; см. 1 Цар. 7:3). Таким образом, покаяние включает в себя перемену, которая приводит к послушанию, побуждающему грешника исправить свои пути и поступки (Иер. 18:11) и соблюдать заповеди Божьего закона (4 Цар. 17:13; 23:25). Такое покаянное послушание никогда не бывает лишь внешним, а исходит из сердца (Втор. 30:2; 3 Цар. 8:48; Иер. 3:10; Иоил. 2:12–13).

В Новом Завете греческий термин *metamelomai* передает эмоциональную составляющую покаяния, подобно слову *nakham*. Он описывает «сожаление» (2 Кор. 7:8; см. 7:10–11) и «раскаяние» (Матф. 21:32; 27:3) в злых поступках. Сходным образом, греческий термин *epistrephō* и родственные ему слова обозначают общее понятие «обращения», как и еврейское слово *shub*. Когда речь идет о покаянии, он описывает изменение направления жизни человека от греха и идолопоклонства к поклонению и служению истинному Богу (Деян. 14:15; 1 Фес. 1:9). Такое обращение к Господу синонимично тому, чтобы оставить огрубелое сердце неверия и с верой прийти к Богу за спасением (Матф. 13:15; Лук. 1:16–17; Деян. 3:19; 9:35; 11:21; 26:18, 20; 2 Кор. 3:16).

Самый распространенный новозаветный греческий глагол, описывающий покаяние,—это *metanoeō* (существительное *metanoia*), что буквально значит «передумать». Он прежде всего указывает, что покаяние включает признание своего греха. Иоанн Креститель пришел, «проповедуя крещение покаяния [греч. *metanoia*] для прощения грехов» (Марк. 1:4; Лук. 3:3). Если покаяние совершается *для* прощения грехов, то принимающие крещение покаяния должны были признать свою греховность и нужду в прощении. Христос пришел призвать грешников, а не праведников, к покаянию (Лук. 5:32). Такое признание греховности также подразумевает принципиальное изменение отношения к греху и намерение отвернуться от него. Именно такой смысл призыва Петра к Симону волхву (Деян. 8:22), а Павла—к коринфянам, жившим в нечистоте, блуде и непотребстве (2 Кор. 12:21). Этого требует Сам Христос, тесно связывая повеление покаяться с призывом: «...твори прежние дела...» (Откр. 2:5). Это явно подразумевает перемену в отношении, приводящую к полной смене курса, в результате чего жизнь меняется. После того, как грешник признает свой грех и то, что он заслуживает наказания, и после того, как изменит свой курс, отвернувшись от грехов, его призывают приносить «достойные плоды покаяния» (Лук. 3:8; см. 3:10–14) и делать «дела, достойные покаяния» (Деян. 26:20). Поэтому «перемена ума», обозначенная словом *metanoeō*, — это не просто интеллектуальное изменение. Эта перемена затрагивает «ум» (греч. *nous*), что обозначает все внутреннее самосознание человека, а не только его умственные способности. Относительно *metanoeō* Беркхоф мудро пишет:

> Утверждая, что это слово обозначает в первую очередь изменение мышления, мы не должны упускать из виду тот факт, что значение термина не ограничивается интеллектуальной, теоретической стороной сознания, но также включает в себя нравственную сторону сознания и совесть. Осквернен как ум, так и совесть человека (Тит. 1:15), но когда изменяется [*nous*] человека, это предполагает не только приобретение нового знания, но также изменение направленности сознательной жизни человека[110].

Подводя итог приведенному выше лексическому анализу, можно сказать, что библейское покаяние — это не просто изменение мышления, хотя оно и предполагает интеллектуальное признание греха и изменение отношения к нему. Также это не просто стыд или печаль о грехе, хотя подлинное покаяние всегда включает в себя элемент сожаления. Истинное библейское покаяние также включает смену направления человеческой воли, целенаправленное решение оставить всякую неправедность и вместо этого стремиться к праведности. Таким образом, подлинное покаяние включает ум, сердце и волю[111].

Интеллектуально покаяние начинается с признания греха. Мы должны осознать поистине порочный характер греха и, как следствие, смиренно признать, что мы грешники, нарушившие Божий закон, лишенные Его славы и потому виновные перед Ним. Испытать интеллектуальный аспект покаяния — значит признать вместе с Иовом: «...я говорил о том, чего не разумел...» (Иов. 42:3; см. 42:6), и исповедать, как Давид: «Согрешил я пред Господом» (2 Цар. 12:13; см. Пс. 50:5–6). Это значит смиренно признать свою нужду в благодати и милости, и попросить прощения (Пс. 50:3–4).

---

[110] Беркхоф. Систематическое богословие. С. 556. Гетцман также утверждает: «Преимущественно интеллектуальное понимание слова *metanoia* как перемены ума играет очень малую роль в Новом Завете. Больше подчеркивается решение всего человека повернуться. Ясно, что речь идет не о чисто внешнем повороте и не об интеллектуальном изменении идей» (J. Goetzman, "Conversion," in *New International Dictionary of New Testament Theology*, ed. Colin Brown [Grand Rapids, MI: Zondervan, 1986], 1:358). Бем соглашается: «Оно затрагивает всего человека, сначала и в основном центр его личности, а затем логически его поведение всегда и во всех ситуациях, его мысли, слова и поступки (Матф. 12:33 и далее; 23:26; Марк. 7:15)» (J. Behm, "*Metanoia*," in *Theological Dictionary of the New Testament*, ed. Gerhard Kittel, trans. Geoffrey W. Bromiley [Grand Rapids, MI: Eerdmans, 1967], 4:1002).

[111] Вос пишет: «Идея покаяния у нашего Господа столь же глубока и всеобъемлюща, как и Его понимание праведности. Из трех слов, используемых в греческом тексте Евангелий для описания этого процесса, одно подчеркивает эмоциональный элемент сожаления, скорби о прежнем злом жизненном пути (*metamélomai*, Матф. 21:29–32); второе выражает перемену всего ментального отношения (*metanoeō*, Матф. 12:41; Лук. 11:32; 15:7, 10); третье обозначает изменение в направлении жизни, когда одна цель заменяется другой (*epistréphomai*, Матф. 13:15 [и параллельные тексты]; Лук. 17:4; 22:32). Покаяние не ограничивается какой-то одной способностью ума: оно охватывает всего человека, его разум, волю и чувства. <...> Опять же, в новой жизни, следующей за покаянием, руководящим принципом служит абсолютное господство Бога. Кающийся отворачивается от служения мамоне и себе к служению Богу» (Geerhardus Vos, *The Teaching of Jesus concerning the Kingdom of God and the Church* [1903; repr., Nutley, NJ: Presbyterian and Reformed, 1972], 92–93).

Эмоционально подлинное покаяние характеризуется искренней скорбью, сожалением и даже оплакиванием своего греха (см. Матф. 5:4). Ветхозаветные святые часто внешне выражали свое сокрушенное покаяние тем, что били себя по бедрам (Иер. 31:19), сидели в куче пепла (Иов. 42:6) и одевались во вретище (Ион. 3:5–6; см. Матф. 11:21). Подлинная, покаянная печаль отличается от того, что Павел называет «печалью мирской», производящей смерть (2 Кор. 7:10). Так было с Иудой, который, «раскаявшись» (Матф. 27:3) в том, что предал Христа, признавал: «Согрешил я, предав кровь невинную» (Матф. 27:4). Впрочем, это была мирская печаль, производящая смерть, потому что он «пошел и удавился» (Матф. 27:5). Подобным образом богатый молодой начальник ушел с печалью (Матф. 19:22), но без покаяния, потому что его идолом оставалось богатство, он не продал все, что имел, чтобы приобрести Христа (см. Матф. 13:44). И все же, хотя печаль не следует прямо приравнивать к покаянию, это его необходимая составляющая, и она часто служит мощным побуждением искренне отвернуться от греха. Как утверждает Павел, «печаль ради Бога производит неизменное покаяние ко спасению...» (2 Кор. 7:10). Таким образом, в истинном покаянии всегда будет элемент сокрушения—не сожаление пойманного или печаль из-за последствий, но дух, сокрушенный осознанием греха против Бога и исполненный стремления восстановить общение с Ним (Пс. 50:14, 19).

Наконец, покаяние подразумевает смену направления, преображение воли. Покаяние—это не просто перемена ума, но и решимость отказаться от упрямого непослушания и подчинить свою волю Христу. Это хорошо иллюстрируется в служении ветхозаветных пророков, для которых покаяние заключалось в том, чтобы беззаконник оставил свои злые помыслы (Ис. 55:7), обратился от своего беззакония, творил правду и суд (Иез. 33:19) и обратился от своего злого пути (Ион. 3:10; см. 2 Пар. 7:14). Это решительный отказ от себя и своего греховного образа жизни, принятие Христа для оправдывающей и освящающей праведности. Поэтому подлинное покаяние неизбежно приводит к изменению в поведении. Однако следует отметить, что сама по себе перемена поведения— это не покаяние. Призыв к покаянию—это не призыв очистить свою жизнь, чтобы стать достойным спасения. В таком случае покаяние было бы заслугой, что противоречило бы Евангелию благодати. Спасение—это суверенный дар Божьей благодати, который грешник принимает только верой (Рим. 3:28; Еф. 2:8), именно потому, что грешники своими делами не могут угодить требованиям Божьей праведности (Тит. 3:5). И хотя покаяние не сводится лишь к перемене в поведении, измененная жизнь—неизбежный плод подлинного покаяния. Хотя грешники не спасаются *за* добрые дела, они спасаются *для* добрых дел (Еф. 2:10; Тит. 2:14; 3:8).

Так, в своем служении апостол Павел проповедовал евреям и язычникам, «чтобы они покаялись [греч. *metanoeō*] и обратились [греч. *epistrephō*] к Богу, делая дела, достойные покаяния» (Деян. 26:20). Подобным образом Иоанн Креститель требовал, чтобы те, кто заявляет о своем покаянии, приносили «достойные плоды покаяния» (Лук. 3:8). Когда слушавшие его спросили, какой должна быть жизнь после покаяния, он ответил, что надо перестать быть жадным и равнодушным к страданиям ближних, а вместо этого щедро помогать им (Лук. 3:11). Сборщиков налогов он призвал отказаться от вымогательства: «Ничего не требуйте более определенного вам» (Лук. 3:13). Он сказал, чтобы солдаты перестали вымогать деньги угрозами и ложными обвинениями, а довольствовались честным заработком. (Лук. 3:14). И Павел, и Иоанн Креститель опирались на прежних пророков, таких как Исаия, который называл плоды покаяния для развращенного народа своего времени: «Омойтесь, очиститесь; удалите злые деяния ваши от очей Моих; перестаньте делать зло; научитесь делать добро, ищите правды, спасайте угнетенного, защищайте сироту, вступайтесь за вдову» (Ис. 1:16–17). В этом списке можно увидеть последовательность: покаяние начинается с внутреннего очищения, а затем проявляется в праведных отношениях и поступках. Другими словами, в поведении человека происходят подлинные перемены. Искренне покаявшийся человек перестает делать зло и начинает жить праведно. Где нет заметных перемен в поведении, там не может быть уверенности, что покаяние имело место (Матф. 3:8; 1 Иоан. 2:3–6; 3:17)[112].

Итак, Писание учит, что покаяние начинается с того, что грешник в смирении признает свой грех и необходимость в прощении. Понимание, что его грех направлен против Бога, производит большую скорбь, печаль, даже стыд и самоуничижение. Отвращение к себе и своей неправедности побуждает грешника отречься от своего нечестия и решительно отвернуться от жизни в грехе. Оставляя прежний образ жизни, он обращается к тому, чтобы доверять и служить Богу, достойному всякого поклонения. Во Христе он обретает прощение и восстановление общения со своим Создателем. Наконец, он не считает это прощение последним шагом, но с любовью от всего сердца стремится жить в послушании открытой воле Божьей, получая силу по действию Святого Духа. Таким образом, свидетельство внутреннего покаяния проявляется в его внешних действиях.

Покаяние—существенный элемент обращения и поэтому неотъемлемый элемент евангельской вести. В проповеди Евангелия покаяние не только упоминается вместе с верой (Марк. 1:15; Деян. 20:21; Евр. 6:1), но многие тексты Писания просто призывают к покаянию для получения спасения. Это не противоречит истине о том, что оправдание происходит только верой, но иллюстрирует, что авторы Нового Завета считали отношения между покаянием и верой настолько близкими, что упоминание одного подразумевало другое: невозможно отвернуться от греха, не обратившись с верой к Христу, и наоборот. Поэтому, если Марк отмечает, что Иисус начал проповедовать Евангелие, призывая слушавших: «Покайтесь и веруйте в Евангелие» (Марк. 1:15), то Матфей передает эту же проповедь так: «Покайтесь, ибо приблизилось Царство Небесное» (Матф. 4:17).

[112] Мак-Артур Д. Благовествование Христово. Киев: SEND International, 1996. С. 186, 188.

Позднее Иисус говорил, что цель Его служения — призвать грешников к покаянию (Лук. 5:32) и подчеркивал эту истину словами: «Если не покаетесь, все так же погибнете» (Лук. 13:3, 5). В единственном месте, где при описании Великого поручения приведены слова Иисуса о содержании вести, которую должны проповедовать ученики, Он кратко излагает Евангелие как «покаяние для отпущения грехов» во имя Его (Лук. 24:47, Кассиан). И ученики были послушны этому поручению. Слушая проповедь Петра в день Пятидесятницы, израильтяне, ощутив глубокое обличение, спрашивали: «Что нам делать, мужи братия?» В ответ Петр призвал их к покаянию: «Покайтесь, и да крестится каждый из вас во имя Иисуса Христа для прощения грехов...» (Деян. 2:37–38). Таким же призывом он завершил свою проповедь в притворе Соломона: «Итак покайтесь и обратитесь, чтобы загладились грехи ваши...» (Деян. 3:19). Когда Павел проповедовал Евангелие афинянам в ареопаге, кульминацией его проповеди стал призыв к покаянию: «Итак, оставляя времена неведения, Бог ныне повелевает людям всем повсюду покаяться...» (Деян. 17:30). Писание ясно показывает, что покаяние — не какое-то дополнение, а неотъемлемая составляющая истинного Евангелия. Утверждение, что можно верить во Христа к спасению без покаяния в грехе — верить в Иисуса как Спасителя, но не покоряться Ему как Господу, — прямо противоречит Евангелию, проповеданному Иисусом и апостолами[113].

ВЕРА

Если покаяние можно назвать отрицательной стороной обращения, то есть поворотом от греха, то веру можно назвать его положительной стороной, поворотом души к Богу с упованием на личность и труд Христа, дающего прощение, праведность и вечную жизнь. Когда чудо нового рождения избавляет от слепоты духовной смерти, глаза воссозданного сердца грешника с восторгом взирают на славу Иисуса Христа, находя в Нем полностью достаточного Спасителя, Который в совершенстве очищает от греха, дает совершенную праведность и удовлетворяет душу. Созерцая славу Божью в лице Христа (2 Кор. 4:6), грешник принимает Иисуса всем сердцем, вверяя и посвящая себя всему, что представляет собой Христос. Таким образом, спасающая вера — это глубокое посвящение всего человека всему Христу; умом, сердцем и волей верующий принимает Иисуса как Спасителя, Ходатая, Покровителя, Попечителя, Советника и Господа Бога.

Поэтому спасающая вера, подобно сопровождающему ее покаянию, имеет интеллектуальную, эмоциональную и волевую составляющие: знание (лат. *notitia*), согласие (лат. *assensus*) и доверие (лат. *fiducia*) соответственно. Ум познает,

---

[113] Подробное обсуждение спора о «спасении господства», а также тщательное опровержение так называемого богословия «дешевой благодати» см.: Мак-Артур. Благовествование Христово; John MacArthur, *The Gospel according to the Apostles: The Role of Works in the Life of Faith* (1993; repr., Nashville: Thomas Nelson, 2000). Особенно полезна вторая глава последней книги "A Primer on the 'Lordship Salvation' Controversy," 5–20. Дальнейший анализ см.: Robert Lescelius, *Lordship Salvation: Some Crucial Questions and Answers* (Asheville, NC: Revival Literature, 1992); Richard P. Belcher, *A Layman's Guide to the Lordship Controversy* (Southbridge, MA: Crowne, 1990). Краткий, но полезный обзор также см.: Грудем. Систематическое богословие. С. 807–808, сноска 5.

признает и понимает истину о личности и труде Христа. Сердце соглашается, выражая твердую уверенность, что даруемое Христом спасение соответствует духовной нужде человека. Воля отвечает доверием, личным посвящением Христу и принятием Его как единственной надежды на вечное спасение[114]. Каждая из этих составляющих требует более подробного рассмотрения.

Знание. Самый базовый элемент веры — это знание. В представлении современной культуры, где преобладает светский гуманизм, вера противоположна знанию — вера выходит на первый план, когда у человека не хватает знаний. Довольно часто можно услышать: «Ну, я точно не *знаю*, но я просто *верю* в это». Однако, согласно Библии, вера — это не экзистенциальный прыжок в темноту и не сентиментальная надежда на исполнение желаний. Истинная вера — отнюдь не альтернатива знанию, но она основана на знании; ее надежное и прочное основание заключается в познании открытой Богом истины.

Писание свидетельствует об этом несколькими способами. Прежде всего, Библия часто называет знание конкретных истин в качестве причины веры. Например, говорится, что люди уверовали во Христа к спасению, «узнав, что человек оправдывается не делами закона, а только верою в Иисуса Христа...» (Гал. 2:16). Именно *потому, что мы знаем*, что делами человек не оправдывается, мы верим во Христа к спасению. Сходным образом Павел указывает, что вера христианина в будущее воскресение основана на знании о воскресении Христа: «Если же мы умерли со Христом, то веруем, что и жить будем с Ним, зная [т. е. „поскольку знаем"[115]], что Христос, воскреснув из мертвых, уже не умирает...» (Рим. 6:8–9; см. 1 Пет. 5:9; 2 Кор. 4:13–14). Цитируемые выше тексты подтверждают, что библейская вера и знание истины не противоречат друг другу, но истина служит основанием для веры. Писание также часто свидетельствует об этой связи между верой и знанием, используя фразу «поверили, что...», за которой следует изложение истин, определяющих содержание спасающей веры[116]. Человек должен верить, что Иисус есть Бог (Иоан. 8:24; 13:19, Иисус называет Себя божественным именем «Я есмь»; см. Исх. 3:14), что Он един с Отцом (Иоан. 14:10–11), что Он Мессия и Божий Сын (Иоан. 11:27; 20:31; 1 Иоан. 5:1, 5), посланный Отцом (Иоан. 11:42; 16:27, 30; 17:8, 21), что Он умер за грехи и воскрес из мертвых (1 Фес. 4:14; см. Рим 10:9); что Бог «есть и ищущим Его воздает» (Евр. 11:6); что грешники спасаются по благодати только верой (Деян. 15:11; см. 15:9). Апостол Павел подводит итог в этом вопросе, когда заявляет, что спасающая вера приходит от слышания евангельской вести о Христе (Рим. 10:17), так что невозможно уверовать, не услышав ее (Рим. 10:14). Знание вести Евангелия, то есть открытых Богом фактов о святости Бога,

---

[114] MacArthur, *The Gospel according to the Apostles*, 27.

[115] Причастие *eidotes* («зная») здесь указывает на причину: «поскольку знаем». См.: Уоллас. Углубленный курс грамматики греческого языка. С. 647–648.

[116] Reymond, *Systematic Theology*, 727.

наказании за грех, личности Христа и Его голгофском подвиге ради грешников и составляет основание спасающей веры. Поэтому ясно, что истинная вера имеет объективное содержание. Это не безрассудный прыжок в темноту и не какая-то призрачная надежда, оторванная от знания. Истина Евангелия, открытая во Христе и в Писании, служит фактическим, историческим, интеллектуальным основанием для нашей веры. Поэтому мы верим не по своим субъективным прихотям; мы должны верить в истину (2 Фес. 2:11–12; см. Иоан. 8:46; 1 Тим. 4:3). Вера, не основанная на этой объективной, декларативной истине, — вовсе не вера[117].

Согласие. Хотя знание фактов для веры необходимо, но недостаточно. Вполне возможно знать истину, не веря в нее и не принимая ее. Многие проповедники, исследователи и богословы интеллектуально понимают великие истины Писания, такие как девственное рождение Христа и Его телесное воскресение, но отвергают эти доктрины как ложные. Также многие понимают истины Евангелия, — что человек виновен перед святым Богом и погибает в своих грехах, что Христос понес наказание за Своих людей, умерев вместо них и воскреснув, и что результаты Его труда следует принимать верой, независимо от дел, — однако сами не каются и не верят в Него. Поэтому говорят, что вера имеет как интеллектуальную, так и эмоциональную составляющую. Она не только знает истину, но соглашается и всем сердцем принимает истину, открытую в Писании. Истину знают и ей верят.

Автор Послания к евреям говорит об этом сердечном согласии как о составной части веры, когда определяет веру как «осуществление ожидаемого и уверенность в невидимом» (Евр. 11:1). Греческий термин *hypostasis*, переведенный как «осуществление», состоит из слов *stasis*, «стоять», и *hypo*, «под». Он означает фундамент, основание, на котором что-то строится. Здесь этот термин описывает веру как сверхъестественную реальность, данную Богом уверенность в истинности обещаний Библии и надежности Христа. Автор послания продолжает, говоря, что вера — это уверенность в невидимом; то есть духовному взору вера открывает то, что невозможно увидеть физическими глазами. Именно так охарактеризована вера Моисея: «Верою оставил он Египет, не убоявшись гнева царского, ибо он, как бы видя Невидимого, был тверд» (Евр. 11:27). Вера Моисея состояла в твердой уверенности, что богатство славы Христа дороже египетских сокровищ (Евр. 11:24–26). Он не просто интеллектуально понимал, что Христос более ценен; он был убежден в глубине своего сердца, что это действительно так. А твердая, полная веры убежденность Павла в полновластии Христа подпитывает его стойкость в самых сильных страданиях, поскольку он говорит: «Ибо я знаю, в Кого уверовал, и уверен, что Он силен сохранить залог мой на оный день» (2 Тим. 1:12).

---

[117] MacArthur, *The Gospel according to the Apostles*, 29–30.

Что касается обращения, то человек, обладающий спасающей верой, искренне принимает истину о своей греховности и о том, что Христос готов спасти его. Когда Вартимей услышал, что Иисус проходит мимо, его твердая уверенность в том, что Сын Давидов идеально подходит, чтобы восполнить его нужду, побудила его отказаться от правил приличия и кричать, умоляя Иисуса вернуть ему зрение. Иисус ответил: «Иди, вера твоя спасла тебя» (Марк. 10:46–52). Так и новообращенный верующий совершенно убежден, что он беспомощен в решении неизбежных трудностей своего духовного состояния, и взирает на Христа с полной уверенностью, что достаточность Христа — это совершенный ответ на его духовную несостоятельность. Такая вера спасает грешника.

Доверие. Вера Моисея, Павла и Вартимея не сводилась лишь к знанию и принятию истины. Иаков говорит, что бесы знают истину монотеизма и верят в нее (Иак. 2:19). Никодим верил, что Иисус был учителем, посланным от Бога (Иоан. 3:2). Агриппа верил, что Ветхий Завет говорит истину (Деян. 26:27). Иуда был убежден, что Иисус был Христом (Матф. 27:3–5). Однако никто из них не имел спасающей веры. Вера начинается со знания (*notitia*) и согласия (*assensus*), но не останавливается на этом, пока не достигнет полной зависимости воли от Христа в вопросе личного спасения (*fiducia*). Мюррей проницательно отмечает: «Вера — это знание, переходящее в убеждение, и это убеждение, переходящее в уверенность. Вера не может не достичь того уровня, когда человек, перестав полагаться на себя, свои возможности и полагаясь в спасении на одного Христа, предается Ему. Это принятие Его и доверие к Нему»[118]. То есть спасающая вера будет не только «верить, *что*», но и обязательно будет «верить *в*»; она выходит за пределы умственного согласия с истиной *о* Христе и приходит к личному упованию *на* Христа и зависимости *от* Него для прощения грехов и примирения с Богом.

Апостол Павел рассказывает историю своего обращения в 3-й главе Филиппийцам. Он характеризует истинного христианина как того, кто не надеется на плоть (Флп. 3:3), не смотрит внутрь себя — на свои унаследованные привилегии или религиозные достижения, — чтобы обрести требуемую Богом праведность. Когда он был фарисеем, то действительно полностью надеялся на плоть — свое наследие, социальный статус, религиозную обрядность, традиционность, преданность, искренность и даже на внешнее соблюдение Божьих заповедей (Флп. 3:4–6). Он верил, что эти плотские достоинства поднимут его до уровня Божьих требований праведности. Но его заблуждение исчезло после встречи с воскресшим Христом на дороге в Дамаск. Тогда он сказал: «Но что для меня было преимуществом, то ради Христа я почел тщетою» (Флп. 3:7). Когда Бог открыл Павлу очи сердца при возрождении, то всю самоправедность, которую Павел считал прибылью, он стал считать убытком. Он считал это за сор в сравнении

---

[118] Мюррей. Искупление, достигнутое и примененное к грешнику. С. 67.

с желанием «приобрести Христа и найтись в Нем не со своею праведностью, которая от закона, но с тою, которая через веру во Христа, с праведностью от Бога по вере...» (Флп. 3:8–9). В достижении праведности он перестал полагаться на себя, а стал уповать только на Христа (см. Рим. 10:4; 2 Кор. 5:21).

Человек со спасающей верой не только уповает на Христа для обретения праведности, но и принимает Его как сокровище. Павел считал личное познание Иисуса настолько высокой ценностью, что готов был лишиться всего в своей жизни, чтобы приобрести Его (Флп. 3:8). Сам Иисус сравнивал обращение с тем, как находят сокровище: «Еще подобно Царство Небесное сокровищу, скрытому на поле, которое, найдя, человек утаил, и от радости о нем идет и продает все, что имеет, и покупает поле то» (Матф. 13:44; см. 13:45–46). Человек, чье сердце пробудилось при возрождении, подобен тому, кто нашел клад, бесценное сокровище. И по причине чрезвычайной ценности сокровища, то есть Христа Иисуса, грешник охотно оставляет все, что у него есть, чтобы обрести Спасителя, Которого он считает высшей ценностью Матф. 10:37–39). Эти тексты должны предостеречь изучающего Писание от представления, что спасающая вера просто использует Христа, чтобы избежать наказания. Спасающая вера—это, прежде всего, горячее принятие личности—искреннее, восторженное принятие Христа во всей полноте того, Кто Он такой, а именно: источник всей праведности, жизни и удовлетворения для новорожденной души (Матф. 5:6; Иоан. 4:13–14; 6:35).

Наконец, в этом волевом аспекте веры человек не только верит во Христа, но и *вверяет* себя Ему, потому что вера в личность обязательно включает личную преданность. Уповающий на Христа отдает себя на Его попечение как в жизни, так и в смерти. Верующий полагается на совет Господа, уповает на Его благость и вверяет себя Его опеке и сейчас, и вовеки. Поэтому спасающая вера—это когда грешник всем своим существом принимает всего Христа. Вот почему Писание часто использует для веры такие метафоры, как смотреть на Него (Иоан. 3:14–15; см. Чис. 21:9), есть Его плоть и пить Его кровь (Иоан. 6:50–58; см. 4:14), принять Его (Иоан. 1:12) и прийти к Нему (Матф. 11:28; Иоан. 5:40; 6:35, 37, 44, 65; 7:37–38). Человек проявляет свою веру в то, что хлеб утоляет голод, не просто заявляя: «Хлеб насыщает!», но вкушая его. Так и свою веру во Христа человек проявляет не просто говоря: «Я верю!», но приходя ко Христу, принимая Его полностью, как Он есть, и вверяя Ему всего себя. Итак, вера означает полностью полагаться на Христа—в искуплении, в праведности, в совете, в общении, в пропитании, в руководстве, в поддержке, в господстве и во всем, что может по-настоящему удовлетворить в жизни.

Это означает, что истинная спасающая вера обязательно выражается в послушании из любви (см. Гал. 5:6). Вся 11-я глава Евреям посвящена иллюстрации этого принципа. Определив в первых стихах природу истинной веры, автор прослеживает всю историю искупления, чтобы показать, что вера проявляется в действии. Верой Авель принес угодную Богу жертву (Евр. 11:4); верой Енох ходил пред Богом и избежал самой смерти (11:5); верой Ной построил ковчег

(11:7); верой Авраам повиновался (11:8), жил в чужой стране (11:9) и принес Исаака в жертву (11:17–19); верой Исаак и Иаков благословили своих сыновей (11:20–21); верой Иосиф говорил об исходе (11:22); верой родители Моисея прятали его от фараона (11:23); верой Моисей отверг временные египетские наслаждения, принял поношение Христово и без страха оставил Египет (11:24–27); верой Моисей совершил Пасху (11:28); верой Израиль перешел Чермное море (11:29) и завоевал Иерихон (11:30). Вера приносит, ходит, строит, благословляет, прячет, оставляет и побеждает. То есть, вера повинуется. Она побуждает человека действовать в соответствии с истиной, веру в которую он исповедует. При обращении спасающая вера не делает ничего, кроме как пассивно принимает то, что дает Христос. Но истинная вера никогда не остается пассивной; она немедленно переходит к действию—не как средство заработать божественное расположение, а как следствие получения Божьей благодати, действующей в нас могущественно (Кол. 1:29). Когда мы со страхом и трепетом совершаем свое спасение, именно Бог действует в нас, производя и хотение, и действие по Своему благоволению (Флп. 2:12–13)[119].

ДАРЫ, ИМЕЮЩИЕ ПОСТОЯННОЕ ДЕЙСТВИЕ

Нельзя обойти вниманием две другие особенности покаяния и веры. Прежде всего, покаяние и вера—это суверенные дары Самого Бога. Хотя и верно, что покаянная вера считается обязанностью грешников и условием их оправдания, однако из-за испорченности их ума, чувств и воли они не могут по-настоящему покаяться и уверовать. Лишь благодаря суверенному действию Святого Духа при возрождении, обновляющему сердце и открывающему духовные глаза, человек способен отвернуться от греха и своего «я», чтобы уповать только на Христа для обретения праведности.

По этой причине Писание говорит о покаянной вере не как о суверенном решении человеческой воли, а как о сверхъестественном даре Божьей благодати[120]. По поводу покаяния Петр возвестил в синедрионе, что Бог совершил смерть и воскресение Христа, «дабы дать Израилю покаяние и прощение

---

[119] Мак-Артур объясняет: «Смешиваются ли здесь вера и дела, как некоторые любят говорить? Вовсе нет. Пусть в этом вопросе не будет никакой путаницы. Вера—это *внутренняя* реальность с *внешними* последствиями. Говоря, что вера включает в себя послушание, мы имеем в виду данное Богом *отношение* послушания, а не пытаемся сделать *дела* частью веры. Бог делает верующее сердце покорным, то есть таким, которое охотно покоряется. Сама по себе вера полна, даже когда ни одно дело послушания еще не было совершено. Но не заблуждайтесь—настоящая вера всегда производит праведные дела. Вера—это корень, а дела—плоды. Плод гарантирован, поскольку Виноградарь—Сам Бог. Поэтому всякий раз, когда Писание приводит примеры веры, как здесь в Евреям 11, вера непременно показана как послушная, действующая и активная» (MacArthur, *The Gospel according to the Apostles*, 34). Более подробное обсуждение рассматриваемых вопросов в споре о «спасении господства», см.: Мак-Артур. Благовествование Христово; MacArthur, *The Gospel according to the Apostles*.

[120] Необходимо избегать потенциального недоразумения. Тот факт, что покаяние и вера—Божьи дары, не исключает того, что это также действия людей. Бог не кается в грехе и не верует во Христа *за* верующего, как учил Карл Барт (см.: G. C. Berkouwer, *Faith and Justification* [Grand Rapids, MI: Eerdmans, 1954], 172–175). Но при возрождении Бог полновластно пробуждает грешника, так что тот сам, своим сознанием и согласно своей обновленной природе непременно отвращается от греха и верит во Христа. Бог дает веру, а человек действует верой, но его действие полностью зависит от Божьего дара.

грехов» (Деян. 5:31). Позже, когда Петр свидетельствовал евреям, что Дух сошел на язычников, те сделали вывод, что Бог дал этот дар и язычникам: «Видно, и язычникам дал Бог покаяние в жизнь» (Деян. 11:18). Подобным образом Павел учил Тимофея «с кротостью наставлять противников, не даст ли им Бог покаяния к познанию истины» (2 Тим. 2:25).

Соответственно, Писание называет и веру даром Божьей благодати. Видимо, наиболее известны по этой теме слова Павла: «Ибо благодатью вы спасены через веру, и сие не от вас, Божий дар: не от дел, чтобы никто не хвалился» (Еф. 2:8–9). Здесь Павел все спасение называет Божьим даром, что необходимо включает веру, которой оправдывается грешник[121]. Кроме того, Лука описывает христиан как уверовавших благодатью (Деян. 18:27); таким образом, вера приходит только через Божью благодать, так что это дар. Павел ясно учит этому в Послании к филиппийцам: «...потому что вам дано ради Христа не только веровать в Него, но и страдать за Него» (Флп. 1:29). Наряду со страданиями ради Евангелия вера во Христа дана как дар от Бога.

Поэтому спасающая, покаянная вера, будучи божественным даром, никогда не может быть преходящей или временной. У нее есть свойство постоянства, которое гарантирует, что она пребудет до конца, так что покаяние и вера характеризуют образ жизни истинного христианина. В самом первом из своих «95 тезисов» Мартин Лютер (1483–1546) замечательно написал: «Господь и Учитель наш Иисус Христос, говоря: „Покайтесь...", заповедал, чтобы вся жизнь верующих была покаянием»[122]. Поэтому, когда Петр спросил Иисуса, как часто надо прощать согрешающего против него брата (Матф. 18:21), Иисус ответил: «Если же согрешит против тебя брат твой, выговори ему; и если покается, прости ему; и если семь раз в день согрешит против тебя и семь раз в день обратится, и скажет: „Каюсь",—прости ему» (Лук. 17:3–4). Принцип в том, что человек должен каяться так же часто, как он грешит. В Своих посланиях к асийским церквям Христос говорит верующим («кого Я люблю») в лаодикийской церкви: «Будь ревностен и покайся» (Откр. 3:19), и из этого видно, что покаяние—это не единичное событие

---

[121] Есть некоторое разногласия о том, на что указывает слово «сие»; что именно не от дел человека, но дар Божий? Хотя ближайший антецедент—это «вера», но местоимение «сие» среднего рода, а существительное «вера»—женского. Обычно местоимение согласуется по роду со своим антецедентом. Поскольку здесь это не так, многие заключают, что даром Божьим названа не вера. Тогда это не может указывать и на «благодать», также существительное женского рода. Предположение, что оно относится к словам вы спасены), сталкивается с той же проблемой, потому что это причастие мужского рода. Некоторые считают его частью причастного оборота, использованного для усиления, как в 3 Иоанна 5. Возможно, лучшее объяснение состоит в том, что слово «сие» ссылается на всю фразу «благодатью вы спасены через веру». Указательное местоимение нередко стоит в среднем роде, когда речь идет о нескольких антецедентах разного рода. Например, в Филиппийцам 1:28 Павел говорит: «...это для них есть предзнаменование [греч. *endeixis*, жен.] погибели [греч. *apōleias*, жен.], а для вас—спасения [греч. *sōterias*, жен.]. И сие [греч. *touto*, сред.] от Бога...» «Сие» относится к предзнаменованию и погибели противников, и спасения верующих. Павел рассматривает их как единое целое и говорит, что и то, и другое от Бога. Там, где было бы понятно употребление женского рода, Павел использует средний, делая пояснение сразу к нескольким антецедентам. Более подробно см.: Уоллас. Углубленный курс грамматики греческого языка. С. 358–359; Ernest Best, *A Critical and Exegetical Commentary on Ephesians*, ICC (Edinburgh: T&T Clark, 1998), 226.

[122] Лютер М. 95 тезисов, диспут о прояснении действенности индульгенций. СПб.: Герменевт, 1996. С. 11.

при обращении, но оно ожидается даже от истинных христиан. Господь также учил Своих учеников, чтобы они в своей обычной молитве просили о прощении (Матф. 6:12), что требует постоянного покаяния. Апостол Иоанн делает подобное утверждение: «Если исповедуем [греч. *homologeō*] грехи наши, то Он, будучи верен и праведен, простит нам грехи наши и очистит нас от всякой неправды» (1 Иоан. 1:9). Настоящее время глагола *homologeō* указывает на продолжающееся действие. Таким образом, верующие показывают, что Бог их простил и очистил, потому что они постоянно исповедуют свои грехи. В целом, хотя оправдание освобождает верующего от наказания за грех, грех все еще присутствует в его неискупленной плоти. И, поскольку верующий продолжает грешить против Бога и людей, он должен продолжать каяться. В жизни верующего дух покаяния должен пребывать так же, как пребывает в нем его остаток греховности[123].

То же самое касается и веры[124]. Известные слова Аввакума: «...праведный своею верою жив будет» (Авв. 2:4; см. Рим. 1:18; Гал. 3:11; Евр. 10:38), говорят не об однократном действии веры, а о живом, продолжающемся уповании на Бога. Евреям 3:14 подчеркивает постоянство подлинной веры. Сама ее долговечность служит подтверждением ее реальности: «Ибо мы сделались причастниками Христу, если только начатую жизнь твердо сохраним до конца...» Вера, которую дает Бог, не может исчезнуть. И дело спасения не может быть окончательно разрушено (1 Кор. 1:8; Флп. 1:6; Кол. 1:22–23)[125]. Апостол Павел обобщает всю христианскую жизнь: «А что ныне живу во плоти, то живу верою в Сына Божия, возлюбившего меня и предавшего Себя за меня» (Гал. 2:20; см. Евр. 10:39). Жизнь христианина должна характеризоваться ежедневным исповеданием греха, его оплакиванием, отвращением от него, а также неотступной верой в личность Христа и Божьи обещания.

Союз со Христом

Одна из самых драгоценных истин во всем Писании — это учение о союзе верующего с Господом Иисусом Христом. Концепция единства со Христом говорит о самой тесной духовной близости между Господом и Его народом, какую только можно представить. Хотя для верующих Христос — Господь, Повелитель, Спаситель и Учитель, они связаны с Ним не просто как объекты спасительной благодати и любви. Христиане не просто поклоняются, повинуются или молятся Иисусу, хотя и этих привилегий было бы достаточно. Но они настолько тесно связаны с Ним, и Он с ними, что Писание говорит об их единстве: Он в них, а они — в Нем. Господь и Его народ имеют общую духовную жизнь, так что

---

[123] Кристофер Дженкинс объясняет: «При обращении грешник решает отвратиться от греха в общем (т. е. как доминирующего принципа жизни), и все же на протяжении всей жизни освящения он также отвращается от конкретных грехов по мере их совершения» (Christopher Jenkins, "What is Repentance? Settling the Debate," *Journal of Modern Ministry* 5, no. 2 (2008): 7–19, 21–28).

[124] Этот абзац адаптирован из: John MacArthur, "The Lordship Controversy," Grace to You, accessed April 14, 2016, http://www.gtycanada.org/Resources/Articles/A293.

[125] Мак-Артур. Благовествование Христово. С. 196.

апостол Павел мог сказать, что наша жизнь сокрыта со Христом в Боге (Кол. 3:3), что Сам Христос есть жизнь наша (Кол. 3:4), и что Христос живет в нас (Гал. 2:20). Объединенный таким образом со Своим народом, Христос выступает в качестве его представителя и заместителя; другими словами, то, что Христос совершил ради Своих людей, Бог вменяет им, как если бы они это сделали сами. По причине союза со Христом верующие распяты с Ним (Гал. 2:19–20), умерли с Ним (Рим. 6:8; Кол. 2:20), погребены с Ним (Рим. 6:3–4), воскресли с Ним (Еф. 2:5–6; Кол. 3:1) и даже посажены на небесах с Ним (Еф. 2:6). Итак, Он Посредник всех благ спасения, потому что Отец наш Бог благословил «нас *во Христе* всяким духовным благословением в небесах» (Еф. 1:3).

Такой тесный духовный союз уникален для христианства. Ни в одной другой религии объект поклонения не становится жизнью поклонника. Мусульмане не говорят о пребывании в Аллахе или Мухаммеде; буддисты не говорят, что они— в Будде. Они могут следовать учению своих лидеров, но только о христианах сказано, что они—*во* Христе, что они соединены с Ним как своим Представителем, Заместителем и Посредником.

Эта концепция союза со Христом не только драгоценная, но и повсеместная. Союз верующего со Христом, чаще всего выраженный маленьким предлогом «в», пронизывает весь Новый Завет. О верующих часто говорится, что они «во Христе» (1 Кор. 1:30; 2 Кор. 5:17), «в Господе» (Рим. 16:11) и «в Нем» (1 Иоан. 5:20). Сходным образом, о Христе также сказано, что Он в них (Рим. 8:10; 2 Кор. 13:5; Еф. 3:17), и Павел говорит, что это и есть «упование славы» (Кол. 1:27). Иногда оба этих аспекта союза со Христом присутствуют в одном тексте, еще больше подчеркивая близость взаимного пребывания Христа и верующего (напр., Иоан. 6:56; 15:4; 1 Иоан. 4:13). Очевидно, что значение союза верующего со Христом нельзя переоценить.

СОЮЗ СО ХРИСТОМ И СОТЕРИОЛОГИЯ

То, как именно учение о союзе со Христом связано с остальной частью сотериологии, давно вызывает споры. Дело в том, что это не просто еще одна фаза применения искупления, как возрождение, вера или оправдание. Союз со Христом служит основой, из которой исходят все остальные доктрины сотериологии. Действительно, как говорит Павел в Ефесянам 1:3, наш союз со Христом—это источник каждого духовного благословения, которое мы получаем,—от избрания Отцом в вечном прошлом до искупительной жизни, смерти, погребения и воскресения Сына, вплоть до прославления святых со Христом на небесах. По этой причине великий богослов Джон Мюррей сказал, что союз верующего со Христом есть «центральная истина всего учения о спасении»[126]. Это объединяющий принцип всей сотериологии, простирающийся от вечности прошлого до вечности будущего.

---

[126] Мюррей. Искупление, достигнутое и примененное к грешнику. С. 102.

Во-первых, во Христе коренится избрание Отцом. Апостол Павел говорит, что Бог Отец «избрал нас в Нем [Христе] прежде создания мира» (Еф. 1:4). Он также говорит, что Бог явил нам благодать «во Христе Иисусе прежде вековых времен» (2 Тим. 1:9). Хотя действие Отца, которым Он избрал нас, произошло, когда нас еще не было, тем не менее Он решил спасти Свой народ во Христе. Это означает, что не было такого времени, когда Бог рассматривал бы Своих избранных отдельно от их жизненно важного союза со Христом.

Во-вторых, Писание учит, что Бог считает избранных едиными со Христом в каждом действии Сына, которым Он совершает искупление. В Нем мы имеем искупление и прощение (Еф. 1:7; Кол. 1:14). Мы соединены с Ним в Его совершенной жизни послушания. Как Христос «исполни[л] всякую правду» (Матф. 3:15), так и те, кто соединен с Ним, облеклись в Его праведность (Гал. 3:27), то есть им засчитано Его послушание (Рим. 5:19; см. 1 Кор. 1:30; 15:22). Этот союз также был основанием, на котором наш грех мог быть справедливо вменен Христу. Отец засчитывает избранным жизнь, прожитую Иисусом, потому что Он засчитывает Иисусу жизнь, прожитую нами, за что Он соответственно и наказал Его (1 Пет. 2:24; 2 Кор. 5:21). Поэтому о нас сказано, что «мы умерли со Христом» (Рим. 6:8; Кол. 2:20; см. Кол. 3:3; 2 Тим. 2:11), и «ветхий наш человек распят с Ним» (Рим. 6:6). И не только это, но «мы погреблись с Ним» (Рим. 6:4; Кол. 2:12), воскресли из мертвых с Ним (Еф. 2:6; Кол. 2:12; 3:1) и даже «[посажены] на небесах во Христе Иисусе» (Еф. 2:6). Его жизнь—это наша жизнь, Его наказание—наше наказание, Его смерть—наша смерть, Его воскресение—наше воскресение, Его праведность—наша праведность, Его вознесение и прославление—наше вознесение и прославление. Итак, хотя тогда мы еще не родились, Бог уже считал, что Его народ находится в союзе со Спасителем, совершающим подвиг искупления. Христос жил, умер и воскрес не для безликой, безымянной группы; искупление было отчетливо личным, так как тело всегда считалось соединенным с главой (Еф. 5:23, 25).

В-третьих, не только план и совершение искупления происходят во Христе, но и его применение. Верующие рождаются свыше к спасающей вере в союзе со Христом. Павел описывает возрождение верующих, говоря, что Бог их «оживотворил со Христом» (Еф. 2:5), и они «созданы во Христе Иисусе» (Еф. 2:10). Кто соединен со Христом, тот новое творение (2 Кор. 5:17), и это еще один способ сказать, что человек родился свыше в союзе со Христом. Это наделение новой духовной жизнью сразу же проявляется в покаянной вере, то есть в средстве, которым человек субъективно принимает все духовные благословения, запланированные Отцом и приобретенные Сыном (Гал. 2:20). Верой соединившись со Христом, верующие получают праведность Христа (Флп. 3:9), тем самым они оправданы в Нем (Гал. 2:17), ибо нет «никакого осуждения тем, которые во Христе Иисусе» (Рим. 8:1). Таким образом, верующие, во Христе объявленные праведными, через Него усыновляются в Божью семью (Еф. 1:5; см. Гал. 3:26) и освящаются в Нем для святости и служения Богу (1 Кор. 1:2).

Союз со Христом также служит источником прогрессирующего освящения и неотступности верующего. Христос назван нашим освящением, потому что оно исходит от Него (1 Кор. 1:30). Мы приносим плод праведности только пока соединены с нашей лозой (Иоан. 15:4–5). Члены тела растут, достигая зрелости, когда получают жизнь от главы (Еф. 4:15–16). Таким образом, верующие «умерли для закона телом Христовым», потому что только принадлежа «другому, Воскресшему из мертвых», они могут ходить в Его воскресшей жизни и приносить плод Богу (Рим. 7:4; см. 6:4–11). Без союза со Христом невозможно возрастание в святости. Более того, только на основании этого союза истинные верующие всегда будут претерпевать до конца (Иоан. 10:27–28), поскольку, когда они во Христе, ничто не может отделить их от любви Отца (Рим. 8:38–39). И даже смерть не разорвет этот союз, потому что умершие христиане названы мертвыми во Христе (1 Фес. 4:14, 16).

Наконец, именно на основании союза со Христом верующие воскреснут из мертвых. Он «первый плод» нашего воскресения, чем апостол Павел и утешал коринфян: «Но Христос воскрес из мертвых, первенец из умерших. Ибо, как смерть через человека, так через человека и воскресение мертвых. Как в Адаме все умирают, так во Христе все оживут...» (1 Кор. 15:20–22). В другом месте Павел рассуждает: «Ибо если мы соединены с Ним подобием смерти Его, то должны быть соединены и подобием воскресения...» (Рим. 6:5; см. 8:17).

Итак, ясно, что союз верующего со Христом охватывает каждый этап спасения от избрания в вечном прошлом до прославления в будущем. Те, кого Бог избрал, кого Христос приобрел, и кому Дух дает жизнь, никогда не рассматриваются вне союза со Христом. Но этот союз не реализуется в жизни грешника до его обращения, ведь апостол Павел говорит о времени, когда верующие были «без Христа, отчуждены от общества Израильского, чужды заветов обетования, не имели надежды и были безбожники в мире» (Еф. 2:12). Он продолжает: «А теперь во Христе Иисусе вы, бывшие некогда далеко, стали близки кровию Христовою» (Еф. 2:13). Иными словами, грешник переходит от отчуждения к союзу со Христом, когда становится причастником Евангелия, приобретенным кровию Иисуса, плодами которой он пользуется только верой (Рим. 3:25; 4:24; Гал. 3:24). Именно поэтому мы рассматриваем союз со Христом здесь, когда рассуждаем о применении искупления.

ПРИРОДА СОЮЗА ВЕРУЮЩЕГО

Рассмотрев важность и широту союза верующего со Христом, уместно задать вопрос о природе самого этого союза. Что именно значит то, что верующие соединены со Христом? Писание дает ответ, иллюстрируя близость этого союза несколькими метафорами. Поняв эти метафоры, мы сможем прийти к здравым библейским выводам о природе нашего союза со Христом.

Во-первых, Писание использует образ здания и его фундамента. В Ефесянам 2:19–22 Павел говорит о церкви как о доме Божьем, духовном здании, утвержденном на фундаменте божественного откровения, переданного апостолами и пророками. Краеугольный камень этого основания—Сам Христос (см. 1 Пет. 2:5–7), и только в Нем «все здание, слагаясь стройно, возрастает в святой храм в Господе...» (Еф. 2:21). Греческий термин, переведенный как «слагаясь стройно», говорит о соединении всех элементов здания в единое целое. Подобно тому как каждый камень в буквальном здании точно обтесан, чтобы плотно, прочно и ровно прилегать ко всем остальным частям и наилучшим образом опираться на фундамент, так единство и устойчивость церкви зависят от Христа, ее основания. Только будучи утверждены на Христе и постоянно соединены с Ним, нашим краеугольным камнем, верующие обретают прочную основу для своего духовного существования, поддержки и безопасности.

Во-вторых, союз верующего со Христом описан как союз между лозой и ее ветвями. Иисус учил: «Как ветвь не может приносить плода сама собою, если не будет на лозе: так и вы, если не будете во Мне. Я есмь лоза, а вы ветви; кто пребывает во Мне, и Я в нем, тот приносит много плода; ибо без Меня не можете делать ничего» (Иоан. 15:4–5). Как жизнь, питание и сила виноградных ветвей зависят от лозы, так и у верующих духовное питание и рост зависят от союза со Христом. Без Христа (лозы) мы (ветви) не можем приносить плод; если мы не соединены с лозой, то мы совершенно бесполезны и лишены духовной жизни.

В-третьих, Писание также использует метафору брака, чтобы изобразить союз между Христом и Его церковью. Церковь часто изображается невестой Христа (2 Кор. 11:2; Откр. 19:7; 21:9), а Христос—ее мужем и главой (Еф. 5:22–33). В Ефесянам 5 в основе наставлений Павла об отношениях мужа и жены лежат отношения Христа и *Его* невесты. В завершение Павел цитирует слова из первой брачной проповеди в Бытии 2:24, где Бог сказал: «Посему оставит человек отца своего и мать и прилепится к жене своей, и будут двое одна плоть» (Еф. 5:31). Затем Павел добавляет: «Тайна сия велика; я говорю по отношению ко Христу и к Церкви» (Еф. 5:32).

Метафора брака имеет большое значение для понимания союза верующего со Христом. Во-первых, она говорит о близких отношениях в этом союзе. Союз одной плоти между мужем и женой—это самые близкие, сокровенные и тесные отношения между людьми, и главная цель этого союза—служить образом для союза между Христом и церковью. Во-вторых, она говорит об органической природе этого союза. Новая жизнь, появляющаяся в союзе одной плоти между мужем и женой, изображает взаимность и жизненность союза церкви и ее Мужа. В-третьих, данный образ иллюстрирует законность этого союза. Как брак юридически соединяет мужа с женой, так и союз верующего со Христом позволяет Христу выступать в качестве его законного представителя (подробнее см. ниже). Наконец, брак иллюстрирует нерушимые узы, существующие между Христом и церковью. «Прилепится»—это перевод греческого термина *proskollaō*, что буквально означает «склеиваться или цементироваться вместе». Божий замысел в том, чтобы брак был постоянным (Мал. 2:16; Матф. 19:6), поэтому брак иллюстрирует постоянство союза между Христом и церковью.

В-четвертых, пожалуй, величайшая метафора, иллюстрирующая союз со Христом, — это союз головы и тела (Рим. 12:5; 1 Кор. 12:12 13, 27; Еф. 1:22–23). Апостол Павел использует ее в тексте о браке в Ефесянам 5: «...Христос глава Церкви, и Он же Спаситель тела» (Еф. 5:23). Кто питает и греет свое тело, тот любит *себя* (Еф. 5:28–30), потому что между головой и телом существует такой тесный союз. Тела верующих — члены Тела Самого Христа, так что соединиться с блудницей — значит соединить Христа с блудницей (1 Кор. 6:15–16). Таким образом, то, что происходит с головой, происходит и с телом, и то, что происходит с телом, происходит и с головой.

Эта метафора закладывает основание для понимания правовой и представительской природы союза верующих со Христом, где Христос повинуется (Рим. 5:18–19; см. 1 Кор. 1:30), умирает (Кол. 2:20), воскресает (Кол. 3:1) и возносится (Еф. 2:6) вместо них, так что считается, что все это сделали верующие. Поскольку это юридический союз, то есть поскольку Христос выступает как представитель Своего народа, то в земной жизни, смерти, погребении, воскресении и вознесении Христа нет ничего, в чем не участвовал бы верующий, находясь в Нем. Поэтому 1 Коринфянам 15:22 говорит: «Как в Адаме все умирают, так во Христе все оживут...» Иначе говоря, все человечество считалось соединенным с Адамом как нашим представителем, так что его непослушание считалось нашим и принесло нам осуждение (Рим. 5:12, 18, 19). Таким же образом те, кто во Христе, соединены с последним Адамом (1 Кор. 15:45) как своим представителем, так что Его послушание считается нашим послушанием и приносит праведность и оправдание жизни всем, кто в Нем (Рим. 5:18, 19).

Итак, можно говорить как минимум о пяти характеристиках союза верующего со Христом. Во-первых, это органический союз. То есть Христос и верующие образуют одно Тело, где Он Глава, а они члены. Поэтому, что верно для головы, то верно и для тела. Во-вторых, это юридический союз, так что Христос выступает представителем Своих людей, а они — получателями благ Его заместительного подвига спасения. В-третьих, это живительный союз, в котором вся духовная жизнь поступает от лозы в ветви, так что жизнь Христа становится доминирующей и движущей силой в жизни верующих (Гал. 2:20). В-четвертых, его можно назвать духовным союзом не только потому, что духовная жизнь сообщается и укрепляется внутри верующего, но и потому, что источником и посредником этого союза служит Святой Дух (Рим. 8:9–10; 1 Кор. 12:13; Иоан. 14:17–18). Наконец, это постоянный союз, который никогда не может быть расторгнут, поскольку ничто не может отделить Божьих детей от любви Божией во Христе Иисусе, Господе нашем, то есть от Его любви в нашем союзе с Ним (Рим. 8:38–39).

ОШИБОЧНЫЕ ПРЕДСТАВЛЕНИЯ О СОЮЗЕ СО ХРИСТОМ

Некоторые представления о союзе со Христом не соответствуют библейскому описанию. Во-первых, этот союз не просто говорит о любви и сострадании, которое Иисус имеет к Своим. Дело не в том, что верующие просто общаются с Иисусом на нравственном уровне как со своим Учителем или Другом. Таким было заблуждение социниан и ранних арминиан. Такое представление не учитывает той общности духовной жизни, которая очень ярко выражена метафорами лозы и ветвей, головы и тела. Как упоминалось выше, христиане не просто находятся в общении со Христом; в Нем сокрыта наша жизнь, ведь Он Сам—наша жизнь (Кол. 3:3–4; Гал. 2:20).

С другой стороны, некоторые богословы ошибочно полагают, что союз со Христом означает союз верующего с Его сущностью. Это мнение особенно популярно среди некоторых лютеранских богословов, считающих, что при оправдании человек обретает некую божественность[127]. Однако человеку невозможно стать единым со Христом в Его сущности, поскольку это устранило бы все различия между верующим и Христом. Мы не становимся едиными со Христом в такой степени, чтобы Он уже не был Собой, а верующие—собой, как и муж и жена в браке не перестают быть двумя личностями. Это лишило бы Сына Божьего отдельной личности и фактически обожествило бы верующего, но и то, и другое противоречит Писанию.

Еще одно заблуждение—сакраментализм, когда считают, что союз со Христом достигается через крещение или вечерю Господню, как учит Римско-католическая церковь. Однако это противоречит самой сути Евангелия, поскольку подразумевает, что верующему необходимы физические, осязаемые обряды, чтобы обладать спасением во Христе. Но Писание отводит эту роль только вере (Рим. 3:28; 4:3–5; Еф. 2:8–9; Флп. 3:9). По сути дела, установления крещения и причастия предполагают, что союз со Христом уже существует, поскольку они предназначены только для верующих. Как пишет Огастес Стронг: «Только вера принимает Христа и держится Его; а вера—это действие души, постигающей то, что абсолютно невидимо и недоступно чувствам, но не действие тела, принимающего крещение или участвующего в Вечере»[128].

СЛЕДСТВИЯ СОЮЗА ВЕРУЮЩЕГО СО ХРИСТОМ

Представленное выше исследование указывает на несколько следствий из союза верующего со Христом. Во-первых, поскольку Сын един с Отцом и с Духом, верующие, будучи причастниками Христу, также становятся едиными с Богом Отцом и Богом Святым Духом. Поэтому Иисус молился, чтобы единство в церкви отражало Его единство с Отцом: «...как Ты, Отче, во Мне, и Я в Тебе, так и они

---

[127] Тем самым они, по сути, возвращаются к принятому в восточном православии представлению об оправдании. Подробнее см.: Carl E. Braaten and Robert W. Jenson, eds., *Union With Christ: The New Finnish Interpretation of Luther* (Grand Rapids, MI: Eerdmans, 1998).

[128] Augustus Hopkins Strong, *Systematic Theology* (1907; repr., Old Tappan, NJ: Fleming H. Revell, 1970), 800.

да будут в Нас едино...» (Иоан. 17:21). Писание говорит, что мы в Отце (1 Фес. 1:1), и Отец в нас (1 Иоан. 4:15). Также сказано, что верующие в Духе (Рим. 8:9), и Дух в нас (2 Тим. 1:14). Неизреченная тайна, что мы, некогда отделенные, отчужденные, бывшие без Бога в мире, теперь приняты в божественную жизнь Самой Троицы (2 Пет. 1:4). Это великая причина для поклонения.

Во-вторых, кто един со Христом, те едины и со всеми остальными, едиными с Ним. Это говорит о фундаментальном единстве всех верующих во Христа. Сейчас часто говорят о «личных отношениях» с Иисусом, но более точным будет утверждение, что у христиан *коллективные* отношения со Христом, поскольку мы соединены со всеми, кто соединен с Ним. Мы—объединенные члены Его Тела (Рим. 12:5; 1 Кор 12:26; Еф. 5:23), живые камни в духовном доме, построенном на основании Христа (1 Пет. 2:4–5; Еф. 2:19–22). Полагать, что можно быть в единстве с Иисусом без Его церкви,—значит отделять голову от тела. Нет союза со Христом, который не приводил бы к общению с Его церковью (1 Кор. 1:9; см. 1 Иоан. 1:3). По сути, единство Троицы лежит в основе молитвы Иисуса о единстве церкви (Иоан. 17:21). Какое великое побуждение усердно стремиться к единству Духа в союзе мира среди всех верующих (Еф. 4:3)!

Наконец, необходимо понять важность того, что все духовные блага, полученные в спасении, даны нам только через Христа. Как пишет Джон Оуэн, этот союз—«причина всех остальных милостей, причастниками которых мы стали; все они передаются нам благодаря нашему союзу со Христом. Отсюда наше усыновление, оправдание, освящение, плодоносность, неотступность, воскресение и слава»[129]. Только имея участие в Иисусе, мы можем иметь участие в том, что принадлежит Ему. Во всем мире нет ни одного духовного благословения, кроме тех, что в Иисусе Христе. Поэтому, если нас интересуют благословения Христа, нас должна интересовать Его личность. Дары заключены лишь в Том, Кто их дает.

Оправдание

В предыдущем разделе мы рассматривали, как союз верующего со Христом служит источником, из которого проистекают все духовные благословения. Непосредственный результат этого союза—Божий дар оправдания, посредством которого Он объявляет верующих праведными благодаря их союзу с Праведником, Господом Иисусом. Применение искупления продолжается. При возрождении Бог в душе грешника производит божественное действие, которым Он создает в нем новую духовную жизнь. При обращении Бог дает необходимые дары покаяния и веры, благодаря которым мы соединены со Христом и имеем благословения спасения. Далее, при оправдании Бог юридически объявляет, что мы больше не виновны по божественному закону, но прощены и считаемся праведными в глазах Бога.

---

[129] John Owen, *An Exposition of the Epistle to the Hebrews*, vol. 21 in *The Works of John Owen*, 150.

В оправдании Бог дает ответ на самый базовый богословский и религиозный вопрос человечества: как грешники могут иметь правильные отношения со святым Богом Вселенной? Бог совершенно праведен (Матф. 5:48). Апостол Иоанн говорит, что Он «есть свет, и нет в Нем никакой тьмы» (1 Иоан. 1:5). То есть Он полностью свят, свободен от любого нравственного недостатка или нечистоты. С другой стороны, все человечество согрешило против Бога, а потому не соответствует этим святым нормам (Рим. 3:23). Из-за своих грехов человек стал той самой тьмой, которая не имеет общения с Богом света. Все нарушили Его закон и тем самым навлекли на себя наказание за свои преступления: смерть и осуждение (Рим. 5:16; 6:23). Чтобы для грешников была какая-нибудь благая весть, необходимо преодолеть последствия, вызванные нарушением этого закона и отчуждением от Бога. Но как это возможно?

Во все века истории человечества религия утверждала, что можно попасть на небеса, если быть хорошим. Различные религиозные системы мира составляют списки обрядов и церемоний, которые необходимо соблюдать, чтобы достичь меры праведности, требуемой на суде перед Богом. Однако ответ Самого Иисуса на этот вопрос мог только шокировать слушателей: «Ибо, говорю вам, если праведность ваша не превзойдет праведности книжников и фарисеев, то вы не войдете в Царство Небесное» (Матф. 5:20). Во дни Иисуса книжники и фарисеи были образцом обрядовой праведности. Они были религиозной элитой Израиля; все иудеи считали, что книжники и фарисеи достигли требуемой Богом праведности. Однако Иисус говорит, что если человек хочет попасть на небеса, ему нужна праведность, которая превосходит праведность даже самых набожных людей. По сути, Он не ограничивается этим и через несколько стихов говорит: «Итак будьте совершенны, как совершен Отец ваш Небесный» (Матф. 5:48). Чтобы примириться с Богом, человек не просто должен быть хорошим; он должен быть совершенным. Ему нужна совершенная праведность, поскольку Сам Бог совершенен и требует совершенства.

Поэтому с самого начала необходимо понимать, что спасение — это вопрос праведности. Люди осуждены на вечную духовную смерть, потому что у них нет праведности, которую совершенно святой Бог имеет и требует для общения с Ним. И единственный путь, как грешники могут примириться с Господом, — это получить праведность, принадлежащую Самому Богу. Вот почему в Послании к римлянам — наиболее тщательном изложении оправдания во всем Писании — рассматривается тема праведности. Евангелие «есть сила Божия ко спасению всякому верующему» именно потому, что «в нем открывается правда Божия от веры в веру...» (Рим. 1:16–17). Евангелие спасает, потому что Бог дает человеку Свою собственную праведность. Об этой истине свидетельствует весь Новый Завет. Павел сжато выражает суть Евангелия, говоря, что это «правда Божия через веру в Иисуса Христа во всех и на всех верующих...» (Рим. 3:22; см. 3:20–26). Израиль не получил спасения по той причине, что люди жили, «не разумея праведности Божией и усиливаясь поставить собственную праведность...»

(Рим. 10:3). Но Сам Христос представлен как «конец закона… к праведности всякого верующего» (Рим. 10:4). Цель, ради которой Отец на кресте сделал Сына грехом, состоит в том, «чтобы мы в Нем сделались праведными пред Богом» (2 Кор. 5:21). Более того, Иисус должен был умереть именно потому, что закон мог только осуждать; он никогда не мог дать праведность, дарующую спасение и жизнь (Гал. 2:21; 3:21–24). Говоря о своем обращении, Павел определяет природу самого христианства в понятиях праведности, когда описывает себя как истинного верующего «не со своею праведностью, которая от закона, но с тою, которая через веру во Христа, с праведностью от Бога по вере…» (Флп. 3:9).

Итак, ясно, что учение об оправдании исходит из самого сердца Евангелия и сути христианства. Как сказал Мартин Лютер, это догмат, благодаря которому церковь стоит или падает[130], потому что он касается единственного пути, как грешник может быть объявлен праведным перед Богом[131]. Реакция человека всегда состоит в том, чтобы попытаться привести в порядок свою жизнь какими-то нравственными или обрядовыми нормами; если он успешен в этом, то может внести вклад в свое спасение и, таким образом, достичь праведности, приемлемой для его бога. Однако Библия последовательно отрицает, что кто-либо может оправдаться делами. Спасение—это вменение Божьей праведности верующему только по благодати только через веру только во Христа:

> Но ныне, независимо от закона, явилась правда Божия, о которой свидетельствуют закон и пророки, правда Божия *через веру* в Иисуса Христа во всех и на всех верующих, ибо нет различия, потому что все согрешили и лишены славы Божией, *получая оправдание даром, по благодати Его*, искуплением во Христе Иисусе, Которого Бог предложил в жертву умилостивления в крови Его *через веру*, для показания правды Его в прощении грехов, соделанных прежде, во время долготерпения Божия, к показанию правды Его в настоящее время, да явится Он праведным и *оправдывающим верующего в Иисуса*. Где же то, чем бы хвалиться? Уничтожено. Каким законом? Законом дел? Нет, но законом веры. Ибо мы признаем, что человек *оправдывается верою, независимо от дел закона* (Рим. 3:21–28).

> …Однако же, узнав, что человек оправдывается не делами закона, а только *верою в Иисуса Христа*, и мы уверовали во Христа Иисуса, чтобы *оправдаться верою во Христа*, а не делами закона; ибо делами закона не оправдается никакая плоть (Гал. 2:16).

> Ибо если бы дан был закон, могущий животворить, то подлинно праведность была бы от закона; но Писание всех заключило под грехом, дабы обетование

---

[130] «Потому что если этот догмат [т. е. оправдание] стоит, церковь стоит; если этот догмат рухнет, церковь рухнет» (Martin Luther, *D. Martin Luthers Werke: Kritische Gesamtausgabe* [Weimar, Germany: H. Böhlau, 1883–1993], 40:3.352.3).

[131] Для нас тесная взаимосвязь между праведностью и оправданием может быть не настолько очевидной, как это было для читавших текст оригинала в то время. На языке оригинала Нового Завета слова «праведный», «праведность», «оправдывать» и «оправдание» происходят от одного корня и появляются соответственно в следующих формах: *dikaios, dikaiosynē, dikaioō* и *dikaiōsis* (и на древнееврейском: *tsaddiq, tsedeq/tsedaqah, tsadoq/tsadeq*). Поэтому «быть оправданным» просто означает «быть объявленным праведным перед Богом», и ниже это будет показано более полно.

верующим дано было *по вере в Иисуса Христа*. А до пришествия веры мы заключены были под стражею закона, до того времени, как надлежало открыться вере. Итак закон был для нас детоводителем ко Христу, дабы нам *оправдаться верою;* по пришествии же веры, мы уже не под руководством детоводителя. Ибо все вы сыны Божии *по вере* во Христа Иисуса... (Гал. 3:21–26)

Невозможно показать это различие более ясно. В этих текстах апостол Павел противопоставляет библейское христианство иудаизму, но то, что он говорит об иудаизме, можно применить к любой другой религиозной системе в мире. Есть только две религии: религия человеческих достижений, в которой человек сам вносит вклад в свою праведность, и религия божественного свершения, в которой Бог совершает праведность святой жизнью и заместительной смертью Сына Божьего и затем даром дает эту праведность только через веру. Религия человеческих достижений охватывает все остальные религиозные системы в истории человечества: от стремления к нирване в буддизме до пяти столпов ислама, а также таинств и актов епитимьи в римском католицизме. Библейское христианство—единственная религия божественного свершения. Поскольку христиане оправдываются только верой, их положение перед Богом никоим образом не связано с личными заслугами. Добрые дела и практическая святость не бывают основанием для принятия Богом. Бог принимает как праведных тех, кто верит, причем не на основании чего-то доброго, что Он видит в них, и даже не благодаря Его собственному освящающему действию в их жизни, но исключительно на основании праведности Христа, милостиво вмененной им только через веру. Как говорит Павел: «А не делающему, но верующему в Того, Кто оправдывает нечестивого, вера его вменяется в праведность» (Рим. 4:5)[132].

Поэтому оправдание можно определить как мгновенное действие Бога, которым Он, по дару Своей благодати, вменяет верующему грешнику полную и совершенную праведность Христа только через веру и юридически объявляет его совершенно праведным в Своих глазах, прощая ему всю неправедность и тем самым избавляя его от всякого осуждения[133]. Составляющие этого определения будут рассмотрены ниже в данном разделе.

ПРИРОДА ОПРАВДАНИЯ: ЮРИДИЧЕСКОЕ ЗАЯВЛЕНИЕ

Прежде чем рассматривать какой-либо конкретный аспект оправдания, мы должны четко понимать, чему учит Библия о природе оправдания. Оправдание—это юридическое, или судебное, провозглашение праведности, а не ее фактическая передача или увеличение. Оно описывает то, что Бог *заявляет* о верующем, а не то, что Он *делает, чтобы изменить* его. По сути, само по себе оправдание не приводит к каким-либо фактическим переменам в природе или характере

---

[132] MacArthur, *The Gospel according to the Apostles*, 69–70.
[133] Мак-Артур. Благовествование Христово. С. 205.

грешника[134]. Оправдание—это моментальная перемена положения человека перед Богом, а не постепенное внутреннее преобразование оправданного[135].

Юридические заявления, подобные этому, довольно часто бывают в повседневной жизни. Например, когда на бракосочетании служитель объявляет: «Данной мне властью объявляю вас мужем и женой», происходит мгновенная перемена юридического статуса стоящей перед ним пары. За несколько секунд до этого закон рассматривал их как две отдельных личности. Однако на основании этого заявления их юридический статус перед Богом и в обществе меняется полностью. И хотя у этого заявления глубокие последствия, многое определяющие в жизни, ничто в характере или природе этой пары не меняется из-за слов служителя. Это только юридическое заявление. Еще один пример: когда старшина присяжных объявляет суду, что обвиняемый невиновен, его юридический статус мгновенно изменяется. За несколько секунд до этого закон считал его «обвиняемым», то есть невиновным, пока не будет доказана вина. А в результате вердикта присяжных он становится невиновным в глазах закона. Однако решение присяжных не *делает* человека невиновным; он виновен или невиновен на основании своих собственных действий. Решение суда также не освобождает его жизнь от какого-либо зла. Оно просто объявляет статус обвиняемого перед законом. Подобным образом оправдание, о котором говорится в Писании,—это объявленный Богом вердикт грешнику: «Невиновен, полностью праведен». В случае с оправданием это означает не то, что обвиняемый не совершил преступления, а то, что за его преступления полностью понес наказание другой.

Разногласия о природе оправдания были одним из ключевых вопросов протестантской Реформации, и до сих пор это разделяет библейское христианство и римский католицизм. Римско-католическое богословие учит, что оправдание не только юридическое, но и преображающее. Другими словами, согласно этому учению, «оправдывать» означает не «*объявлять* праведным», а «*делать* праведным». Действительно, Божья спасительная благодать—преображающая; кто объявлен праведным в момент обращения, те постепенно на протяжении всей христианской жизни будут становиться праведными. Однако это постепенное преобразование соответствует не библейскому оправданию, а освящению. Не разделяя эти тесно связанные, но при этом различные аспекты применения искупления, римский католицизм смешивает освящение с оправданием. Неизбежное следствие состоит в том, что несовершенная праведность верующего заменяет совершенную праведность Христа как единственное основание для оправдания. В итоге человек остается «со своею праведностью, которая от закона», а это, как говорит Павел в Филиппийцам 3:9, не Божья спасающая праведность. Поэтому непонимание природы оправдания как юридического

---

[134] MacArthur, *The Gospel according to the Apostles*, 70.
[135] Мак-Артур. Благовествование Христово. С. 205–206.

заявления и его ошибочное описание как процесса преобразования разрушает само основание Евангелия.

Об этой истине свидетельствует само Писание, поскольку библейские авторы, говоря об оправдании и праведности, часто используют термины, означающие заявление, а не преобразование[136]. В Ветхом Завете группа слов *tsadeq* часто используется в контексте суда. Ясный пример есть во Второзаконии 25:1: «Если будет тяжба между людьми, то пусть приведут их в суд и рассудят их, правого пусть оправдают, а виновного осудят...» (см. также Исх. 23:7; 3 Цар. 8:31–32; Иов. 9:15; Ис. 43:9, 26; Иер. 12:1). Как обсуждалось выше, судьи не *делают* людей праведными или нечестивыми. Они не выполняют никаких преображающих действий, сообщающих праведность или нечестие природе или характеру человека. Судья просто объявляет обвиняемого оправданным или виновным. Более того Бог возвещает горе тем, «которые за подарки оправдывают виновного» (Ис. 5:23), поскольку «оправдывающий нечестивого и обвиняющий праведного — оба мерзость пред Господом» (Прит. 17:15). Если бы оправдание было преображающим, как можно было бы говорить, что оправдание нечестивого — это мерзость? Преображение характера нечестивого и сообщение ему праведности было бы праведным поступком! Таким образом, понимание оправдания как преображающего нарушает смысл этих текстов. Оправдать нечестивого — это не сделать его праведным, а объявить его праведным, когда он не таков.

В Новом Завете есть дополнительные свидетельства, подтверждающие декларативный характер оправдания. Во-первых, оправдание показано как декларативное, а не преображающее в тех случаях, когда говорится об оправдании Бога. В Луки 7:29 сказано: «И весь народ, услышав, и мытари признали правым Бога...» (Кассиан, греч. *edikaiōsan ton theon*). Если бы оправдание имело смысл преображения, это было бы явное богохульство, ведь абсурдно говорить, что народ и мытари могли произвести положительное нравственное преображение в Боге. Люди просто подтвердили, что Бог прав. То есть Божья праведность была утверждена и явлена (см. Рим. 3:26). Во-вторых, оправдание часто ясно противопоставляется осуждению, а осуждение очевидно говорит о юридическом заявлении. В Римлянам 8:33–34 сказано: «Кто будет обвинять избранных Божиих? Бог оправдывает их. Кто осуждает?» (см. также Рим. 5:18; 2 Кор. 3:9; см.

---

[136] Это не означает, что Писание никогда не использует эти термины в этическом смысле. В Псалме 10:7 о Яхве сказано, что Он любит праведность (евр. *tsedaqoth*; греч. *dikaiosynas* [Септуагинта]), и при этом очевидно, что там говорится о Его любви не к праведному положению, а к праведным поступкам. Подобным образом, наставление Павла Тимофею: «...преуспевай в правде...» (греч. *dikaiosynēn*, 1 Тим. 6:11) призывает не достигать оправдания делами, а преуспевать в практической праведности — в освящении, без которого никто не увидит Господа (Евр. 12:14). Однако, как отмечает Шрайнер, «этическое использование термина в некоторых контекстах не требует вывода о том, что он не может быть юридическим в других... текстах» (Thomas Schreiner, *Faith Alone: The Doctrine of Justification: What the Reformers Taught... and Why It Still Matters*, The Five Solas [Grand Rapids, MI: Zondervan, 2015], 158n1). Вопрос в том, поддерживает ли контекст юридическое понимание оправдания в тех ключевых текстах, которые описывают спасительную Божью праведность, даруемую грешникам. Мы отвечаем на него утвердительно.

Иов. 9:20; Пс. 93:21; Прит. 17:15). Оправдывающее действие Бога явно противопоставлено обвинению и осуждению. Но осудить кого-то—не значит сделать его нечестивым; это значит вынести приговор и объявить, что он нечестивый. Чтобы сохранить параллель между оправданием и осуждением, необходимо понимать, что и оправдание означает не сделать праведным, а объявить праведным.

Поэтому, рассматривая тексты, говорящие, что Бог оправдывает верующего в спасительном смысле (напр., Рим. 3:20–28; 4:4–5; 5:1; Гал. 2:16; 3:11, 21–26; 5:4), следует понимать, что в них имеется в виду мгновенное заявление Бога, что грешник находится в правильном положении перед Ним. Эти тексты учат, что Бог даром объявляет верующего праведным по Своей благодати, которую он получает только верой, независимо от дел.

ОСНОВАНИЕ ОПРАВДАНИЯ: ВМЕНЕННАЯ ПРАВЕДНОСТЬ

Но как такое заявление Бога может быть справедливым? Притчи 17:15 гласят: «Оправдывающий нечестивого… мерзость пред Господом». Все человечество нечестиво. Мы—нарушители закона, заслуживающие Божьего осуждения, «потому что все согрешили и лишены славы Божией» (Рим. 3:23), и «возмездие за грех—смерть» (Рим. 6:23). Но в Римлянам 4:5 прямо говорится, что Бог оправдывает *нечестивых*. Как Бог может объявить праведными тех, кто фактически виновен, и при этом остаться непричастным к мерзости, о которой говорится в Притчах 17:15? Как Он может быть «праведным и оправдывающим верующего в Иисуса» (Рим. 3:26)? Ответ на этот вопрос дает доктрина вменения[137]. Божий декларативный акт оправдания основан на Его учредительном акте вменения[138]. Это двоякое действие; Бог вменяет—то есть засчитывает, приписывает или зачисляет—наш грех Христу и наказывает Его вместо нас, а также Он вменяет праведность Христа верующим и дарует им вечную жизнь в Нем.

Прощение грехов: вменение нашего греха Христу. Прежде всего, Бог вменяет наш грех Христу: «Не Знавшего греха [Христа] Он [Отец] соделал грехом вместо нас…» (2 Кор. 5:21, Кассиан). В каком же смысле Отец «соделал» Сына «грехом»

---

[137] Шрайнер приводит хорошее краткое объяснение вменения: «У Павла мы часто находим выражение, что вера засчитывается или вменяется (*logizomai*) в праведность (*dikaiosynē*, Рим. 3:28; 4:3, 5, 9, 10, 11, 22, 23, 24; Гал. 3:6). Слова „засчитываться“ или „вменяться“ могут использоваться двумя способами. Что-то может засчитываться человеку, поскольку оно действительно принадлежит ему. Так, действие Финееса вменилось ему в праведность, потому что оно было праведным (Пс. 105:31). Но что-то также может быть засчитано истинным, хотя на самом деле это не так. Лаван почитал жен Иакова чужими, хотя фактически они были его дочерями (Быт. 31:15)». Вменение праведности верующему соответствует второй категории: «Грешники, которые не праведны, считаются праведными и принимаются таковыми, хотя сами по себе они не праведны. Они считаются чем-то, что не присуще им по природе» (Schreiner, *Faith Alone*, 165).

[138] Мюррей проницательно комментирует: «Оправдание—одновременно и декларативный, и учредительный акт Божьей благодати. Оно учредительно для того, чтобы быть истинно декларативным. Богу необходимо учредить новое отношение так же, как и декларировать его существование. Учредительный акт состоит в применении к нам послушания и праведности Христа. Поэтому послушание Христа должно рассматриваться как основа оправдания; это праведность, которую Бог не только принимает во внимание, но и записывает на наш счет, оправдывая нечестивых» (Искупление, достигнутое и примененное к грешнику. С. 75).

вместо нас? Только в одном: Отец посчитал Иисуса совершившим все грехи тех, кто когда-либо покается и поверит в Него. Он не сделал Иисуса фактически грешником; было бы богохульством полагать, что Богочеловек действительно сделался грешником, ведь Бог не может грешить. Вместо этого, поскольку оправдание — это юридическое заявление (см. предыдущий раздел), Отец юридически засчитал, что Христос совершил грехи тех, за кого Он отдал Себя в качестве заместительной жертвы. Как козел отпущения нес вину Израиля после того, как Аарон исповедовал грехи людей над его головой (Лев. 16:21), так и «Господь возложил на Него грехи всех нас» (Ис. 53:6), и Христос действительно «грехи наши Сам вознес телом Своим на древо» (1 Пет. 2:24; см. Ис. 53:4–6). И как кровь козла в жертву за грех кропилась на место умилостивления (греч. *hilastērion* [Септуагинта]), чтобы умилостивить Божий гнев (Лев. 16:15), так и Христос был предложен «в жертву умилостивления [греч. *hilastērion*] в крови Его» (Рим. 3:25). Хотя великое число грешников избежит божественного наказания, ни один грех не останется ненаказанным, потому что все грехи избранных были вменены Христу и наказаны в Нем на кресте. Так была удовлетворена божественная справедливость. Грех не был просто оставлен без внимания или заметен под ковер; он был справедливо наказан в заместительной жертве. Это Евангелие, через которое Бог показывает Свою праведность, чтобы явиться «праведным и оправдывающим верующего в Иисуса» (Рим. 3:26).

Итак, поскольку грехи верующего были вменены Иисусу Христу и наказаны в Нем, они не засчитываются верующему. Павел цитирует слова Давида из 31-го псалма: «Блаженны, чьи беззакония прощены и чьи грехи покрыты. Блажен человек, которому Господь не вменит [греч. *logizomai*] греха» (Рим. 4:7–8). Будучи засчитанными или вмененными Христу, грехи верующего не вменяются (или не засчитываются) ему. Они прощены и покрыты. Поэтому оправданный верующий не подвергается осуждению (Рим. 8:1, 33–34), но имеет мир с Богом (Рим. 5:1) и твердую надежду на вечную жизнь (Рим. 8:30; Тит. 3:7).

Обеспечение праведности: вменение праведности Христа нам. Но Божье действие оправдания не исчерпывается прощением грехов. По сути, если бы единственным благом, которое получают верующие при оправдании, было прощение грехов, мы не могли бы спастись. Старое определение оправдания из воскресной школы: «как если бы я никогда не грешил», недостаточное, потому что спасение — это не только вопрос безгрешности или невинности, но и вопрос праведности (Матф. 5:20, 48). Божий закон, который человек нарушил и тем самым заслужил смертную казнь (Рим. 6:23), включает как карательные меры, так и положительные требования. То есть он требует, чтобы Божьи создания: (1) выполняли определенные обязанности, соответствующие Его праведности, и (2) подвергались определенному наказанию, если не выполняют этих обязанностей. Человек не исполнил ни того, ни другого. Мы не живем в совершенной праведности, повинуясь Богу во всем, любя Его всем сердцем, душой, разумом и силами, и любя ближних, как самих себя. Мы также не в силах оплатить свое наказание за непослушание, не погибнув навеки в аду. Поэтому, чтобы спасти нас, наш Заместитель должен не только оплатить наше наказание, приняв Божий гнев на наш грех, но и подчиниться всем требованиям закона к нам. Этот двойной характер заместительной жертвы Христа иногда называют Его *пассивным* и *активным* послушанием. Джон Мюррей объясняет:

> В законе Божьем предусмотрены как карательные меры, так и позитивные требования. Он требует не только полного исполнения его предписаний, но также и наложения наказания за все нарушения и проступки. Вот это двустороннее требование закона Божьего и принимается во внимание, когда мы говорим об активном и пассивном послушании Христа. Христос, как заместитель Своего народа, подпал под проклятие и осуждение за грех, но Он также исполнил закон Бога во всех его позитивных требованиях. Иными словами, Он снял вину за грех и в совершенстве исполнил условия праведности. Он совершенно соответствовал как карательным, так и наставительным требованиям Божьего закона. Пассивное послушание относится к первому, активное послушание— к последнему[139].

Без положительного наделения праведностью само по себе прощение оставило бы нас в состоянии невинности или нравственного нейтралитета, как у Адама до грехопадения: мы были бы как никогда не грешившие, но и как никогда не подчинявшиеся.

Поэтому Писание говорит, что оправданный грешник считается не только прощенным, но и праведным. Божий народ свидетельствует об этом в Исаии 61:10: «Радостью буду радоваться о Господе, возвеселится душа моя о Боге моем; ибо Он облек меня в ризы спасения, одеждою правды одел меня, как на жениха возложил венец и, как невесту, украсил убранством». По сути, спасение описывается как вменение праведности еще в отношениях Бога с Авраамом. В Бытии 15:6 сказано: «Аврам поверил Господу, и Он вменил ему это в праведность» (греч. *elogisthē autō eis dikaiosynēn* [Септуагинта]). Апостол Павел цитирует этот стих в Римлянам 4:3, чтобы подкрепить свой довод об оправдании на основании вмененной праведности. Затем он поясняет: «Воздаяние делающему вменяется не по милости, но по долгу. А не делающему, но верующему в Того, Кто оправдывает нечестивого, вера его вменяется в праведность» (греч. *logizetai... eis dikaiosynēn*, Рим. 4:4–5).

---

[139] Мюррей. Искупление, достигнутое и примененное к грешнику. С. 13. Некоторые богословы возражают против терминологии *активного* и *пассивного послушания*, и, действительно, эти выражения могут быть неправильно поняты. Когда страдания Христа называют Его *пассивным послушанием*, то не имеют в виду, что в этот момент Своего служения Он был менее активен в послушании Отцу, чем в остальное время. В конце концов, никто не отнимал у Него жизнь, но Он добровольно—можно даже сказать, активно,—Сам отдал ее (Иоан. 10:17–18). Он и *был* принесен в пассивном смысле (Евр. 9:28, Кассиан), и принес Себя активно (Евр. 7:27). Это различие также не предназначено для того, чтобы разделить аспекты искупительного подвига Христа на взаимоисключающие категории. Мюррей продолжает: «Весь труд послушания нашего Господа во всех периодах и фазах описывается как активный и пассивный» (Искупление, достигнутое и примененное к грешнику. С. 13). Эти термины просто кратко выражают оба аспекта послушания Христа: оплату наказания и предоставление праведности.

В следующей главе Павел говорит, что праведность, вмененная верующим, — это праведность Самого Христа. В Римлянам 5:12–19 Павел сравнивает и противопоставляет двух представителей и глав человечества: (1) Адама и (2) Христа как последнего Адама (1 Кор. 15:45). Его аргумент достигает кульминации в ст. 18–19:

> Поэтому, как через преступление одного [Адама] всем людям осуждение, так и через праведность[140] одного [Христа] всем людям оправдание жизни. Ибо как через непослушание одного человека многие были поставлены[141] грешными, так и через послушание одного праведными будут поставлены многие (перевод автора).

Главный аргумент Павла заключается в следующем: Адам не послушался Бога, и его непослушание было засчитано в осуждение всем, кто был в нем. Точно так же Христос слушался Бога, и Его послушание было засчитано в праведность всем, кто в Нем. Итак, и вменение греха, и вменение праведности, — это вовсе не «юридическая фикция», но основаны на реальных поступках, совершенных Адамом и Христом[142].

Итак, что касается оправдания, Бог не только удовлетворяет карательные требования закона, вменяя наш грех Христу и наказывая Его вместо нас, но и удовлетворяет положительные требования закона, вменяя нам праведность

---

[140] Перевод ESV передает греческую фразу *di' henos dikaiōmatos* в Римлянам 5:18 как «один праведный поступок», потому что слово *dikaiōma* часто означает «праведное дело» (напр., Рим. 1:32; Откр. 19:8). Однако *dikaiōma* также может использоваться шире, означая «праведное требование закона», как в Римлянам 8:4, или «оправдание», как в Римлянам 5:16. Поэтому возможно, что Павел не указывает отдельный праведный поступок в жизни Христа (т. е. Его послушание до смерти, Флп. 2:8), а говорит обо всей Его праведной жизни в целом. Тем не менее, даже если перевести слово *dikaiōma* как «один поступок», все же смерть Христа трудно считать одним актом послушания. Пайпер проницательно спрашивает: «Разве в последние дни и часы у Иисуса не было множества поступков послушания? Должны ли мы думать, что это Его послушание в Гефсимании, или послушание, когда Его вела толпа, или когда Его допрашивали, или послушание, когда Ему на голову возложили терновый венец, или послушание, когда Его бичевали, или послушание, когда Его прибивали ко кресту, или послушание, когда Он с любовью говорил о Своих врагах, или послушание, когда Он предал дух Своему Отцу?» (John Piper, *Counted Righteous in Christ: Should We Abandon the Imputation of Christ's Righteousness* [Wheaton, IL: Crossway, 2002], 112). Где провести черту? Поскольку в следующем стихе используется более общее слово «послушание», то лучше всего понимать, что слово *dikaiōmatos* относится ко всей жизни Христа в послушании.

[141] Перевод ESV два раза передает греческий термин *kathistēmi* в Римлянам 5:19 как «сделать». Впрочем, это слово часто означает «поставить». Апостолы используют это слово, поручая церкви поставить дьяконов (Деян. 6:3); Павел использует его, призывая Тита поставить пресвитеров (Тит. 1:5); также оно описывает назначение первосвященника в Израиле (Евр. 5:1; 7:28; 8:3). Поэтому можно перевести Римлянам 5:19 так: «...через непослушание одного человека многие были *поставлены* грешными...», то есть юридически установлены как грешники. Такое «поставление» подобно или даже тождественно вменению (см.: Piper, *Counted Righteous in Christ*, 108–109).

[142] Пайпер делает полезное наблюдение: «Существенно, что в Римлянам 5:19 Павел не говорит, что „непослушанием одного человека сделались многие“ *виновными*. Это действительно так. Но важно заметить, что на самом деле он говорит: „...непослушанием одного человека сделались многие *грешными* [ἁμαρτωλοί]...“ Это важно, потому что вменение греха Адама — это не просто вменение „статуса“. Мы считаемся *согрешившими* в Адаме. Поэтому, когда Павел продолжает, говоря: „...так и послушанием одного сделаются праведными многие“, он не имеет в виду, что только *статус* Христа был вменен нам. Но во Христе мы считаемся исполнившими всю праведность, которую требует Бог. Вменение — это не присвоение статуса, не имеющего основания в реальной временной нравственной праведности. Вменение значит, что чужая, настоящая, нравственная, совершенная праведность, а именно, праведность Христа, считается нашей» (John Piper, *The Future of Justification: A Response to N. T. Wright* [Wheaton, IL: Crossway, 2007], 170–171).

Христа. Павел описывает этот великий обмен так: «Не Знавшего греха Он соделал грехом вместо нас, чтобы мы стали праведностью Божией в Нем» (2 Кор. 5:21, Кассиан)[143]. При оправдании совершенная праведность, требуемая Богом (Матф. 5:20, 48), не производится в нас в преображающем смысле, но засчитывается нам благодаря союзу со Христом, Праведником, исполнившим за нас всю праведность (Матф. 3:15; Гал. 3:27). Поэтому Павел говорит: «Ибо цель закона — Христос, к праведности каждого верующего» (Рим. 10:4, перевод автора). Мы можем «найтись в Нем», когда у нас нет своей праведности, полученной через исполнение закона, но мы принимаем чужую (т. е. принадлежащую не нам, а другому) праведность — праведность Божью, данную через веру во Христа (Флп. 3:9)[144]. По действию Бога мы соединены со Христом, «Который сделался для нас премудростью от Бога, *праведностью* и освящением и искуплением…» (1 Кор. 1:30).

Итак, во Христе мы имеем Заместителя, Который и оплатил наше наказание, и наделил нас праведностью. Христос даровал прощение, искупив наши грехи на кресте. Как наши грехи были засчитаны Ему, когда Он умер на кресте, так и Его праведность считается нашей. Поэтому Его совершенная праведность — это основание, на котором мы стоим перед Богом. Грешники оправдываются не потому, что в них есть что-то хорошее; Бог может объявить нас праведными — оправдать нечестивого и все же остаться справедливым, — потому что по милости вменяет нам совершенную праведность Своего дорогого Сына. Следовательно, единственное основание оправдания — это праведность Христа, засчитанная нам даром, только по благодати (см. Рим. 3:24; Еф. 2:8–9; Тит. 3:7).

СРЕДСТВО ОПРАВДАНИЯ: ТОЛЬКО ВЕРА

То, как Христос совершил искупление — и уплатив за грех, и предоставив праведность, — произошло две тысячи лет назад, без какого-либо человеческого влияния. Его труд был объективным, внешним по отношению к нам. Поэтому вопрос, на который нужно ответить, звучит так: как объективный труд Христа может быть применен лично ко мне? Посредством чего мои грехи могут быть вменены Христу, а Его праведность — мне? Ответ, последовательно звучащий в Писании, состоит в том, что мы оправдываемся только верой, независимо от дел. Вера соединяет нас со Христом в Его смерти и воскресении, так что Его наказание считается нашим наказанием, и Его праведность считается нашей праведностью.

---

[143] Мы «стали» праведностью Божьей во Христе в том же смысле, что и Христос «сделался» грехом: через юридическое заявление, то есть через вменение. См. «Природа оправдания: юридическое заявление» (с. 646).

[144] Некоторые богословы возражают, что поскольку Павел использует фразу «праведность Божья», то он имеет в виду послушание Христа. Однако праведность, вмененная верующим, есть праведность Божья *именно потому*, что это праведность Христа (см. Рим. 1:17; 3:21–22; 10:3–4). Как утверждает Мюррей, это «праведность Богочеловека; праведность, отвечающая требованиям нашего грешного и проклятого грехом состояния. Праведность, отвечающая всем требованиям полного и бесповоротного оправдания. Праведность божественного свойства и качества — праведность неоскверненная и нерушимая» (Искупление, достигнутое и примененное к грешнику. С. 77).

Самое ясное изложение доктрины *sola fide*, «только верой», дано в посланиях Павла, особенно в Послании к римлянам. Переходя к разъяснению благой вести спасения в Римлянам 3, Павел говорит, что в Евангелии проявляется «правда Божия через веру в Иисуса Христа во всех и на всех верующих...» (Рим. 3:22). Он продолжает, говоря, что дар оправдания принимается «через веру» (3:25) и что Бог является «праведным и оправдывающим верующего в Иисуса» (3:26). Он обобщает свой аргумент, откровенно заявляя: «Ибо мы признаем, что человек оправдывается верою, независимо от дел закона» (3:28). Проиллюстрировав истину *sola fide* на примере Авраама в Римлянам 4 (см. ниже), он предлагает еще одно краткое изложение Евангелия: «Итак, оправдавшись верою, мы имеем мир с Богом через Господа нашего Иисуса Христа...» (Рим. 5:1). Снова поднимая этот вопрос позже в послании, он заявляет, что спасающая праведность дается через веру (9:30; 10:6), что Христос—это праведность всем верующим (10:4), и что «сердцем веруют к праведности» (10:10).

Павел также обсуждает эту тему в Послании к галатам, говоря: «...узнав, что человек оправдывается не делами закона, а только верою в Иисуса Христа, и мы уверовали во Христа Иисуса, чтобы оправдаться верою во Христа, а не делами закона; ибо делами закона не оправдается никакая плоть» (Гал. 2:16). Таким образом, ясно, что для оправдания нужно верить. В следующей главе Павел отрицает, что праведность приходит через исполнение закона:

> ...но Писание всех заключило под грехом, дабы обетование верующим дано было по вере в Иисуса Христа. <...>
> Итак закон был для нас детоводителем ко Христу, дабы нам оправдаться верою... Ибо все вы сыны Божии по вере во Христа Иисуса... (Гал. 3:22, 24, 26).

Хотя Иисус никогда формально не объяснял учение об оправдании (как Павел в Римлянам), учение о *sola fide* лежит в основе и пронизывает всю Его проповедь Евангелия[145]. Например, в Иоанна 5:24 Иисус заявил: «Слушающий слово Мое... перешел от смерти в жизнь». Верующий переходит от смерти в жизнь без какого-либо таинства или обряда, периода ожидания или чистилища. Классический пример—разбойник на кресте. В ответ на весьма скудное проявление его веры Иисус сказал: «Истинно говорю тебе, ныне же будешь со Мною в раю» (Лук. 23:43). Чтобы обрести спасение, ему не потребовалось ни таинство, ни дело. Более того, многие исцеления, совершенные Иисусом, были физическим свидетельством Его власти прощать грехи (Матф. 9:5–6). Исцеляя, Он часто говорил: «Вера твоя спасла тебя» (Матф. 9:22; Марк. 5:34; 10:52; Лук. 8:48; 17:19; 18:42). Все эти исцеления были наглядными уроками учения об оправдании только верой.

Но один случай, когда Иисус действительно объявил человека «оправданным», дает наилучшее представление о том, как Он учил об этом:

---

[145] Следующие три абзаца адаптированы из: John MacArthur, "Jesus' Perspective on *Sola Fide*," *Grace to You*, accessed April 14, 2016, http://www.gty.org/resources/Articles/A192/Jesus-Perspective-on-Sola-Fide.

Сказал также к некоторым, которые уверены были о себе, что они праведны, и уничижали других, следующую притчу: «Два человека вошли в храм помолиться: один фарисей, а другой мытарь. Фарисей, став, молился сам в себе так: „Боже! Благодарю Тебя, что я не таков, как прочие люди, грабители, обидчики, прелюбодеи, или как этот мытарь: пощусь два раза в неделю, даю десятую часть из всего, что приобретаю". Мытарь же, стоя вдали, не смел даже поднять глаз на небо; но, ударяя себя в грудь, говорил: „Боже! Будь милостив ко мне грешнику!" Сказываю вам, что сей пошел *оправданным* в дом свой более, нежели тот: ибо всякий, возвышающий сам себя, унижен будет, а унижающий себя возвысится» (Лук. 18:9–14).

Слушатели Иисуса «уверены были о себе, что они праведны» (Лук. 18:9), — это и есть определение самоправедности, — поэтому они были явно шокированы, когда Иисус показал, что духовное состояние презренного мытаря *лучше*, чем молящегося фарисея. Не вдаваясь в абстрактное богословие, Иисус ясно нарисовал картину: грешник объявляется праведным только верой.

Прежде всего нужно отметить, что оправдание мытаря было мгновенным. Не было никакого процесса, ни промежутка времени, ни страха чистилища. Он «пошел оправданным в дом свой» (Лук. 18:14) не благодаря тому, что он сделал, а благодаря тому, что было сделано для него. Также следует обратить внимание на то, что мытарь понимал свою беспомощность. Он имел невероятный долг и знал, что не может заплатить. Все, что он мог сделать, — это покаяться и молить о пощаде. Он знал, что даже его лучшие дела были грехом, поэтому не предлагал Богу ничего из них. Он просто умолял о божественной милости. Он ожидал, что Бог сделает для него то, что он сам не мог сделать. Такова природа покаяния, к которому призывал Иисус. Наконец, важно заметить, что этот человек ушел оправданным, не совершив ни покаянных дел, ни таинств, ни обрядов. Его оправдание совершилось без каких-либо дел, потому что было даровано только на основании веры. Все, что было нужно, чтобы искупить его грех и даровать прощение, уже было сделано за него, и он не искал этого в себе, а получил даром. В то время как делающий фарисей остался неоправданным, верующий мытарь получил полное оправдание только верой.

Возможно, самое ясное утверждение об оправдании только верой записано в Римлянам 4, где Павел обращается к отношениям Бога с Авраамом, чтобы показать, что его Евангелие имеет древние корни. В ст. 3 он цитирует Бытие 15:6: «Ибо что говорит Писание? „Поверил Авраам Богу, и это вменилось ему в праведность". Бог вменил Аврааму праведность посредством веры Авраама. Его дела не имели к этому никакого отношения, потому что Павел продолжает: «Воздаяние делающему вменяется не по милости, но по долгу. А *не делающему*, но верующему в Того, Кто оправдывает нечестивого, вера его вменяется в праведность» (Рим. 4:4–5). Здесь Павел прямо отрицает учение, что дела составляют хоть какую-то часть в основании оправдания. Если бы мы должны были совершить какое-либо доброе дело для нашего спасения — будь то крещение, членство в церкви, чтение Библии, молитва или даже вера, — последующая праведность не могла бы называться даром. Делающий зарабатывает воздаяние. А спасенный получает «оправдание даром, по благодати» Божьей (Рим. 3:24), а дар дается только независимо от любого дела. Славный итог этой драгоценной доктрины состоит в том, что спасение совершенно бесплатно. Грешник принимает праведность Христа с пустыми руками, только через веру.

Важно отметить, что вера во Христа — это не *основание* праведности верующего, а только *средство* или способ, которым мы получаем праведность[146]. Это важное различие, потому что многие ошибочно полагают, что вера служит основанием нашей праведности. Их надежда на небеса опирается на то, что у них хватило ума поверить в Евангелие. Но такое понимание подрывает истину, что мы спасены только благодатью. Праведность не может основываться на моей вере без того, чтобы стать «своею праведностью» (Флп. 3:9). Если спасающая праведность основана на том, что грешник что-то делает, — даже верит, — то это уже не чужая праведность, данная даром, и потому она не может быть Божьей праведностью, требуемой для спасения. В этом случае вера стала бы делом, и «благодать не была бы уже благодатью» (Рим. 11:6). Если мы вносим какой-либо вклад в основание нашей праведности, то нет Благой вести, и мы все прокляты в своих грехах. Божья святость настолько величественно совершенна, Его требования настолько высоки, а наша испорченность настолько глубока, что вся наша праведность должна быть даром Его суверенной благодати, потому что мы бы никогда не смогли ее заслужить. Таким образом, Бог объявляет грешников праведными не потому что они своей верой заслужили праведность, а потому что Христос заслужил праведность и потому что Бог дал грешникам этот дар посредством веры[147].

Что именно в вере делает ее настолько подходящим способом, посредством которого мы получаем оправдание? Павел отвечает в Римлянам 4:16, где он

---

[146] Хотя Грудем признает недостатки своей иллюстрации различий между (1) орудием или средством и (2) основанием, она все же полезна: «Примером из обыденной жизни может служить получение чека за работу, выполненную для нанимателя. „Способом" или „инструментом", с помощью которого я получаю этот чек, является то, что я протягиваю руку и вынимаю конверт из моего почтового ящика, а затем открываю его и достаю чек. Но работодатель не платит мне ни за одно из этих действий. Плата осуществляется исключительно за работу, которую я выполнил еще до этого. Ведь вытаскивание чека из конверта не принесло мне ни цента из заработанных мною денег — это был просто *инструмент* или *способ*, который я использовал, чтобы получить деньги. Сходным образом и вера есть *инструмент*, который мы используем, чтобы получить оправдание от Бога, но сама по себе она ни в коей мере не является заслугой» (Грудем. Систематическое богословие. С. 825, сноска 13. Курсив как в оригинале).

[147] Знаменитые пояснения Уорфилда достойны полной поддержки: «*Спасающая сила* веры заключается... не в ней самой, а во Всемогущем Спасителе, на Котором она покоится. В Писании вера представлена спасающей ни в коем случае не из-за своей природы как психического акта — как если бы такой склад ума или расположение сердца само по себе было добродетелью, достойной награды от Бога. <...> Спасает не вера, а вера в Иисуса Христа. <...> Строго говоря, спасает даже не вера во Христа, а Христос — через веру. Спасающая сила находится не в акте веры или в отношении веры или природе веры, а исключительно в объекте веры — мы не могли бы более радикально исказить [библейское понятие веры], чем придав вере даже малейшую долю спасительной энергии, которая приписывается в Писании исключительно Христу» (Benjamin Breckinridge Warfield, *The Works of Benjamin B. Warfield*, vol. 2, Biblical Doctrines [1932; repr., Grand Rapids, MI: Baker, 2000], 504).

делает пояснение, раскрывающее «внутреннюю логику» спасения. Он говорит: «Вследствие этого [спасение] — по вере, чтобы было по благодати...» (Кассиан). Другими словами, в природе веры есть нечто, уникальным образом соответствующее дару суверенной Божьей благодати. Позже в Римлянам Павел говорит, что если бы спасение хотя бы отчасти было по делам, то «благодать не была бы уже благодатью» (Рим. 11:6). Вера — не основание нашей праведности, а «что-то, что смотрит за пределы себя и получает дары Небес как то, чем они и являются, — как чистую незаслуженную благосклонность. <...> Вера оправдывает не в смысле заслуги и не из-за чего-либо в нас... но соединяя нас с Христом»[148]. Вера нисколько не похожа на деньги, за которые мы покупаем у Бога спасение, но она уникально соответствует благодати, потому что это просто протянутая пустая рука, говорящая: «У меня ничего нет! Нет никаких духовных ресурсов или способностей! Господи, я принимаю Твой дар спасения во Христе».

РЕЗУЛЬТАТ ОПРАВДАНИЯ: ДОБРЫЕ ДЕЛА

Возможно, наиболее распространенное возражение против доктрины *sola fide* — это обвинение, что апостол Иаков явно противоречит ей. Он говорит: «Видите ли, что человек оправдывается делами, а не верою только?» (Иак. 2:24). Как слова Иакова можно примирить с учением об оправдании только верой? Ответ в том, что Иаков использует слово «оправдывается» (греч. *dikaioō*) не в том смысле, что Павел в упомянутых выше текстах. В частности, Иаков говорит об оправдании в смысле «доказательства» или «демонстрации праведности».

Писание часто использует слово «оправдание» в этом смысле. Например, когда законник, пытаясь искусить Иисуса, спросил Его, что нужно делать, чтобы наследовать вечную жизнь, Иисус сказал ему любить ближнего, как самого себя. Лука пишет, что законник, «желая оправдать себя, сказал Иисусу: „А кто мой ближний?“» (Лук. 10:29). Говоря это, законник не искал юридического заявления о своей праведности; он пытался показать другим, что он уже праведен. Другими словами, он стремился подтвердить свою праведность. Подобным образом в исповедании ранней церкви сказано, что Христос «явился во плоти» и «оправдал [греч. *edikaiōthē*] Себя в Духе» (1 Тим. 3:16). Конечно, Господь Иисус не нуждался в судебном оправдании, в юридическом заявлении, что Он праведен. Но в этом отрывке говорится, что Дух свидетельствовал о Христе посредством многих чудес, которые Он совершил (Деян. 2:22), и об окончательном свидетельстве воскресения (Рим. 1:4). Иаков также использует термин «оправдывать» в смысле «подтверждать» или «доказывать».

То, что это именно так, подтверждается не только лексически, но и контекстуально. В этом отрывке Иаков говорит о том, как Авраам принес в жертву Исаака по Божьему повелению (Иак. 2:21; см. Быт. 22:1–14), а это произошло через много лет после того, как было объявлено, что «Аврам поверил Господу, и Он вменил

---

[148] Andrew Fuller, "Sermons and Sketches," in *The Complete Works of the Rev. Andrew Fuller* (Boston: Lincoln, Edmands, 1833), 2:285.

ему это в праведность» (Быт. 15:6). Напротив, когда Павел желает проиллюстрировать истину о вменении праведности только через веру, независимо от дел (Рим. 4:6), он выбирает этот более ранний пример из жизни Авраама, когда еще не было никакого закона, который Авраам должен был исполнять (Рим. 4:9–13). Иаков же не говорит о судебном оправдании и вменении праведности. И он не говорит, что добрые дела составляют основание нашего спасения. Но он говорит о добрых делах как необходимом доказательстве нашего спасения. Вера Авраама, которая была засчитана ему как праведность, независимо от того, что он сделал, затем была подтверждена его делами. Другими словами, дела Авраама показали, что его вера была истинной, а не мертвой (см. Иак. 2:17, 26). Истинная вера проявляется в делах (Иак. 2:18), но эти дела служат доказательством и результатом оправдания и первоначального освящения, а не основанием оправдания.

Аргумент Иакова вовсе не опровергает доктрину *sola fide* в пользу законников, но служит защитой этой доктрины от нападок противоположного заблуждения: антиномизма. Этот термин происходит от префикса «анти-» и греческого слова *nomos*, что значит «закон». То есть антиномисты — это те, кто «против закона», а в богословском смысле — те, кто отрицает, что освящение — необходимый плод оправдания. В то время как законничество не проводит различия между оправданием и освящением, антиномизм разрывает жизненно важный союз между ними. В то время как законничество подрывает Евангелие, утверждая, что для оправдания мы должны добавить свое послушание к делу Христа, антиномизм извращает Евангелие тем, что преуменьшает действенность жертвы Христа, отрицая, что принимающие Христа как Спасителя должны также подчиняться Ему как Господу. Иаков полностью разбивает это предположение. Он объясняет, что «вера» тех, кто называется христианином, но не преуспевает в практической святости, продолжая ходить путями неправедности, — это вовсе не настоящая спасительная вера. Их вера мертвая (Иак. 2:17, 26), бесовская (Иак. 2:19) и недействительная (Иак. 2:20, Кассиан), и это показывает, что такие люди называют Иисуса Господом, но в ответ Он скажет им ужасные слова: «Я никогда не знал вас; отойдите от Меня, делающие беззаконие» (Матф. 7:23).

Фактически, Жан Кальвин, великий реформатор, веривший в *sola fide*, опирался на учение 2-й главы Иакова, когда писал: «Поэтому оправдывает одна только вера, однако оправдывающая вера не остается одна»[149]. Другими словами, спасение — это не следствие добрых дел (Еф. 2:9), но его следствием обязательно будут добрые дела. Это и есть цель нашего спасения: «Ибо мы — Его творение, созданы во Христе Иисусе *на добрые дела*, которые Бог предназначил нам исполнять» (Еф. 2:10). Христос отдал Себя за нас не только для того, чтобы в юридическом смысле избавить нас от всякого беззакония, но и чтобы «очистить Себе народ особенный, ревностный к добрым делам» (Тит. 2:14). Те, кто

---

[149] Из «Деяний Тридентского собора с противоядием» Кальвина (1547), цит. по: Schreiner, *Faith Alone*, 62.

отрицает, что добрые дела—необходимый плод оправдания, полученного только через веру, представляют Господа Иисуса Христа наполовину Спасителем, избавляющим от наказания за грех, но не от его власти. Однако Писание учит, что мы соединены со Христом не только в Его смерти, но и в Его воскресении, и необходимый результат этого—святая жизнь (Рим. 6:3–6; 2 Кор. 5:14–15). Все истинные христиане «освободились» от рабства греха и «стали рабами Богу», что привело к освящению (Рим. 6:1–14, 22). Поэтому, хотя спасает одна только вера, спасающая вера никогда не бывает одна, но ее всегда будет сопровождать плод праведности (Флп. 1:11), производимый Святым Духом в жизни верующего (Гал. 5:22–25; см. Иоан. 15:8)[150].

ЗАКЛЮЧИТЕЛЬНЫЕ ПОЯСНЕНИЯ ОБ ОПРАВДАНИИ

Итак, оправдание—это тот аспект применения искупления, в котором грешник юридически объявляется праведным в Божьих глазах. Основанием для этого объявления служит праведность Христа, которую Он совершил вместо грешника, (1) умерев, чтобы даровать прощение греха, и (2) прожив в совершенном послушании Отцу, чтобы даровать праведность, необходимую для общения с Богом. Только по благодати Бог вменяет наш грех Христу, чтобы Он действительно мог понести наше наказание, а нам вменяет праведность Христа, чтобы мы могли предстать перед Ним в совершенной святости. Это вменение совершается только посредством веры, независимо от каких-либо дел со стороны грешника. Добрые дела, которые непременно следуют за оправданием,—это подтверждение, но не основание истинной, спасающей веры.

Учение об оправдании затрагивает саму суть Евангелия. Оно предлагает единственную надежду на спасение виновным грешникам, которые без Христа не имеют надежды на восстановление отношений со святым Богом Вселенной, а в Нем облечены в совершенную праведность возлюбленного Сына Божьего. Благая весть библейского Евангелия заключается в том, что это благословение даром предлагается всем, кто примет его только верой, без каких-либо дел. Учение об оправдании лежит в основании евангельского обетования в Иоанна 3:16: «Ибо так возлюбил Бог мир, что отдал Сына Своего Единородного, дабы всякий верующий в Него, не погиб, но имел жизнь вечную», и Римлянам 8:1: «Итак нет ныне никакого осуждения тем, которые во Христе Иисусе...»

Усыновление

Размышляя о многоразличных духовных благословениях, получаемых в союзе со Христом, Божье дитя не может не исполняться хвалой Богу за Его мудрость, благость и благодать, явленные в спасении. Неудивительно, что Павел, рассматривая эти духовные благословения, не мог сдержать славословия: «Благословен

---

[150] Более подробное изложение библейских доводов против антиномизма, особенно против того, как он представлен в учении Зейна Ходжеса и Чарльза Райри о «спасении без господства», см.: Мак-Артур. Благовествование Христово; John MacArthur, *The Gospel according to the Apostles*.

Бог и Отец Господа нашего Иисуса Христа, благословивший нас во Христе всяким духовным благословением в небесах» (Еф. 1:3). Отец избрал нас (Еф. 1:4), Сын искупил нас (Еф. 1:7), а Дух возродил нас (Иоан. 3:3–8; Еф. 1:13–14) и вложил в нас божественную духовную жизнь (Иоан. 6:63; см. Иез. 36:27; 37:14), дав нам глаза, чтобы видеть славу Христа и гибельность греха (2 Кор. 4:4, 6). Как следствие этого нового рождения мы переживаем обращение, получив дары покаяния (Деян. 11:17–18; 2 Тим. 2:25) и веры (Еф. 2:8). Через веру мы тесно соединены со Христом, так что всё, принадлежащее Ему, становится нашим. Мы получаем оправдание—прощение всех наших грехов и избавление от вечного наказания, которое мы по праву заслужили,—и полную праведность Самого Христа, так что можем с уверенностью стоять перед нашим святым Богом. Действительно, благословен Бог!

Хотя кажется, что невозможно что-нибудь добавить к таким дарам, как возрождение, обращение, союз со Христом и оправдание, Слово Божье говорит еще об одном духовном благословении, относящемся к применению искупления: Отец усыновляет верующих, принимая их как Своих детей[151].

Понятие усыновления нам знакомо, потому что оно остается общепринятым в современном мире, и редко, когда история усыновления не согревает сердце[152]. Желая проявить любовь и заботу о ребенке, которого они никогда не знали и который не может ничего сделать, чтобы воздать им, родители заполняют множество анкет, несут значительные расходы и часто преодолевают тысячи километров, чтобы взять в свою семью мальчика или девочку. Хотя подготовка к усыновлению длится несколько месяцев, а то и лет, все меняется в тот момент, когда судья наконец объявляет его законным членом новой семьи со всеми вытекающими правами и привилегиями. Во многих случаях, если бы ребенок остался в детском доме или на попечении жестоких и безответственных биологических родителей, результаты, скорее всего, были бы трагическими. Но благодаря вмешательству неравнодушных, сострадательных людей усыновленный ребенок находит новую любящую семью, которая стремится дать ему защиту, воспитание и надежду на будущее.

Новый Завет использует это благословение человеческого усыновления как аналогию для описания Божьей отцовской любви к нам. Мы были духовными

---

[151] Фоном для новозаветной концепции усыновления служит практика усыновления в Древнем Риме, описанная в книге «Раб»: «Процесс усыновления состоял из нескольких юридических процедур. Первым делом полностью разрывались юридические и родственные связи усыновляемого ребенка с его биологической семьей. Затем, на втором этапе, ребенок становился постоянным членом новой семьи. Кроме этого, всякие прежние финансовые обязательства прекращались, как если бы их никогда не было. Для того чтобы сделка была оформлена законно, требовалось наличие семи авторитетных свидетелей. При необходимости их поручительство могло опровергнуть любые возможные претензии к усыновлению после смерти отца. По завершении усыновления ребенок полностью переходил под опеку и контроль нового отца. Прежний отец больше не имел никакой власти над своим бывшим сыном или дочерью. В римских семьях власть *paterfamilias* (отца семейства) была полной и неограниченной. И с момента их усыновления эта власть распространялась и на усыновленных в семью детей» (Мак-Артур Д. Раб: истина о наших взаимоотношениях со Христом. Б. м.: Славян. еванг. о-во, 2011. С. 158–159).

[152] Этот абзац адаптирован из: Мак-Артур. Раб. С. 165.

сиротами под жестоким гнетом греха и сатаны. По природе мы были «чадами гнева» (Еф. 2:3), «сынами противления» (Еф. 2:2; 5:6) и даже детьми самого дьявола (Иоан. 8:44). Нашим единственным домом был этот проклятый грехом мир, который быстро проходит (1 Иоан. 2:17). Нашим единственным опекуном был заклятый враг наших душ (1 Пет. 5:8). Нашим единственным будущим было ужасное ожидание адского суда (Евр. 10:27).

Но Бог, желая явить славу Своей благодати, вступился за нас:

> ...Он избрал нас... в любви, предопределив усыновить нас Себе чрез Иисуса Христа, по благоволению воли Своей, в похвалу славы благодати Своей, которою Он облагодатствовал нас в Возлюбленном... (Еф. 1:4–6)

> ...Но когда пришла полнота времени, Бог послал Сына Своего Единородного, Который родился от жены, подчинился закону, чтобы искупить подзаконных, дабы нам получить усыновление (Гал. 4:4–5).

Сам вечный Божий Сын преодолел бесконечное расстояние между небом и землей, соединил в Своей личности природу Бога и человека и был оставлен Своим Отцом, чтобы мы были приняты как Божьи дети. Заплатив огромную цену, Бог принял все юридические меры, чтобы спасти нас от греха и принять в Свою семью. Как было запланировано в вечном прошлом, Сын приобрел верующих на Голгофе, и они наконец получают благословение усыновления в момент обращения, «ибо, — говорит апостол Павел, — все вы сыны Божии по вере во Христа Иисуса» (Гал. 3:26; см. Иоан. 1:12). При усыновлении Бог юридически принимает возрожденных и оправданных грешников в Свою семью, чтобы они стали Его сыновьями и дочерями и таким образом получили все права и привилегии членов вечной Божьей семьи.

УНИКАЛЬНОЕ БЛАГОСЛОВЕНИЕ УСЫНОВЛЕНИЯ

Хотя его часто путали с возрождением или считали просто еще одним из аспектов оправдания, духовное благословение усыновления — это уникальная привилегия в Божьем порядке искупления. Грудем отмечает: «Мы могли бы подумать, что становимся детьми Божьими по рождению свыше, поскольку образ „нового рождения" наводит нас на мысль о детях, которые рождаются в человеческой семье. Однако... мысль об *усыновлении* противоположна мысли о рождении в семье!»[153] Хотя эти два благословения тесно связаны, Писание все же различает их в отношении автора, характера и средств каждого из них. Во-первых, возрождение — это действие Духа (Иоан. 3:5–6, 8; 6:63), а усыновление — действие Отца (Еф. 1:5). Во-вторых, возрождение преображает; оно происходит в сердце человека и коренным образом преображает его природу (Иез. 36:26–27; 2 Кор. 5:17). Усыновление же по сути декларативное; оно не меняет характер человека. В своей основе это юридический акт, согласно которому тем, кто

---

[153] Грудем. Систематическое богословие. С. 833.

принимает Христа, Бог «дал власть [т. е. законное право[154]] быть чадами Божиими» (Иоан. 1:12). В-третьих, сказано, что возрождение происходит посредством Слова Божьего (Иак. 1:18; 1 Пет. 1:23–25), а благословение усыновления обретается через веру во Христа (Иоан. 1:12; Гал. 3:26). Поэтому ясно, что усыновление отличается от возрождения.

Кроме того, усыновление не следует рассматривать лишь как часть оправдания. Хотя и оправдание, и усыновление — это декларативные акты, происходящие посредством веры, это различные благословения. Оправдание — это юридическое заявление, что человек праведен в свете требований Божьего закона. А усыновление — это юридическое заявление божественного Судьи, что оправданный стал членом Его семьи.

Получить новую духовную жизнь при возрождении — это неописуемое благословение. А также избавление от наказания за грех и объявление праведным во Христе — замечательные привилегии. Если бы Божьи дары ограничивались возрождением и оправданием, никто не стал бы подвергать сомнению Его доброту или считать Его благодать неполной. Но особая слава усыновления проявляется в преизбытке Божьей благодати[155]. Щедро выражая Свою любовь, Бог усыновляет верующих в Свою семью, чтобы быть для нас не только источником духовной жизни и законной праведности, но и любящим и сострадательным Отцом. Поэтому усыновление по праву названо «величайшим из преимуществ, даруемых Евангелием»[156] и «вершиной благодати и привилегий», которая «потрясает воображение удивительным снисхождением и любовью»[157]. Недаром у апостола Иоанна, размышлявшего об усыновлении верующих, было еще одно неудержимое побуждение восхвалять Бога: «Смотрите, какую любовь дал нам Отец, чтобы нам называться и быть детьми Божиими» (1 Иоан. 3:1). Поистине, какая любовь!

ПРОЯСНЕНИЕ НЕДОРАЗУМЕНИЙ ОБ УСЫНОВЛЕНИИ

Когда говорят о том, что грешные люди становятся детьми Божьими, необходимо различать между усыновленными сыновьями и дочерями Отца с одной стороны и Его единственным Сыном, Господом Иисусом Христом, — с другой. В каком-то смысле мы не должны умалять значение радикальных привилегий усыновления. Мы «соделались причастниками Божеского естества...» (2 Пет. 1:4), в нас живет Дух Самого Бога (Рим. 8:14–16; Гал. 4:6), и мы — сонаследники вечной жизни с Христом (1 Пет. 1:4; Рим. 8:17, 23). Верующие вознесены настолько высоко, что Христос вполне может быть назван нашим Братом (Рим. 8:29; Евр. 2:17).

---

[154] Leon Morris, *The Gospel according to John*, rev. ed., NICNT (Grand Rapids, MI: Eerdmans, 1995), 87. Примеры использования той же греческой фразы (*didōmi... exousia*) в явно юридическом смысле см. Иоан. 5:27; 19:11.

[155] Мы не должны рассматривать усыновление как некие отношения второго сорта, как могут подумать в наше время. В древности же усыновленный ребенок часто был самым любимым и чтимым, выбранным во многих случаях потому, что был уникальным и желаемым.

[156] Пакер Д. Познать Бога. Б. м.: Slavic Gospel Press, 1992. С. 179.

[157] Мюррей. Искупление, достигнутое и примененное к грешнику. С. 81.

Действительно, поскольку и освящающий Христос, и мы, освящаемые, имеем одного Отца, Господь Иисус не стыдится называть нас братьями (Евр. 2:11–12).

Однако наше возвышенное положение не устраняет уникальности отношений Христа с Отцом как Его вечного Сына. Сам Господь ясно отметил это различие, когда поручил Марии сказать ученикам: «Восхожу к Отцу Моему и Отцу вашему, и к Богу Моему и Богу вашему» (Иоан. 20:17). Если бы сыновство Иисуса не отличалось от нашего, такое заявление было бы громоздким и избыточным; Он мог бы просто сказать: «...к Отцу нашему и Богу нашему». Но, делая различие между словами «Отцу Моему» и «Отцу вашему», Он подчеркивал, что хотя мы поистине сыновья и дочери Бога, Его положение как Сына имеет особый, уникальный характер. В конце концов, Он—*ton huion ton monogenē*, то есть единородный Божий Сын (Иоан. 3:16). Греческое слово *monogenēs* происходит от терминов *monos* («единственный») и *genos* («род», «тип», напр., Марк. 9:29) и, таким образом, говорит о «единственном в своем роде». Поэтому наше усыновление ни в коем случае не дает нам единения сущности с Христом, чтобы мы участвовали во внутренней жизни Троицы, как учат некоторые. Хотя мы становимся сынами Божьими через усыновление, Христос—Его единственный вечный Сын.

Кроме того, представление, что верующие *становятся* детьми Божьими в момент обращения, наносит смертельный удар учению о всеобщем отцовстве Бога—либеральному протестантскому учению о том, что все люди уже Божьи дети. Писание действительно иногда говорит об отцовстве Бога, используя всеобщие выражения. Павел, рассуждая с философами в ареопаге, цитирует поэта Арата (ок. 315–245 гг. до Р. Х.), сказавшего: «Мы Его и род» (Деян. 17:28), и затем одобрительно поясняет: «Итак мы, будучи родом Божиим...» (Деян. 17:29). Однако контекст этого утверждения ясно показывает, что Павел говорил о том, что Бог—Создатель всего человечества и потому Он Отец всех только в этом смысле. Он назван «Отцом духов» (Евр. 12:9), дающим «всему жизнь, и дыхание, и все» (Деян. 17:25), и «от одной крови Он произвел весь род человеческий...» (Деян. 17:26). Поэтому «мы Им живем и движемся, и существуем...» (Деян. 17:28). Возможно, это же имел в виду и Малахия, когда упрекал грешных священников своего времени, спрашивая: «Не один ли у всех нас Отец? Не один ли Бог сотворил нас?» (Мал. 2:10). Впрочем, учитывая ссылку на «завет отцов наших» в конце этого стиха, он, скорее всего, говорит об отцовстве Бога по отношению к Израилю как народу завета (Иер. 31:9; Ос. 11:1).

Хотя Бог действительно Создатель всех людей, это не означает, что все люди—Его дети в том же родственном смысле, о котором говорит доктрина усыновления. Сам Иисус весьма жестко сказал по этому вопросу, что все неверующие— дети самого сатаны. Он ясно отличает Своего Отца от отца фарисеев (Иоан. 8:38), отрицает, что Бог их Отец (Иоан. 8:42), и прямо заявляет: «Ваш отец диавол...» (Иоан. 8:44). Апостол Иоанн говорит об этом различии между детьми Бога и детьми дьявола, отмечая, что последние—это те, кто не поступает праведно

(1 Иоан. 3:10). Писание различает между плотскими детьми и детьми Божьими (Рим. 9:8), детьми рабыни и детьми свободной (Гал. 4:22–31), а также детьми света и детьми тьмы (Еф. 5:8). Эти отрывки говорят против любого представления о всеобщем отцовстве Бога. Более того, о неверующих Писание говорит не как о детях Божьих, а как о «сынах противления» (Еф. 2:2; 5:6). Сами по себе все падшие люди вовсе не дети Божьи, но они названы «по природе чадами гнева» (Еф. 2:3). Если не случится что-то кардинальное — настолько радикальное, как ожить из мертвых (Еф. 2:4–5), — человек в своем естественном состоянии не познает благословений любящего Отца, а испытает гнев праведного Судьи. И только принимающим Иисуса и верующим во имя Его дана власть быть детьми Божьими (Иоан. 1:12), потому что все приемные дети Бога — «сыны Божии по вере во Христа Иисуса» (Гал. 3:26) благодаря Его делу искупления (Гал. 4:5).

Итак, эти тексты об усыновлении говорят не об отцовстве Бога *по сущности* и не о Его всеобщем отцовстве *по сотворению*, а о Его *искупительном* отцовстве, когда оправданные грешники становятся сыновьями и дочерями Отца со всеми правами и привилегиями членов Божьей семьи.

ПРИВИЛЕГИИ УСЫНОВЛЕНИЯ

Каковы же эти права и привилегии, которыми пользуются члены Божьей семьи? Прежде всего, главное благословение нашего усыновления заключается в том, что Сам Дух Святой навсегда поселяется в наших сердцах, освобождая нас от греха и содействуя нашему общению с Богом. Сказав об усыновлении, дарованном через Христово искупление, Павел добавляет: «А как вы — сыны, то Бог послал в сердца ваши Духа Сына Своего, вопиющего: „Авва, Отче!" Посему ты уже не раб, но сын...» (Гал. 4:6–7). В другом месте он говорит, что верующие «приняли Духа усыновления, Которым взываем: „Авва, Отче!" Сей самый Дух свидетельствует духу нашему, что мы — дети Божии» (Рим. 8:15–16). Хотя мы были порабощены греху и идолопоклонству (Гал. 4:8), Дух усыновления освободил нас от этого рабства «в свободу славы детей Божиих» (Рим. 8:21; см. 2 Кор. 3:17). Мы уже не рабы, но навсегда стали сынами нашего Отца (Иоан. 8:35), и Сам Дух свидетельствует в наших сердцах, уверяя нас в подлинности этих новых отношений. Наша связь с Богом всего сущего настолько тесная, что Дух побуждает нас взывать к нему с детской любовью: «Авва, Отче!» Разговорное арамейское слово *Abba*, означающее «отец», указывает на трогательную нежность и близость между отцом и сыном. Помимо этих двух отрывков оно встречается в Новом Завете лишь один раз: Сам Иисус произносит его в самый мрачный час Своего земного странствия. В Гефсимании, когда Сын изливал Отцу Свое сердце, умоляя, чтобы чаша божественного гнева миновала Его, Он взывал к Нему: «Авва Отче!» (Марк. 14:36). Эта мысль просто поражает, что мы, некогда отчужденные от Бога из-за греха (Еф. 4:18), получили привилегию взывать к Отцу в точности так, как Его возлюбленный Сын. Славу этой мысли превосходит лишь тот факт, что Его вопль «Авва» остался без ответа, чтобы наш был услышан.

Поскольку Бог стал нашим Отцом, нам доступны богатства Его сострадания, защиты, заботы и милосердия. Он относится к нам как отец к своим детям, желая проявлять доброту и действовать в наших лучших интересах. Псалмопевец говорит: «...как отец милует сынов, так милует Господь боящихся Его» (Пс. 102:13). Сам Господь иллюстрирует такое сострадательное отношение, говоря:

> Какой из вас отец, когда сын попросит у него хлеба, подаст ему камень? Или, когда попросит рыбы, подаст ему змею вместо рыбы? Или, если попросит яйца, подаст ему скорпиона? Итак, если вы, будучи злы, умеете даяния благие давать детям вашим, тем более Отец Небесный даст Духа Святого просящим у Него (Лук. 11:11–13).

Бог не только даст нам Своего Духа, но, как сказано в параллельном отрывке, даст нам и «блага», о которых мы Его попросим (Матф. 7:11). Поэтому нам не нужно беспокоиться о повседневных потребностях, ведь Отец готов обеспечить нас ими: «Итак, не ищите, что вам есть, или что пить, и не беспокойтесь, потому что ваш же Отец знает, что вы имеете нужду в том...» (Лук. 12:29–30). Сразу же после этих утешительных слов нашего Господа Он утешает нас милосердием Отца, возможно, самыми нежными выражениями, которые Он когда-либо говорил: «Не бойся, малое стадо! Ибо Отец ваш благоволил дать вам Царство» (Лук. 12:32). Бог не какой-то далекий, отстраненный, хотя и щедрый благодетель. Как отец рад благословить своих детей наследством, так и Он благоволит—то есть Ему приятно—сделать нас участниками в полноте самого Царства.

Эта готовность Бога благословлять Своих усыновленных детей подразумевает, что мы можем приближаться к Господу славы в молитве. Как сказал Иисус, наш Отец готов дать благие дары «просящим у Него» (Матф. 7:11; Лук. 11:13), и Он восполняет наши повседневные нужды, когда мы больше всего ищем Его Царства (Лук. 12:30–31), а это делается в первую очередь через молитву. По этой причине, когда Господь учил Своих учеников молиться, Он наставлял их обращаться к Богу, говоря: «Отче наш, сущий на небесах!» (Матф. 6:9). Какая привилегия— приближаться к престолу благодати с уверенностью, что суверенный Господь— наш Небесный Отец, желающий слушать наши просьбы и благословлять нас по Своей щедрости!

Еще одна привилегия нашего усыновления—это полное любви отцовское наказание, которое мы получаем от Бога. Автор Послания к евреям наставляет: «Сын мой! Не пренебрегай наказания Господня, и не унывай, когда Он обличает тебя. Ибо Господь, кого любит, того наказывает; бьет же всякого сына, которого принимает» (Евр. 12:5–6; см. Прит. 3:11–12). Когда мы отступаем от Божьей воли и предаемся греховным мыслям и поступкам, Он будет провиденциально допускать различные трудности и беды в нашей жизни, чтобы предупредить нас о последствиях греха, привести к покаянию и привести нас к большей духовной зрелости (напр., 2 Цар. 12:10–12; 1 Кор. 11:30). Автор Послания к евреям продолжает объяснять, что когда мы терпим такие наказания, «то Бог поступает с [нами], как с сынами. Ибо есть ли какой сын, которого бы не наказывал отец? Если же остаетесь без наказания… то вы незаконные дети, а не сыны» (Евр. 12:7–8). Действительно, когда Бог удерживает Свое наказание, это самое суровое свидетельство Его суда, поскольку Он предает людей их греху и его последствиям (Рим. 1:25–28). О людях Писание говорит, что родители, которые не наказывают своих детей, ненавидят их (Прит. 13:25) и желают их смерти (Прит. 19:18, НРП). Таким образом, когда Бог наказывает нас как Своих детей, это верное свидетельство Его горячей любви и искреннего желания нашей величайшей пользы. Автор Послания к евреям продолжает: «…Сей [наказывает нас] для пользы, чтобы нам иметь участие в святости Его» (Евр. 12:10). Хотя «всякое наказание в настоящее время кажется не радостью, а печалью; но после наученным через него доставляет мирный плод праведности» (Евр. 12:11). Когда мы понимаем, что есть «святость, без которой никто не увидит Господа» (Евр. 12:14), мы непременно будем ценить любящее наказание нашего Отца, потому что оно необходимо нам для общения с Ним. Какая честь, что Бог небес проявил личное участие в нашем духовном благополучии — не только объявив нас праведными, но и по Своей великой благодати производя в нас практическую праведность!

Еще одна привилегия нашего усыновления в Божью семью — это единство, которое мы имеем с братьями и сестрами во Христе. Церковь — это не какой-нибудь клуб или политическая организация, объединенная общими интересами или занятиями. Благодаря избранию Отцом, искуплению Сыном и возрождению Духом мы объективно соединены друг с другом как члены одной семьи. Неудивительно, что первые верующие называли друг друга братьями и сестрами (напр., Деян. 1:15–16; Рим. 12:1; 16:14; Флп. 4:1; 1 Тим. 5:1–2; см. Матф. 12:46–50). А семья — это не просто группа людей с некоторыми общими интересами и субъективным теплым отношением друг к другу. Братья и сестры связаны чем-то гораздо более глубоким — объективным союзом, ставшим результатом любви между их родителями. И хотя братья и сестры не всегда относятся друг к другу наилучшим образом, никакие разногласия или конфликты не могут нарушить объективную связь между ними. То же самое касается и Божьей семьи. Между нами и нашими братьями и сестрами во Христе бывают сложности и разногласия. Но как ничто не может отделить каждого из нас от союза любви с Христом (Рим. 8:38–39), так ничто не может отделить нас и от союза друг с другом. Именно на основании этого объективного союза мы стремимся иметь «единство Духа в союзе мира» (Еф. 4:3). Пока христиане так делают, мы никогда не будем одиноки. Мы всегда будем принадлежать друг другу. Благодаря усыновляющей благодати нашего Отца мы противостоим самым тяжелым испытаниям жизни вместе с братьями и сестрами как одна Божья семья.

В дополнение ко всем этим привилегиям, которыми мы обладаем в настоящее время, наше усыновление как Божьих детей также гарантирует нам участие в будущем наследии вечной жизни. Павел пишет, что если мы усыновленные дети, мы обязательно должны быть и наследниками. Верующий уже не раб, но сын, «а если сын, то и наследник Божий» (Гал. 4:7), — по сути, мы «наследники Божии, сонаследники же Христу» (Рим. 8:17). В человеческих семьях сыновья и дочери наследуют имущество своих родителей после их смерти. Все, что принадлежало родителям, завещается детям, поскольку они продолжают семейную преемственность. Подобным образом, хотя по природе мы не могли претендовать на богатства Царства Божьего, но по благодати мы стали усыновленными Божьими детьми, а потому и законными наследниками, имеющими прямое отношение «к наследству нетленному, чистому, неувядаемому, хранящемуся на небесах» для нас (1 Пет. 1:4). Наше наследие настолько реально, что мы названы сонаследниками Христу (Рим. 8:17). Все, что Христос получит по праву как родной Божий Сын, и мы получим по благодати как приемные дети Божьи[158]. Поскольку Христос — Сын Божий, Ему принадлежит все, что есть у Отца. А поскольку мы во Христе, то все, что есть у Христа, — наше, будь то «мир, или жизнь, или смерть, или настоящее, или будущее...» (1 Кор. 3:22–23), — все принадлежит Божьим детям. Искупленные непременно получат все благословения небес в Божьем присутствии, ибо Он обещает: «Побеждающий наследует все, и буду ему Богом, и он будет Мне сыном» (Откр. 21:7). Главное среди этих небесных благословений — это обещание, что у нас будет прославленное тело, подобное воскресшему телу Христа, свободное от всякого греха и немощи (1 Кор. 15:23, 42–44; Флп. 3:20–21). Хотя в этом жилище мы воздыхаем из-за последствий проклятия греха (2 Кор. 5:2), мы ожидаем завершения нашего усыновления как сыновей и дочерей Божьих — искупления наших тел (Рим. 8:23).

В каком-то смысле прославление началось в этой жизни как прогрессирующее освящение, еще одна привилегия нашего усыновления. Как дети подражают своему отцу, так и нам сказано: «Итак, подражайте Богу, как чада возлюбленные...» (Еф. 5:1). Одно из величайших благословений Божьей благодати в спасении состоит в том, что Он называет Свой народ Своим именем. Он милостиво заботится о благополучии Своего народа с тем же рвением, с которым защищает честь Своей репутации, потому что они носят Его имя (см. И. Нав. 7:9; 1 Цар. 12:22; Иер. 14:7, 9; Дан. 9:17–18). Как дети имеют фамилию отца, так и мы носим Божье имя, а Исаия говорит: «Святой имя Его» (Ис. 57:15; см. 1 Пар. 29:16; Пс. 32:21; Ис. 47:4; Лук. 1:49). Поэтому апостол Петр увещает нас: «Как послушные дети, не сообразуйтесь с прежними похотями, бывшими в неведении вашем, но, по примеру призвавшего вас Святого, и сами будьте святы во всех поступках. Ибо написано: „Будьте святы, потому что Я свят"» (1 Пет. 1:14–16). Если мы называем Отцом этого Святого Бога, то должны жить жизнью, отражающей Его святость (1 Пет. 1:17), и «быть неукоризненными и чистыми, *чадами Божиими* непорочными среди строптивого и развращенного рода...» (Флп. 2:15).

---

[158] Мак-Артур Д. Толкование книг Нового Завета: Послание к римлянам, 1–8. Б. м.: Славян. еванг. о-во, 2018. С. 452–453.

Итогом изучения доктрины усыновления должен быть призыв к святости. Бог обещал нам: «И буду вам Отцом, и вы будете Моими сынами и дщерями» (2 Кор. 6:18). Если мы обладаем таким возвышенным положением детей, принятых в Божью семью, и пользуемся всеми правами и привилегиями сыновей и дочерей Самого Вседержителя, мы должны реагировать так, как Павел учит в следующем стихе: «Итак, возлюбленные, имея такие обетования, очистим себя от всякой скверны плоти и духа, совершая святыню в страхе Божием» (2 Кор. 7:1). Поэтому теперь мы обратим внимание на доктрину освящения.

Освящение[159]

До сих пор, исследуя применение искупления, мы рассматривали блага, приобретенные жертвой Христа, которые Дух Святой применяет к верующим сразу при начале их христианской жизни. При возрождении грешник оживает, ему даются покаяние и вера, он соединяется с Христом, объявляется праведным на основании вмененной праведности Христа и усыновляется в Божью семью. А благословение освящения — это такое благо применения искупления, которое, хотя и начинается при возрождении, применяется на протяжении всей жизни христианина. При освящении Бог, действуя главным образом через Святого Духа, отделяет верующего для Себя (см. 1 Кор. 1:2) и делает его все более и более святым, постепенно преображая его в образ Христа (Рим. 8:29; 2 Кор. 3:18), подавляя власть греха в его жизни и наделяя силой приносить плод послушания[160].

СВЯЗЬ МЕЖДУ ОПРАВДАНИЕМ И ОСВЯЩЕНИЕМ

Освящение тесно связано с оправданием, поскольку они оба даются благодаря союзу верующего со Христом. Тем не менее освящение не следует путать или смешивать с оправданием, как это делает римско-католическое богословие. Оправдание — это единократное юридическое объявление праведности, которое определяет правовой статус человека перед Богом. Освящение же — это постепенное, продолжающееся преобразование его природы. Что касается оправдания, Христос предоставил юридическую праведность *вместо* верующего; при освящении же Дух постепенно производит практическую праведность *в* верующем. Оправдание говорит о *вменении* праведности, а освящение — о *наделении* праведностью. Смешивать эти два понятия — значит в корне подрывать Евангелие[161].

---

[159] Дополнительное обсуждение см. «Освящение» (с. 378) гл. 5 «*Бог Дух Святой*».

[160] Полезным дополнением будет определение Беркхофа: «Освящение можно определить как *благодатное и постоянное действие Святого Духа, которым Он избавляет оправданного грешника от греховного осквернения, обновляет всю его природу по образу Божьему и делает его способным творить добрые дела*» (Систематическое богословие. С. 617. Курсив как в оригинале).

[161] Подробнее о связи между оправданием и освящением см. «Природа оправдания: юридическое заявление» (с. 646) и «Результат оправдания: добрые дела» (с. 657).

ПОЗИЦИОННОЕ (ОПРЕДЕЛЯЮЩЕЕ) ОСВЯЩЕНИЕ

Хотя освящение в первую очередь понимается как процесс, в котором верующий преображается в образ Христа (напр., Писание говорит о верующих как об «освящаемых», Евр. 10:14), этот процесс имеет определенное начало в момент возрождения. Текущий аспект освящения часто называют прогрессирующим освящением, а прошедший аспект может быть назван начальным, позиционным или определяющим освящением.

Как обсуждалось ранее, возрождение — это не только наделение духовной жизнью, но и явное очищение от греха[162]. Вот почему в Иоанна 3:5 Иисус говорит о новом рождении как о рождении от *воды* и Духа. В этом стихе Он ссылается на пророчество Иезекииля о возрождении, где Бог обещает не только дать Своему народу новое сердце и Своего Духа, но и окропить их чистой водой, чтобы очистить их от скверны (Иез. 36:25–27). Вторя образам Иезекииля, Павел называет возрождение и омовением, и обновлением (Тит. 3:5). Таким образом, когда Дух наделяет духовной жизнью душу мертвого грешника, открывая его глаза на скверну греха и на славу Иисуса (2 Кор. 4:4, 6), природа человека освящается — решительно преображается от духовной смерти к духовной жизни, так что Писание называет его новым творением (2 Кор. 5:17). Святой характер, который укрепляется на протяжении всего прогрессирующего освящения верующего, — это тот самый святой характер, что появился у него при возрождении. В этом смысле возрождение служит началом освящения.

По этой причине Новый Завет часто говорит об освящении, используя прошедшее время, характеризуя христианина как того, кто был первоначально освящен Богом. В своем прощальном обращении к ефесским пресвитерам в Милите Павел говорил о наследии, которое они разделяют «со всеми освященными» (Деян. 20:32). Защищаясь перед Агриппой он рассказал о своем обращении на дороге в Дамаск, когда Иисус послал его к язычникам, чтобы они «верою в [Него] получили прощение грехов и жребий с освященными» (Деян. 26:18). То, что такое звание не говорит о каком-то завершенном этапе в прогрессирующем освящении, подтверждается словами Павла, когда он обращается к грешным членам коринфской церкви как к «освященным во Христе Иисусе» (1 Кор. 1:2). Коринфяне были разношерстной группой исповедующих веру людей: они делились на группировки (1 Кор. 1:11–13), Павел мог обращаться к ним только как к плотским (1 Кор. 3:1), среди них было блудодеяние, неслыханное даже у язычников (1 Кор. 5:1), они судились друг с другом перед неверующими судьями (1 Кор. 6:1–7), пренебрегали вечерей Господней, предаваясь обжорству и пьянству (1 Кор. 11:20–22), и злоупотребляли дарами Святого Духа (1 Кор. 12–14). Если бы быть освященным означало достичь состояния высокой практической святости, это

---

[162] См. «Природа возрождения» (с. 611) и обсуждение текстов Иез. 36:25–27 и Иоан. 3:5 в разделе «Средство возрождения» (с. 615).

описание едва ли можно было отнести к ним! Павел же говорил об их позиционном освящении: «...но [вы] омылись, но освятились, но оправдались именем Господа нашего Иисуса Христа и Духом Бога нашего» (1 Кор. 6:11)[163]. По этой же причине и Ветхий, и Новый Завет называют всех Божьих людей святыми (напр., Пс. 15:3; 33:10; Дан. 7:18–27; Деян. 9:13, 32, 41; Иуд. 3; Рим. 1:7; 8:27; 1 Кор. 1:2; 2 Кор. 1:1; Еф. 1:1; 6:18; Флп. 1:1; Кол. 1:2; Откр. 19:8). Святые—это вовсе не духовная элита на основании их личных заслуг, как учит Римско-католическая церковь, но верующий считается святым не благодаря своей практической праведности, а благодаря позиционной праведности. Все верующие—святые, потому что все они были отделены святым Богом и соединены со святым Господом Иисусом. В этом и заключается суть позиционного освящения.

Самый важный факт о позиционном освящении заключается в том, что через союз со Христом верующий освобождается от власти греха. В то время как оправдание и вмененная праведность дают свободу от наказания за грех, первоначальное освящение дает христианину свободу от власти греха. Именно это Павел объясняет в Римлянам 6:1–7:6. Там он говорит, что верующие «умерли для греха» (Рим. 6:2) благодаря их союзу со Христом в Его смерти и воскресении (6:3–5) и что «ветхий наш человек распят с [Христом], чтобы упразднено было тело греховное, дабы нам не быть уже рабами греху; ибо умерший освободился от греха» (6:6–7). Поскольку Христос умер и воскрес, грех и смерть больше не имеют над Ним власти (6:9–10). Верующие «умерли для закона телом Христовым, чтобы принадлежать другому» (7:4), а так как закон, для которого они умерли, «имеет власть над человеком, пока он жив» (7:1), они должны считать «себя мертвыми для греха, живыми же для Бога во Христе Иисусе» (6:11), ведь законное право греха властвовать над ними уничтожено. Поэтому Павел заявляет: «Грех не должен над вами господствовать, ибо вы не под законом, но под благодатью» (6:14), а также: «Освободившись же от греха, вы стали рабами праведности» (6:18). Все это убеждает христиан, что хотя раньше они были безнадежно связаны порабощающей властью греха, теперь они обладают силой Христова воскресения, чтобы противостоять искушению, умерщвлять грех и стремиться к возрастанию в святости. Разумеется, грех остается в их плоти (7:14–25; 1 Иоан. 1:8), но его власть была побеждена силой смерти Христа и Его воскресения[164]. Поэтому верующий, хотя и может долго бороться с грехом, никогда не должен занимать пораженческую позицию, смиряясь с реальностью

---

[163] Даже порядок этих трех глаголов указывает на то, что Павел, используя греческое слово *hagiazō*, имел в виду позиционное освящение, ведь если бы он намеревался говорить о прогрессирующем освящении, которое в *ordo salutis* следует за оправданием, то вряд ли бы поместил слово «освятились» перед словом «оправдались». Этот порядок ясно показывает, что он имеет в виду, во-первых, омовение возрождения (см. Тит. 3:5), во-вторых, позиционное освящение и, в-третьих, юридическое оправдание.

[164] Мюррей. Искупление, достигнутое и примененное к грешнику. С. 86. Далее он говорит: «Хотя грех еще присутствует, он не господствует. Между царствующим и уцелевшим грехом существует кардинальная разница... Одно, когда грех живет в нас; другое, когда мы живем во грехе. Одно, когда враг занимает столицу; другое, когда его побежденные войска беспокоят гарнизоны царства» (Там же. С. 87).

греха в своей жизни. Поступать так — значит заключать мир со свергнутым врагом, подчиняясь господству греха, которое уже было разрушено.

Свобода христианина от власти греха благодаря союзу со Христом — необходимое основание для любого успеха в прогрессирующем освящении. Только потому, что господство греха было свергнуто, верующим дано увещание: «Итак да не царствует грех в смертном вашем теле, чтобы вам повиноваться ему в похотях его; и не предавайте членов ваших греху в орудия неправды, но представьте себя Богу, как оживших из мертвых, и члены ваши Богу в орудия праведности» (Рим. 6:12–13). Верующие могут повиноваться этим повелениям только потому, что союз со Христом дает реальную свободу от греха. Более того, именно осознание конца господства греха («...*почитайте* себя мертвыми для греха...», 6:11) лежит в основании повеления не давать греху царствовать («*Итак* да не царствует грех...», 6:12). И затем Павел повторяет благодатное основание для нашей битвы с грехом: «*Ибо* грех не будет над вами господствовать...» (Рим. 6:14, Кассиан). Такой подход утверждения/повеления отличает поистине библейскую, явно христианскую этику от морализма законнической религии или натуралистической философии. Только благодаря тому, что Христос совершил Своей смертью и воскресением, и только потому, что по благодати Божьей мы соединены с Ним в Его смерти и воскресении, верующий может возрастать в практической святости. Его жизнь может отличаться верным послушанием лишь на том основании, что он действительно сораспялся Христу и сейчас Христос действительно живет в нем (Гал. 2:19–20). Только потому, что он *уже* избранный, святой и возлюбленный, последователь Христа может облечься в милосердие, благость, смиренномудрие, кротость и долготерпение (Кол. 3:12).

Поэтому любая попытка нравственного самосовершенствования без сверхъестественного действия Божьей благодати, даруемой через союз верующего со Христом, — это человеческая подделка освящения, не угодная Богу и, в конечном счете, неэффективная (Рим. 8:8; 14:23; Евр. 11:6). Христианин стремится к практической святости не для того, чтобы вступить в отношения с Богом или заслужить Его любовь, а потому что он уже вступил в отношения с Богом по благодати через веру во Христа и потому что к нему уже обращена Божья любовь и благоволение во Христе. Поклоняясь Христу как твердой скале, на которой она стоит, церковь по праву поет: «И власть греха Он упразднил, свободу пленным дал»[165]. Единственный вид греха, не имеющий власти в жизни людей, — это *упраздненный* грех, то есть грех, который уже был наказан в смерти Христа и прощен через веру. Таким образом, необходимо бороться с грехом, полагаясь на силу и свободу этой благодатной истины. Верующие во Христа могут и должны одерживать победу над грехом именно потому, что Христос победил в них грех силой Своей смерти и воскресения.

---

[165] Из гимна Чарльза Уэсли «О, если б сотни уст иметь» (1739).

ПРОГРЕССИРУЮЩЕЕ ОСВЯЩЕНИЕ

Однако, как уже отмечалось, хотя у верующего есть эта окончательная победа над властью греха благодаря союзу со Христом, его сердце и жизнь очищены не полностью. Хотя наказание за грех оплачено и власть греха свергнута, в плоти верующего еще остается присутствие греха, а потому его нужно постоянно умерщвлять. Таким образом, освящение, которое определенно начинается при возрождении, затем продолжается на протяжении всей христианской жизни. Этот непрерывный аспект освящения называется прогрессирующим освящением.

Постоянный, постепенный характер освящения подтверждается тем, что Библия много раз призывает к святости, используя глаголы настоящего времени, что говорит о непрерывном продолжающемся действии. Например, Павел повелевает верующим: «...не сообразуйтесь с веком сим, но преобразуйтесь [греч. *metamorphousthe*, букв. „постоянно преобразуйтесь"] обновлением ума вашего...» (Рим. 12:2). Автор Послания к евреям повелевает христианам: «Ищите [греч. *diōkete*, букв. „постоянно стремитесь"]... освящения, без которого никто не увидит Господа» (Евр. 12:14, Кассиан). Умерщвление дел плоти—отличительный признак того, в ком пребывает Дух Божий (Рим. 8:13; см. 8:9). Кроме того, несколько текстов прямо говорят о постепенном характере освящения. Павел отмечает, что его собственное освящение неполное, поэтому он постоянно стремится к цели небесной награды (Флп. 3:12–14). Хотя при обращении ветхий человек был снят раз и навсегда, новый человек постоянно «обновляется [греч. *anakainoumenon*] в познании по образу Создавшего его» (Кол. 3:9–10). Павел молится: «А вас Господь да исполнит и преисполнит любовью...» (1 Фес. 3:12), а также, чтобы любовь их «еще более и более возрастала» (Флп. 1:9). Петр призывает верующих «возрасти... во спасение» (1 Пет. 2:2) и говорит: «...возрастайте в благодати и познании Господа нашего и Спасителя Иисуса Христа» (2 Пет. 3:18), а понятие роста подразумевает постоянный процесс. И яснее всего Павел заявляет, что, созерцая славу Христа глазами сердца, мы посредством этого «преображаемся [греч. *metamorphoumetha*] в тот же образ от славы в славу [греч. *apo doxēs eis doxan*]» (2 Кор. 3:18). Верующие не уподобляются образу Христа в одно мгновение, а постепенно преображаются в Его образ. Таким образом, действие Святого Духа в верующих будет приводить их ко все большему освящению на протяжении всей христианской жизни.

ЗАВЕРШЕННОЕ ОСВЯЩЕНИЕ

Как освящение имеет определенное начало при возрождении и затем возрастает на протяжении всей жизни, так в определенный момент оно завершится—а именно, в конце жизни верующего. В 2 Коринфянам 3:18 описаны прямо пропорциональные отношения в прогрессирующем освящении между созерцанием славы Христа и преображением в образ Его славы; в какой мере мы видим Его славу, в той мере мы освящаемся. Поскольку в этой жизни мы видим

Его несовершенно, даже если правильно (1 Кор. 13:12), то совершенство нашего освящения ожидает дня, когда мы увидим Его лицом к лицу. В 1 Иоанна 3:2 ясно показано, что эта прямо пропорциональная связь продолжается до тех пор, пока освящение не завершится при прославлении: «Знаем только, что, когда откроется, будем подобны Ему, *потому что* увидим Его, как Он есть».

Однако у всех умерших в вере раньше возвращения Христа совершенство освящения происходит в два этапа: душа полностью освящается в момент смерти, а тело ожидает совершенного освящения при втором пришествии Христа. Когда верующие уходят из этой жизни, их дух отделяется от тела (2 Кор. 5:8) и входит в присутствие Господа (Флп. 1:23). Поэтому автор Послания к евреям говорит о прославленных обитателях небес как о духах «праведников, достигших совершенства» (Евр. 12:23). Они прославлены в том смысле, что их освящение завершено, но это совершенство относится только к духу, поскольку их тела подвергаются тлению, связанному с грехом и смертью. Однако Господь Иисус совершил не половину спасения. Он приобрел искупление не только для душ людей, но и для тел (Рим. 8:23). Именно поэтому, говорит Павел, мы с нетерпением ожидаем возвращения Христа с небес, когда Он «уничиженное тело наше преобразит так, что оно будет сообразно славному телу Его, силою, которою Он действует и покоряет Себе все» (Флп. 3:20–21). Тленное, бесславное, немощное физическое тело верующего будет воскрешено из мертвых и преобразится в нетленное, славное, сильное духовное тело (1 Кор. 15:42–44; см. 15:22–23). Это и есть прославление, завершающий аспект спасения.

Вопреки некоторым мнениям в истории церкви, освящение не может завершиться в этой жизни. Учение о *перфекционизме* утверждает, что верующий может и должен в этой жизни достичь определенного уровня нравственного совершенства. Аргументы, используемые для поддержки этого заблуждения, должны быть опровергнуты на основании Библии.

Некоторые утверждают, что выражения, которыми Писание призывает верующих к святости, звучат очень категорично. Иисус повелевает Своим слушателям: «Итак будьте совершенны, как совершен Отец ваш Небесный» (Матф. 5:48), а Петр подобным образом ссылается на левитский закон о святости: «...но, по примеру призвавшего вас Святого, и сами будьте святы во всех поступках. Ибо написано: „Будьте святы, потому что Я свят“» (1 Пет. 1:15–16; см. Лев. 11:44). Если нам даны такие повеления, рассуждают перфекционисты, то мы должны быть способны подчиняться этим повелениям.

Однако это не что иное, как недоказанное допущение, что ответственность подразумевает способность, что «должен» подразумевает «может», — допущение, которое Писание прямо опровергает. Например, Иисус заявляет о нравственной неспособности людей, когда говорит: «Не может дерево доброе приносить плоды худые, ни дерево худое приносить плоды добрые» (Матф. 7:18). Однако Он сразу же дополняет это утверждение, говоря, что нравственная неспособность неверующего (представленного худым деревом) приносить добрые плоды не освобождает его: (1) от ответственности делать это и (2) от последствий за невыполнение этого: «Всякое дерево, не приносящее плода доброго, срубают и бросают в огонь» (Матф. 7:19). Кроме того, нравственная неспособность человека покаяться и поверить во Христа к спасению (Рим. 8:7–8; 1 Кор. 2:14) не снимает с него ответственности за это. Все люди во всем мире несут ответственность за то, чтобы покаяться и верить в Евангелие (Деян. 17:30; см. Марк. 1:15), — но Писание в другом месте говорит, что именно этого они не могут сделать. Таким образом, допущение, что само повеление подразумевает способность человека подчиняться ему, явно противоречит Писанию[166].

Перфекционисты также ссылаются на такие отрывки, как 1 Фессалоникийцам 5:23, где Павел молится, чтобы Бог во всей полноте освятил церковь, и Иакова 1:4, где говорится, что терпение необходимо, чтобы верующие «были совершенны во всей полноте, без всякого недостатка» (см. Кол. 1:28; 2:10; 2 Тим. 3:17). Особенно указывают на следующие утверждения в 1 Иоанна: «Всякий, пребывающий в Нем, не согрешает; всякий согрешающий не видел Его и не познал Его» (1 Иоан. 3:6), а также: «Всякий, рожденный от Бога, не делает греха, потому что семя Его пребывает в нем; и он не может грешить, потому что рожден от Бога» (1 Иоан. 3:9).

Не следует считать, что в этих отрывках говорится о совершенном освящении. В 1 Фессалоникийцам 5:23 полнота освящения говорит об освящении всей природы человека, о чем Павел прямо говорит в следующей фразе («ваш дух, и душа, и тело во всей целости»). Он молится, чтобы Бог укреплял их веру на протяжении всей жизни и в итоге довел Свой труд освящения до завершения, чтобы дух/душа и тело достигли совершенства при возвращении Христа (см. Флп. 3:21). Тексты, в которых верующие названы «совершенными» (греч. *teleios*), описывают не окончательное освящение, а духовную зрелость, как часто переводится это слово в других местах (см. 1 Кор. 2:6; Евр. 5:14, НРП). И утверждения Иоанна, что никто, рожденный от Бога и пребывающий во Христе, не грешит, можно правильно понять, если точно перевести времена глаголов в словах Иоанна. Иоанн говорит совсем не о том, что христиане не совершают никаких грехов, но учит, что ни один истинный верующий не продолжает жить той же самой греховной жизнью, какая была у него в невозрожденном состоянии. Перевод ESV более точно передает продолженный вид этих глаголов, переводя 1 Иоанна 3:6: «Никто, пребывающий в Нем, не *продолжает* грешить [греч. *hamartanei*]», и 1 Иоанна 3:9: «Никто, рожденный от Бога, не делает грех *привычкой* [греч. *hamartian... poiei*]». Более того, другие утверждения Иоанна в том же послании категорически исключают любое представление о безгрешном совершенстве в этой жизни, поскольку он говорит: «Если говорим, что не имеем греха, — обманываем самих себя,

---

[166] Еще один пример того, как Писание показывает, что «должен» не означает «может» в связи с избранием и осуждением, см. «Обоснование доктрины» (с. 534). См.: Bruce A. Ware, "Effectual Calling and Grace," in *Still Sovereign: Contemporary Perspectives on Election, Foreknowledge, and Grace*, ed. Thomas R. Schreiner and Bruce A. Ware (Grand Rapids, MI: Baker, 2000), 213–215.

и истины нет в нас» (1 Иоан. 1:8). Кто считает себя достигшим полного освящения в этой жизни, тот обманывает себя, ибо, как говорит Соломон, «нет человека, который не грешил бы» (3 Цар. 8:46), а также: «Нет человека праведного на земле, который делал бы добро и не грешил бы» (Еккл. 7:20). Как показано в Притчах 20:9, идея перфекционизма достойна риторической насмешки: «Кто может сказать: „Я очистил мое сердце, я чист от греха моего“?» Иаков отмечает, что «все мы много согрешаем» (Иак. 3:2), и, поскольку мы ежедневно согрешаем, Господь Иисус учит нас ежедневно молиться о прощении (Матф. 6:11–12; см. 1 Иоан. 1:9).

Верующим нужно не думать о достижении духовного совершенства в этой жизни, но сказать вместе с Павлом:

> Говорю так *не* потому, чтобы я уже достиг, или усовершился; но стремлюсь, не достигну ли я, как достиг меня Христос Иисус. Братия, я не почитаю себя достигшим; а только, забывая заднее и простираясь вперед, стремлюсь к цели, к почести вышнего звания Божия во Христе Иисусе (Флп. 3:12–14).

Затем с апостольской иронией он добавляет увещание: «Кто из нас совершенен [греч. *teleios*], так должен мыслить; если же вы о чем иначе мыслите, то и это Бог вам откроет» (Флп. 3:15). «Совершенен» (т. е. поистине духовно зрел) тот, кто понимает, что он несовершенен, и признает постоянную нужду изо всех сил стремиться к личной святости.

ХАРАКТЕР ПРОГРЕССИРУЮЩЕГО ОСВЯЩЕНИЯ[167]

Так много путаницы по вопросу о том, как правильно и успешно стремиться к святости, возникает из-за принципиального непонимания природы освящения. Поэтому последователи Христа должны понимать характер той святости, к которой они обязаны стремиться. Хотя для прояснения этой истины необходимо обращаться к нескольким текстам Писания, два основополагающих текста выделяются как особенно значимые:

> Итак, возлюбленные мои, как вы всегда были послушны, не только в присутствии моем, но гораздо более ныне во время отсутствия моего, со страхом и трепетом совершайте свое спасение, потому что Бог производит в вас и хотение и действие по Своему благоволению (Флп. 2:12–13).

> Мы же все открытым лицом, как в зеркале, взирая на славу Господню, преображаемся в тот же образ от славы в славу, как от Господня Духа (2 Кор. 3:18).

Эти и другие тексты приводят к некоторым заключениям относительно природы, автора, средства и динамики прогрессирующего освящения.

Природа освящения. В первую очередь, освящение — это, по сути, сверхъестественное действие Бога, совершаемое во внутренней природе человека. Павел заявляет, что Бог действует *в* верующих, так что не только их действия, но даже

---

[167] Значительная часть этого раздела адаптирована из: Michael Riccardi, *Sanctification: The Christian's Pursuit of God-Given Holiness* (Sun Valley, CA: Grace Books, 2015). Использовано с разрешения Grace Books.

их желания будут угодны Ему (Флп. 2:13). То есть Бог действует таким образом, чтобы освящать не только внешние поступки верующего, но и его внутренние желания. Кроме того, в 2 Коринфянам 3:18 Павел говорит об освящении как о «преображении» [греч. *metamorphoumetha*] верующего в образ Христа—термин, описывающий внутреннюю перемену самого характера[168]. В другом месте Павел отмечает, что такое преображение требует обновления ума человека (Рим. 12:2), и молится, чтобы оно было у верующих (Еф. 4:23), а также просит, чтобы они могли «крепко утвердиться Духом Его во внутреннем человеке» (Еф. 3:16). Все это свидетельствует о фундаментально внутренней природе освящения. Комментируя увещания Павла, чтобы верующие обновлялись духом ума (Еф. 4:23), Чарльз Ходж справедливо отмечает:

> Освящение... не состоит исключительно из новых видов дел. Это значит делать дерево хорошим, чтобы плод был хорошим. Оно подразумевает коренную перемену характера. Как возрождение—это не действие того, кто возрожден, а, говоря языком Библии, новое рождение, новое творение, оживление или наделение новой жизнью... так и освящение по своей сути—это не святые поступки, а такая перемена состояния души, что греховные поступки становятся более редкими, а святые—более и более привычными и преобладающими[169].

Итак, верующие не должны воспринимать святость как изменение внешнего поведения, при котором люди усмиряют свою волю, чтобы выполнять обязанности, не имея богоугодных мотивов; но верующие должны признавать, что освящение по сути состоит в чудесном внутреннем преображении наклонностей. Используя метафору Ходжа, освящение состоит не в том, чтобы вешать плоды на ветку, а в том, чтобы соединять ветку с лозой, так что плод будет расти благодаря живому союзу верующего с Господом Иисусом Христом. Хотя святой человек, безусловно, делает то, что повелевает Бог, он делает это, потому что любит Бога и любит то, что любит Бог. Освящение—это духовное преображение ума и наклонностей, которое, в свою очередь, меняет волю и поступки.

Автор освящения. Поскольку освящение—это по своей сути не внешнее, а внутреннее сверхъестественное действие в сердце человека, его автором должен быть Бог. В соответствии с таким представлением Павел утверждает, что «*Бог*

---

[168] Bauer, *A Greek-English Lexicon*, 639. Даже этимология греческого слова *metamorphoō* поддерживает идею внутреннего по своей сути изменения. Слово *metamorphoō* имеет корень *morphē*, и хотя он часто переводится как «образ», но относится не просто к «внешним признакам, по которым что-то можно распознать, но к отличительным характеристикам и качествам. Следовательно, он означает *то, что действительно характеризует данную реальность*» (Gordon Fee, *Paul's Letter to the Philippians*, NICNT [Grand Rapids, MI: Eerdmans, 1995], 204). Например, когда Павел объясняет, что Иисус существовал в *morphē* Бога, а затем принял *morphē* человека (Флп. 2:6–7), он говорит не о том, что Иисус имел внешний вид Бога и человека, а о том, что Он был по природе и Богом, и человеком. Точно так же и слово *metamorphoō* описывает внутреннюю перемену.

[169] Charles Hodge, *Systematic Theology* (1871–1873; repr., Grand Rapids, MI: Eerdmans, 1968), 3:226. Подобное говорит и Дабни: «Освящение в евангельском смысле, означает не только очищение от вины, хотя и предполагает это, не только посвящение, хотя и включает это, и не только изменение нравственности и жизни, хотя и производит это, но его суть в нравственном очищении души» (R. L. Dabney, *Syllabus and Notes of the Course of Systematic and Polemic Theology*, 2nd ed. [St. Louis, MO: Presbyterian Publishing Company of St. Louis, 1878], 661).

производит в вас и хотение и действие по Своему благоволению» (Флп. 2:13), а в другом месте он приписывает Богу весь труд освящения (1 Фес. 5:23). К Богу мира обращена просьба, чтобы Он готовил Свой народ «к исполнению воли Его» и производил в нем «благоугодное Ему» (Евр. 13:20–21). Поэтому в ключевых текстах об освящении Писание часто использует страдательный залог, повелевая верующим не преображать себя, но буквально быть преображаемыми (напр., Рим 12:2; 2 Кор. 3:18). Так, Беркхоф заключает: «По своей сущности освящение есть, главным образом, действие *Бога* в душе»[170].

Более конкретно Писание указывает на Святого Духа как на члена Троицы, Который производит освящение. Петр говорит об «освящении от Духа» (1 Пет. 1:2). Он назван Духом святыни (Рим. 1:4), Который непосредственно сражается против желаний плоти (Гал. 5:17), а добродетели, составляющие характер святости и целомудрия, названы плодом Духа (Гал. 5:22–23). Поэтому неудивительно, что Павел говорит, что преображение верующего в образ Христа совершает «Господь, Который есть Дух» (2 Кор. 3:18, Кассиан).

Средства освящения. Хотя освящение правильно считается внутренним действием Духа, это не означает, что верующий не имеет никакого отношения к данному вопросу, поскольку Писание изобилует увещаниями и повелениями, чтобы верующие стремились к святости. Павел повелевает церкви: «...со страхом и трепетом совершайте свое спасение», именно потому, что в них действует Бог (Флп. 2:12–13). То, что Бог действует в верующих, освящая их, никак не может оправдать их бездействие, но составляет основу их усилий. Петр заявляет, что на основании того, что сделал Христос, верующие получили «все потребное для жизни и благочестия», при этом «удалившись от господствующего в мире растления похотью» (2 Пет. 1:3–4). Он сопровождает эти драгоценные факты горячим призывом к действию: «...то вы, прилагая к этому все старание, покажите в вере вашей добродетель...» (2 Пет. 1:5). Джон Мюррей пишет:

> Действие Бога в нас не приостанавливается, когда мы трудимся, и наше действие не приостанавливается, когда действует Бог. Это соотношение не является и кооперацией — Бог выполняет Свою часть работы, а мы — свою, чтобы сочетание или согласование обоих привело к требуемому результату. Бог работает в нас, и мы также трудимся. Но отношение в том, что мы работаем *потому, что* Бог работает. Все совершение своего спасения с нашей стороны есть результат Божьего труда в нас[171].

Поэтому Писание обращается к нам: «Старайтесь иметь... святость, без которой никто не увидит Господа» (Евр. 12:14); «...если умерщвляете дела плотские...» (Рим. 8:13); «бегайте блуда...» (1 Кор. 6:18); «...ищи праведности...» (2 Тим. 2:22, Кассиан); и даже «...очистим себя от всякой скверны плоти и духа, завершая наше освящение в страхе Божием» (2 Кор. 7:1, Кассиан).

---

[170] Беркхоф. Систематическое богословие. С. 618. Курсив добавлен.
[171] Мюррей. Искупление, достигнутое и примененное к грешнику. С. 89.

Таким образом, хотя верующие не могут сами производить внутреннее освящающее преображение своих душ, и хотя освящение верно считается действием Духа, верующие не остаются полностью пассивными в этом процессе. Но Дух Святой производит освящающее преображение в сердцах верующих, используя средства, которые они должны усваивать. Шотландский пуританин Генри Скугал приводит полезную иллюстрацию:

> Все умение и труд человека не могут создать малейшую травинку или произрастить хоть один злак в поле; но сила природы и влияние небес производят это действие; именно Бог произращает «траву для скота и зелень на пользу человека» (Пс. 103:14); и при всем том никто не скажет, что труд [земледельца] бесполезен или не нужен[172].

Другими словами, хотя и верно, что именно Бог произращает траву и делает так, чтобы земля дала урожай, только глупый земледелец пассивно ждет, что земля принесет плод по божественному повелению. Вместо этого надо признавать, что Бог произращает фрукты и овощи из земли посредством трудов земледельца: через возделывание почвы, посев семян и воздействие солнечного света и воды на растения. Подобным образом и верующий сам по себе бессилен произвести святость в своем сердце, потому что это дело Бога. Но только глупый человек пассивно ждет, когда его сердце исполнится праведностью по божественному повелению. Вместо этого верный христианин признает, что Бог производит плод святости посредством усилий верующего. Неоднократные призывы Писания к усилиям, действиям и послушанию — это повеления, чтобы верующие оказались на пути тех каналов освящающей благодати, которые Дух использует, чтобы уподоблять народ Христа Его образу.

К средствам освящения относятся:

1. Чтение Слова Божьего и размышление о нем (Пс. 1:2–3; 18:8–12; 118:105; Иоан. 17:17; Деян. 20:32; Иак. 1:23–25; 2 Тим. 3:16–17; Евр. 4:12);
2. Молитва (Пс. 118:37; Лук. 11:9; Иак. 4:2; 1 Иоан. 1:9; Флп. 4:6–7; Евр. 4:16);
3. Общение со святыми в контексте поместной церкви (Прит. 27:17; 1 Кор. 12:7; Еф. 4:11–16, 25; Евр. 3:12–13; 10:24–25);
4. Толкование событий Божьего провидения по Писанию (Рим. 8:28–29), особенно испытаний (Пс. 118:71; Иак. 1:2–4; 1 Пет. 1:3–7; Рим. 5:3–5; 8:17; Флп. 3:10–11; Евр. 12:10);
5. Соблюдение Божьих заповедей (Иоан. 15:10).

Освящающая благодать течет по всем этим каналам, а потому ответственность христиан — быть там, где протекают эти благословения. Хотя верующие не могут совершать божественное действие освящения в своих душах, они все же должны стремиться к святости, пользуясь средствами, через которые Дух Божий совершает это божественное действие[173].

---

[172] Henry Scougal, *The Life of God in the Soul of Man: Real Religion* (1677; repr., Fearn, Ross-shire, Scotland: Christian Focus, 2012), 78–79.

[173] Дальнейшее обсуждение средств благодати см. «Средства благодати в церкви» (с. 822) в гл. 9 «Церковь».

Динамика освящения. Вопрос о динамике освящения касается того, как именно происходит освящение. Почему чтение и изучение Божьего Слова освящает? Почему молитва—средство благодати? Почему общение с другими верующими ведет народ Божий к большей святости? И снова ответы на эти вопросы даны в 2 Коринфянам 3:18, где Писание открывает шестое средство освящения, лежащее в основании остальных, наделяя их действенностью. Павел пишет: «Мы же все открытым лицом, как в зеркале, *взирая* на славу Господню, преображаемся в тот же образ от славы в славу, как от Господня Духа». Если выразить суть этого сложного предложения в более простой форме, то получится: «Мы все, взирая на славу Господню, преображаемся». Когда верующие во Христа очами своего сердца созерцают Его славу, открытую в Слове (Еф. 1:18), то благодаря этому они постепенно уподобляются Его образу.

Эта тема духовного зрения не ограничивается лишь данным текстом, но излагается во всем учении Нового Завета об освящении. В Послании к евреям сказано, что христианская жизнь—это дистанция, которую верующие стойко преодолевают, взирая на Иисуса, начальника и совершителя веры (Евр. 12:1–2). Сама вера—это духовное зрение, которое видит истину и верит в нее, это «осуществление ожидаемого и уверенность в невидимом» (Евр. 11:1); то есть то, что невозможно увидеть физическими глазами, открывается для духовных очей веры. Так, Моисей «взирал на воздаяние» (11:26) и потому, «видя Невидимого» (11:27), укрепился в вере, чтобы перенести всевозможные искушения. Павел ободряет коринфян, говоря, что временные страдания в этой жизни производят вечную славу для народа Божьего, если смотреть глазами веры на невидимое: на духовную истину, открывающую славу Спасителя (2 Кор. 4:17–18). И апостол Иоанн также говорит, что наше совершенное преображение в образ Христа произойдет в результате того, что мы наконец беспрепятственно увидим Его: «Знаем только, что, когда откроется, будем подобны Ему, *потому что* увидим Его, как Он есть» (1 Иоан. 3:2).

Совокупный вес этих текстов побуждает нас признать, что духовное зрение, созерцающее славу Христа,—это основополагающее средство освящения. Джон Оуэн так обобщает это библейское учение:

> Будем же постоянно жить в созерцании славы Христа, и тогда сила будет проистекать от Него к нам, исцеляя все наши падения, обновляя в нас правый дух и давая нам силы изобиловать всякими делами послушания. <...> Она направит душу к Тому, Кто может дать ей наслаждение, радость и удовлетворение. <...> Когда разум наполняется помышлениями о Христе и Его славе, а душа льнет к Нему с сильной привязанностью, то причины духовной слабости или расстройства отбрасываются или не допускаются. <...> И ничто так не вдохновит и не ободрит наши души, как постоянное созерцание Христа и Его славы[174].

Другими словами, когда верующий воспринимает славу Христа глазами веры, вид Его красоты настолько насыщает его душу, что он перестает искать

---

[174] John Owen, *Meditations and Discourses on the Glory of Christ*, in *The Works of John Owen*, vol. 1, The Glory of Christ, 460–461.

удовлетворения в ложных и мимолетных греховных наслаждениях. Как при возрождении Дух озарил сердца грешников светом познания славы Божьей в лице Христа (2 Кор. 4:6), преодолев духовную слепоту тем, что открыл душе скверну греха и великолепие Христа, так и при прогрессирующем освящении Дух действует, укрепляя тот святой характер, что был создан при возрождении. Духовное восприятие славы Христа приводит наклонности верующих в соответствие божественной воле, побуждая их ненавидеть грех и любить праведность. Затем освященные наклонности направляют волю таким образом, что она жаждет праведности, которую полюбила, и отвергает грех, который возненавидела. Наконец, внутреннее преображение выражается внешне, когда освященная воля проявляется в святой жизни.

Итак, когда верующий применяет различные средства, с помощью которых он получает освящающую благодать Духа, он должен глазами веры взирать на преображающую славу Христа, явленную через эти средства. Слово Божье сообщает славу Божью (Исх. 33:18; 34:5–7; 1 Цар. 3:1, 21). Молитва — это возможность для личного общения с Богом, когда молящийся ищет Его лица (2 Пар. 7:14; Пс. 23:6; 26:8; 104:4; Ос. 5:15), чтобы созерцать Его преображающую красоту (Пс. 26:4). Общение в поместной церкви дает возможность услышать Слово в хорошей проповеди, воспеть песни поклонения с освящающими словами, основанными на истинах Писания, помолиться вместе как Тело Христово и наглядно увидеть Евангелие в установлениях крещения и причастия. Кроме того, насколько христиане, хоть и несовершенно, уподобились образу Христа (Рим. 8:29; 2 Кор. 3:18), настолько они отражают образ Его славы друг другу. Наконец, само по себе послушание служит путем для большего явления славы Христа очам сердца (Иоан. 14:21). Сталкиваясь с искушениями к греху, верующие должны напоминать себе, что грех никогда не приносит того удовлетворения, которое обещает. Они должны помнить, что послушание ведет к более полному познанию Спасителя, Который есть источник всякого подлинного удовольствия и удовлетворения. И ради высшего наслаждения, которое обретается во Христе, они должны заниматься (1) умерщвлением дел плоти (Рим. 8:13), то есть отлагать ветхого человека (Еф. 4:22) и запинающий грех (Евр. 12:1), который заслоняет славу Христа; а также (2) оживлением, то есть облекаться в нового человека (Рим. 13:14; Еф. 4:24), с радостью приучая себя созерцать Христа в Писании, молитве, общении, провидении и послушании, поскольку это ведет к более глубокому общению с Ним.

Подвизаясь в том, чтобы созерцать славу Иисуса всеми средствами благодати, последователь Христа будет постепенно преображаться в Его образ сначала внутренне, а затем и внешне. Поэтому он будет жить достойно Евангелия (Флп. 1:27) и достойно Самого Господа (Кол. 1:10), со страхом и трепетом совершая свое спасение, как повелевает Писание (Флп. 2:12). Такой человек, как пишет Павел, «будет сосудом в чести, освященным и благопотребным Владыке, годным на всякое доброе дело» (2 Тим. 2:21).

Неотступность

Искренний (и часто беспокоящий) вопрос у тех, кто считает себя христианами, касается вечной безопасности спасения во Христе. Те, кто поистине познал Иисуса Христа как Спасителя и Господа, устоят ли в этой вере до конца своей жизни? Или же есть возможность, что истинный христианин потеряет свое спасение? Могут ли те, кто на самом деле поверил во Христа к спасению, потом оставить веру и в итоге потерять вечную жизнь? На каждый из этих вопросов все Писание отвечает категорическим «нет». Все те, кто действительно рожден от Духа и верой соединен со Христом, благодаря Божьей силе имеют в Нем безопасность и потому будут неотступны в вере, пока не пойдут к Христу в момент смерти. Это учение часто называют неотступностью святых[175].

СОХРАНЯЮЩАЯ СИЛА ТРИЕДИНОГО БОГА

Вечная безопасность истинного верующего во Христа в конечном счете опирается на сохраняющий характер триединого Бога. Во-первых, безопасность верующего основана на неизменной любви, безграничной силе и спасающей воле Отца. Спасение началось в вечном прошлом, когда Бог возлюбил Своих избранных спасительной любовью и даровал им благодать во Христе Иисусе (2 Тим. 1:9), назначив Его их Посредником. Описывая это решение, Библия говорит, что Отец дал избранных Сыну (см. Иоан. 6:37, 39; 10:29; 17:2, 6, 9, 24) и предопределил им быть подобными образу Сына (Рим. 8:29). Невозможно, чтобы те, кого Отец предопределил быть подобными Христу, не достигли этой цели, ибо «кого Он предопределил, тех и призвал, а кого призвал, тех и оправдал; а кого оправдал, тех и прославил» (Рим. 8:30). В этих стихах Павел представляет события искупления как неразрывную цепь Божьей суверенной благодати. Окончательное завершение спасения верующего настолько надежно и несомненно, что Павел может говорить об оправданных, как если бы они уже были прославлены. Всех, кого Бог избрал, Он также оправдал на основании праведного дела Сына, и всех тех, кого Он оправдал, Он также прославил. Невозможно, чтобы тот, кто был соединен со Христом и получил Его праведность при оправдании, не был бы прославлен. Отец не преминет полностью достигнуть поставленной Им цели избрания. К этой мысли Павел добавляет, что никто, за кого умер Христос, не подвергнется осуждению (Рим. 8:31–34; см. 8:1). Он заявляет, что ничто во всем творении не отделит истинных верующих от любви Божьей во Христе:

> Кто отлучит нас от любви Божией: скорбь, или теснота, или гонение, или голод, или нагота, или опасность, или меч? <...> Но все сие преодолеваем силою Возлюбившего нас. Ибо я уверен, что ни смерть, ни жизнь, ни Ангелы, ни Начала, ни Силы, ни настоящее, ни будущее, ни высота, ни глубина, ни другая какая тварь не может отлучить нас от любви Божией во Христе Иисусе, Господе нашем (Рим. 8:35, 37–39).

---

[175] Подробнее о безопасности и уверенности верующего см.: John MacArthur, *Saved without a Doubt: Being Sure of Your Salvation*, 3rd ed. (Colorado Springs: David C. Cook, 2011).

Именно это Господь Иисус отмечает в отношении спасающей воли Отца, когда говорит:

> Все, что дает Мне Отец, ко Мне придет; и приходящего ко Мне не изгоню вон, ибо Я сошел с небес не для того, чтобы творить волю Мою, но волю пославшего Меня Отца. Воля же пославшего Меня Отца есть та, чтобы из того, что Он Мне дал, ничего не погубить, но все то воскресить в последний день. Воля Пославшего Меня есть та, чтобы всякий, видящий Сына и верующий в Него, имел жизнь вечную; и Я воскрешу его в последний день (Иоан. 6:37–40).

Воля Отца состоит в том, чтобы Христос не потерял *никого* из тех, кого Отец дал Ему, и чтобы каждый избранный верующий обладал вечной жизнью и воскрес для вечной славы в последний день. Никто и ничто не может отменить волю Отца (Иов. 42:2; Пс. 32:10–11; 113:11; Ис. 46:9–10; Дан. 4:32), поскольку Он имеет не только доброе расположение к Своим людям, но и полноту могущества, чтобы достичь желаемых целей. Иисус сказал: «И Я даю [Моим овцам] жизнь вечную, и не погибнут вовек; и никто не похитит их из руки Моей. Отец Мой, Который дал Мне их, больше всех; и никто не может похитить их из руки Отца Моего» (Иоан. 10:28–29). Используя самое сильное отрицание, имевшееся в греческом языке, Иисус решительно заявил, что те, кто принадлежит Ему по вере, «не погибнут вовек» (греч. *ou mē apolōntai*, Иоан. 10:28), но будут иметь жизнь вечную (Иоан. 3:16). Он объясняет вечную безопасность Своих овец суверенной властью Отца, Который держит их в Своей руке. Отец настолько велик и могуществен, что никто не может вырвать из Его руки тех, кого Он держит навеки.

Поэтому Павел уверен в том, «что начавший в вас доброе дело будет совершать его даже до дня Иисуса Христа...» (Флп. 1:6). Все очень просто: Бог завершает то, что Он начал. Поскольку именно суверенная благодать Отца, а не свободная воля человека начала дело спасения в жизни грешников (см. Деян. 11:18; 16:14; Иак. 1:18; Еф. 2:4–9; Флп. 1:29), то Бог проявит ту же самую суверенную власть, чтобы довести это великое дело до завершения. Верующие могут быть уверены, что они устоят благодаря сохраняющей силе Отца.

Во-вторых, безопасность верующего основана на заслугах спасительного подвига Христа и действенности Его ходатайства в настоящее время. Поэтому Павел пишет: «Кто будет обвинять избранных Божиих? Бог оправдывает их. Кто осуждает? Христос Иисус умер, но и воскрес: Он и одесную Бога, Он и ходатайствует за нас» (Рим. 8:33–34). Смерть Христа, Его воскресение и нынешнее ходатайство составляют основание, благодаря которому никакое обвинение против Его народа не будет успешным. Поскольку Он умер, воскрес и теперь ходатайствует перед Отцом, никто не отлучит нас от Его любви (Рим. 8:35–39).

Как цель Отца в предопределении полностью достигает желаемого результата, так и искупительный труд Сына выполняет свое предназначение с совершенной действенностью. В качестве заместительной жертвы за Свой народ Сын Божий на кресте занял место избранных грешников и понес полноту божественного наказания за их грехи (1 Пет. 2:24). Этим Он полностью умилостивил гнев Отца против Своего народа (1 Иоан. 2:2; 4:10; Рим. 3:25; Евр. 2:17), купив их на невольничьем рынке греха ценой собственной крови (Деян. 20:28, Откр. 5:9). И не только это, но, воскресив Христа из мертвых, Отец подтвердил, что Его смерть была достаточной платой за грех. Воскресение стало великим оправданием и признанием Христа (1 Тим. 3:16), подтверждающим, что Отец одобрил Его завершенный труд и что для тех, кто в Нем, больше не осталось ни наказания, ни гнева, которые им нужно было бы понести. Поэтому предполагать, что грешники, за которых Христос принес Себя как жертву умилостивления, все-таки могут понести вечное наказание Божьего гнева, — значит принизить ценность Его искупительной жертвы вопреки свидетельству Отца, явленному в воскресении. Кроме того, через действие Духа, применяющего искупительную жертву Христа, грешнику при оправдании засчитывается праведность Христа. Немыслимо, чтобы Дух применил только часть тех спасительных благ, которые Христос приобрел Своим искуплением, так что душа, объявленная праведной на основании жертвы Христа, может в какой-то момент лишиться этой праведности и подвергнуться наказанию осуждения, от которого человек был искуплен. Нет никакого осуждения тем, кто соединен со Христом Иисусом (Рим. 8:1; см. Деян. 13:38–39).

Более того, Христос не только принес бесконечно ценную жертву за Свой народ, но и постоянно ходатайствует за них перед Отцом в настоящее время (Рим. 8:34). В частности, Он молится о том, чтобы обеспечить вечное спасение избранных, как сказано в Евреям 7:25: «Поэтому Он и может всесовершенно спасать приходящих через Него к Богу, *будучи всегда жив, чтобы ходатайствовать за них*» (Кассиан). Автор особенно подчеркивает: Иисус спасает Своих людей не так, чтобы это спасение могло быть утрачено или потеряно. Нет, Он спасает «всесовершенно» (греч. *eis to panteles*) — то есть совершенно, окончательно и вечно, — и чтобы гарантировать, что спасение не окажется напрасным, Он ходатайствует ходатайством, которое всегда действенно. Когда сатана требовал просеять Петра, как пшеницу, Иисус ответил, заверяя Петра: «...Я молился о тебе, чтобы не оскудела вера твоя...» (Лук. 22:31–32). Ходатайственной молитвы Иисуса достаточно, чтобы обеспечить сохранение спасения Петра, так как Он продолжает: «И ты некогда, обратившись [утверждение, а не предположение], утверди братьев твоих» (Лук. 22:32). На всех верующих распространяется совершенно действенное заступничество их Великого Первосвященника, и потому они сохраняются Божьей силой (1 Пет. 1:5).

В-третьих, безопасность верующего основана на запечатлевающем служении Святого Духа. Павел пишет: «В Нем и вы, услышав слово истины, благовествование вашего спасения, и уверовав в Него, запечатлены обетованным Святым Духом, Который есть залог наследия нашего, для искупления удела Его, в похвалу славы Его» (Еф. 1:13–14; см. 4:30). В дни Павла, когда на чем-то ставили печать, этим указывали на безопасность, подлинность и собственность. Бог запечатлевает Свой народ Самим Святым Духом, то есть дает Своего Духа, чтобы Он лично жил в каждом верующем как залог того, что в будущем они унаследуют спасение (2 Кор. 1:22; 5:5). Словом «залог» переведено греческое слово *arrabōn*, коммерческий термин, обозначающий задаток или предоплату— «первый взнос с гарантией остальной оплаты»[176]. Бог не стал бы ставить печать собственности на Своем народе, поселив в них Святого Духа как залог Своей абсолютной верности тому, чтобы привести их к обещанному наследству, если бы Он при этом не обеспечил им полное исполнение Своего обещания вечной жизни. Грудем говорит: «Все, в ком есть Святой Дух, все, кто истинно родился вновь, получили неизменное обещание Бога и залог того, что они точно получат наследие вечной жизни на небесах. Верность Самого Бога есть ручательство того, что так оно и произойдет»[177].

НЕОТСТУПНАЯ ВЕРА БОЖЬИХ ДЕТЕЙ

Хотя всемогущая сила Бога суверенно сохраняет спасение всех истинных верующих, Его суверенность никоим образом не снимает с них ответственности быть неотступными в вере на протяжении всей жизни. Как Божья суверенность в обращении не снимает ответственности за покаяние и веру (Рим. 9:14–18; см. Рим. 10:11–21), и как Его суверенность в освящении не исключает необходимости постоянных усилий в стремлении к святости (напр., 2 Пет. 1:3–5; Флп. 2:12–13), так и Его суверенное сохранение не противоречит тому, что верующему необходимо быть неотступным. Писание говорит об истинных верующих, «силою Божиею через веру соблюдаемых ко спасению, готовому открыться в последнее время» (1 Пет. 1:5). Именно Божья сила решительно производит сохраняющее действие, но Его сила сохраняет людей *через веру*— продолжающуюся неотступную веру, действующую любовью в каждом верующем (Гал. 5:6).

Поэтому Писание многократно призывает к неотступности в вере, показывая, что без нее будет невозможно получить окончательное спасение. Иисус предупреждает о неизбежных гонениях, с которыми столкнутся Его последователи в мире, враждебном к истине и праведности. Перед лицом этой враждебности Он призывает к стойкости: «...будете ненавидимы всеми за имя Мое; претерпевший же до конца спасется» (Матф. 10:22). Он говорит подобное о верующих, которые будут жить во время Великой скорби: «...по причине умножения беззакония, во многих охладеет любовь; претерпевший же до конца спасется» (Матф. 24:12–13). Иисус призывал иудеев, заявлявших о своей вере в Него, показать искренность веры послушанием: «Если пребудете в слове Моем, то вы истинно Мои ученики...» (Иоан. 8:31). Таким образом, те, кто не пребудет в Его Слове, покажут, что они ложные ученики или «лжебратия» (2 Кор. 11:26; Гал. 2:4), которые утверждают, что принадлежат Иисусу, но не приносят необходимого плода, свидетельствующего о подлинном обращении. Поэтому Павел

---

[176] Harold W. Hoehner, *Ephesians: An Exegetical Commentary* (Grand Rapids, MI: Baker Academic, 2002), 241.

[177] Грудем. Систематическое богословие. С. 893.

стремится укрепить уверенность тех, за кого умер Христос, однако допускает, что некоторые считают себя спасенными, не будучи таковыми. Он объясняет, что Христос представит «вас святыми и непорочными и неповинными пред Собою, *если только пребываете тверды и непоколебимы в вере* и не отпадаете от надежды благовествования, которое вы слышали, которое возвещено всей твари поднебесной...» (Кол. 1:22–23). Точно так же автор Послания к евреям уверяет нас, что «мы сделались причастниками Христу, *если только начатую жизнь твердо сохраним до конца*...» (Евр. 3:14).

Эти тексты ясно показывают, что человек, исповедующий веру, должен проявлять неотступность в вере и послушании, чтобы в итоге прийти к спасению. Хотя некоторые заверяют тех, кто считает себя верующим, что небеса принадлежат им, как бы они ни жили после того, как заявили о своей вере, — что популярно в среде антиномизма, квиетизма и так называемого богословия «свободной благодати», — но такие представления о сохраняющей силе Бога явно противоречат учению Писания.

Суть этой истины в том, что многие могут иметь внешние признаки приверженности Христу и Его церкви, хотя внутренне они не истинные христиане. Некоторые люди, считающие себя христианами, подобны семенам, упавшим на каменистую почву, поскольку они, казалось бы, с радостью принимают Слово Божье. Но у них нет корня, поэтому, когда наступают скорбь и гонения, они отпадают от Христа и отказываются от веры (Матф. 13:3–9, 18–23). Иисус предупреждает, что некоторые, кто пылко исповедует веру во Христа и даже как будто проявляет чудесные дары Святого Духа, в день суда будут ожидать, что унаследуют спасение, но вместо этого будут отправлены в погибель:

> Не всякий, говорящий Мне: «Господи! Господи!», войдет в Царство Небесное, но исполняющий волю Отца Моего Небесного. Многие скажут Мне в тот день: «Господи! Господи! Не от Твоего ли имени мы пророчествовали? И не Твоим ли именем бесов изгоняли? И не Твоим ли именем многие чудеса творили?» И тогда объявлю им: «Я никогда не знал вас; отойдите от Меня, делающие беззаконие» (Матф. 7:21–23).

Интересно, что Иисус не говорит: «Когда-то Я знал вас, но вы не устояли и отпали от веры». Но Он говорит: «Я *никогда* не знал вас», указывая, что те, кто делает даже самые искренние заявления о вере, но чья вера не сопровождается плодом Духа (2 Пет. 1:5–10; Гал. 5:22–24), никогда не были истинными христианами. Это важно, потому что многие возражают против учения о неотступности святых на основе опыта друга или родственника, который исповедовал веру во Христа, но позже отпал. Опыт в сочетании с несколькими отрывками из Писания, которые грозят окончательной гибелью тому, кто не устоял, наводят их на мысль, что истинные христиане могут потерять спасение. Однако Писание учит, что те, кто не устоял до конца, показывают, что они никогда не были истинными христианами. Апостол Иоанн пишет о тех, кто некоторое время был в церкви, но потом ушел: «Они вышли от нас, но не были наши: ибо если бы они были наши, то остались бы с нами; но они вышли, и через то открылось, что не все наши» (1 Иоан. 2:19).

Те, кто учит, что христиане могут потерять спасение, также указывают на такие тексты, как Евреям 6:4–10 и 10:26–31, которые при поверхностном чтении можно понять в том смысле, что вечная жизнь может быть потеряна. В Евреям 6:4–10 говорится:

> Ибо невозможно—однажды просвещенных, и вкусивших дара небесного, и соделавшихся причастниками Духа Святого, и вкусивших благого глагола Божия и сил будущего века, и отпадших, опять обновлять покаянием, когда они снова распинают в себе Сына Божия и ругаются Ему. Земля, пившая многократно сходящий на нее дождь и произращающая злак, полезный тем, для которых и возделывается, получает благословение от Бога; а производящая терния и волчцы негодна и близка к проклятию, которого конец—сожжение. Впрочем о вас, возлюбленные, мы надеемся, что вы в лучшем состоянии и держитесь спасения, хотя и говорим так. Ибо не неправеден Бог, чтобы забыл дело ваше и труд любви, которую вы оказали во имя Его, послужив и служа святым.

Однако при более тщательном рассмотрении видно, что автор Послания к евреям явно противопоставляет как минимум два вида слушателей одной и той же вести Евангелия. Одна группа, которая в 7-м стихе сравнивается с готовой почвой, на которую падают семена Евангелия, приносит плод вечного спасения. Но, согласно 8-му стиху, вторая группа, видимо, члены той же общины, слышат ту же самую весть, и все же в них истина Евангелия производит бесполезные терния и волчцы, предназначенные для сожжения. Автор предупреждает эту вторую группу слушателей, что им грозит опасность, поскольку они не отреагировали правильно на семя Евангелия. Вот почему в 9-м стихе он говорит: «Впрочем, о вас, возлюбленные [т. е. те в ст. 7, кто искренне верит в Христа], мы надеемся, что вы в лучшем состоянии и держитесь спасения, хотя и говорим так [т. е. даем суровые предупреждения в ст. 8 тем, кто рискует отвергнуть Евангелие]».

Таким образом, ключ к толкованию этого отрывка (а также других предостерегающих текстов в Послании к евреям, таких как 10:26–31) в том, чтобы определить, кому дается предупреждение и почему. Те, кто сначала положительно реагирует на Евангелие, а позже отвергает Христа, даже если они причисляют себя к народу Божьему и выполняют внешние религиозные обязанности,— это не истинные верующие, потерявшие свое спасение, а отступники, которые никогда не имели спасающей веры. В свете полного откровения истины они оставили веру и отреклись от Христа в решительном, твердом неверии. Автор Послания к евреям заявляет: «Ибо невозможно... отпадших, опять обновлять покаянием, когда они снова распинают в себе Сына Божия и ругаются Ему» (Евр. 6:4–6). В свете приведенного выше свидетельства Писания невозможно отнести такие выражения к истинным верующим, которые соединены со Христом через веру. Итак, эти тексты представляют собой суровые предупреждения тем людям, кто находится среди исповедующих христианство, но без неотступности в верном послушании Христу подвергается опасности отступления и погибели[178].

УВЕРЕННОСТЬ В СПАСЕНИИ[179]

Как же тогда человек может быть уверен, что он истинно верующий во Христа и однажды не отпадет, тем самым показав, что он никогда не был истинным верующим? Писание призывает тех, кто исповедует веру во Христа, исследовать себя. Павел побуждал коринфян: «Испытывайте самих себя, в вере ли вы; самих себя исследывайте» (2 Кор. 13:5). Подобным образом Петр призывал церкви, бывшие в его попечении: «Посему, братия, более и более старайтесь делать твердым ваше звание и избрание...» (2 Пет. 1:10). Апостол Иоанн посвятил все свое Первое послание этой теме, обозначив ее в конце послания: «Сие написал я вам, верующим во имя Сына Божия, дабы вы знали, что вы, веруя в Сына Божия, имеете жизнь вечную» (1 Иоан. 5:13). Авторы Писания явно желали, чтобы верующие были уверены в своем спасении, исследуя свою жизнь на наличие подтверждений подлинной духовной жизни. Рассмотрите следующие 11 подтверждений — в основном выведенные из критериев, изложенных в 1 Иоанна, — благодаря которым христиане могут получить уверенность, что их вера и спасение подлинные.

Подтверждения из отношений христианина с Богом. Во-первых, истинный христианин имеет общение с Отцом и Сыном через Святого Духа. В начале своего послания Иоанн говорит читателям, что провозглашает им Евангелие, чтобы они могли иметь такое же общение с Богом, какое имеет он. Он пишет: «...О том, что мы видели и слышали, возвещаем вам, чтобы и вы имели общение с нами: а наше общение — с Отцом и Сыном Его, Иисусом Христом» (1 Иоан. 1:3). Действительно, рожденный от Бога любит Отца и Сына (1 Иоан. 5:1). Павел также говорит о спасенных, что они «призваны в общение... Христа» (1 Кор. 1:9), и описывает свою христианскую жизнь как жизнь веры во Христа, Который живет в нем (Гал. 2:20). Иметь спасение — значит лично вкусить и увидеть, как благ Господь (Пс. 33:9), значит ходить с Богом, близко познавая, что Он «Бог всякого утешения» (2 Кор. 1:3), «Бог... всякой благодати» (1 Пет. 5:10) и Бог, восполняющий все наши нужды по богатству Своему во Христе (Флп. 4:19). Он Тот, к Кому мы приступаем во время нужды (Евр. 4:16), взывая: «Авва, Отче!» (Рим. 8:15). Кто регулярно имеет это общение с Богом в любви, в радости, в молитве и в познании библейской истины, те могут радоваться в уверенности, что их вера истинная.

---

[178] Более подробное рассмотрение предостерегающих отрывков в Послании к евреям см.: Мак-Артур Д. Толкование книг Нового Завета: Евреям. СПб.: Библия для всех, 2019.

[179] Этот раздел адаптирован из: MacArthur, *Saved without a Doubt: Being Sure of Your Salvation*, 67–91. Copyright © 2011 by John MacArthur. Используется с разрешения издателя David C. Cook.

Во-вторых, еще одно подтверждение подлинного спасения—это служение Духа Святого в сердце. Иоанн пишет: «Что мы пребываем в Нем и Он в нас, узнаем из того, что Он дал нам от Духа Своего» (1 Иоан. 4:13). Когда грешник исповедует, что Иисус есть Сын Божий и Спаситель мира, и вручает Ему свою жизнь,—это действие Духа. Дух также просвещает ум верующего к пониманию Писания, как говорит Иоанн: «...помазание, которое вы получили от Него, в вас пребывает, и... учит вас всему...» (1 Иоан. 2:27; см. 1 Кор. 2:10, 12). Дух обличает, ободряет и приносит радость в сердце истинного верующего, когда тот изучает Библию. Кроме того, Дух производит плод в жизни истинного верующего, так что в его жизни присутствуют «любовь, радость, мир, долготерпение, благость, милосердие, вера, кротость, воздержание» (Гал. 5:22–23).

В-третьих, христиане могут иметь уверенность в спасении благодаря ответам на молитву. Иоанн говорит: «И вот какое дерзновение мы имеем к Нему, что, когда просим чего по воле Его, Он слушает нас» (1 Иоан. 5:14; см. 3:22). Истинный верующий молится по воле Божьей, когда просит прощения и чистой совести, смелости провозглашать Евангелие и довольства в трудные времена. Когда Отец отвечает на молитвы Своих детей Себе во славу и им на пользу, их сердца укрепляются и ободряются.

В-четвертых, истинный гражданин неба страстно желает возвращения Христа (Флп. 3:20). Основополагающая характеристика истинного христианина— это любовь к Христу (1 Кор. 16:22). Эта любовь побуждает его с нетерпением ждать того дня, когда он лицом к лицу увидит своего Спасителя и полностью уподобится Его образу (1 Иоан. 3:1–3; Флп. 3:21). Это указывает на наличие новой природы, которая стремится избавиться от тела греха и уподобиться совершенному Христу. Такие святые желания и чувства свидетельствуют о подлинном спасении.

Подтверждения из духовной жизни и духовного роста христианина. Пятое подтверждение спасения—это духовная проницательность. Рожденные свыше могут отличать духовную истину от заблуждения—испытывать духов, чтобы увидеть, от Бога ли они (1 Иоан. 4:1–3). Сторонники ложных религиозных систем пытаются исказить библейскую истину о личности и жертве Иисуса Христа (2 Пет. 3:16), но Бог учит Своих детей распознавать и отвергать лжеучителей, а держаться здравого учения (1 Иоан. 2:12–19; 4:5–6). Хотя бесы могут верить здравому учению, не имея спасающей веры (Иак. 2:19), никто не может иметь истинную уверенность без веры в здравое учение (1 Фес. 5:21; 1 Тим. 6:3–5; 2 Тим. 2:13–14).

В-шестых, подлинное спасение всегда сопровождается острым осознанием святости Бога и вины своего греха. Иоанн пишет: «Если говорим, что не имеем греха,—обманываем самих себя, и истины нет в нас. Если исповедуем грехи наши, то Он, будучи верен и праведен, простит нам грехи наши и очистит нас от всякой неправды. Если говорим, что мы не согрешили, то представляем Его лживым, и слова Его нет в нас» (1 Иоан. 1:8–10). Отличительная черта неверующих в том, что они не считают себя грешниками. Они не признают абсолютного нравственного совершенства Бога — того, что Он есть свет, и нет в Нем никакой тьмы (1 Иоан. 1:5). Не видя себя в свете, они не понимают, насколько они загрязнены тьмой греха. Истинные же верующие имеют острое чувство своей греховности, и их жизнь характеризуется ростом в оставлении греха и облечении в праведность. Когда они грешат, они испытывают богоугодную печаль очищенной совести, которая ведет их к покаянию (2 Кор. 7:10), исповедуют свой грех и ищут прощения во Христе. Личное свидетельство Павла в Римлянам 7:14–25 — пример чувствительности верующего и его отвращения к греху. Подобно апостолу, истинные дети Божьи, хотя и совершают разные грехи, но исповедуют свой грех и стремятся восстановить общение с Богом. Ложный христианин игнорирует и скрывает грех, а истинный верующий восклицает вместе с Павлом: «Бедный я человек! Кто избавит меня от сего тела смерти?» (Рим. 7:24). Дитя Божье изнывает под бременем греха и жаждет восстановить общение с Отцом через исповедание и покаяние.

Седьмое проявление подлинного спасения — уменьшение склонности к греху в жизни человека. Дитя Божье не только чувствительно к своему оставшемуся греху, но по Божьей благодати и силой Духа верующий также будет все чаще одерживать победу над этими грехами. Иоанн пишет: «Всякий, рожденный от Бога, не делает греха, потому что семя Его пребывает в нем; и он не может грешить, потому что рожден от Бога» (1 Иоан. 3:9). Кем бы ни считали себя люди, стойкая привычка к греху отмечает невозрожденных (1 Иоан. 3:8), а не детей Божьих. Когда происходит возрождение грешника, господство греха свергается, и Дух рождает в новообращенном святые наклонности. Живущий в нем грех остается, но любовь к греху разрушается. Истинный христианин больше не раб греха, но стал рабом праведности (Рим. 6:14–18).

В-восьмых, по мере уменьшения склонности к греху возрастает склонность к послушанию. Иоанн не мог сказать яснее: «А что мы познали Его, узнаем из того, что соблюдаем Его заповеди» (1 Иоан. 2:3). Греческое слово *tēreō*, переведенное как «соблюдаем», говорит о внимательном, тщательном, вдумчивом послушании — не только руками, но и сердцем. Истинное христианское послушание — это старательное, укоренившееся соблюдение Слова как в букве, так и в духе. Истинный верующий повинуется заповедям Писания (Иоан. 8:31), и постоянство в послушании дает уверенность, что он находится в спасительных отношениях с Богом.

Подтверждения из отношений христианина с другими людьми. Девятое подтверждение подлинного спасения — это все больший отказ от мирской суетности, доминирующей в жизни людей. Иоанн пишет о сокровенных чувствах, глубоких желаниях и конечных целях истинного христианина, призывая: «Не любите мира, ни того, что в мире: кто любит мир, в том нет любви Отчей»

(1 Иоан. 2:15; см. Иак. 4:4). «Миром» названа злая мировая система, управляемая сатаной (см. 1 Иоан. 5:19; 2 Кор. 4:4; Еф. 2:2), в которую входят ложная религия, неверная философия, преступность, безнравственность, материализм и тому подобное. Хотя все это господствует над чувствами и волей неверующих, истинному верующему оно противно. Да, христиане иногда могут обольщаться мирскими вещами, но такой грех приводит к обличению, исповеданию и покаянию. Хотя остающийся в них грех огорчает и удручает истинных верующих, они могут быть благодарны, что грех — это то, что они больше не любят, а ненавидят (Рим. 7:15). Новая жизнь во Христе взращивает любовь к Богу и тому, что от Бога. Таким образом, исследуя себя, человек должен спросить, отвергает ли он порочную мирскую систему со всеми ее ложными идеологиями, гибельными религиями, безбожным образом жизни и суетными стремлениями, и вместо этого любит ли он Бога, Его истину и Его народ. Для развращенного человека такие чувства не будут ни естественными, ни привлекательными (Иоан. 3:19–20; 8:44), а потому они свидетельствует о благодати Духа, действующей в сердце.

В-десятых, настоящий христианин не только отвергает мир, но и отвергается миром. Иоанн пишет: «Не дивитесь, братия мои, если мир ненавидит вас» (1 Иоан. 3:13). Когда народ Божий отделяется от мира, отвергая его греховные ценности и утверждая праведность, зло мира становится явным. Поскольку тьма ненавидит свет (Иоан. 3:19–20), она злобно и враждебно реагирует на то, что ее разоблачает. В предыдущем стихе Иоанн отмечает, что Каин ненавидел своего брата и убил его именно потому, что праведное поведение Авеля изобличало нечестивую непокорность Каина (1 Иоан. 3:12). Поэтому народ Божий будет испытывать враждебность, отвержение и даже преследования со стороны мира, потому что принадлежит Христу, Который также пострадал за праведность (Матф. 5:10–12; Иоан. 15:18–21; 1 Пет. 4:12–14; Флп. 1:29; 2 Тим. 3:12). Те, кто хочет иметь уверенность, должны спросить, охотно ли их принимает мир или же они, уподобляясь образу Христа, испытывают такое же отвержение, как и Христос, которого отвергали враги праведности (Иоан. 7:7).

Наконец, в противоположность ненависти и отвержению злой мировой системы, истинный верующий любит других христиан. В 1 Иоанна 3:10 сказано: «Дети Божии и дети диавола узнаются так: всякий, не делающий правды, не есть от Бога, равно и не любящий брата своего» (см. 1 Иоан. 2:9–11). Любовь к другим христианам естественна для верующего. Фессалоникской церкви Павел сказал: «О братолюбии же нет нужды писать к вам; ибо вы сами научены Богом любить друг друга...» (1 Фес. 4:9). Иисус даже сказал, что любовь Его учеников друг к другу будет для всех свидетельством, что они Его последователи (Иоан. 13:35). Поэтому те, кто холоден, безучастен и равнодушен к другим верующим, показывают свой эгоизм, характерный для неверия, а те, кто любит общение с братьями и сестрами во Христе и охотно желает удовлетворить потребности святых, могут быть уверены, что они от истины (1 Иоан. 3:16–19).

Прославление

Последний божественный акт в применении искупления — это прославление. Учитывая его огромное значение, важно с самого начала отличать прославление от других эсхатологических событий. Его нельзя путать с промежуточным состоянием. Души тех, кто до возвращения Христа умирает в вере, немедленно идут к Господу (Лук. 23:43; 2 Кор. 5:8; Флп. 1:23). Поскольку прославление касается как тела, так и души, оно происходит не в тот момент, когда душа верующего входит в промежуточные небеса, а во время второго пришествия Христа. Не следует также смешивать прославление с восстановлением земли. Хотя обещание, что вся земля будет восстановлена (Деян. 3:21, Кассиан), поистине удивительно, — как творение было проклято в результате грехопадения человека, так оно будет искуплено в результате искупления человека (Рим. 8:20–21; см. Ис. 65:17; 2 Пет. 3:7; Откр. 21:1), — эти действия не следует смешивать. Прославление относится к окончательному спасению людей, а не к искуплению неодушевленной природы. Наконец, не все верующие будут прославлены одновременно. Мертвые во Христе и живущие во время Его пришествия будут прославлены во мгновение ока при Его возвращении (1 Кор. 15:23, 52; см. 1 Фес. 4:16–17). Однако будут и те, кто раскается и обратится к Христу в период скорби, когда святые будут праздновать со Христом на брачной вечере Агнца (Откр. 19:7–10). Святые Великой скорби будут ждать своих прославленных тел до Тысячелетнего царства Христа (Откр. 20:4; см. Ис. 26:19–20; Дан. 12:2). Вполне возможно, что умершие в Тысячелетнем царстве сразу после смерти обретут вечные тела и души[180].

Прославление — это радикальное преображение как тела, так и души верующих, дающее им совершенную святость и тем самым делающее пригодными к вечной жизни на новой земле в совершенном общении с триединым Богом. Мюррей уместно описывает прославление как «полное и окончательное искупление всей личности, когда тело и дух людей Божьих будут в целостности преобразованы по образу воскресшего, вознесшегося и прославленного Искупителя, когда тело уничижения их будет преобразовано по образу тела славы Христа» (см. Флп. 3:21)[181].

ЗАВЕРШЕНИЕ СПАСЕНИЯ

Воскресение тела — это завершение нашего спасения, когда Дух до конца применит искупление, задуманное Отцом и приобретенное Христом. В Римлянам 8:30 прославление показано как кульминация искупления: «А кого Он предопределил, тех и призвал, а кого призвал, тех и оправдал; а кого оправдал, тех и *прославил*». Тех, кого Отец возлюбил Своей избирающей любовью, Он предопределил к спасению, и они — поскольку Христос приобрел их искупление,

---

[180] Оставшаяся часть этого исследования прославления касается учения о воскресении с сотериологической точки зрения. Дальнейшее обсуждение воскресения в контексте эсхатологии, включая время событий, влияние на физическое творение и участь неверующих, см. гл. 10 «Будущее».

[181] Мюррей. Искупление, достигнутое и примененное к грешнику. С. 104.

умерев вместо них как умилостивление за их грехи,— пользуются благами этого искупления. При оправдании они освобождаются от наказания за грех, а при освящении—от власти греха. При прославлении же они наконец освободятся от самого присутствия греха и в теле, и в душе.

Сам Христос указал, что спасительные намерения триединого Бога выходят за пределы человеческой души и включают даже воскресение тела:

> Воля же пославшего Меня Отца есть та, чтобы из того, что Он Мне дал, ничего не погубить, но все то *воскресить* в последний день. Воля Пославшего Меня есть та, чтобы всякий, видящий Сына и верующий в Него, имел жизнь вечную; и Я *воскрешу* его в последний день (Иоан. 6:39–40; см. 6:44, 54).

Через прославление также исполнится желание Иисуса, чтобы Его церковь была чиста от любого пятна, порока или чего-либо подобного (см. Еф. 5:27), и пребывала с Ним всю вечность. Иисус прямо молится об этом в Своей первосвященнической молитве, говоря: «Отче! Которых Ты дал Мне, хочу, чтобы там, где Я, и они были со Мною, да видят славу Мою, которую Ты дал Мне, потому что возлюбил Меня прежде основания мира» (Иоан. 17:24). Наконец, прославление завершает цель спасения, а именно, прославить Христа, сделав Его «первородным между многими братиями» (Рим. 8:29). Поскольку прославление — это завершение освящения, когда верующие в совершенстве уподобляются образу Христа, прославление особенно возвеличивает Христа как высший источник красоты той святости, что отражается в Его достигших совершенства братьях.

В Писании учение о прославлении считается абсолютно необходимым для христианской веры, так что если бы оно не было истинным, то, по словам апостола Павла, мы были бы «несчастнее всех человеков» (1 Кор. 15:12–19). Именно надежда на прославленное тело побуждала Павла полностью предать свое тело притеснениям и гонениям, сопровождавшим жизнь в служении Евангелию. Он сказал: «Ибо знаем, что, когда земной наш дом, эта хижина, разрушится, мы имеем от Бога жилище на небесах, дом нерукотворенный, вечный» (2 Кор. 5:1; см. 4:14–18). «...Нынешние временные страдания ничего не стоят в сравнении с тою славою, которая откроется в нас», и поэтому мы принимаем Христовы страдания, поскольку «страдаем, чтобы с Ним и прославиться» (Рим. 8:17–18; см. Флп. 3:10–11). Поэтому, хотя жизнь в мире и в теле, проклятых грехом, заставляет нас стенать, это стенание смягчается ревностным ожиданием «искупления тела нашего» (Рим. 8:23).

Воскресения с нетерпением ожидают не только христиане Нового Завета, оно также было великой надеждой ветхозаветных верующих. Когда Иова оставили его братья и знакомые, родные и близкие, жена и другие члены семьи, приятели и те, кого он любил (Иов. 19:13–19), он возложил свою надежду на общение с Богом на новой земле в воскресшем теле: «А я знаю, Искупитель мой жив, и Он в последний день восставит из праха распадающуюся кожу мою сию, и я во плоти моей узрю Бога. Я узрю Его сам; мои глаза, не глаза другого, увидят Его. Истаевает сердце мое в груди моей!» (Иов. 19:25–27). У Иова была твердая надежда, что *после* того как он умрет и его тело распадется в тлении, он все равно в своей плоти увидит Бога. Его Искупитель оправдает его во славе телесного воскресения, и тогда он обретет совершенное общение с Богом. Еще один пример—это когда Даниил в конце своего пророчества заявил: «И многие из спящих в прахе земли пробудятся, одни для жизни вечной, другие на вечное поругание и посрамление» (Дан. 12:2; см. Иоан. 5:28–29; Откр. 20:4–6).

То, что учение о воскресении тела при прославлении было дано в Ветхом Завете, подтверждается свидетельством Нового Завета о том, что евреи ожидали будущего воскресения. Когда Марфа умоляла Иисуса явить Свою божественную силу в связи со смертью Лазаря, Иисус ответил ей, что Лазарь воскреснет. Марфа уверенно ответила: «Знаю, что воскреснет в воскресение, в последний день» (Иоан. 11:24). Когда Павел стоял перед судом у Феликса, он заявил, что «воскресение мертвых, праведных и неправедных» было описано «в законе и пророках» (Деян. 24:14–15). А в Евреям 11:10 сказано, что ветхозаветные святые ожидали наследовать физический город, что возможно только при телесном воскресении (см. Евр. 11:16)[182].

Стоя на этом ветхозаветном основании, читатель может рассматривать ясное учение новозаветных посланий о воскресении тела как долгожданное прояснение и развитие древней, живой надежды народа Божьего. Павел показывает, что как осуждение Адама принесло всему человечеству вину и тление к смерти, так и союз со вторым Адамом приведет всех верующих к тому, что они победят грех и смерть и оживут в Нем (1 Кор. 15:22, 45). Это произойдет так: «…каждый в своем порядке: первенец Христос, потом Христовы, в пришествие Его. А затем конец…» (1 Кор. 15:23–24). Когда фессалоникийцы тревожились, что их умершие братья и сестры пропустят это славное воскресение, Павел утешал их:

…умерших в Иисусе Бог приведет с Ним. Ибо сие говорим вам словом Господним, что мы живущие, оставшиеся до пришествия Господня, не предупредим умерших, потому что Сам Господь при возвещении, при гласе Архангела и трубе Божией, сойдет с неба, и мертвые во Христе воскреснут прежде; потом мы, оставшиеся в живых, вместе с ними восхищены будем на облаках в сретение Господу на воздухе, и так всегда с Господом будем (1 Фес. 4:14–17).

Действительно, мертвые во Христе и те, кто будут жить при Его пришествии, будут прославлены во мгновение ока:

Говорю вам тайну: не все мы умрем, но все изменимся вдруг, во мгновение ока, при последней трубе; ибо вострубит, и мертвые воскреснут нетленными, а мы изменимся. Ибо тленному сему надлежит облечься в нетление, и смертному сему облечься в бессмертие (1 Кор. 15:51–53).

---

[182] Подобно тому, как Павел называет воскресшее тело духовным, то, что этот будущий город назван «небесным», не означает, что он нематериальный, как будто принадлежащий к промежуточному небу. Но это говорит, что город по своему характеру будет непосредственным местом обитания Бога, находясь в полной гармонии с этим.

Тогда будет уничтожен самый последний враг—смерть (1 Кор. 15:26; см. Деян. 2:24; Евр. 2:14–15; Откр. 1:17–18), что и станет причиной победного торжества:

Когда же тленное сие облечется в нетление и смертное сие облечется в бессмертие, тогда сбудется слово написанное:

«Поглощена смерть победою».
«Смерть! Где твое жало?
Ад! Где твоя победа?»

Жало же смерти—грех; а сила греха—закон. Благодарение Богу, даровавшему нам победу Господом нашим Иисусом Христом! (1 Кор. 15:54–57)

Ясно, что без воскресения христианство не было бы христианством. Прославление обещали закон и пророки, а также Иисус и апостолы, и Павел писал, что без него христианин не имеет надежды (1 Кор. 15:16, 19). Отрицать это завершающее Божье дело в плане спасения—значит отрицать христианскую весть мира и радости в вечной славе.

ПРИРОДА ПРОСЛАВЛЕННОГО ТЕЛА[183]

Павел не только говорит, что при прославлении до конца исполнится надежда христианин на спасение, но и приводит подробности о природе прославленного тела. Хотя физическое тело во многих отношениях отличается от духовного, следует отметить, что между ними существует фундаментальная преемственность. То есть тело, которое мы унаследуем при прославлении, не будет совершенно новым телом, но в каком-то смысле будет тем телом, в котором мы живем в этой жизни. В Писании сказано, что Бог «оживит и ваши смертные тела Духом Своим, живущим в вас» (Рим. 8:11). То есть, Он не *заменит* наше нынешнее тело, а *обновит* его. Наши тела *изменятся*, а не *заменятся* (1 Кор. 15:51). Павел говорит: «Ибо тленному *сему* [т. е. телу, в котором он обитал в земной жизни] надлежит облечься в нетление, и смертному *сему* облечься в бессмертие» (1 Кор. 15:53). Кроме того, поскольку Сам Христос—первенец воскресения (1 Кор. 15:23), и поскольку в Писании говорится, что Он преобразит тело верующих так, «что оно будет сообразно славному телу Его» (Флп. 3:21), уместно сделать выводы о прославленных телах верующих, рассматривая природу прославленного тела Христа. А Христос воскрес в том самом теле, в котором умер, что и признал Фома, вложив руку в раны, нанесенные телу Иисуса во время распятия (Иоан. 20:27; см. 20:20). Поэтому, какие бы повреждения ни имело тело верующего, будучи подверженным проклятию греха и смерти в этой жизни, всемогущий Бог воскресит это тело совершенным и соединит его с душой.

---

[183] Этот раздел адаптирован из: Mike Riccardi, "The Heavenly Citizen's Prospect," *The Cripplegate* (blog), May 22, 2015, http://thecripplegate.com/the-heavenly-citizens-prospect/. Использовано с разрешения автора.

Тем не менее, хотя воскресшее тело будет иметь явную связь с физическим телом, эти тела существенно отличаются друг от друга. В 1 Коринфянам 15:42–44 Павел описывает четыре отличия между воскресшим телом и душевным (то есть обычным) телом:

> Так и при воскресении мертвых: сеется в тлении, восстает в нетлении; сеется в уничижении, восстает в славе; сеется в немощи, восстает в силе; сеется тело душевное, восстает тело духовное. Есть тело душевное, есть тело и духовное.

Каждое из этих четырех отличий дает представление о тайне, каким будет прославленное тело.

Во-первых, воскресшее тело будет нетленным. В этой жизни совершенно очевидно, что наши тела подвержены немощам и старению и в конце концов они неизбежно станут жертвами смерти (Евр. 9:27). Однако Павел учит, что наши воскресшие тела не будут подвержены разложению и тлению, на которые обречены наши нынешние тела. Они не будут стареть или изнашиваться, не будут болеть или недомогать. Поэтому правильно считать, что наши воскресшие тела не будут подвергаться старению, «но будут вечно обладать признаками зрелой мужественности или женственности»[184].

Во-вторых, Павел говорит, что для физического тела характерно уничижение, а воскресшее тело будет отмечено славой. Самому телу не присуще уничижение, но оно было обесчещено проклятием греха и тем, что оно стало орудием греховных поступков человека—средством, через которое грешники бесчестят Бога и удовлетворяют свои греховные желания (Рим. 6:13). Тело, которое должно быть отделено и освящено как храм Святого Духа (1 Кор. 6:19), отдано греху как орудие неправедности, что бесчестит и Бога, и тело. Даже самый преданный верующий испытает уничижение смерти, состояние бесчестия, несовершенства и неполноты тела. Однако в свое время это несовершенное и уничиженное тело воскреснет во славе. Всю вечность бессмертные тела христиан также будут чистыми и достойными, идеально подходящими для того, чтобы угождать Богу, восхвалять Его и полностью наслаждаться Творцом, Который их создал, и Искупителем, Который их восстановил.

В-третьих, физическое тело сеется в немощи, а прославленное восстает в силе. И всего лишь дело времени, когда реальность физических ограничений нашего тела покажет, что значит быть немощным. Даже самый сильный, если проживет достаточно долго, увидит, как угасают его силы. Писание также связывает плоть с нравственной немощью (Матф. 26:41). Для новых тел это будет не так, поскольку они восстанут в силе. Это необязательно значит, что верующие будут обладать сверхчеловеческой силой, но прославленным телам будет дана «совершенная и полная сила и мощь, та сила, которой должны были обладать тела людей, когда Бог творил их. Таким образом, это будет сила,

---

[184] Грудем. Систематическое богословие. С. 939.

которой будет достаточно, чтобы сделать все, что мы захотим, в соответствии с волей Божьей»[185].

Наконец, Павел противопоставляет «душевное» тело «духовному». Важно отметить, что под словом «духовное» он не имеет в виду «нематериальное», так как воскресшие тела верующих будут подобны воскресшему телу Христа, ставшего первенцем, или начатком, материального воскресения (1 Кор. 15:23). К тому же Павел сказал, что Христос так преобразит тело верующих, что оно будет «сообразно славному телу Его» (Флп. 3:21), а Христос, несомненно, телесно воскрес из мертвых. Он Сам заявил: «...дух плоти и костей не имеет, как видите у Меня» (Лук. 24:39), и, чтобы доказать Свою материальность, съел кусок рыбы, ведь у бестелесных духов нет желудка и пищеварительного тракта (Лук. 24:36–43). Итак, Иисус воскрес из мертвых в теле, и верующие тоже воскреснут телесно. Но, называя воскресшее тело «духовным», Павел хочет показать, что эти тела будут полностью подчиняться Святому Духу и будут в совершенной гармонии с Ним. Достигнув совершенного освящения, верующие будут иметь не подверженное греховным страстям сердце, поистине благочестивые цели и устремления и физическое тело, способное выполнять эти святые побуждения, не отвлекаясь и не уставая. Поэтому они смогут в полной мере наслаждаться дарами нового творения, созданного Богом для Своего народа. Джон Мюррей правильно отметил, что такая участь «есть высшее мыслимое предназначение для тварных существ, причем не только в представлении людей, но и Самого Бога. Сам Бог не мог помыслить или определить лучшую участь для Своих созданий»[186].

Мы хвалимся надеждой славы Божьей (Рим. 5:2) и благословляем Бога и Отца Господа нашего Иисуса Христа, потому что Он, по великой Своей милости, родил нас свыше к этой живой надежде, «к наследству нетленному, чистому, неувядаемому, хранящемуся на небесах для [нас], силою Божиею через веру соблюдаемых ко спасению, готовому открыться в последнее время» (1 Пет. 1:3–5).

Перед лицом столь великого спасения, простирающегося от вечности прошлого до вечности будущего, единственное подходящее заключение—присоединиться к небесному хору, где «великое множество людей, которого никто не мог перечесть, из всех племен и колен, и народов и языков, стояло пред престолом и пред Агнцем в белых одеждах и с пальмовыми ветвями в руках своих» (Откр. 7:9). Мы должны восклицать в поклонении вместе с ними: «Спасение Богу нашему, сидящему на престоле, и Агнцу!» (Откр. 7:10). Благодарение Богу за Его неизреченный дар!

---

[185] Там же. С. 940.

[186] John Murray, "The Goal of Sanctification," in *The Collected Writings of John Murray* (Edinburgh: Banner of Truth, 1977), 2:316.

Молитва[187]

О, любящий Небесный Отец,
    Ты милостиво отдал Сына Своего в жертву за наши грехи.
Он послушно вознес их на крест,
        где вместо нас подвергся чудовищному суду,
            исполнив совершенную волю Твою.
Ты во всеуслышание объявил Его истинным Сыном Божьим,
        воскресив Его из мертвых.
И теперь при содействии драгоценного Духа Святого
        Ты созываешь всех алчущих и жаждущих
            прийти (с раскаянием, но и дерзновением) и свободно вкусить
                хлеб небесный и воду жизни
                    «без серебра и без платы».

Эти благословения свободно дарованы нам,
        но они были бы нам недоступны без Твоей огромной жертвы.
Эти благословения стоили Тебе единородного Сына, а Ему—жизни.
Он понес на Себе проклятие из-за нашего греха.
Когда закон явился нам в громе и молнии, как когда-то на горе Синай,
        грозя осуждением,
            вынося смертный приговор
            и ввергая во тьму преисподней,
                Христос заставил смолкнуть обвинения против нас,
                    взяв осуждение на Себя.
Он раз и навсегда заплатил ужасную цену.
Нам бы никогда не удалось полностью возместить этот долг
        пред Твоей справедливостью,
            даже если бы мы вечно терпели мучения в аду.

Мы пред Тобой в неоплатном долгу.
Мы были так запятнаны чувством вины
        за бессчетные прегрешения (как вольные, так и невольные).
Наши грехи преградили нам путь на небо,
        отлучили от общества Израильского,
            сделали чуждыми заветов обетования,
                не оставили надежды, превратив в безбожников этого мира.
Но вот до нас дошла Благая весть.
Благовествование открыло нам путь жизни.
Воистину оно—«сила Божия ко спасению
        всякому верующему».
Твой Дух милостиво ввел нас в семейный круг верных,
        Ты усыновил нас, назвав
            Своими искупленными детьми.

Человеческий разум просто не в силах представить все,
        совершенное для нас Твоей благодатью.

---

[187] Эта молитва воспроизводится дословно из: Мак-Артур Д. У престола благодати. СПб.: Виссон, 2015. С. 126–129.

И ни один человеческий язык не способен выразить в полной мере
    всю благодарность за великое множество незаслуженной милости.

Мы знаем, что никакой ценности, способной искупить нас, нет
    ни в наших добрых делах, ни в молитвах,
    ни в слезах, ни в благих намерениях.
Лишь искупительная жертва крови Христа
    могла стать достойной в Твоих глазах.
Мы не могли быть искуплены тленными сокровищами,
    ни серебром, ни золотом,
    лишь драгоценной кровью,
    пролитой за нас непорочным Агнцем Божьим.
Таков был план нашего спасения, предопределенный Тобой
    еще прежде основания мира.

Размышляя об этих истинах,
    нельзя не изумиться тому,
    что Ты спасаешь непокорных грешников.
Зачем таким злодеям, как мы,
    быть омытыми кровью Сына Твоего
        и облаченными в Его праведность?
Зачем нам позволено
    излучать славу, принадлежащую лишь Тебе?
Зачем нас вознесли на такие духовные высоты и даровали бессмертие?
Зачем Ты избрал нас и усыновил
    еще прежде создания мира?
«Дивно для [нас] ведение Твое, —
    высоко, не [можем] постигнуть его!»

Но мы можем благодарить Тебя за доброту Твою.
Хотя благодарность наша будет немощной и недостаточной.
Но во имя Христа, Спасителя нашего,
    мы приносим Тебе всю благодарность, на которую способны наши сердца.
Пожалуйста, прими нашу хвалу, даруй слова,
        освяти уста и расширь сердца,
    чтобы поклоняться Тебе так, как никогда прежде.
И да будет наше служение приятно в Твоих глазах. Аминь.

«Иисус—Друг одиноких»

Иисус—Друг одиноких,
Грешных, немощных людей:
Брат наш может стать далеким,
А Иисус нам всех верней.

Припев:
Аллилуйя! Друг Спаситель
Наши радует сердца:
Любит нас, хранит, спасает,
Всюду с нами до конца.

Иисус—бессильных крепость,
Укрываемся мы в Нем,
Сохранит нас в искушеньях,
Даст победу над врагом.

Иисус—Помощник скорый,
Охраняет Свой народ;
В страхе, в скорби, в лютом горе
Утешенье нам дает.

Иисус—Путеводитель
Чрез пустыни и леса,
Ночью, в бурю, в темных дебрях
Слышит наши голоса.

Иисус нас, грешных, принял,
Жизнь и мир наш от Него.
Все простил, дал Свое имя,
Мы теперь народ Его.

Джон Уилбур Чапман (1859–1918)
(перевод Д. А. Ясько)

Список литературы

Основные труды по систематическому богословию

* Беркхоф Л. Систематическое богословие. Мн.: Полиграфкомбинат им. Я. Коласа, 2014. С. 496–637.

* Грудем У. Систематическое богословие: Введение в библейское учение. СПб.: Мирт, 2004. С. 739–985.

Тиссен Г. Лекции по систематическому богословию. СПб.: Библия для всех, 1994. С. 281–334.

Эриксон М. Христианское богословие. СПб. Библия для всех, 1999. С. 751–865.

Bancroft, Emery H. *Christian Theology: Systematic and Biblical.* 2nd ed. Grand Rapids, MI: Zondervan, 1976. 236–279.

Buswell, James Oliver, Jr. *A Systematic Theology of the Christian Religion.* 2 vols. Grand Rapids, MI: Zondervan, 1962–1963. 2:70–215.

Culver, Robert Duncan. *Systematic Theology: Biblical and Historical.* Fearn, Ross-shire, Scotland: Mentor, 2005. 639–797.

Dabney, Robert Lewis. *Systematic Theology.* 1871. Reprint, Edinburgh: Banner of Truth, 1985. 553–713.

Hodge, Charles. *Systematic Theology.* 3 vols. 1871–1873. Reprint, Grand Rapids, MI: Eerdmans, 1975. 2:313–53; 3:3–465.

Lewis, Gordon R., and Bruce A. Demarest. *Integrative Theology.* 3 vols. Grand Rapids, MI: Zondervan, 1987–1994. 3:17–236.

* Reymond, Robert L. *A New Systematic Theology of the Christian Faith*. Nashville: Thomas Nelson, 1998. 461–502.

Shedd, William G. T. *Dogmatic Theology*. 3 vols. 1889. Reprint, Minneapolis: Klock & Klock, 1979. 2B:353–587; 3:401–70.

Strong, August Hopkins. *Systematic Theology: A Compendium Designed for the Use of Theological Students*. Rev. ed. New York: Revell, 1907. 665–894.

Swindoll, Charles R., and Roy B. Zuck, eds. *Understanding Christian Theology*. Nashville: Thomas Nelson, 2003. 801–1075.

Turretin, Francis. *Institutes of Elenctic Theology*. 3 vols. Edited by James T. Dennison Jr. Translated by George Musgrove Giger. 1679–1685. Reprint, Phillipsburg, NJ: P&R, 1992–1997. 2:501–724.

* Обозначает самые полезные.

Специальные труды

Кальвин Ж. Наставление в христианской вере: в 3 т. СПб.: Изд-во Рос. гос. гуманит. ун-та, 1997.

Мак-Артур Д. Благовествование Христово. Киев: SEND International, 1996.

Мак-Артур Д. Раб: Истина о наших взаимоотношениях со Христом. Б. м.: Славян. еванг. о-во, 2011.

* Мюррей Д. Искупление, достигнутое и примененное к грешнику. Одесса: Содействие, 1997.

Пайпер Д. Истинно живы: Что происходит, когда мы рождаемся свыше. Чернигов: In Lumine Media, 2018.

Спраул Р. Избранные Богом. СПб.: Мирт, 2001.

Хукема Э. Спасение по благодати. Мн.: А. Н. Вараксин, 2021.

* Barrett, Matthew. *Salvation by Grace: The Case for Effectual Calling and Regeneration*. Phillipsburg, NJ: P&R, 2013.

* Boettner, Loraine. *The Reformed Doctrine of Predestination*. 1932. Reprint, Phillipsburg, NJ: Presbyterian and Reformed, 1981.

Gibson, David, and Jonathan Gibson, eds. *From Heaven He Came and Sought Her: Definite Atonement in Historical, Biblical, Theological, and Pastoral Perspective*. Wheaton, IL: Crossway, 2013.

* Jeffery, Steve, Michael Ovey, and Andrew Sach. *Pierced for Our Transgressions: Rediscovering the Glory of Penal Substitution*. Wheaton, IL: Crossway, 2007.

MacArthur, John. *The Gospel according to the Apostles: The Role of Works in the Life of Faith*. Nashville: Thomas Nelson, 2000.

Morris, Leon. *The Apostolic Preaching of the Cross*. 3rd ed. Grand Rapids, MI: Eerdmans, 1965.

Owen, John. *Salus Electorum, Sanguis Jesu: Or, The Death of Death in the Death of Christ*. In *The Works of John Owen*, edited by William H. Goold, 10:139–428. 1648. Reprint, Edinburgh: Banner of Truth, 1967.

Packer, J. I., and Mark Dever, *In My Place Condemned He Stood: Celebrating the Glory of the Atonement*. Wheaton, IL: Crossway, 2007.

Piper, John. *Counted Righteous in Christ: Should We Abandon the Imputation of Christ's Righteousness?* Wheaton, IL: Crossway, 2002.

Piper, John. *The Future of Justification: A Response to N. T. Wright*. Wheaton, IL: Crossway, 2007.

Riccardi, Michael. *Sanctification: The Christian's Pursuit of God-Given Holiness*. Sun Valley, CA: Grace Books, 2015.

Schreiner, Thomas. *Faith Alone: The Doctrine of Justification: What the Reformers Taught... and Why It Still Matters*. The Five Solas. Grand Rapids, MI: Zondervan, 2015.

Schreiner, Thomas R., and Bruce A. Ware, eds. *Still Sovereign: Contemporary Perspectives on Election, Foreknowledge, and Grace*. Grand Rapids, MI: Baker, 2000.

White, James R. *The God Who Justifies: A Comprehensive Study of the Doctrine of Justification*. Bloomington, MN: Bethany House, 2001.

* Обозначает самые полезные.

«Вести ангельской внемли»

Вести ангельской внемли:
Царь родился всей земли!
Милость, мир Он всем дарит,
Грешных с Богом примирит.
Все народы вознеситесь,
С ангелами съединитесь;
Вифлеему песнь поем:
Царь Христос родился в нем.
Вести ангельской внемли:
Царь родился всей земли!

Прославлять Христа наш долг;
Царь Христос, предвечный Бог,
Вот, к концу веков рожден
От пречистой девы Он!
Во плоти Сам Бог явился,
Образ взяв раба, смирился,
Жить с людьми благоволил
Иисус Эммануил.
Вести ангельской внемли:
Царь родился всей земли!

Князю мира всех привет:
Солнце правды Ты и свет!
Ты для нас сошел с небес,
К исцеленью всех воскрес;
Родился, оставил славу,
Смерти упразднил державу;
Родился, чтоб нас поднять,
Нам рожденье свыше дать.
Вести ангельской внемли:
Царь родился всей земли!

Чарльз Уэсли (1707–1788)
(перевод из сборника И. С. Проханова «Гусли»)

8

Ангелы

Ангелология

Основные темы 8-й главы

Святые ангелы

Сатана

Бесы

Ангел Господень

Ответы на вопросы

В учебниках богословия ангелологию часто игнорируют или излагают очень кратко. Однако в Библии есть много информации по этой теме. Поэтому в данном разделе сделана попытка охватить все, что говорит Писание об ангелах— как о святых, так и о злых.

Святые ангелы

Ангелы: введение

Реальность святых ангелов

Характер святых ангелов

История святых ангелов

Численность святых ангелов

Место обитания святых ангелов

Организационная структура святых ангелов

Сила святых ангелов

Служение святых ангелов

Участь святых ангелов

Ангелы: введение

Ветхозаветное еврейское слово *mal'akh* (встречается 213 раз) и новозаветное греческое *angelos* (встречается 176 раз) обычно переводятся как «вестник», «посланник» или «представитель», когда речь идет о задаче или функции (всего 389 случаев в 42 книгах). Вестник может быть человеком, таким как вестники Иакова (Быт. 32:3, 6), посланники Иоанна Крестителя (Лук. 7:24), вестники Христа (Лук. 9:52) или пасторы (Откр. 1:20; 2:1, 8, 12, 18; 3:1, 5, 7, 14). Часто вестник — это не человек, а сверхъестественное сотворенное существо, обычно называемое «ангелом» (2 Пар. 32:21; Матф. 1:20, 24), или же это «Ангел Господень» (Быт. 16:7). Эти еврейские и греческие термины встречаются от Бытия 16:7 до Малахии 3:1 в Ветхом Завете и от Матфея 1:20 до Откровения 22:16 — в Новом.

Контекст, в котором употребляются эти слова, определяет, имеются ли в виду (1) люди, (2) святые ангелы, (3) сатана, (4) бесы или (5) Ангел Господень. Еще 16 имен, которыми называются святые ангелы, перечислены в разделе «Характер святых ангелов» (с. 706), 28 других имен сатаны — в разделе «Характер сатаны» (с. 715), 17 имен, относящихся к бесам, — в разделе «Характер бесов» (с. 747), и 5 имен, связанных с Ангелом Господним, — в разделе «Ангел Господень» (с. 758).

ВЕТХИЙ ЗАВЕТ

Слово «ангел» встречается 213 раз в 24 из 39 книг Ветхого Завета. Чаще всего (157 раз, или 74 %) оно упоминается в исторических книгах (от Бытия до книги Есфирь). В пророческих книгах слово «ангел» встречается 41 раз (19 %), а в поэтических — 15 раз (7 %).

Чаще всего имеются в виду люди (100 раз, 47 %), затем упоминания Ангела Господнего (89 раз, 42 %), и только 24 раза (11 %) слово «ангел» относится к святым ангелам. Ни сатана, ни бесы в Ветхом Завете не называются «ангелами».

По отношению к святым ангелам это слово используется во всем Ветхом Завете:

1. Исторические книги: 7 раз (29 %) в Бытии, 3 Царств и 2 Паралипоменон;
2. Поэтические книги: 5 раз (21 %) в книге Иова и Псалмах
3. Пророческие книги: 12 раз (50 %) в Захарии 1:9–6:5

НОВЫЙ ЗАВЕТ

Слово «ангел» встречается 176 раз в 18 из 27 книг Нового Завета — во всех, кроме 1 Иоанна, 2 Иоанна, 3 Иоанна, Ефесянам, Филиппийцам, 1 Фессалоникийцам, 2 Тимофею, Титу и Филимону. Из этих 9 книг только 2 Иоанна, 3 Иоанна, Филиппийцам, Титу и Филимону не упоминают человеческих вестников, святых ангелов, сатану, бесов или Ангела Господнего по имени или титулу.

В Евангелиях термин «ангел» встречается 55 раз (31 %), причем чаще всего у Матфея (20 раз) и Луки (26 раз). В Деяниях он используется 21 раз (12 %), а в посланиях — 33 раза (19 %), и доминирует здесь Послание к евреям (13 раз). В Откровении слово «ангел» употребляется чаще, чем в любом другом разделе

Нового Завета (67 раз, 38 %), оно встречается в 19 из 22 глав (кроме глав 4, 6 и 13). Итак, чаще всего это слово используется в Матфея, Луки, Деяниях, Евреям и Откровении — в общей сложности 147 раз или 84 % всех случаев его употребления в Новом Завете.

В отличие от Ветхого Завета, греческий термин, переводимый «ангел» или «вестник», в Новом Завете чаще всего относится к святым ангелам (152 раза, 86 %). В остальных случаях имеются в виду люди (14 раз, 8 %), бесы (6 раз, 3,5 %), сатана (2 раза, 1 %) и Ангел Господень (2 раза, 1 %). Когда речь идет о людях, этот термин используется по отношению к трем группам: (1) пасторам церквей (8 раз), (2) вестникам (5 раз) и (3) соглядатаям (1 раз).

Реальность святых ангелов

Во времена Христа и Павла саддукеи (очень влиятельная еврейская группа, в которую входил первосвященник, считавшая богодухновенным только Пятикнижие) отрицали существование ангелов, ошибочно полагая, что они не упоминаются в книгах Моисея (Деян. 23:8). На самом деле существование ангелов может быть неоспоримо доказано сотнями упоминаний в Писании от Бытия 3:24 (херувим, охранявший Эдемский сад) до Откровения 22:16 (ангел Христа, который так много открыл Иоанну)[1].

ИНДИВИДУАЛЬНОСТЬ

Ангелы обладают тремя отличительными признаками личности: интеллектом, чувствами и волей. Во-первых, ангелы — это мудрые существа (2 Цар. 14:20), которые могут разговаривать (Матф. 28:5), петь (Иов. 38:7) и поклоняться (Евр. 1:6). Во-вторых, они обладают чувствами. Ангелы радуются покаянию грешников (Лук. 15:10). Они боятся Бога, поклоняясь Ему с благоговением, удивлением и почтением (Евр. 1:6). Они также находят Бога исключительно достойным хвалы (Пс. 148:2; Лук. 2:13–14). В-третьих, ангелы обладают волей, согласно которой решают поклоняться Богу (Евр. 1:6; Откр. 5:11). Они также сильно желают (греч. *epithymeō*) понимать истины, связанные со спасением (1 Пет. 1:10–12).

ЛИЧНЫЕ КАЧЕСТВА

Ангелы — это существа, созданные Богом (Неем. 9:6; Пс. 148:2–5; Кол. 1:16), почему они и названы «сынами Божьими» (Иов. 1:6; 2:1; 38:7). Это духовные существа («служебные духи», Евр. 1:14). И сатана («лживый дух», 3 Цар. 22:22–23), и бесы («злые духи», Лук. 7:21) описаны как духи. По словам Христа, *дух* нематериален, не имеет плоти и костей (Лук. 24:39).

Ангелы были созданы нравственно чистыми и, всегда оставаясь такими, называются святыми (Марк. 8:38; Лук. 9:26). Это избранные ангелы (1 Тим. 5:21), которые не нуждаются в искуплении (Евр. 2:14–16). В отличие от этого сатана

---

[1] Подробное перечисление библейских данных об ангелах см. «Ангелы: введение» (с. 704).

и бесы, созданные чистыми, впоследствии пали, согрешили и стали злыми (Иез. 28:15; Иуд. 6). Для падших ангелов нет спасения (Матф. 25:41).

Не ограниченные физическим пространством, ангелы подвижны настолько, что могут путешествовать с небес на землю и обратно (Быт. 28:12; Иоан. 1:51). Например, они перемещались между небом и землей, служа Даниилу (Дан. 9:20–23; 10:1–13, 20) и Христу (Иоан. 1:51). Свидетелем передвижения ангелов был Иаков (Быт. 28:12).

Ангелы могут быть как видимыми, так и невидимыми. Например, они были видимы при посещении Содома (Быт. 18:2; Евр. 13:2) и гробницы Христа (Иоан. 20:11–12). Сначала они были невидимы для Валаама (Чис. 22:31) и для слуги Елисея (4 Цар. 6:15–17).

Как духовные существа ангелы не имеют пола (Матф. 22:30; Марк. 12:25; Лук. 20:35–36) и не могут воспроизводить себе подобных. Когда они являются в ангелофании, они выглядят как мужчины, но не как женщины (Быт. 18:2; Дан. 10:16, 18; Марк. 16:5).

Ангелы—полиглоты. Писание изображает их говорящими на любом языке, понятном получателю их вести. Когда Павел писал о «языках ангельских» (1 Кор. 13:1), он, скорее всего, говорил гипотетически, поскольку больше нигде в Писании ангельский язык не упоминается.

Ангелы не стареют и не умирают. Святые ангелы не могут умереть, потому что они не согрешили (Лук. 20:36). Падшие ангелы не умрут, но будут нести вечное наказание в озере огненном (Откр. 20:10).

Ангелы—вестники Божьей истины (Откр. 1:1). Павел предупреждал, что если духовное существо называет себя святым ангелом от Бога, но несет ложное «евангелие», то это на самом деле бес, который должен быть проклят (Гал. 1:8).

Характер святых ангелов

Ангелы упоминаются в Писании по именам, званиям и функциям. К Божьим «вестникам» относится 17 терминов. Эти термины определяют, кто такие ангелы и что они делают.

1. *Ангел*: см. «Ангелы: введение» (с. 704).
2. *Архангел* (Дан. 10:13; Иуд. 9; 1 Фес. 4:16): Михаил описан в книге Даниила как «один из первых князей», ветхозаветный эквивалент «архангела». То, что он «один из», означает, что их как минимум два, а, возможно, и больше. Архангел, имя которого не указано, возгласит при восхищении церкви (1 Фес. 4:16). Михаил также спорил с сатаной о теле Моисея (Иуд. 9).
3. *Бодрствующие* (Дан. 4:10, 14, 20): этот термин встречается только у Даниила, и он не совсем ясен. Как эти «бодрствующие» ангелы связаны со всеведением Бога, неизвестно.
4. *Воинство* (Втор. 4:19; Неем. 9:6; Пс. 32:6; Лук. 2:13): этот титул описывает Бога как командующего огромной армией, готовой выполнить приказы своего командира (см. Матф. 26:53). Ангелы—это «воинства», а Бог—«Господь Саваоф», то есть Господь воинств (1 Цар. 17:45; Пс. 88:8).

5. *Гавриил* (Дан. 8:16; 9:21; Лук. 1:19, 26): Гавриил, чье имя означает «сильный Божий», упоминается только у Даниила и Луки. Он пришел как Божий вестник, чтобы объяснить Даниилу его многочисленные видения. Подобным образом Захария и Мария узнали от Гавриила о Божьих намерениях.

6. *Животные* (Откр. 4:6; 19:4): четыре живых существа в Иезекииля 1:5–14 позже названы херувимами (Иез. 10:20–22), а живые существа в Откровении 4:8 выглядят и действуют скорее как серафимы (Ис. 6:1–4), так как имеют по шесть крыльев и участвуют в особом поклонении. В Откровении все они участвуют в поклонении (Откр. 4:6–11; 5:6–14; 7:11; 14:3; 19:4) и суде (Откр. 6:1–7; 15:7).

7. *Князь* (Дан. 10:13, 20, 21; 12:1): Михаил назван «князем» (Дан. 10:21) и «князем великим» (Дан. 12:1), что указывает на его служение в интересах Израиля как «одного из первых князей» (Дан. 10:13). Термин «князь» также используется в отношении сообщников сатаны (Дан. 10:20). См. «Михаил» ниже.

8. *Колесницы* (Пс. 67:18): этот военный термин указывает, что ангелов невозможно сосчитать (см. Откр. 5:11). Термин «колесницы» используется образно по отношению к ангелам, выполняющим поручения Бога, подобно войскам (4 Цар. 2:11; 6:17). В книге Иова 25:3 Вилдад Савхеянин спрашивает: «Есть ли счет воинствам [Божьим]?» (см. Иов. 19:12). Предполагаемый ответ: «Нет!»

9. *Михаил* (Дан. 10:13, 21; 12:1; Иуд. 9; Откр. 12:7): см. «архангел» выше. Имя Михаил означает «Кто подобен Богу?»

10. *Муж* (Быт. 18:2; Марк. 16:5; Деян. 1:10): хотя по своей сути ангелы — это духи, в редких случаях они могут являться в человеческом облике. Когда это происходит, они всегда названы мужами (юношами).

11. *Святые* (Втор. 33:2–3; Иов. 5:1; 15:15; Пс. 88:6, 8; Дан. 4:10, 14, 20; 8:13; Зах. 14:5; Иуд. 14): ангелы, которые не согрешили, называются святыми. Они с наслаждением восхваляют Бога, который «Свят, Свят, Свят» (Ис. 6:3; Откр. 4:8). Звание «святые» также может относиться к людям (1 Фес. 3:13).

12. *Серафим* (Ис. 6:2, 6): этот вид ангелов упоминается только в Исаии 6. Это слово значит «пылающие», и как минимум два серафима (Ис. 6:3) упомянуты в связи с Божьей святостью. Некоторые считают, что херувимы, животные и серафимы могут быть разными вариантами одного и того же вида ангелов[2]. См. «херувим» ниже и «животное» выше.

13. *Служебные духи* (Пс. 102:21; 103:4; Евр. 1:14): ангелы служат, исполняя Божью волю (Пс. 102:21). Они могут быть Божьим орудием для суда (Пс. 103:4) или для благословения — служа святым (Евр. 1:14).

14. *Сыны Божьи* (Иов. 1:6; 2:1; 38:7): естественно понимать, что Творец ангелов будет для них как отец для сыновей. Иногда для описания ангелов употребляется похожее выражение «сыны властителей» (Пс. 28:1; 88:7, НРП). Они также названы «крепкими» или «героями» (Пс. 102:20; Иоил. 3:11).

15. *Утренняя звезда* (Иов. 38:7): сатана назван «утренней звездой» (Ис. 14:12, НРП), а все ангелы — «звездами небесными» (Откр. 12:4, Кассиан).

16. *Херувим* (Быт. 3:24; Исх. 25:18–22, 37:8; Иез. 1:4–28; 10:1–20; 28:14, 16): этот титул означает усердное служение. Иезекииль пишет, что сначала сатана был «херувим осеняющий», или охраняющий (Иез. 28:14, 16). Это объясняет, почему херувим был поставлен охранять Эдемский сад (Быт. 3:24), а изображения

---

[2] Более подробно о херувимах, животных и серафимах см.: C. Fred Dickason, *Angels: Elect and Evil* (Chicago: Moody Press, 1975), 61–67.

двух херувимов на крышке охраняли ковчег завета (Исх. 25:18–22; 37:8; см. Евр. 9:5). Вполне вероятно, что 12 ангелов у 12 ворот Нового Иерусалима—это херувимы (Откр. 21:12). Иезекииль в 1-й главе использует весьма образный язык для описания существ, позже названных херувимами (Иез. 10:15).

17. *Elohim* (Пс. 8:6; см. Евр. 2:7): здесь еврейское слово *elohim*, или «боги», используется для описания ангелов в общем смысле как «лучших» в сравнении с людьми.

История святых ангелов

В Библии записаны только 26 исторических встреч с ангелами, 10 в Ветхом Завете, и 16 в Новом. Это охватывает период около 2100 лет (ок. 2015 г. до Р. Х.— ок. 95 г. от Р. Х.). Эти встречи начались с Авраама (Быт. 18) и продолжались до времени пророческих видений Иоанна в Откровении.

СОТВОРЕНИЕ

Бог сотворил всех ангелов (Неем. 9:6; Пс. 148:2–5; Кол. 1:16). Иова 38:7 говорит, что ангелы ликовали во время сотворения, то есть они были созданы в самом начале. Падение сатаны (Иез. 28:15) и восстание бесов (Откр. 12:4) должны были произойти после Бытия 2 (седьмой день творения), но до Бытия 3 (обман Евы и непослушание Адама). После падения в Эдеме Бог поставил херувима на востоке сада охранять путь к дереву жизни (Быт. 3:24).

ВЕТХИЙ ЗАВЕТ

Десять встреч с ангелами в ветхозаветной истории произошли примерно за 1500 лет (ок. 2025 — ок. 480 гг. до Р. Х.) со времени Авраама (Быт. 18) до дней Захарии. В этих событиях участвовали патриархи и пророки:

1. Бытие 18:1–19:22: Авраам, Лот и Содом (ок. 2025 г. до Р. Х.)
2. Бытие 28:1–17: сон Иакова (ок. 1950 г. до Р. Х.)
3. Бытие 32:1–2: Иаков в Маханаиме (ок. 1950 г. до Р. Х.)
4. 3 Царств 19:5: Илия (ок. 860 г. до Р. Х.)
5. Исаии 6:1–4: Исаия и престол Божий (ок. 740 г. до Р. Х.)
6. Даниила 8:13–27: Даниил и Гавриил (ок. 551 г. до Р. Х.)
7. Даниила 9:20–27: Даниил и Гавриил (ок. 538 г. до Р. Х.)
8. Даниила 10:10–21: Даниил и ангел (ок. 536 г. до Р. Х.)
9. Даниила 12:5–13: Даниил и ангелы (ок. 522 г. до Р. Х.)
10. Захарии 1:9–6:5 (12 раз): Захария и говоривший с ним ангел (ок. 480 г. до Р. Х.)

НОВЫЙ ЗАВЕТ

Как минимум 16 встреч с ангелами произошли примерно за сто лет (ок. 5 г. до Р. Х.—ок. 95 г. от Р. Х.) от рождения Иисуса Христа до пророческих видений апостола Иоанна в книге Откровение. (Большинство английских переводов Библии опускают фразу «ангел Господень... возмущал воду» в Иоанна 5:4, поскольку она отсутствует в самых старых и лучших манускриптах Нового Завета.) Эти события охватывали Евангелия, Деяния и Откровение:

1. Луки 1:8–23: Захария (ок. 5 г. до Р. Х.)
2. Луки 1:26–38: Мария и Гавриил (ок. 5 г. до Р. Х.)
3. Матфея 1:18–24: Иосиф (ок. 5 г. до Р. Х.)
4. Луки 2:8–20: пастухи (ок. 5 г. до Р. Х.)
5. Матфея 2:13–15: Иосиф (ок. 5 г. до Р. Х.)
6. Матфея 2:19–23: Иосиф (ок. 4 г. до Р. Х.)
7. Матфея 4:11: Иисус (ок. 27 г. от Р. Х.)
8. Луки 22:43: Иисус (ок. 30 г. от Р. Х.)
9. Матфея 28:1–10; Луки 24:1–12; Иоанна 20:11–18: встречи у гробницы (ок. 30 г. от Р. Х.)
10. Деяния 1:10–11: апостолы (ок. 30 г. от Р. Х.)
11. Деяния 5:19: апостолы (ок. 31 г. от Р. Х.)
12. Деяния 8:26: Филипп (ок. 32 г. от Р. Х.)
13. Деяния 10:3–8, 22; 11:13: Корнилий (ок. 36 г. от Р. Х.)
14. Деяния 12:7–11: Петр (ок. 44 г. от Р. Х.)
15. Деяния 27:23–26: Павел (ок. 58 г. от Р. Х.)
16. Откровение 1–22: Иоанн (ок. 95 г. от Р. Х.)

Эти записанные посещения святых ангелов не исключают возможности других встреч, не упомянутых в каноническом тексте. Но это значит, что эти редкие ветхозаветные и новозаветные события служат образцом для любых других посещений. Таким образом, посещение ангелов сопровождало только очень значимые события и ограничивалось очень важными людьми Божьими.

КОНЕЦ ВРЕМЕН

Откровение 6–19 описывает важные события, разворачивающиеся в течение семи лет 70-й седмины Даниила, особенно в последние три с половиной года. В конце этого времени Иисус Христос придет с небес на землю со Своими ангелами, чтобы покорить мир и установить Свое Тысячелетнее царство на земле (Матф. 13:39, 41, 49; 16:27; 24:31; 25:31; Марк. 8:38; 2 Фес. 1:7).

Откровение 20 кратко описывает Тысячелетнее царство Христа, в том числе заточение сатаны ангелом (20:1–3), правление Христа (20:4–7), освобождение сатаны в конце для вечного наказания (20:7–10) и последний суд над всеми неверующими у Великого белого престола (20:11–15; см. Лук. 12:8–9). Откровение 21–22 кратко излагает основные события, касающиеся нового неба и новой земли, Нового Иерусалима и вечного будущего, и упоминает ангелов у городских ворот (Откр. 21:12).

Численность святых ангелов

В отличие от людей, ангелы не размножаются (Матф. 22:30) и не умирают. Численность ангелов была определена при их сотворении (Неем. 9:6) и не требует периодической переписи. Откровение 12:4 говорит, что сатана увлек третью часть ангелов, чтобы они перешли на его сторону в восстании против Бога. Они стали злыми ангелами. Две трети ангелов остались верными Богу как избранные ангелы (1 Тим. 5:21).

В Библии нигде не говорится о точном количестве ангелов. Однако есть довольно много приблизительных описаний, рассматривая которые, можно получить общее представление об их числе.

1. *3 Царств 22:19; 2 Паралипоменон 18:18:* пророк Михей видел Господа, сидящего на престоле Своем, со всем воинством небес, стоящим вокруг Него. В этом образном описании количество небесных ангелов представляется бесчисленным, как число звезд на небесах (Быт. 15:5; Иов. 38:7; Пс. 102:21; 148:2).

2. *4 Царств 19:35 (см. Ис. 37:36):* за одну ночь Ангел Господень убил 185 тысяч ассирийских воинов армии Сеннахирима, заставив царя отступить с поражением. Такое количество убитых показывает силу лишь одного ангела.

3. *Даниила 7:10:* в своем видении Божьего тронного зала Даниил видел тысячи тысяч и десятки тысяч десятков тысяч ангелов.

4. *Матфея 26:53:* Христос сказал воинам в Гефсиманском саду, что если бы Он попросил, Бог послал бы «более, нежели двенадцать легионов ангелов», чтобы спасти Его. В одном легионе было примерно 6 тысяч воинов, и умножение этого числа на 12 дает, как минимум, 72 тысячи ангелов. Фактически, количество было бы больше. Смысл в том, что огромная армия ангелов могла бы немедленно быть отправлена против чуть более 600 воинов римского отряда и сопровождающей толпы, пришедших арестовать Христа.

5. *Луки 2:13:* повествуя о рождении Христа, Лука описывает «многочисленное (греч. *plēthos*) воинство небесное», внезапно явившееся и славящее Бога в честь этого события. В Евреям 11:12 это же греческое слово используется для описания множества звезд на небе, так что огромная численность ангельского воинства становится еще очевиднее.

6. *Евреям 12:22:* автор Послания к евреям описывает ангельский суд на небесах словом «тьмы». Это перевод греческого термина *murias*, который буквально означает «десять тысяч»—число, дальше которого древние не считали.

7. *Откровение 5:11:* количество ангелов на небесах описывается так: «Число их было тьмы тем и тысячи тысяч», что превышало десять тысяч по десять тысяч (т. е. сто миллионов) и тысячу раз по тысяче (т. е. один миллион). Это самое яркое утверждение в Писании, где число святых ангелов описывается как неисчислимое (Втор. 33:2; Пс. 67:18; Дан. 7:10; Иуд. 14).

Число святых ангелов, очевидно, вдвое превышает число злых ангелов. Их количество не открыто, так что оно выходит за рамки нашего понимания. Ясно, что у Бога нет недостатка в ангелах, готовых исполнять Его волю, совершать надлежащее поклонение и выражать хвалу своему Создателю.

Место обитания святых ангелов

Термин, переведенный в Писании как «небеса», описывает три разных уровня возвышения над планетой Земля. Первым в нисходящем порядке идет «третье небо» или рай, то есть место Божьего присутствия (2 Кор. 12:2–3; см. Пс. 122:1). Оно описывается как (1) «небо небес» (3 Цар. 8:27; Пс. 148:4), (2) «небеса небес»

(Втор. 10:14), (3) «святое жилище Его на небесах» (2 Пар. 30:27) и (4) «превыше всех небес» (Еф. 4:10). Затем следует небо, где находятся солнце, луна и звезды, называемое *вторым небом* (Быт. 15:5; Пс. 8:4; Ис. 13:10; Евр. 4:14). Наконец, есть *первое небо*, или земная атмосфера (Быт. 8:2; Втор. 11:11; 3 Цар. 8:35).

От сотворения (Иов. 38:4–7) до конца 70-й седмины Даниила святые ангелы обитают на третьем небе, кроме тех случаев, когда они отправляются с заданием послужить Богу в другом месте. Это касается серафимов (Ис. 6:1–4), четырех животных (Откр. 4:6–11; 5:8; 14:3), Гавриила (Лук. 1:19) и вообще святых ангелов (3 Цар. 22:19; 2 Пар. 18:18; Дан. 7:10; Матф. 18:10; 22:30; 24:36; 28:2; Марк. 12:25; 13:32; Лук. 2:13, 15; 12:8; 15:10; Иоан. 1:51; Евр. 12:22; Откр. 5:11; 7:1–12; 20:1). Поскольку все ангелы обычно находятся на третьем небе, они участвуют в поклонении (Евр. 1:6).

Во время тысячелетнего царствования Христа ангелы, которые придут с Ним, чтобы покорить землю, останутся на ней, чтобы служить Ему (Матф. 25:31). Те ангелы, которые останутся на небесах, продолжат поклоняться Богу и служить Его целям там. Впоследствии все ангелы будут жить с Богом и всеми искупленными на новом небе и новой земле (Откр. 20:1–22:21, особ. 21:12).

Организационная структура святых ангелов

Чтобы совершать свой труд, ангелы организованы в мощную небесную иерархию. Такие слова, как «ангелы», «власти», «господства», «силы», «начальства» и «престолы», могут обозначать в Писании иерархию либо святых, либо злых ангелов. В Римлянам 8:38, 1 Коринфянам 15:24, Ефесянам 2:2, 6:12 и Колоссянам 2:15, скорее всего, говорится о различных чинах или уровнях у злых ангелов, то есть об иерархии бесов. А в 1 Петра 3:22, Ефесянам 1:21, 3:10 и Колоссянам 1:16, скорее всего, говорится о различных чинах или уровнях в иерархии святых ангелов.

Писание нигде не объясняет особенности этих структур, их порядок или функции. Поскольку сатана имитирует и подделывает характер Бога и характеристики царства, вполне возможно, что есть структура функционирования власти у святых ангелов, поклоняющихся Богу, и подобная ей поддельная структура у бесов, преданных сатане.

Разные описательные титулы относятся, возможно, к нескольким видам ангелов. См. «Херувим», «Животное» и «Серафим» в разделе «Характер святых ангелов» (с. 706). Только три ангела в Писании названы по имени; см. «Гавриил» и «Михаил» в разделе «Характер святых ангелов» выше и «Сатана» — в разделе «Характер сатаны» (с. 715).

Сила святых ангелов

Сила святых ангелов описывается как в Ветхом, так и в Новом Завете. В Ветхом Завете ангелы ослепляли, спасали людей и разрушали города (Быт. 19:1–26). Они поразили 70 тысяч израильтян (2 Цар. 24:10–17). Ангелы, видимо, постоянно воюют с бесами на небесах (Дан. 10:13, 20–21).

В Новом Завете ангел отодвинул весьма большой камень от входа в гробницу Христа (Матф. 28:2; Марк. 16:3–4) и освободил из темницы Петра (Деян. 12:7–11). Ангел поразил Ирода смертельной болезнью, и тот, изъеденный червями, умер (Деян. 12:20–23). Павел называет святых ангелов «ангелами силы» (2 Фес. 1:7), а Петр говорит, что они превосходят людей «крепостью и силою» (2 Пет. 2:11).

В Откровении ангелы будут проявлять власть над природой (Откр. 7:1–3). Они будут совершать суды семи труб (Откр. 8:2, 6) и суды семи чаш (Откр. 16:1–21). Они навсегда изгонят сатану и его ангелов с неба (Откр. 12:7–9). Ангел скует и заключит сатану в бездну на время Тысячелетнего царства Христа (Откр. 20:1–3).

Итак, ангелы сильнее людей, но они не всемогущи, как Бог (Пс. 102:20; 2 Пет. 2:11). Ангелы превосходят людей в знании, но они не всеведущи, как Бог (Матф. 24:36). Они быстрее и подвижнее людей, но не вездесущи, как Бог (Дан. 9:21–23; 10:10, 14).

Служение святых ангелов

Со времени сотворения (Иов. 38:7) и до завершения истории (Откр. 21:12) ангелы играют важную роль в исполнении Божьих целей. Ниже приведен краткий обзор, выделяющий служение ангелов: (1) Богу, (2) Христу, (3) христианам, (4) церкви, (5) неверующим и (6) народам.

БОГ

Ангелы поклоняются Богу и восхваляют Его (Иов. 38:7; Пс. 148:2; Ис. 6:1–4; Откр. 4:6–11; 5:8–13; 7:11–12). Они служат Богу (Пс. 102:20–21; Евр. 1:7). Ангелы собираются как сыны Божьи перед Богом (Иов. 1:6; 2:1) в «собрании святых» (Пс. 88:6) и «великом собрании святых» (Пс. 88:8).

Эти слуги также доставляют послания от Бога. Господь использовал ангелов, чтобы передать Свой закон Моисею (Деян. 7:38, 53; Гал. 3:19; Евр. 2:2), а Гавриил доставлял Божье слово Даниилу (Дан. 8:16; 9:21), Захарии (Лук. 1:19) и Марии (Лук. 1:26). Ангелы часто общались с Иоанном в Откровении (Откр. 1:1–22:16).

Ангелы служили Божьими орудиями суда над Содомом (Быт. 19:1, 12–13), и они низвергнут сатану и его ангелов в середине 70-й седмины Даниила (Откр. 12:7–9). Ангелы будут непосредственно участвовать в суде труб (Откр. 8:6–11:19) и в судах чаш над миром (Откр. 16:1–21) во время 70-й седмины Даниила.

ХРИСТОС

Ангелы участвовали в том, чтобы возвестить о рождении Христа Марии (Лук. 1:26–38), Иосифу (Матф. 1:18–23) и пастухам (Лук. 2:8–15). Они оберегали Христа в младенчестве (Матф. 2:13–15, 19–21).

Ангелы служили Ему от начала (Матф. 4:11) и до конца Его земного служения (Лук. 22:43), а также в целом служили Христу, пока Он был на земле (Иоан. 1:51; 1 Тим. 3:16). Они помогали людям понять воскресение Христа (Матф. 28:1–2, 6; Лук. 24:5–8) и Его вознесение (Деян. 1:11). Евреям 1–2 перечисляет причины служения ангелов Христу и многочисленные сравнения, подтверждающие Его превосходство над ангелами.

Когда Христос возвратится на землю при восхищении церкви, ангелы также будут с Ним (1 Фес. 4:16). Они будут сопровождать Христа при Его втором пришествии (Матф. 25:31), собирая верующих (Матф. 13:39–43; 24:31) и совершая суд над неверующими (2 Фес. 1:7). Ангел скует и заключит сатану на время Тысячелетнего царства Христа (Откр. 20:1–3).

ХРИСТИАНЕ

Ангелы служат главным образом верующим (Евр. 1:14), что включает в себя радость о спасении верующего (Лук. 15:10) и обеспечение защиты (Пс. 33:8; 34:5–6; 90:11–12; Матф. 18:10) по воле Божьей. Поскольку история о богаче и Лазаре (Лук. 16:19–31)—это, вероятно, притча, на ее основе нельзя с полной уверенностью утверждать, что ангелы относят всех верующих на небеса в момент смерти (Лук. 16:22).

ЦЕРКОВЬ

Ангелы могут участвовать в делах церкви в том, что касается (1) руководства (1 Кор. 4:9), (2) женщин (1 Кор. 11:10), (3) чистоты пасторов (1 Тим. 5:21) и (4) их собственного стремления понять спасение (1 Пет. 1:12).

НЕВЕРУЮЩИЕ

Как Христос объясняет в одной из притч, ангелы отделят «плевелы» (неверующих) от «пшеницы» (верующих) (Матф. 13:27–30, 36–43). Ангел будет проповедовать Евангелие всему миру во время 70-й седмины Даниила (Откр. 14:6–7). Ангелы будут участвовать во втором пришествии Христа для суда над неверующими (Матф. 16:27; 2 Фес. 1:7).

НАРОДЫ

Ангелы служат Божьим целям для народов в общем (Дан. 10:13, 20) и для Израиля в частности (Дан. 10:21; 12:1; Откр. 7:1–3). Также они совершат большой суд над всеми народами перед вторым пришествием Христа (Откр. 8:6–11:19; 16:1–21).

Участь святых ангелов

Святые ангелы не подвергнутся никакому суду, потому что они никогда не согрешат. А сатана и бесы, напротив, будут осуждены (2 Пет. 2:4; Иуд. 6) и брошены на всю вечность в озеро огненное (Матф. 25:41; Откр. 20:10).

После заключительного суда Великого белого престола (1 Кор. 15:24–28; Откр. 20:11–15) будет новое небо и новая земля (Откр. 21:1). Бог будет обитать с людьми в святом городе, Новом Иерусалиме (Откр. 21:2). Где Бог, там будут и Его святые ангелы, и 12 из них будут у ворот города (Откр. 21:12). Искупленные Богом люди и святые ангелы Божьи будут вечно поклоняться Ему в праведности.

В итоге, Эдемский сад будет восстановлен. Бог посмотрит на все, что Он воссоздаст, и увидит, что оно весьма хорошо—как Он и сказал в начале (Быт. 1:31).

Сатана

Реальность сатаны
Характер сатаны
История сатаны
Сила сатаны
Козни сатаны
Роль сатаны как слуги
Защита христианина
Суды над сатаной

Реальность сатаны

Одними философскими рассуждениями факт существования сатаны не может быть ни доказан, ни опровергнут. Тем не менее неопровержимое существование зла должно иметь фактического виновника. Эмпирические наблюдения сами по себе не могут доказать реальность сатаны, поскольку у них нет объективного стандарта, с помощью которого может быть подтвержден предполагаемый опыт.

Однако надежное изложение человеческой истории, если его автор заслуживает доверия, послужит установлению реальности сатаны. Фактически, есть одна такая книга—Библия, автор которой—Бог-Творец, источник безошибочной истины и Создатель сатаны. Поэтому для христианина Библия—единственное достоверное свидетельство о реальном существовании сатаны.

ОСНОВНЫЕ ФАКТЫ

Откровение о существовании сатаны есть только в восьми книгах Ветхого Завета, но она полностью согласуется с более частыми упоминаниями о нем в Новом Завете. Еврейское слово, переводимое как «сатана», по сути означает «противник» или «тот, кто противостоит». Из 27 ветхозаветных случаев употребления 18 непосредственно говорят о сатане (один раз в 1 Пар. 21, 14 раз в Иов. 1–2, и 3 раза в Зах. 3), а 9—о других противниках. Кроме того, 2 Коринфянам 11:3 и Откровение 12:9, 20:2 говорят о реальности сатаны в Бытии 3, где он принял вид змея. В 3 Царств 22:21–22 и 2 Паралипоменон 18:20–21 он назван «духом лживым». Исаии 14 и Иезекииля 28 указывают на сатану как на силу, стоящую за царями Вавилона и Тира соответственно.

С другой стороны, о нем часто говорится в Новом Завете. Термины, переводимые как «сатана» и «дьявол», в 74 случаях относятся к «лукавому». Он упоминается всеми авторами Нового Завета в 19 книгах (кроме 2 Петра, 2 Иоанна и 3 Иоанна, Галатам, Филиппийцам, Колоссянам, Титу, Филимону). В Евангелиях 28 из 30 ссылок описывают либо личные встречи с сатаной, либо упоминания о нем.

ОСНОВНЫЕ ХАРАКТЕРИСТИКИ

Сатана обладает тремя основными признаками личности: разумом, чувствами и волей. Своим разумом он искушал Христа (Матф. 4:1–11) и строит козни против христиан (2 Кор. 2:11; Еф. 6:11; 1 Тим. 3:7; 2 Тим. 2:26). Что касается чувств, он проявляет гордость (1 Тим. 3:6) и гнев (Откр. 12:12, 17). Дьявол также использует свою волю против христиан (Лук. 22:31; 2 Тим. 2:26).

Еще пять личных качеств дополняют описание этого лживого и кровожадного противника. Во-первых, сатана—сотворенный ангел. По словам Павла, Бог сотворил всё (Кол. 1:16), включая ангелов. Божий ответ Иову приравнивает «утренние звезды» к «сынам Божьим» (Иов. 38:4–7; см. 1:6; 2:1), то есть к множеству ангелов, созданных первыми, которые пели и радовались остальному творению. Злая сила, стоящая за царем Тира, названа «помазанным херувимом, чтобы осенять» (Иез. 28:14, 16), и этот ангел был сотворен (Иез. 28:13, 15). Первоначально созданный как главный ангел на уровне архангела Михаила (Иуд. 9), теперь сатана возглавляет мятежную группу злых ангелов (Матф. 25:41; Откр. 12:9). Хотя он ангел тьмы, сатана может принимать вид ангела света (2 Кор. 11:14).

Во-вторых, сатана—это духовное существо (1 Цар. 22:21–23; 2 Пар. 18:20–22; Еф. 2:2), хотя иногда, подобно святым ангелам (Марк. 16:5), он является в виде человека (Матф. 4:3–11). Если Послание к евреям говорит, что ангелы—это «служебные духи» (Евр. 1:14), то бесов Христос охарактеризовал как «нечистых» (Лук. 4:36) и «злых» (Лук. 8:2) духов. То же самое можно сказать и о князе бесов.

В-третьих, сатана обладает необычайной подвижностью. В Иова 1:7 и 2:2 он изображен как тот, кто «ходил по земле и обошел ее», а в 1 Петра 5:8 о сатане говорится, что он «ходит, как рыкающий лев», по всему миру. В-четвертых, сатана может действовать как на небесах (3 Цар. 22:21–22; Иов. 1–2; Откр. 12:10), так и на земле (Матф. 4:3–11). В-пятых, в конце Бог привлечет сатану к ответственности за его коварные злые дела (Матф. 25:41; Откр. 20:10).

ОСНОВНЫЕ КОНТРАСТЫ

Богословское понимание сатаны указывает на противоположность его качеств качествам Господа Иисуса Христа (см. таблицу 8.1, с. 716). Это неудивительно, ведь Христос—Творец, а сатана—лишь творение.

Характер сатаны

Чтобы лучше понять сатану, нужно рассмотреть его имена и титулы. Гораздо чаще других используются слова «сатана» («противник») и «дьявол» («клеветник»), но некоторые другие также сообщают о его намерениях и действиях. Следующие 29 определений помогают понять его дьявольский характер:

1. *Аваддон* (Откр. 9:11). Это транслитерированное еврейское слово, встречающееся в шести ветхозаветных текстах, обычно ассоциируется со смертью и гибелью (Иов. 26:6; 28:22; 31:12; Пс. 87:12; Прит. 15:11; 27:20). В Откровении 9:11 словом «Аваддон» и его греческим аналогом «Аполлион» назван сатана

Таблица 8.1: Противопоставление Христа и сатаны

Сатана	Христос
временный	вечный
тьма	свет
смерть	жизнь
лжец	истина
притворный	подлинный
злой	праведный
враг	друг
сильный	сильнейший
лишает свободы	дарует свободу
обвиняет	защищает
подделывает	создает

Сатана	Христос
коварный	честный
угнетает	избавляет
клевещет	ходатайствует
гордый	кроткий
порабощает	освобождает
грешный	святой
разрушающий	созидающий
вор	благодетель
ненавидит	любит
изнуряет	исцеляет
убийца	Спаситель

как главный ангел, царствующий над бесами в бездне. См. «ангел бездны», «Аполлион», «бог века сего», «Веельзевул», «звезда», «князь, господствующий в воздухе», «князь мира сего» «лукавый», «царь» ниже.

2. *Ангел бездны* (Откр. 9:11). Как Михаил—это архангел небес (Откр. 12:7), так сатана—это «царь» бездны. На земле есть бесы, которые не хотят идти в бездну (Лук. 8:31). В бездне есть другие бесы, которые будут освобождены сатаной на короткое время (Откр. 9:1–2, 11). Некоторые из них были заключены там значительную часть человеческой истории и не будут освобождены до последнего суда (2 Пет. 2:4; Иуд. 6), когда они будут брошены в озеро огненное вместе с сатаной и остальными бесами. Во время тысячелетнего царствования Христа на земле сатана будет заключен в бездну (Откр. 20:1–6). См. «Аваддон» выше и «Аполлион» ниже.

3. *Аполлион* (Откр. 9:11). Это греческое имя параллельно еврейскому Аваддон, и его лучшим переводом является слово «губитель». Оно встречается в Новом Завете один раз. См. «Аваддон», «ангел бездны» выше и «Веельзевул», «звезда», «царь» ниже.

4. *Бог века сего* (2 Кор. 4:4). По суверенному Божьему определению, сатана—это высшая сила, но не божество (греч. *theos*, согласно Пс. 81:6 [Септуагинта]; Иоан. 10:33–36) века сего (1 Иоан. 5:19, Кассиан). Этот титул соответствует его положению, а не его природе. Все началось в Эдеме и продлится до тех пор, пока не будет снято проклятие (Откр. 22:3). В конечном счете сатана стоит за всеми ложными религиями (Откр. 2:9; 3:9). См. «Аваддон», «Аполлион» выше и «Веельзевул», «звезда», «князь, господствующий в воздухе», «князь мира сего», «лукавый», «царь» ниже.

5. *Веельзевул* (Матф. 12:24; Марк. 3:22; Лук. 11:15). Иудейские вожди обвиняли Христа в изгнании бесов силой князя (греч. *archōn*) бесовского, чье имя означало «господин, князь» и который первоначально был языческим филистимским божеством прибрежного города Аккарон (4 Цар. 1:2–3). Объяснив, что сатана не стал бы противостоять бесам, поскольку это привело бы к его собственному поражению, Иисус сказал, что хотя сатана и силен (Лук. 11:21), но Сам

Он намного сильнее (Лук. 11:22) и победит. См. «Аваддон», «Аполлион», «бог века сего» выше и «звезда», «князь, господствующий в воздухе», «князь мира сего», «лукавый», «царь» ниже.

6. *Велиар* (2 Кор. 6:15). Это транслитерированное еврейское слово встречается в Ветхом Завете 27 раз (см. Втор 13:13; Суд. 19:22; 1 Цар. 2:12; 3 Цар. 21:13; Прит. 6:12) и описывает подлых, нечестивых и презренных негодяев и смутьянов. Вполне возможно, что Наума 1:15 использует его для описания сатаны. Разумеется, Павел хотел этим словом показать, что сатана—самое подлое, нечестивое и негодное существо, хуже которого нет.

7. *Враг* (Матф. 13:25, 28, 39; Лук. 10:19). В притче о плевелах Христос рассказывает о враге (греч. *echthros*), который посеял напоминающий пшеницу сорняк на пшеничном поле. В Матфея 13:39 враг назван дьяволом. См. «противник» и «сатана» ниже.

8. *Дракон* (Ис. 27:1; Откр. 12:3, 7, 9; 20:2). Описывая сатану, апостол Иоанн 13 раз использует образ апокалиптического чудовища в Откровении 12, 13, 16 и 20. Это греческое слово (греч. *drakōn*) явно относится к сатане, поскольку в Откровении 12:9 и в 20:2 поясняется, что «дракон»—это «древний змий, называемый диаволом и сатаною». См. «змей» и «левиафан» ниже.

9. *Дух* (3 Цар. 22:21–23; 2 Пар. 18:20–22; Еф. 2:2). Сатана явно характеризуется как «дух», в отличие от человека.

10. *Дух лживый* (3 Цар. 22:22–23; 2 Пар. 18:21–22). В соответствии со склонностью сатаны ко лжи (Иоан. 8:44) Бог употребил его и 400 лживых бесов, чтобы они обманом побудили израильского царя Ахава вступить в сражение. В итоге Ахав был убит (3 Цар. 22:37–38), как Бог и обещал (3 Цар. 21:17–26). Бог использовал сатану, чтобы произвести «действие заблуждения» (2 Фес. 2:11). См. «лжец» и «отец лжи» ниже.

11. *Дьявол* (см. Матф. 4:1—Откр. 20:10). Это слово встречается в Новом Завете 38 раз, и в 34 случаях говорит о сатане. Это второй наиболее частый термин, описывающий сатану в Библии. В Септуагинте, древнегреческом переводе Ветхого Завета, для описания сатаны используется слово «дьявол» (*diabolos*) в Иова 1–2, где он клеветнически обвиняет Иова в недостойных мотивах служения Богу. Сатана также клевещет на первосвященника Иисуса (Зах. 3:1). Главная клевета, однако, направлена против Бога, когда сатана говорит Еве, что она не умрет, хотя Бог сказал, что смерть неизбежна, если она съест плод с дерева познания добра и зла (Быт. 2:17; 3:4). Сатана клевещет и человеку на Бога, и Богу на человека.

12. *Звезда* (Откр. 9:1, 11). Все ангелы—это сотворенные существа (Неем. 9:6; Пс. 148:2, 5; Кол. 1:16). Они представлены как звезды (Иов. 38:7), которые были созданы в самом начале процесса творения и в последующие дни воспевали хвалу. Нечестивых ангелов, то есть бесов (или звезд небесных) увлек за собой сатана (Откр. 12:4). В Откровении 9:1 Иоанн описывает сатану как «звезду, падшую с неба», а в 9:11 называет его царем над бесами, ангелом бездны, Аваддоном и Аполлионом (см. Ис. 14:13). См. «Аваддон», «Аполлион», «бог века сего», «Веельзевул» выше и «князь, господствующий в воздухе», «князь мира сего», «лукавый», «Люцифер», «царь» ниже.

13. *Змей* (Быт. 3:1, 4, 13–14; Ис. 27:1; 2 Кор. 11:3; Откр. 12:9; 20:2). Хотя в Бытии 3 имена сатаны, дьявола и лукавого не упоминаются, образ хитрого древнего змея

(Быт. 3:1) в четырех последующих случаях безошибочно отождествляются с дьяволом или сатаной. См. «дракон» выше и «левиафан» ниже.

14. *Искуситель* (Матф. 4:1, 3; Марк. 1:13; Лук. 4:2, 13; 1 Кор. 7:5; 10:13; 1 Фес. 3:5). См. «дух лживый» выше и «лжец», «отец лжи» ниже.

15. *Клеветник* (Зах. 3:1; Откр 12:10). На небесах сатана действует как обвинитель перед Богом, обвиняя (евр. *satan*; греч. *katēgorōn*) израильского первосвященника Иисуса (Зах. 3:1) и христиан (Откр. 12:10) в том, что они недостойны Божьей благодати в искуплении и служении. Хотя в Псалме 108:6 в некоторых переводах используется слово «диавол», судя по контексту (108:4, 20, 28), видимо, там говорится о людях, обвинявших Давида.

16. *Князь бесовский* (Матф. 9:34; 12:24; Марк. 3:22; Лук. 11:15). См. «Веельзевул» выше.

17. *Князь мира сего* (Иоан. 12:31; 14:30; 16:11). По суверенному Божьему определению, сатана—духовный князь (греч. *archōn*) этого мира (греч. *kosmos*). Слово «мир» здесь означает враждебную Богу мировую систему, подвластную сатане (1 Иоан. 5:19). Эта власть началась в Эдеме (Быт. 3) и будет продолжаться до последнего суда (Откр. 20). См. «Аваддон», «Аполлион», «бог века сего», «Веельзевул», «звезда» выше и «князь, господствующий в воздухе», «лукавый», «царь» ниже.

18. *Князь, господствующий в воздухе* (Еф. 2:2). Сатана господствует над бесами, некоторые из которых временно обитают между небесами Бога и землей. Павел описывает их как «духов злобы поднебесной» (Еф. 6:12). См. «Аваддон», «Аполлион», «бог века сего», «Веельзевул», «звезда», «князь мира сего» выше и «лукавый», «царь» ниже.

19. *Левиафан* (Ис. 27:1). См. «дракон» и «змей» выше.

20. *Лжец* (Иоан. 8:44). Христос есть истина (Иоан. 14:6), а сатана—обманщик. Все слова и дела сатаны основаны на всеобщем обмане (Откр. 12:9; 20:3, 8, 10). Сатана—это «дух лживый» из 3 Царств 22:22–23 и 2 Паралипоменон 18:21–22. Елима волхв был исполнен обмана, а потому назван «сыном диавола» (Деян. 13:10). Сатана управляет духами обольстителями, распространяющими учения бесовские (1 Тим. 4:1). Его первым преступлением против людей был обман Евы (2 Кор. 11:3; 1 Тим. 2:14). Сатана принимает вид ангела света (2 Кор. 11:14). От начала (Быт. 3) и до конца (Откр. 20) он противится Божьей истине адской ложью и обманом. См. «дух лживый» выше и «отец лжи» ниже.

21. *Лукавый* (Матф. 5:37; 6:13; 13:19, 38; Иоан. 17:15; 1 Иоан. 2:13–14; 3:12; 5:18–19; Еф. 6:16; 2 Фес. 3:3). После слов «сатана» и «дьявол» слово «лукавый» (греч. *ponēros*, букв. «злой»)—третье по частоте употребления. Злоба противоположна праведности (греч. *dikaiosynē*), поскольку сатана полностью противоположен Христу. Весь мир находится во власти лукавого (1 Иоан. 5:19, Кассиан). См. «Аваддон», «Аполлион», «бог века сего», «Веельзевул» «звезда», «князь, господствующий в воздухе», «князь мира сего» выше и «царь» ниже.

22. *Люцифер* (Ис. 14:12). Этот титул стал популярным благодаря некоторым традиционным переводам (напр., KJV/NKJV). Буквально еврейское слово *helel* лучше всего перевести как «носитель света» или «утренняя звезда». В данном контексте это описание, скорее всего, используется в отношении вавилонского царя, а не сатаны. Пророк Исаия сравнил царя с утренней звездой,

предвещающей новый день, но быстро уступающей место славе солнца[3]. См. «звезда» выше.

23. *Отец лжи* (Иоан. 8:44). Сатана не только заядлый лжец, но и изобретатель лжи. Обманом введя Еву в непослушание (Быт. 3:1–6; 2 Кор. 11:3; 1 Тим. 2:14), дьявол в некотором смысле стал отцом всего человечества, пропитанного ложью, грешных детей, идущих по стопам своего прародителя (Рим. 3:10–11, 13). Такое сравнение с семьей встречается и в Деяниях 13:10, где Павел называет Елиму волхва «сыном диавола», совращающим с прямых путей Господних. Иоанн также говорит, что те, кто не поступает праведно и не любит брата своего, — это «дети диавола» (1 Иоан. 3:10). «Плевелы» в Матфея 13:38 названы «сынами лукавого», то есть лжеверующими. Антихрист назван «сыном погибели» (2 Фес. 2:3), а слово «погибель» намекает на сатану как Аваддона (см. выше). То же касается Иуды (Иоан. 17:12). См. «дух лживый» и «лжец» выше.

24. *Противник* (1 Пет. 5:8). Цель сатаны как противника (греч. *antidikos*), противостоящего верующим во Христа, показана в образе свирепого рыкающего льва, преследующего добычу. См. «враг» выше и «сатана» ниже.

25. *Рыкающий лев* (1 Пет. 5:8). См. «противник» выше.

26. *Сатана* (Матф. 4:10 — Откр. 20:7). Это имя чаще всего используется для описания дьявола: 18 раз в Ветхом Завете и 36 — в Новом. Его основное значение — «противник», «враг» или «соперник». С момента духовного/нравственного падения сатаны (Ис. 14:12–14) до последнего суда над ним (Откр. 20:7–10) сатана — главный инициатор, зачинщик и виновник злой агрессии против Божьих целей и планов, и в то же время в соответствии с ними. См. «враг» и «противник» выше.

27. *Сильный* (Матф. 12:29; Марк. 3:27; Лук. 11:21). Хотя Иисус признавал, что сатана был «сильным» (греч. *ischyros*), но утверждал, что Сам Он сильнее (Лук. 11:22), и поэтому способен одолеть силы зла, которыми правит сатана.

28. *Убийца* (Иоан. 8:44). Иисус сказал: «Он был человекоубийца от начала». Из-за лжи сатаны Ева ела от дерева, и исполнилось сказанное Богом: «В день, в который ты вкусишь от него, смертью умрешь» (Быт. 2:17). Сатана отравил ум Евы ложью, и она, вкусив плод, сразу умерла, то есть была духовно разделена с Богом. Позже она умрет физически, и без Божьей искупительной благодати она бы окончательно и навеки умерла для Бога. По стопам Евы пошли все ее потомки, включая Каина, который «был от лукавого и убил брата своего» (1 Иоан. 3:12).

29. *Царь* (Откр. 9:11). В контексте сатана назван царем над бесами, как в Матфея 12:24 он назван «князем бесовским». См. «Аваддон», «Аполлион», «Веельзевул» и «звезда» выше.

История сатаны

Как было показано, многочисленные упоминания сатаны в Библии, использующие разные имена, титулы и описания, представляют деятельность дьявола от начала времени и до конца, но в Писании раскрыто очень мало конкретных исторических событий с его участием. Эти несколько моментов изображают сатану либо противостоящим Богу, либо стремящимся ложно подражать Ему.

---

[3] См.: Robert L. Alden, "Lucifer, Who or What?," *BETS* 11, no. 1 (1968): 35–39.

ПРОТИВОСТОЯНИЕ БОГУ

Такое небольшое число текстов Писания не означает, что последние два тысячелетия дьявол бездействовал[4]. Эти несколько упоминаний характеризуют постоянную деятельность дьявола, в которой неустанно участвует «князь мира сего» (Иоан. 12:31; 14:30; 16:11), продолжая действовать на земле в нынешнем веке. Он не только «ходит, как рыкающий лев, ища, кого поглотить» (1 Пет. 5:8), но и участвует во многих других действиях: говорит ложь (Иоан. 8:44), побуждает людей лгать (Деян. 5:3), принимает вид ангела света (2 Кор. 11:13–15), похищает Евангелие из сердец неверующих (Матф. 13:19; Марк. 4:15; Лук. 8:12), удерживает неверующих в своей власти (1 Иоан. 3:8–10; 5:19; Еф. 2:2), улавливает и обманывает неверующих, держа их в плену, чтобы они исполняли его волю (2 Тим. 2:26), искушает верующих к греху (1 Кор. 7:5; Еф. 4:27), стремится обмануть детей Божьих (2 Кор. 11:3), наносит ущерб верующим (2 Кор. 2:11), стремится уничтожить их веру (Лук. 22:31), мучает Божьих служителей (2 Кор. 12:7), препятствует развитию служения (1 Фес. 2:18) и ведет войну против церкви (Еф. 6:11–17).

Значительная часть дел сатаны происходит тайно. Но когда пришел Господь Иисус, Он выявил бесов, скрывавшихся в людях. Сатана и его бесовские приспешники очень активно действовали во дни земного служения Христа. В будущем их действия достигнут пика во время 70-й седмины Даниила, особенно во второй ее половине. Ниже перечислены отдельные случаи появления сатаны.

Ветхий Завет. Из 11 случаев в Ветхом Завете 4 (36 %) касаются сотворения сатаны, его падения, обмана Евы и проклятия в Эдемском саду. Из 25 случаев во всей Библии эти 4 в Ветхом Завете и еще 6 в Новом Завете относятся к началу или концу времени (40 %). Ветхозаветные события включают следующее:

1. Сотворение сатаны: начало творения (Неем. 9:6; Иов. 38:7; Пс. 148:2, 5; Иез. 28:13, 15; Кол. 1:16);
2. Нравственное падение сатаны: после сотворения (Ис. 14:12–13; Откр. 12:4);
3. Обман Евы: после его падения (Быт. 3:1–6; 2 Кор. 11:1–3; 1 Тим. 2:14; Откр. 12:9; 20:2);
4. Эдемское проклятие: после обмана (Быт. 3:15; Иоан. 16:11; Рим. 16:20);
5. Обвинение Иова: ок. 2250 г. до Р. Х. (Иов. 1–2);
6. Спор с Михаилом: ок. 1405 г. до Р. Х. (Иуд. 9);
7. Подстрекательство Давида: ок. 975 г. до Р. Х. (1 Пар. 21:1);
8. Ложь Ахаву: ок. 853 г. до Р. Х. (3 Цар. 22:1–40; 2 Пар. 18:1–34);
9. Влияние на царя Вавилонского: ок. 700–681 гг. до Р. Х. (Ис. 14:12–14);
10. Влияние на царя Тирского: ок. 590–570 гг. до Р. Х. (Иез. 28:12–17);
11. Обвинение первосвященника: ок. 480–470 гг. до Р. Х. (Зах. 3:1–2).

Некоторые считают, что 81-й Псалом говорит о Божьем упреке правлению сатаны или бесов. Однако лучше понимать этот псалом как обличение Богом

---

[4] Этот абзац адаптирован из: Matt Waymeyer, "The Binding of Satan in Revelation 20," *MSJ* 26, no. 1 (2015): 21. Используется с разрешения MSJ.

земных, человеческих властей. Для этого есть следующие причины: (1) природа псалмов; (2) выражения, наиболее естественно относящиеся к людям; (3) ссылка Христа на Псалом 81:6 в Иоанна 10:34, что указывает на земных, человеческих правителей, а не на духовные существа.

Новый Завет. Из 14 упоминаний в Новом Завете 5 касаются жизни Христа от рождения до распятия, а 6 описывают конец времен, вместе составляя почти 80 % случаев в Новом Завете. События Нового Завета включают следующее:

1. Рождение Христа: ок. 5–4 гг. до Р. Х. (Откр. 12:4);
2. Искушение Христа: ок. 27–28 гг. от Р. Х. (Матф. 4:1–11; Марк. 1:12–13; Лук. 4:1–13);
3. Страдания женщины: ок. 29–30 гг. от Р. Х. (Лук. 13:16);
4. Просеивание Петра: ок. 30 г. от Р. Х. (Лук. 22:31);
5. Отступление Иуды: ок. 30 г. от Р. Х. (Лук. 22:3; Иоан. 13:2, 27);
6. Влияние на ложь Анании: ок. 31–32 гг. от Р. Х. (Деян. 5:3);
7. Препятствование Павлу: ок. 51 г. от Р. Х. (1 Фес. 2:18);
8. Уязвление Павла: ок. 55–56 гг. от Р. Х. (2 Кор. 12:7);
9. Окончательное изгнание с небес: середина 70-й седмины Даниила (Откр. 12:7–13);
10. Наделение силой антихриста и лжепророка: середина 70-й седмины Даниила (Откр. 13:2, 4);
11. Совершение ложных знамений: вторая половина 70-й седмины Даниила (Откр. 16:13–14);
12. Тысячелетнее заключение: Тысячелетнее царство Христа (Откр. 20:1–3);
13. Последняя битва: конец Тысячелетнего царства Христа (Откр. 20:7–9);
14. Последний суд: конец Тысячелетнего царства Христа (Ис. 27:1; Откр. 20:10).

ПОДРАЖАНИЕ БОГУ

Сатана действует как непревзойденный мастер маскировки (греч. *metaschēmatizō*, 2 Кор. 11:13–15). Плохому он придает вид хорошего. Греховное поведение он украшает, чтобы оно выглядело праведным. Его ложь звучит привлекательнее, чем истина. Он убедительно проповедует превратные представления, что неправильное правильно, а правильное—неправильно. Выдавая себя за ангела света, он остается вестником тьмы. Всякой духовной подделке он придает видимый лоск подлинности.

Святые дела, приносящие Богу вечную славу, дьявол заменяет мирскими, дающими людям временное наслаждение. Он маскирует свою дьявольскую ложь, делая ее настолько привлекательной для людей, что они отвергают Божью истину. Дьявол поднимает мнение человека о себе на такую высоту, что люди начинают поклоняться творению, а не Творцу (Рим. 1:25).

Сатана имитирует и подделывает Божьи святыни, в то время как его дешевые суррогаты остаются мерзостями князя тьмы. Проповедники периода Реформации называли сатану «подражателем Бога», который обманывает, придавая лжи видимость истины, таким образом, заманивая грешников к себе и удаляя их от Бога[5].

Основные подделки сатаны, перечисленные в Писании:

1. Троица, как (1) дракон/сатана (Откр. 13:3), (2) зверь/антихрист (Откр. 13:3–4) и (3) лжепророк (Откр. 13:11; см. 16:13);
2. Царство, но на самом деле «власть тьмы» (Кол. 1:13);
3. Ангелы (Матф. 25:41; 2 Кор. 11:14; 12:7; Откр. 12:7);
4. Престол (Откр. 2:13);
5. Церкви (Откр. 2:9; 3:9);
6. Поклонение (Рим. 1:25; Откр. 13:4);
7. Работники (2 Кор. 11:13, 15);
8. Христы (Матф. 24:5, 24; Марк. 13:22; 1 Иоан. 2:18, 22);
9. Пророки (Матф. 7:15; 24:11, 24; Марк. 13:22; 2 Пет. 2:1);
10. Апостолы (2 Кор. 11:13; Откр. 2:2);
11. Учители (2 Пет. 2:1);
12. Верующие (Матф. 13:38, 40; 2 Кор. 11:26; Гал. 2:4);
13. Евангелие (Гал. 1:6–7);
14. Богословие (1 Тим. 4:1);
15. Тайны (2 Фес. 2:7; Откр. 2:24);
16. Чудеса (Матф. 7:21–23; 2 Фес. 2:9; Откр. 16:13–14);
17. Причастие (1 Кор. 10:20–21).

Сила сатаны

Из всех сотворенных существ сатана обладает наибольшей силой, но его сила не идет ни в какое сравнение с силой Бога всемогущего (Иер. 32:17), всеведущего (Пс. 138:1–6), вездесущего (Пс. 138:7–10), неизменного (Пс. 101:28), суверенного (1 Пар. 29:11–12), вечного (Пс. 89:3), бессмертного (1 Тим. 1:17), великого (Пс. 134:5) и самосуществующего (Ис. 44:6). Сатана не обладает ни одним из этих божественных атрибутов, принадлежащих исключительно Творцу.

Сила сатаны может сравниться с силой архангела Михаила (Дан. 10:13, 21; 12:1; Иуд. 9; Откр. 12:7). Никто из людей не обладает сверхъестественной силой, принадлежащей сатане. Он силен на небесах (3 Цар. 22:19–23; 2 Пар. 18:18–22; Иов. 1–2; Зах. 3:1–5; Откр. 12:7) и на земле (Иов. 1:7; 1 Пет. 5:8).

У сатаны явно есть умыслы (греч. *noēma*, 2 Кор. 2:11; 11:3). Он умелый тактик (греч. *methodeia*, Еф. 6:11). И он преуспевает в обмане и ловушках (греч. *planaō*, Откр. 12:9; 20:8; *pagis*, 1 Тим. 3:7; 2 Тим. 2:26).

Сатана правит (греч. *archōn*) греховной системой этого мира (Иоан. 12:31; 14:30; 16:11; Еф. 6:12; Откр. 13:2, 4–5, 7). Он также «князь, господствующий в воздухе», то есть правитель (греч. *archōn*) бесовских воинств (Матф. 25:41; Откр. 12:7, 9), которые в основном обитают между землей и третьим небом. На небесах сатана постоянно обвиняет верующих перед Богом (Откр. 12:10). Во второй половине

---

[5] Ватсон Т. Основы практического богословия. Б. м.: Dutch Reformed Tract Society, 2002. С. 72.

70-й седмины Даниила сатана даст силу совершать ложные знамения и чудеса антихристу (2 Фес. 2:9–10), лжепророку (Откр. 13:13–14) и бесам (Откр. 16:13–14).

Сатана имеет власть над смертью, но Христос лишил его силы в отношении верующих во Христа (Евр. 2:14). Сатана обладает силой обмана (2 Кор. 11:3, 14–15), но Христос разоблачил его (2 Кор. 2:11) и разрушил плоды его труда (1 Иоан. 3:8). Сатана имеет силу ввергнуть людей в темницу (Откр. 2:10), но для Слова Божьего нет уз (2 Тим. 2:9). Сатана может жить в городе (Откр. 2:13), но только Бог может жить в верующем (1 Иоан. 4:4). Сатана имеет силу обвинять и клеветать (Откр. 12:10), но Христос, постоянно находясь по правую руку Бога Отца (1 Иоан. 2:1), защищает верующих и ходатайствует за них (Рим. 8:33–34; Евр. 7:25). Никакая сила сатаны, какой бы великой она ни была, не отделит истинного верующего от любви Божьей (Рим. 8:35–39). Сатана сильный (Лук. 11:21), но Христос сильнейший (Лук. 11:22).

Иногда Бог ограничивает власть сатаны (Иов. 1:6–12; 2:1–6). Христос отверг его силу и власть (Матф. 4:1–11). Христос исцелял угнетаемых дьяволом (Деян. 10:38). Павел получил силу просвещать умы неверующих, чтобы они обратились «от власти сатаны к Богу» (Деян. 26:18). Верующие могут противостоять его силе (Иак. 4:7; 1 Иоан. 2:13–14). В конце концов дьявол лишится этой силы навсегда (1 Кор. 15:24; Откр. 12:9–10; 20:1–3, 7–10).

Козни сатаны

Сатана грешил (1 Иоан. 3:8), обманывал (2 Кор. 11:3) и убивал от начала (Иоан. 8:44). Если Бог есть свет, жизнь и истина, то сатана представляет тьму, смерть и обман. Образ действий сатаны на протяжении всей истории заключался в том, чтобы обманывать весь мир, начиная от Адама и Евы (Быт. 3:1–24) и до конца времен (Откр. 12:9; 20:3, 8).

Для описания действий сатаны в Библии используются три слова: (1) «сеть» или «западня» (греч. *pagis*), которую использует охотник, чтобы поймать и затем убить животное (1 Тим. 3:7; 2 Тим. 2:26); (2) «умыслы» или «стратегии» (греч. *noēma*), то есть план битвы опытного военачальника (2 Кор. 2:11); и (3) «козни» или «уловки» (греч. *methodeia*), которые воины применяли в бою (Еф. 6:11). Используя ложь и обман, дьявол стремится навязать миру свое извращенное мышление, удалив его от чистой Божьей истины.

Сатана управляет, как полководец вражеской армии. Он ежедневно пытается перехитрить или обмануть верующих в духовной войне. Его характер и поведение отмечены коварством. Он как партизан маскируется под ангела света (2 Кор. 11:14). Битва еще больше осложняется тем, что сатана ведет невидимую духовную войну, используя самую хитроумную тактику из когда-либо разработанных. Он усердно занимается духовным шпионажем. Внешне он кажется другом, но внутри остается коварным врагом. Лживые заявления сатаны, приукрашенные истиной, оказываются ядом для души. Его слуги принимают вид сторонников праведности (2 Кор. 11:15).

Хотя все это может обескуражить и даже устрашить, но Павел призывает быть внимательными, «чтобы не сделал нам ущерба сатана, ибо нам не безызвестны его умыслы» (2 Кор. 2:11). Изучение козней дьявольских помогает нам приготовиться противостоять ему.

МИШЕНЬ САТАНЫ[6]

Куда же сатана направляет свои раскаленные стрелы (Еф. 6:16)? Павел дает ясный ответ в 2 Коринфянам 11:3: «Но боюсь, чтобы, как змий хитростью своею прельстил Еву, так и ваши умы не повредились, уклонившись от простоты во Христе».

Греческие слова, переведенные как «умыслы» в 2 Коринфянам 2:11 и «козни» в Ефесянам 6:11, говорят о воздействии сатаны на разум. Сатана манипулирует разумом христиан. Человеческий ум—его главная мишень. Мысли христианина становятся полем битвы за духовное влияние. Эта истина подтверждается тем, что Писание часто говорит, как важно верующим иметь духовно здравый ум (Матф. 22:37; 1 Пет. 1:13; Рим. 12:2; 2 Кор. 4:4; 10:5; Флп. 4:8; Кол. 3:2).

Чего добивается сатана, стремясь поразить ум христианина? Прежде чем ответить на этот важный вопрос, нужно рассмотреть два текста Писания:

...Потому что, каковы мысли в душе его, таков и он... (Прит. 23:7)

Как вода отражает лицо, так человеческое сердце—человека (Прит. 27:19, НРП).

Каков человек внутри, таков он и снаружи. Поэтому сатана пытается развратить разум, чтобы развратить жизнь. *Главная цель сатаны в жизни христиан— заставить их думать вопреки Божьему Слову и потому поступать против Божьей воли.* Пуританский проповедник XVII века Томас Ватсон сказал так: «Сатана... [создал] искусное произведение—сеть, с помощью которой он затягивает миллионы людей в ад. Он знает, что если ему удастся удержать их от веры в истину, то он сможет удержать их от послушания»[7].

Каждый военачальник, прежде чем вступить в бой, старается тщательно проанализировать данные разведки о враге. Необходимые разведданные о сатане записаны в Библии. Поэтому незнание врага никогда не будет оправданием для поражения. Бог дал христианам бесспорное преимущество в борьбе, снабдив их подробной информацией о враге.

ОГНЕННЫЕ СТРЕЛЫ САТАНЫ[8]

Сатана достигает своих целей, используя несколько тщательно разработанных порочных стратегий в жизни христианин. У него есть четыре основные задачи в отношении верующих. Если сатана сможет выполнить одну или несколько из

---

[6] Этот раздел адаптирован из: Мэйхью Р. Разоблачение сатаны: Разоблачение козней дьявола и библейская стратегия ответного удара. Киев: Grace Publishing International, 2008. С. 24–27.

[7] Ватсон Т. Десять Заповедей. Б. м.: Dutch Reformed Tract Society, 2002. С. 12.

[8] Этот раздел адаптирован из: Мэйхью. Разоблачение сатаны. С. 29–32.

них, то он будет на пути к цели. Важно понимать эти задачи, так как нападки сатаны будут соответствовать одной или нескольким из этих четырех широких категорий.

Во-первых, сатана будет пытаться *исказить или отвергнуть истину Божьего Слова*. Именно так в Матфея 16 он уловил Петра. Однако Иисус раньше уже отверг хитрость сатаны, и дьяволу не удалось одержать победу над Христом (Матф. 4:1–11). Сатана даже лишает неверующих доступа к Слову Божьему, что иллюстрирует семя, падающее на твердую почву в притче Христа о сеятеле (Матф. 13:3–4, 18–19).

Во-вторых, сатана будет стараться *дискредитировать свидетельство Божьего народа*. Эта стратегия была успешной в случае с Ананией и Сапфирой (Деян. 5:1–11). Сатана также пробует ее на служителях (1 Тим. 3:7).

В-третьих, сатана будет нападать на душу, пытаясь *угасить или уничтожить рвение верующих к делу Божьему*. Адский рыкающий лев пытался так поступить с Павлом (2 Кор. 12:7–10) и Петром (Лук. 22:31–34).

В-четвертых, если сатане удастся *ослабить эффективность Божьего народа*, он продвинется в достижении своих целей. Боль, причиненную такими нападками, испытывал Давид (1 Пар. 21:1–8); ее также испытывают новообращенные (1 Тим. 3:6).

В каждой стратегии сатана использует разные тактические приемы или частные методы ведения духовной войны, чтобы одержать победу. В исторических повествованиях и дидактических текстах Библия называет более 20 уловок сатаны. Если верующие будут мыслить так, как мыслит Бог, и расстраивать козни сатаны, он не сможет причинить им вреда. Христианам обещана победа, если они позволят Слову Божьему вселяться в них обильно (Кол. 3:16).

Библия разоблачает разные виды дьявольской идеологии, которые сатана на протяжении истории пытается навязывать людям. Следует отметить, что все они представлены в современном мирском мышлении. Ниже перечислены описанные в Библии уловки сатаны, выраженные от первого лица, сгруппированные согласно его четырем основным стратегиям. Для каждого ядовитого метода, предназначенного для обмана, дается противоядие Божьей истины.

Первая стратегия противника. Сатана будет пытаться *исказить или отвергнуть истину Божьего Слова*.

1. *Сенсуализм*: привлекательность и желательность заменили для меня Слово Божье как норму для определения, что лучше для моей жизни (Быт. 3:1–6). Божья истина: 2 Тимофею 3:16–17
2. *Сенсационализм*: я считаю, что успех прямо сейчас более желателен, чем успех в угодное Богу время (Матф. 4:1–11). Божья истина: 1 Коринфянам 1:18–25
3. *Универсализм*: поскольку все мы живем в этом мире с одинаковыми несовершенствами, то все мы будем жить вместе и в вечности (Матф. 13:24–30). Божья истина: Иоанна 1:12–13; 3:36; 5:24

4. *Рационализм:* я заменю простую детскую веру, укорененную в Слове Божьем, на человеческий разум (Матф. 16:21–23).
Божья истина: Исаии 55:9

5. *Экзистенциализм:* я хозяин своей судьбы и капитан своей души (2 Кор. 4:4).
Божья истина: Иоанна 3:16–21

6. *Иллюзионизм:* я без всякого исследования верю, что все от Бога, если оно кажется таким или притязает на это (2 Кор. 11:13–15).
Божья истина: Второзаконие 13:1–5; 1 Иоанна 4:1–4

7. *Экуменизм:* я верю, что во всех искренних религиях есть допустимые выражения поклонения истинному Богу (Откр. 2:9; 3:9).
Божья истина: Деяния 4:12

8. *Гуманизм:* я сам могу победить сатану без Божьей помощи (Иуд. 9).
Божья истина: Иоанна 15:5

Вторая стратегия противника. Сатана будет стараться *дискредитировать свидетельство Божьего народа.*

1. *Ситуационизм:* я верю, что Слово Божье достаточно гибко, чтобы подправить его, когда этого требует ситуация (Деян. 5:1–11).
Божья истина: Псалом 118:89

2. *Индивидуализм:* моя главная ответственность в браке состоит в том, чтобы доставлять удовольствие себе, а не своему партнеру (1 Кор. 7:1–5).
Божья истина: Ефесянам 5:22–25

3. *Изоляционизм:* моя репутация не повлияет ни на кого, кроме меня (1 Тим. 3:7).
Божья истина: 2 Царств 12:14; 1 Тимофею 6:1; Титу 2:5

4. *Гедонизм:* поскольку Бог освободил меня от обязанности заботиться о доме, я свободен угождать себе, получая поддержку от церкви (1 Тим. 5:14–15).
Божья истина: 2 Фессалоникийцам 3:10

Третья стратегия противника. Сатана будет стремиться *угасить или уничтожить рвение верующих к делу Божьему.*

1. *Материализм:* я ценю материальные и физические благословения выше моих духовных отношений с Иисусом Христом (Иов. 1:1–2:13).
Божья истина: Матфея 6:33

2. *Пораженчество:* поскольку я потерпел неудачу, я больше не гожусь для служения Царю (Лук. 22:31–34).
Божья истина: Псалом 31:1–7

3. *Негативизм:* из-за своей слабости я не могу быть полезен для Бога (2 Кор. 12:7–10).
Божья истина: Филиппийцам 4:13

4. *Пессимизм:* из-за трудных обстоятельств в моей жизни я сомневаюсь, смогу ли я вообще сделать что-нибудь важное для Бога (1 Фес. 2:17–3:2).
Божья истина: Псалом 36:23–24

Четвертая стратегия противника. Сатана будет стремиться *ослабить эффективность Божьего народа.*

1. *Эготизм:* то, какой я или чего я достигну, объясняется моими достижениями, а не действиями Бога в моей жизни (1 Пар. 1:1; 1 Тим. 3:6).
   Божья истина: Иеремии 9:24–25; 1 Петра 5:6

2. *Номинализм:* раз я спасен и мои грехи прощены, мой нынешний образ жизни не имеет значения (Зах. 3:1–5).
   Божья истина: 1 Иоанна 2:1–6

3. *Культизм:* мое спасение будет основано на делах, а не на вере в Иисуса Христа (Лук. 22:3–6).
   Божья истина: Ефесянам 2:8–9

4. *Униформитарианизм:* мои отношения с согрешающими верующими останутся такими же, несмотря на их покаяние и перемену отношений с Богом (2 Кор. 2:5–11).
   Божья истина: Ефесянам 4:32

5. *Ассертивизм:* для меня полезно выпускать гнев часто и подолгу (Еф. 4:26–27).
   Божья истина: Иакова 1:19–20

ПРОТОТИПИЧЕСКАЯ АТАКА[9]

Самой массированной и далеко идущей атакой, когда-либо предпринятой сатаной, была его первая атака на Адама и Еву. Хотя она была направлена только против двух людей, ее последствия затронули все человечество, поскольку с тех пор все рождаются мертвыми в грехе (Еф. 2:1–3). Вот почему Иисус сказал, что сатана — «отец лжи» и человекоубийца от начала (Иоан. 8:44). Это была опосредованная, косвенная причина всех грехов, которая ведет к непосредственной, явной греховной деятельности.

Этот величайший из всех обманов с самыми разрушительными для человечества последствиями описан в Бытии 3. Сатана, мастер обмана, соблазнил Еву отвергнуть истинность Божьих слов, а затем действовать независимо от Бога. Прародители Адам и Ева были обмануты дьявольской хитростью, и с тех пор от последствий этого страдают все люди. С тех пор пять аспектов этой атаки составляют прототипический метод сатаны для нападок на человечество.

Скрытность. В Бытии 3:1 сатана предстает искусно замаскированным под змея. Слово, переведенное как «хитрее», может использоваться и в положительном, и в отрицательном смысле. Здесь по контексту оно используется в отрицательном смысле. То же самое слово используется в книге Иисуса Навина 9:4 по отношению к жителям Гаваона, которые обманули Иисуса Навина и вождей Израиля. Точно так же сатана пришел к Еве, скрываясь под обликом змея.

Беседа. Сатана заговорил с женщиной. На первый взгляд, это казалось невинной беседой о Боге, но сатана затеял его ради обмана. Он, по сути, сказал: «Всего один вопрос, Ева. Я хочу убедиться, что правильно понял. Действительно ли Бог

---

[9] Этот раздел адаптирован из: Richard Mayhue, *Bible Boot Camp: Spiritual Battles in the Bible and What They Can Teach You* (Fearn, Ross-shire, Scotland: Christian Focus, 2005), 44–53. Используется с разрешения Christian Focus.

сказал вам не есть ни от какого дерева в саду?» Чего Ева не знала, так это того, что вступила в битву с величайшим партизаном всех времен.

К концу Бытия 3:1 сатана применил против Евы три приема, оказавшихся роковыми. Во-первых, он разделил, чтобы победить. Он не подошел к Адаму и Еве вместе как к мужу и жене, а выделил только Еву и завел с ней как будто невинный диалог. Это указывает на то, какое большое значение Бог придает единству супругов, потому что они укрепляют, ободряют, наставляют и назидают друг друга.

Во-вторых, сатана застал Еву врасплох неожиданной и явно волнующей встречей. То есть он сделал нечто настолько удивительное и неожиданное, что это вывело Еву из равновесия. В этот момент она не пребывала в Божьем присутствии, иначе наверняка осознала бы опасность.

В-третьих, он задал как будто невинный вопрос. Он якобы пришел с желанием узнать, что сказал Бог. Однако древнееврейская грамматическая конструкция указывает, что вопрос сатаны подразумевал не поиск информации, а насмешку. Возможно, было бы лучше сказать: «Неужели Бог и правда сказал, что...» Современный парафраз звучал бы так: «Ты, наверно, шутишь, Ева. Ведь *на самом деле* Бог не говорил, что вам нельзя есть ни от какого дерева в раю, правда?»

Сомнение. На этот вопрос легко ответить, потому что ответ записан в Бытии 2:16–17. Бог не сказал, что им нельзя есть ни от какого дерева в раю. На самом деле Бог сотворил для их жизни первозданную обстановку; все было абсолютно совершенным. Был только один запрет.

Однако, пересказывая то, что сказал Бог, Ева мысленно начала сомневаться в неизбежности смерти и суда. Можно заметить, что сатана мастерски посеял семя сомнения и смотрел, как Ева его взращивает. Вскоре это семя стало явным отрицанием правдивости, надежности и авторитетности Бога.

Отрицание. В Бытии 3:4–5 сатана скормил Еве пять порций лжи, замаскированной под полуправду. Первая ложь утверждала, что Ева не умрет. Как видно в тексте оригинала, сатана категорически отрицал, что вкушение плода с запретного дерева приведет к смерти. Истина была в том, что, вкусив плод, они не умерли физически сразу. Однако они мгновенно умерли духовно в своих отношениях с Богом. *Смерть* означает разделение. Адам и Ева мыслили только в физической сфере. Тем не менее, когда они вкусили плод, их грех духовно разделил их с Богом. Эта духовная смерть привела к последующей физической смерти.

Вторую ложь можно вывести из Бытия 3:4. Сатана подразумевал, что если Бог сказал, что они умрут, а они не умерли, то слово Бога ненадежно. А если оно ненадежно, то нет никаких оснований верить ему или жить по нему. Сомнение Евы быстро перешло в отрицание, и она решительно отвергла авторитет Божьего слова. Тем самым она изменила ход жизни не только для себя и своей семьи, но и для всего человечества.

Затем прозвучала третья ложь: «...но знает Бог, что в день, в который вы вкусите их, откроются глаза ваши, и вы будете, как боги, знающие добро и зло» (Быт. 3:5). Почти все из сказанного сатаной было правдой, но он не упомянул один важный факт. Адам и Ева по своей природе не были неизменно святыми, как Бог. Они были уязвимы для греха, если в их жизни было непослушание. Они ослушались и съели плод. Они согрешили, и Бог осудил их. Они были прокляты вместе со змеем и миром. С тех пор все человечество находится под проклятием греха. Они и все остальные люди на личном опыте познали «добро» и «зло». Конечная цель лжи сатаны заключалась в том, чтобы очеловечить Бога и обожествить человека; сказать, что Бог может стать подобным человеку, а человек — стать как Бог. Эта ложь существует во многих культах и сегодня.

Четвертая ложь также появляется в Бытии 3:5. Сатана попытался взломать ум Евы мыслью, что Бог хочет ревностно сохранить Свою уникальность и Свою божественность, не деля ее ни с кем. Сатана подразумевал, что это плохо, а не хорошо. Кроме того, получалось, что Бог Своим запретом защищал не безгрешность человека, а Свою божественность.

Последняя ложь оказалась самой наглой: «Я, сатана, больше всего забочусь о ваших интересах. Верьте мне, а не Богу». Таков итог их беседы. Все эти пять лживых высказываний сатана переплел в мощной атаке, чтобы поразить Еву мыслью, что Слово Божье неверно и ненадежно, а потому она должна следовать желаниям своего сердца, а не предписаниям Божьего Слова.

Суждение. Научный метод появился не в XIX веке. Он возник не с промышленной революцией. Скорее, его корни восходят к 3-й главе Бытия, когда Ева сделала вывод, что единственный способ решить, прав Бог или неправ, — это испытать Его своим разумом и чувствами. Независимое эмпирическое исследование началось с Евы в Эдемском саду.

Говоря о тех, кто пошел по пути Евы, а затем Адама, Павел выразил это так: «Они заменили истину Божию ложью, и поклонялись, и служили твари вместо Творца...» (Рим. 1:25). К этому времени Ева, по сути, поверила в ложь сатаны и считала, что теперь у нее есть выбор. Она могла выбрать либо вкусить, либо воздержаться. Слово Божье для нее больше не было авторитетным; оно больше не диктовало, что правильно, а что неправильно в ее жизни. Слово Божье больше не было обязательным, потому что неожиданно появились другие варианты.

Бытие 3:6 описывает размышления Евы: «И увидела жена, что дерево хорошо для пищи, и что оно приятно для глаз и вожделенно, потому что дает знание; и взяла плодов его и ела; и дала также мужу своему, и он ел». Здесь видно зарождение «научного метода» — независимого эмпирического исследования. Ева решила испытать дерево, чтобы увидеть, кто прав: Бог или сатана.

Она устроила дереву три испытания, первое из которых было испытанием на физическую ценность. Ева осмотрела дерево и увидела, что оно хорошо для пищи. Дерево обладало питательной ценностью («похоть плоти», 1 Иоан. 2:16).

На основании этого положительного ответа она провела второе испытание. Ева обнаружила, что дерево приятно для глаз («похоть очей», 1 Иоан. 2:16). Оно не только могло принести пользу для питания тела, но и обладало эмоциональной или эстетической ценностью. Дерево было привлекательным. Оно не вызывало у нее неприятных ощущений. Говоря современным языком, дерево радовало глаз.

Но Ева все еще не была удовлетворена. Возможно, она подумала: «Пожалуй, нужен еще один шаг». И в своем третьем испытании она посмотрела и увидела, что дерево желанно, потому что дает знание. Оно имело интеллектуальную ценность. Дерево позволило бы ей обладать мудростью, подобно Богу («гордость житейская», 1 Иоан. 2:16).

В своих рассуждениях Ева испытывала Бога. Она видела, что дерево действительно хорошее. Оно удовлетворяло ее физические, эстетические и интеллектуальные потребности. Итогом стало непослушание, так как Ева отвергла Божьи наставления, взяла плодов дерева и ела (Быт. 3:6).

Битва в Бытии 3 была сначала за разум, а потом за душу. Она состояла в том, чтобы заставить Еву думать вопреки Божьему Слову. Когда Ева приняла ложное мышление, она приняла ложные мотивы, ложные ответы и ложные действия. Она поддалась уловке сенсуализма, когда истину как Божье мерило блага для жизни пытаются заменить привлекательностью и желательностью. Значение сенсуализма крайне велико в обществе, жаждущем денег, вещей и удовольствий.

Сатана борется прежде всего за ум. Он завлекает людей, чтобы они мыслили его понятиями, и чтобы затем, через сомнение и отрицание, откладывали Слово Божье в сторону и оценивали жизнь сквозь призму своих чувств, даже если их выводы исказят Божью истину.

Смерть. «И открылись глаза у них обоих, и узнали они, что наги, и сшили смоковные листья, и сделали себе опоясания» (Быт. 3:7). Ум Адама и Евы подвергся изменениям, и они внезапно осознали зло. Они вдруг увидели свою наготу и захотели покрыть ее. Раньше, когда они были наги в саду, все для них было чисто: «И были оба наги, Адам и жена его, и не стыдились» (Быт. 2:25). Но теперь они были наги и стыдились.

Вина вошла в мир людей. «И воззвал Господь Бог к Адаму и сказал ему: „Где ты?"» (Быт. 3:9). Бог спросил, где они, не потому что Он не знал этого; Он просто хотел предупредить Адама о Своем присутствии. А Адам «сказал: „Голос Твой я услышал в раю, и убоялся, потому что я наг, и скрылся". И сказал [Бог]: „Кто сказал тебе, что ты наг? Не ел ли ты от дерева, с которого Я запретил тебе есть?"» (Быт. 3:10–11). Зло выдало их. Они были духовно отделены от Бога.

Конфликт возник и между мужчиной и женщиной. Они стали обвинять друг друга: «Адам сказал: „Жена, которую Ты мне дал, она дала мне от дерева, и я ел". И сказал Господь Бог женщине: „Что ты это сделала?"» (Быт. 3:12–13). Ева, по сути, ответила: «Я в этом не виновата, не обвиняй меня, потому что змей обольстил меня, и я ела». Она ощущала огромную вину.

Последствия греха затрагивают не только того, кто грешит, но идут гораздо дальше. Вот почему Слово Божье делает такое важное утверждение о святости в жизни верующих (1 Пет. 1:14–16). Слово Божье снова и снова приводит примеры того, как грех, совершенный одним или двумя людьми, может в итоге затронуть целые народы.

Роль сатаны как слуги

Сатана полностью заслужил титул «противника». Он был врагом Бога все время после событий в раю. Узурпировать суверенную власть Бога остается главной целью дьявола. Иногда кажется, что «бог века сего» может победить Бога творения и искупления. История его неослабевающего противостояния Богу продолжается с момента обольщения Адама и Евы в Эдемском саду (Быт. 3) до последней атаки на земное царство Христа (Откр. 20).

Однако Божья суверенность охватывает и покоряет даже худшее, что мог сделать сатана. Поэтому Павел написал церкви в Риме, что истинным верующим «все содействует ко благу» (Рим. 8:28), и затем спросил: «Если Бог за нас, кто против нас?» (Рим 8:31). Ответ в Римлянам 8:32–39 однозначно гарантирует, что никто, даже сатана, не одолеет нас!

Фактически, даже худшие нападки сатаны послужат Божьим праведным целям. На человеческом уровне Иосиф сказал своим не слишком любвеобильным братьям: «...вот, вы умышляли против меня зло; но Бог обратил это в добро...» (Быт. 50:20). Братья на самом деле были Божьими слугами. Точно так же Навуходоносор, языческий царь Вавилона, исполнял Божьи замыслы (Иер. 25:9; 43:10); как и персидский царь Кир (Ис. 44:28; 45:1). Эти могущественные монархи служили Богу. И в Писании упомянуто как минимум 14 случаев, когда так делал сатана или его бесы.

СУДЕЙ 9

Бог послал злого духа между Авимелехом и жителями Сихема. Этот инициированный Богом акт (Суд. 9:56–57) наказал обе стороны за идолопоклонство и массовые убийства (9:1–22).

ИОВА 1–2

Бог позволил сатане коснуться всего, что имел Иов (имущество и семья), но не его самого (Иов. 1:12). Хотя Иов потерял имущество и детей (1:13–19), он не проклял Бога. Наоборот, он поклонился Ему. Затем Бог дал сатане разрешение коснуться Иова физически, но не убивать его (2:6). Вскоре после этого Иова постигли ужасные страдания (2:7–8). Хотя жена побуждала Иова проклясть Бога, он этого не сделал и не согрешил своими устами (2:9–10). В обоих случаях Иов почтил Бога и доказал ложность обвинений сатаны, что он был верен Богу просто из личной выгоды. В итоге, Бог вдвойне благословил Иова за искреннюю верность, испытанную сатаной (42:10).

1 ЦАРСТВ 16

После того как Божий Дух отступил от Саула (1 Цар. 16:14), его как минимум четыре раза возмущал злой дух (бес) (16:14–16, 23; 18:10; 19:9). Только игра Давида на гуслях приносила Саулу облегчение, так что он сильно полюбил Давида и сделал его своим оруженосцем. Поэтому Давид в нужное время был рядом и убил Голиафа (17:26–49). В результате Давид обрел благоволение у народа израильского и особенно у Ионафана, сына Саула. Все это привело к тому, что впоследствии Давид стал царем (2 Цар. 2:11; 5:4–5), что всегда было в Божьих планах, осуществить которые помог один или несколько воинов сатаны (Откр. 12:7).

3 ЦАРСТВ 22 / 2 ПАРАЛИПОМЕНОН 18 [10]

В этих двух текстах не так легко понять, кто такой «дух лживый» (3 Цар. 22:21–23), чтобы это наилучшим образом объясняло факт лжепророчества в 3 Царств 22:6. Сатана вполне подходит на роль этого «духа». Наиболее вероятная и непосредственная причина этого лжепророчества—бесовская деятельность, совершаемая сатаной, но находящаяся под Божьим контролем. Некоторые возражают, что сатана не вездесущ, и он не мог повлиять на 400 пророков одновременно, но ответ на это возражение указывает на роль сатаны как правителя над бесами (Матф. 25:41). Эта связь и другие известные действия сатаны дают самое логичное богословское объяснение, что этот «дух»—сатана, а бесы—его помощники в устах лжепророков Ахава.

Влияние сатаны на 400 пророков Израиля посредством 400 бесов послужило Божьим целям как минимум в двух аспектах. Во-первых, это доказало, что Михей был подлинным пророком, потому что его пророчество против Ахава сбылось, в отличие от единодушных слов поддержки от 400 лжепророков. Во-вторых, поражение и смерть Ахава стали исполнением Божьего пророчества из уст Илии (3 Цар. 22:37–38; см. 21:17–19).

1 ПАРАЛИПОМЕНОН 21 / 2 ЦАРСТВ 24

В 1 Паралипоменон 21:1 сказано: «И восстал сатана на Израиля, и возбудил Давида сделать счисление израильтян». В последние годы у Давида не было той славы и успехов, как в юности. Сначала он согрешил в отношении Урии и Вирсавии (2 Цар. 11–12). Затем произошел конфликт между Амноном и Авессаломом (2 Цар. 13), после чего последовало восстание Авессалома и бегство Давида из дворца и столицы (2 Цар. 14–18). В довершение всего Савей начал публичную клеветническую кампанию против царя (2 Цар. 20).

---

[10] Этот раздел адаптирован из: Richard L. Mayhue, "False Prophets and the Deceiving Spirit," *MSJ* 4, no. 2 (1993): 135–163. Используется с разрешения MSJ.

Даже после всего этого Давид считал свой успех скорее следствием личных способностей, чем Божьей верности исполнять Свои обещания Израилю. Он, видимо, чувствовал, что может больше доверять размеру своей армии, чем силе Бога, особенно учитывая давление со стороны народа.

Поэтому Давид призвал своего племянника и военачальника царской армии Иоава и приказал: «Пойдите исчислите израильтян, от Вирсавии до Дана, и представьте мне, чтоб я знал число их» (1 Пар. 21:2). Давид уступил сложности ситуации, давлению людей и неослабевающим ударам сатаны. Иоав ответил на требование Давида: «Да умножит Господь народ Свой во сто раз против того, сколько есть его. Не все ли они, господин мой царь, рабы господина моего? Для чего же требует сего господин мой? Чтобы вменилось это в вину Израилю?» (1 Пар. 21:3). Иоав решительно выступил против переписи, но воля царя возобладала.

Давид обошел две преграды, задуманные Богом именно для того, чтобы избежать такой беды. Во-первых, он оставил без внимания Божий принцип, что надо обращаться к нескольким советникам:

> При недостатке попечения падает народ,
> а при многих советниках благоденствует (Прит. 11:14).

> Поэтому с обдуманностью веди войну твою,
> и успех будет при множестве совещаний (Прит. 24:6).

Во-вторых, Давид не внял Божьему совету. Возможно, он сам записал эти слова: «Не спасется царь множеством воинства; исполина не защитит великая сила. Ненадежен конь для спасения, не избавит великою силою своею» (Пс. 32:16–17). Давид греховно понадеялся на себя и свою армию, а не на Бога, столько раз избавлявшего его. Именно здесь, где эгоизм возобладал в мышлении Давида, сатана одержал победу. Бог использовал сатану (2 Цар. 24:1; см. 1 Пар. 21:1), чтобы испытать смирение Давида, и царь потерпел сокрушительное поражение.

ЗАХАРИИ 3

Сатана не раз представал перед Богом на небесах и заявлял, что Божьи люди недостойны Господа. Так, он обвинял Иова в нечистых побуждениях (Иов. 1:9–11; 2:4–5), а верующих—в том, что они недостойны спасения (Откр. 12:10–11). В Захарии 3 он обвинял Израиль в том, что они недостойны получить Божье благословение.

Место действия напоминает суд. Сатана стоит справа, на месте обвинения по закону (см. Пс. 108:6), и обвиняет первосвященника Иисуса, вернувшегося в землю с первой группой переселенцев во главе с Зоровавелем (см. Ездр. 3:2; 5:2; Агг. 1:1). О том, что Иисус представлял весь народ, говорит следующее: (1) важное место народа в этих видениях; (2) запрет, данный в Захарии 3:2, основан на Божьем избрании Иерусалима, а не на самом Иисусе; (3) указание в Захарии 3:8, что Иисус и другие священники—символ будущего Израиля; (4) упоминание земли в Захарии 3:9.

Злобный обвиняющий противник стоит перед Господом, чтобы объявлять о грехах Израиля и называть его недостойным Божьего благоволения[11]. Ситуация выглядит критической: если Иисус будет оправдан, Израиль будет принят; если же Иисус будет отвергнут, Израиль тоже будет отвергнут. Развязка покажет весь Божий план для народа. Надежды Израиля либо погибнут, либо утвердятся.

Используя выражение «запятнанные одежды» (Зах. 3:3–4)—самое отвратительное, мерзкое описание нечистоты, обозначающее экскременты,—пророк изобразил священство и народ в обычном для них состоянии осквернения (Ис. 4:4; 64:6). Это стало основой для обвинений сатаны, что народ нравственно нечист и недостоин Божьей защиты и благословения.

Бог ответил, что хотя Он выполнит Свое обещание оправдать Израиль и восстановить его как народ священников, чтобы они служили в Его доме, хранили Его дворы и имели свободный доступ в Его присутствие, и все это на основании Его суверенной избирающей любви, а не по человеческим делам или заслугам, но это не исполнится до тех пор, пока Израиль не станет верным Господу. Это обещание ожидает, пока исполнится пророчество Захарии 12:10–13:1. Господь употребил обвинения сатаны, чтобы объявить, что Израиль не лишился обещаний, данных Богом Аврааму и Давиду.

МАТФЕЯ 4[12]

Сам Бог никогда никого не искушает (Иак. 1:13), но здесь, как и в книге Иова, Он предопределяет и использует сатанинские искушения, чтобы достичь Своих суверенных целей. Христос был искушен во всех человеческих немощах (1 Иоан. 2:16; Евр. 4:15): сатана искушал Его, используя «похоть плоти» (1 Иоан. 2:16; см. Матф. 4:2–3), «похоть очей» (1 Иоан. 2:16; см. Матф. 4:8–9) и «гордость житейскую» (1 Иоан. 2:16; см. Матф. 4:5–6).

Когда сатана говорит: «Если Ты Сын Божий...» (Матф. 4:3, 6), условный союз «если» в этом контексте имеет значение «поскольку». У сатаны не было сомнений, Кто такой Иисус, но его замысел заключался в том, чтобы заставить Иисуса нарушить Божий план и использовать божественную силу, которую Он отказался использовать в Своем уничижении (см. Флп. 2:7).

Все три ответа Иисуса дьяволу взяты из книги Второзаконие. Первый—из Второзакония 8:3, где сказано, что Бог допустил голод в Израиле, чтобы питать народ манной и научить их доверять Господу в том, что Он позаботится о них. Поэтому данный стих непосредственно применим к обстоятельствам, в которых находился Иисус, и служит подходящим ответом на искушение сатаны, чтобы Иисус исполнял желания плоти.

---

[11] Этот абзац адаптирован из «Учебной Библии с комментариями Джона Мак-Артура» (Б. м.: Славян. еванг. о-во, 2011. С. 1325).

[12] Этот раздел адаптирован из «Учебной Библии с комментариями Джона Мак-Артура» (С. 1381–1382).

Во втором случае сатана также процитировал Писание (Матф. 4:6; см. Пс. 90:11–12), но совершенно исказил его смысл, используя текст о доверии Богу, чтобы оправдать Его искушение. Христос ответил (Матф. 4:7) еще одним стихом из истории странствования Израиля в пустыне (Втор. 6:16), напомнив события в Массе, где роптавшие израильтяне решили испытать Бога, гневно потребовав, чтобы Моисей дал воду там, где ее не было (Исх. 17:2–7).

Наконец, Христос процитировал Второзаконие 6:13–14, снова напомнив о странствиях израильтян в пустыне. Христос, как и они, был поведен в пустыню для испытания (см. Втор. 8:2). В отличие от них Он выдержал все аспекты этого сурового испытания.

Сатане не удалось искусить Христа к греху, и это показало как минимум три важные истины о божественной природе Христа: Его неспособность грешить, Его непоколебимую верность истине Слова Божьего и Его превосходство и власть над сатаной.

ЛУКИ 22

Сатана требовал просеять Петра, как пшеницу, и Христос удовлетворил его просьбу (Лук. 22:31). Но Христос также молился, чтобы Петр восстановился, духовно укрепившись испытанием, и смог повести учеников (22:32). Хотя Петр не мог представить, что когда-либо подведет Христа (22:33), Иисус решительно заявил, что вскоре он трижды отречется от Него (22:34).

После того, как Петр трижды отрекся от Христа, он вышел и горько плакал (22:62). Но чувство Божьей любви, милости и благодати, должно быть, коснулось Петра, потому что несколько дней спустя он снова был среди учеников. Одиннадцать собрались вместе после распятия Христа, и когда женщины сообщили им о Его воскресении (24:10–11), Петр вместе с Иоанном побежал к гробнице, чтобы увидеть, правда ли это (24:12). Он принял факт своего падения и потому смог воссоединиться с учениками. Ученики открыто приняли его не только благодаря его честному признанию, но и потому, что знали со слов Христа, что ловушку ему подстроил сатана.

Петр был там, когда позже в тот же вечер Христос явился ученикам, собравшимся за закрытыми дверями (24:36–43). Он мог смотреть в лицо Спасителю, потому что признал свой грех и обратился от него, как и говорил ему Иисус. Позже Господь восстановил Петра в служении. Во время завтрака у моря Он сказал ему: «Паси агнцев Моих. <…> Паси овец Моих. <…> Паси овец Моих» (Иоан. 21:15–17). Учитель снова подтвердил Свое доверие Петру и его способность служить.

Как у жала Павла было две стороны, одна для сатаны, а другая—для Бога, так и у просеивания Петра. Теперь он понимал и ярость сатаны, почти уничтожившую его служение, и Божью силу, поддерживавшую его в борьбе. Поэтому неудивительно, что в день Пятидесятницы Петр бесстрашно вышел вперед как главный глашатай Бога. Петр стал ведущей фигурой в утверждении церкви, как показано в Деяниях 1–12.

ИОАННА 13

В том, что касается смерти Христа, сатана послужил Богу самым необычным и неожиданным образом. Перед пасхальным ужином сатана вошел в Иуду (Лук. 22:3–6; см. Иоан. 13:2), и тот начал сговариваться с первосвященниками, как предать Христа. Во время ужина сатана снова вошел в Иуду, и Иисус отправил его скорее осуществить свой коварный замысел (Иоан. 13:27). Бог употребил сатану, чтобы инициировать события, произошедшие рано утром, которые привели к смерти Христа.

Неудивительно, что в этом участвовал сатана, а также Иуда. Но это высший пример того, как Бог использовал сатану в роли слуги, чтобы он стал катализатором того, что Бог на самом деле запланировал в вечном прошлом. Поразительно, что это привело к освобождению верующих от дьявольского господства в царстве тьмы:

> Мужи израильские! Выслушайте слова сии: Иисуса Назорея, Мужа, засвиде-
> тельствованного вам от Бога силами и чудесами и знамениями, которые Бог
> сотворил через Него среди вас, как и сами знаете, Сего, по определенному совету
> и предведению Божию преданного, вы взяли и, пригвоздив руками беззаконных,
> убили; но Бог воскресил Его, расторгнув узы смерти, потому что ей невозможно
> было удержать Его (Деян. 2:22–24).

ДЕЯНИЯ 5

Неудивительно, что «отец лжи» (Иоан. 8:44) вложил в сердце Анании мысль солгать Духу Святому (Деян. 5:3). У Анании был соучастник—его жена Сапфира. Как следствие, оба были поражены Богом на глазах у иерусалимской общины (Деян. 5:5, 10).

Почему Бог был так строг? Почему Он не так суров с неверующими, которые лгут? Петр пишет, что суд начинается с дома Божьего (1 Пет. 4:17). Позже Павел предупреждал коринфян, что, поскольку они осквернили вечерю Господню, некоторые были немощны и больны, а кто-то и умер из-за Божьего суда (1 Кор. 11:29–30). Иоанн обратил внимание на отрезвляющий факт, что грех может привести к физической смерти (1 Иоан. 5:16).

Бог употребил сатану, чтобы последствия лжи Богу запечатлелись в умах и памяти тех, кто там был (Деян. 5:11), кто об этом слышал (5:5, 11), и неверующих в городе (5:13). Новый, более высокий уровень страха перед Богом охватил всех там и всех, кто читал об этом позже. «Страшно впасть в руки Бога живого!» (Евр. 10:31).

1 КОРИНФЯНАМ 5

Коринфская церковь мирилась с кровосмесительной связью мужчины со своей мачехой (1 Кор. 5:5). Поэтому человека, впавшего в такое крайне извращение, Павел предал или передал (греч. *paradidōmi*, см. Лук. 24:20) сатане, то есть он был отлучен от церкви (1 Кор. 5:13), и теперь к нему следовало относиться, как к неверующему (см. Матф. 18:17; 1 Кор. 5:11; 2 Фес. 3:14). То же самое говорится о богохульниках Именее и Александре (1 Тим. 1:20). Как в случае с уклонением от святого поведения, так и в случае с уклонением от святых верований, сатана может послужить Божьим целям в области церковной дисциплины, когда отсутствует покаяние. В обоих случаях чувствуется надежда, что эти люди в итоге обратятся с верой к Христу.

2 КОРИНФЯНАМ 12

В 2 Коринфянам 12:7 Павел описал, как после видений третьего неба ему было дано «жало в плоть, ангел сатаны, удручать» его. С одной стороны, Бог использовал вестника сатаны, чтобы не дать Павлу возгордиться. С другой стороны, дьявол пытался разрушить веру Павла своим острым «жалом», как называли большой заостренный кол, которым можно было серьезно ранить или покалечить противника.

Что представляло собой это жало? Чаще всего жалом Павла считают физическую проблему, так как жало было «в плоть». Среди прочего называют малярию, эпилепсию, головные боли и проблемы с глазами. Однако, учитывая использование этого термина в Ветхом Завете, напрашивается еще несколько вариантов. В Ветхом Завете это образное выражение встречается четыре раза (Чис. 33:55; И. Нав. 23:13; Иез. 28:24; Ос. 2:6). Три раза оно относится к людям, и один раз — к обстоятельствам жизни. Как и в Осии 2:6, жалом Павла могли быть неблагоприятные обстоятельства, которые он переносил, служа Господу (2 Кор. 11:23–28). Но в виду того, как это выражение чаще всего используется в Ветхом Завете, и ввиду контекста 2 Коринфянам, жалом Павла, скорее всего, были люди, которые были для него «бельмом на глазу» или «головной болью», вполне возможно, потому что это были одержимые бесами лжеучители. Этим критериям соответствовали Александр медник (2 Тим. 4:14), Именей и Филит (2 Тим. 2:17–18), Елима (названный Павлом «сыном диавола», Деян. 13:10), а также сами коринфяне.

Сатана умышлял жало во зло, а Бог предназначил и использовал его во благо. И то, и другое помогло Павлу. Жало вернуло его к реальности, лучше всего описанной Петром: «Итак смиритесь под крепкую руку Божию, да вознесет вас в свое время. Все заботы ваши возложите на Него, ибо Он печется о вас» (1 Пет. 5:6–7).

Страдания Павла побуждали его молиться (1 Кор. 12:8). Как Иисус трижды молился в Гефсимании, так молился и Павел. Он молился, чтобы жало, будь то физические обстоятельства или люди, было удалено. Он воспринимал его как препятствие для служения и для дела Божьего. Ему потребовалось новая глубина понимания, которую дал Господь, употребивший сатанинское жало для духовной пользы Павла, подняв его на новый уровень смирения и упования на Бога.

2 ФЕССАЛОНИКИЙЦАМ 2

Бог говорит, что настанет время, когда Он пошлет «действие заблуждения» (2 Фес. 2:11, букв. «действие обмана»), взяв от среды удерживающего (2:6–7) и позволив неразбавленной и необузданной сатанинской лжи наполнить всю землю (2:9–12). Сатана на время получит большую свободу давать людям именно то, во что они хотят верить, то есть ложь (Иоан. 8:44; 1 Иоан. 2:21; Рим. 1:25). Человечество ничем не будет удерживаться (2 Фес. 2:7) от веры в главную ложь сатаны, что антихрист—это Бог, и спасение достигается через него.

ОТКРОВЕНИЕ 13

В середине 70-й седмины Даниила (Откр. 13:5) объявится сатанинская троица. Это злодейское трио включает сатану (дракон из 13:2–4; см. 12:9; 20:2), антихриста (зверь из 13:1–10) и лжепророка («другой зверь» из 13:11–17). Сатана наделит антихриста своими враждебными силами (13:2, 4).

Всемирный обман будет продолжаться 42 месяца (13:5), пока второе пришествие Христа (19:11–20:3) не прекратит это дьявольское владычество, после чего Царь Иисус будет править тысячу лет (20:4–6). Во всем этом сатана действует как Божий слуга, готовя все для победного пришествия Христа и начала Его Тысячелетнего царства на земле.

Итак,

Библия изображает сатану как непримиримого Божьего врага со злыми замыслами по отношению к человечеству; однако это не делает его равным Богу или действующим вне божественного контроля. В начале книги Иова, самого старого текста, в котором говорится… о сатане… он явно показан как тот, кто подчиняется Богу и действует только в пределах, установленных для него Богом. …Эта базовая идея, что сатана находится под божественным контролем, встречается неоднократно. Эта мысль может создавать определенную степень напряженности с представлением о сатане как о враждебной силе, но это одна из постоянных тем Библии. Сатана—враг Бога, но он также Его слуга[13].

Защита христианина

БОЖЬЯ ЗАЩИТА[14]

Основной текст, который говорит о духовных доспехах и оружии—это Ефесянам 6:10–20, где сказано о Божьем всеоружии (греч. *panoplia*). В других местах Павел также упоминает оружие света (Рим. 13:12), оружие праведности (2 Кор. 6:7) и оружие воинствования нашего (2 Кор. 10:4).

Пояс истины. Во дни Павла воины носили тунику, большой квадратный кусок ткани с отверстиями для головы и рук. Она свободно свисала вниз, так что

---

[13] Sydney H. T. Page, "Satan: God's Servant," *JETS* 30, no. 3 (2007): 465.

[14] Этот раздел адаптирован из: John MacArthur, *Standing Strong: How to Resist the Enemy of Your Soul*, 3rd ed. (Colorado Springs: David C. Cook, 2012), 97–98, 117–118, 128–129, 140–142, 154–157, 180. Copyright © 2012 by John MacArthur. Используется с разрешения издателя David C. Cook.

солдат стягивал ее поясом вокруг талии. Готовясь к сражению, воин заправлял четыре конца туники за пояс. Это позволяло ему более свободно двигаться в рукопашном бою.

Римские воины обычно носили через плечо портупею, сзади и спереди пристегнутую к поясу. К портупее крепился меч, а также украшения или медали за битвы. После того, как римский воин надевал пояс, пристегивал портупею и прикреплял меч, он был готов к бою.

В духовной сфере христиане должны препоясываться «истиною» (Еф. 6:14). Это может подразумевать содержание истины (т. е. Писание) или правдивое, искреннее, честное и целомудренное отношение. Поскольку Павел называет Писание духовным оружием в Ефесянам 6:17, то здесь он имеет в виду настрой христианина. Верующие, препоясывающиеся истиной, имеют мужество для битвы благодаря посвященности Христу и Его делу.

Броня праведности. У римских воинов были разные виды брони. Некоторые были сделаны из свисавших вдоль тела толстых полос холста. На этих полосах крепились сцепленные пластинки из металла или из копыт и рогов животных.

Однако самым привычным типом брони была металлическая нагрудная пластина, покрывавшая жизненно важные области туловища от шеи до верхней части бедер. Воину нужно было защищать эту область, потому что сражение часто велось в рукопашном бою с коротким мечом (греч. *machaira*).

Броня покрывала две ключевые области: сердце и жизненно важные органы, которые евреи называли «внутренностями» (см. Ис. 59:17; 1 Фес. 5:8). В еврейской культуре сердце символизировало разум или процесс мышления (напр., Прит. 23:7), а внутренности ассоциировались с эмоциями, поскольку они могли влиять на кишечник. Разум и чувства охватывают все, что побуждает человека действовать.

Бог дал броню праведности (Еф. 6:14), чтобы защитить и разум, и чувства. Какая именно праведность имеется в виду? Это практическая, личная праведность истинного верующего, которая появляется в нем при возрождении и затем укрепляется Святым Духом, так что христианин постепенно становится все более и более похожим на Христа (2 Пет. 3:18; 2 Кор. 3:18).

Обувь готовности. Во дни Павла обычной обувью римского воина были подбитые гвоздями сандалии на толстой подошве, крепившиеся на ноге толстыми кожаными ремнями. Металлические шипы, торчавшие из подошвы, создавали хорошее сцепление с землей, помогая воину стоять во время боя и быстро двигаться, не скользя и не падая.

Обувь воина не только давала устойчивое положение ногам, но и служила защитой во время длинных переходов, покрывавших значительные участки местности. Кроме того, враги часто вкапывали в землю острые палки, чтобы поранить ноги наступавших воинов. Поэтому для защиты воины носили обувь на толстой подошве, которую нельзя было проколоть. Поранив ступню, даже лучший воин становился бесполезным.

В духовной борьбе крайне важно, чтобы верующий носил правильную обувь. Можно препоясаться посвященностью и облечься в броню святой жизни, но если верующий не будет твердо стоять, есть большая вероятность упасть. Поэтому в Ефесянам 6:15 Павел сказал, что ноги должны быть обуты «в готовность, данную Евангелием мира» (ESV).

Здесь Павел описывает оборонительные доспехи и, упоминая «готовность, данную Евангелием мира», он говорит о принятии Евангелия. Если духовный воин снаряжен Благой вестью мира, он будет защищен и способен противостоять козням врага (Еф. 6:11, 13).

Щит веры. В римской армии было несколько видов щитов. Одним из них был маленький круглый щит с загнутыми краями. Пешие воины прикрепляли его к предплечью. Он был легким, не ограничивая свободу движений воина на поле битвы. В другой руке он держал меч, которым мог наносить удары, парируя щитом удары противника.

Однако в Ефесянам 6:16 Павел говорит не о таком щите. Здесь он имеет в виду большой прямоугольный щит. Размер этого щита был 140 на 75 см. Он был сделан из толстой доски, и покрыт снаружи толстым слоем металла или кожи. Металл отражал пылающие стрелы, а кожу обрабатывали так, чтобы она гасила горящую смолу на стрелах.

В духовном смысле, когда летят пылающие стрелы лукавого, верующий может защититься, подняв щит спасающей веры (Еф. 6:16; см. Пс. 17:36). Этот щит будет настолько эффективен, что стрелы сатаны угаснут, поскольку у христиан есть все необходимое оружие, чтобы одержать убедительную победу в битве (Рим. 8:37).

Шлем спасения. В Древнем Риме шлемы делали либо из цельного металла, либо из кожи с металлическими пластинами. Шлем защищал голову воина от стрел, но его основная функция заключалась в том, чтобы выдержать удар меча с длинным и широким клинком. Этот меч (греч. *rhomphaia*) был длиной от 90 до 120 см и имел массивную рукоять, которую держали двумя руками, как бейсбольную биту. Воин должен был поднять его над головой и опустить на голову противника. Шлем был необходим, чтобы отклонить такой сокрушительный удар по черепу.

В духовной сфере верующий должен носить шлем спасения (Еф. 6:17). Что здесь имеется в виду под спасением? Есть три варианта: прошлый, настоящий или будущий аспекты спасения. Павел не имеет в виду прошлый аспект спасения. Он не говорит: «Препоясав чресла ваши истиной, одевшись в броню праведности, обув ноги в Евангелие мира и взяв щит веры, вы, кстати, должны спастись». Подразумевается, что прошлый акт спасения—уже реальность.

Поэтому Павел имеет в виду настоящий и будущий аспекты нашего спасения. Это уверенность в продолжении Божьего труда в жизни христианина и в полном, окончательном грядущем спасении. Павел упоминает шлем спасения и в 1 Фессалоникийцам 5:8–9 (см. Ис. 59:17).

Меч Духа. Павел упоминает «меч Духа» (Еф. 6:17, Кассиан). Греческое слово *machaira* означало кинжал от 15 до 45 сантиметров в длину. Воины носили его в чехле или ножнах на поясе сбоку и использовали в рукопашном бою как для обороны, так и для атаки.

Поэтому меч Духа—это не меч с широким лезвием (греч. *rhomphaia*, см. Откр. 1:16; 2:12, 16; 19:15, 21), которым просто размахивают, надеясь причинить какой-то ущерб. Коротким же мечом нужно колоть и попасть в уязвимое место, иначе он не будет эффективным. В другом месте Писания этим же греческим словом названо Слово Божье (см. Евр. 4:12).

Всеоружие (греч. *panoplia*) Божье доказало свою эффективность против уловок сатаны. Это не что-то дополнительное, но обязательное. Оно не частичное, а полное. Его наличие не обсуждается, а повелевается. С ним верующий будет силен (Еф. 6:10) и сможет стоять твердо (Еф. 6:11, 13–14).

Арсенал молитвы. Все шесть предметов духовного всеоружия можно отнести к средствам преимущественно защитного характера. Затем Павел переходит к самому эффективному наступательному ресурсу, который доступен,—к молитве (Еф. 6:18). Он отмечает шесть ее характеристик:

1. «Всякое время» говорит о частоте и продолжительности.
2. «Духом» указывает на подчинение воле Божьего Духа.
3. «Всякою молитвою и прошением» означает все разновидности молитвы.
4. «Старайтесь» подразумевает постоянное внимание к ситуации.
5. «Всякое постоянство» необходимо как в легкие, так и в трудные моменты.
6. «О всех святых» может включать молитву о себе и о других верующих.

Сила молитвы представляет собой самое эффективное оружие в духовном арсенале верующего и должна использоваться, как учит Павел.

БОЖЬИ РЕСУРСЫ

Новый Завет часто напоминает читателям, что Бог предоставил множество средств, с помощью которых христианин может побеждать сатану в этой жизни. Ниже перечислены 10 наиболее важных и ободряющих истин в Библии, которые служат для этой цели.

Победа Спасителя на Голгофе. Князь мира сего будет изгнан вон (Иоан. 12:31). Своей смертью Христос лишил силы дьявола, имеющего власть над смертью (Евр. 2:14). Верующие победили обвинителя братьев кровью Агнца (Откр. 12:11).

Обещание побеждающему. В конце концов верующие победят лукавого и его мировую систему (1 Иоан. 2:13; 5:4–5).

Ходатайственная молитва Христа. Иисус в Своей роли Первосвященника молился в горнице, чтобы Отец сохранил верующих от лукавого (Иоан. 17:15, 20, Кассиан; см. 10:28–29).

Христова защита. Христос защитит всех истинных верующих, чтобы лукавый не причинил им вечного вреда (1 Иоан. 5:18, Кассиан).

Пребывающая сила Духа. Верующие победят сатану, потому что сила Святого Духа внутри них больше, чем сила дьявола снаружи (1 Иоан. 4:4).

Знание козней сатаны. В Писании Бог предупредил верующих о злых планах сатаны, чтобы, когда разразится духовная битва, христиане были готовы (1 Пет. 5:8; 2 Кор. 2:11).

Молитва верующего. Христос учил верующих молиться: «Избавь нас от лукавого» (Матф. 6:13). Павел повелевал верующим постоянно молиться о победе над духовными силами зла (Еф. 6:12, 18).

Библейские наставления, чтобы победить сатану. Во-первых, покоритесь Богу (Иак. 4:7*а*) и приблизьтесь к Нему, зная, что и Он приблизится к вам (Иак. 4:8). Во-вторых, противостаньте дьяволу, и он убежит (Иак. 4:7*а*; 1 Пет. 5:9).

Пастыри, которые укрепляют и ободряют церковь. Пасторы должны утверждать и утешать Божье стадо в вере (1 Фес. 3:2), чтобы искуситель не имел успеха в искушениях (1 Фес. 3:5).

Уверенность, что Христос одержал окончательную победу. В конце Тысячелетнего царства Христа на земле Он бросит сатану в озеро огненное на вечные мучения (Откр. 20:10).

Суды над сатаной

Начиная с момента вскоре после завершения творения, когда все было «хорошо весьма» (Быт. 1:31), и заканчивая моментом незадолго до вечного будущего на новом небе и новой земле (Откр. 20:10), Бог совершал и еще совершит немало судов над восставшим сатаной. Последний суд будет полным и окончательным. Бог, возвестивший от начала, что будет в конце (Ис. 46:10), изложил судебное дело сатаны в Писании.

ПЕРВОНАЧАЛЬНЫЙ СУД НАД САТАНОЙ

Сатана изначально не был создан как лукавый, кем он впоследствии решил стать. Итак, когда же дьявол восстал против своего святого Повелителя? Бытие

1–3 об этом не упоминает, но предполагает. Объявив, что творение «хорошо весьма» (Быт. 1:31), Бог затем в Бытии 3 описал лживое существо, которое решило обмануть первых людей, чтобы они служили его целям, а не Божьим.

Нет какого-то одного ясного раздела Писания, который бы прямо описывал эту небесную измену. Однако несколько текстов упоминают об этом. Прежде всего, Откровение 12:3–4 говорит о красном драконе, древнем обманщике, наполнившем вселенную ложью (Откр. 12:9), который убедил треть небесных воинств присоединиться к нему в восстании против Бога и таким образом стать нечестивыми ангелами, или бесами. Такого отступничества ангелов больше никогда не было и не будет. Также ни для кого из бесов не будет искупления.

Это краткое заявление в Откровении отсылает к Иезекииля 28:11–19, где говорится о древнем царе Тира и влиянии сатаны на его правление. Трудно ясно различить, что сказано о каждом из них, но довольно очевидно, что оба имеются в виду[15]. Относительно сатаны следует отметить несколько фактов:

1. Сатана — это сотворенное существо (28:13).
2. Сатана был создан как праведный ангел (28:13–14).
3. Сатана выбрал неправедный образ жизни (28:15).
4. Сатана был с позором изгнан Богом со святого служения перед Создателем на небесах (28:16).

Хотя в Исаии 14:4–21 говорится о будущем царе Вавилона, там, видимо, также есть аллюзия на сатану, как и у Иезекииля. Это очень похоже на то, как Христос в одном и том же предложении обращался и к Петру, и к сатане (Матф. 16:23). Божий суд вершится на основании пяти заявлений сатаны о будущем (Ис. 14:13–14), свидетельствующих о его чудовищной гордости. Павел аналогичным образом предупреждает служителей церкви о первом грехе сатаны (1 Тим. 3:6–7). Хотя сатана и треть ангелов были лишены почетной роли служить Богу на небесах, они не были полностью изгнаны из небесного присутствия (см. Иов. 1:6; 2:1).

ЭДЕМСКИЙ СУД НАД САТАНОЙ

Говорила ли Ева в Бытии 3:1–5 буквально со змеем или же с сатаной? Краткий анализ в таблице 8.2 перечисляет свидетельства об этом. В Новом Завете (2 Кор. 11:3; Откр. 12:9; 20:2) сказано, что змей связан с сатаной. В свете приведенных в таблице 8.2 свидетельств кажется, что иногда имеется в виду змей, а иногда — сатана.

Вероятно, это было одержимое сатаной существо, подобно тому как сказано, что сатана входил в Иуду в Луки 22:3 и Иоанна 13:27. То же самое, несомненно, было бы возможно и со змеем. На основании Писания можно утверждать, что неразумные существа могут говорить, если вмешивается сверхъестественная сила. Валаамова ослица (Чис. 22:28–30; 2 Пет. 2:16) — достаточное библейское свидетельство для установления исторической реальности этого явления. Видимо,

---

[15] Более подробное обсуждение сатаны в текстах Исаии 14:4–21, особенно 14:12–14, и в Иезекииля 28:1–19, особенно 28:11–19, см.: Dickason, *Angels: Elect and Evil*, 127–135.

Таблица 8.2: Змей или сатана?

Бытие	Пояснение	О ком говорится
3:1	Змей сравнивается со зверями полевыми.	Змей
3:1	Обычно змеи не могут говорить или знать о Боге.	Сатана
3:2	Обычно змеи не разговаривают с людьми.	Сатана
3:4	Обычно змеи не рассуждают.	Сатана
3:13	Обычно змеи не обманывают людей словами.	Сатана
3:14	Сатана не ползает на животе.	Змей
3:15	Трудно определить, кому адресованы слова.	Змей или сатана

нет оснований сомневаться, что там участвовал настоящий змей. Также нет сомнений, что сатана принимал непосредственное участие.

Итак, кого же Бог проклинает: сатану, или одержимого сатаной змея, или обоих? Выбрать только одного из них трудно. Кажется необоснованным, что сатана остался бы без проклятия, поскольку он был зачинщиком. Так что лучше всего заключить, что Бог здесь обращается и к змею, и к сатане.

После того как Бог проклял физическое существо, Он обращается к духовному существу, к сатане, и проклинает его[16]. Божье обращение—это «первое Евангелие» (или *протоевангелиум*) и пророчество об исходе начавшейся в раю борьбы между «семенем твоим» (дьявол и неверующие, названные в Иоанна 8:44 его детьми) и «семенем ее» (Христос, потомок Евы, и все, кто в Нем). Посреди этого текста о проклятии вдруг засияли слова надежды: потомок женщины— это Христос, Который однажды поразит змея. Дьявол сможет только «жалить» Христа в пяту (причинять Ему страдания), а Христос поразит дьявола в голову (сокрушит его смертельным ударом). Словами, очень напоминающими Бытие 3, Павел ободрял верующих в Риме: «Бог же мира сокрушит сатану под ногами вашими вскоре» (Рим. 16:20; см. Иоан. 16:11). Это «первое Евангелие» в Бытии 3:15 предвосхищает искупительную победу Христа на кресте над сатаной и бесами.

ГОЛГОФСКИЙ СУД НАД САТАНОЙ

Во время Своего служения Христос делал заявления о поражении и осуждении сатаны, которые могут объяснить Его победный возглас на кресте: «Совершилось» (Иоан. 12:31; 16:11; 19:30). Власть Христа над бесами свидетельствовала о Его власти над сатаной (Матф. 12:22–29). Власть, которую Христос дал ученикам, отображала духовное поражение сатаны (Матф. 10:1; Марк. 3:13–15; Лук. 9:1). Утверждения Нового Завета, что смертью Христа приобретено спасение, могущее избавить верующих от власти сатаны для служения Богу, подтвердили поражение сатаны (Деян. 26:18; Кол. 1:13; 2:15). Христос пришел, чтобы разрушить дела дьявола (1 Иоан. 3:8). Прелюдией того, что следовало ожидать, был случай, когда ученики восхищались своей властью над бесами (Лук. 10:17); Христос же

---

[16] Этот абзац адаптирован из «Учебной Библии с комментариями Джона Мак-Артура» (С. 21).

сказал: «Я видел сатану, спадшего с неба, как молнию», имея в виду, что сила дьявола уже уменьшилась, о чем свидетельствовали их земные победы над бесами (Лук. 10:18). Своей смертью на кресте Иисус Христос лишил силы имеющего власть над смертью, то есть дьявола (Евр. 2:14).

Главным в приговоре сатане всегда будет крест. Хотя и после Голгофы сатана продолжает действовать на земле, его попытки духовно убить весь человеческий род (напр., искушая Христа избежать креста, Матф. 16:21–23) были разрушены Спасителем, и средство искупления было обеспечено Господом.

СУД НАД САТАНОЙ ВО ВРЕМЯ ВЕЛИКОЙ СКОРБИ

Откровение 12:7–13 говорит об окончательном физическом изгнании сатаны и его ангелов из Божьего присутствия на небесах. Они потерпят поражение на небесах, и для них там больше не будет места (Откр. 12:8–9). Это произойдет в середине 70-й седмины Даниила, или через три с половиной года от начала последней семилетней седмины. С этого момента сатана больше не сможет обвинять верующих в грехе в присутствии Бога (Откр. 12:12; см. Ис. 24:21).

СУД НАД САТАНОЙ ВО ВРЕМЯ ТЫСЯЧЕЛЕТНЕГО ЦАРСТВА

Когда Христос придет получить Свое Царство на земле (Откр. 19:11–21), сатана будет скован и заключен в бездну на тысячу лет (Откр. 20:1–3). В течение тысячи лет земля будет свободна от его присутствия (см. 1 Пет. 5:8). Христос будет править без какого-либо вмешательства со стороны «князя мира сего» (Иоан. 12:31). Хотя в Библии не говорится об этом явно, можно предположить, что в это время все бесы будут заключены вместе с сатаной (Ис. 24:21–22).

ВЕЧНЫЙ СУД НАД САТАНОЙ

В конце сатана (Матф. 25:41; Откр. 20:10) и его ангелы (Матф. 25:41; 2 Пет. 2:4; Иуд. 6) присоединятся к антихристу и лжепророку, которые уже тысячу лет будут находиться в огненном озере (Откр. 19:20). В Матфея 8:29 (см. Лук. 8:31), когда бесы заявили Христу: «Пришел Ты сюда прежде времени мучить нас», скорее всего, они имели в виду время вечного суда. Вскоре после этого все неверующие всех времен, осужденные на суде Великого белого престола, также окажутся там (Матф. 25:41; Марк. 9:48; Откр. 20:14–15).

Бесы

Реальность бесов
Характер бесов
История бесов
Сила бесов
Роль бесов как слуг
Защита христианина
Одержимость бесами
Суды над бесами

Реальность бесов

Факт существования бесов не вызывает сомнения, так как они многократно упоминаются в Библии (более ста раз). Поскольку для христианина Библия служит единственным неопровержимым свидетельством самого существования бесов, верующие могут твердо доверять записанным в ней истинам. Автор Библии, Всемогущий Бог, был и всегда будет истинным (Пс. 11:7; 118:160) и заслуживающим доверия (Прит. 30:5; 2 Тим. 3:14–17).

ОСНОВНЫЕ ФАКТЫ

Количество употреблений слов «бес», «дух» и «нечистый дух» в Ветхом Завете минимально по сравнению с Новым. Из 16 случаев 6 записаны в 1 Царств, 4 — в Исаии, 3 — в Псалтири, и по одному — во Второзаконии, Судей и Захарии. Это составляет 13 % от 120 всех упоминаний в Библии.

Остальные 104 случая (87 %) встречаются в Новом Завете. Бесы упоминаются во всех четырех Евангелиях, 83 раза использующих общие термины «бес», «дух», «злой дух», «нечистый дух» и «дух обольститель», при этом чаще всего их упоминает Лука. В Деяниях они упоминаются 9 раз, в посланиях — 7 раз, а в Откровении — 5 раз.

Общее учение Библии о бесах показывает Божье желание избежать странных и неправильных представлений об этом. В Писании нет тех преувеличений или фантазий, что встречаются в большей части внебиблейской литературы.

ОСНОВНЫЕ ХАРАКТЕРИСТИКИ

Бесы обладают тремя основными качествами, определяющими личность. То, что они узнавали Христа и разговаривали с Ним, указывает на их разум (Лук. 8:26–39), как и способность знать истину о Христе (Иак. 2:19) и придумывать ложные учения (1 Тим. 4:1). Чувства бесов заметны, когда они трепещут при мысли о Христе (Иак. 2:19) или боятся того, что Он может сделать с ними (Матф. 8:29; Марк. 1:24; 5:7). Воля бесов проявлялась, когда они просили Христа: «Если выгонишь нас, то пошли нас в стадо свиней» (Матф. 8:31).

Четыре дополнительных личных качества довершают это общее описание «нечистых духов». Во-первых, бесы — это сотворенные *ангелы*, так как они ангелы сатаны (Матф. 25:41; Откр. 12:9). Поскольку Христос сотворил все (Кол. 1:16), то бесы — это *сотворенные* ангелы (Неем. 9:6; Иов. 1:6; 2:1; 38:4–7).

Во-вторых, это духовные существа. Ветхий Завет называет их духами (Суд. 9:23; 1 Цар. 16:14–16, 23; 18:10; 19:9). В Новом Завете они также названы «духами» (Матф. 8:16), «злыми духами» (Лук. 7:21) и «нечистыми духами» (Матф. 10:1).

В-третьих, бесы описываются в Библии как весьма подвижные. Как сатана ходит по земле (1 Пет. 5:8), то можно ожидать, что и бесы сопровождают его. Они могут жить в людях, быть изгнанными из них, а затем снова возвращаться (Матф. 12:43–45). Бесы также могут посещать небеса, откуда в итоге будут изгнаны (Откр. 12:4, 9). Также они исполняют волю сатаны на земле (Марк. 1:34).

Таблица 8.3: Противопоставление бесов и Святого Духа

Бесы	Дух Святой	Бесы	Дух Святой
нечистые	святой	угнетают	облегчает
злые	праведный	порабощают	освобождает
лживые	истинный	губительные	созидательный
сильные	сильнейший	враги	друг
временные	вечный	ложные	истинный
сотворенные	Творец	коварные	честный
фальшивые	подлинный		

Наконец, Бог привлечет бесов к ответственности за их злые дела. Бесы подвергаются суду как на протяжении истории (2 Пет. 2:4; Иуд. 6), так и в конце времен (Матф. 25:41; Откр. 20:10).

ОСНОВНЫЕ КОНТРАСТЫ

Учение о бесах представляет собой разительный контраст с учением о Святом Духе. Некоторые из наиболее ярких противоположностей перечислены в таблице 8.3.

Характер бесов

Обзор имен и описательных титулов бесов в Ветхом и Новом Заветах дает общее представление о том, что они собой представляют, кому они верны, как и почему служат сатане.

Новый Завет содержит обилие сведений о «злых духах». Евангелия и Откровение часто упоминают бесов во дни Христа и в конце времен. С другой стороны, Ветхий Завет только намекает на существование бесов. Вместе же оба Завета излагают все, что Бог предназначил христианам знать об этих злых приспешниках сатаны, распространяющих власть и влияние дьявола, который, в отличие от Бога, не вездесущ.

ВЕТХИЙ ЗАВЕТ

1. *Бес:* греческий Ветхий Завет (Септуагинта) 8 раз использует новозаветное слово *daimonion* (бес), переводя несколько разных еврейских слов, поскольку в древнееврейском языке не было одного слова, которым бы типично называли бесов. Переводы предлагают разные варианты, но всегда указывают на ту или иную форму бесовской деятельности или идолопоклонства, часто изображаемого как духовный блуд (Иер. 3:8–10; Иез. 16:23–43; 23:22–30; см. Откр. 17:1–5), которое в Ветхом Завете строго осуждается и запрещается (Лев. 17:7; 20:27; Втор. 18:10–12). Среди разных вариантов переводов есть следующие: «бесы» (Втор. 32:17; Пс. 105:37), «сжигает фимиам» (Ис. 65:3), «зараза» (Пс. 90:6; букв. «гибель» см. «Аваддон» и «Аполлион», Откр. 9:11), «Гад» (Ис. 65:11; букв. «удача», см. «чаша бесовская» и «трапеза бесовская», 1 Кор. 10:21), «идолы» (Пс. 95:5) и «дикие козлы» (Ис. 13:21; 34:14, НРП).

2. *Воинство небесное* (Ис. 24:21; 34:4): это выражение может означать: (1) физические небесные тела (Пс. 32:6; Ис. 40:26), (2) святых ангелов (3 Цар. 22:19; Неем. 9:6; Лук. 2:13), и (3) злых ангелов (Втор. 4:19; 17:2–3; 4 Цар. 17:16; 21:3, 5; 23:4–5). Поскольку Исаия подразумевает наказание, когда пишет: «...посетит Господь воинство выспреннее на высоте...» (Ис. 24:21), а также: «...истлеет все небесное воинство...» (34:4), это не может относиться к физическим телам или святым ангелам. Поэтому здесь должны иметься в виду бесы как сила, стоящая за идолопоклонством и ложным поклонением.

3. *Дух лживый* (3 Цар. 22:22–23; 2 Пар. 18:22): «дух лживый» (сатана; см. «отец лжи», Иоан. 8:44) отправляет 400 лживых духов (бесов) передать ложное послание для 400 пророков Ахава. Что сатана, который не вездесущ, не мог сделать одновременно, он смог совершить, отправив 400 бесов, чтобы повлиять на 400 лжепророков.

4. *Злой дух* (Суд. 9:23; 1 Цар. 16:14–16, 23; 18:10; 19:9): это также один из основных описательных титулов, которым называются бесы в Новом Завете, подчеркивающий их злобный характер.

5. *Князь Греции, князь Персии* (Дан. 10:13, 20): это краткое упоминание небесной духовной битвы между главным святым ангелом Михаилом и бесовскими правителями Персии и Греции (Дан. 10:21; 11:2; Иуд. 9; Откр. 12:7). В контексте здесь говорится о том, что в будущем Персия уступит свое мировое господство Греции (Дан. 8:1–8, 20–22). Можно сказать, что, по-видимому, правящая мировая держава имеет на своей стороне беса для борьбы с Михаилом, защитником Израиля (Дан. 10:21; 12:1). Из этих нескольких стихов больше ничего нельзя понять или вывести. В Библии нет основания для современного лжеучения о территориальных бесах по всему миру.

6. *Нечистый дух* (Зах. 13:2): греческий Ветхий Завет (Септуагинта) использует слово *akathartos* лишь однажды, в то время как Новый Завет часто использует это же слово в отношении бесов. Видимо, он обозначает духовную силу (бесов), стоящую за лжепророками и идолопоклонниками. Это, по-видимому, те же нечистые духи и бесовские духи, упоминаемые в Откровении 16:13–14.

7. *Злой ангел* (Пс. 77:49): выражение «посольство злых ангелов» в Псалме 77:49 может описывать бесов. Однако более вероятно, что псалмопевец поэтически олицетворяет Божий гнев как ангелов или вестников.

НОВЫЙ ЗАВЕТ

1. *emphБес* (греч. *daimonion*, Матф. 7:22—Откр. 18:2): это самый распространенный термин, описывающий падших ангелов, который встречается в Новом Завете 63 раза. Также есть несколько других вариантов, но они всегда прямо подразумевают бесов (Матф. 8:31; Иак. 3:15). Если в Ветхом Завете это слово иногда неясно, то в Новом Завете оно недвусмысленно и последовательно говорит о злых духовных существах.

2. *Ангел* (Матф. 25:41; 2 Пет. 2:4; Иуд. 6; 2 Кор. 12:7; Откр. 12:7, 9): во всех 6 случаях в Новом Завете, где бесы названы «ангелами», они описаны как «вестники», связанные с сатаной и злом.

3. *Дух* (Матф. 8:16; 12:45; Марк. 9:17, 20; Лук. 9:39; 10:20; 11:26; Деян. 16:16, 18; Откр. 16:14): это характеристика сущности всех ангелов: как избранных, так и злых.

4. *Дух немой и глухой* (Марк. 9:25): когда Иисус навсегда изгнал беса из мальчика, Он назвал его «духом немым и глухим», а также «духом нечистым».

5. *Дух прорицательный* (Деян. 16:16): одержимая бесом прорицательница в Филиппах была мгновенно освобождена Павлом от беса.

6. *Дух-обольститель* (1 Тим. 4:1): эти лживые (греч. *planos*) духи будут распространять лжеучения или учения бесовские.

7. *Жаба* (Откр. 16:13): выходя из владений сатаны, антихриста и лжепророка в конце 70-й седмины Даниила, бесы появляются как жабы. Здесь они также названы «духами нечистыми» и «бесовскими духами».

8. *Звезда* (Откр. 12:4): этот общий термин для описания всех ангелов, как святых, так и злых, в контексте Откровения 12 описывает треть ангелов, отвергших Бога и ставших на сторону сатаны.

9. *Злой дух* (Матф. 12:45; Лук. 7:21; 8:2; 11:26; Деян. 19:12, 13, 15—16): этот титул параллелен такому же титулу в Ветхом Завете. Бесы имеют ту же злую природу, что и сатана.

10. *Нечистый дух* (Матф. 10:1 — Откр. 18:2): 23 раза бесы названы нравственно нечистыми (греч. *akathartos*), что противоположно святым ангелам.

11. *Саранча* (Откр. 9:3): в середине 70-й седмины Даниила сатана («звезда, падшая с неба») выпустит часть бесов (изображенных как саранча), заключенных в бездну со времени первоначального падения (Откр. 12:4).

История бесов

СОТВОРЕНИЕ

См. «История сатаны» (с. 719).

ПАДЕНИЕ

См. «История сатаны» (с. 719).

ПРОМЕЖУТОЧНЫЕ СУДЫ

См. разделы «История сатаны» (с. 719), «Суды над сатаной» (с. 742) и «Суды над бесами» (с. 758).

ОТ ПАДЕНИЯ ДО ВЕЛИКОЙ СКОРБИ

Конкретные встречи. Божье откровение в Библии—единственный надежный источник информации о сатане и бесах. Помимо Евангелий в Писании о бесах говорится мало. В таблицах 8.4–8.8 кратко перечислены ясные библейские повествования о взаимодействии людей с бесами в истории[17].

Общие описания. Можно сделать множество наблюдений о деятельности бесов в Евангелиях и Деяниях. Ниже они перечислены без учета их важности.

1. Иоанна Крестителя обвиняли, что в нем бес (Матф. 11:18; Лук. 7:33).
2. Иисуса обвинили, что в Нем бес (Матф. 9:34; 12:24; Марк. 3:22, 30; Лук. 11:15; Иоан. 7:20; 8:48–49; 10:20).

---

[17] Эти таблицы адаптированы из: Мейхью Р. Обетование исцеления. СПб.: Библия для всех, 2007. С. 143–144.

Таблица 8.4: Встречи с бесами в Ветхом Завете

Встреча	Ветхозаветный текст
Авимелех и жители Сихема	Суд. 9:23–24, 56–57
Саул	1 Цар. 16:14–23
Саул	1 Цар. 18:10
Саул	1 Цар. 19:9
Пророки Ахава	3 Цар. 22:22–23

Таблица 8.5: Встречи Иисуса с бесами в Евангелиях

Встреча	Матфея	Марка	Луки	Иоанна
Множество народа	4:24	1:39	—	—
Множество народа	8:16	1:29–34	4:38–41	—
Гадаринский бесноватый	8:28–34	5:1–20	8:26–39	—
Немой бесноватый	9:32–34	—	—	—
Слепой и немой	12:22	—	—	—
Дочь язычницы	15:21–28	7:24–30	—	—
Бесноватый эпилептик	17:14–21	9:14–29	9:37–43	—
Одержимый	—	1:23–28	4:33–37	—
Множество народа	—	3:11	—	—
Мария Магдалина	—	16:9	8:2	—
Множество народа	—	—	6:18	—
Множество народа	—	—	7:21	—
Одержимый немой	—	—	11:14	—
Женщина	—	—	13:10–17	—
Множество народа	—	—	13:32	—

Таблица 8.6: Другие встречи с бесами в Евангелиях

Встреча	Матфея	Марка	Луки	Иоанна
Двенадцать апостолов	10:1, 8	6:7, 13	9:1	—
Двенадцать апостолов	—	3:15	—	—
Неназванный ученик	—	9:38	9:49	—
Двенадцать апостолов	—	16:17	—	—
Семьдесят учеников	—	—	10:17–20	—

Таблица 8.7: Встречи с бесами в книге Деяний*

Встреча	Деяния
Множество народа	5:16
Множество народа	8:7
Павел и служанка	16:16–18
Павел и множество народа	19:11–12
Сыновья Скевы	19:13–17

* Случай с Ананией и Сапфирой (Деян. 5:1–11) не включен, потому что фраза «Для чего ты допустил сатане вложить в сердце твое мысль солгать?» (5:3) говорит именно о сатане, а не о бесах.

Таблица 8.8: Встречи с бесами в посланиях и Откровении

Встреча	Послания и Откровение
Конкретных встреч не было*	

* Случай с нераскаявшимся блудником в 1 Коринфянам 5:1–13 не включен, поскольку (1) нет доказательств участия беса, и (2) есть большая вероятность, что он не был настоящим верующим (см. «называясь братом» [5:11] и «развращенный» [5:13]).

3. Имена Иисуса, используемые бесами:
   а. Сын Божий (Матф. 8:29; Марк. 3:11; Лук. 4:41)
   б. Иисус Назарянин (Марк. 1:24; Лук. 4:34)
   в. Святой Божий (Марк. 1:24; Лук. 4:34)
   г. Иисус, Сын Бога Всевышнего (Марк. 5:7; Лук. 8:28)
4. Титулы Павла и Силы, используемые бесами: раб Бога Всевышнего (Деян. 16:17).
5. Кроме Христа бесов изгоняли:
   а. Двенадцать (Матф. 10:1–8; Марк. 3:14–15; 6:7–13)
   б. Неизвестный человек (Марк. 9:38; Лук. 9:49–50)
   в. Семьдесят (Лук. 10:17–20)
   г. Петр и апостолы (Деян. 5:16)
   д. Филипп (Деян. 8:7)
   е. Павел (Деян. 16:16–18; 19:11–12)
6. Некоторые ложно утверждали, что изгоняют бесов:
   а. Неизвестные люди (Матф. 7:22)
   б. Сыновья Скевы (Деян. 19:13–16)
7. Физические симптомы одержимости бесами:
   а. Агрессия (Матф. 8:28; Деян. 19:16)
   б. Немота (Матф. 9:32–33; Марк. 9:17)
   в. Эпилепсия (Матф. 17:15; Марк. 9:18, 20)
   г. Крик (Марк. 1:23–26; 5:5)
   д. Сверхчеловеческая сила (Марк. 5:4)
   е. Мазохизм (Марк. 5:5)
   ж. Нагота (Марк. 5:15)
   з. Физические нарушения (Лук. 13:10–13)
   и. Прорицание (Деян. 16:16)

8. Опасения бесов:
   а. Что Иисус погубит их (Марк. 1:24)
   б. Что Иисус будет мучить их прежде времени (Матф. 8:29; Марк. 5:7)
   в. Что Иисус вышлет их из страны (Марк. 5:10)
   г. Чтобы остаться в теле, хотя бы в свиньях (Матф. 8:31; Марк. 5:12)
9. Несколько бесов в одном человеке:
   а. Много (Марк. 5:9)
   б. Как минимум восемь бесов (Матф. 12:45)
   в. Семь бесов в Марии Магдалине (Лук. 8:2)
10. У бесов есть имена (напр., «Легион», Марк. 5:9).
11. Некоторые бесы выходят только после молитвы и поста (Марк. 9:14–29).
12. После изгнания бесы могут вернуться (Матф. 12:43–45; Лук. 8:29).
13. Изгнание бесов вторично в сравнении со смертью Христа и спасением (Лук. 10:20).
14. Реальное физическое явление бесов не описывается в Евангелиях, Деяниях и посланиях.

СЕМИДЕСЯТАЯ СЕДМИНА ДАНИИЛА

Откровение включает шесть описаний деятельности бесов во второй половине 70-й седмины Даниила:

1. Некоторые из бесов, изначально запертые в бездне, освобождены (Откр. 9:1–3, 11).
2. В конце освобождены четыре особых беса при реке Евфрат (Откр. 9:13–15).
3. Распространяется идольское поклонение бесам (Откр. 9:20).
4. Бесы навсегда изгнаны с небес (Откр. 12:7–13).
5. Бесы совершают ложные знамения (Откр. 16:13–14).
6. Бесы населяют Вавилон (Откр. 18:2).

ПОСЛЕДНИЕ СУДЫ

Можно с уверенностью предположить, что три заключительных суда над сатаной будут касаться и всех бесов. Это будет: (1) суд во время Великой скорби (Откр. 12:7–13); (2) суд во время Тысячелетнего царства (Откр. 20:7–9); и (3) последний суд (Ис. 27:1; Откр. 20:10), когда сатана и его ангелы будут навеки брошены в озеро огненное (Матф. 25:41; 2 Пет. 2:4; Иуд. 6; Откр. 20:10, 14–15). См. «Суды над сатаной» (с. 742).

Сила бесов

Бесы обладают великой силой ангелов (Рим. 8:38; 1 Кор. 15:24), превышающей силу людей, но гораздо меньшей, чем у их Творца. У них есть сила, чтобы выполнять следующие действия:

1. Обитать в людях и животных (Марк. 5:1–16);
2. Причинять людям физические страдания (Марк. 9:17, 22);
3. Терроризировать людей (1 Цар. 16:14–15; 18:10; 19:9; Деян. 19:13–16; 2 Кор. 12:7);
4. Порождать ложное поклонение (1 Кор. 10:20–21);

5. Распространять ложные учения (1 Тим. 4:1);
6. Совершать ложные знамения и чудеса (2 Фес. 2:9; Откр. 16:13–14);
7. Обманывать пророков (3 Цар. 22:19–23);
8. Поощрять идолопоклонство (Втор. 32:17; Пс. 105:37);
9. Провоцировать смерть (Суд. 9:23, 56–57).

Бесы совершают свои злые дела, подчиняясь мощной небесной иерархии. Такие слова, как «ангелы», «власти», «силы», «правители», «мироправители», «господства» и «престолы» могут описывать иерархию как святых, так и злых ангелов. В контексте Римлянам 8:38, 1 Коринфянам 15:24, Ефесянам 2:2, 6:12 и Колоссянам 2:15, скорее всего, говорится о различных рангах или уровнях злых ангелов, то есть об иерархии бесов. В 1 Петра 3:22, Ефесянам 1:21 и Колоссянам 1:16, скорее всего, говорится о различных рангах или уровнях в иерархии святых ангелов.

Писание нигде на объясняет особенности этих иерархий, их порядок или функции. Но, поскольку сатана копирует и подделывает характер Бога и характеристики царства, скорее всего, существует как функциональная иерархия власти святых ангелов, которые поклоняются Богу, так и параллельная поддельная иерархия злых ангелов, преданных сатане.

Сколь бы сильными ни были бесы, у них есть свои недостатки и слабые места:

1. Они невольно служат Божьим целям (Суд. 9:23).
2. Они были в ужасе от Христа и Евангелия (Матф. 8:29; Марк. 1:24; Иак. 2:19).
3. Они повиновались Христу (Матф. 8:32).
4. Они повиновались Двенадцати (Матф. 10:1–8) и 70 ученикам (Лук. 10:17–20).
5. Они не могут отделить верующих во Христа от любви Божьей (Рим. 8:38).
6. Они могут быть удержаны Святым Духом (1 Иоан. 4:4; 2 Фес. 2:6).
7. Они уже были судимы Богом (2 Пет. 2:4; Иуд. 6) и еще будут судимы в будущем (Откр. 20:10).

Роль бесов как слуг

То, как Бог использует сатану и бесов для достижения Своих божественных целей, не нарушая при этом Своего совершенно святого и праведного характера, подробно описано в разделе «Роль сатаны как слуги» (с. 731).

Защита христианина

Раздел «Защита христианина» против сатаны (с. 738) в равной степени относится и к защите от бесов.

Одержимость бесами

Что означает и что включает в себя одержимость бесами? Могут ли христиане подвергаться ей наравне с неверующими? Может ли это явление быть по природе внутренним и внешним? Какое есть библейское средство от одержимости? Эти важные вопросы будут обсуждаться ниже, и на них будут даны ответы.

Главный вопрос, на который нужно найти ответ: могут ли христиане быть одержимыми, то есть иметь беса внутри, так что требуется изгнание беса (или бесов), как это было в Евангелиях и Деяниях?

Один автор сформулировал этот вопрос так:

> Возможно, самый противоречивый вопрос, который следует задать: «Может ли истинный верующий подвергнуться влиянию бесов?» Обратите внимание, что я говорю не об одержимости, а о *влиянии* бесов. *Одержимость* подразумевает обладание и полный контроль. Христиане, даже непослушные, принадлежат Богу, а не сатане. Поэтому сатана не может полностью контролировать их. Однако *влияние*—это другой вопрос. Под влиянием бесов я имею в виду, что сатана через бесов имеет частичный непосредственный контроль над сферой или сферами жизни христианина или неверующего. Может ли такое на самом деле произойти с христианами?[18]

Дискуссия о том, чему учит Библия, будет проходить в пяти областях—лексической, библейской, исторической, богословской и практической. Только после этого можно будет сделать убедительное и веское библейское заключение.

ЛЕКСИЧЕСКИЕ ДОКАЗАТЕЛЬСТВА

Новый Завет в 32 случаях использует четыре разных выражения для описания влияния бесов на людей в Евангелиях и Деяниях:

1. Иметь беса (греч. *echō*, 16 раз)
   а. Матфея 11:18
   б. Марка 3:30; 5:15; 7:25; 9:17
   в. Луки 4:33; 7:33; 8:27
   г. Иоанна 7:20; 8:48–49, 52; 10:20
   д. Деяния 8:7; 16:16; 19:13
2. Бесноваться (греч. *daimonizomai*, 13 раз)
   а. Матфея 4:24; 8:16, 28, 33; 9:32; 12:22; 15:22
   б. Марка 1:32; 5:15–16, 18
   в. Луки 8:36
   г. Иоанна 10:21
3. С нечистым духом (греч. *en*, 2 раза): Марка 1:23; 5:2
4. Одержимый нечистым духом (греч. *ochleomai*, 1 раз): Деяния 5:16

Первые два выражения (всего 29 из 32 случаев) относятся к одному и тому же явлению. Например, оба выражения в Луки 8:27 (первое) и 8:36 (второе) относятся к одной и той же ситуации. Точно так же в Иоанна 10:20 (первое выражение) и 10:21 (второе) говорится об одной и той же ситуации. И в Марка 5:15 используется как первое, так и второе выражение в одном стихе о той же самой ситуации. Все основные словари греческого языка Нового Завета определяют слово *daimonizomai* как «бесноваться, быть одержимым бесом». Третье и четвертое выражения подразумевают то, что в первом и втором сказано прямо.

---

[18] Ed Murphy, *The Handbook for Spiritual Warfare* (Nashville: Thomas Nelson, 1992), ix.

Выражения, что бес «вошел», «вышел» или «был изгнан», постоянно используются в связи с бесноватыми (Матф. 8:16, 32; 9:33; 12:22–24; Марк. 1:34; 5:8, 13). Эти термины предполагают, что бес фактически обитает в теле бесноватого и имеет сильное влияние на него. Понимать термин «одержимость» как-то иначе, кроме того, человек имеет беса внутри, — значит неверно толковать Писание.

Термин «одержимость» в Библии «связан с понятием обладания демоном (или демонами) телом жертвы, в котором он обитает, изнутри проявляя свою неограниченную власть над жертвой, совершенно неспособной ни к какому сопротивлению»[19]. Обитание беса внутри человека и неспособность противостоять его воле отличают одержимость от меньших форм бесовского влияния. В Новом Завете это слово используется только в узком смысле одержимости бесами. Поэтому о других формах внешнего влияния будет неверно говорить, что человек «одержим бесами» или что он бесноватый. Скорее, их можно назвать притеснением или давлением со стороны бесов. Итак, с точки зрения лексики во всех 32 случаях, когда в Евангелиях и Деяниях говорится о людях в связи с бесами, имеются в виду люди, в которых обитает бес или бесы.

БИБЛЕЙСКИЕ ПРИМЕРЫ

В Библии записаны 15 конкретных случаев, когда бесы обитали в людях[20]:

1. Ветхий Завет (4 случая):
   а. 1 Царств 16:14–23: Саул
   б. 1 Царств 18:10: Саул
   в. 1 Царств 19:9: Саул
   г. 3 Царств 22:22–23: четыреста пророков Ахава
2. Евангелия (9 случаев):
   а. Матфея 8:28–34; Марка 5:1–17; Луки 8:26–37: гадаринский бесноватый
   б. Матфея 9:32–34: бесноватый в Капернауме (немой)
   в. Матфея 12:22–29: бесноватый слепой и немой
   г. Матфея 15:21–28; Марка 7:24–30: сирофиникиянка и ее дочь
   д. Матфея 17:14–20; Марка 9:14–29; Луки 9:37–43: после спуска с горы преображения
   е. Марка 1:21–28; Луки 4:31–37: одержимый в синагоге Капернаума
   ж. Марка 16:9; Луки 8:2: Мария Магдалина
   з. Луки 11:14–26: одержимый бесами немой
   и. Луки 13:10–17: скорченная женщина
3. Деяния (2 случая):
   а. Деяния 16:16–18: прорицательница в Филиппах
   б. Деяния 19:11–17: сыновья Скевы
4. Послания и Откровение (нет ни одного)

Есть ли в приведенных выше текстах Писания примеры истинных верующих, в которых обитали бесы? Анализ библейских данных сразу же исключает

---

[19] Конья А. Демоны: Библейский взгляд. СПб.: Шандал, 2004. С. 24).
[20] См.: Dickason, *Angels: Elect and Evil*.

11 из 15 возможных вариантов—остаются только Саул в Ветхом Завете (3 раза) и скорченная женщина в Луки 13:10–17.

ИСТОРИЧЕСКИЕ АСПЕКТЫ

В Библии есть только четыре случая, когда человек, связанный с бесом, мог быть истинным верующим. Это Саул (1 Цар. 16; 18 и 19) и женщина, страдавшая 18 лет (Лук. 13).

Был ли Саул истинным верующим? В целях этой дискуссии можно предположить, что он действительно верил в Божью благодать к спасению. В качестве доказательства можно обратить внимание на то, что Саул восемь раз назван «помазанником Господним» (1 Цар. 24:7, 11; 26:9, 11, 16, 23; 2 Цар. 1:14, 16). Кроме того, Самуил сказал Саулу, что в смерти они будут вместе (1 Цар. 28:19).

Поскольку Саул, видимо, был верующим, можно спросить, обитал ли в нем бес, которого нужно было изгонять? Следующие фразы описывают, как «злой дух» влиял на Саула:

1. «возмущал его» (1 Цар. 16:14–15)
2. «на тебя» (1 Цар. 16:16)
3. «на Сауле» (1 Цар. 16:23)
4. «на Саула» (1 Цар. 18:10)
5. «на Саула» (1 Цар. 19:9)

Ни одна из этих фраз не предполагает, что злой или нечистый дух жил *внутри* Саула. В каждом случае говорится о *внешних* мучениях. Действительно, в древнееврейском языке есть глагол перфектного времени (*bo'*), который бы обязательно использовался, если бы дух жил в Сауле. Но он не используется. Однако именно это слово использовал Иезекииль, явно говоря о вселении Святого Духа: «Вошел в меня дух» (Иез. 2:2; 3:24).

Что касается скорченной женщины в Луки 13:10–17, никто не может подвергнуть сомнению то, что она 18 лет страдала из-за духа (Лук. 13:11), названного сатаной (Лук. 13:16). Но была ли она верующей? Некоторые считают, что была, на том основании, что Христос назвал ее «дочерью Авраама» (Лук. 13:16). Они проводят параллель с Закхеем, которого, когда он уверовал, Иисус назвал «сыном Авраама». Но более пристальный взгляд на Луки 19:9 показывает другую картину.

Спасение пришло, *потому что* Закхей был «сыном Авраама» и *потому что* «Сын Человеческий пришел взыскать и спасти погибшее» (Лук. 19:10). Иисус пришел спасти «людей Своих (евреев) от грехов их» (Матф. 1:21). Закхей не стал «сыном Авраама» в результате спасения в том смысле, как в Галатам 3:7 сказано, что «верующие суть сыны Авраама». Но он был из евреев, которые также назывались «сыны Авраама», и поскольку Иисус пришел спасти Своих людей, Он привлек Закхея к спасающей вере. Закхей всегда был «сыном Авраама», и только в потом он поверил в Господа Иисуса Христа к спасению.

Точно так же женщина в Луки 13, дочь Авраама, была неверующей, связанной физической немощью от сатаны и, возможно, бесов. Благодаря служению Иисуса она получила освобождение от своих мучений. Когда злой дух жил в ней, она была неверующей.

Итак, в Писании нет ни одного случая, когда сатана или бесы жили в истинном верующем, так чтобы их надо было изгонять.

БОГОСЛОВСКИЕ ФАКТОРЫ

В новозаветных посланиях нет предупреждений для верующих, что в них могут обитать бесы, хотя сатана и бесы упоминаются довольно часто. Также в новозаветных посланиях нет указаний, как изгонять бесов из верующих или неверующих. Согласно Библии, немыслимо, чтобы истинный верующий мог быть одержим бесами, поскольку Писание не дает ни ясных исторических примеров, ни предупреждений или указаний, касающихся такого серьезного духовного опыта.

Как минимум пять других богословских факторов подтверждают этот вывод:

1. Смысл текста 2 Коринфянам 6:14–18 исключает мысль, что Святой Дух и нечистые духи могут сосуществовать в истинных верующих—даже временно.
2. Спасение, как показано в Колоссянам 1:13, подразумевает подлинное избавление от сатаны и переход в Царство Христа.
3. Следующие тексты, если их сопоставить, приводят к убедительному утверждению, опровергающему идею, что бесы могут обитать в христианах:
   а. Римлянам 8:37–39: мы торжествуем победу через Христа.
   б. 1 Коринфянам 15:57: Бог дарует нам победу через Господа нашего Иисуса Христа.
   в. 2 Коринфянам 2:14: Бог всегда дает нам торжествовать во Христе.
   г. 1 Иоанна 2:13–14: мы победили лукавого.
   д. 1 Иоанна 4:4: в нас обитает превосходящая сила.
4. Запечатление Святым Духом защищает христиан от вселения бесов (2 Кор. 1:21–22; Еф. 4:30).
5. Обещание в 1 Иоанна 5:18 делает идею вселения бесов небиблейской и невозможной для истинного верующего.

ПРАКТИЧЕСКИЕ ВОПРОСЫ

Несомненно, иногда бесы обитают в людях. Иначе не было бы необходимости их изгонять (греч. *ekballō*). Писание также утверждает, что бесы, пребывая в людях, часто вредят им. Пребывание бесов в людях приводило к таким физическим проблемам, как эпилепсия (Матф. 17:14–18), слепота (Матф. 12:22), глухота (Марк. 9:25) и немота (Матф. 9:32–33). Когда беса изгоняли, физическая проблема также уходила, и человек исцелялся.

Понимая это, следует спросить: могут ли бесы поселяться в истинных верующих, чтобы их потом нужно было изгонять? После полного изучения соответствующих текстов Писания ответ будет отрицательный. Одержимость (греч.

daimonizomai) относится только к неверующим, в которых обитает бес. Библия показывает, что избавление христианина от пребывающих в нем бесов—это оксюморон.

Библия—величайший, уникальный источник божественного откровения о духовном мире сатаны и бесов. Клинический и душепопечительский опыт никогда не сравнится с Писанием, а потому такой опыт нельзя использовать, чтобы делать выводы, если они ясно не изложены в Слове Божьем.

Библия убедительно показывает, что в истинных верующих не могут обитать сатана или бесы. Однако бесы могут мучить, угнетать и тревожить верующих извне, даже настолько сильно, как Саула (или, столетия спустя, Павла, которому было дано сатанинское жало в плоть, 2 Кор. 12:7). Если окажется, что бесы на самом деле обитают в человеке, это будет свидетельством того, что у него нет истинного спасения, что бы ни говорил этот человек, его душепопечитель, пастор или даже бес. Если верующий сталкивается с действительно одержимым человеком, он должен признать силу врага, обратиться в молитве к Богу (см. Иуд. 9) и использовать для решения проблемы силу Писания (Рим. 1:16), особенно Евангелие.

Суды над бесами

Выше уже обсуждались «Суды над сатаной» (см. с. 742), и рассмотренные там суды—эдемский, голгофский, суд во время скорби, во время Тысячелетнего царства и вечный суд—в равной степени относятся и к бесам. Но, как кажется, первоначальный суд над бесами имел некоторые различия. Одна часть всей группы, первоначально восставшей с сатаной (Откр. 12:4), была сброшена с небес прямо в бездну (2 Пет. 2:4; Иуд. 6; см. Лук. 8:31). Причем часть этих бесов, сброшенных с небес в бездну, будет освобождена в середине 70-й седмины Даниила (Откр. 9:1–11). Также, по-видимому, есть особая группа из четырех бесов, связанных у реки Евфрат, которые будут отпущены в конце 70-й седмины Даниила (Откр. 9:13–15). Другие бесы, первоначально низверженные с сатаной, сопровождают его все время на небе и на земле, выполняя его коварные приказы (Ис. 24:21; Откр. 12:7–9).

Во время Тысячелетнего царства, когда сатана будет осужден и заключен, все бесы также будут заключены вместе с ним. Наконец, когда сатана будет освобожден, а затем навеки осужден, то кажется очевидным, что все бесы будут с ним с того момента и навсегда (Ис. 24:22; Матф. 25:41; 2 Пет. 2:4; Иуд. 6; Откр. 20:10).

Ангел Господень

Явления в Ветхом Завете
Божественные качества
Установление личности
Связь с Новым Заветом

И ветхозаветное еврейское слово *mal'akh*, и новозаветное греческое *angelos* могут в общем переводиться как «вестник», «посланник» или «представитель», когда говорится о задаче или функции. Вестник может быть человеком, таким как вестники Иакова (Быт. 32:3, 6), посланники Иоанна Крестителя (Лук. 7:24) или вестники Христа (Лук. 9:52). Часто вестник—это не человек, а сверхъестественное сотворенное существо, обычно называемое «ангелом» (2 Пар. 32:21; Матф. 1:20, 24).

Фраза «ангел Господень» в особом значении встречается только в Ветхом Завете и относится к уникальному, единственному в своем роде Посланнику. Даже «ангел Господень» в Матфея 1:24 был сотворенным существом, не имеющим исключительного значения, поскольку артикль, используемый в этом тексте, указывает на Матфея 1:20, где сказано «ангел Господень» в общем смысле. В Деяниях 7:30–35 Стефан цитирует Исход 3:1–10, где говорится об историческом явлении ангела, которого пророк Исаия называет «Ангелом лица Его» (Ис. 63:9).

Эта особая личность упоминается в Ветхом Завете под несколькими титулами:

1. «Ангел Господень» (Быт. 16:7)
2. «Ангел Божий» (Быт. 21:17)
3. «Ангел Его» (Быт. 24:7, 40)
4. «Ангел Мой» (Исх. 23:23)
5. «Ангел лица Его» (Ис. 63:9)
6. «Ангел завета» (Мал. 3:1)

На фоне этих общих наблюдений необходимо ответить на главный вопрос: кто этот таинственный ангел Ветхого Завета? На протяжении столетий были предложены как минимум четыре возможных объяснения: (1) «ангел» с небес, возможно, архангел Михаил; (2) Мелхиседек; (3) Сам Яхве (*теофания*); и (4) христофания—то есть явление Господа Иисуса Христа на земле до воплощения. Чтобы определить, какой из этих вариантов правильный, необходимо представить несколько библейских доказательств. После этого будет предложен окончательный вывод.

Явления в Ветхом Завете

Еврейское существительное со значением «ангел»/«вестник», встречается в Ветхом Завете примерно 213 раз. Примерно в 90 случаях, главным образом в исторических книгах, оно относится к «ангелу Господнему». Впервые фраза «ангел Господень» используется в Бытии 16:7, а в последний раз—в Малахии 3:1, встречаясь в 16 из 39 книг Ветхого Завета. В других случаях используется только слово «ангел», и тогда нет такой уверенности, кто это (Дан. 3:28; 6:22). Часто имеются в виду люди (около 50 % случаев). В таблице 8.9 (с. 760) представлены характерные случаи встреч с «ангелом Господним» или упоминаний о нем.

Таблица 8.9: Ангел Господень в Писании

Люди	Тексты Писания
Агарь	Быт. 16:7–14; 21:17
Авраам	Быт. 22:11–18
Елиезер	Быт. 24:7, 40
Иаков	Быт. 31:11–13; 32:22–32 (см. Быт. 48:15–16; Ос. 12:3–4)
Моисей	Исх. 3:1–7 (см. Деян. 7:30–35); Исх. 12:23 («губитель», см. Евр. 11:28); Исх. 14:19–20 (см. Чис. 20:16); Исх. 23:20–23 (см. Ис. 63:9)
Валаам	Чис. 22:22–35
Иисус Навин	И. Нав. 5:13–15 (см. Исх. 3:5); Суд. 2:1–4
Гедеон	Суд. 6:11–18
Маной и его жена	Суд. 13:2–22
Давид	2 Цар. 24:16–17; 1 Пар. 21:15–18, 27
Илия	3 Цар. 19:4–8; 4 Цар. 1:3–4, 15–16
Езекия	4 Цар. 19:35 (см. 2 Пар. 32:21; Ис. 37:36)
Сидрах, Мисах и Авденаго	Дан. 3:25, 28
Даниил	Дан. 6:22
Захария	Зах. 1:11–12; 3:1–10
Малахия	Мал. 3:1

Божественные качества

Ангел Господень проявляет качества, которые могут относиться только к Богу:

1. Ангел Господень заявляет об обладании божественной природой (Исх. 3:2–5; Суд. 13:17–18).
2. Ангел Господень проявляет божественные атрибуты (Исх. 23:21; 33:14; Ис. 63:9).
3. Писание приравнивает Ангела Господнего к Господу (Яхве), а также к Богу (Быт. 16:11–13; 22:9–18; 32:24–30; см. Быт. 48:15–16; Исх. 3:2–6; 13:21–22 [ср. с 14:19]; 32:34; 33:2; Чис. 22:35 [ср. с 23:5]; Суд. 6:11–16; 13:21–23; Ос. 12:4).
4. Но Господь (Яхве) и Ангел Господень—это не одна и та же личность. Например, Господь посылает Ангела (Исх. 23:20–23). Иногда Ангел Господень говорит с Господом (Зах. 1:12), а Господь отвечает Ангелу (Зах. 1:13).
5. Ангел Господень—это главный защитник Израиля (Исх. 14:19–20; 23:20–23; И. Нав. 5:13–15; Пс. 33:8; 34:5–6).
6. Ангел Господень называется именем Господа (Исх. 3:14; Суд. 13:17–18; см. Ис. 9:6).
7. Ангел Господень принимает поклонение (Исх. 3:5; И. Нав. 5:15; Суд. 13:20).
8. Ангел Господень прощает грех (Быт. 48:16; Исх. 23:21).

Установление личности

Некоторые считают, что Ангел Господень—это особый сотворенный ангел, которого Библия не называет по имени. В трудах мужей апостольских (ок. 150 г.

от Р. Х.) Ангел Господень иногда считается архангелом Михаилом[21]. То же самое иногда говорили и более поздние толкователи. Однако ни один из созданных ангелов, даже архангел, не обладал перечисленными выше чертами божества, упомянутыми в Писании; поэтому взгляд о сотворенном ангеле следует отвергнуть.

Довольно редко предполагают, что ветхозаветный Ангел Господень — это Мелхиседек, царь Салима (Быт. 14:18), таинственный первосвященник, по чину которого Господь Иисус Христос назван первосвященником (Пс. 109:4; Евр. 5:6, 10; 6:20; 7:17). Эта идея предполагает, что Мелхиседек — это Христос до воплощения, что легко отбросить, потому что в поддержку этого мнения нет фактических библейских доказательств. Мелхиседек, исторический царь Салима во дни Авраама, не мог быть Христом, ставшим затем первосвященником по чину Самого Себя[22].

Возможно также, что Ангел Господень — это явление Самого Господа (Яхве), то есть подлинная теофания[23]. Хотя этот подход признает божественные атрибуты ангела, он не объясняет свидетельство многих библейских текстов, что есть как минимум две личности — Ангел Господень и Господь, — что находится в полной гармонии с триединством Бога (Бог Отец, Еф. 1:3–6; Бог Сын, Еф. 1:7–12; и Бог Дух Святой, Еф. 1:13–14).

Единственный вывод о личности Ангела Господнего, который соответствует всем приведенным в Библии характеристикам, — это явление второго Лица триединого Бога, вечного Сына Божьего, Господа Иисуса Христа до воплощения (христофания)[24]. Поэтому неудивительно, что самые ранние объяснения, кто такой Ангел Господень, указывали на христофанию[25].

Связь с Новым Заветом

Взгляд, что это Христос до воплощения в Ветхом Завете, точно соответствует новозаветному учению о вечном Сыне Божьем, Господе Иисусе Христе. Во-первых, используя имя «Господь» (Быт. 16:11–13; 22:9–18), Ангел Господень притязает на то, что Он вечное существо. Именно о Своей *вечности* заявлял Господь Иисус Христос (Иоан. 1:1; 8:58; 17:5).

Во-вторых, Христос утверждал, что Он Бог, и в Писании говорится, что Он действительно Бог (Иоан. 1:1; 5:18; 10:33; 2 Пет. 1:1; 1 Иоан. 5:20). Это утверждение согласуется с *божественностью* Ангела Господнего (Исх. 3:2–6; Суд. 13:17–18).

---

[21] Пастырь Ерма, 3.8.3.

[22] Убедительное опровержение см.: James A. Borland, *Christ in the Old Testament*, rev. ed. (Fearn, Ross-shire, Scotland: Christian Focus, 1999), 139–147.

[23] McComiskey T. Ангел Господень // Теологический энциклопедический словарь / под ред. Уолтера Элвелла. М.: Ассоциация «Духовное возрождение», 2003. С. 50.

[24] Наиболее убедительное библейское изложение этой позиции см.: C. Goodspeed, "The Angel of Jehovah," *BSac* 36, no. 144 (1879): 594–615.

[25] Подробные сведения см.: Günther Juncker, "Christ as Angel: The Reclamation of a Primitive Title," *TJ*, n. s., 15, no. 2 (1994): 221–250.

В-третьих, притязая на божественность (Исх. 3:2–6; Суд. 13:17–18) и при этом отличаясь от Господа (Исх. 23:20–23; Ис. 6:1, 8 [с Иоан. 12:41–42]; Зах. 1:12–13), Ангел Господень утверждает, что больше одной личности может быть Богом. Только Христос, второе Лицо Троицы, мог сделать такое заявление, совершенно соответствующее *триединству* Бога (Матф. 28:19; Марк. 1:9–11; Иоан. 15:26; 2 Кор. 13:13).

В-четвертых, в Своем новозаветном воплощении (как и в ветхозаветных явлениях до воплощения) Христос выполнил Свою *задачу* открывать и объяснять Бога Отца, Который иначе был бы недостижим для человеческого понимания (Иоан. 1:18; 10:30; 12:45; 14:7, 9; 2 Кор. 4:4; Кол. 1:15, 19; 2:9; Евр. 1:3).

Таким образом, атрибуты и действия ветхозаветного Ангела Господнего идеально соответствуют тому, что известно из Нового Завета о воплощенном Христе. Учитывая вечность, божественность, триединство и задачу Христа, библейские свидетельства всецело подтверждают, что эпизоды с Ангелом Господним в Ветхом Завете однозначно говорят о Господе Иисусе Христе до воплощения.

Ответы на вопросы

Как насчет ангелов-хранителей (Матф. 18:10)?
Следует ли поклоняться ангелам (Кол. 2:18)?
Кто оказал гостеприимство ангелам (Евр. 13:2)?
Во что желают проникнуть ангелы (1 Пет. 1:12)?
Есть ли ангелы у церквей (Откр. 1:16, 20)?
Как христиане будут судить ангелов (1 Кор. 6:3)?
Говорится ли о сатане в Исаии 14 и в Иезекииля 28?
Может ли сатана читать мысли?
Как связаны Христос и сатана?
Могут ли сатана и бесы совершать чудеса?
Есть ли бесы в мире сегодня?
Могут ли христиане связывать сатану?
Кто такие «сыны Божьи» в Бытии 6:1–4?

Некоторые часто задаваемые вопросы не получили ответа в предыдущих рассуждениях. Поэтому оставшиеся важные вопросы рассматриваются здесь.

Как насчет ангелов-хранителей (Матф. 18:10)?

Гуманистические и суеверные рассуждения в сочетании с сентиментализмом сильно повлияли на идею о личных ангелах-хранителях. Хотя эту идею считают основанной на Библии, пристальный взгляд на подтверждающие тексты доказывает обратное.

В поддержку идеи ангела-хранителя цитируют слова Иакова (Быт. 48:16) и псалмопевца (Пс. 33:8). Однако эти тексты говорят об Ангеле Господнем либо косвенно (Иаков в Быт. 48:16 ссылается на свою встречу в Быт. 32:24–30), либо прямо (псалмопевец в общем говорит о множестве явлений в истории Израиля от Бытия до книги Судей). Ни один из этих текстов не говорит о личных ангелах-хранителях.

Когда Петр с помощью ангела вышел из тюрьмы (Деян. 12:6–11), он отправился в дом Марии, матери Иоанна Марка (12:12). Служанка Рода сообщила молитвенной группе, что Петр стоит у двери, но они заявили: «Это ангел его» (12:13–15). Есть два объяснения их реакции, и ни одно из них не имеет в виду ангела-хранителя. Во-первых, они могли предположить, что Петра, как и Иакова, обезглавили (12:1–2), и что он явился в своем посмертном виде (в соответствии с еврейским суеверием). Во-вторых, также возможно, что использование греческого слова *angelos* здесь (12:15) означает человека, посланного сообщить о смерти Петра, несмотря на их молитвы о его освобождении.

Наиболее вероятно упоминание об ангелах-хранителях в словах Христа: «...ибо говорю вам, что ангелы их на небесах всегда видят лицо Отца Моего Небесного» (Матф. 18:10). Однако это не означает, что у каждого верующего есть свой ангел-хранитель; скорее, ангелы в общем служат всем верующим, часто несколько ангелов вместе помогают одному человеку, как ангелы, отнесшие Лазаря на небеса (Лук. 16:22), или армия ангелов, сражавшаяся за Израиль (4 Цар. 6:17), или ангелы, которым Бог повелел защищать тех, кто ищет убежища под сенью Всемогущего (Пс. 90:11).

Библия не сообщает подробностей о том, как, для кого и когда это происходит. Впрочем, Писание ясно говорит, что ангелы—это служебные духи (Евр. 1:14); просто оно не говорит, что у каждого живущего в мире человека есть свой ангел-хранитель.

Следует ли поклоняться ангелам (Кол. 2:18)?

Ангелам нельзя поклоняться (Кол. 2:18), ангелы должны поклоняться Богу (Евр. 1:6). Одна форма сотворенных существ (люди) не должна поклоняться другим формам Божьего творения (ангелы, животные, природа, звезды). В Писании ангелы всегда показаны поклоняющимися Богу, а не принимающими поклонение себе (Ис. 6:1–4; Откр. 5:8–14).

От начала истории Израиля людей не только призывали поклоняться только Богу, но им также запрещали поклоняться чему-либо иному (Исх. 20:1–5; 34:14; Втор. 11:16; 30:17; Пс. 30:7; 96:7). Наказание за непослушание всегда было суровым (Исх. 32:1–10).

Христос был искушаем сатаной (сотворенным существом) в пустыне. Сатана предложил Ему все царства мира и их славу, если только Спаситель упадет перед ним и поклонится ему. Христос сразу отверг предложение, процитировав Второзаконие 6:13. Сверх того Иисус сказал ему: «Отойди от Меня, сатана» (Матф. 4:10; Лук. 4:8).

Позже в Новом Завете люди пытались поклониться сначала Петру (Деян. 10:25–26), а затем Павлу и Варнаве (Деян. 14:9–15). В обоих случаях неуместное поклонение было немедленно отвергнуто. Иоанн ближе к концу своей жизни был настолько поражен присутствием ангелов, что в двух случаях пытался поклониться им. Оба раза ангелы отвергли его поклонение и призвали поклониться Богу (Откр. 19:9–10; 22:8–9).

Будь то в библейских заповедях или в библейской практике, поклонение ангелам запрещено как идолопоклонство. Поклоняться нужно только Богу.

Кто оказал гостеприимство ангелам (Евр. 13:2)? [26]

Учение в Евреям 13:2, что «некоторые, не зная, оказали гостеприимство ангелам», дается не как главный мотив для гостеприимства, а скорее как пример, что никто не знает, насколько далеко идущими могут быть последствия проявленной доброты (см. Матф. 25:40, 45). Именно так произошло с Авраамом и Саррой (Быт. 18:1–3), Лотом (Быт. 19:1–2), Гедеоном (Суд. 6:11–24) и Маноем (Суд. 13:6–20). Автор Послания к евреям не предполагает, что верующие должны ожидать прихода ангелов. Скорее, он наглядно показывает, что, практикуя библейское гостеприимство (1 Тим. 3:2; Тит. 1:8), иногда можно пережить неожиданное благословение, как происходило в первых книгах Ветхого Завета.

Во что желают проникнуть ангелы (1 Пет. 1:12)? [27]

Не следует думать, что ангелы не принимали участия в Божьем плане спасения. Они объявили о рождении Христа (Лук. 1:26–35; 2:10–14), служили Ему в испытаниях (Матф. 4:11; Лук. 22:43), стояли у гробницы, когда Он воскрес из мертвых (Матф. 28:5–7; Марк. 16:4–7; Лук. 24:4–7), и присутствовали при Его вознесении на небеса (Деян. 1:10–11).

Сейчас ангелы радуются о кающихся грешниках (Лук. 15:7, 10). Апостолы стали зрелищем для ангелов (1 Кор. 4:9). Ангелов беспокоит пребывание пасторов в грехе (1 Тим. 5:21). Они служебные духи, посылаемые на служение тем, которые наследуют спасение (Евр. 1:14). После смерти верующие присоединятся к ангелам в небесном поклонении (Откр. 5:11–14).

Ангелы находятся достаточно близко, чтобы наблюдать за апостолами, служить святым, поклоняться с верующими на небесах и радоваться спасению людей, но есть кое-что еще, на чем они очень сосредоточены. Подобно Петру, Иоанну и Марии, наклонившимся, чтобы заглянуть в пустую гробницу (Лук. 24:12; Иоан. 20:5, 11), или человеку, вникающему в Писание (Иак. 1:25), ангелы стремятся увидеть плод спасения в результате того, что Христос пострадал на кресте, воскрес из мертвых и вознесения на небеса.

Со святым любопытством ангелы хотят понять ту милость и благодать, которой они сами никогда не испытают. Святые ангелы не нуждаются в спасении, а падшие не могут быть спасены. Но святые ангелы стремятся понять спасение,

---

[26] Этот раздел адаптирован из «Учебной Библии с комментариями Джона Мак-Артура» (С. 1974).

[27] Этот раздел адаптирован из: Мак-Артур Д. Толкование книг Нового Завета: 1-е Послание Петра. Б. м.: Славян. еванг. о-во, 2013. С. 64.

чтобы полнее прославлять Бога, ведь это основная причина их существования (Иов. 38:7; Пс. 148:2; Ис. 6:3; Лук. 2:13–14; Евр. 1:6; Откр. 5:11–12; 7:11–12).

Есть ли ангелы у церквей (Откр. 1:16, 20)?

Семь «звезд» (Откр. 1:16) — это «ангелы» семи церквей (Откр. 1:20). Большинство английских переводов передают греческое слово *angelos* как «ангел». Однако здесь лучше использовать самый общий смысл этого слова, а именно «вестник», и толковать его в контексте.

Слово *angelos* может относиться и к добрым (Откр. 5:11), и к злым ангелам (Матф. 25:41). В Новом Завете оно также часто используется по отношению к людям-вестникам (Матф. 11:10; Марк. 1:2; Лук. 7:24; Иак. 2:25). Слово «звезда» в Библии может иметь много значений: собственно звезда (Откр. 6:13), бесы (Откр. 9:1), люди (Откр. 12:1), Христос (Откр. 22:16) и ангелы (Иов. 38:7). В древней литературе словом «звезда» часто описывали важного человека (Дан. 12:3). И сегодня в обществе есть свои «звезды» и «суперзвезды».

С учетом вышесказанного, есть три допустимых толкования слова «звезда». Одни говорят, что оно описывает «отношение» церкви. Другие считают, что оно подразумевает настоящих ангелов. Однако к данному контексту лучше всего подходит идея, что это человек.

Во-первых, слова «звезда» и «вестник» используются и в Ветхом, и Новом Завете по отношению к людям. Во-вторых, нигде в Библии не говорится, что ангелы участвуют в руководстве церковью. В-третьих, согласно устоявшейся экклезиологии, Христос пишет здесь не ангелам, а людям (Откр. 2:1, 8, 12, 18; 3:1, 7, 14). Наконец, люди, а не ангелы, отвечают перед Богом за поведение церкви (Евр. 13:17); ангелы только с любопытством смотрят со стороны (1 Пет. 1:12).

Семь «ангелов» на самом деле представляют людей, руководящих церковью, то есть пресвитеров и епископов. То, что они находятся в правой руке Христа, означает Его власть над церквами. Это напоминает служителям, что они руководят с властью Христа, а не со своей собственной.

Как христиане будут судить ангелов (1 Кор. 6:3)?

Греческий глагол *krinō* в 1 Коринфянам 5:12, 13, 6:1, 2 и 3 главным образом означает «судить», «решать» или «определять». Итак, каких ангелов и в каком смысле христиане будут судить в будущем?

Некоторые предположили, что еврейский глагол (*shaphat*) переведен в Септуагинте с альтернативным значением «управлять» (1 Цар. 8:20). Поэтому он мог быть так же использован в Новом Завете в том смысле, что христиане должны управлять святыми ангелами, поскольку ангелы служат верующим (Евр. 1:14). Однако контекст 1 Коринфянам 5:9–6:11 ясно передает идею суда, так что этот глагол не может использоваться во вторичном смысле управления.

Поскольку слово *krinō* здесь имеет судебный смысл, возникают дополнительные вопросы. Во-первых, в чем именно нужно судить святых ангелов? Святые ангелы по самой своей природе не нуждаются в суде. Также Писание не дает никаких указаний ни в утверждениях, ни в примерах, что они когда-либо были или будут судимы.

Во-вторых, как христиане будут судить злых ангелов? Они в настоящее время ожидают суда великого дня (2 Пет. 2:4; Иуд. 6), который должен совпадать с судом над сатаной, когда он будет брошен в озеро огненное (Откр. 20:10) вместе со своими ангелами (Матф. 25:41). Поскольку верующим обещано, что они будут сидеть со Христом на Его престоле (Откр. 3:21) и будут иметь власть судить (Откр. 20:4), то верующие вместе со Христом смогут судить злых ангелов на суде великого дня. Именно на это событие ссылается Павел в 1 Коринфянам 6:3.

Говорится ли о сатане в Исаии 14 и в Иезекииля 28?

Подобно тому как Писание косвенно связывает идолов с бесами (Втор. 32:17; Пс. 105:37–38), а импульсивного Петра — с сатаной (Матф. 16:23), так и царь Вавилонский (Ис. 14:4–21), и царь Тирский (Иез. 28:1–19) косвенно связаны с сатаной. Языческие цари, которые способствовали ложному поклонению и даже заявляли о своей божественности, были как бы суррогатами сатаны. Такими были и эти два царя.

Исаии 14:12–14 дает некоторое представление о сатане через жизнь царя Вавилона. Там говорится о человеке, который хотел бы превознестись до уровня Бога (Ис. 14:13–14), но, пытаясь возвеличить себя, потерпел поражение (Ис. 14:12). Это случилось с вавилонским монархом практически так же, как когда-то произошло падение лукавого.

Иезекииля 28:2, 6, 12–17 также показывает, что в своем правлении царь Тира вел себя подобно тому, как в прошлом вел себя сатана. Этот царь наглядно показал поведение и отношение сатаны.

Следовательно, толкуя эти два текста, необходимо сохранять баланс: быть внимательным, чтобы не игнорировать сатану; быть осторожным, чтобы не считать сатану единственным действующим лицом; и быть рассудительным, понимая, что основным или прямым замыслом авторов было объявить Божий суд над реальными царями, используя сравнение с сатаной, чтобы показать, как нечестиво их правление. Этот подход, видимо, подтверждается Новым Заветом, который многое открывает о дьяволе без прямых цитат из Исаии 14 или Иезекииля 28.

Может ли сатана читать мысли? [28]

Есть ли у дьявола способность знать, что думает человек? Ответ отрицательный по следующим причинам.

---

[28] Этот раздел адаптирован из: Richard L. Mayhue, "Cultivating a Biblical Mind-Set," in *Think Biblically: Recovering a Christian Worldview*, ed. John MacArthur (Wheaton, IL: Crossway, 2003), 39–41. Используется с разрешения Crossway.

Таблица 8.10: Умственные способности падшего человека

превратные	Рим. 1:28	прельщенные	Кол. 2:4
окостенелые	2 Кор. 3:14 (Кассиан)	обольщенные	Кол. 2:8
ослепленные	2 Кор. 4:4	плотские	Кол. 2:18
суетные	Еф. 4:17	поврежденные	1 Тим. 6:5
помраченные	Еф. 4:18	развращенные	2 Тим. 3:8
враждебные	Кол. 1:21	оскверненные	Тит. 1:15

Во-первых, сатана—это сотворенное существо (Иоан. 1:3; Кол. 1:16). Поэтому он не имеет божественного атрибута всеведения. Во-вторых, нигде в Писании нет ни малейшего намека на то, что лукавый все знает, будь то в прошлом, настоящем или будущем.

В-третьих, сатана—это опосредованная, а не прямая причина развращенного ума человека. Завершив сотворение, «увидел Бог все, что Он создал, и вот, хорошо весьма» (Быт. 1:31). Адам и Ева были в праведном общении с Богом и получили власть над всем Божьим творением (Быт. 1:26–30). Потенциальное будущее для них и их потомства означало жизнь земного блаженства, пока грех не вошел в мир.

Бытие 3:1–7 описывает сокрушительный и повлекший серьезные последствия удар по разуму человека, который затронул каждого, кто жил после этого. Несомненно, в этом важнейшем тексте сатана развязал войну против Бога и человеческого рода, и полем битвы оказался разум Евы. В итоге Ева променяла Божью истину (Быт. 2:17) на сатанинскую ложь (Быт. 3:4–5), и человеческий разум изменился навсегда.

В-четвертых, степень такой испорченности разума иллюстрируется самыми разными негативными словами в Новом Завете, описывающими крушение интеллектуальных способностей человека из-за первородного греха (см. таблицу 8.10).

Как следствие, у первых двух сотворенных Богом людей и у всех их потомков резко изменились отношения с Богом и Его миром:

1. Они больше не будут занимать себя Божьими мыслями, а только человеческими (Пс. 52:2; Рим. 1:25).
2. Они больше не будут иметь духовного зрения, а будут ослеплены сатаной и не увидят славу Божью (2 Кор. 4:4).
3. Они больше не будут мудрыми, а станут глупыми (Пс. 13:1; Тит. 3:3).
4. Они больше не будут живыми для Бога, а станут мертвыми в своих грехах (Рим. 8:5–11).
5. Они больше не будут помышлять о горнем, а только о земном (Кол. 3:2).
6. Они больше не будут ходить во свете, а только во тьме (Иоан. 12:35–36, 46).
7. Они больше не будут жить по Духу, а только по плоти (Рим. 8:1–5).
8. Они больше не будут иметь вечной жизни, но столкнутся с духовной смертью—то есть вечным разделением с Богом (2 Фес. 1:9).

Итак, сатана может в целом знать, насколько выродилось мышление людей из-за его козней в противостоянии с Евой в раю, но он не может читать конкретные мысли. Это видно на примере двух разговоров сатаны с Богом и событий с Иовом (Иов. 1–2). Сатана якобы понимал ум Иова, но последующие события доказали, что он не мог знать, как именно мыслил этот праведник, потому что он не может читать мысли.

Как связаны Христос и сатана?

Христос сотворил все, и без Него ничто не начало быть (Иоан. 1:3, 10; 1 Кор. 8:6; Кол. 1:16, Евр. 1:2). Сатана — созданное существо, а потому он не равен Христу и тем более не выше Его. Он ничего не создал и всегда остается низшим существом по отношению к божественной власти и воле Иисуса (1 Иоан. 3:8).

В Иова 1:12 и 2:6 сатане пришлось подчиниться воле Божьей. В Матфея 4:10 Христос потребовал, чтобы сатана отошел от Него. В конце Христос поразит сатану, осудит его за тяжкие преступления и измену и приговорит к вечности в озере огненном (Иоан. 16:11; Откр. 20:9–10).

Христос — Творец, от Которого сатана получил жизнь. Христос — Господин, Которому сатана должен подчиниться. Христос — Судья, от Которого он, виновный по всем пунктам обвинения, получит окончательный суд и приговор на вечность в аду.

Могут ли сатана и бесы совершать чудеса?

Сотворенные существа, такие как сатана и бесы, не обладают чудесной силой всемогущего Бога. Бог неоспоримо творил чудеса через Христа (Иоан. 11:47–48) и апостолов (Деян. 4:16), но никогда не делал ничего подобного через сатану или бесов.

Одна из главных стратегий сатаны — обмануть (Откр. 12:9; 13:3, 12, 14; 19:20; 20:3, 8, 10), то есть выдать некое действие за чудо, настолько же могущественное, как действие Бога. Однако это лишь видимость, а не реальность.

Хотя сила сатаны больше, чем у людей (Иов. 1:12; 2:6), она ограничена Богом. Волхвы при дворе фараона внешне повторили первые три казни от Бога (Исх. 7:11–12, 22; 8:7), но, начиная с четвертой, они оказались бессильными (Исх. 8:18–19), признав, что Божье всемогущество намного превышало их силы. Во второй половине 70-й седмины Даниила сатана совершит ложные знамения и чудеса через антихриста (2 Фес. 2:9–10), лжепророка (Откр. 13:13–14) и бесов (Откр. 16:13–14).

Могут ли сатана и бесы исцелять, как это делали Иисус и апостолы? Ни сатана, ни бесы не обладают творческой силой, а потому не могут совершать чудесное исцеление, как это делает Бог. Однако, когда бесы оставляют неверующих (по собственному желанию), болезнь может уйти. Это создаст видимость чуда.

Отрицательный ответ на вопрос «могут ли бесы исцелять?», видимо, был очевидной истиной для палестинцев I века. Иисуса обвинили в одержимости бесом как минимум шесть раз: (1) Матфея 9:32–34; (2) Матфея 12:22–29; Марка 3:30; (3) Луки 11:14–26; (4) Иоанна 7:20; (5) Иоанна 8:48–49, 52; и (6) Иоанна 10:20–21. Те, кто больше знал о плодах служения Христа, отвечали на это обвинение вопросом: «...может ли бес отверзать очи слепым?» (Иоан. 10:21). Итак, бесы в принципе могут создавать убедительную видимость исцеления, но на самом деле они не могут совершать чудесного исцеления. Это духи-обольстители (1 Тим. 4:1), чьи знамения не от Бога (Откр. 16:14).

Есть ли бесы в мире сегодня?

Почему бесам иногда уделяется так много внимания в средствах массовой информации? Соответствуют ли эти сообщения Библии или это просто выдумки несведущих людей, которые видят бесов за каждым кустом и под каждым камнем? Усиливается ли активность бесов в мире? Как узнать, какие понятия соответствуют Библии, а какие—нет?

Эта тема заслуживает отдельной книги, а здесь она будет только кратко затронута. Рассмотрим несколько предварительных общих наблюдений:

1. Мы утверждаем историческую реальность сатаны и бесов как в прошлом, так и в настоящем, поскольку так говорит Библия.
2. Мы утверждаем, что Библия предостерегает христиан, что сатана и бесы сейчас во многом действуют так же, как и во времена Ветхого и Нового Завета (1 Пет. 5:6–11).
3. Мы утверждаем учение Библии, что человек, живя христианской жизнью, испытает реальную духовную борьбу с сатаной и его армией бесов.
4. Мы утверждаем, что только Писание, независимо от личного опыта или клинических данных, может определить реальность бесовского опыта и дать понимание борьбы с сатаной и бесами.
5. Мы утверждаем, что указания в новозаветных посланиях о том, как вести духовную войну, не ограничивались I веком (Еф. 6:10–20).

В Библии сатана и бесы описаны как активные участники духовной тьмы (Еф. 6:12), обмана (2 Кор. 11:13–15) и смерти (Иоан. 8:44). В такой обстановке они процветают. В последние десятилетия Соединенные Штаты быстро движутся к этому состоянию, о чем свидетельствует рост лжерелигий, идолопоклонства, половой безнравственности, извращений, употребления наркотиков, оккультной активности, интереса к сатанизму, безбожия, бесстыдства в грехе, беззакония, обесценивания человеческой жизни и попыток общества подавить библейскую истину.

Мало того, что мир—это место, где сатана и бесы благоденствуют, но еще и христианство невольно погрязло в великом обмане. В церкви это обычно проявляется в двух крайностях—либо чрезмерное, либо недостаточное внимание к духовному миру.

Сегодня значительная часть христианства уделяет слишком мало внимания учению и предупреждениям Библии о сатане и бесах. Поскольку бесовская деятельность в мире по большей части невидима, многие считают, что ее не существует. У некоторых христиан незнание Писания в сочетании с влиянием материализма порождает нездоровое безразличие к невидимой войне с силами тьмы. У других доминирует нереалистическая позиция духовной неуязвимости. В итоге, многие верующие, сами того не зная, остаются невежественными, уязвимыми и неподготовленными к нынешнему усилению духовной войны.

Могут ли христиане связывать сатану?

Есть лишь несколько новозаветных текстов, которые могут помочь ответить на этот вопрос. В Матфея 12:22–29, Марка 3:27 и Луки 11:14–23 сильный (сатана, Матф. 22:29) сравнивается с сильнейшим (Христом, Лук. 11:22). В этих текстах вообще не говорится о связывании сатаны верующими, а только о том, что у Христа сила больше, чем у сатаны.

Матфея 16:16–19 (особ. 16:19) метафорически говорит, что апостолы прощают или не прощают грех, при этом термин «связывать» означает «запрещать» / «не прощать», а «развязывать»—«разрешать»/«прощать». В древности раввины именно так использовали эти термины в подобном контексте. В тексте говорится только о власти бороться с грехом, но никак не с сатаной. В Иоанна 20:23 то же самое говорится с использованием ясных терминов «прощать» и «оставлять». Текст Матфея 18:15–18 следует понимать подобным образом в контексте взыскания для согрешающего брата.

Откровение 20:1–3 говорит о Тысячелетнем царстве Христа, в самом начале которого ангел с небес буквально свяжет сатану и заключит его на тысячу лет. Этот текст относится к определенному времени и касается только ангела из Откровения 20:1, сатаны и тысячелетнего правления Христа на земле.

Этот обзор очень немногих библейских текстов, которые могли бы затрагивать данный вопрос, должен привести к выводу, что ни один из них совсем не касается исследуемого вопроса. Поэтому простой ответ: нет, христиане не могут связывать сатану, потому что Библия не говорит ничего, что позволило бы ответить положительно.

Кто такие «сыны Божьи» в Бытии 6:1–4?

Бытие 6:1–4 представляется одним из самых таинственных и загадочных текстов в Библии и одним из самых трудных для толкования. В связи с этим не следует быть чрезмерно догматичным по этому вопросу, поскольку он остается одним из немногих, по которым есть широкий диапазон разных взглядов даже среди толкователей, которые в целом согласны почти по всем остальным вопросам. Поэтому лучше не придавать слишком большое значение возможным доктринальным или практическим вывод

Есть несколько причин, почему такой трудный текст встречается в самом начале Писания:

1. Единственный непосредственный библейский контекст—это Быт. 1–5.
2. В тексте мало деталей, и они не совсем ясны.
3. В более поздних текстах Ветхого или Нового Завета нет ясных, прямых текстов, касающихся Бытия 6:1–4, кроме Матфея 24:37–39 и Луки 17:26–27.
4. Это было после грехопадения и до потопа, в то время, о котором мало говорится в Библии.

Тем не менее именно волнующая неясность этого текста делает его настолько привлекательным для любознательных исследователей Писания.

Возникает ряд очень важных вопросов: кто такие «сыны Божии» (Быт. 6:2)? Кто такие «исполины» (Быт. 6:4)? Связано ли это с бесами?

Для этого краткого обсуждения нужны несколько предпосылок:

1. Бытие 6:1–4—это не древний миф, а истинный и точный открытый Богом факт.
2. Этот текст должен толковаться в контексте Бытия 1–5.
3. Исполины в Бытии 6:4—это необязательно потомки сынов Божьих и дочерей человеческих. По сути, они упоминаются и столетия спустя в связи с исходом (Чис. 13:34).
4. Бесы не могут иметь половых отношений с людьми напрямую, так как размножение происходит по роду своему (Быт. 1:20–25). Кроме того, духовные существа вообще не могут размножаться (см. Матф. 22:30; Марк. 12:25).
5. Хотя прямое ангельско-человеческое размножение и не реалистично, следует учитывать возможность отношений между одержимыми мужчинами и женщинами.
6. Некоторые нашли предполагаемые новозаветные ссылки на Бытие 6:1–4 в 1 Петра 3:19–20, 2 Петра 2:4 и Иуды 6. Хотя это и возможно, есть другие равно удовлетворительные толкования этих стихов, которые не требуют связи с 6-й главой Бытия. Поэтому независимо от того, какой взгляд принимается, нельзя полагаться на эти новозаветные тексты как на первичное доказательство.

За этими вводными мыслями следует краткое объяснение и оценка трех самых распространенных взглядов, а читатель может решить, какой взгляд имеет наибольшую поддержку и меньше всего проблем.

ГРЕШНЫЕ СИФИТЫ

Этого взгляда придерживаются Джон Мюррей и Глисон Арчер[29]. Они утверждают, что благочестивый род Сифа уклонился от Божьего плана и вступил в брак с нечестивым женским потомством Каина. Таким образом, род Сифа был осквернен этим нечестивым смешанным браком. Это объясняет, почему Ной и его семья (сифиты) спаслись в потопе, а все остальные подпали под Божье всеобщее осуждение человечества.

Привлекательные стороны этого взгляда:

---

[29] John Murray, *Principles of Conduct: Aspects of Biblical Ethics* (Grand Rapids, MI: Eerdmans, 1957), 243–249; Gleason Archer, *Encyclopedia of Bible Difficulties* (Grand Rapids, MI: Zondervan, 1982), 79–80.

1. Аналог фразы «сыны Божьи» в других местах Писания относится к благочестивым людям (Втор. 14:1; Пс. 72:15; Ис. 43:6; Ос. 1:10).
2. Причиной потопа был грех людей, а не бесов (Быт. 6:5–7). Это объясняет, почему Дух Божий не будет вечно пребывать в людях или бороться с людьми (Быт. 6:3, НРП).
3. Контекст Бытия 1–5 хорошо согласуется с этой точкой зрения.
4. В результате браков с неверующими возникали смешанные браки и загрязнялась благочестивая линия сифитов, что объясняет суровость потопа для всего человеческого рода, за исключением семьи Ноя.
5. Термин «сыны Божьи», видимо, обозначает благочестивый род, а фраза «дочери человеческие», видимо, обозначает нечестивый род.
6. Этот взгляд хорошо соответствует условиям во дни Ноя, как они описаны в Евангелиях (Матф. 24:37–39; Лук. 17:26–27). Люди того времени пренебрегали святыми Божьими делами и были поглощены мирскими человеческими делами: ели, пили, женились и выходили замуж.

Проблемные стороны этого взгляда:

1. Слово «человеческие» не согласуется точно с фразой «сыны Божии».
2. Нет явного указания, что «дочери человеческие» ограничены родом Каина.
3. Нет явного указания, что «сыны Божьи» относятся к роду Сифа.

ОДЕРЖИМЫЕ МУЖЧИНЫ

Этого взгляда придерживаются Дуэйн Гарретт и Виллем Вангемерен[30]. Они утверждают, что бесы (злые ангелы) поселялись в телах мужчин, которые затем испытывали побуждение жить нечестивой, распущенной жизнью с женщинами в мире. Нравственное осквернение оказалось настолько великим и повсеместным, что Бог уничтожил все человечество, кроме Ноя и его семьи.

Привлекательные стороны этого взгляда:

1. Точно такая же фраза «сыны Божии» в других местах Ветхого Завета относится к ангелам (Иов. 1:6; 2:1; 38:7).
2. Этот взгляд объясняет предполагаемый контраст между «сынами Божьими» и «дочерями человеческими».
3. Этот взгляд — одно из самых древних известных объяснений Бытия 6:1–4.

Проблемные стороны этого взгляда:

1. Этот взгляд, как кажется, искусственно вводит бесов, которые больше нигде не упоминаются в контексте Бытия 1–5.
2. Божий суд был обращен против людей, а не злых ангелов, и это объясняет, почему Дух Божий сосредоточился на людях, а не на бесах.
3. Фраза «сыны Божьи» никогда не относится к бесам.
4. Древняя традиция не равнозначна Писанию по исторической точности.

---

[30] Duane A. Garrett, *Angels and the New Spirituality* (Nashville: Broadman, 1995), 46–47; Willem VanGemeren, "The Sons of God in Genesis 6:1–4 (An Example of Evangelical Demythologization)," *WTJ* 43, no. 2 (1981): 320–348. См. также: Мак-Артур. Толкование книг Нового Завета: 1-е Послание Петра. С. 216–220.

5. Слово «ангел» было в словарном запасе Моисея (Быт. 19:1, 15; 28:12; 32:1), поэтому непонятно, почему бы он стал использовать фразу «сыны Божьи», особенно если говорил о злых ангелах.
6. Этот взгляд не соответствует ясным библейским описаниям дней Ноя (Матф. 24:37–39; Лук. 17:26–27), которые не упоминают бесов.

НЕЧЕСТИВЫЕ ПРАВИТЕЛИ

Этого взгляда придерживаются Уолтер Кайзер и Мередит Клайн[31]. Они утверждают, что фраза «сыны Божьи» в древности использовалась для описания правителей и их потомков мужского пола, за которыми признавали прямую связь с божеством. Эти люди похищали и насиловали женщин, грубо искажая святой Божий замысел для брака и способствуя необузданному многоженству.

Привлекательные стороны этого взгляда:

1. Фраза «сыны Божьи» использовалась в Библии в смысле человеческих правителей (Пс. 81:6; Иоан. 10:33–36).
2. Этот взгляд соответствует контексту Божьего суда над людьми, а не над злыми ангелами.
3. Этот взгляд согласуется с общим описанием дней Ноя в Евангелиях (Матф. 24:37–39; Лук. 17:26–27), когда люди, видимо, легко и преступно игнорировали важные требования Бога.

Проблемные стороны этого взгляда:

1. Этот взгляд предполагает больше подробностей, чем дано в Бытии 6:1–4.
2. Писание не говорит, что царей в тот период мировой истории ассоциировали с божеством.

———————

Молитва[32]

Дорогой Отец, великая слава Благой вести заключается в том,
   что благодаря совершенному на кресте Твоим возлюбленным Сыном
      Ты избавил нас от власти тьмы
         и привел нас в Его Царство восхитительного света,
            сделав достойными участниками в наследии святых Божьих.

Одним из поразительнейших примеров этого спасения в Твоем Слове
   является свидетельство апостола Павла,
      ставшего влиятельнейшим защитником веры,
         которую он прежде пытался стереть с лица земли.
Все верующие, подобно Павлу, могут засвидетельствовать,
   что Ты искупил нас от рабства греха,
      дал нам новую жизнь
         и полностью снарядил для служения Тебе,

---

[31] Walter C. Kaiser Jr., *More Hard Sayings of the Old Testament* (Downers Grove, IL: InterVarsity Press, 1992), 33–38; Meredith Kline, "Divine Kingship and Genesis 6:1–4," *WTJ* 24, no. 2 (1962): 187–204.

[32] Эта молитва воспроизводится дословно из: Мак-Артур Д. У престола благодати. СПб.: Виссон, 2015. С. 114–116.

хотя мы так же, как Савл из Тарса,
были хулителями Бога и не покорялись Тебе.
Мы прославляем имя Твое за силу, преобразующую нашу жизнь.
Ты вложил в наши уста новую песню,
песню беспрестанной хвалы Тебе.

Спасибо за Духа Святого, пребывающего в нас
и преобразующего жизнь нашу через изменение сердец.
Мы радуемся, уверенные в том, что наши грехи прощены.
Мы несказанно признательны Христу,
заплатившему немыслимую цену за наше освобождение.
И теперь мы знаем, что воистину свободны,
свободны от порабощения законом
и благополучно освобождены от рабства греха.
Мы взываем к Тебе: дай нам силу твердо стоять в свободе.
Защити сердца и скрепи печатью Духа Святого наше освобождение,
чтобы мы больше никогда не преклоняли голову ни под одно иго,
кроме благого и легкого бремени Христа.

Мы знаем, что без милостиво дарованной Тобой силы
все наши попытки служить Тебе
и любить ближнего безусловной любовью
обречены на провал.
Без Духа Святого
мы не смогли бы назвать Иисуса Господом.
Без заступничества ходатайствующего за нас Христа
мы неминуемо потерпели бы поражение.
Без благодати Твоей, поддерживающей нас,
мы бы непременно отпали.
Без очищающей силы Слова Твоего
мы бы никогда не стали благонадежными гражданами неба.

С глубоким стыдом мы признаем,
что сердцам нашим свойственна холодность.
Наша любовь к Тебе слишком неглубока и непостоянна,
чтобы почитать Тебя так, как Ты того заслуживаешь.
Наша покорность Христу слишком часто оказывается недолгой и изменчивой.
Наше хождение с Богом—запинающимся и непоследовательным.
Мы слишком слабы перед
соблазнами мира,
искушениями плоти
и уловками дьявола.

Излей на нас еще больше благодати Своей,
чтобы нам быть усердными в исполнении обязательств,
верными в преданности Христу,
прилежными в распространении Благой вести,
свободными в свидетельстве миру,
непреклонными в защите истины
и неутомимыми в служении Тебе.

Да будет наша жизнь «достойна благовествования Христова».
Пусть каждый день нашей жизни прославляет Спасителя,
    Господа Иисуса Христа, во имя Которого мы молимся. Аминь.

«Твердыня наша, вечный Бог»

Твердыня наша—вечный Бог,
Он—сила и защита.
Из бед Он выйти нам помог,
В Нем наша жизнь сокрыта!
Наш древний враг не спит,
Нам гибелью грозит;
Он на земле всегда
Живет лишь для вреда,
Он в мире всех страшнее.

От века грозного врага
Не одолеем сами.
Один лишь может, без труда,
Сковать его цепями.
Кто Он?—звучит вопрос.
Господь Иисус Христос,
Он был, есть и грядет,
Он Тот же в род и род—
Всесильный победитель.

Когда враги голодным львам
Нас кинут на съеденье,
Господень ангел будет там,
Подаст нам избавленье.
Князь тьмы рычит, как лев,
И страшен его гнев,
Пожрать нас хочет он.
Но сам он обречен
На вечную погибель.

Господне слово устоит,
Господь пребудет с нами.
Он нас поддержит, укрепит
Духовными дарами.
Пусть нас лишат враги
Свободы и семьи.
Их на кривых путях
Ждут беды, смерть и мрак,
А нам Господь даст царство.

    Мартин Лютер (1483–1546)
    (перевод Д. А. Ясько)

Список литературы

Основные труды по систематическому богословию

Беркхоф Л. Систематическое богословие. Мн.: Полиграфкомбинат им. Я. Коласа, 2014. С. 154–163.

* Грудем У. Систематическое богословие: Введение в библейское учение. СПб.: Мирт, 2004. С. 447–492.

Тиссен Г. Лекции по систематическому богословию. СПб.: Библия для всех, 1994. С. 150–167.

Эриксон М. Христианское богословие. СПб. Библия для всех, 1999. С. 365–381.

* Bancroft, Emery H. *Christian Theology: Systematic and Biblical*. 2nd ed. Grand Rapids, MI: Zondervan, 1976. 307–343.

Buswell, James Oliver, Jr. *A Systematic Theology of the Christian Religion*. 2 vols. Grand Rapids, MI: Zondervan, 1962–1963. 1:130–134.

Culver, Robert Duncan. *Systematic Theology: Biblical and Historical*. Fearn, Ross-shire, Scotland: Mentor, 2005. 176–190.

Dabney, Robert Lewis. *Systematic Theology*. 1871. Reprint, Edinburgh: Banner of Truth, 1985. 264–75.

Hodge, Charles. *Systematic Theology*. 3 vols. 1871–1873. Reprint, Grand Rapids, MI: Eerdmans, 1975. 1:637–648.

Reymond, Robert L. *A New Systematic Theology of the Christian Faith*. Nashville: Thomas Nelson, 1998. 658–663.

Strong, August Hopkins. *Systematic Theology: A Compendium Designed for the Use of Theological Students*. Rev. ed. New York: Revell, 1907. 443–464.

* Swindoll, Charles R., and Roy B. Zuck, eds. *Understanding Christian Theology*. Nashville: Thomas Nelson, 2003. 537–640.

* Turretin, Francis. *Institutes of Elenctic Theology*. 3 vols. Edited by James T. Dennison Jr. Translated by George Musgrove Giger. 1679–1685. Reprint, Phillipsburg, NJ: P&R, 1992–1997. 1:539–567.

* Обозначает самые полезные.

Специальные труды

* Конья А. Демоны: Библейский взгляд. СПб.: Шандал, 2004.

* Мак-Артур Д. Как встречать врага. Сакраменто: Grace Publishing International, 2004.

* Мейхью Р. Болезни и бесы // Обетование исцеления. СПб.: Библия для всех, 2007. С. 139–149.

Мэйхью Р. Разоблачение сатаны: Разоблачение козней дьявола и библейская стратегия ответного удара. Киев: Grace Publishing International, 2008.

Паулисон Д. Столкновение сил: возвращение к сути духовной войны. Одесса: Тюльпан, 2012.

* Borland, James A. *Christ in the Old Testament: Old Testament Appearances of Christ in Human Form*. Rev. ed. Fearn, Ross-shire, Scotland: Mentor, 1999.

Brooks, Thomas. *Precious Remedies against Satan's Devices*. 1652. Reprint, Carlisle, PA: Banner of Truth, 1984.

* Dickason, C. Fred. *Angels, Elect and Evil*. Chicago: Moody Press, 1975.

Joppie, A. S. *The Ministry of Angels*. Grand Rapids, MI: Baker, 1953.

Leahy, Frederick S. *Satan Cast Out: A Study in Biblical Demonology*. Carlisle, PA: Banner of Truth, 1975.

Lockyer, Herbert. *All the Angels in the Bible*. Peabody, MA: Hendrickson, 1995.

Lowe, Chuck. *Territorial Spirits and World Evangelization? A Biblical, Historical, and Missiological Critique of Strategic-Level Spiritual Warfare*. Fearn, Ross-shire, Scotland: Christian Focus, 1998.

* Mayhue, Richard. "False Prophets and the Deceiving Spirit (1 Kings 22:19–23)." In *The Master's Perspective on Difficult Passages*, edited by Robert L. Thomas, 15–43. The Master's Perspective 1. Grand Rapids, MI: Kregel, 1998.

Noll, Stephen F. *Angels of Light, Powers of Darkness: Thinking Biblically about Angels, Satan, and Principalities*. Downers Grove, IL: InterVarsity Press, 1998.

Page, Sydney H. T. *Powers of Evil: A Biblical Study of Satan and Demons*. Grand Rapids, MI: Baker, 1995.

Rhodes, Ron. *Angels among Us*. Eugene, OR: Harvest House, 1994.

Richards, Larry. *Every Good and Evil Angel in the Bible*. Nashville: Thomas Nelson, 1998.

Unger, Merrill F. *Biblical Demonology: A Study of Spiritual Forces at Work Today*. 1952. Reprint, Grand Rapids, MI: Kregel, 2012.

* Обозначает самые полезные.

«Христос — основа церкви»

Христос — основа церкви,
Лишь в Нем стоит она,
Его бессмертным словом
Она возрождена;
С небес ее взыскал Он,
За жизнь ее страдал,
Омыл Своею кровью
И к святости призвал.

Рассеяна повсюду,
Но Духом скреплена,
Единым хлебом свыше
Питаема она.
Одно святое имя
Сливает все сердца,
В едином упованье
Претерпят до конца.

Средь скорби и томленья
И битвы со врагом,
Как жаждет наступленья
Покоя со Христом;
Когда виденье славы
Узрят ее глаза,
И торжество победы
Наступит навсегда!

И здесь она в общенье
С Отцом и со Христом,
И облаком объята
Свидетелей кругом.
Велико их блаженство!
О, дай, Господь, и нам,
Подобно им, в смиренье
Стремиться к небесам!

Сэмюэл Стоун (1839–1900)
(перевод из сборника И. С. Проханова
«Песни христианина»)

9

Церковь

Экклезиология

Основные темы 9-й главы

Определение церкви

Цели церкви

Духовная власть в церкви

Библейская динамика церковной жизни

Средства благодати в церкви

Единство и чистота

Членство в церкви

Духовные дары внутри церкви

Предвкушение небес

Церковь—«самое дорогое место на земле». Это яркое описание, данное известным проповедником XIX века Чарльзом Спердженом, отражает правильную христианскую точку зрения на церковь. Для всех, кто знает и любит Господа Иисуса Христа, никакое другое место в мире не должно быть приятнее или дороже, чем церковь.

Церковь драгоценна по многим причинам, но прежде всего потому, что за нее умер Господь Иисус (Еф. 5:25). Поскольку церковь возлюблена Христом, все, кто принадлежит Ему, должны ей дорожить. Сперджен поясняет:

Нет ничего в мире более дорогого сердцу Бога, чем Его церковь; поэтому, принадлежа Ему, давайте будем принадлежать и ей, поддерживая и укрепляя ее своими молитвами, пожертвованиями и трудом. Если бы те, кто Христовы, перестали, даже на одно поколение, причислять себя к Его народу, видимой церкви не стало бы, установления не совершились бы и, боюсь, едва ли проповедовалось бы Евангелие[1].

В свете огромной важности церкви верующим будет очень полезно тщательно изучать то, что Бог открыл о ней в Своем Слове.

Определение церкви

Замысел Христа для Своей церкви
Церковь и Царство
Церковь видимая и невидимая
Вселенская церковь и поместные церкви
Различие между церковью и Израилем
Библейские метафоры для церкви

В Новом Завете церковь в основном обозначается греческим словом *ekklēsia*—термином, означающим «вызванные»[2]. В древнем мире этим словом называли группу жителей, которых «вызвали» управлять гражданскими делами или защищать общину на войне. Используемый в широком смысле, этот термин стал обозначать любое «собрание» или «скопление». Именно в этом смысле Стефан в Деяниях 7:38 упомянул «собрание» Израиля как призванных из египетского рабства под руководством Моисея (см. Исх. 19:17). В Деяниях 19:32 и 41 Лука использовал этот термин, говоря о разгневанной толпе, собравшейся в Ефесе из-за подстрекательства серебряников.

В узком новозаветном смысле церковь Божья (Деян. 20:28; 1 Кор. 1:2; 10:32; 11:16, 22; 15:9; 2 Кор. 1:1; Гал. 1:13; 1 Фес. 2:14; 2 Фес. 1:4; см. Рим. 16:16) обозначает сообщество людей, вызванных Богом из рабства греха через веру в Иисуса Христа (1 Пет. 5:10; Рим. 1:7; 1 Кор. 1:2; Еф. 4:1; 1 Фес. 2:12; 2 Тим. 1:9; см. Рим. 8:28). Это те, кого Он предопределил в вечном прошлом, призвал и оправдал в настоящем, и обещал прославить в будущем (Рим. 8:30; см. Еф. 1:11). Поэтому церковь—это не физическое здание, где собираются христиане, и не религиозное учреждение, нравственная организация или общественно-политическое объединение. Церковь—это собрание искупленных, тех, кого Бог Отец призвал к спасению и дал Своему Сыну (Иоан. 6:37; 10:29; 17:6, 9, 24). Это общее собрание тех, кто был избавлен от власти тьмы и переведен в Царство Христа (Кол. 1:13), так что они стали гражданами неба, а не этого мира (1 Пет. 2:11; Флп. 3:20).

Церковь родилась в день Пятидесятницы (Деян. 2:1–21, 38–47), ее приобрел распятый и воскресший Христос (Деян. 20:28; см. Кол. 3:1–4), вознесшийся и воссевший по правую руку Отца, Который «все покорил под ноги Его, и поставил

---

[1] Charles H. Spurgeon, "The Best Donation," sermon no. 2234, preached April 5, 1891, in *The Metropolitan Tabernacle Pulpit: Containing Sermons Preached and Revised* (Pasadena, TX: Pilgrim, 1975), 37:633, 635.

[2] Английское слово «church» (как и русское «церковь».—*Примеч. ред.*) происходит от греческого термина *kuriakos*, означающего «те, кто принадлежит Господу».

Его выше всего—главою Церкви» (Еф. 1:22). После сошествия Святого Духа на Пятидесятницу церковь постоянно возрастала численно, когда Евангелие верно провозглашалось во всем мире (Деян. 2:41; 4:4; 5:14; 6:7; 9:31, 42; 11:21, 24; 14:1; 16:5). Души одна за другой прилагались к церкви по действию возрождающей силы Духа, когда Господь по благодати привлекал к Себе грешников (Деян. 2:39). Таким образом, именно «Господь... ежедневно прилагал спасаемых к Церкви» (2:47). Во время первого миссионерского путешествия Павла язычники, слыша проповедь Евангелия, «радовались и прославляли слово Господне, и уверовали все, которые были предуставлены к вечной жизни. И слово Господне распространялось по всей стране» (Деян. 13:48–49). Сила евангельской вести обращать людей к Христу заключалась не в мастерстве или убедительности проповедника (см. 1 Кор. 2:4; 1 Фес. 1:5), а в том, что Бог суверенно призывал к Себе остаток, отвечавший спасающей верой. Распространение Евангелия, описанное в книге Деяний, продолжалось на протяжении веков истории церкви, когда Благая весть спасения провозглашалась верными детьми Божьими по всему миру.

Однажды век церкви придет к своему славному завершению, когда Христос вернется, чтобы взять Своих (1 Кор. 15:51–53; 1 Фес. 4:13–18). Павел пишет об этом:

> ...Сам Господь при возвещении, при гласе архангела и трубе Божией, сойдет с неба, и мертвые во Христе воскреснут прежде; потом мы, оставшиеся в живых, вместе с ними восхищены будем на облаках в сретение Господу на воздухе, и так всегда с Господом будем (1 Фес. 4:16–17).

С того момента церковь всю вечность будет в присутствии своего Спасителя (см. Откр. 22:3–5).

На протяжении всей своей истории церковь переживала времена жестоких преследований со стороны внешних сил (Иоан. 15:18–25; 1 Пет. 1:6–7; 1 Иоан. 3:13) и сталкивалась с внутренними угрозами от лжеучителей (2 Пет. 2:1; Иуд. 3–4). Несмотря на такие опасности, как извне, так и изнутри, истинная церковь никогда не будет побеждена или уничтожена. Господь Иисус заверил Своих учеников, что Он создаст Свою церковь, и врата ада не одолеют ее (Матф. 16:18). «Врата ада»—метафора для смерти, а значит, и власти сатаны (Евр. 2:14). Обещание Христа в Матфея 16:18 гарантирует, что совокупность всех верующих под Его руководством будет иметь постоянное свидетельство, которое не может быть уничтожено этим миром, сатаной или даже смертью (см. 1 Кор. 15:54–57). Независимо от того, какими законниками или отступниками могут быть ее внешние приверженцы и насколько развращенным или враждебным может быть весь остальной мир, Христос обещал, что Он создаст Свою церковь. Хотя с человеческой точки зрения внешние обстоятельства могут казаться безнадежными или невозможными, народ Божий участвует в том, что не может потерпеть неудачу. Как Архитектор, Строитель, Владелец и Господин церкви, Христос утешает Своих последователей истиной, что они принадлежат Ему (см. Тит. 2:14) и к ним обращена Его неизменная любовь и божественная забота (см. Еф. 5:2, 25).

Замысел Христа для Своей церкви[3]

В Матфея 16:18 Иисус излагает семь основных принципов созидания Его церкви. Никто не должен основывать новую церковь или пытаться возродить угасающую, пока его сердцем и разумом не овладеют определяющие истины этого текста Писания.

ПРОЧНОЕ ОСНОВАНИЕ

Первая характеристика включает в себя прочное основание: «Ты — Петр, и *на сем камне Я создам Церковь Мою...*» (Матф. 16:18). Христос ревностно добивался непреходящего, вечного плода. В Своем обещании Он явно смотрел на вечное наследие. Он не имел в виду что-то временное, сиюминутное, что «нынче есть, а завтра нет». Иисус указывал, что церковь *всегда* будет значимой.

Основанием был не Петр, потому что здесь Христос различает между отдельным валуном, который можно сдвинуть (основное значение имен Кифа и Петр [греч. *petros*]) и незыблемым основанием, подходящим для церкви. Греческое слово *petra*, которое здесь использовал Христос, означает скальное основание или огромную скалу, используемую мудрым строителем (Матф. 7:24–25).

Тогда что или кто эта скала? Ветхий Завет изображает Бога как скалу, где верующие находят силу и прибежище:

> Нет столь святого, как Господь;
> > ибо нет другого, кроме Тебя;
> > и нет твердыни [скалы], как Бог наш (1 Цар. 2:2).

> Господь — твердыня моя и прибежище мое, Избавитель мой,
> > Бог мой, — скала моя; на Него я уповаю... (Пс. 17:3)

> Ибо кто Бог, кроме Господа,
> > и кто защита [скала], кроме Бога нашего? (Пс. 17:32)

Павел сказал, что этой скалой в пустыне был Христос (1 Кор. 10:4). Ранее в этом послании он писал: «Ибо никто не может положить другого основания, кроме положенного, которое есть Иисус Христос» (1 Кор. 3:11). А стихом ранее Павел утверждал: «Я... положил основание...» (1 Кор. 3:10). Каким образом Павел «положил» Христа как основание? Это могло быть только через его проповедь Христа (1 Кор. 2:1–2). Итак, если свидетельство Павла о Христе — это основание, которого никто другой положить не мог, то лучше всего понимать, что *скальное основание* церкви — это свидетельство Петра о Христе: «Ты — Христос, Сын Бога живого» (Матф. 16:16). Именно заявление Петра было поводом для обещания Иисуса.

Поскольку практически невозможно отделить свидетельство о Христе от Самого Христа, можно считать, что этот «камень» и есть Христос в полноте Его божественности, Его роли Искупителя и Его главенства в церкви. Только Христос — скала искупления, на которой строится церковь (Деян. 4:11–12).

---

[3] Этот раздел адаптирован из: Richard Mayhue, *What Would Jesus Say about Your Church* (Fearn, Ross-shire, Scotland: Christian Focus, 1995), 16–20. Используется с разрешения Christian Focus.

ПЕРСОНАЛЬНОЕ УЧАСТИЕ

Далее, Христос обещал лично участвовать: «...Я создам Церковь Мою...» (Матф. 16:18). Мы не оставлены выполнять эту задачу своими силами. Христос пребывает со Своими людьми (Матф. 28:20) и в них (Кол. 1:27). Он постоянно находится среди Своей церкви (Откр. 1:12–13, 20). Павел писал коринфским верующим: «Ибо мы соработники у Бога...» (1 Кор. 3:9). Какая честь трудиться вместе с Христом в созидании Его церкви! Так утешает знание, что Он создавал церковь на протяжении всей ее истории и продолжит создавать ее в будущем. Участие Христа совершенно необходимо для созидания Его церкви.

ПОЗИТИВНАЯ ПЕРСПЕКТИВА

«...Я *создам* Церковь Мою...» (Матф. 16:18). Это не тщетное пожелание о том, что могло бы произойти. Уверенное утверждение Христа гарантирует, что у церкви есть позитивная перспектива. Во времена, когда будущее церкви выглядит мрачным, а ее состояние — неопределенным, это твердое обещание должно укреплять дух верующих. Церковь победит, потому что Христос начал строить ее с намерением завершить Свой труд (Еф. 5:26–27).

ПРЕОБЛАДАЮЩИЙ РОСТ

Иисус заявил, что у Его церкви будет преобладающий рост: «...Я *создам* Церковь Мою...» (Матф. 16:18). У церкви было стремительное начало, когда в первый день к ней присоединилось три тысячи членов (Деян. 2:41). «Господь же ежедневно прилагал спасаемых к Церкви» (Деян. 2:47). То, что заключено лишь в одном предложении в Матфея 16, ко времени Откровения Иоанна стало весьма обширным. До завершения Нового Завета церкви распространились по всей Римской империи. Они были в таких местах, как Антиохия, Верия, Галатия, Дервия, Ефес, Икония, Иоппия, Кесария, Кипр, Колоссы, Коринф, Крит, Лаодикия, Листра, Пергам, Сардис, Смирна, Фессалоника, Фиатира, Филадельфия и Филиппы — от Иерусалима до Рима. Созидающий труд Христа до сих пор продолжается по всему миру, как Он и задумал (см. Марк. 16:15; Лук. 24:47).

ПОЛНАЯ СОБСТВЕННОСТЬ

Христос купил церковь Своей кровью и потому имеет исключительное право собственности на нее: «...Я создам Церковь *Мою*...» (Матф. 16:18; см. Деян. 20:28). Он Господь, а мы Его слуги (2 Кор. 4:5). Павел писал верующим в Риме: «Приветствуют вас все церкви Христовы» (Рим. 16:16). Ни лично, ни совместно христиане не обладают никаким правом собственности на церковь. Церковь уникально принадлежит своему Искупителю (1 Кор. 3:23; 6:19–20). Христос — ее Глава (Еф. 1:22; 5:23). Пастыреначальник владеет стадом, которое Он ведет (Иоан. 10:14–15).

ПРИОРИТЕТ ЛЮДЕЙ

Христос показал, что люди в церкви имеют приоритет: «...Я создам *Церковь* Мою...» (Матф. 16:18). Церковь состоит из людей, уверовавших в Иисуса Христа к вечной жизни (Деян. 4:32). Иисус использует живые камни — отдельных людей, — чтобы созидать Свою церковь (1 Пет. 2:5). Поручение благовествовать состоит в том, чтобы нести Евангелие всем народам (Лук. 24:47). Цель назидания — представить каждого верующего совершенным во Христе (Кол. 1:28).

Греческое слово, переведенное как «церковь», буквально означает созванное собрание. В Новом Завете церковь изображена состоящей из тех, кто освобожден из царства тьмы и введен в Царство Христа (Кол. 1:13). Фессалоникийцы, например, обратились от идолов, «чтобы служить Богу живому и истинному» (1 Фес. 1:9). Церковь призвана к общению с Иисусом Христом (1 Кор. 1:9). Христос призвал Своих искупленных «из тьмы в чудный Свой свет» (1 Пет. 2:9).

ПРЕДСТОЯЩИЙ УСПЕХ

Иисус обещал, что церкви предстоит успех: «…Я создам Церковь Мою, и *врата ада не одолеют ее…*» (Матф. 16:18). Как понимать этот успех? В Ветхом Завете врата упоминаются в сочетании с преисподней (Ис. 38:10) и смертью (Иов. 38:17; Пс. 9:14; 106:18), в обоих случаях говори о физической смерти. Но обещание Иисуса ясно говорит, что даже угроза смерти не может сломить Его церковь.

Автор Послания к евреям напоминает верующим, что смертью Христос лишил «силы имеющего державу смерти, то есть диавола» (Евр. 2:14). Павел написал коринфянам христианскую песню победы:

Когда же тленное сие облечется в нетление и смертное сие облечется в бессмертие, тогда сбудется слово написанное:

«Поглощена смерть победою».
«Смерть! Где твое жало?
Ад! где твоя победа?»

Жало же смерти — грех; а сила греха — закон. Благодарение Богу, даровавшему нам победу Господом нашим Иисусом Христом! (1 Кор. 15:54–57; см. Иоан. 11:25)

Церковь и Царство

Во время Своего земного служения Господь Иисус неоднократно показывал, что Он обещанный Мессия и Царь Израиля. Но народ отказался принять Его (Иоан. 1:11; 5:43). Хотя евреи на протяжении веков ожидали Его прихода, желая, чтобы настали времена мессианского восстановления и отрады, предсказанные пророками (Деян. 3:19–26), они отвергли своего законного Царя и Царство, которое Он предложил (Деян. 2:22–23). Поэтому Иисус сказал еврейским религиозным вождям того времени: «…отнимется от вас Царство Божие и дано будет народу, приносящему плоды его…» (Матф. 21:43). Эти слова упрека подчеркивали божественный приговор, объявленный жестокосердным вождям Израиля и народу, который они представляли.

Тем не менее отвержение Израиля не отменило милостивые обещания, данные Богом в Ветхом Завете. Эти обещания о Царстве исполнятся буквально в то время, когда еврейский народ спасающей верой примет своего Царя

(Рим. 11:25–26). При втором пришествии Христа народ примет своего Мессию (Зах. 12:10; 14:8–9), и Его Царство будет физически установлено на земле на тысячу лет (Откр. 20:1–6; см. 2 Тим. 4:1). Это все еще в будущем. А пока что Бог достигает Своих целей Царства через другой народ, как показывают слова Христа в Матфея 21:43. Это осуществляется в церкви (см. 1 Пет. 2:9; Рим. 9:25–26).

Ветхозаветные пророки предсказывали подробности и о страданиях Мессии (Ис. 53:1–12), и о Его земном Царстве (см. Ис. 2:1–4; 9:6–7; Зах. 14:8–21). Но они не указывали, что эти два периода будут разделены длительным промежутком времени. Наличие промежуточного периода между первым и вторым пришествиями Христа, когда язычники будут включены в народ Божий вместе с верующими из евреев (Рим. 11:11–20), было тайной, не раскрытой до Нового Завета (см. Еф. 3:4–7).

Хотя физическое Царство Христа на земле ожидает своего исполнения в будущем, Господь Иисус при Своем первом пришествии принес внутреннее, духовное Царство (см. Матф. 13:3–52; Лук. 17:20–21). Это Царство можно описать как сферу спасения. Оно открыто только для тех, кто возрожден Святым Духом (Иоан. 3:3; см. Матф. 13:11–16), покаявшись в своих грехах (Матф. 3:2; 4:17; см. 5:3) и с детской верой приняв Господа Иисуса (Матф. 19:13–14). Оно не достигается самоправедностью или законничеством (Матф. 5:20; 23:13), но его характеризуют «праведность, и мир, и радость во Святом Духе» (Рим. 14:17). Новый Завет призывает верующих благодарить Бога, «избавившего нас от власти тьмы и введшего в Царство возлюбленного Сына Своего, в Котором мы имеем искупление кровью Его и прощение грехов...» (Кол. 1:13–14). В спасении верующие становятся гражданами неба (Флп. 3:20–21) и рабами на службе у своего Царя (см. Матф. 25:21, 23; 1 Фес. 2:12). Господь Иисус царствует в сердцах Своих людей, когда они подчиняются Его воле и почитают Его в своей жизни (Тит. 2:14). Величественная реальность спасения заключается в том, что через веру грешники могут войти в Царство Божье, где Сам триединый Бог поселяется в их сердцах (Иоан. 14:17, 23).

Духовное Царство Христа растет и ширится благодаря проповеди Евангелия (Марк. 1:14–15; см. Матф. 22:1–14; 2 Кор. 7:9–11), когда дети тьмы становятся детьми света (Еф. 5:5, 8). Евангелие, проповедуемое церковью, есть не что иное, как Благая весть «о Царствии Божием и о имени Иисуса Христа...» (Деян. 8:12; см. Матф. 4:23; 9:35; 13:19; 24:14). Проповедав Евангелие в ряде городов во время первого миссионерского путешествия, Павел и Варнава вернулись, чтобы утвердить «души учеников, увещевая пребывать в вере и поучая, что многими скорбями надлежит нам войти в Царствие Божие» (Деян. 14:22). Во время третьего миссионерского путешествия Павел в Ефесе пришел в синагогу и «небоязненно проповедывал три месяца, беседуя и удостоверяя о Царствии Божием» (Деян. 19:8; см. 20:25). Позже он свидетельствовал группе иудейских руководителей, которые посетили его в Риме, и «излагал им учение о Царствии Божием, приводя свидетельства и удостоверяя их о Иисусе из закона Моисеева и пророков»

(Деян. 28:23; см. 28:31). Соответственно, Павел называл себя сотрудником для Царствия Божия (Кол. 4:11), объясняя, что «Царство Божие не в слове, а в силе» (1 Кор. 4:20), и предупреждая, что «неправедные Царствия Божия не наследуют» (1 Кор. 6:9; см. Гал. 5:21; Еф. 5:5).

Будучи духовным Царством, церковь подчиняется Иисусу Христу как своему Главе, Повелителю, Господу и Царю (Еф. 1:22; Кол. 1:18). Его закон — ее стандарт (см. Гал. 6:2). Его Слово — ее вероучение (см. Кол. 3:16). Его воля — ее наказ (см. Евр. 13:20–21). И Его слава — ее величайшее желание (см. 2 Кор. 5:9). Поэтому Петр мог сказать христианам, своим читателям:

> Но вы — род избранный, царственное священство, народ святой, люди, взятые в удел, дабы возвещать совершенства Призвавшего вас из тьмы в чудный Свой свет; некогда не народ, а ныне народ Божий; некогда непомилованные, а ныне помилованы (1 Пет. 2:9–10).

Церковь видимая и невидимая

Новый Завет признает, что не всякий, кто внешне причисляет себя к церкви, действительно верующий (Матф. 13:24–30; Иуд. 4). Поэтому не все, кто составляет видимую церковь (совокупность тех, кто внешне исповедует веру во Христа), на самом деле принадлежат к невидимой церкви (совокупность тех, кто обладает спасительной верой в Него). Всегда есть люди с ложным исповеданием, лицемеры, причисляющие себя к видимой церкви. Сам Иисус предупреждал, что многие скажут, что знают Его, хотя на самом деле это не так:

> Не всякий, говорящий Мне: «Господи! Господи!», войдет в Царство Небесное, но исполняющий волю Отца Моего Небесного. Многие скажут Мне в тот день: «Господи! Господи! Не от Твоего ли имени мы пророчествовали? И не Твоим ли именем бесов изгоняли? И не Твоим ли именем многие чудеса творили?» И тогда объявлю им: «Я никогда не знал вас; отойдите от Меня, делающие беззаконие» (Матф. 7:21–23).

В свете отрезвляющего предупреждения Христа те, кто исповедует веру в Него, должны исследовать себя, чтобы убедиться, что они действительно в вере (2 Кор. 13:5; см. 1 Иоан. 2:3–11).

Новый Завет также предупреждает о лжеучителях, которые намеренно угрожают церкви изнутри (Матф. 7:15; Марк. 13:22; 2 Пет. 2:1; 1 Иоан. 4:1; Иуд. 3–4). Павел предупреждал ефесских пресвитеров: «Ибо я знаю, что, по отшествии моем, войдут к вам лютые волки, не щадящие стада; и из вас самих восстанут люди, которые будут говорить превратно, дабы увлечь учеников за собою» (Деян. 20:29–30). Когда поместные церкви, даже целые деноминации или так называемые христианские движения принимают ложное учение, тем самым уходя от чистоты Евангелия (Гал. 1:6–9) и отрицая авторитет Иисуса Христа (2 Пет. 2:1; Иуд. 4; Тит. 1:16), их справедливо называют «отступническими», «еретическими» и «ложными». Такие церкви — мерзость для Господа (см. Откр. 2:20–24; 3:1–4).

Но истинная церковь возвышает господство Христа, подчиняется авторитету Его Слова и утверждает истину Его Евангелия.

Вселенская церковь и поместные церкви

Вселенская церковь включает в себя всех истинных христиан всего периода церкви. Это члены «церкви первенцев, написанных на небесах» (Евр. 12:23), которые объявлены праведными, потому что их грехи омыты кровью Иисуса Христа (Откр. 1:5). Вселенскую церковь составляют все истинные верующие за всю историю церкви: и те, кто сегодня жив, и те, кто уже на небесах.

Новый Завет учит, чтобы принадлежащие ко вселенской церкви в каждом поколении, рассеянные по всему миру, регулярно встречались на собраниях поместных общин. Таким был ясный пример ранней церкви (см. Деян. 14:23, 27; 20:17, 28; 1 Кор. 11:18–20; Гал. 1:2; 1 Фес. 1:1). В соответствии с этим принципом автор Послания к евреям призывает: «Будем внимательны друг ко другу, поощряя к любви и добрым делам. Не будем оставлять собрания своего, как есть у некоторых обычай; но будем увещевать друг друга, и тем более, чем более усматриваете приближение дня оного» (Евр. 10:24–25).

Поместная церковь предназначена для того, чтобы готовить верующих, питая их учением Слова Божьего (Деян. 2:42; 1 Тим. 4:13), направляя в совместном прославлении и поклонении (Еф. 5:18–20; Евр. 13:15), защищая под пастырским надзором благочестивых служителей (Деян. 20:28; 1 Пет. 5:1–4; Евр. 13:7, 17) и предоставляя возможность служить друг другу (1 Пет. 4:10–11). В соответствии с Божьим замыслом активное участие в поместной церкви обязательно для верующих, стремящихся почитать Иисуса Христа в своей жизни. Только через служение поместной церкви у христиан будет регулярное наставление, подотчетность и ободрение, необходимые, чтобы они твердо стояли в вере, которую они призваны провозглашать. Бог учредил поместную церковь, чтобы она была той средой, в которой может процветать преданная Богу жизнь, по мере того как Его народ духовно возрастает через учение Слова (1 Пет. 2:2–3).

Различие между церковью и Израилем[4]

Давая определение церкви, необходимо понимать отношения между новозаветной церковью и ветхозаветным Израилем. Сторонники богословия замещения (также называемого суперсессионизмом) утверждают, что церковь — это новый Израиль. Согласно этому взгляду, благословения, обещанные еврейскому народу в Ветхом Завете, полностью переданы церкви. Но эта позиция не признает различия между церковью и Израилем, которое сохраняется во всем Новом Завете (см. 1 Кор. 10:32). Новый Завет представляет церковь как нечто новое (Еф. 2:15), как тайну, которая в прежние века не была полностью открыта (Еф. 3:1–6;

---

[4] Больше по этой теме см.: Michael J. Vlach, *Has the Church Replaced Israel? A Theological Evaluation* (Nashville: B&H Academic, 2010). См. также гл. 10 «Будущее».

5:32; Кол. 1:26–27). Это согласуется с тем, что до Своей смерти и воскресения Иисус описывал церковь как то, что относится к будущему (Матф. 16:18).

Из более чем 2000 случаев употребления термина «Израиль» в Писании более 70 находятся в Новом Завете. Толкователи Библии согласны с тем, что в большинстве случаев говорится об этническом Израиле (либо о народе в целом, либо о группе евреев). Однако некоторые утверждают, что в отдельных случаях авторы Нового Завета применяют название «Израиль» к церкви. Но если внимательно изучить эти тексты, становится очевидным, что там имеются в виду только этнические израильтяне. Следовательно, можно ясно доказать, что всякий раз, когда авторы Нового Завета используют термин «Израиль», они используют его исключительно по отношению к израильскому народу.

Основные мишени споров о значении термина «Израиль» — это два новозаветных текста, Римлянам 9:6 и Галатам 6:16. В Римлянам 9:6 апостол Павел объясняет, что «не все те израильтяне, которые от Израиля». Контекст в Римлянам 9 указывает, что Павел говорит не обо всей церкви, а о верующих из евреев — особом остатке этнических израильтян среди неверующего народа (см. Рим. 11:5). То, что апостол имеет в виду физических потомков Авраама, ясно из Римлянам 9:3, где он прямо утверждает, что говорит о своих «родных… по плоти». Кроме того, эти стихи находятся в более обширном разделе рассуждений Павла, где он утверждает что Бог не оставил израильский народ несмотря на их неверие (Рим. 9–11). В свете как широкого, так и ближайшего контекста 6-й стих может относиться только к этническим израильтянам. Они — «истинный Израиль» в том смысле, что, приняв своего Мессию, эти этнические израильтяне повели себя как истинный народ Яхве.

Еще один спорный текст — Галатам 6:16, где Павел приветствует своих читателей: «Тем, которые поступают по сему правилу, мир им и милость, и Израилю Божию». Некоторые предположили, что под «Израилем Божьим» здесь имеется в виду церковь в целом, но такое толкование неубедительно. И грамматика, и контекст стиха говорят о том, что под «Израилем Божьим» подразумевается не вся церковь, а христиане из евреев. С точки зрения грамматики Павел в этом стихе явно говорит о двух разных группах людей, причем местоимение «им» говорит об одной группе, а «Израиль Божий» — о другой[5]. Простое

---

[5] Хотя сторонники богословия замещения настаивают на пояснительном использовании союза *kai* в этом стихе (который был бы переведен «то есть»), это очень маловероятно. Роберт Соуси объясняет: «Этот пояснительный смысл не распространен, особенно в трудах Павла. Поэтому, если нет твердых контекстуальных оснований, его следует понимать как обычный соединительный союз (то есть „и“)» (Robert L. Saucy, "Israel and the Church: A Case for Discontinuity," in *Continuity and Discontinuity: Perspectives on the Relationship between the Old and New Testaments: Essays in Honor of S. Lewis Johnson, Jr.*, ed. John S. Feinberg [Wheaton, IL: Crossway, 1988], 246). Подробнее о том, почему фраза «Израиль Божий» в Галатам 6:16 может относиться только к евреям, см.: Ernest DeWitt Burton, *Galatians*, ICC (Edinburgh: T&T Clark, 1920); Peter Richardson, *Israel in the Apostolic Church* SNTSMS 10 (Cambridge: Cambridge University Press, 1969); F. F. Bruce, *The Epistle to the Galatians*, NIGTC (Grand Rapids, MI: Eerdmans, 1982); S. Lewis Johnson Jr., "Paul and 'the Israel of God': An Exegetical and Eschatological Case-Study," in *Essays in Honor of J. Dwight Pentecost*, ed. Stanley D. Toussaint and Charles H. Dyer (Chicago: Moody Press, 1986); Hans Dieter Betz, *Galatians*, Hermeneia (Philadelphia: Fortress, 1979), 323.

прочтение этого стиха предполагает, что «им» относится к верующим в галатийских церквях из язычников (см. Деян. 13:46–48), которые приняли апостольские наставления, изложенные Павлом в этом послании. В частности, их не поколебало лжеучение иудействующих, которые настаивали на обрезании христиан из язычников (Гал. 6:12–15; см. Деян. 15:1; Гал. 2:3). Если первая группа подразумевает верующих из язычников, из этого следует, что вторая группа, отличная от первой, — это христиане из этнических евреев. Поскольку они были обрезаны не только физически, но и в сердце (см. Рим. 2:28–29), они были истинными израильтянами, той же самой группой, о которой Павел говорил в Римлянам 9:6 (см. Рим. 4:12; Флп. 3:3). В этом контексте похвала апостола в адрес христиан из евреев служила важной завершающей нотой в конце этого послания, в котором он явно осудил иудействующих. То, как решительно Павел опровергал идею, что дела закона Моисеева необходимы для спасения, могло привести некоторых к выводу, что Бог полностью и окончательно оставил еврейский народ (так тесно связанный с соблюдением закона). Особое приветствие апостола для верующих израильтян показывало, что на самом деле это не так (см. Рим. 11:1, 26).

Поскольку Новый Завет проводит различие между церковью и Израилем, этого же должны придерживаться верующие. Если смешать эти понятия, это может привести к значительным герменевтическим и толковательным проблемам, когда обещаниям и указаниям, данным именно израильскому народу, придают духовный или аллегорический смысл и неправильно применяют к верующим из язычников в церкви. Хотя в нынешнем веке Бог действует в мире через церковь (Гал. 3:28; Кол. 3:11), и хотя церковь получает часть благословений нового завета (Лук. 22:20; 2 Кор. 3:3–8; Евр. 8:7–13; 9:15), в будущем Бог снова обратит Свое внимание на израильский народ во исполнение Своих обещаний (Рим. 11:25–26; см. Дан. 9:24–27).

Библейские метафоры для церкви[6]

В Новом Завете используется много аналогий, изображающих отношения Бога с Его народом. Он их Царь, а они — Его подданные (Матф. 25:34; 1 Кор. 4:20; Флп. 3:20; Кол. 1:13–14). Он Творец, а они — Его творение (2 Кор. 5:17; Еф. 2:10). Он Пастырь, а они — Его овцы (Иоан. 10:3, 11, 14, 26; 1 Пет. 2:25; 5:2–4; Евр. 13:20). Он Господин, а они — Его рабы (Матф. 10:24–25; Иуд. 4; Рим. 14:4; Еф. 6:9; Кол. 4:1; 2 Тим. 2:21). Он их Отец (Матф. 6:9; Рим. 1:7), а они — Его приемные дети (Иоан. 1:12; 1 Иоан. 3:1–2; Рим. 8:16–17, 21; Флп. 2:15; см. Рим. 8:14, 19; 2 Кор. 6:18; Гал. 3:26; 4:6; Евр. 12:7) и члены Его семьи (1 Пет. 4:17; Гал. 6:10; Еф. 2:19; 1 Тим. 3:15), причем Господь Иисус даже «не стыдится называть их братиями» (Евр. 2:11), а «Бог не стыдится их, называя Себя их Богом» (Евр. 11:16).

Кроме того, церковь описывается как невеста Христа (2 Кор. 11:2; Еф. 5:23–32; Откр. 19:7–8; 21:9) и как Его Тело (Рим. 12:5; 1 Кор. 12:12, 27; Еф. 4:12, 25; 5:23, 30;

---

[6] Этот раздел адаптирован из: MacArthur, *John 12–21*, MNTC (Chicago: Moody Publishers, 2008), 142. Используется с разрешения Moody Publishers.

Кол. 1:24), у которого Он Глава (Еф. 1:22–23; Кол. 1:18; 2:19). Обе эти метафоры подчеркивают духовный союз между Христом и Его народом (см. Гал. 2:20). Писание говорит, что верующие пребывают во Христе, а Он пребывает в них (Иоан. 17:23; см. 2 Кор. 5:17; Кол. 1:27). Господь Иисус не просто *со* Своей церковью, Он — *в* Своей церкви, и Его церковь — *в* Нем. Церковь — это органическое целое, живое проявление Иисуса Христа, в котором бьется Божья вечная жизнь. Общий знаменатель для всех верующих состоит в том, что у них есть божественная жизнь. Иисус сказал: «...ибо Я живу, и вы будете жить» (Иоан. 14:19). Эта истина повторяется на протяжении всего Нового Завета: «Имеющий Сына Божия имеет жизнь...» (1 Иоан. 5:12), потому что «соединяющийся с Господом есть один дух с Господом» (1 Кор. 6:17).

Образ тела уникально иллюстрирует отношения между Христом и церковью[7]. Бог создал человеческое тело как удивительно сложной организм, с замысловатыми и нетривиальными взаимосвязями и гармонией. Как взаимозависимое и единое целое, оно не может функционировать, если разделено на части. Так и Тело Христа — единое целое. Есть много религиозных организаций и функций, но только церковь — это Тело Христа, члены которого — все истинные верующие в Него. Господь Иисус не может быть отделен от Своей церкви, как и голова — от тела. Также и те, кто составляет часть Его церкви, не могут быть отделены от Него (Иоан. 10:28–29; Рим. 8:38–39) или друг от друга (1 Кор. 12:12–27).

Еще одна новозаветная метафора, иллюстрирующая живой союз верующих со Христом, — это метафора лозы и ветвей (Иоан. 15:1–11; см. Рим. 11:17). Как ветвь полностью зависит от лозы в том, чтобы жить, питаться и расти, так верующие полностью зависят от Спасителя как источника своей духовной жизни. Ветвь, не находящаяся на лозе, не может плодоносить. Точно так же верующие вне союза со Христом не могут приносить духовный плод (Иоан. 15:4–10). Только пребывая в Нем, христиане могут приносить плоды покаяния (Матф. 3:8) и плод Духа (Гал. 5:22–24; Еф. 5:9).

Тесное общение, которое церковь имеет с Богом через Христа (Иоан. 17:21; 1 Иоан. 1:3; 2:24; 1 Кор. 1:9), также иллюстрируется новозаветным описанием церкви как храма Божьего. В Ветхом Завете храм был центром поклонения Израиля. Это было место, куда Божий народ приходил поклоняться Ему при посредничестве священника. Завеса отделяла людей от Святого святых, где являлось присутствие Бога (Исх. 26:31–35). А Новый Завет показывает, что сами верующие — храм Божий, и каждый христианин имеет доступ к Богу через Христа (Евр. 4:14–16; 10:19–23). Христиане, будучи утверждены на основании Господа Иисуса (1 Пет. 2:7; 1 Кор. 3:10–11), названы живыми камнями, составляющими Божий храм (1 Пет. 2:4–8). Они также названы царством священников

---

[7] Некоторые из обсуждаемых здесь метафор также применимы к Израилю в Ветхом Завете. Например, образ виноградника, стада и невесты можно найти в Ветхом Завете (напр., Ис. 5:1–7; 40:11; Иез. 16:32; Ос. 3:1–5). Другие образы, такие как царство, семья и храм, подразумеваются в Ветхом Завете. Однако метафора тела уникальна для церкви и не имеет эквивалента в Ветхом Завете.

(1 Пет. 2:9–10; Откр. 1:6; 5:10). Апостол Павел использует образ храма, чтобы изобразить верующих как индивидуально (1 Кор. 6:19–20), так и коллективно (1 Кор. 3:16–17; Еф. 2:21–22). Христос — это строитель (Матф. 16:18), а верующие — здание (Еф. 2:20–22; см. Евр. 3:3–6). Таким образом, церковь — это духовное здание (1 Пет. 2:5), обитель Святого Духа (1 Кор. 3:16–17; 2 Кор. 6:16), место, где Божья слава на земле проявляется наиболее ярко, и центр духовного наставления и совместного поклонения искупленных. В отличие от зданий, сделанных из камня, церковь — это здание, построенное из живых людей. Верующие — это живые камни в Божьем храме, приносящие Ему духовные жертвы (см. Рим. 12:1; Евр. 13:15–16).

Цели церкви

> Возвеличение Бога
> Назидание верующих
> Благовестие погибающим

С точки зрения истории спасения, церковь существует для того, чтобы являть мудрость и милость Божью в этом веке (Еф. 3:10; см. Рим. 9:23–24; 11:33; 1 Кор. 1:20–31), провозглашая Евангелие Иисуса Христа по всему миру (Матф. 28:19–20; Деян. 1:8; 1 Пет. 2:9), чтобы грешники из всех народов (Откр. 5:9–10) могли получить спасение от власти тьмы и войти в Царство Божье (Кол. 1:12–13), и чтобы вызвать ревность и покаяние у неверующего Израиля (Рим. 10:19; 11:11). Если смотреть в будущее, Новый Завет также обещает, что однажды церковь будет царствовать со Христом во славе (1 Кор. 6:2; см. 2 Тим. 2:11–13; Откр. 20:4–6).

С точки зрения отношения церкви к своим членам, ее цель можно сформулировать так: церковь существует, чтобы прославлять Бога (Еф. 1:5–6, 12–14; 3:20–21; 2 Фес. 1:12), деятельно назидая своих членов в вере (Еф. 4:12–16), верно уча Слову (2 Тим. 2:15; 3:16–17), регулярно совершая установления (Лук. 22:19; Деян. 2:38–42), активно содействуя общению верующих (Деян. 2:42–47; 1 Иоан. 1:3) и смело возвещая Евангелие погибающим (Матф. 28:19–20). Эту цель можно обобщить в следующих трех разделах.

Возвеличение Бога

Поскольку Бог ревностно относится к Своей славе (Ис. 48:9–11; см. Ис. 43:6–7; 49:3), Его народ тоже должен гореть желанием славить и возвеличивать Его (1 Кор. 10:31; см. 6:20). Поэтому верная церковь будет богоцентричной, а не человекоцентричной. Церковь была искуплена, чтобы верующие прославляли Бога, служа друг другу (1 Пет. 4:11) и возвещая «совершенства Призвавшего [их] из тьмы в чудный Свой свет» (1 Пет. 2:9).

Один из основных способов, как церковь возвеличивает Бога — это поклонение и хвала. Всякий раз, когда церковь собирается, ее главным приоритетом должно быть поклонение (см. Иоан. 4:23–24). Поклонение состоит в воздаянии

Богу должной чести, в провозглашении Его славы как словами хвалы (напр., Пс. 28:2; 94:6; 98:5, 9; Евр. 12:28), так и делами послушания (Рим. 12:1). В истинное поклонение обязательно входит возвеличение Иисуса Христа, Которого Отец превознес, дав Ему имя превыше всякого имени (Флп. 2:9; см. Деян. 5:31). Христос превознесен «выше небес» (Евр. 7:26). Искупленные будут восхвалять Его имя всю вечность (см. Откр. 4:10; 5:12–13; 7:12; 14:7; 15:4). А пока церковь—та сфера на земле, где истинно и искренне превозносится имя Христа.

Назидание верующих

Павел так описал типичное служение в ранней церкви: «Когда вы сходитесь, и у каждого из вас есть псалом, есть поучение, есть язык, есть откровение, есть истолкование,—все сие да будет к назиданию» (1 Кор. 14:26). Подобным образом он призывал фессалоникских верующих: «...увещавайте друг друга и назидайте один другого, как вы и делаете» (1 Фес. 5:11). Такое назидание происходит через служение Слова (Деян. 20:32; 1 Пет. 2:2; 2 Тим. 3:15–17), наставничество со стороны благочестивых служителей (Еф. 4:11–12), бескорыстное служение духовными дарами (1 Пет. 4:10; 1 Кор. 12:7) и применение повелений со словами «друг друга» в Новом Завете. Список этих повелений включает следующие:

1. Любите друг друга (1 Пет. 1:22; 4:8; 1 Иоан. 3:11, 23; 4:7, 11–12; 2 Иоан. 5; Рим. 12:10; 13:8; 1 Фес. 3:12; 4:9; 2 Фес. 1:3).
2. Будьте единомысленны между собою (Рим. 12:16; 15:5; см. Гал. 5:26; 1 Фес. 5:13).
3. Принимайте друг друга (Рим. 15:7; см. Рим. 16:16).
4. Наставляйте друг друга (Рим. 15:14; Кол. 3:16).
5. Заботьтесь друг о друге (1 Кор. 12:25).
6. Служите друг другу (1 Пет. 4:10; Гал. 5:13).
7. Носите бремена друг друга (Гал. 6:2).
8. Снисходите друг к другу (Еф. 4:2; Кол. 3:13).
9. Будьте добры друг к другу (Еф. 4:32).
10. Прощайте друг друга (Еф. 4:32; Кол. 3:13).
11. Воспевайте хвалу друг с другом (Еф. 5:19; Кол. 3:16).
12. Почитайте один другого высшим себя (Флп. 2:3).
13. Говорите истину друг другу (Кол. 3:9).
14. Увещевайте друг друга (1 Фес. 4:18; 5:11; Евр. 3:13; 10:25).
15. Ищите добра друг другу (1 Фес. 5:15).
16. Поощряйте друг друга к любви и добрым делам (Евр. 10:24; см. 1 Тим. 6:17–18).
17. Признавайтесь друг пред другом в проступках (Иак. 5:16).
18. Молитесь друг за друга (Иак. 5:16).
19. Будьте гостеприимны друг к другу (1 Пет. 4:9).
20. Подчиняйтесь друг другу (1 Пет. 5:5).

Библейский контекст этих повелений показывает, что они главным образом должны руководить тем, как верующий относится к другим христианам в церкви. Поступая по этим повелениям, народ Божий исполняет вторую великую заповедь: любить ближнего своего, как самого себя (Марк. 12:31; см. Иоан. 13:34;

15:12), и тем самым назидает Тело Христово (см. Рим. 14:19; 15:2) и являет любовь Христа наблюдающему миру (Иоан. 13:35). Благодаря этому евангельское преображение становится видимым и конкретным, подтверждая, что весть Евангелия действительно обладает той силой, о которой говорит.

Благовестие погибающим

Церковь, которая ревностно стремится к славе Божьей, также будет уделять особое внимание благовестию как в своей местности, так и по всему миру. Поручение церкви благовествовать дал Сам Иисус в Матфея 28:18–20, где Он сказал Своим последователям:

> Дана Мне всякая власть на небе и на земле. Итак идите, научите все народы, крестя их во имя Отца и Сына и Святого Духа, уча их соблюдать все, что Я повелел вам; и се, Я с вами во все дни до скончания века.

Великое поручение показывает, что истинное благовестие заключается в том, чтобы приобрести учеников (а не просто убедить неверующих принять решение). Когда грешники откликаются на весть Евангелия со спасающей верой, они должны присоединиться к церкви через крещение и получать от церкви наставление в здравом учении. Пример приобретения учеников показал Сам Иисус, когда призвал учеников во дни Своего земного служения (Марк. 1:16–22; 2:14; Иоан. 8:31). Его народ должен подражать Его примеру. Истинные последователи Христа становятся «ловцами человеков» (Матф. 4:19), а это значит, что те, кто стал Его учениками, и сами должны приобретать учеников.

В ранней церкви для верующих было характерно горячее желание благовествовать и приобретать учеников (см. Деян. 2:47; 14:21). На их усердие обратили внимание враги. Враждебно настроенные иудейские вожди сказали Петру и другим апостолам: «...вы наполнили Иерусалим учением вашим...» (Деян. 5:28). Павла и других миссионеров также обвиняли, что они возмутили весь мир (Деян. 17:6). Их смелая проповедь спасения через Иисуса Христа повлияла на весь тогдашний мир (см. Деян. 1:8; 19:10). Такое бесстрашное усердие должно характеризовать церковь во все времена.

Понимая, что есть надежда вечного спасения (Тит. 1:2; см. Иоан. 3:16; 11:25) и что приближается Божий суд (2 Кор. 5:11, 20; см. 2 Пет. 3:11–15; Евр. 9:27), верующие должны стремиться провозглашать Благую весть спасения. Возвеличивать Христа и назидать друг друга церковь продолжит и во славе небес, но благовествовать можно только в этой жизни. Новый Завет указывает, что благовестие— это ответственность служителей церкви (2 Тим. 4:5; см. Еф. 4:11), отдельных верующих (1 Пет. 3:15) и церкви в целом (1 Пет. 2:9). Спасение грешников приносит славу Богу и наполняет Его народ неудержимой радостью (см. Лук. 15:7, 10). И наоборот, церкви, которые игнорируют или недооценивают благовестие, будут испытывать застой и упадок.

Духовная власть в церкви

Одаренные служители
Пресвитеры
Дьяконы

Новый Завет учит, что Иисус Христос—Глава церкви (Еф. 1:22; 4:15; 5:23; Кол. 1:18; 2:19; см. 1 Кор. 11:3), получивший полновластное господство от Своего Небесного Отца (Матф. 11:27; Иоан. 3:35; 5:22; Деян. 2:36; Флп. 2:9–11), поэтому именно Он—верховная власть в церкви. Отправляя Своих учеников, Иисус сказал им: «Дана Мне всякая власть на небе и на земле» (Матф. 28:18). Подобным образом абсолютная власть обещанного Мессии показана в Ветхом Завете (см. Ис. 9:6–7). Пророк Даниил говорит о Христе:

> Видел я в ночных видениях,
>
>> вот, с облаками небесными
>>> шел как бы Сын человеческий,
>> дошел до Ветхого днями
>>> и подведен был к Нему.
>> И Ему дана власть,
>>> слава и царство,
>> чтобы все народы, племена и языки
>>> служили Ему;
>> владычество Его—владычество вечное,
>>> которое не прейдет,
>> и царство Его
>>> не разрушится (Дан. 7:13–14; см. Матф. 24:30; 26:64).

Во время Своего земного служения Господь Иисус неоднократно проявлял божественную власть. Он обладал суверенной властью над бесами (Матф. 8:32; 12:22), болезнями (Матф. 4:23–24), грехом (Матф. 9:6) и смертью (Марк. 5:41–42; 11:43–44). Его власть над смертью особенно проявилась в распятии и воскресении (Иоан. 10:18). Вознесшись по правую руку Отца, Христос, сотворивший и поддерживающий все существующее (Иоан. 1:1–4; Кол. 1:16–17; Евр. 1:3), обладает властью править небом и землей (Еф. 1:20–21), судить человечество (Иоан. 5:27–29; 17:2), победить сатану и его воинства (Откр. 19:20; 20:10) и навсегда уничтожить смерть (1 Кор. 15:25–26). Однажды все творение признает господство Иисуса Христа, включая тех, кто в настоящее время отвергает Его. Павел пишет филиппийцам: «Посему и Бог превознес Его и дал Ему имя выше всякого имени, дабы пред именем Иисуса преклонилось всякое колено небесных, земных и преисподних, и всякий язык исповедал, что Господь Иисус Христос в славу Бога Отца» (Флп. 2:9–11).

Подчинение абсолютному господству Христа обязательно для верующих. Более того, их высшее призвание и главная обязанность—радостно соблюдать Его заповеди (напр., Иоан. 14:15, 21, 23; 15:10; 1 Иоан. 5:3; 2 Иоан. 6). Это повиновение проявляется как индивидуально, так и совместно. Мысли, отношения, слова и действия каждого верующего должны соответствовать воле Христа, явленной в Писании (1 Пет. 1:14–15; Рим. 12:1–2). То же самое относится ко всему, что происходит на общем собрании церкви, когда ее члены подчиняются слову Христа (см. Кол. 3:16).

Господь Иисус как Глава церкви — не только ее верховная власть, но и источник ее спасения. В Нем церковь имеет «начальника и совершителя веры», Который Своей смертью искупил «Себе народ особенный, ревностный к добрым делам» (Тит. 2:14). Христос — краеугольный камень, на котором основана церковь (1 Пет. 2:4–8). Он создал церковь (Матф. 16:18), и она построена на апостольской проповеди истины о Нем (Еф. 2:20). Поэтому апостол Павел пишет: «…никто не может положить другого основания, кроме положенного, которое есть Иисус Христос» (1 Кор. 3:11).

Одаренные служители

Абсолютное правление Христа как Главы церкви осуществляется через благочестивых служителей, которых Он дал для руководства Его народа (1 Фес. 5:12–13; Евр. 13:7, 17). В Ефесянам 4:11 Павел говорит о вознесенном Христе: «И Он поставил одних апостолами, других пророками, иных евангелистами, иных пастырями и учителями…» (см. 1 Кор. 12:28). Две из названных в этом стихе групп существовали только в начале истории церкви, а именно апостолы и пророки, чье служение сыграло уникальную основополагающую роль в создании церкви[8]. Павел отметил это ранее в послании, когда объяснял, что верующие составляют Божье здание, «быв утверждены на основании апостолов и пророков, имея Самого Иисуса Христа краеугольным камнем…» (Еф. 2:20). Отнеся апостолов и пророков к этапу строительства, когда закладывают основание, Павел указал, что их служение ограничено самыми ранними этапами истории церкви. Фундамент здания закладывается один раз, в начале строительства. Так и век апостолов и пророков был в начале истории церкви и с тех пор не повторялся.

В соответствии со своей ролью основоположников апостолы и пророки провозглашали откровение Божьего Слова (Еф. 3:5; см. Деян. 11:28; 21:10–11) и подтверждали эту весть чудесами и знамениями (2 Кор. 12:12; см. Деян. 8:6–7; Евр. 2:3–4). Как здание покоится на фундаменте, так и все последующие поколения церкви строятся на основании откровения, заложенном апостолами и пророками и записанном в Новом Завете (см. 2 Пет. 1:19–21). Другие группы (евангелисты и пастыри-учители) продолжают строить на этом фундаменте на протяжении всей истории церкви, ревностно провозглашая Евангелие благодати и верно проповедуя Слово истины (см. 2 Тим. 4:1–5).

---

[8] Обсуждение дара апостольства в ответ на заявления харизматов см.: Мак-Артур Д. Чуждый огонь: Опасность оскорбления Святого Духа практикой фальшивого поклонения. Одесса: Христиан. просвещение, 2018. С. 115–132. В частности, ответ тем, кто утверждает, что слова Павла в Ефесянам 4:11–13 подразумевают продолжение всех пяти перечисленных там служений в течение всей истории церкви, см.: там же. С. 129–130. Обзор взглядов отцов церкви на уникальность апостольства см.: там же. С. 126–128.

АПОСТОЛЫ

Греческое слово *apostolos*, переведенное как «апостол», значит «посланный» и может относиться к послу, представителю или посланнику. Иногда этот термин используется в Новом Завете в общем смысле для обозначения, например, представителей поместных церквей (2 Кор. 8:23; Флп. 2:25). Однако основное новозаветное применение этого титула относится к апостолам Иисуса Христа (напр., 1 Пет. 1:1; Иуд. 17; Гал. 1:1), то есть к определенным людям, которых Иисус лично сделал Своими полномочными представителями. Эта ограниченная группа включала Двенадцать (с Матфием, заменившим Иуду Искариота в Деяниях 1:26) и Павла, которому Христос поручил быть апостолом язычников (Гал. 1:15–17; см. 1 Кор. 15:7–9; 2 Кор. 11:5).

Апостолы Иисуса Христа соответствовали трем основным требованиям. Во-первых, они были поставлены непосредственно Господом Иисусом (Марк. 3:14; Лук. 6:13; Деян. 1:2, 24; Гал. 1:1). Во-вторых, их удостоверяли признаки апостола, которые проявлялись «в знамениях, и чудесах и силах» (2 Кор. 12:12; см. Матф. 10:1–2; Деян. 1:5–8; 2:43; 4:33; 5:12; Евр. 2:3–4). В-третьих, они собственными глазами видели воскресшего Христа (Деян. 1:21–25; 10:39–41; 1 Кор. 9:1; 15:7–8). В 1 Коринфянам 15:8 Павел прямо заявляет, что он был последним, кто соответствовал этому третьему требованию, поэтому очевидно, что после него настоящих апостолов больше не было. Более того, Павел считал свое апостольство уникальным и необычным (1 Кор. 15:8–9); это не то, что может служить образцом, которому должны следовать последующие поколения христиан. Беспристрастная оценка современных претендентов на апостольство убедительно показывает, что сегодня апостолов нет, как их не было в истории церкви после I века.

Апостолы Нового Завета были уполномоченными представителями Христа, передававшими божественное откровение. В горнице Господь Иисус обещал, что даже когда Он больше не будет физически присутствовать с ними, Он продолжит раскрывать им Свою истину через Святого Духа (Иоан. 14:26; 15:26–27; 16:12–15). Поэтому ранняя церковь признала, что учение апостолов обладает авторитетом Самого Христа. Поскольку апостольские писания были богодухновенными, их приняли наравне с Писаниями Ветхого Завета (см. Деян. 2:42; 2 Пет. 3:16; 1 Кор. 14:37; 1 Фес. 2:13; 2 Тим. 3:16–17).

ПРОРОКИ

Греческое слово *prophētēs*, переведенное как «пророк», означает «говорящий вместо» или «глашатай». Поэтому новозаветные пророки были глашатаями Бога, хотя и вторыми по рангу после апостолов (1 Кор. 12:28). Как и в Ветхом Завете, в ранней церкви пророки главным образом отличались тем, что получали и передавали новое откровение от Бога (Деян. 11:27–28), хотя иногда они разъясняли ранее открытую истину (см. Деян. 13:1).

Из-за постоянной опасности лжепророчеств (Матф. 7:15; Деян. 20:29–31; Иуд. 3–4), слово пророка следовало проверять в свете ранее открытой истины (1 Кор. 14:29; 1 Фес. 5:20–22). Подлинность служения новозаветного пророка, как и пророков Ветхого Завета, можно было определить по доктринальной точности (Втор. 13:1–5; Деян. 20:29–30; 2 Пет. 2:1). Более того, истинных пророков отличала нравственная чистота (Матф. 7:15–17; 2 Пет. 2:2–3; см. Иер. 23:14–16) и точность откровения (Втор. 18:20–22; Иез. 13:3–9). Тех, кто учил ложному учению, кто жил, предаваясь похоти и жадности, или кто излагал якобы откровение от Бога, бывшее недостоверным и ложным, следовало отвергать как лжепророков[9].

С завершением канона Нового Завета необходимость в пророческом служении отпала, так что оно ушло со сцены (см. Откр. 22:18–19). Подобно апостолам, пророки были даны, чтобы заложить основание церкви (Еф. 2:20). Когда основание было заложено, труд апостолов и пророков в век церкви был завершен. Тем не менее провозглашение пророческого слова (2 Пет. 1:19–21) продолжается через верную проповедь Писания. В будущем, после окончания века церкви, Бог снова воздвигнет пророков для исполнения Своих замыслов по откровению (см. Откр. 11:3).

БЛАГОВЕСТНИКИ

Повеление нести весть Евангелия касается всех верующих (Матф. 28:18–20; Деян. 1:8), но некоторые особенно одарены как благовестники. Помимо Ефесянам 4:11 термин «евангелист» (или «благовестник») встречается в Новом Завете только дважды. В Деяниях 21:8 Филипп назван благовестником (см. Деян. 8:4–40), а также Тимофею дано поручение: «…совершай дело благовестника…» (2 Тим. 4:5). Тем не менее благовестие—важная тема Нового Завета. Греческое существительное *euangelion* («добрая весть» или «евангелие») встречается более 75 раз, а глагол *euangelizō* («возвещать добрую весть»)—более 50 раз.

Благовестники призваны провозглашать Благую весть о спасении через веру во Христа неверующему миру. Пример Филиппа показывает, что раннехристианские благовестники иногда проповедовали Евангелие недостигнутым группам людей (таким как самаряне). В соответствии с Великим поручением их целью было приобретать учеников, присоединяя их к церкви через крещение и назидая в вере через учение (Матф. 28:18–20). Пример Тимофея иллюстрирует, что между благовестником и руководством поместной церкви должна быть тесная связь.

Благовестники уникально одарены Богом для достижения погибающих грешников спасительной вестью Евангелия. Их служение должно быть среди приоритетов каждой церкви, причем следует и поощрять благовестие в своей местности, и поддерживать миссионерский труд во всем мире.

---

[9] Более подробно о даре пророчества в ответ на современные утверждения харизматов см.: Мак-Артур. *Чуждый огонь.* С. 133–156.

ПАСТОРЫ-УЧИТЕЛИ

В Ефесянам 4:11 греческое слово *poimēn* можно перевести как «пастырь» или «пастух». Оно описывает руководство, защиту и заботу, которые пасторы проявляют к членам своей паствы. Господь Иисус—великий Пастырь (1 Пет. 2:25; Евр. 13:20–21); те, кого Он дал церкви как пасторов, должны быть Его подпасками (1 Пет. 5:2). Их основная функция и ответственность—кормить овец (см. Иоан. 21:15–17), и это они выполняют, уча Слову (см. 1 Пет. 2:2–3; 2 Тим. 3:16–17). Хотя учительство можно считать отдельным служением (1 Кор. 12:28), лучше всего считать пастырей и учителей в Ефесянам 4:11 двумя аспектами одной должности пасторского руководства. В других местах Нового Завета указывается, что пасторы должны быть и пастырями (Деян. 20:28; 1 Пет. 5:2), и учителями (1 Тим. 3:2; 5:17).

Подобно апостолам, пасторы должны пребывать главным образом «в молитве и служении слова» (Деян. 6:4), чтобы исполнять свою задачу проповедовать Христа, «вразумляя всякого человека и научая всякой премудрости, чтобы представить всякого человека совершенным во Христе Иисусе...» (Кол. 1:28). Прилежный пастор-учитель—это «добрый служитель Иисуса Христа» (1 Тим. 4:6), проявивший себя «достойным, делателем неукоризненным, верно преподающим слово истины» (2 Тим. 2:15; см. 4:2) и подвизающимся в молитвах за своих людей (см. Кол. 4:12).

Хотя структура и руководство играют свою роль, подлинная власть в церкви осуществляется через молитву и служение Слова. Поэтому пастор-учитель должен уделять основное внимание молитве и проповеди, не обременяя себя чрезмерно административными вопросами (см. Деян. 6:2, 4). Лучше всего послужить овцам можно не затейливыми программами или яркими презентациями, а последовательным, твердым наставлением из Слова. Образ пастуха подчеркивает духовную заботу и библейское питание, которое пастыри предоставляют людям, вверенным их руководству. Для желающих стать пасторами и учителями народа Божьего очень важно иметь сердце пастыря.

В Новом Завете для описания должности пастора используются еще два термина. Первый термин—«епископ» или «блюститель» (греч. *episkopos*), который означает «попечитель» и встречается 5 раз (Деян. 20:28; 1 Пет. 2:25; Флп. 1:1; 1 Тим. 3:2; Тит. 1:7). В светском греческом употреблении так называли назначенного императором человека, который должен был обеспечить руководство и политический надзор в новом или недавно захваченном населенном пункте. Подобным образом и в церкви епископы действуют под властью Царя Иисуса, руководя церковью, хотя и посредством смиренного служения, а не авторитарного контроля (Марк. 10:42–43). Духовный блюститель отвечает и за питание (1 Тим. 3:2), и за защиту стада (Деян. 20:28), находящегося на его попечении.

Другой термин—«пресвитер» или «старейшина» (греч. *presbyteros*), что говорит об опыте и духовной зрелости тех, кто руководит церковью. В Новом

Завете слово *presbyteros* может использоваться в общем смысле, называя людей преклонного возраста (Деян. 2:17; см. 1 Тим. 5:2). Также оно может обозначать руководителей Израиля I века (Матф. 15:2; 27:3, 41; Марк. 7:3, 5; Лук. 22:52; Деян. 4:8). Но в экклезиологическом контексте этот титул обозначает определенную должность духовного руководства внутри церкви (напр., Деян. 11:30; 14:23; 15:2, 4, 6, 22; 16:4; 20:17; 21:18).

Новозаветное представление о должности пресвитера главным образом заимствовано из ветхозаветного иудаизма (см. Исх. 12:21; 19:7; Чис. 11:16; Втор. 27:1; 1 Цар. 11:3; 16:4). Старейшинами Израиля были зрелые мужчины с твердыми нравственными убеждениями, которые отличались верностью, честностью, мужеством и страхом Господним (Исх. 18:21–22; см. Чис. 11:16–17). Мудрые и проницательные, они учили, ходатайствовали и судили справедливо и беспристрастно (Втор. 1:13–17). Новозаветное представление о пресвитерах в церкви включает те же атрибуты внутренней силы, духовной зрелости и нравственного целомудрия.

То, что ранней церковью руководили пресвитеры, ясно заметно во всем Новом Завете. Например, пресвитеры были в иерусалимской церкви (Деян. 11:29–30), а также в церквях, которые Павел основал во время своих миссионерских путешествий (Деян. 14:23; 20:17). Церквями в Малой Азии, которым Петр адресовал свои послания, также руководили пресвитеры. Поэтому Петр и писал: «Пресвитеров ваших прошу я, сопресвитер... пасите стадо Божие, какое у вас...» (1 Пет. 5:1–2, Кассиан). Книга Откровение также отмечает, что 24 старца (греч. *presbyteros*) будут представлять искупленных в вечном будущем (напр., Откр. 4:4, 10; 5:5–6, 8, 11, 14; 7:11).

Текстуальные свидетельства указывают на то, что все три термина («пастырь», «епископ» и «пресвитер») обозначают одну и ту же должность в руководстве церкви. Сравнение текстов 1 Тимофею 3:1–7 и Титу 1:6–9 показывает, что требования к епископу и пресвитеру одинаковые, и предполагает, что эти две должности идентичны. В Титу 1:5–7 Павел использует оба названия, говоря об одном и том же человеке. Все три термина используются в 1 Петра 5:1–2:

> Пресвитеров [мн. ч. от *presbyteros*] ваших прошу я, сопресвитер и свидетель Христовых страданий и участник имеющей открыться славы: пасите [греч. *poimainō*] стадо Божие, какое у вас, с бдительным вниманием [греч. *episkopeō*], не по принуждению, но добровольно, как угодно Богу, и не ища постыдной наживы, но из усердия... (Кассиан)

В Деяниях 20 также заметна взаимозаменяемость этих трех терминов. Собрав пресвитеров (мн. ч. от *presbyteros*, 20:17) ефесской церкви, Павел предостерегает их такими словами: «Итак внимайте себе и всему стаду, в котором Дух Святой поставил вас блюстителями [мн. ч. от *episkopos*], пасти [*poimainō*] Церковь Господа и Бога, которую Он приобрел Себе кровию Своею» (20:28).

Хотя все три термина—синонимы, в библейском контексте каждый из них имеет особый оттенок значения: «пресвитер» подчеркивает зрелость и личный характер служителя; «епископ» говорит о его руководящей роли защитника стада; а «пастырь» подчеркивает искреннюю заботу о людях, которым он служит. К сожалению, на протяжении истории церкви некоторыми из этих титулов (например, епископ и даже пастырь) злоупотребляли небиблейские церковные иерархии и властолюбивые духовные лидеры. Как следствие, титул «пресвитер» или «старейшина» в определенных ситуациях может быть предпочтительнее, поскольку он обычно не имеет культурных оттенков, иногда навязываемых двум другим титулам. Должность пресвитера будет рассмотрена более подробно в следующем разделе.

Пресвитеры

По Божьему замыслу, чтобы церкви были сильными, здоровыми, продуктивными и плодотворными, им необходимо верное руководство. Писание учит, что каждой поместной общине Бог дал пресвитеров, чтобы они заботились о Его народе и вели его. Как те, кому поручено питать и защищать паству, пресвитеры однажды дадут Господу отчет о душах, находящихся на их духовном попечении. По сути, духовная власть, в отличие от мирского руководства, характеризуется смирением по примеру Христа и желанием служить (Марк. 10:43–45). Всякий претендент на руководящее служение в церкви должен демонстрировать личную святость, доктринальную чистоту, самопожертвование, духовную дисциплину и христоцентричную преданность. Должность пресвитера подразумевает ответственность, которую нельзя воспринимать легкомысленно (см. Лук. 12:48). Это подчеркивается отрезвляющим предупреждением Иакова: «Братия мои! Не многие делайтесь учителями, зная, что мы подвергнемся большему осуждению...» (Иак. 3:1).

ОБЯЗАННОСТИ

В 1 Тимофею 3:5 Павел указывает, что одна из обязанностей епископа—«пещись о Церкви Божией». В рамках этой широкой обязанности пресвитеры обладают властью, данной им Главой Христом, чтобы обеспечивать руководство делами поместной церкви и осуществлять надзор за ними. Павел пишет: «Достойно начальствующим пресвитерам должно оказывать сугубую честь, особенно тем, которые трудятся в слове и учении» (1 Тим. 5:17). Термин *proistēmi*, переведенный как «начальствовать», несколько раз применяется к пресвитерам в Новом Завете (Рим 12:8; 1 Фес. 5:12; 1 Тим. 3:4–5, 12; 5:17). Он означает ответственность по надзору, возложенную на них Самим Христом, то есть выше них нет земной власти в поместной церкви.

Однако их власть основана не на принуждении или запугивании, а на наставлении и примере, которым церковь с радостью подчиняется (см. Евр. 13:17). Хотя пресвитеры призваны руководить поместной церковью, важно подчеркнуть, что община им не принадлежит. Это не их паства. Члены церкви составляют «Божье стадо» (1 Пет. 5:2), которое Бог приобрел (Деян. 20:28), а пресвитеры смотрят и ухаживают за ним.

Как отмечалось выше, на пресвитерах лежит данная Богом обязанность проповедовать и учить (1 Тим. 5:17). Вот почему они должны быть способными учить (1 Тим. 3:2), проявляя умение наставлять в здравом учении и обличать заблуждение и ложь (Тит. 1:9). Такое наставление обязательно включает в себя тщательное изложение Писания (1 Тим. 4:13; 2 Тим. 2:15; см. Неем. 8:8) и служит основным средством, с помощью которого стадо духовно питается и укрепляется (1 Пет. 2:2; см. Пс. 1:2–3; Евр. 5:12–13). Павел напоминал Тимофею: «Все Писание богодухновенно и полезно для научения, для обличения, для исправления, для наставления в праведности, да будет совершен Божий человек, ко всякому доброму делу приготовлен» (2 Тим. 3:16–17). Соответственно, Тимофею было дано повеление: «...проповедуй слово, настой во время и не во время, обличай, запрещай, увещевай со всяким долготерпением и назиданием» (2 Тим. 4:2).

Помимо наставления, пресвитеры также отвечают за то, чтобы организовать руководство церкви (см. Деян. 15:22), рукополагать других пресвитеров (1 Тим. 4:14), подавать пример для овец (1 Пет. 5:1–3; Евр. 13:7), защищать паству от доктринальных ошибок (Деян. 20:28–30) и молятся за членов церкви (Иак. 5:14). По Божьему замыслу, пресвитеры играют ведущую роль в здоровье и жизни церкви.

В Откровении 2–3 записаны послания Христа семи церквям Малой Азии[10]. Это единственные записанные в Библии свидетельства, как Христос напрямую критически оценивает Свои поместные церкви. В них Он хвалит то, что правильно, и осуждает то, что неправильно. Замечания Христа имеют глубокое значение для всех поколений, напоминая о Его воле для церкви через одобрение и порицание.

В Слове Божьем записаны все те качества, которые Он одобряет и которые осуждает. Взятые вместе, они служат «отвесом» совершенных норм, установленных Христом для церкви, с помощью которых можно оценить текущую ситуацию в церкви. Ответственность каждого пресвитера (и достойное занятие для каждого христианина) состоит в том, чтобы размышлять над следующим всеобъемлющим вопросом: если бы Иисус Христос написал моей церкви послание, подобно записанным в Библии, что Он сказал бы? Что похвалил бы? Что осудил бы? Пресвитеры должны вести церковь, стремясь к тому, что Иисус одобряет, и избегая того, что Он осуждает.

Господь похвалил следующие качества:

* Добрые дела
* Упорный труд
* Стойкость
* Проницательность
* Страдания

* Верность до конца
* Преданность имени Христа
* Неотречение от веры
* Любовь
* Вера

---

[10] Адаптировано из: Mayhue, *What Would Jesus Say about Your Church?*, 213–216. Используется с разрешения Christian Focus.

- Служение
- Праведная жизнь
- Хранение Слова Христа
- Повиновение
- Покаяние
- Терпение
- Принятие Слова Божьего
- Твердость
- Угождение Богу
- Любовь к братьям
- Молитва
- Ревность к благовестию
- Внимание к крещению
- Сильная проповедь/учение
- Духовное руководство
- Упование на Бога
- Радостное отношение
- Щедрость
- Смелость
- Рост
- Служение Святого Духа
- Ученичество
- Жертвенность
- Духовные приоритеты
- Духовный потенциал
- Покорность полновластию Бога
- Истинное поклонение

Напротив, Господь осудил следующие качества:

- Потерянная любовь
- Отсутствие первых дел
- Компромисс
- Терпимость к греху
- Безнравственность
- Идолопоклонство
- Мертвость
- Незавершенные дела
- Теплость
- Лицемерие
- Лжеучение
- Недисциплинированная жизнь
- Отсутствие единства
- Грех
- Высокомерные разделения
- Затянувшаяся духовная незрелость
- Тяжбы друг с другом
- Злоупотребление христианской свободой
- Осквернение вечери Господней
- Злоупотребление духовными дарами
- Нежелание прощать
- Скупость
- Критика руководства

ТРЕБОВАНИЯ

Апостол Павел перечисляет требования к пресвитерам в 1 Тимофею 3:1–7 и Титу 1:6–9. В обоих местах главное требование состоит в том, что пресвитер должен быть «непорочен», то есть у него должен быть безукоризненный духовный и нравственный характер. За исключением способности учить, все качества, перечисленные Павлом, усиливают основополагающий принцип, что пресвитеры должны быть людьми, чья жизнь характеризуется свободой от какого-либо пятна или порока, которые могли бы навлечь нарекание на Евангелие.

Во всех сферах жизни—в браке, семье, обществе и церкви—пресвитер должен быть непорочен. Он должен быть «одной жены муж» (1 Тим. 3:2), что буквально можно перевести как «мужчина одной женщины». Это требование значит гораздо больше, чем просто запрет на многоженство. Оно говорит о нравственном целомудрии и супружеской верности мужчины как мужа; он всецело привержен своей жене, которую Бог дал ему. Если он не женат, его жизнь должна быть образцом нравственной чистоты, свободной от блуда или фривольного поведения.

Пресвитер также должен быть «трезв» и «целомудрен» (1 Тим. 3:2). Его мысли должны отличаться мудростью и зрелостью, а действия — умеренностью и воздержанием. Пресвитер должен быть «благочинен», то есть уважительно вести себя со знакомыми (1 Тим. 3:2), как подобает его роли служителя церкви Христа. В то же время он должен быть «страннолюбив» по отношению к другим в церкви, включая тех, кто его не знает (1 Тим. 3:2). Слово «страннолюбив» говорит о любви к посторонним и указывает, что пресвитер дружелюбен ко всем.

В 1 Тимофею 3:3 Павел называет несколько отрицательных качеств, которых не должно быть в жизни пресвитера: «...не пьяница, не бийца, не сварлив, не корыстолюбив, но тих, миролюбив, не сребролюбив...» Как слуга Христа, пресвитер не должен быть под контролем греховных зависимостей (напр., пьянство, Еф. 5:18), безрассудных страстей (напр., гнев и агрессивность, Еф. 4:26–27) или материальных амбиций (напр., любовь к деньгам, 1 Тим. 6:9–10). Те, кто порабощен своими похотями (2 Пет. 2:19), показывают, что они недостойны быть в духовном руководстве церкви.

Далее говорится, что пресвитер — это служитель, «хорошо управляющий домом своим, детей содержащий в послушании со всякою честностью...» (1 Тим. 3:4). Первая сфера, в которой потенциальный пресвитер должен продемонстрировать безупречное поведение, — это его семья, те, кто знает его лучше всего. Умение управлять семьей служит предварительным подтверждением, что он способен пасти церковь: «...ибо, кто не умеет управлять собственным домом, тот будет ли пещись о Церкви Божией?» (1 Тим. 3:5).

В свете таких высоких требований понятно, что пресвитер не должен быть новообращенным (1 Тим. 3:6). Обычно требуется много лет, чтобы достичь уровня личной и духовной зрелости, требуемой от пресвитера. Более того, нужно достаточно времени, чтобы другие могли увидеть его жизнь и подтвердить его соответствие требованиям. Павел предупреждал Тимофея, что те, кто преждевременно поднялся до положения пресвитера, очень легко поддаются греху гордости.

В 1 Тимофею 3:7 сказано: «Надлежит ему также иметь доброе свидетельство от внешних, чтобы не впасть в нарекание и сеть диавольскую». Кроме семьи и поместной общины пресвитер также должен иметь прекрасную репутацию среди тех, кто вне церкви. Он призван быть безупречным в деловых и бытовых отношениях с неверующими.

Апостол Павел повторяет подобный список требований в Титу 1:6–9. Как и в 1 Тимофею 3, пресвитер должен быть мужем одной жены. Кроме того, Павел объясняет, что пресвитер «детей имеет верных, не укоряемых в распутстве или непокорности» (Тит. 1:6). Поскольку поведение детей пресвитера показывает его духовное руководство в семье, они не должны отличаться беспутной или непокорной жизнью.

Таблица 9.1: Списки требований к пресвитерам

1 Тимофею 3:2–7	Титу 1:6–9
Непорочен (3:2)	Непорочен (1:6)
Одной жены муж (3:2)	Муж одной жены (1:6)
Трезв (3:2)	
Целомудрен (3:2)	Целомудрен, воздержан (1:8)
Благочинен, честен (3:2)	
Страннолюбив (3:2)	Страннолюбив (1:8)
Учителен (3:2)	Держащийся истинного слова, силен и наставлять в здравом учении и противящихся обличать (1:9)
Не пьяница (3:3)	Не пьяница (1:7)
Не бийца, но тих, миролюбив (3:3)	Не бийца (1:7)
Не сварлив (3:3)	Не гневлив (1:7)
Не корыстолюбив, не сребролюбив (3:3)	Не корыстолюбец (1:7)
Хорошо управляющий домом своим (3:4)	Непорочен как Божий домостроитель (1:7)
Детей содержащий в послушании со всякою честностью (3:4)	Детей имеет верных, не укоряемых в распутстве или непокорности (1:6)
Не из новообращенных, чтобы не возгордился (3:6)	Не дерзок (1:7)
Доброе свидетельство от внешних (3:7)	
	Любящий добро (1:8)
	Справедлив (1:8)
	Благочестив (1:8)

Пресвитер «должен быть непорочен, как Божий домостроитель, не дерзок, не гневлив, не пьяница, не бийца, не корыстолюбец...» (Тит. 1:7). Напротив, он должен быть «страннолюбив, любящий добро, целомудрен, справедлив, благочестив, воздержан...» (Тит. 1:8). Кроме того, он должен быть способным учеником Божьего Слова, чтобы «наставлять в здравом учении» и в то же время «противящихся обличать» (Тит. 1:9). Сравнение этих двух списков показывает, что они по существу параллельны (см. таблицу 9.1).

Следует отметить, что для женщин в Новом Завете не предусматривается возможность служить пресвитерами или пасторами. Павел объясняет: «Жена да учится в безмолвии, со всякою покорностью; а учить жене не позволяю, ни властвовать над мужем, но быть в безмолвии» (1 Тим. 2:11–12). Глагол «учить» здесь лучше перевести как «быть учителем». Он показывает, что в церкви женщины не должны быть учителями мужчин, то есть для них исключено служение пресвитера (поскольку учить общину—одна из главных обязанностей пресвитера). Поэтому библейский образец состоит в том, что только мужчины могут служить пресвитерами и пасторами. Это условие возникло не из культурных предпочтений I века или предвзятости Павла. Оно основано на порядке сотворения и на событиях грехопадения: «Ибо прежде создан Адам, а потом Ева; и не Адам прельщен; но жена, прельстившись, впала в преступление…» (1 Тим. 2:13–14).

Учение 1 Тимофею 2 показывает, что женщинам в церкви не позволено занимать должность пастора или учителя (см. Деян. 13:1; 1 Кор. 12:28; Еф. 4:11). Однако это не запрещает женщине учить в других ситуациях, таких как обучение других женщин (Тит. 2:3–4) или детей (2 Тим. 1:5; 3:14–15). Библия ясно говорит, что в духовном отношении женщины равны мужчинам и что служение женщин весьма важно для Тела Христова. Однако по Божьему замыслу женщинам не позволено руководить мужчинами в церкви.

РУКОПОЛОЖЕНИЕ

В Новом Завете пресвитеры уникальным образом посвящались на свое служение. Для описания назначения пресвитеров обычно использовалось греческое слово *kathistēmi*, означающее «поставить». Процесс рукоположения выражает божественное призвание и посвящение на духовное руководство, официально признаваемое церковью.

Павел называет важные подробности о процессе рукоположения, когда говорит Тимофею: «Не оставляй в пренебрежении дарование, что в тебе, которое тебе было дано через пророчество с возложением рук пресвитеров» (1 Тим. 4:14, Кассиан). Практика возложения рук на человека для его посвящения уходит корнями в ветхозаветную систему жертвоприношений. Когда израильтяне приносили жертвы Господу, они возлагали руки на жертву, показывая свою связь с ней (Лев. 1:4; 3:2–13; 4:4–33; 8:14, 18, 22; 16:21). Подобным образом рукоположение в Новом Завете иллюстрирует единение между пресвитерами и тем, кого они рукополагают.

В Ветхом Завете возложение рук также использовалось как символ передачи власти (Чис. 27:18–23; Втор. 34:9) или благословения (Быт. 48:13–20; 4 Цар. 13:16; Иов. 9:33; Пс. 138:5). Власть и благословение отражены и в новозаветном рукоположении, поскольку руководство церкви тем самым утверждает нового пресвитера в его обязанностях.

Единение, представленное рукоположением, требует, чтобы рукоположение не совершалось поспешно. Павел предупреждал Тимофея: «Рук ни на кого не возлагай поспешно, и не делайся участником в чужих грехах. Храни себя чистым» (1 Тим. 5:22). В свете этого увещания кандидатов на рукоположение следует в достаточной мере испытывать, чтобы убедиться, что они соответствуют требованиям для пасторского служения. Они должны быть непорочными, нравственно чистыми, доктринально здравыми и способными руководителями и учителями. Нынешние руководители церкви, заботясь о следующем поколении, должны стремиться воспитывать молодых людей, чтобы те могли начать с молитвой готовиться впоследствии стать пресвитерами (см. 2 Тим. 2:2).

Согласно новозаветному образцу, процесс рукоположения проходил под надзором и руководством признанного руководства церкви. Например, в Деяниях 14:23 Павел и Варнава рукоположили пресвитеров в каждой церкви. В Титу 1:5 Павел повелел Титу, чтобы тот «поставил по всем городам пресвитеров». В 1 Тимофею 4:14 показано, что сами пресвитеры должны были назначать других пресвитеров. Было ли назначение сделано апостолом, его представителем или группой пресвитеров поместной церкви, основной принцип ясен: за рукоположение новых пресвитеров отвечают те, кто в данное время служит как признанное духовное руководство церкви.

Те, кто утверждает, что ответственность за избрание и утверждение новых пресвитеров лежит на общине, часто ссылаются на Деяния 6:2–6 в поддержку этого мнения. Лука пишет:

> Тогда двенадцать апостолов, созвав множество учеников, сказали: «Нехорошо нам, оставив слово Божие, пещись о столах. Итак, братия, выберите из среды себя семь человек изведанных, исполненных Святого Духа и мудрости; их поставим на эту службу, а мы постоянно пребудем в молитве и служении слова». И угодно было это предложение всему собранию; и избрали Стефана, мужа, исполненного веры и Духа Святого, и Филиппа, и Прохора, и Никанора, и Тимона, и Пармена, и Николая Антиохийца, обращенного из язычников; их поставили перед апостолами, и сии, помолившись, возложили на них руки.

Необходимо рассмотреть как минимум два наблюдения из этого текста. Во-первых, семь человек, которых избрали, не названы пресвитерами. Они были избраны заботиться о столах, а не руководить церковью. (В истории церкви эти люди были более тесно связаны с ролью дьякона.) Во-вторых, община представила этих людей на утверждение апостолам, а не наоборот. Апостолы не только инициировали процесс (Деян. 6:3), но в итоге именно они поставили этих людей на служение (Деян. 6:6). Главная ответственность лежала на руководителях церкви, а не на общине. Хотя сегодня в церкви нет апостолов, образец, установленный в Писании, по-прежнему сохраняется: новые служители в церкви должны назначаться другими признанными служителями.

При поиске будущих пресвитеров отправной точкой будет данное Богом желание в сердце человека. Павел объясняет: «...если кто епископства желает, доброго дела желает» (1 Тим. 3:1). То есть те, кто не желает должности пресвитера, не могут ее занимать. Потенциальных пресвитеров не следует принуждать или уговаривать принять эту должность, поскольку служение в этом качестве начинается со смиренной и искренней готовности вести. Петр как сопастырь напоминал пресвитерам: «...пасите Божие стадо, какое у вас, надзирая за ним не принужденно, но охотно и богоугодно...» (1 Пет. 5:2).

Прежде чем рукоположение состоится, пресвитеры должны молитвенно искать воли Господа в отношении назначения. Библейский прецедент записан в Деяниях 14:23: «Рукоположив же им пресвитеров к каждой церкви, они помолились с постом и предали их Господу, в Которого уверовали». Понимая, как много зависит от этого, Павел и Варнава усердно обращались к Господу в молитве при рукоположении (см. Деян. 13:2). Назначение пресвитеров с молитвой показывает, что в конечном счете именно Бог наделяет дарами, призывает и назначает людей на духовное руководство. Павел увещал ефесских пресвитеров: «Итак внимайте себе и всему стаду, в котором Дух Святой поставил вас блюстителями, пасти Церковь Господа и Бога...» (Деян. 20:28). Поскольку это наивысшее призвание от Бога в жизни поместной церкви, духовное руководство не следует воспринимать легкомысленно или искать поверхностно. Избрание и назначение должно совершаться после тщательного рассмотрения и молитвенной мудрости (см. Иак. 1:5).

Итак, пресвитеры представляют собой группу зрелых, благочестивых мужчин, желающих вести и питать Божье стадо. Они особо призваны и поставлены на служение Самим Господом. Желая этого служения и соответствуя необходимым библейским требованиям, они с молитвой назначаются другими пресвитерами, вместе с которыми затем и трудятся как духовные лидеры в церкви.

ПОДДЕРЖКА

В Новом Завете сказано, что пресвитерам уместно получать материальную поддержку от церкви за свой труд в служении. Павел формулирует этот принцип, говоря: «Достойно начальствующим пресвитерам должно оказывать сугубую честь, особенно тем, которые трудятся в слове и учении. Ибо Писание говорит: „Не заграждай рта у вола молотящего“; и: „Трудящийся достоин награды своей“» (1 Тим. 5:17–18). Греческое слово *timē*, переведенное как «честь» в 5:17, подразумевает оплату труда, что ясно показывают библейские ссылки в 5:18.

Апостол развивает эту тему в 1 Коринфянам 9:4–9:

Или мы не имеем власти есть и пить? Или не имеем власти иметь спутницею сестру жену, как и прочие апостолы, и братья Господни, и Кифа? Или один я и Варнава не имеем власти не работать? Какой воин служит когда-либо на своем содержании? Кто, насадив виноград, не ест плодов его? Кто, пася стадо, не ест молока от стада?

По человеческому ли только рассуждению я это говорю? Не то же ли говорит и закон? Ибо в Моисеевом законе написано: «Не заграждай рта у вола молотящего». О волах ли печется Бог?

Воину платит государство, земледелец получает часть своего урожая, пастух пьет молоко от стада, и даже волу разрешают есть зерно, которое он вымолачивает. Проводя параллель с пасторским служением, Павел утверждает, что для пасторов приемлемо быть на содержании общины, которой они служат. В 13-м стихе апостол продолжает: «Разве не знаете, что священнодействующие питаются от святилища? Что служащие жертвеннику берут долю от жертвенника?» Если ветхозаветные священники жили за счет жертв, принесенных людьми, то и новозаветным служителям позволительно получать поддержку от церкви.

Однако, как подразумевает Павел в 6-м стихе, такая поддержка—это право, а не обязанность. Как апостол и служитель Евангелия, он явно имел право на финансовую поддержку церкви. Однако Павел решил не использовать для себя это право, а вместо этого работать, делая палатки (Деян. 18:3), чтобы провозглашать Евангелие, не обременяя финансово церковь (1 Кор. 9:18; см. 1 Фес. 2:9).

Некоторые из группы пресвитеров, вероятно, будут на поддержке церкви, а другие будут зарабатывать на жизнь другим способом. Согласно Библии, обе ситуации допустимы, и ни одна из них не влияет на пригодность к пасторскому служению. Библия не делает качественного различия между пресвитером, зарабатывающим себе на жизнь, и пресвитером, получающим поддержку от церкви. На каждом пресвитере лежит ответственность за руководство, заботу, опеку, защиту, здравое учение и благочестивый пример для паствы. Все они, будучи отделенными Богом и рукоположенными церковью, призваны к одному уровню ответственности перед Господом, независимо от того, получают они финансовую поддержку от церкви или нет.

МНОЖЕСТВЕННОСТЬ ПРЕСВИТЕРОВ

Писание представляет пасторское служение как коллективный труд нескольких пресвитеров в каждой поместной общине. В Новом Завете слово *presbyteros* почти всегда употребляется во множественном числе (напр., Деян. 11:30; 14:23; 15:2; 20:17; Иак. 5:14; Тит. 1:5). Несколько исключений связаны с тем, что автор говорит о себе (напр., 1 Пет. 5:1; 2 Иоан. 1; 3 Иоан. 1) или выделяет одного пресвитера из группы (1 Тим 5:19). Ясная норма была в том, церкви I века находились под руководством нескольких пресвитеров. Поэтому Павел приветствовал верующих в Филиппах, обращаясь ко «всем святым во Христе Иисусе, находящимся в Филиппах, с епископами [мн. ч. от *episkopos*] и диаконами» (Флп. 1:1). Примечательно, что в Новом Завете нигде не говорится об общине с одним пастором[11].

Церковь, управляемая группой благочестивых пресвитеров, пользуется всеми задуманными Богом преимуществами, такими как их совместные знания, мудрость и опыт. Это не только дает обилие советников для пастырской заботы о стаде (Прит. 11:14; 15:22), но и предохраняет общину от корыстных предпочтений отдельного человека.

Руководя поместной общиной, пресвитеры должны действовать по принципу единодушия с другими пресвитерами, с которыми они служат. Такое единство показывает, что все они имеют ум Христов и руководятся одним Духом (1 Кор. 1:10; Еф. 4:3; Флп. 1:27; 2:2). Когда есть разногласия при принятии решения,

---

[11] В поддержку модели с одним пастором некоторые ссылаются на Откровение 1–3, утверждая, что фраза «ангелы [букв. вестники] семи церквей» (1:20) говорит о единственном пастыре в каждой церкви. Однако текст не поясняет, сколько пресвитеров было в каждой общине. Учитывая модель Нового Завета, в которой ясно показано несколько благочестивых руководителей в каждой поместной общине (см. Деян. 14:23; Тит. 1:5), похоже, что эти вестники были ключевыми лидерами, представлявшими группу пресвитеров в каждой церкви.

пресвитеры должны ждать и искать Божьей воли, дополнительно проводя время в молитве и изучении, пока не придут к единодушию. Тем самым руководство не только проявит единство, но и покажет пример согласия, которое должно характеризовать всю общину (см. 1 Пет. 3:8; Рим. 15:5; 2 Кор. 13:11).

Разумеется, среди пресвитеров будет разнообразие, когда каждый будет использовать свою уникальную одаренность на благо всех. Разнообразие даров и навыков способствует укреплению руководства церкви, которое, в свою очередь, созидает всю общину. Некоторые из пресвитеров могут быть особо одаренными как душепопечители, другие — как проповедники, третьи — как администраторы. Некоторые могут служить в очень заметной роли, а другие — за кулисами. И разнообразие, и единство, проявляемые в группе пресвитеров, иллюстрируют то, как должно функционировать Тело Христово в целом (см. 1 Кор. 12:4–28).

В каждой группе духовных лидеров у кого-то будет более заметная или публичная роль. Новый Завет подтверждает это. Среди апостолов Петр говорил от имени всей группы (см. Матф. 15:15; 16:16–17; Марк. 11:21; Лук. 12:41; Иоан. 6:68). Эта модель сохранилась и после рождения церкви в день Пятидесятницы. В первых главах Деяний Петр и Иоанн часто служили вместе, но библейское описание подразумевает, что проповедовал только Петр (Деян. 2:14–40; 3:12–26; 4:8–12; 5:29–32). На Иерусалимском соборе в Деяниях 15 Иаков, брат Иисуса выступал как представитель иерусалимской церкви (Деян. 15:13–21), хотя Петр тоже говорил в этом случае (Деян. 15:7–11). В своих миссионерских путешествиях апостол Павел был тем, кто обычно говорил за всю группу людей, с которыми путешествовал (см. Деян. 14:12). Хотя их роль и была более заметной, эти лидеры в группе лидеров духовно не превосходили своих соратников по служению (см. 1 Пет. 5:1). По должности, чести, привилегиям и ответственности они были равны, даже если их роль была уникальной.

Библейский образец ясен. Хотя с учетом одаренности каждого лидера их конкретные роли будут различаться, служение в церкви — это коллективный труд. Апостол Павел часто хвалил своих сотрудников в деле Евангелия. Некоторые служили с ним как проповедники и благовестники. Другие поддерживали служение менее заметным образом. Но участие каждого было жизненно важным, поскольку их уникальная роль в руководстве способствовала общей силе служения. Более того, оно предохраняло от самонадеянного и своевольного стиля руководства таких эгоистов, как Диотреф, которые всегда ставят себя на первое место (3 Иоан. 9).

ЦЕРКОВНОЕ УПРАВЛЕНИЕ

Как пастыри стада, пресвитеры должны вести его, как направляя, так и подавая личный пример, и они должны питать, наставляя в Слове Божьем и защищая от ошибок. Так как они действуют под руководством Христа, Пастыреначальника, то они представляют собой высший уровень духовной власти в поместной церкви и подотчетны Ему (1 Пет. 5:2–4). Поэтому каждая поместная церковь должна управляться собственными пресвитерами (см. Тит. 1:5), без принуждения со стороны внешних иерархий или парацерковных организаций. Церкви могут сотрудничать с другими церквями, но должны делать это по усмотрению пресвитеров в соответствии с библейскими принципами. Как поставленные Богом руководители, пресвитеры должны определять вопросы устройства, членства и дисциплины в церкви, с молитвой ища водительства из Писания (см. Деян. 15:19–31; 20:28; 1 Пет. 5:1–4; 1 Кор. 5:4–7, 13).

Демократические политические ценности часто заставляют современных верующих подозрительно относиться к управлению группой пресвитеров, предпочитая конгрегациональную форму церковного управления. Но это противоречит ясно заданному в Новом Завете принципу духовного руководства в церкви, который призывает пресвитеров взять на себя главную ответственность за служение и руководство Божьим народом.

Исторически в церкви были приняты различные формы церковного управления, такие как епископальная, пресвитерианская и конгрегациональная[12]. Епископальная форма церковного управления главную ответственность за руководство возлагает на епископа (*episkopos*). Разновидности этой церковной структуры встречаются в Методистской, Англиканской и Римско-католической церквях и могут включать несколько уровней иерархии (напр., священники, епископы, архиепископы). Хотя эта система была широко распространена на протяжении большей части истории церкви, у нее есть как минимум два существенных недостатка. Во-первых, она создает позиционное различие между епископом (*episkopos*) и пресвитером (*presbyteros*), которого нет в Новом Завете. Следовательно, у этой формы церковного управления нет здравого библейского основания. Во-вторых, эта форма церковного управления особенно уязвима для злоупотреблений из-за свойственной ей иерархической структуры церковного руководства, что может ошибочно ставить во главу угла титулы и должности, а не духовные требования к пасторскому служению. Лучше всего порочность этой формы видна в католицизме с его историей папской коррупции, доктринального отступления и духовных злоупотреблений[13].

Пресвитерианская форма церковного управления подчеркивает роль пресвитера (*presbyteros*), отмечая, что термины «епископ» и «пресвитер» взаимозаменяемы в Новом Завете (см. 1 Тим. 3:1–2; Тит. 1:7). Этот подход в основном встречается в пресвитерианских и реформатских деноминациях. Акцент на пресвитерском управлении ясно утверждается в Новом Завете (1 Фес 5:12; Евр. 13:17). Однако небиблейские иерархические структуры, исторически связанные с этой формой церковного управления (напр., конгрегации поместных церквей,

---

[12] Более подробно об этих формах церковного управления см. полезный обзор в: Эриксон М. Христианское богословие. СПб. Библия для всех, 1999. С. 904–919.

[13] См.: William Webster, *The Church of Rome at the Bar of History* (Carlisle, PA: Banner of Truth, 1997); E. R. Chamberlin, *The Bad Popes* (Stroud, UK: Sutton, 2003).

региональные пресвитерии, более крупные синоды, генеральные ассамблеи) не имеют ни примера, ни основания в Новом Завете.

Конгрегациональные формы церковного управления подчеркивают власть каждой поместной общины. Разные виды конгрегационализма существуют в баптистских, конгрегациональных и многих лютеранских деноминациях. С одной стороны, конгрегационализм подчеркивает автономию поместной церкви, отмечая, что в Новом Завете представлена именно такая картина церкви I века. Поэтому конгрегациональная форма церковного управления справедливо отвергает церковную иерархию, представленную в двух других системах. С другой стороны, многие формы конгрегационализма утверждают демократический подход к руководству, когда все члены церкви (а не только пресвитеры) участвуют в принятии решений. Несмотря на свою популярность в американских церквах, где демократические ценности отражаются в мирской политике, такой вид конгрегационального управления игнорирует прерогативу и ответственность пресвитеров вести и пасти стадо, которую возлагает на них Новый Завет.

АВТОРИТЕТ

В связи с руководящим положением пресвитеров и их ответственностью за стадо, к ним следует относиться с уважением. Верующим в Фессалонике Павел писал: «Просим же вас, братия, уважать трудящихся у вас, и предстоятелей ваших в Господе, и вразумляющих вас, и почитать их преимущественно с любовью за дело их...» (1 Фес. 5:12–13). Члены церкви должны высоко ценить своих руководителей в связи с тем, что Бог призвал их на это служение.

Верующие должны не только уважать своих лидеров, но и подражать им. Автор Послания к евреям пишет: «Поминайте наставников ваших, которые проповедовали вам слово Божие, и, взирая на кончину их жизни, подражайте вере их» (Евр. 13:7). Члены церкви должны следовать благочестивому примеру своих духовных руководителей, поскольку пресвитеры своей жизнью показывают, что значит чтить Христа (см. 1 Кор. 4:16; 11:1).

Отношение церкви к своему руководству также выражено в Евреям 13:17: «Повинуйтесь наставникам вашим и будьте покорны, ибо они неусыпно пекутся о душах ваших, как обязанные дать отчет; чтобы они делали это с радостью, а не воздыхая, ибо это для вас неполезно». Община должна подчиняться руководству пресвитеров, признавая, что они перед Господом отвечают за тех, кто находится под их духовной опекой. Когда члены церкви отвечают своим руководителям готовностью и искренней благодарностью, ответственность пресвитеров за руководство превращается из тягостной рутины в огромную радость.

Хотя пресвитеров следует уважать, они не выше Божьего закона. Достоверные обвинения в грехе против пресвитера не следует игнорировать или недооценивать:

Обвинение на пресвитера не иначе принимай, как при двух или трех свидетелях. Согрешающих обличай перед всеми, чтобы и прочие страх имели. Пред Богом и Господом Иисусом Христом и избранными ангелами заклинаю тебя сохранить сие без предубеждения, ничего не делая по пристрастию (1 Тим. 5:19–21).

Когда грешат пресвитеры, к ним следует применять тот же процесс церковной дисциплины, как и к любому другому члену церкви (см. Матф. 18:15–17). Должность руководителей не освобождает их от тех же норм святости, которые требуются от всех верующих. Даже наоборот, требование соответствовать этим нормам для них не ниже, а выше из-за их заметного положения как руководителей. Когда церковь сознательно игнорирует грех в жизни своих служителей, соответственно страдает ее свидетельство окружающему миру. Кроме того, это негативно влияет на чистоту членов церкви, так как они начинают подражать небрежному отношению к греху, которое они видят у своего руководства (см. Лук. 6:40). Непослушание церкви в этом вопросе навлекает Божье наказание, а не Его благословение (см. Евр. 12:3–11; Откр. 2:20–23; 3:19).

Дьяконы

Описывая должность дьякона, Новый Завет в основном выделяет нравственные качества. Вот почему Писание говорит больше о духовных качествах дьяконов, чем о специфике их служения в поместной церкви. Согласно Библии, не столько важна организационная структура, сколько нравственная непорочность, духовная зрелость и доктринальная чистота тех, кто официально служит в церкви.

Для описания служения дьякона используются греческие слова *diakonos* («слуга»), *diakonia* («служение») и *diakoneō* («служить»). Первоначально эта группа слов, возможно, в узком смысле обозначала подавать пищу и прислуживать за столом (см. Лук. 4:39; 10:40; 17:8; 22:27; Иоан. 2:5, 9; 12:2; Деян. 6:2), но затем стала включать любой труд или служение для удовлетворения потребностей других людей (см. Иоан. 12:26; Рим. 13:3–4). Эти слова также использовались для описания духовного служения верующего Господу, такого как дела послушания или труд по поручению церкви (см. Деян. 20:19; Рим. 12:6–7; 15:25; 1 Кор. 12:5; 16:15; 2 Кор. 4:1; 8:3–4; 9:1; Откр. 2:19).

ДОЛЖНОСТЬ

Помимо этих общих описаний служения, в 1 Тимофею 3:8–13 апостол Павел использует слово «дьякон», говоря о конкретной должности в церкви:

Диаконы также должны быть честны, не двоязычны, не пристрастны к вину, не корыстолюбивы, хранящие таинство веры в чистой совести. И таких надобно прежде испытывать, потом, если беспорочны, допускать до служения. Равно и жены [букв. «женщины»] их должны быть честны, не клеветницы, трезвы, верны во всем. Диакон должен быть муж одной жены, хорошо управляющий детьми и домом своим. Ибо хорошо служившие приготовляют себе высшую степень и великое дерзновение в вере во Христа Иисуса (1 Тим. 3:8–13).

Слово «также» в ст. 8 указывает на ст. 1, где Павел представляет требования для епископства. Имеется в виду, что дьяконы, описанные в ст. 8–13 — это официальное служение в церкви, как и пресвитеры. В то время как пресвитеры руководят церковью, дьяконы помогают им в их служении.

Перечисляя требования к дьяконам, Павел подчеркивает их характер и духовную зрелость. Дьяконы должны быть «честны» (букв. «достойны»), с почтенным поведением и хорошей репутацией. Будучи последовательными и правдивыми в словах, они «не двоязычны», то есть они не говорят одному человеку одно, а другому — другое. Они «не пристрастны к вину», но известны трезвым мышлением и водительством Духа (см. Еф. 5:18). Дьяконы «не корыстолюбивы», то есть не движимы любовью к деньгам (1 Тим. 6:9–10), что особенно важно, поскольку их служение в церкви может быть связано с материальными средствами. На протяжении истории церкви дьяконы часто отвечали за сбор пожертвований. Распоряжение финансами требует полной благонадежности.

Дьяконы должны иметь твердое богословское основание для своих доктринальных убеждений. Павел объясняет, что это должны быть люди, «хранящие таинство веры в чистой совести» (1 Тим. 3:9). Они не только принимают здравое учение («таинство веры»), но и последовательно применяют его в своих действиях, именно поэтому их совесть чиста. Их жизнь должна быть отмечена верностью. Поэтому их «надобно прежде испытывать, потом, если беспорочны, допускать до служения» (1 Тим. 3:10). Как пресвитеры должны быть непорочны, так и дьяконы должны последовательно являть безукоризненную жизнь. Это соответствует официальным обязанностям их заметного служения в церкви Иисуса Христа.

Согласно 1 Тимофею 3:12, дьякон — это «муж одной жены». Как и с пресвитерами, это не просто запрет многоженства. Это говорит о половой чистоте и нравственной порядочности, которые должны характеризовать каждого дьякона. Дело не просто в том, что у него одна жена, но что он абсолютно верен этой женщине. Его супружеская жизнь характеризуется полным посвящением и преданностью ей. Постоянство его христианской жизни также проявляется в роли отца, поскольку «диакон должен быть... хорошо управляющий детьми и домом своим» (1 Тим. 3:12). Хорошо руководя своей семьей, он показывает, что может служить и на ключевых ответственных постах в церкви (см. 1 Тим. 3:5).

Должность пресвитера — это, прежде всего, духовный надзор: вести и питать стадо. Должность дьякона — это, прежде всего, духовное служение: помогать пресвитерам восполнять нужды членов церкви. Хотя эти две должности отличаются, требования к обоим явно совпадают. В действительности, требования к дьяконам, перечисленные в 1 Тимофею 3:8–13, охватывают духовные цели, к которым должны стремиться все верующие. Независимо от того, признаны они официально дьяконами или нет, они призваны быть верными слугами Господа Иисуса Христа (см. Матф. 25:23). В этом смысле все должны стремиться от души служить своему Господу, служа Его народу в церкви. Обещание дьяконам, которое Павел высказывает в этом тексте, несомненно, относится ко всем верно служащим Господу: «Ибо хорошо служившие приготовляют себе высшую степень и великое дерзновение в вере во Христа Иисуса» (1 Тим. 3:13).

ДИАКОНИССЫ

Из 1 Тимофею 3:11 видно, что должность дьякона была доступна не только для мужчин, но и для женщин (т. е. диаконисс). Павел пишет: «Нужно также, чтобы жены были с достоинством, не клеветницы, трезвы, верны во всем» (Кассиан). Некоторые толкуют этот стих как относящийся к женам дьяконов, но это маловероятно, как минимум, по трем причинам. Во-первых, хотя некоторые переводы добавляют притяжательное местоимение «их», Павел не ставит его перед словом «жены» (или «женщины»). Поэтому грамматика предполагает, что женщины в 3:11 не имеют родственной связи с мужчинами в предыдущих стихах.

Во-вторых, апостол не говорит в этом контексте о женах пресвитеров (3:2–7). Если бы Павел намеревался говорить о поведении, требуемом от жен дьяконов, то было бы странно, что он ничего не сказал о женах пресвитеров. Однако, если женщины, упомянутые в 3:11, — это диаконисы, а не жены дьяконов, тогда ход мысли Павла вполне ясен. Излагая требования к пресвитерам, апостол не стал говорить о женщинах по той простой причине, что женщин-пресвитеров нет. А в 3:11 он упоминает женщин, потому что женщины-дьяконы есть.

В-третьих, описание Фивы в Римлянам 16:1 может быть примером женщины, служившей диакониссой. Павел пишет: «Представляю вам Фиву, сестру нашу, диакониссу [*diakonos*] церкви Кенхрейской». Как кажется, Фива несла некоторое официальное служение в своей поместной общине, что побудило Павла обратить на нее внимание. Если это так, то она — вероятный пример новозаветной диакониссы. Как и дьяконы, диаконисы должны быть беспорочными в поведении (что предполагает употребление Павлом термина «так же» в 1 Тим. 3:11). В частности, они «должны быть честны, не клеветницы, трезвы, верны во всем».

ДЬЯКОНЫ И ДЕЯНИЯ 6

На протяжении истории церкви многие считали Деяния 6:1–6 новозаветным примером служения дьяконов. Лука пишет:

> В эти дни, когда умножились ученики, произошел у еллинистов ропот на евреев за то, что вдовицы их пренебрегаемы были в ежедневном раздаянии потребностей [*diakonia*]. Тогда двенадцать апостолов, созвав множество учеников, сказали: «Нехорошо нам, оставив слово Божие, пещись [*diakoneō*] о столах. Итак, братия, выберите из среды себя семь человек изведанных, исполненных Святого Духа и мудрости; их поставим на эту службу, а мы постоянно пребудем в молитве и служении [*diakonia*] слова». И угодно было это предложение всему собранию; и избрали Стефана, мужа, исполненного веры и Духа Святого, и Филиппа, и Прохора, и Никанора, и Тимона, и Пармена, и Николая Антиохийца, обращенного из язычников; их поставили перед апостолами, и сии, помолившись, возложили на них руки.

Те, кто толкует этот текст как относящийся к дьяконам, отмечают, что здесь используются греческие термины *diakonia* и *diakoneō*. Однако использование этих терминов в данном контексте неубедительно, поскольку слово *diakonia* относится и к служению апостолов в 6:4. Итак, должны ли семь человек, перечисленные в Деяниях 6:5, считаться первыми дьяконами церкви?

Отвечая на этот вопрос, важно отметить, что в Новом Завете они нигде не названы «дьяконами». Хотя Стефан и Филипп упоминаются позже в Деяниях (6:8–15; 7:1–60; 8:5–12, 26–40), ни один из них не назван дьяконом[14]. Они проповедовали и благовествовали, а не обслуживали столы, а это предполагает, что они занимались распределением пищи в Иерусалиме временно. Поэтому лучше всего сделать вывод, что ситуация в Деяниях 6:1–6 связана с временными проблемами в ранней церкви, и эти семеро были выбраны для разрешения разового кризиса (а не назначены на постоянную должность)[15]. Таким образом, термины *diakonia* и *diakoneō* в Деяниях 6 следует толковать в общем смысле как «служение» и «служить».

Хотя семь человек в Деяниях 6 не могут быть названы дьяконами в официальном смысле, они предваряют должность дьякона в трех важных аспектах. Во-первых, эти семеро помогали апостолам выполнять административные задачи во многом так, как дьяконы должны помогать пресвитерам в поместной церкви, чтобы пресвитеры могли сосредоточиться на своих основных духовных обязанностях служения Слова и молитвы (см. Деян. 6:4). Во-вторых, необходимые требования к их служению были связаны с их духовным характером. Как и в списке требований у Павла в 1 Тимофею 3:8–13, в Деяниях 6:3 подчеркиваются их нравственные качества: надо было выбрать людей «изведанных, исполненных Святого Духа и мудрости». В-третьих, эти требования предполагают, что их роль включала не только организацию распределения пищи и его осуществление. Им было поручено разрешить конфликт, в котором они, несомненно, дали много библейских наставлений, реагируя на жалобы тех, кем пренебрегли. Оказывая физическую помощь членам общины, они также должны были проявлять чуткость к духовному состоянию людей, которым они служили. Это должно характеризовать любого, кто служит дьяконом.

ТРЕБОВАНИЯ

Что касается духовных требований, основное различие между дьяконами и пресвитерами состоит в том, что пресвитеры должны быть способны учить (1 Тим. 3:2), а для дьяконов нет такого условия. Тем не менее дьяконы вносят вклад

---

[14] Синодальный перевод упоминает «Филиппа благовестника, одного из семи диаконов» (Деян. 21:8), но слова «диаконов» нет в оригинале. — *Примеч. ред.*

[15] Можно также отметить, что несколько лет спустя, когда в Иудее случился голод и иерусалимская церковь получила помощь от антиохийской церкви, распределением пищи занимались пресвитеры, без упоминания дьяконов (Деян. 11:29–30). То, что люди, избранные в Деяниях 6, не упоминаются в Деяниях 11, еще больше подтверждает вывод о том, что их роль была временной.

Таблица 9.2: Требования к пресвитерам и дьяконам

Пресвитеры	Дьяконы
Непорочен (1 Тим. 3:2; Тит. 1:6)	Беспорочны (1 Тим. 3:10)
Одной жены муж (1 Тим. 3:2; Тит. 1:6)	Муж одной жены (1 Тим. 3:12)
Трезв (1 Тим. 3:2)	Трезвы [диакониссы] (1 Тим. 3:11)
Целомудрен и воздержан (1 Тим. 3:2; Тит. 1:8)	
Благочинен, честен (1 Тим. 3:2)	Честны (1 Тим. 3:8)
Страннолюбив (1 Тим. 3:2; Тит. 1:8)	
Держащийся истинного слова (Тит. 1:9)	Хранящие таинство веры в чистой совести (1 Тим. 3:9)
Учителен (1 Тим. 3:2); силен наставлять в здравом учении и противящихся обличать (Тит. 1:9)	
Не пьяница (1 Тим. 3:3; Тит. 1:7)	Не пристрастны к вину (1 Тим. 3:8)
Не бийца, но тих, миролюбив (1 Тим. 3:3; Тит. 1:7)	
Не сварлив, не гневлив (1 Тим. 3:3; Тит. 1:7)	
Не корыстолюбив, не сребролюбив (1 Тим. 3:3; Тит. 1:7)	Не корыстолюбивы (1 Тим. 3:8)
Хорошо управляющий домом своим (1 Тим. 3:4)	Хорошо управляющий домом своим (1 Тим. 3:12)
Детей содержащий в послушании со всякою честностью (1 Тим. 3:4); детей имеет верных, не укоряемых в распутстве или непокорности (Тит. 1:6)	Хорошо управляющий детьми (1 Тим. 3:12)
Непорочен как Божий домостроитель (Тит. 1:7)	Верны во всем [диакониссы] (1 Тим. 3:11)
Не из новообращенных, чтобы не возгордился (1 Тим. 3:6); не дерзок (Тит. 1:7)	Прежде служения надо испытывать (1 Тим. 3:10)
Доброе свидетельство от внешних (1 Тим. 3:7)	(Подразумевается в 1 Тим. 3:8)
Любящий добро (Тит. 1:8)	
Справедлив (Тит. 1:8)	(Подразумевается в 1 Тим. 3:10)
Благочестив (Тит. 1:8)	(Подразумевается в 1 Тим. 3:10)
	Не двоязычны (1 Тим. 3:8)
	Не клеветницы [диакониссы] (1 Тим. 3:11)

в учительное служение пресвитеров, помогая им в решении других задач и тем самым освобождая их для служения Слова. Сравнение требований для каждой должности в 1 Тимофею 3 и Титу 1 показывает близкие параллели между ними (см. таблицу 9.2).

Хотя к дьяконам предъявляются те же духовные требования, что и к пресвитерам, в церкви дьяконы выполняют другую роль. Они заботятся о стаде под надзором пресвитеров, организуя и выполняя административные и другие задачи, связанные с практическим служением. Их верное служение служит примером того духовного величия, которому Иисус дал высокую оценку, когда сказал Своим ученикам: «...кто хочет между вами быть большим, да будет вам слугою; и кто хочет между вами быть первым, да будет вам рабом; так как Сын Человеческий не для того пришел, чтобы Ему служили, но чтобы послужить и отдать душу Свою для искупления многих» (Матф. 20:26–28). Роль дьякона — это самоотверженное служение другим, пример которого в совершенстве показал Сам Христос (Флп. 2:3–7). Награда за такое служение состоит не во временном богатстве или мирской славе, но в вечных благословениях, ожидающих тех, кто верно служит своему небесному Господину (1 Тим. 3:13; см. Матф. 25:21, 23).

Библейская динамика церковной жизни

Посвященность Христу
Посвященность Писанию
Посвященность друг другу
Посвященность вечере Господней
Посвященность молитве
Результаты посвященности

Одно из наиболее показательных описаний ранней церкви содержится в Деяниях 2:41–47. Описывая первые дни иерусалимской церкви, Лука отмечает несколько ключевых признаков, характеризовавших посвященность этой замечательной общины. Как минимум пять признаков этой верной церкви служат важным прецедентом, подражать которому должны современные церкви. Эти признаки будут более подробно рассмотрены в разделе «Средства благодати в церкви» (с. 822).

Посвященность Христу

Согласно Деяниям 2:41, около трех тысяч человек ответили спасающей верой на евангелизационную проповедь Петра в день Пятидесятницы (Деян. 2:14–40). Они крестились и присоединились к церкви, демонстрируя подлинность своей веры через постоянную посвященность Христу. В Деяниях 2:42 греческий глагол, переведенный как «постоянно пребывали» (*proskartereō*), несет в себе идею стойкой преданности и неотступной привязанности. Перед лицом насмешек, отвержения и гонений эти верующие проявили мужественную любовь к Господу Иисусу и Его церкви. Они продемонстрировали неизменную верность Христу, характеризующую истинных верующих (Иоан. 15:1–4; см. Матф. 13:3–9, 21; 1 Иоан. 2:19), показав, что они — истинно Его ученики (Иоан. 8:31).

Важно отметить, даже если это очевидно, что первая церковь состояла из спасенных людей. Слишком много церквей в наше время заполнены неверующими. Некоторые даже уделяют больше внимания тому, чтобы привлекать неверующих, чем заботиться об искупленных. Но это не соответствует библейской модели. Церкви, всецело преданные Господу Иисусу, будут отличаться чистотой как в жизни, так и в учении (см. 1 Тим. 4:16), в связи с чем мир часто противится им или избегает их (см. Деян. 5:13–14). Их приоритетом будет почитать Христа, Главу церкви, снаряжая своих членов как на дело служения (Еф. 4:12), так и для благовестия погибающим в ходе своей повседневной жизни (Матф. 28:19).

Конечно, неверующие могут посещать церковные богослужения, слышать богоугодное славословие и библейскую проповедь, ведь есть надежда, что они будут обличены и покаются (1 Кор. 14:24–25). Но цель церковного богослужения — назидать и снаряжать святых, когда они собираются для совместного поклонения через общее пение, молитву, проповедь Божьего Слова и соблюдение установлений. Кроме того, любая форма членства или служения в церкви ограничена верующими. Те, кто не входит в невидимую вселенскую церковь, не могут участвовать в руководстве или служении видимой поместной церкви (2 Кор. 6:14–15).

Новый Завет хвалит церкви, которые проявляют христоцентричную приверженность как нравственной, так и доктринальной чистоте. Павел пишет слова одобрения фессалоникской церкви:

> Всегда благодарим Бога за всех вас, вспоминая о вас в молитвах наших, непрестанно памятуя ваше дело веры и труд любви и терпение упования на Господа нашего Иисуса Христа пред Богом и Отцом нашим, зная избрание ваше, возлюбленные Богом братия; потому что наше благовествование у вас было не в слове только, но и в силе и во Святом Духе, и со многим удостоверением, как вы сами знаете, каковы были мы для вас между вами. И вы сделались подражателями нам и Господу, приняв слово при многих скорбях с радостью Духа Святого, так что вы стали образцом для всех верующих в Македонии и Ахаии. Ибо от вас пронеслось слово Господне не только в Македонии и Ахаии, но и во всяком месте прошла слава о вере вашей в Бога, так что нам ни о чем не нужно рассказывать. Ибо сами они сказывают о нас, какой вход имели мы к вам, и как вы обратились к Богу от идолов, чтобы служить Богу живому и истинному и ожидать с небес Сына Его, Которого Он воскресил из мертвых, Иисуса, избавляющего нас от грядущего гнева (1 Фес. 1:2–10).

Фессалоникская церковь отличалась живой верой, жертвенной любовью и твердой надеждой. Услышав проповедь Благой вести о спасении, они поверили, мужественно претерпев гонения за Христа, так что пример их верности ободрил других верующих, став мощным свидетельством для Евангелия. Это явно была община, известная посвященностью Христу.

То же самое нельзя сказать о церквях в Пергаме и Сардисе, в которых настолько доминировало влияние неверующих, что Господь строго их обличил (Откр. 2:14–16; 3:1–3). Их сближение с миром привело к разгулу идолопоклонства, безнравственности и лицемерия. Суровое предупреждение Христа этим общинам подчеркивает Его заботу о чистоте любой церкви в любом веке.

Хотя церковь должна проявлять любовь и сострадание к неверующим, она никогда не должна принимать их как часть общины, пока они не покаются и не поверят в Евангелие. По Божьему замыслу церковь представляет собой собрание искупленных верующих, которые вместе растут в святости, уподобляясь Христу. Те, кто пытается превратить церковь во что-то другое, даже во имя благовестия, делают это вопреки ясному учению Писания.

Посвященность Писанию

В Деяниях 2:42 Лука объясняет, что верующие в иерусалимской церкви «пребывали в учении апостолов». Содержание этого наставления включало разъяснение Писаний Ветхого Завета (Деян. 6:4; см. Лук. 24:44–49), учение из жизни и служения Иисуса (Иоан. 14:26; 1 Кор. 11:23–26) и новое откровение, данное Святым Духом через апостолов (Иоан. 16:12–15). Учение апостолов, записанное в Новом Завете, должно составлять основу проповеднического и учительского служения каждой церкви.

Приверженность учению апостолов необходима для духовного развития и блага всех верующих. Воздействие Слова Божьего обновляет ум (см. Рим. 12:2) через просвещающую силу Святого Духа (1 Кор. 2:10–16) и производит духовный рост (1 Пет. 2:2; 1 Тим. 4:6). Вот почему Новый Завет подчеркивает важность чтения и объяснения Писания (1 Тим. 4:13), призывая пасторов проповедовать Слово верно и бескомпромиссно (2 Тим. 4:1–2). Павел наставлял членов церкви в Колоссах: «Слово Христово да вселяется в вас обильно, со всякою премудростью; научайте и вразумляйте друг друга псалмами, славословием и духовными песнями, во благодати воспевая в сердцах ваших Господу» (Кол. 3:16).

Церкви, пренебрегающие проповедью Божьего Слова, оставляют своих людей духовно истощенными (см. Ос. 4:6) и уязвимыми и для искушения, и для заблуждения из-за неспособности использовать «меч духовный» (Еф. 6:17). И наоборот, те, кто верно провозглашает то, чему учит Писание, прочно утверждают свои церкви в истине (см. Пс. 1:1–3; 1 Иоан. 2:12–14).

Посвященность друг другу

Далее в Деяниях 2 отмечено, что верующие в ранней церкви также пребывали «в общении» (Деян. 2:42). Эти первые христиане отличались жертвенной посвященностью и постоянной преданностью другим членам Тела Христова. Термин «общение» (греч. *koinōnia*) означает «общность» или «сотрудничество». Каждый верующий находится в постоянном общении с Господом Иисусом Христом через веру в Него (Иоан. 17:21; 1 Кор. 1:9). Как следствие, верующие также пребывают в общении друг с другом (1 Иоан. 1:3). Это общение проявляется в том, что они с любовью служат своим собратьям по вере и побуждают их к любви и добрым делам. Верующий также выражает это общение в стремлении быть активным членом поместной общины. Поэтому автор Послания к евреям пишет: «Будем внимательны друг ко другу, поощряя к любви и добрым делам. Не будем оставлять собрания своего, как есть у некоторых обычай; но будем увещевать друг друга, и тем более, чем более усматриваете приближение дня оного» (Евр. 10:24–25). Как показывают эти слова, христианская жизнь должна проходить не в изоляции, а в постоянном общении с Христом и Его народом. Как каждый член поместной церкви должен быть частью вселенской церкви, так и каждый член вселенской церкви должен быть верным, активным членом поместной общины.

Посвященность вечере Господней

Согласно Деяниям 2:42, первая церковь также пребывала в «преломлении хлеба», то есть совершала вечерю Господню. Сам Иисус повелел Своим ученикам регулярно вспоминать Его смерть (1 Кор. 11:24–29), чтобы напоминать себе о спасении, полученном благодаря Его единократной жертве (см. 1 Пет. 3:18; Евр. 9:26, 28). Причастие символизирует союз верующего с Христом (см. Рим. 6:5) и единство верующих между собой (см. Еф. 4:5). Павел объясняет: «Чаша благословения, которую благословляем, не есть ли приобщение крови Христовой? Хлеб, который преломляем, не есть ли приобщение Тела Христова? Один хлеб, и мы многие одно тело; ибо все причащаемся от одного хлеба» (1 Кор. 10:16–17).

Празднование вечери Господней также побуждает верующих исследовать свои сердца, исповедуя любой известный грех и раскаиваясь в нем. Это действует как очищающее влияние в церкви, когда верующие размышляют о кресте и оставляют свой грех. Те, кто участвует в вечере Господней недостойно, навлекают на себя наказание от Господа (1 Кор. 11:27–32).

Посвященность молитве

Наконец, в Деяниях 2:42 говорится, что ранняя церковь пребывала «в молитвах». Признавая необходимость божественной мудрости и помощи (см. Иоан. 14:13–14; Иак. 1:5), эти верующие отличались неустанной преданностью совместной молитве (см. Деян. 1:14, 24; 4:24–31). Этот же приоритет и сегодня должен отличать церковь, когда верующие полагаются на провиденциальную заботу и суверенную власть Бога. Общины, которые не общаются с Господом в молитве, неизбежно будут духовно слабыми и вялыми. Новый Завет неоднократно призывает верующих молиться горячо и постоянно (Лук. 18:1; Рим. 12:12; Еф. 6:18; Кол. 4:2; 1 Фес. 5:17).

Результаты посвященности

Церковь в Деяниях 2:42 понимала, что правильные приоритеты крайне важны. Верующие были посвящены Христу, Его Слову, Его народу, воспоминанию Его смерти и молитве. Эти уникальные проявления жизни первой церкви должны быть отличительными чертами каждой церкви. Это некоторые из тех средств, с помощью которых Бог формирует церковь и делает ее такой, какой хочет видеть.

В следующих стихах Лука описывает результаты той посвященности, которую проявили эти верующие I века. Он пишет:

Был же страх на всякой душе; и много чудес и знамений совершилось через апостолов в Иерусалиме. Все же верующие были вместе и имели все общее. И продавали имения и всякую собственность, и разделяли всем, смотря по нужде каждого. И каждый день единодушно пребывали в храме и, преломляя по домам хлеб, принимали пищу в веселии и простоте сердца, хваля Бога и находясь в любви у всего народа. Господь же ежедневно прилагал спасаемых к церкви (Деян. 2:43–47).

Когда Бог действовал через эту общину верующих, они испытывали чувство благоговейного страха, будучи свидетелями чудес и знамений, совершаемых апостолами (Деян. 2:43). Их община также отличалась жертвенностью и бескорыстной щедростью (Деян. 2:44–45). Следует отметить, что хотя они с радостью продавали свое имущество для удовлетворения потребностей других, ранняя церковь не практиковала коммунизм или общинную жизнь. Глаголы «продавали» и «разделяли» стоят во времени имперфект, а это показывает, что действия были продолжающимися, то есть верующие продавали личное имущество в ответ на побуждение Духа по мере необходимости (см. 1 Кор. 16:1–2). Более того, из Деяний 2:46 становится ясно, что у этих верующих были свои дома. Позже в книге Деяний говорится, что личное имущество продавали только на добровольной основе (Деян. 5:4; см. 2 Кор. 8:13–14). Конечно, тот факт, что они были готовы расстаться со своим материальным имуществом ради служения другим (Деян. 4:34–36), показывает искренность их любви друг к другу.

Эта ранняя община также испытывала сверхъестественную радость (Деян. 2:46). Щедрость их сердечной любви друг к другу вызывала неудержимую радость, изливавшуюся в хвале Богу (Деян. 2:47). Она также расширяла их свидетельство неверующим вокруг них, которые положительно реагировали на несомненные перемены и бескорыстную добродетель, замеченные ими в жизни этих верующих. В результате еще больше людей приняли Господа Иисуса спасительной верой, так как Бог использовал свидетельство этой верной церкви, чтобы привлечь к Себе неверующих грешников (Деян. 2:47). Видя, как эти первые последователи Иисуса проявляли радостное и исполненное Духа единство, неверующие продолжали спасаться. Конечным итогом духовных устремлений и благочестивого характера ранней церкви было эффективное благовестие.

Здоровая церковь в любом веке будет отличаться теми же духовными устремлениями, что и церковь, описанная в Деяниях 2:42–47. Когда верующие посвящают себя правильным приоритетам, Дух будет производить в них характер, подобный характеру Христа (см. Рим. 5:4; 2 Кор. 3:18). Это, в свою очередь, послужит убедительным свидетельством миру о преображающей силе Евангелия — свидетельством, которое Бог может использовать, чтобы истина спасения достигла многих неверующих.

Средства благодати в церкви[16]

Слово Божье
Крещение
Вечеря Господня
Молитва
Поклонение
Общение
Церковная дисциплина

Как видно на примере иерусалимской церкви (Деян. 2), Бог использует разные средства, чтобы даровать благословение, укреплять веру и производить духовный рост в жизни Своего народа. Исторически их принято называть «средствами благодати»[17]. Это инструменты, с помощью которых Божий Дух милостиво производит возрастание верующих в уподоблении Христу, укрепляя их в вере и преображая в образ Сына (2 Кор. 3:17–18). Хотя некоторые ограничивают средства благодати проповедью Слова и совершением установлений (крещение и вечеря Господня), Новый Завет учит, что Бог способствует духовному здоровью Своего народа и другими средствами, такими как молитва, поклонение, общение и процесс церковной дисциплины. В таком смысле все это можно по праву считать средствами благодати и духовного благословения[18].

Слово Божье

Основное средство, которое Дух Божий использует, чтобы производить рост верующих в освящении,—это Его Слово. Петр объясняет своим читателям: «Итак, отложив всякую злобу и всякое коварство, и лицемерие, и зависть, и всякое злословие, как новорожденные младенцы, возлюбите чистое словесное молоко, дабы от него возрасти вам во спасение; ибо вы вкусили, что благ Господь» (1 Пет. 2:1–3). Господь Иисус подчеркивает связь между освящением верующего и Писанием в Своей первосвященнической молитве; Он просит Отца о верующих: «Освяти их истиною Твоею; слово Твое есть истина» (Иоан. 17:17). Сравнение

---

[16] Дополнительное обсуждение средств благодати в связи с освящением верующего см. «Характер прогрессирующего освящения» (с. 675) в гл. 7 «Характер прогрессирующего освящения».

[17] «Средства благодати» не следует путать с «таинствами» римского католицизма. Согласно римско-католическому богословию, к таинствам относятся крещение, миропомазание (конфирмация), покаяние, евхаристия, елеопомазание больных (соборование), рукоположение (священство) и брак. Уэйн Грудем справедливо указывает: «Разница между католическими и протестантскими взглядами заключается не только в списках действий, но и в их понимании. Католики считают, что все это—„средства спасения“, помогающие людям получить оправдание у Бога. С протестантской же точки зрения, средства обретения благодати—это лишь средства обретения дополнительных благословений в христианской жизни, не влияющие на нашу способность получить у Бога оправдание. Католики учат, что средства обретения благодати позволяют обрести благодать независимо от того, есть ли субъективная вера в служителе и прихожанине, тогда как протестанты считают, что Бог дарует благодать, только когда в совершающем некое действие и в принимающем это действие есть вера. В то время как Римско-католическая церковь ограничивается совершением таинств и дает такое право только клирикам, наш список средств обретения благодати включает в себя множество действий, совершаемых всеми верующими» (Грудем У. Систематическое богословие: Введение в библейское учение. СПб.: Мирт, 2004. С. 1073).

[18] Похожий список «средств благодати» см.: там же. С. 1072.

параллельных текстов в Ефесянам 5:18–6:9 и Колоссянам 3:16–4:1 показывает, что повеление «исполняйтесь Духом» (Еф. 5:18) равнозначно призыву «Слово Христово да вселяется в вас обильно» (Кол. 3:16). Если объединить эти два текста, то становится ясно, что верующие, питая свой разум Словом Божьим, попадают под контроль Духа (см. Рим. 8:14; Гал. 5:16–18), тем самым принося плод Духа (Гал. 5:22–23). Писание — ключевая часть всеоружия Духа против греха и искушения (Еф. 6:17; см. Матф. 4:4, 7, 10).

Святой Дух вдохновил Писание, направляя авторов-людей (2 Пет. 1:21; см. 1 Цар. 19:20; 2 Цар. 23:2; Ис. 59:21; Иез. 11:5, 24; Марк. 12:36; Иоан. 14:17, 26; 16:13–15; Деян. 1:16; 1 Пет. 1:11). И Он продолжает просвещать сердца и умы верующих, помогая им понимать и исполнять то, что Он открыл в Писании (1 Кор. 2:14–16; см. Пс. 118:18; 1 Иоан. 2:27; 2 Кор. 4:6). Дух не только вдохновил и просвещает Писание, но и оживляет его. Он придает силу проповеди Евангелия (1 Пет. 1:12), так что Слово обличает сердца и умы грешников (Евр. 4:12), совершая возрождение необращенных (см. Иак. 1:18; Еф. 5:26; Тит. 3:5). Павел повторил эту истину, сказав верующим в Фессалонике: «...наше благовествование у вас было не в слове только, но и в силе и во Святом Духе, и со многим удостоверением...» (1 Фес. 1:5). Также он писал коринфянам: «И слово мое и проповедь моя не в убедительных словах человеческой мудрости, но в явлении духа и силы, чтобы вера ваша утверждалась не на мудрости человеческой, но на силе Божией» (1 Кор. 2:4–5). Суверенная сила Святого Духа также видна в Божьем обещании: «...так и слово Мое, которое исходит из уст Моих, — оно не возвращается ко Мне тщетным, но исполняет то, что Мне угодно, и совершает то, для чего Я послал его» (Ис. 55:11).

И благовестие неверующим (Рим. 10:14–15), и назидание святых (Деян. 20:32) зависят от верного провозглашения Писания, наделенного силой Духа. Апостол Павел кратко выразил, насколько необходимо Писание, сказав Тимофею: «Все Писание богодухновенно и полезно для научения, для обличения, для исправления, для наставления в праведности, да будет совершен Божий человек, ко всякому доброму делу приготовлен» (2 Тим. 3:16–17). Все, что нужно верующим, чтобы жить праведно и свято, записано на страницах Божьего Слова. Познание Бога, открытое в Писании, — это все, что им требуется для жизни и благочестия (2 Пет. 1:3). Поэтому верующие жаждут Божьего Слова, поскольку признают, что оно питает их души (Иов. 23:12; 1 Пет. 2:2).

Для церквей крайне важно подчеркивать приоритет жизненно необходимого служения Слова, как это делали сами апостолы (Деян. 6:4). Это служение совершается главным образом через чтение, проповедь и объяснение Писания. Павел наставлял Тимофея: «Доколе не приду, занимайся чтением, наставлением, учением» (1 Тим. 4:13). Угодная Богу проповедь начинается с тщательного изучения Слова, чтобы проповедник точно толковал текст. Таков долг делателя неукоризненного, чтобы он мог верно преподавать Слово истины (2 Тим. 2:15). Тщательно изучив текст, проповедник должен провозглашать его в общине полностью, ясно и смело. Апостол Павел, подчеркнув достаточность Писания в 2 Тимофею 3:16–17, немедленно призвал своего духовного подопечного: «Итак заклинаю тебя пред Богом и Господом нашим Иисусом Христом, Который будет судить живых и мертвых в явление Его и Царствие Его: проповедуй слово, настой во время и не во время, обличай, запрещай, увещевай со всяким долготерпением и назиданием» (2 Тим. 4:1–2). Независимо от последствий или тенденций в общественном мнении, Тимофей должен был провозглашать всю истину Писания без компромиссов или уступок. Пасторы и пресвитеры сегодня имеют то же самое божественное поручение; они также несут ответственность перед Самим Богом за верное исполнение этой главной обязанности (см. Иак. 3:1).

Крещение

Своим примером и наставлением Господь Иисус дал церкви два установления, которые надо соблюдать: крещение (Матф. 3:13–17; 28:19) и вечерю Господню (Лук. 22:19–20). Слово «крестить» (греч. *baptizō*) означает «погрузить» или «окунуть». В буквальном смысле оно описывало такие действия, как погружение ткани в краситель или человека в воду. Но в Новом Завете оно также используется образно, подчеркивая тесную связь и единение между двумя людьми. Например, в 1 Коринфянам 10:2 Павел объясняет, что ветхозаветный Израиль был крещен в Моисея. Это образное использование слова подчеркивало единение израильтян со своим представителем и вождем, назначенным Богом.

КРЕЩЕНИЕ ДУХОМ

В бесконечно более глубоком смысле Новый Завет учит, что все верующие в момент обращения погружаются во Христа Иисуса (Рим. 6:3; см. Матф. 3:11). Христос крестит их Своим Святым Духом. Благодаря этому крещению (которое полностью совершается Богом) верующие соединены со Христом (1 Кор. 6:17; 2 Кор. 5:17; Гал. 3:27) и помещены в Его Тело, церковь (1 Кор. 12:13). Именно об этой духовной реальности говорит Петр, когда пишет: «Так и нас ныне подобное сему образу крещение, не плотской нечистоты омытие, но обещание Богу доброй совести, спасает воскресением Иисуса Христа...» (1 Пет. 3:21). Этот стих ясно говорит, что спасает не внешнее действие воды («плотской нечистоты омытие»), а происходящее внутри («обещание Богу доброй совести»), что возможно только через веру в смерть и воскресение Иисуса Христа (см. Рим. 10:9–10; Евр. 9:14; 10:22).

Крещение Духом происходит только один раз, в момент спасения, и к нему не следует стремиться как к вторичному опыту, следующему за обращением. Единственное крещение Духом происходит при обращении, когда верующий рождается свыше и помещается в сферу освящающей силы и постоянного присутствия Духа. Павел пишет: «Ибо все мы одним Духом крестились в одно тело, иудеи или еллины, рабы или свободные, и все напоены одним Духом» (1 Кор. 12:13). Здесь Павел подчеркивает единство и равенство, которым обладают верующие, поскольку Христос Своим Духом всех их поместил в церковь. Те, кто сегодня настаивает, что крещение Духом — это вторичный опыт, отделяющий духовную элиту от обычных христиан, переворачивают этот стих с ног на голову. В отличие от таких ошибочных представлений новозаветные послания ясно говорят, что все верующие получают Святого Духа во всей полноте в момент спасения (см. Рим. 6:3, 5; Гал. 3:27; Еф. 2:18).

Некоторые обращаются к книге Деяний, чтобы подтвердить мнение, что верующие должны искать крещения Святым Духом после обращения. Однако при этом они не учитывают переходный характер событий, описанных в Деяниях. Комментируя 1 Коринфянам 12:13, Мак-Артур объясняет:

> Писание не содержит повеления, предложения или метода, указывающего, как искать или получить крещение [Духом]. С какой стати искать то, чем вы уже обладаете? ...Особые события этого промежуточного, переходного периода истории церкви [ожидания в книге Деяний получить крещение Духом] не представляют собой нормы. Они произошли, чтобы показать всем, что Тело Христово едино (Деян. 11:15–17)[19].

КРЕЩЕНИЕ КАК СИМВОЛ ДЛЯ ВЕРУЮЩИХ

Чтобы выразить эту внутреннюю реальность спасения, Новый Завет призывает верующих креститься в воде для публичного свидетельства о своей вере в Господа Иисуса и единении с Ним. Таким образом, водное крещение — это внешнее, следующее за обращением выражение той внутренней перемены, которая уже произошла при обращении. Иоанново крещение символизировало покаяние от греха и обращение к Богу (Матф. 3:6; см. Деян. 19:4–5). Во Христе крещение не только означает отвращение от греха, но и служит публичным утверждением о соединении со Христом в Его смерти, погребении и воскресении.

Писание представляет крещение как первый шаг послушания для верующих после принятия Господа Иисуса спасающей верой. Хотя крещение не спасает, его повелел Сам Христос (Матф. 28:19). Те, кто не желает публично исповедовать своего Господа и Спасителя через крещение, живут в непослушании и потому ставят подлинность своей веры под сомнение, так как не желают подчиняться (см. Матф. 10:32–33).

Правильная форма крещения — это погружение, о чем свидетельствует греческое слово *baptizō*. Погружение также служит символом погребения и воскресения, показывая духовную реальность, что верующие умерли для греха и воскресли со Христом (см. Рим. 6:4, 10).

Хотя практика крещения младенцев существует на протяжении истории церкви, она не имеет поддержки в Новом Завете, поскольку спасающая вера предшествует крещению, а не наоборот. В Писании говорится только о крещении верующих[20]. Новозаветное определение крещения, по сути, требует,

---

[19] Мак-Артур Д. Толкование книг Нового Завета: 1-е Послание к коринфянам. Б. м.: Славян. еванг. о-во, 2005. С. 355.

[20] Аргументы в пользу крещения младенцев из текстов о «домашних» в Деяниях 10:34–48; 11:14; 16:11–15 и 1 Коринфянам 1:4–16 неубедительны. Там не упомянуты ни младенцы, ни дети (так что это аргумент от молчания), и при этом ясно, что в каждом случае крестили тех, кто сначала услышал Евангелие и уверовал.

чтобы внутренние события покаяния и веры предшествовали внешнему символу. В Деяниях 2:38 призыв креститься обращен только к тем, кто поверил и покаялся. Согласно Колоссянам 2:12, те, кто крестился во Христа (духовная реальность, представленная водным крещением), «в Нем... совоскресли верою». В 1 Петра 3:21 говорится, что крещение символизирует «обещание Богу доброй совести». Однако ни одну из этих реалий: покаяние, веру или сознательное обещание Богу доброй совести—младенец не может продемонстрировать[21]. Поэтому практику крещения младенцев (или детокрещения) следует отвергнуть. Крещение верующих (или крещение по вере), видимо, преобладало в ранней церкви по меньшей мере до III века, когда в дошедшей до нас христианской литературе того времени стало чаще упоминаться детокрещение[22].

КРЕЩЕНИЕ И СПАСЕНИЕ

Важно отметить, что водное крещение не играет роли в деле спасения. Но это просто символ союза верующего с Христом и крещения Духом. Разбойник на кресте—убедительный пример того, кто был спасен, хотя и не был крещен. (Лук. 23:40–43). Подобным образом Корнилий явно был спасен и получил Святого Духа, прежде чем был крещен в воде (Деян. 10:44–48). Апостол Павел мог сказать коринфянам: «Благодарю Бога, что я никого из вас не крестил, кроме Криспа и Гаия, дабы не сказал кто, что я крестил в мое имя. <...> Ибо Христос послал меня не крестить, а благовествовать, не в премудрости слова, чтобы не упразднить креста Христова» (1 Кор. 1:14–17). Павел никогда бы не сделал такого заявления, если бы водное крещение было необходимо для спасения. Этот вывод подтверждается позже в этом же послании, когда апостол перечисляет основы Евангелия и не упоминает там о крещении (1 Кор. 15:1–4).

Кроме того, в Марка 16:16 (хотя этого текста, видимо, не было в оригинале) написано, что Иисус сказал Своим ученикам: «Кто будет веровать и креститься, спасен будет; а кто не будет веровать, осужден будет». Не касаясь спора о подлинности этого текста[23], очевидно, что первая половина этого стиха подчеркивает тесную связь между спасающей верой и последующим внешним выражением единства верующего со Христом в водном крещении. Однако, как ясно показывает вторая половина стиха, грешники осуждаются за неверие, а не за отсутствие крещения. Во всем Писании неоднократно говорится, что божественное прощение дается на основании Божьей благодати, получаемой

---

[21] Более подробное объяснение этих и других текстов см. краткий ответ на детокрещение в книге Джон Пайпера «Братья, мы не профессионалы» (Здолбунов, «Левит», 2019. С. 171–179). Как отмечает Пайпер, обрезание было символом старого завета, заключаемого при физическом рождении. А водное крещение является символом нового—заключаемого при духовном рождении. Поэтому крещение должно преподаваться только тем, кто пережил духовное рождение.

[22] Подробное обсуждение этого см.: Everett Ferguson, *Baptism in the Early Church: History, Theology, and Liturgy in the First Five Centuries* (Grand Rapids, MI: Eerdmans, 2009). См. также: Hendrick Stander and Johannes Louw, *Baptism in the Early Church*, rev. ed. (Leeds: Carey, 2004).

[23] Подробное обсуждение подлинности текста Марка 16:9–20 см.: John MacArthur, *Mark 9–16*, MNTC (Chicago: Moody Publishers, 2015), 407–418.

только через покаянную веру (Деян. 3:19; 5:31; 26:20; Рим. 3:28; 4:4–5; Еф. 2:8–9), что исключает последующее водное крещение как необходимое условие для спасения.

Несмотря на ясность Писания относительно того, что необходимо для спасения (Деян. 16:30–31), некоторые ошибочно утверждают, что водное крещение на самом деле служит средством спасения, а не просто его внешней демонстрацией. Смешивая символ водного крещения с реальностью Божьей благодати в спасении, они устраняют ее, добавляя дела к Евангелию (см. Рим. 11:6).

Те, кто учит, что крещение дает спасение (взгляд, известный как «возрождение через крещение»), часто ссылаются на слова Петра в день Пятидесятницы[24]. Там он сказал своим слушателям: «Покайтесь, и да крестится каждый из вас во имя Иисуса Христа для прощения грехов; и получите дар Святого Духа» (Деян. 2:38). Но утверждение, что Петр ставил спасение в зависимость от крещения, не только противоречит всему учению Писания, что спасение дается только верой (см. Иоан. 1:12; 3:16; Деян. 16:31; Рим. 3:21–30; 4:5; 10:9–10; Гал. 2:16; Флп. 3:9), но также игнорирует ближайший контекст проповеди Петра. Еврейские слушатели, к которым обращался Петр, рисковали подвергнуться публичным насмешкам и отвержению, если бы они заявили о своем единстве со Христом (см. Иоан. 9:22; 12:42–43). Поэтому Петр призвал их продемонстрировать подлинность своего покаяния, публично признав Господа Иисуса через крещение. Подобным образом Иисус призвал богатого молодого начальника продемонстрировать искренность своего покаяния, раздав свое богатство (Лук. 18:18–27). Однако никто не стал бы заключать из этого текста, что добровольная нищета необходима для спасения. Божья благодать не обусловлена ни водой, ни богатством. Но истинное покаяние всегда будет проявляться в послушании воле Господа.

Лексически греческий предлог *eis*, переведенный «для», может означать «с целью», но он также может означать «по причине» или «по поводу»[25]. Пример этого второго значения встречается в Матфея 12:41, где Иисус объясняет, что ниневитяне покаялись от проповеди Ионы. Поэтому, когда Петр сказал: «...да крестится... для [*eis*] прощения грехов...», предлог «для» следовало бы правильно перевести «по причине». Петр призывал к водному крещению «по причине»

[24] Еще один популярный текст, цитируемый в поддержку возрождения через крещение—это Деяния 22:16. Однако такое толкование противоречит ясному учению Павла о Евангелии благодати через веру, изложенному в его посланиях (см. Рим. 3:24, 24–26, 28, 30; 4:5; 10:9–10; Гал. 2:16; Еф. 2:8–9; Флп. 3:9; Тит. 3:4–7). Оно также игнорирует грамматику стиха: «Фразу „омой грехи твои" следует связывать с фразой „призвав имя Господа Иисуса", поскольку связывание ее со словом „крестись" оставляет причастие *epikalesamenos* („призвав") без антецедента. Грехи Павла были омыты не крещением, а призванием имени Господа (см. Рим. 10:13). Буквальный перевод этого стиха гласит: „Поднимись, крестись, омой грехи свои, призвав имя Его". Оба требования указывают на то, что Павел уже призвал имя Господа, что является действием, которое дает спасение. Крещение и омытие грехов следует за этим» (Мак-Артур Д. Толкование книг Нового Завета: Деяния. СПб.: Библия для всех, 2019. С. 495). Библейские цитаты, выделенные жирным шрифтом в оригинале, поставлены в кавычки.

[25] A. T. Robertson, *Word Pictures in the New Testament* (1930; repr., Grand Rapids, MI: Baker, 1982), 3:35–36; H. E. Dana and J. R. Mantey, *A Manual Grammar of the Greek New Testament* (Toronto: Macmillan, 1957), 104.

прощения грехов, а не для их прощения. Как ясно видно во всей книге Деяний, крещение идет после прощения, а не наоборот (см. Деян. 8:12, 34–39; 10:34–48; 16:31–33). Каждый верующий имеет полное прощение грехов с момента обращения (см. Матф. 26:28; Лук. 24:47; 1 Иоан. 2:12; Еф. 1:7; Кол. 2:13). Водное крещение — это просто внешнее выражение того, что уже произошло в сердце благодаря возрождающей силе Святого Духа.

Хотя крещение не дает спасения, оно тесно с ним связано (см. Еф. 4:5). В книге Деяний уверовавшие сразу крестились (Деян. 2:41; 8:38; 9:18; 10:48; 18:8; 19:1–5), и из этого видно, что крещение всегда должно следовать за искренним исповеданием веры[26]. Верующих следует крестить «во имя Отца и Сына и Святого Духа» (Матф. 28:19). Это не сакраментальная формула, а исчерпывающее признание союза верующих с триединым Богом через веру во Христа.

Вечеря Господня

Второе установление, которое церковь должна соблюдать, — это вечеря Господня. В отличие от крещения, которое совершается один раз после обращения, вечерю Господню следует совершать многократно на протяжении всей христианской жизни.

ПРЕДПОСЫЛКИ И ПРАКТИКА

В ночь перед Своей смертью Господь Иисус совершил последнюю пасхальную трапезу со Своими учениками, превратив ее в событие бесконечно большей важности. Ветхозаветная Пасха знаменовала освобождение Израиля из египетского рабства (Исх. 12:1–14), а вечеря Господня указывает на окончательное избавление народа Божьего от рабства греху и смерти. Пасха напоминала о временном спасении от физического рабства, а вечеря Господня напоминает о вечном духовном освобождении, совершенном через новый завет. Ягнята, которых закалывали во время Пасхи, были просто предвестниками жертвы безупречного Агнца Божьего, Который умер на кресте, чтобы раз и навсегда искупить грешников (1 Пет. 1:18–19; см. Евр. 9:25–26).

Причастие совершалось в церкви с момента ее возникновения в день Пятидесятницы (Деян. 2:42). Ранняя церковь также проводила совместные трапезы, называвшиеся вечерями любви (Иуд. 12), которые обычно заканчивались совершением вечери Господней. Эти трапезы предназначались для того, чтобы способствовать общению и взаимной заботе среди членов церкви. Однако некоторые использовали их как повод для лицеприятия и пьянства (1 Кор. 11:18, 21; см. 2 Пет. 2:13). Совмещая такое поведение с вечерей Господней, они оскверняли это святое установление. Именно в связи с этим Павел так строго предупреждал:

---

[26] Подлинность исповедания веры маленького ребенка, возможно, будет трудно определить. В таких случаях часто бывает целесообразно отложить крещение, пока не станет ясно, что ребенок в достаточной степени понимает веру, покаяние и истины Евангелия.

Посему, кто будет есть хлеб сей или пить чашу Господню недостойно, виновен будет против Тела и крови Господней. Да испытывает же себя человек, и таким образом пусть ест от хлеба сего и пьет из чаши сей. Ибо, кто ест и пьет недостойно, тот ест и пьет осуждение себе, не рассуждая о Теле Господнем. От того многие из вас немощны и больны и немало умирает. Ибо если бы мы судили сами себя, то не были бы судимы. Будучи же судимы, наказываемся от Господа, чтобы не быть осужденными с миром (1 Кор. 11:27—32).

Хотя всегда следует стремиться к святости (1 Пет. 1:15—17), вечеря Господня — это возможность внимательно исследовать свои сердца, исповедуя любой известный грех и каясь перед Господом. Те, кто участвует в причастии, не раскаиваясь в известном грехе, оскверняют это событие и навлекают Божье наказание.

Ранее в той же главе Павел объясняет само установление. Он пишет:

Ибо я от Самого Господа принял то, что и вам передал, что Господь Иисус в ту ночь, в которую предан был, взял хлеб и, возблагодарив, преломил и сказал: приимите, ядите, сие есть Тело Мое, за вас ломимое; сие творите в Мое воспоминание. Также и чашу после вечери, и сказал: сия чаша есть новый завет в Моей крови; сие творите, когда только будете пить, в Мое воспоминание. Ибо всякий раз, когда вы едите хлеб сей и пьете чашу сию, смерть Господню возвещаете, доколе Он придет (1 Кор. 11:23—26).

Так как 1 Коринфянам, возможно, было написано раньше четырех Евангелий, эти слова Павла могут быть самым ранним описанием последней пасхальной трапезы нашего Господа.

Во время традиционной пасхальной трапезы по кругу передавали четыре чаши вина. После первой чаши ели горькие травы, макая их во фруктовый соус, и слушали наставление, объясняющее смысл Пасхи. Затем пели первую часть Халлеля (состоящего из Псалмов 112—117; Халлель на древнееврейском означает «хвала»). После второй чаши разламывали и раздавали пресный хлеб. Должно быть, именно в этот момент Иисус, «взяв хлеб и благодарив, преломил и подал им, говоря: „Сие есть тело Мое, которое за вас предается; сие творите в Мое воспоминание“» (Лук. 22:19). «Благодарив» — это перевод формы причастия греческого глагола *eucharisteō*, транслитерацией которого образовали слово «евхаристия» — название, исторически обозначавшее причастие.

После преломления хлеба на Пасху ели испеченного ягненка. Затем молились, передавали третью чашу и пели оставшуюся часть Халлеля. Именно третью чашу Иисус сделал чашей причастия. Лука пишет: «[Иисус взял] также и чашу после вечери, говоря: „Сия чаша есть Новый Завет в Моей крови, которая за вас проливается“» (Лук. 22:20). Четвертую, последнюю чашу Пасхи, указывавшую на грядущее царство, передавали в самом конце.

ВЗГЛЯДЫ НА СМЫСЛ ПРИЧАСТИЯ

Иисус повторил Свое повеление: «Сие творите в Мое воспоминание», указывая на то, что вечерю Господню обязательно нужно совершать. Каждый верующий должен регулярно принимать в ней участие, а ее длительное отсутствие—это грех. Иисус установил вечерю как постоянное напоминание для Своих последователей, чтобы они могли снова и снова размышлять о вечном значении Его смерти. Более того, когда верующие совершают вечерю Господню, они приобщаются к воскресшему Христу, Который обитает в них и духовно присутствует среди Своего народа (1 Кор. 10:16). Хотя некоторые утверждают, что хлеб и чаша превращаются в реальные тело и кровь Иисуса, которые снова приносятся в жертву, такое представление сильно искажает слова Христа, выходя за рамки вложенного в них смысла. Хлеб и чаша—это символы, выбранные Самим Господом как указание на Его искупительную смерть, чтобы увековечить память о ней. Совершать причастие не значит снова приносить жертву, что подрывало бы искупление; но это значит радоваться единократной жертве Господа Иисуса (см. 1 Пет. 3:18; Рим. 6:10; Евр. 9:26—28).

В истории церкви можно выделить четыре основных взгляда на вечерю Господню: римско-католический взгляд пресуществления, лютеранский взгляд восуществления или реального присутствия, реформатский взгляд, подчеркивающий духовное присутствие Христа, и цвинглианский взгляд, что это обряд воспоминания[27]. Католический взгляд подразумевает, что по своей сущности элементы причастия превращаются в физическое тело и кровь Христа, когда священник произносит благословение. Следовательно, католическая евхаристия считается реальным жертвоприношением. Но этот взгляд на причастие должен быть отвергнут как минимум по двум причинам. Во-первых, он не признает символического значения заявлений Христа: «Сие есть тело Мое» и «Сие есть кровь Моя» (Матф. 26:26—28). Когда Иисус сказал: «Я есмь хлеб жизни» (Иоан. 6:35; стих, который католики часто используют в поддержку своего понимания евхаристии), эти слова следует толковать так же, как и другие высказывания «Я есмь», такие как «Я свет миру» (Иоан. 8:12), «Я есмь дверь» (Иоан. 10:9), «Я есмь Пастырь добрый» (Иоан. 10:11) и «Я есмь истинная виноградная лоза» (Иоан. 15:1). Эти метафорические выражения наглядно демонстрируют глубокие истины Евангелия, но их нельзя трактовать с «дубовым» буквализмом. Во-вторых, считая евхаристию повторяющимся или постоянным жертвоприношением, католическая точка зрения противоречит тому, что смерть Христа на кресте была единократной жертвой (1 Пет. 3:18; Рим. 6:10; Евр. 9:28; 10:10), полностью завершенной на Голгофе (Иоан. 19:30)[28].

Хотя Мартин Лютер отверг римско-католический взгляд пресуществления и идею, что евхаристия—это жертва умилостивления, он все же утверждал, что тело и кровь Христа реально присутствуют «в» дарах причастия, «с и за» ними. Этот взгляд, называемый восуществлением или реальным присутствием, смягчает римско-католическую позицию. Хотя утверждение Лютера о «реальном

---

[27] Более подробный исторический обзор причастия см.: Эриксон. Христианское богословие. С. 941—945.

[28] Подробнее об этом см. «Совершенная достаточность искупления» (с. 568) в гл. 7 «Спасение».

присутствии» Христа явно предпочтительнее, чем католическая точка зрения, оно так же игнорирует символический характер слов Иисуса.

Другие реформаторы, такие как Ульрих Цвингли и Жан Кальвин, больше дистанцировались от римско-католической позиции, чем Лютер. Для Цвингли вечеря Господня была главным образом воспоминанием, свидетельствующим о крестном подвиге Христа. То, что Иисус задумал вечерю как напоминание, ясно из Его повеления: «…сие творите в Мое *воспоминание*» (1 Кор. 11:24–25). Помимо влияния на реформатскую традицию, позиция Цвингли была принята рядом анабаптистских групп. Жан Кальвин учил, что хотя Христос физически не присутствует в причастии, тем не менее Он присутствует духовно. Хотя Кальвин подчеркивал этот момент больше, чем Цвингли, его взгляды необязательно исключали взгляды Цвингли. Так что когда в 1549 году Кальвин встретился с Генрихом Буллингером (преемником Цвингли в Цюрихе), они согласились, что их взгляды на природу причастия в целом были схожи.

С одной стороны, не будет ошибкой говорить, что Господь Иисус духовно присутствует среди Своего народа во время причастия, поскольку духовно Он всегда присутствует среди верующих (Матф. 28:20; Евр. 13:5). С другой стороны, фраза «духовное присутствие» потенциально может вносить путаницу и сбивать с толку, возможно, наводя на мысли о мистических видениях, экстатических переживаниях или реальном присутствии, как в лютеранстве или даже католичестве. Рассмотрев все тексты Писания, вечерю Господню лучше всего понимать как воспоминание, укрепляющее верующих в следовании за Христом, потому что она (1) увековечивает память о заместительной жертве Иисуса (символически представленной хлебом и чашей); (2) напоминает верующим исторические события Евангелия, такие как воплощение, смерть, воскресение и вознесение Христа; (3) подталкивает верующих к покаянию в любом известном им грехе; (4) побуждает их радоваться своему искуплению от греха и спасительному союзу с Христом; (5) вдохновляет их жить в верном послушании Господу; и (6) напоминает им ожидать Его непременного возвращения.

ОЖИДАНИЕ

Причастие не только побуждает верующих вспоминать, оглядываясь назад, но и призывает их с ожиданием смотреть вперед. Поэтому Павел пишет: «Ибо всякий раз, когда вы едите хлеб сей и пьете чашу сию, смерть Господню возвещаете, доколе Он придет» (1 Кор. 11:26). Вечеря Господня напоминает, что хотя Иисус умер, Он не остался в могиле. Воскресший и вознесшийся одесную Отца, Он снова грядет. Накануне Своей смерти Он обещал ученикам: «И когда пойду и приготовлю вам место, приду опять и возьму вас к Себе, чтобы и вы были, где Я» (Иоан. 14:3). Той же ночью Он также сказал: «Истинно говорю вам: Я уже не буду пить от плода виноградного до того дня, когда буду пить новое вино в Царствии Божием» (Марк. 14:25). Совершение вечери Господней говорит о надежде на возвращение Иисуса, о радости небес и будущей славе брачной вечери Агнца (Откр. 19:9).

Молитва[29]

Хотя во многих церквях часто пренебрегают молитвой, она (как общая молитва, так и личная) представляет собой важное средство благодати, которое Бог использует, производя возрастание Своего народа в святости (см. Евр. 4:16). Павел наставлял церковь в Фессалонике: «Непрестанно молитесь» (1 Фес. 5:17). Это повеление выражает отношение сердца, которое должно характеризовать каждую общину. Повеление «молитесь» (от греч. *proseuchomai*, см. Матф. 6:5–6; Марк. 11:24; Лук. 5:16; 11:1–2; Деян. 10:9; Иак. 5:13–14, 16; Рим. 8:26; 1 Кор. 14:13–15; Еф. 6:18; Кол. 1:9; 2 Фес. 3:1) включает в себя все аспекты молитвы: зависимость, восхваление, исповедание, ходатайство, благодарение и прошение. Слово «непрестанно» говорит о постоянном образе жизни, характеризующемся молитвенным отношением, а не о нескончаемой череде слов (см. Матф. 6:7).

Прекрасным примером такой молитвы был Сам Господь Иисус, Чья усердная молитвенная жизнь описана в четырех Евангелиях (Матф. 14:23; 26:38–46; Марк. 1:35; 6:46; Лук. 9:18, 28–29; 22:41, 44; Иоан. 6:15; 8:1–2; 17:1–26). Иисус также учил учеников молиться (Матф. 6:5–14; Лук. 11:2–4) и указывал на важность неотступной молитвы в Своих притчах (Лук. 11:5–10; 18:1–8). Эту сердечную приверженность молитве проявляла ранняя церковь (Деян. 2:42; см. 1:14; 4:23–31; 12:11–16), в том числе апостолы, считавшие ее своим приоритетом наряду со служением Слова (Деян. 6:4). Служение Павла также характеризовалось постоянным молитвенным отношением (см. Рим. 12:12; Еф. 6:18–19; Флп. 4:6; Кол. 4:2; 2 Фес. 3:1; 1 Тим. 2:8).

Молитва, чтящая Бога, обусловлена рядом факторов, таких как стремление общаться с Господом и прославлять Его (Пс. 26:4; 41:2–3; 62:2–3; 83:2–3; см. Иоан. 14:13–14), упование на Бога и Его заботу (Матф. 6:11; см. Лук. 11:9–13; 1 Иоан. 5:14–15), потребность в небесной мудрости среди испытаний (Иак. 1:5; см. Матф. 6:13; 1 Кор. 10:13), мольба об избавлении от бед (см. Пс. 19:2; Ион. 2:2–3), стремление получить облегчение от страха и тревоги (Флп. 4:6–7; см. Пс. 4:2), желание выразить благодарность Богу за Его доброту (Пс. 43:2–5; Флп. 1:3–5), необходимость исповедовать грех (Пс. 31:5; Прит. 28:13; 1 Иоан. 1:9), стремление увидеть спасение неверующих (1 Тим. 2:1–4; см. Матф. 9:37–38; Рим. 10:1) и желание духовного роста как для себя, так и для других христиан. Желание апостола Павла видеть возрастание верующих в уподоблении Христу было главным побуждением его молитвенной жизни. Он объясняет:

> Для сего преклоняю колени мои пред Отцом Господа нашего Иисуса Христа, от Которого именуется всякое отечество на небесах и на земле, да даст вам, по богатству славы Своей, крепко утвердиться Духом Его во внутреннем человеке, верою вселиться Христу в сердца ваши, чтобы вы, укорененные и утвержденные в любви, могли постигнуть со всеми святыми, что широта и долгота, и глубина

---

[29] Этот раздел адаптирован из: Мак-Артур Д. Толкование книг Нового Завета: 1 и 2 Фессалоникийцам. СПб.: Библия для всех, 2019. С. 138–139.

и высота, и уразуметь превосходящую разумение любовь Христову, дабы вам исполниться всею полнотою Божиею (Еф. 3:14–19; см. 1:15–19; Кол. 1:9–12).

Поклонение

Поклонение—это тема истории спасения, высшая цель, ради которой были искуплены верующие (Иоан. 4:23), и то, чем они будут вечно поглощены (Откр. 22:3–4; см. 19:1–6). Поклоняться Господу—значит воздавать Ему честь, славу, восхищение, хвалу, почтение и благоговение, причитающиеся Ему как за Его величие, так и за Его благость. Как полновластный Творец Вселенной, только триединый Бог—Отец, Сын и Святой Дух—достоин поклонения (см. Ис. 42:8; 48:11; Матф. 4:10; Откр. 14:7). Поклонение ангелам, святым или мнимым божествам, а также их почитание—это идолопоклонство, что строго запрещено в Писании (Исх. 20:3–5; см. Кол. 2:18; Откр. 19:10; 22:9). Это непростительный отказ поклоняться истинному Богу, навлекающий Его суд на невозрожденный мир (Рим. 1:18–32).

Истинное поклонение должно начинаться в сердце и уме поклонника. Поэтому его нельзя приравнивать к хорошо спланированным служениям, украшенным зданиям, красноречивым молитвам или красивой музыке. Это может быть внешним проявлением подлинного поклонения, но Бог принимает только то, что исходит из искренней преданности Ему. Хотя многие связывают поклонение церкви с ее музыкальной программой, музыка—лишь одна из форм, в которых может выражаться поклонение. Есть и другие формы поклонения, такие как молитва, выражение хвалы и благодарности (Евр. 13:15), служение другим ради Христа (Евр. 13:16; см. Флп. 4:18). Во время самого богослужения церковь объединяется в совместном поклонении, восхваляя Бога в пении, обращаясь к Нему в молитве и слушая чтение и проповедь Его Слова. Финансовые пожертвования в церковь, когда совершаются от благодарного сердца, также выражают поклонение. Павел писал коринфянам:

> ...кто сеет скупо, тот скупо и пожнет; а кто сеет щедро, тот щедро и пожнет. Каждый уделяй по расположению сердца, не с огорчением и не с принуждением; ибо доброхотно дающего любит Бог. Бог же силен обогатить вас всякою благодатью, чтобы вы, всегда и во всем имея всякое довольство, были богаты на всякое доброе дело... ...Чтобы вы всем богаты были на всякую щедрость, которая через нас производит благодарение Богу. Ибо дело служения сего не только восполняет скудость святых, но и производит во многих обильные благодарения Богу; ибо, видя опыт сего служения, они прославляют Бога за покорность исповедуемому вами Евангелию Христову и за искреннее общение с ними и со всеми, молясь за вас, по расположению к вам, за преизбыточествующую в вас благодать Божию. Благодарение Богу за неизреченный дар Его! (2 Кор. 9:6–15)

Для верующего высший акт поклонения состоит в том, чтобы принести всего себя в живую жертву Господу (см. Матф. 22:37). Поэтому Павел увещал римлян такими словами:

> Итак умоляю вас, братия, милосердием Божиим, представьте тела ваши в жертву живую, святую, благоугодную Богу, для разумного служения вашего, и не сообразуйтесь с веком сим, но преобразуйтесь обновлением ума вашего, чтобы вам познавать, что есть воля Божия, благая, угодная и совершенная (Рим. 12:1–2).

Поэтому поклонение включает гораздо больше, чем просто пение во время богослужения в церкви; это образ мыслей и образ жизни для Божьей чести и славы.

Хотя поклонение может быть эмоциональным, оно всегда должно быть основано на истине. Иисус объяснил: «Но настанет время и настало уже, когда истинные поклонники будут поклоняться Отцу в духе и истине, ибо таких поклонников Отец ищет Себе. Бог есть дух, и поклоняющиеся Ему должны поклоняться в духе и истине» (Иоан. 4:23–24; см. Флп. 3:3). Многие в церкви сегодня путают эмоциональность с поклонением. Но эмоциональные переживания, которые не определяются богословской истиной, не чтят Господа. Подлинное поклонение охватывает разум, а не обходит его (см. 1 Кор. 14:15, 19). Более того, богоугодные выражения поклонения характеризуются благопристойностью и порядком (1 Кор. 14:40). Церкви не должны способствовать бессмысленным, хаотичным или мирским действиям во имя поклонения. Такие действия не помогают, а вредят поклонению, которое чтит Бога.

Общение

Как отмечалось выше, слово «общение»—это перевод греческого термина *koinōnia*, означающего «общность» или «сотрудничество». Основанием для общения служит спасение. Поскольку верующие находятся в общении с Господом Иисусом, они также находятся в общении друг с другом. Апостол Иоанн объясняет: «…о том, что мы видели и слышали, возвещаем вам, чтобы и вы имели общение с нами: а наше общение—с Отцом и Сыном Его, Иисусом Христом» (1 Иоан. 1:3; см. 1 Кор. 6:17). Практика общения верующих (что они делают) обусловлена их положением общения во Христе (кто они в Нем). Поскольку они соединены с Господом Иисусом верой, то они соединены друг с другом любовью (см. Иоан. 13:35; 17:21).

Практика общения состоит из жертвенного служения другим членам Тела Христова (Флп. 2:1–4; см. Деян. 4:32–37). Используя метафору человеческого тела, апостол Павел объясняет, как каждый член должен вносить свой вклад в жизнь всей церкви:

> Ибо, как тело одно, но имеет многие члены, и все члены одного тела, хотя их и много, составляют одно тело,—так и Христос. Ибо все мы одним Духом крестились в одно тело, иудеи или еллины, рабы или свободные, и все напоены одним Духом.
>
> Тело же не из одного члена, но из многих. Если нога скажет: я не принадлежу к телу, потому что я не рука, то неужели она потому не принадлежит к телу? И если ухо скажет: я не принадлежу к телу, потому что я не глаз, то неужели оно

потому не принадлежит к телу? Если все тело глаз, то где слух? Если все слух, то где обоняние? Но Бог расположил члены, каждый в составе тела, как Ему было угодно. А если бы все были один член, то где было бы тело? Но теперь членов много, а тело одно.

Не может глаз сказать руке: ты мне не надобна; или также голова ногам: вы мне не нужны. Напротив, члены тела, которые кажутся слабейшими, гораздо нужнее, и которые нам кажутся менее благородными в теле, о тех более прилагаем попечения; и неблагообразные наши более благовидно покрываются, а благообразные наши не имеют в том нужды. Но Бог соразмерил тело, внушив о менее совершенном большее попечение, дабы не было разделения в теле, а все члены одинаково заботились друг о друге. Посему, страдает ли один член, страдают с ним все члены; славится ли один член, с ним радуются все члены. И вы—тело Христово, а порознь—члены (1 Кор. 12:12–27).

Это великолепная метафора, иллюстрирующая общую жизнь верующих под своим Главой Господом Иисусом. Именно такое единство, общность и совместность должны характеризовать общение в каждой церкви (Рим. 12:16). К выражениям общения относятся ученичество (Матф. 28:19–20; 2 Тим. 2:2), взаимная подотчетность (Гал. 6:1–2; Евр. 10:24–25) и радостное служение (1 Кор. 15:58; Еф. 4:12; Откр. 22:12). Повеления со словами «друг друга» в Новом Завете (перечислены выше на с. 792) подробнее раскрывают, как должно проявляться общение в поместной церкви (см. Иак. 5:16; 1 Пет. 1:22; 4:8–10; 5:5; 1 Иоан. 3:11, 23; 4:7, 11–12; 2 Иоан. 5; Рим. 12:10, 16; 13:8; 15:5, 7, 14; 16:16; 1 Кор. 12:25; Гал. 5:26; 6:2; Еф. 4:2, 32; 5:19; Флп. 2:3; Кол. 3:9, 13, 16; 1 Фес. 3:12; 4:9, 18; 5:11, 13, 15; 2 Фес. 1:3; Евр. 3:13; 10:24–25).

Общение верующих не только обеспечивает контекст для христианского служения, но и предлагает духовную защиту членам церкви. Христианскую жизнь следует проводить не в изоляции, а в общении с другими верующими, когда все «внимательны друг ко другу, поощряя к любви и добрым делам» (Евр. 10:24). Подобно овцам, отбившимся от стада, христиане, изолирующие себя от церкви, становятся более легкой добычей для искушения и греха. Поэтому Новый Завет наставляет верующих регулярно посещать собрания поместной церкви и участвовать в ее жизни (Евр. 10:25).

Церковная дисциплина

Хотя слово «дисциплина» может имеет негативный оттенок, мотивом для практики церковной дисциплины должно быть позитивное, заботливое желание сохранить чистоту церкви (2 Кор. 7:1; см. Деян. 5:11; 1 Кор. 5:1–13; 2 Фес. 3:6–15; 1 Тим. 1:19–20; Тит. 1:10–16) и вернуть согрешивших братьев и сестер в общение (см. Лук. 15:3–8; Иуд. 23). Церковная дисциплина никогда не должна исходить из самоправедной гордости, политических идей, стремления властвовать над людьми или намерения унизить их. Она должна совершаться под надзором пресвитеров, которые, будучи пастырями стада, искренне желают увидеть, как заблудшие овцы каются, возвращаются и восстанавливаются (см. Гал. 6:1).

Процесс церковной дисциплины описан Господом Иисусом:

> Если же согрешит против тебя брат твой, пойди и обличи его между тобою
> и им одним; если послушает тебя, то приобрел ты брата твоего; если же не
> послушает, возьми с собою еще одного или двух, дабы устами двух или трех
> свидетелей подтвердилось всякое слово; если же не послушает их, скажи церкви;
> а если и церкви не послушает, то да будет он тебе, как язычник и мытарь (Матф.
> 18:15–17).

Этот текст описывает четыре шага процесса, посредством которого церкви должны бороться с грехом среди своих членов. В первую очередь, верующие должны
обличать грех на личном уровне, подходя к согрешившему в духе кротости
и смирения. Если в ответ на личное обличение согрешающий брат раскаивается, процесс церковной дисциплины завершается. Грешника следует простить
и восстановить (Матф. 18:15). Но если он не кается, процесс переходит ко второму шагу, когда еще один или двое верующих присоединяются к обличению
согрешившего. Эти свидетели (см. Чис. 35:30; Втор. 17:6; 19:15; Иоан. 8:17; 2 Кор.
13:1; 1 Тим. 5:19; Евр. 10:28) главным образом подтверждают, что грех был совершен, а также смотрят, как виновная сторона реагирует на повторное обличение
(Матф. 18:16). Есть надежда, что дополнительного веса их обличения будет достаточно, чтобы побудить согрешившего брата к сердечной перемене.

Если он все еще отказывается покаяться после того, как ему было дано достаточно времени, процесс переходит к третьему шагу. В свете упорного ожесточения сердца согрешающего брата, свидетели должны сказать об этом церкви
(Матф. 18:17), уведомив пресвитеров, которые, в свою очередь, доносят информа-
цию до общины. Из-за публичного характера этого шага пресвитеры должны
проявить должное усердие, чтобы проверить факты, — что член церкви согрешил, был обличен и отказался покаяться, — прежде чем объявить об этом всей
общине. Оповещение церкви имеет двойную цель: напомнить другим членам
о серьезности греха (см. 1 Тим. 5:20) и побудить их обличать согрешающего
брата в надежде, что он покается и будет восстановлен.

Если после обличений брат все еще отказывается покаяться, последний шаг
церковной дисциплины состоит в том, чтобы официально исключить его из
общины. Нераскаявшийся больше не должен считаться братом, но должен быть
как «язычник и мытарь» (Матф. 18:17), то есть как посторонний, на которого
больше не распространяются привилегии и благословения членства в церкви.
Смысл не в том, чтобы покарать человека, а в том, чтобы он опомнился и покаялся (см. 2 Фес. 3:11–15). Поэтому общение с такими людьми должно сводиться
лишь к тому, чтобы увещать их и призывать к покаянию. В ранней церкви верующие не должны были даже есть вместе с теми, кто упорствовал в нераскаянном
грехе (1 Кор. 5:11; см. 2 Фес. 3:6, 14). Отлучение таких от церкви защищает чистоту
остальных членов (1 Кор. 5:6) и сохраняет свидетельство общины миру.

Такая власть применять церковную дисциплину исходит от Самого Господа
Иисуса. Сразу же после изложения процесса дисциплины Иисус объяснил:

Истинно говорю вам: что вы свяжете на земле, то будет связано на небе; и что разрешите на земле, то будет разрешено на небе. Истинно также говорю вам, что если двое из вас согласятся на земле просить о всяком деле, то, чего бы ни попросили, будет им от Отца Моего Небесного, ибо, где двое или трое собраны во имя Мое, там Я посреди них (Матф. 18:18–20).

Фразы «связано на небе» и «развязано на небе» были раввинскими выражениями, говорившими соответственно о действиях, либо запрещенных, либо разрешенных в свете Божьей истины. В этом контексте слова Господа ясны. Когда церковь следует библейской процедуре церковной дисциплины, ее вердикт находится в гармонии с открытой волей Бога. Поэтому церкви, отлучающие нераскаявшихся членов после надлежащего процесса дисциплины, могут быть уверены, что их действия получают авторитетное одобрение Бога. Следовательно, церковная дисциплина—это земное выражение святости небес.

Единство и чистота

Новозаветный акцент на общении подчеркивает библейский призыв стремиться к любви и духовному единству в церкви. Иисус сказал ученикам: «Заповедь новую даю вам, да любите друг друга; как Я возлюбил вас, так и вы да любите друг друга. По тому узнают все, что вы Мои ученики, если будете иметь любовь между собою» (Иоан. 13:34–35). В то же время указания Господа о церковной дисциплине в Матфея 18:15–20 напоминают верующим о Его желании, чтобы Его церковь была чистой как в учении, так и в практической жизни. Верующие должны сохранять оба эти качества—единство и чистоту,—рассматривая вопрос о том, как относиться к другим людям, исповедующим христианство.

С одной стороны, Новый Завет неоднократно призывает верующих жить в согласии между собой (Рим. 12:16; 15:5; Кол. 3:14). Они должны быть «единомысленны» (1 Пет. 3:8), усердно «стараясь сохранять единство духа в союзе мира» (Еф. 4:3). Верующим дано повеление любить друг друга (1 Пет. 1:22; 4:8; 1 Иоан. 3:11, 23; 4:7, 11–12; 2 Иоан. 5; Рим. 12:10; 13:8; 1 Фес. 3:12; 4:9; 2 Фес. 1:3), по примеру бескорыстия и жертвенности Христа отдавая предпочтение другим (Флп. 2:5). Поэтому Павел писал филиппийцам:

Итак, если есть какое утешение во Христе, если есть какая отрада любви, если есть какое общение духа, если есть какое милосердие и сострадательность, то дополните мою радость: имейте одни мысли, имейте ту же любовь, будьте единодушны и единомысленны; ничего не делайте по любопрению или по тщеславию, но по смиренномудрию почитайте один другого высшим себя. Не о себе только каждый заботься, но каждый и о других (Флп. 2:1–4).

Тех, кто вызывает разделения в церкви, следует обличать (см. Рим. 16:17; 1 Кор. 1:10) и применять к ним церковную дисциплину, если они не каются (Тит. 3:10–11; см. Иак. 3:14–18).

С другой стороны, Новый Завет также призывает верующих хранить истину (1 Тим. 6:20; 2 Тим. 1:14), подвизаться за чистоту веры (Иуд. 3) и вникать в свою жизнь и в учение (1 Тим. 4:16). Писание неоднократно предупреждает христиан, что надо быть бдительными против греха (1 Пет. 5:8; 1 Иоан. 2:15–17; Еф. 6:10–18) и заблуждений (2 Пет. 2:1–2; 1 Иоан. 4:1–3; 2 Тим. 3:1–9). Верующие не должны общаться с безнравственными людьми (1 Кор. 5:9; Еф. 5:11; 2 Фес. 3:6, 14) или теми, кто распространяет заблуждения (2 Иоан. 10; см. Гал. 1:8–9; Тит. 3:10). По сути, самые суровые слова осуждения в Новом Завете обращены в адрес лжеучителей, которые стремятся подорвать здравое учение и способствовать аморальному поведению (см. 2 Пет. 2:1–3). Такие распространители заблуждений осуждаются как «волки хищные» (Матф. 7:15; Деян. 20:29), псы, которые возвращаются «на свою блевотину» (2 Пет. 2:22; см. Флп. 3:2), «срамники и осквернители» (2 Пет. 2:13), «сыны проклятия» (2 Пет. 2:14), «рабы тления» (2 Пет. 2:19), свиньи, которые возвращаются «валяться в грязи» (2 Пет. 2:22), «бессловесные животные» (Иуд. 10; см. 2 Пет. 2:12), «соблазны» (Иуд. 12), «безводные облака» (Иуд. 12; см. 2 Пет. 2:17), «бесплодные деревья» (Иуд. 12), «свирепые морские волны, пенящиеся срамотами своими» (Иуд. 13), произносящие «надутые слова» (Иуд. 16).

Напротив, церковь должна быть местом, где отстаивают праведность и истину и никогда не поступаются ими. Поэтому Павел описывает «Церковь Бога живого» как «столп и утверждение истины» (1 Тим. 3:15). Ее руководители должны «наставлять в здравом учении и противящихся обличать» (Тит. 1:9). И перед лицом лжи верующие должны с помощью истины «[ниспровергать] замыслы и всякое превозношение, восстающее против познания Божия, и [пленять] всякое помышление в послушание Христу...» (2 Кор. 10:4–5).

Когда библейские призывы к единству рассматриваются наряду с повелениями о чистоте и истине, становится ясно, что единство, о котором говорит Писание, — это не поверхностное единство, закрывающее глаза на основополагающие доктринальные или нравственные вопросы. Но истинное единство зиждется на общей приверженности господству Христа и истине Его Евангелия. Новый Завет отвергает любое так называемое «единство», которое разбавляет доктринальную или нравственную чистоту. Когда верующие отделяются от отступников и лжеучителей, они не производят разделения, а следуют божественному поручению. Павел объяснял коринфянам:

> Не преклоняйтесь под чужое ярмо с неверными, ибо какое общение праведности с беззаконием? Что общего у света с тьмою? Какое согласие между Христом и Велиаром? Или какое соучастие верного с неверным? Какая совместимость храма Божия с идолами? Ибо вы храм Бога живого, как сказал Бог:
>
>> «Вселюсь в них и буду ходить в них;
>>   и буду их Богом,
>>   и они будут Моим народом.
>> И потому выйдите из среды их
>>   и отделитесь, говорит Господь,

и не прикасайтесь к нечистому;
    и Я приму вас.
И буду вам Отцом,
    и вы будете Моими сынами и дщерями,
говорит Господь Вседержитель» (2 Кор. 6:14–18).

Учитывая современную атмосферу экуменизма и политкорректности, служители церкви сталкиваются с искушением игнорировать основополагающие доктринальные отклонения и моральные извращения во имя «единства» и «любви». Однако любовь, почитающая Христа, «не радуется неправде, а сорадуется истине» (1 Кор. 13:6), и настоящее единство основано на здравом учении (см. 1 Тим. 6:3–4; 2 Тим. 4:3–4). На уровне поместной церкви это посвящение чистоте в первую очередь проявляется через верную проповедь Слова (в которой разоблачается и обличается грех) и практику церковной дисциплины (см. Матф. 18:15–20; 2 Фес. 3:6, 14). Вне контекста поместной церкви руководители церкви должны понимать, что они не могут сотрудничать с организациями или учреждениями, которые отказались от приверженности здравому учению или библейским нормам нравственности. Хотя верующие, безусловно, могут объединить свои усилия в служении с другими христианами, которые хранят и воплощают чистоту Евангелия, они не должны сотрудничать с группами или отдельными людьми, которые как-либо подрывают евангельскую истину.

Членство в церкви[30]

Определение
Библейское основание

В наши дни, когда преданность стала редкостью, не стоит удивляться, что так много верующих отводят членству в церкви столь низкий приоритет. К сожалению, довольно часто христиане переходят из церкви в церковь, никогда не оставаясь под любящим надзором пресвитеров и не посвящая себя определенной группе верующих.

Однако пренебрежение или отказ от официального членства в церкви говорит о том, что верующий неправильно понимает свою ответственность перед Телом Христовым. Это также лишает человека многих благословений и возможностей, которые вытекают из такой верности общине. Каждому христианину необходимо понимать, что значит членство в церкви и почему оно важно.

Определение

Когда человек получает спасение, он становится членом Тела Христа (1 Кор. 12:13). Поскольку он так соединен со Христом и с другими членами Тела, он имеет право стать членом поместного проявления этого Тела.

---

[30] Этот раздел адаптирован из: Grace Community Church, "Church Membership: A Grace Community Church Distinctive" (Sun Valley, CA: Grace Community Church, 2002). Использовано с разрешения Grace Community Church.

Стать членом церкви — значит официально связать себя с конкретной поместной группой верующих, объединившихся для определенных назначенных Богом целей. Эти цели включают в себя получение наставления из Слова Божьего (1 Тим. 4:13; 2 Тим. 4:2), служение друг другу и назидание друг друга через надлежащее использование духовных даров (1 Пет. 4:10–11; Рим. 12:3–8; 1 Кор. 12:4–31), участие в церковных установлениях (Лук. 22:19; Деян. 2:38–42) и провозглашение Евангелия погибающим (Матф. 28:18–20). Кроме того, становясь членом церкви, человек подчиняется попечению и авторитету пресвитеров, соответствующих библейским требованиям, которых Бог поставил в этой общине.

Библейское основание

Хотя в Писании нет явного повеления официально присоединяться к поместной церкви, библейское основание для членства в церкви ясно видно в Новом Завете. Наиболее отчетливо это показывают: (1) пример ранней церкви, (2) присутствие церковного руководства, (3) практика церковной дисциплины и (4) призыв к взаимному назиданию.

ПРИМЕР РАННЕЙ ЦЕРКВИ

В ранней церкви прийти к Христу означало прийти в церковь. Идея, что можно быть спасенным, не принадлежа к поместной церкви, чужда Новому Завету. Когда люди каялись и веровали во Христа, они крестились и присоединялись к церкви (Деян. 2:41, 47; 5:14; 16:5). Это означало не просто внутренне посвятить себя Христу, но и внешнее объединиться с другими верующими в поместную общину и пребывать в учении апостолов, в общении и преломлении хлеба и в молитвах (Деян. 2:42).

Послания Нового Завета были написаны церквям. Всего несколько посланий были адресованы отдельным лицам — 1 и 2 Тимофею, Титу и Филимону, — но они были руководителями церквей. Как показывают сами новозаветные послания, Господь ожидал, что верующие будут принадлежать к поместной общине. В Новом Завете также есть указания на то, что подобно списку вдов, имевших право на материальную поддержку (1 Тим. 5:9), могли вести и список членов, который увеличивался, когда спасалось все больше людей (см. Деян. 2:41, 47; 5:14; 16:5). И даже когда верующий переезжал в другой город, его прежняя церковь часто передавала рекомендательное письмо в его новую церковь (Деян. 18:27; Рим. 16:1; Кол. 4:10; см. 2 Кор. 3:1–2). Такие письма невозможно было бы написать, если бы эти верующие не были известны и подотчетны своим духовным руководителям.

В книге Деяний есть множество формулировок, которые могут соответствовать только понятию формального членства в церкви. Такие фразы как «все собрание» (Деян. 6:5), «церковь в Иерусалиме» (Деян. 8:1), «ученики» в Иерусалиме (Деян. 9:26), «к каждой церкви» (Деян. 14:23), «со всей церковью» (Деян. 15:22) и «пресвитеры церкви» в Ефесе (Деян. 20:17) — все они предполагают наличие признанного членства в церкви с четко определенными границами (см. также 1 Кор. 5:4; 14:23; Евр. 10:25), ведь если не знать, кто именно члены церкви, нельзя сказать, присутствует ли «вся церковь». Другими словами, знание, что собралась «вся церковь», подразумевает, что руководство знает всех, кто принадлежит к этой поместной общине, что, в свою очередь, подразумевает признанное членство.

ПРИСУТСТВИЕ ЦЕРКОВНОГО РУКОВОДСТВА

Новый Завет неизменно показывает модель, когда несколько пресвитеров руководят каждым поместным собранием верующих. Конкретные обязанности, возложенные на пресвитеров, предполагают, что под их опекой находится четко определенная группа членов церкви.

Среди прочего, эти благочестивые мужи несут ответственность за то, чтобы пасти народ Божий (Деян. 20:28; 1 Пет. 5:2), усердно трудиться среди них (1 Фес. 5:12), предстоятельствовать у них (1 Фес. 5:12; 1 Тим. 5:17) и печься об их душах (Евр. 13:17). Писание учит, что пресвитеры дадут Богу отчет за вверенных им людей (1 Пет. 5:3–4; Евр. 13:17).

Эти обязанности требуют, чтобы в поместной церкви было четкое, обоюдно признаваемое членство. Пресвитеры могут пасти людей, смотреть за ними и давать Богу отчет за их духовное благополучие только тогда, когда знают, кто входит в их стадо, а кто — нет. Пресвитеры церкви не отвечают за духовное благополучие каждого человека, который бывает в церкви или посещает ее нерегулярно. Они в первую очередь обязаны пасти тех, кто подчинился их попечению и авторитету, а это делается через членство в церкви.

Писание учит, что верующие должны подчиняться пресвитерам: «Повинуйтесь наставникам вашим и будьте покорны» (Евр. 13:17). Поэтому каждый верующий должен понимать, кто его наставники. У того, кто отказался присоединиться к поместной церкви и вверить себя попечению и авторитету пресвитеров, нет наставников. Для такого человека невозможно исполнить повеление в Евреям 13:17. Проще говоря, этот стих подразумевает, что каждый верующий знает, кому он должен повиноваться, что, в свою очередь, предполагает четко определенное членство в церкви.

ПРАКТИКА ЦЕРКОВНОЙ ДИСЦИПЛИНЫ

Как отмечалось выше, в Матфея 18:15–17 описано, как церковь должна стараться восстановить верующего, впавшего в грех, — это процесс из четырех шагов, который обычно называют церковной дисциплиной[31]. Практика церковной дисциплины в соответствии с Матфея 18 и другими текстами (1 Кор. 5:1–13; 1 Тим. 5:20; Тит. 3:10–11) предполагает, что пресвитеры церкви знают, кто их члены. Без каких-либо формальных отношений между общиной и ее руководством

---

[31] Подробнее см. «Церковная дисциплина» (с. 835).

не было бы основания для духовной подотчетности, которой требует Новый Завет. Кроме того, если при церковной дисциплине человек не раскаялся, его надо исключить именно из *членов* церкви.

ПРИЗЫВ К ВЗАИМНОМУ НАЗИДАНИЮ

Новый Завет учит, что церковь—это Тело Христово и что Бог призвал каждого члена к жизни, посвященной росту Тела. Другими словами, Писание призывает всех верующих назидать других членов, практикуя новозаветные повеления со словами «друг друга» (напр., Евр. 10:24–25) и употребляя свои духовные дары (1 Пет. 4:10–11; Рим. 12:6–8; 1 Кор. 12:4–7). Взаимное назидание может иметь место только в контексте коллективного Тела Христа. Призывы к такому служению предполагают, что верующие посвятили себя другим верующим в конкретной поместной общине. Членство в церкви—это просто внешний способ проявить эту посвященность.

Практическая приверженность поместной церкви включает в себя множество обязанностей: подавать общине пример благочестивого образа жизни, применять свои духовные дары в усердном служении, материально поддерживать дело служения, давать и принимать наставления с кротостью и любовью, и верно участвовать в совместном поклонении. Многое требуется, потому что многое стоит на кону, ведь только когда каждый верующий будет верен таким обязательствам, церковь сможет исполнить свое предназначение быть представителем Христа на земле.

Духовные дары внутри церкви

> Категории даров
> Обзор даров
> Использование даров

Немногие области учения сегодня вызывают больше споров и путаницы в церкви, чем духовные дары. Так было и в I веке, по крайней мере в Коринфе, что объясняет, почему в 1 Коринфянам 12–14 апостол Павел так подробно остановился на этом вопросе[32]. Хотя ими можно злоупотреблять и даже подделывать, духовные дары (греч. *charismata*, или «дары благодати») играют важнейшую роль в Теле Христовом. Поскольку каждый член вносит уникальный вклад в назидание всего Тела, важно понимать, что говорит Слово Божье о природе и применении духовных даров.

Не только Христос даровал церкви одаренных людей для снаряжения святых (Еф. 4:11–12), но и Его Дух дает всем верующим духовные способности назидать друг друга в церкви (1 Пет. 4:10–11; Рим. 12:5–8; 1 Кор. 12:4–31). Источник этих

---

[32] Цессационистское толкование раздела 1 Коринфянам 12–14, см.: Томас Р. О дарах духовных: Систематическое изучение 1 Коринфянам 12–14. Сакраменто: Благодать, 2006. См. также: Мак-Артур. 1-е Послание к коринфянам.

даров—триединый Бог. Павел объясняет, что от Бога исходят различные дары, причем «Дух один и тот же», «Господь один и тот же» и «Бог один и тот же» (1 Кор. 12:4–6).

Поскольку все без исключения верующие крещены Духом в момент обращения (1 Кор. 12:13), все они без исключения получают сверхъестественные дарования для служения в церкви по суверенному решению Духа (1 Кор. 12:4, 6–11). Эти духовные дары не ограничиваются избранной группой христиан. Поскольку все верующие сверхъестественно одарены, все они обязаны использовать свои дары в служении другим.

Поскольку каждый верующий уникально наделен духовными дарами для служения всему Телу Христову, тот способ, как члены церкви назидают друг друга, служит ярким свидетельством о Божьей силе для наблюдающего мира. Когда верующие используют свои дары, они также поступают подобно Христу. Как воплощенный Бог Господь Иисус обладал этими качествами в совершенной полноте. Верующие являют Его, когда используют эти дары ради Его Тела, церкви, в силе Его Духа.

Основное греческое слово, связанное с духовными дарами,—это *charisma*, что значит «дар благодати». В Новом Завете оно почти всегда обозначает Божий дар, в том числе дар спасения (Рим. 5:15–16; 6:23), незаслуженные Божьи благословения (Рим. 1:11; 11:29) и божественные способности для служения (1 Пет. 4:10; Рим. 12:6). Так как Бог дарует эти способности верующим по Своей благодати (1 Кор. 12:4, 7, 11, 18), их нельзя заслужить, приобрести или произвести. Они даются как «дары благодати» по Его божественной воле, так что верующие должны быть благодарны за тот дар, который получили.

Еще один важный греческий термин, *pneumatikos* («относящийся к Духу»), встречается в 1 Коринфянам 12:1. Это слово, буквально означающее «духовные» или «духовности», обозначает то, что имеет духовные характеристики или находится под духовным контролем. Хотя оно может описывать и людей, контекст 1 Коринфянам 12:1 показывает, что оно относится именно к духовным дарам благодати, которые Святой Дух дает верующим (см. 1 Кор. 12:4, 9, 28, 30–31; 14:1). За исключением Ефесянам 6:12, где говорится о враждебных духовных силах, это слово в Новом Завете всегда используется для обозначения того, что связано со Святым Духом. В применении к духовным дарам оно указывает, что способности, дарованные Духом, должны использоваться под Его контролем для славы Христа.

В отличие от природных способностей или талантов, которые проявляются как у верующих, так и у неверующих, духовные дары даются только в момент спасения. Святой Дух сверхъестественно наделяет ими верующих, чтобы они могли эффективно служить друг другу при Его божественной поддержке.

Все верующие уникально одарены, поэтому разнообразие их одаренности включает все необходимое, чтобы способствовать единству Тела. Как объясняет Павел в 1 Коринфянам 12:7–27, тело не могло бы правильно функционировать, если бы у всех членов была одна и та же функция. Святой Дух наделяет верующих разнообразием даров, так что когда каждый член применяет свой дар, все Тело работает продуктивно. Верующие должны верно распоряжаться дарами, которые они получили (1 Пет. 4:10), используя свою уникальную одаренность, чтобы прославлять Бога и назидать других верующих. Когда они так делают, Тело приобретает образ Главы, Господа Иисуса Христа (см. Еф. 4:11–13).

Духовные дары — это не знак престижа или привилегий, они не должны производить духовную гордость. Но они даны, чтобы верующие служили самоотверженно (Флп. 2:2–4) и смиренно (Рим. 12:3). Использование духовных даров не должно вести к проблемам или разделениям в церкви (1 Кор. 14:40).

Цель духовных даров — не назидание самого себя, а назидание других (1 Пет. 4:10; см. Еф. 4:11–12). Павел прямо говорит, что они даются «на благо общему делу» (1 Кор. 12:7, НРП). Поэтому Бог хочет, чтобы верующие использовали свои духовные дары для блага других верующих, а не сами для себя[33]. Безусловно, верующие и сами получают благословения, когда используют свою одаренность для служения другим, но это благословение — дополнительный результат, а не цель использования их даров.

Использование своего дара для назидания самого себя явно противоречит главной идее Павла в 1 Коринфянам 12–14, где он снова и снова подчеркивает приоритет любви к другим как условие для правильного использования духовных даров (1 Кор. 12:7–10; 13:1–7; 14:12, 26). Используя крайности, чтобы подчеркнуть сказанное, Павел пишет:

> Если я говорю языками человеческими и ангельскими, а любви не имею, то я — медь звенящая или кимвал звучащий. Если имею дар пророчества, и знаю все тайны, и имею всякое познание и всю веру, так что могу и горы переставлять, а не имею любви, — то я ничто. И если я раздам все имение мое и отдам тело мое на сожжение, а любви не имею, нет мне в том никакой пользы (1 Кор. 13:1–3).

Как показывают эти слова, если без любви использовать любой дар (каким бы возвышенным или ярким он ни был), это сводит его духовную ценность на нет. Но когда духовные дары используются правильно, с желанием назидать других верующих, то церковь укрепляется, Христос возвеличивается, Бог прославляется (см. 1 Кор. 12:4–27).

---

[33] Кто-то возразит, указав на 1 Коринфянам 14:4, где Павел пишет: «Кто говорит на незнакомом языке, тот назидает себя; а кто пророчествует, тот назидает церковь». Но этот стих не утверждает назидание самого себя как допустимую цель. Иначе он противоречил бы наставлениям Павла в 12–14 главах. На самом деле Павел говорит прямо противоположное. Он демонстрирует превосходство пророчества над языками, потому что пророчество сразу назидало других людей, не нуждаясь в истолковании (1 Кор. 14:5). Вот почему апостол настаивал на переводе речей на иностранных языках (14:27–28), чтобы дар языков мог выполнять свою цель назидания других (12:7). Он говорит: «Кто говорит на незнакомом языке [без истолкователя], тот назидает [лишь] себя [что нежелательно и противоречит цели духовных даров]; а кто пророчествует, тот назидает церковь. ...[Поэтому] пророчествующий превосходнее того, кто говорит языками, разве он притом будет и изъяснять, чтобы церковь получила назидание».

Категории даров

В Новом Завете есть несколько списков духовных даров (Рим. 12:6–8; 1 Кор. 12:8–10, 28–30; см. 1 Пет. 4:10–11; 1 Кор. 13:1–3, 8–9; Еф. 4:11). Поскольку эти списки неодинаковые (см. таблицу 9.3, с. 851), лучше всего трактовать их как подборки примеров (а не исчерпывающие списки) даров, которыми Господь наделяет Свой народ для служения. Апостол Петр говорит, что каждый верующий получил «дар» (1 Пет. 4:10), но эта божественная способность может быть сочетанием нескольких духовных дарований, таких как перечисленные в Римлянам 12 и 1 Коринфянам 12. Петр также разделяет их на общие категории даров говорения и даров служения (1 Пет. 4:11).

Ввиду уникальности того, как Святой Дух одаривает каждого верующего для духовного служения, слишком узкая или жесткая классификация духовных даров может оказаться неэффективной. Например, проходить письменный тест для определения одаренности (на основе таких категорий) часто бывает бесполезно, поскольку каждый верующий получает от Святого Духа уникальное сочетание способностей, составляющих его дар. Лучший способ узнать свою духовную одаренность—участвовать в служении согласно данным Богом желаниям, возможностям служить и реакции тех, к кому обращено служение. Когда верующие служат друг другу, сферы их одаренности становятся все яснее как для них самих, так и для других.

В широком смысле дары можно разделить на две основные категории: временные чудесные дары и постоянные содействующие дары. К чудесным дарам относятся апостольские дары знамений (Евр. 2:3–4; см. 2 Кор. 12:12) и дары откровения, через которые Бог дал новое откровение Своей церкви. Эти дары были ограничены апостольским веком церкви (см. обсуждение ниже). Содействующие дары, включающие дары говорения и дары служения (1 Пет. 4:10–11), по-прежнему даруются Святым Духом церкви для назидания, роста и свидетельства.

ЧУДЕСНЫЕ ДАРЫ

В критические моменты истории искупления Бог удостоверял Своих посланников, давая им возможность совершать чудесные знамения. Во время исхода из Египта и формирования Израиля Бог подтверждал роли Моисея и Иисуса Навина через сверхъестественные дела, которые Он совершал через них (Исх. 4:3–4, 30; 7:10, 12; 17:5–6; Чис. 16:46–50; И. Нав. 10:12–14). Перед лицом отступничества Израиля столетия спустя служение Илии и Елисея также было подтверждено знамениями и чудесами (3 Цар. 17:9–24; 18:41–45; 4 Цар. 1:10–12; 2:8, 14; 4:1–7, 18–41; 5:1–19; 6:6, 17).

В Новом Завете служение Иисуса Христа также подтверждалось чудесами и исцелениями (Иоан. 2:11, 23; 3:2; 4:54; 6:2, 14; 7:31; 10:37–38; 12:37; 20:30). Поэтому Иисус мог сказать неверующим религиозным вождям: «...дела, которые творю Я во имя Отца Моего, они свидетельствуют о Мне» (Иоан. 10:25; см. 5:36; 10:38; 14:11). Позже Петр напомнил об этом толпе в день Пятидесятницы, описав Иисуса как «Мужа, засвидетельствованного вам от Бога силами и чудесами и знамениями, которые Бог сотворил через Него среди вас, как и сами знаете...» (Деян. 2:22). Знамения и чудеса, которые творил Иисус, доказывали, что Он был Тем, Кем Себя называл.

Рождение церкви также было отмечено чудесными знамениями, в том числе способностью учеников свободно говорить на иностранных языках (Деян. 2:4–11). Во время Своего служения Иисус уже дал ученикам силу исцелять и изгонять бесов (Матф. 10:1, 8; Марк. 6:12–13). После Его вознесения апостолы продолжали проявлять эту сверхъестественную силу (Марк. 16:20; Деян. 2:43; 4:30; 5:12; 6:8; 8:6, 13; 14:3; 15:12). Провозглашаемая ими весть подтверждалась знамениями и чудесами, которые они совершали.

В эпоху апостолов Бог давал многим верующим необычайные дары, чтобы показать, что Он действует через только что созданную церковь. Уверовавшие из язычников (как Корнилий в Деяниях 10:46) получили тот же дар языков, что и апостолы в день Пятидесятницы (Деян. 11:17). Эта сверхъестественная способность была знамением для неверующих (и особенно для неверующего Израиля), что Евангелие истинно (1 Кор. 14:22; см. Ис. 28:11) и что его истина должна провозглашаться во всем мире (см. Матф. 28:18–20; Деян. 1:8). Другие, например, Стефан и Филипп, имели способность совершать чудеса и исцеления (Деян. 6:8; 8:5–7), публично подтверждая подлинность своего служения благовестия.

Такие необычные дары были необходимы, чтобы показать, что церковь—это действительно Божье дело, и утвердить апостолов как Божьих избранных вестников. Знамения и чудеса показали, что Сам Бог подтвердил провозглашаемое ими Евангелие. Автор Послания к евреям объясняет, говоря о Евангелии, что оно, «быв сначала проповедано Господом, в нас утвердилось слышавшими от Него, при засвидетельствовании от Бога знамениями и чудесами, и различными силами, и раздаянием Духа Святого по Его воле» (Евр. 2:3–4). Подобным образом апостол Павел объясняет, что его служение благовестия язычникам было подтверждено «силою знамений и чудес» (Рим. 15:19). А коринфянам он сказал: «Признаки апостола оказались перед вами всяким терпением, знамениями, чудесами и силами» (2 Кор. 12:12).

Этот уровень чудесного подтверждения был необходим в то время, когда церковь все еще создавалась, и канон Писания еще не был завершен. Как те, кто получил божественное откровение через Святого Духа (Иоан. 14:26; 16:12–15; см. 2 Пет. 3:15–16; 1 Фес. 2:13), апостолы и пророки закладывали доктринальный фундамент для церкви (Еф. 2:20; см. Деян. 2:42). Очевидно, что для выполнения этой задачи были необходимы дары откровения, а также дары знамений, чтобы подтвердить их статус Божьих глашатаев (см. 2 Кор. 12:12). Когда апостольский век закончился и канон Нового Завета был завершен, дары, уникально связанные со служением апостолов и пророков, больше не были нужны и исчезли.

Теперь завершенный канон достаточного Писания сам свидетельствует о себе, будучи полным откровением разума и воли Бога.

ВРЕМЕННАЯ ПРИРОДА ЧУДЕСНЫХ ДАРОВ[34]

Цессационизм — это точка зрения, что дары знамений (напр., чудотворение, исцеление, говорение на языках) и дары откровения (напр., принятие и провозглашение нового откровения от Бога) прекратились, когда закончился период основания церкви. Такие чудесные явления не продолжались после апостольской эпохи и, следовательно, с тех пор не давались верующим. Чудесных даров не будет до периода Великой скорби, когда церковь будет восхищена, и служение будут совершать два свидетеля (см. Откр. 11:3–11). В отличие от цессационизма *харизматическая* или *континуалистская* позиция утверждает, что чудесные дары и дары откровения действуют и сегодня.

Один из подходов к защите позиции цессационизма начинается с признания того, что сегодня в церкви нет апостолов[35] — факт, повсеместно подтвержденный в история церкви и признанный многими современными нецессационистами. Как уже отмечалось, сегодня никто не может соответствовать требованиям, необходимым для апостольства (среди которых — видеть воскресшего Христа своими физическими глазами, см. Деян. 1:22; 9:1–9). Павел прямо говорит, что воскресший Иисус явился ему «после всех» (1 Кор. 15:8). Следовательно, после Павла апостолов не было.

То, что после I века апостолов не было, важно как минимум по трем причинам: (1) это доказывает, что не все, что было характерно для ранней церкви, Бог определил как норму для всей ее истории; (2) это показывает, что как минимум одна важная функция служения, перечисленная в 1 Коринфянам 12:28–30, прекратилась; и (3) это подтверждает, что канон Писания действительно закрыт, поскольку апостол должен был утвердить книгу, чтобы она была признана канонической.

Прекращение апостольства также важно из-за его тесной связи с новозаветным служением пророка. В Ефесянам 2:20 Павел связывает эти два служения, объясняя, что церковь была утверждена «на основании апостолов и пророков, имея Самого Иисуса Христа краеугольным камнем...» (то, что Павел имеет в виду новозаветных пророков, ясно из последующих упоминаний о них в Еф. 3:5 и 4:11). Прежде чем канон Писания был завершен, доктринальное основание церкви, состоящее из божественного откровения, переданного через апостолов и пророков, все еще находилось в стадии становления. Но как только это основание было заложено вместе с завершением Нового Завета, цель этих служений

---

[34] Этот раздел адаптирован из ответов Мак-Артура в следующем интервью: Tim Challies, "John MacArthur Answers His Critics," *Challies.com: Informing the Reforming* (blog), November 4, 2013, http://www.challies.com/interviews/john-macarthur-answers-his-critics. Используется с разрешения Tim Challies.

[35] Например, это подход, принятый Сэмуэлем Э. Уолдроном (Samuel E. Waldron, *To Be Continued? Are the Miraculous Gifts for Today?* [Merrick, NY: Calvary Press, 2005]). См. также: Мак-Артур. *Чуждый огонь.* С. 115–132; Thomas R. Edgar, *Satisfied by the Promise of the Spirit* (Grand Rapids, MI: Kregel, 1996), 52–88.

была исполнена, и они прекратились. Следуя метафоре Павла, фундамент не закладывают заново на каждом этапе строительства; это происходит только один раз в начале строительства.

Апостольский век закончился, когда умер Иоанн, последний оставшийся апостол. Примечательно, что Иоанн также был последним каноническим пророком (см. Откр. 1:3; 22:18–19), а книга Откровение завершила Новый Завет. Следовательно, пророки Нового Завета, как и апостолы, исполнили свою роль в откровении, и дары, связанные с этой ролью, больше не требовались.

Божье завершенное откровение в Его записанном Слове настолько сильное и славное, что больше не нуждается в подтверждении чудесами. Как объясняет Петр, пророческое слово еще вернее, чем самые достоверные свидетельства очевидцев (2 Пет. 1:16–21). Во вседостаточном Писании Божья истина сама за себя говорит и сама о себе свидетельствует, что подтверждается просвещающей силой Святого Духа (Евр. 4:12). Поэтому в знамениях и чудесах апостольского века больше нет необходимости. Библия—это все, что необходимо для подтверждения вести тех, кто утверждает, что говорит от имени Бога.

Позиция цессационистов дополнительно подтверждается, если сравнить современные «харизматические дары» с тем, что описано в Новом Завете. Писание дает четкое представление о чудесных знамениях и дарах откровения, но когда современные харизматические явления соизмеряются с этим библейским стандартом, они намного уступают ему. Хотя харизматы используют библейскую терминологию, описывая свой опыт, ничто в современных «чудесных дарах» не соответствует библейской реальности.

Например, Слово Божье прямо говорит, что истинные пророки должны соответствовать стандарту стопроцентной точности (Втор. 18:20–22), и ничто в Новом Завете не освобождает их от этого требования. Книга Деяний рассказывает, что дар языков давал реальные человеческие языки (Деян. 2:6–11), и ничто в 1 Коринфянам не требует, чтобы их определяли как-то иначе. В Новом Завете чудесные исцеления, совершенные Иисусом и апостолами (включая исцеление таких органических заболеваний, как паралич, слепота и проказа), описаны как мгновенные, полные и неоспоримые (напр., Марк. 1:42; 10:52). Эти и многие другие места Писания показывают поистине необыкновенное качество библейских даров. (Дальнейшее обсуждение этих даров см. ниже.)

По сравнению с этим современные подделки харизматического движения просто не соответствуют своим библейским аналогам. Современное «пророческое откровение» полно ошибок. Современные «языки» состоят из непонятной речи, которая не соответствует никакому человеческому языку. Современные «дары исцеления» не идут ни в какое сравнение с чудесами, совершенными Иисусом и апостолами. Невероятно, но многие богословы-континуалисты признают это несоответствие, утверждая, что современные харизматические проявления относятся к дарам более низкого качества или более низкой категории.

Впрочем, такие допущения содержат косвенное признание того, что истинных даров знамений (как они изображены в Писании) больше нет[36].

Факт остается фактом: современный харизматический опыт не соответствует тому, что Библия описывает как чудесные дары и дары откровения периода Нового Завета. В ошибочных пророчествах, невразумительных языках или поддельных чудесах, совершаемых современными «целителями веры», нет ничего необыкновенного. Насколько они отличаются от подлинных даров, записанных на страницах Писания, которые вызывали удивление, благоговение и поклонение в сердцах тех, кто их видел (см. Марк. 1:27; 2:12; Лук. 4:36; 8:56; Деян. 2:7, 12; 8:13; 10:45). Таким образом, цессационизм руководствуется стремлением почтить Святого Духа, сохраняя истинное понимание Его чудесных деяний, как они представлены в Писании.

СОДЕЙСТВУЮЩИЕ ДАРЫ

Хотя дары знамений и дары откровения были ограничены периодом основания церкви, Святой Дух продолжает одаривать верующих для назидания в церкви тем, что можно назвать Его *постоянными, содействующими* дарами. К ним относятся дары говорения и дары служения. Поэтому Петр объясняет:

> Служите друг другу, каждый тем даром, какой получил, как добрые домостроители многоразличной благодати Божией. Говорит ли кто, говори как слова Божии; служит ли кто, служи по силе, какую дает Бог, дабы во всем прославлялся Бог через Иисуса Христа, Которому слава и держава во веки веков. Аминь (1 Пет. 4:10–11).

Дары говорения провозглашают истину Писания через проповедь, учение, ободрение, увещание и так далее. Дары служения помогают людям такими действиями как вспоможение, раздаяние, управление и благотворение.

Обзор даров

В рамках отмеченных выше общих категорий Новый Завет называет конкретные духовные дары. В таблице 9.3 (с. 851) сравниваются три основных списка:

---

[36] Некоторые комментаторы ссылаются на 1 Коринфянам 13:10, чтобы поддержать свою позицию либо за, либо против цессационизма. Но это искажает смысл того, что хотел сказать в этом стихе Павел. Хотя значение греческого слова *teleion*, переведенного как «совершенное», широко обсуждалось толкователями, из возможных «толкований вхождение верующего в присутствие Господа лучше всего объясняет „совершенное" в 1 Кор. 13:10». Соответственно, «важно отметить, что Павел в этой главе не ставил собой задачи определить, как долго эти духовные дары будут присутствовать в Церкви, поскольку это не имело бы никакого смысла для первоначальных читателей этого послания. Он пишет в первую очередь коринфянам: когда вы облечетесь в вечную славу на небесах, духовные дары, которые вы теперь так высоко цените, больше не понадобятся (поскольку времена частичного откровения закончатся). Но любовь имеет вечную ценность, поэтому стремитесь к любви, потому что она превосходит любой дар (ст. 13). <...> В попытках определить момент прекращения этих чудесных даров в истории Церкви, нам нужно обратиться к другим текстам, например, к Еф. 2:20, где Павел говорит, что служения пророков и апостолов были даны только на время, когда закладывался фундамент Церкви. Тем не менее, более широкий принцип, по-прежнему относится к современным верующим, так как мы также с нетерпением ожидаем вечной славы» (Мак-Артур. Чуждый огонь. С. 171–172). См.: Edgar, *Satisfied by the Promise of the Spirit*, 246.

из Римлянам 12:6–8 и 1 Коринфянам 12:8–10 и 12:28–30. Если объединить дары из этих трех текстов, то получится общий список упомянутых духовных даров, приведенный в таблице 9.4. Собрав дары в эти две таблицы, можно рассмотреть, как действует каждый из них.

АПОСТОЛЬСТВО

Греческим словом *apostolos* называли посланника, представителя или человека, отправленного с поручением. Хотя в Новом Завете это слово иногда используется в общем смысле, обозначая «посланников церквей» (2 Кор. 8:23; см. Флп. 2:25), чаще всего оно относится к конкретной группе «апостолов Иисуса Христа». Как объяснялось выше, титул «апостол Иисуса Христа» (см. 1 Пет. 1:1; 1 Кор. 1:1) относится именно к 12 ученикам (с Матфием вместо Иуды; Деян. 1:26) и Павлу, который был особо избран как апостол язычников (Гал. 1:15–17; см. 1 Кор. 15:7–9). Эти мужи были выбраны Господом (см. Марк. 3:13; Деян. 26:16) и лично видели воскресшего Христа (Деян. 1:22; 9:1–9), что было необходимым условием, чтобы быть апостолом. Поскольку Павел утверждает, что воскресший Иисус явился ему «после всех» (1 Кор. 15:8), после него апостолов больше не было.

У апостолов Иисуса Христа были три основные обязанности. Во-первых, Господь употребил их, чтобы заложить доктринальное основание церкви (Еф. 2:20). Во-вторых, Он поручил им получать, проповедовать и записывать божественное откровение (см. Деян. 2:42; 6:4; Еф. 3:5). В-третьих, Он призвал их подтверждать это божественное Слово «знамениями, чудесами и силами» (2 Кор. 12:12; см. Евр. 2:3–4). Когда умер последний апостол, Иоанн, и апостольский век завершился, апостолы не поставили новых апостолов во главе церкви. Вместо этого они поставили пресвитеров (Тит. 1:5; см. 2 Тим. 2:2). История церкви показывает, что те, кто пришел после апостолов, не считали себя апостолами. Наоборот, они считали апостолов и апостольский век уникальными и неповторимыми.

Новый Завет определяет апостольство и как должность, и как дар. Ефесянам 4:11 называет апостолов (а также пророков, евангелистов, пастырей-учителей) дарами, данными Иисусом Христом церкви, а 1 Коринфянам 12 включает апостолов в список даров, перечисленных в этой главе (1 Кор. 12:4–5, 28–31). То, что Павел включил апостольство в 1 Коринфянам 12, имеет большое значение, поскольку показывает, что не все дары, включенные в этот текст, оставались всю историю церкви до настоящего времени.

ЧУДОТВОРЕНИЕ

Среди знамений, подтверждавших служение апостолов, было «чудотворение» или «силы чудодейственные» (1 Кор. 12:10, 28–29). *Чудо* можно в целом определить как необычайное действие Бога, которым Он приостанавливает или отменяет обычные законы природы, так что результат нельзя объяснить никакими естественными причинами. Чудеса отличаются от действий провидения, в которых Бог использует естественные средства для достижения Своих суверенных

Таблица 9.3: *Три основных списка духовных даров*

Римлянам 12:6—8	1 Коринфянам 12:8—10	1 Коринфянам 12:28—30
Пророчество	Слово мудрости	Апостольство (апостолы)
Служение	Слово знания	Пророчество (пророки)
Учение	Вера	Учение (учители)
Увещание	Дары исцелений	Чудотворение
Раздаяние	Чудотворение	Дары исцелений
Руководство	Пророчество	Вспоможение
Благотворение	Различение духов	Управление
	Разные языки	Разные языки
	Истолкование языков	Истолкование языков

Таблица 9.4: *Общий список упомянутых духовных даров*

Категория		Духовный дар	Тексты Писания
Чудесные дары	Дары знамений и дары откровения	Апостольство	1 Кор. 12:28—29; см. Еф. 4:11
		Чудотворение	1 Кор. 12:10, 28—29
		Дары исцелений	1 Кор. 12:9, 28, 30
		Разные языки	1 Кор. 12:10, 28, 30; см. 1 Кор. 13:1; 14:22
		Пророчество	1 Кор. 12:10, 28—29; см. Еф. 4:11
		Слово мудрости	1 Кор. 12:8; см. 13:2
		Слово знания	1 Кор. 12:8; см. 13:2
		Истолкование языков	1 Кор. 12:10, 28, 30; см. 14:6—18
		Различение духов	1 Кор. 12:10
Содействующие дары	Дары говорения и дары служения	Проповедь*	Рим. 12:6; см. 1 Пет. 4:11; 1 Тим. 4:13—14
		Учение	Рим. 12:7; 1 Кор. 12:28—29
		Увещание	Рим. 12:8
		Служение и вспоможение	1 Пет. 4:11; Рим. 12:7; 1 Кор. 12:28
		Руководство и управление	Рим. 12:8; 1 Кор. 12:28
		Раздаяние	Рим. 12:8; см. 1 Кор. 13:3
		Благотворение	Рим. 12:8
		Вера	1 Кор. 12:9; см. 13:2
		Различение духов	1 Кор. 12:10
		Евангелизм	Еф. 4:11
		Пастырство и учительство	Еф. 4:11

* Проповедь похожа на применение дара пророчества, но без нового откровения.

замыслов. В частности, чудотворение было даром, который предполагал участие человека. Получившие этот дар были наделены от Бога способностью совершать сверхъестественные знамения и чудеса. Чудотворение удостоверяло, что они говорили от имени Бога (см. Деян. 2:22; 14:3; 2 Кор. 12:12; Евр. 2:3–4).

Во время Своего земного служения Господь Иисус совершал чудеса, чтобы являть Свою славу (Иоан. 2:11) и удостоверять Свою весть (Иоан. 5:36; 10:38; 14:11). Чудеса Иисуса демонстрировали Его силу над природой (напр., превращение воды в вино, сотворение пищи, усмирение ветра и волн), над бесами, болезнями и смертью. В Новом Завете не записано, чтобы кто-то из апостолов совершал чудеса над природой, но они проявляли власть над бесами, болезнями и смертью (см. Деян. 9:41–42; 20:7–12).

Именно в этом первом смысле власти над бесами слово «чудо» используется в 1 Кор. 12:10, 28–29. Греческое слово со значением «чудо» (dynamis) буквально означает «сила» и в Евангелиях часто связано с изгнанием бесов (напр., Лук. 4:36; 6:18–19). Иисус дал ученикам власть над бесами (Лук. 9:1; 10:17–19), и апостолы продолжали демонстрировать эту власть после Пятидесятницы (напр., Деян. 13:6–12; 16:16–18). Эту способность Дух также дал другим ранним евангелистам, таким как Филипп и Стефан, чтобы удостоверять их весть (Деян. 6:8; 8:7).

И в этом случае чудесная сила была знамением, удостоверяющим проповедь Евангелия только в апостольскую эпоху. Новый Завет даже строго предостерегает тех, кто будет делать вид, что обладает такой властью (см. Деян. 19:14–16; Иуд. 8–10). Итак, эта власть явно не относится к способностям, которые даются верующим в церкви после времен апостолов.

ДАРЫ ИСЦЕЛЕНИЙ

Если чудотворение связано с дарованной от Бога властью над бесами, то термин «дары исцелений» (1 Кор. 12:9, 28) говорит о сверхъестественной власти над болезнями. Чудесные исцеления совершал Христос (Матф. 8:16–17), апостолы (Матф. 10:1), 70 учеников (Лук. 10:1, 9) и некоторые помощники апостолов (Деян. 8:5–7). Новозаветные свидетельства об исцелениях, совершенных этими людьми, показывают, что они были мгновенными, бесспорными и всегда полными (см. Матф. 8:2–3; 9:1–8; 20:29–34; 21:14; Марк. 1:42; 8:22–26; 10:52; Лук. 17:11–21; Иоан. 5:1–9; Деян. 3:8; 14:8–18). Сравнение с мнимыми исцелениями, совершаемыми современными «целителями веры», показывает, что современная подделка не может сравниться с библейской реальностью[37]. Иисус и апостолы на протяжении всего своего служения избавляли от болезней и недугов те места, где они проповедовали, на что не может претендовать ни один современный «целитель».

Чудесные исцеления служили для заверения Божьего вестника (см. Иоан. 10:38; Деян. 2:22; Рим. 15:18–19; 2 Кор. 12:12; Евр. 2:3–4), а не только для восстановления физического здоровья больного. Это объясняет, почему Павел не исцелил

---

[37] Подробнее об этом см.: Мак-Артур. Чуждый огонь. С. 177–197. См. также: Мейхью Р. Обетование исцеления. СПб.: Библия для всех, 2007.

себя (см. Гал. 4:13) или некоторых из своих ближайших друзей (Флп. 2:27; 1 Тим. 5:23; 2 Тим. 4:20). Когда Павел исцелил хромого в Листре (Деян. 14:9–10), а Петр воскресил Тавифу (Деян. 9:41), это было для того, чтобы люди услышали и поверили в Евангелие (см. Деян. 9:42).

Как один из необычайных апостольских даров, чудесные исцеления прекратились, когда завершилась эпоха апостолов. Хотя верующие больше не обладают такими сверхъестественными способностями, они имеют право просить Бога исцелить их, зная, что Он слышит молитвы Своего народа и отвечает на них (Иак. 5:13–16; см. Лук. 18:1–6; 1 Иоан. 5:14–15). В ответ на их молитвы Господь может исцелить болезнь по Своему провидению, хотя и не обязан этого делать.

Верующие могут и должны радоваться, когда Бог исцеляет кого-то в ответ на молитву. Однако важно отметить, что это не то же самое, что дары исцелений, проявлявшиеся в новозаветном служении Христа и апостолов. То, что никто сегодня не обладает таким даром, очевидно из того факта, что никто не может исцелять так, как исцеляли Иисус и апостолы, немедленно и полностью восстанавливая больного и раненого до полного здоровья только словом или прикосновением.

РАЗНЫЕ ЯЗЫКИ И ИХ ИСТОЛКОВАНИЕ[38]

Греческое слово *glōssa* лучше всего переводится как «языки». Проявление этого дара лучше всего видно в день Пятидесятницы, как записал Лука в Деяниях 2:4–11. Там апостолы вместе с некоторыми из 120 человек, собравшихся в горнице (Деян. 1:15), начали свободно говорить на иностранных языках и диалектах, которых они не знали.

Это знамение для множества неверующих евреев на Пятидесятницу (см. 1 Кор. 14:22) не только привлекло внимание народа (Деян. 2:12), но и стало иллюстрацией того факта, что Евангелие должно быть проповедано по всему миру (см. Деян. 1:8). Соответственно, дар языков заключался в сверхъестественной способности человека свободно говорить на иностранном языке, который он раньше не изучал и не говорил на нем. Это был явно сверхъестественный дар, особенно полезный при благовестии, поскольку неверующие слышали, как Бога хвалят на их родном языке (Деян. 2:8). Когда иностранный язык использовали в церкви, требовался перевод, чтобы назидать тех членов общины, которые не знают этого языка (1 Кор. 14:5–17, 27–28). Хотя сегодня многие утверждают, что говорят языками, очевидно, что сегодня никто не обладает той же способностью, которую продемонстрировали апостолы в день Пятидесятницы.

Некоторые современные толкователи попытались отделить дар языков, описанный в Деяниях 2 (где явно были настоящие иностранные языки), от дара языков, описанного в 1 Коринфянам 12–14, в попытке оставить место для нечленораздельной речи, которая характерна для современной *глоссолалии* (или говорения

---

[38] Этот раздел адаптирован из: Nathan A. Busenitz, "Are Tongues Real Foreign Languages? A Response to Four Continuationist Arguments," *MSJ* 25, no. 2 (2014): 63–84. Используется с разрешения MSJ.

языками). Однако экзегетические свидетельства указывают на то, что говорение на языках, описанное в 1 Коринфянам, представляло собой тот же феномен, что и в Деяниях 2. В обоих случаях подлинный дар языков выражался в сверхъестественной способности говорить на реальных иностранных языках[39]. Мак-Артур отмечает:

> Защищая свою бессмысленную тарабарщину, большинство харизматов говорят, что дар языков в Первом послании к коринфянам отличается от такового во второй главе книги Деяний. Но этому нет никаких подтверждений в тексте. Простое грамматическое исследование показывает, что в обоих отрывках используется одна и та же терминология для описания чудесного дара. В Деяниях Лука употребляет глагол *laleo* («говорить») в сочетании с термином *glossa* («языками») четыре раза (Деян. 2:4, 11; 10:46; 19:6). В 1 Кор. 12–14 Павел использует это же словосочетание тринадцать раз (1 Кор. 12:30; 13:1; 14:2, 4, 5 [2×], 6, 13, 18, 19, 21, 27, 39).
>
> Эти лингвистические параллели приобретают еще большее значение, когда мы узнаем, что Лука был спутником Павла и его близким соратником, писавшим под апостольским авторитетом Павла. Поскольку он написал книгу Деяний около 60 г. от Р. Х., примерно *через* пять лет после того, как Павел написал свое Первое послание к коринфянам, Лука был хорошо осведомлен об их проблемах с даром языков. Конечно, Лука бы не хотел вносить еще больше путаницы в этот вопрос. Он не стал бы употреблять те же термины, что и Павел, если бы явление Пятидесятницы не было идентичным дару языков в 1 Коринфянам.
>
> Тот факт, что Павел отметил «разные языки» в 1 Кор. 12:10, не означает, что одни из них являются настоящими языками, а другие — просто тарабарщиной. Греческое слово *genos*, переведенное как «разные» (откуда и происходит слово «род»), означает «семью», «группу», «расу» или «нацию». Лингвисты часто разделяют языки на «семьи» или «группы», и именно об этом говорит Павел: в мире есть разные семьи языков, и этот дар позволил некоторым верующим говорить на разных языках. В Деян. 2 Лука также обратил на это внимание в стихах 9–11: люди, пришедшие из шестнадцати разных регионов, слышали собственные наречия.
>
> Есть и другие параллели между книгой Деяний и 1 Кор. 12–14. В обоих текстах источник дара один и тот же — Святой Дух (Деян. 2:4, 18; 10:44–46; 19:6; 1 Кор. 12:1, 7, 11 и др.). В обоих местах дарами наделены члены церкви, а не только апостолы (см. Деян. 1:15; 10:46; 19:6; 1 Кор. 12:30; 14:18). И в том, и в другом месте этот дар описывается как дар говорения на языках (Деян. 2:4, 9–11; 1 Кор. 12:30; 14:2, 5). В обоих местах весть на языках может быть переведена теми, кто уже знает этот язык (как в день Пятидесятницы — Деян. 2:9–11), либо теми, кто имеет дар истолкования или способность перевести (1 Кор. 12:10; 14:5, 13).
>
> В обоих местах дар служил чудесным знамением для неверующих евреев (Деян. 2:5, 12, 14, 19; 1 Кор. 14:21–22; см. Ис. 28:11–12). В обоих местах дар языков

---

[39] Следует отметить, что упоминание Павлом «языков ангельских» в 1 Коринфянам 13:1 — это гипербола, о чем свидетельствуют другие крайние примеры, которые он использует в ст. 2–3. Смысл слов апостола состоит в том, что если бы кто-то говорил иностранными «языками человеческими» или даже языками ангельскими (гипотетический сценарий ради риторического выделения), это все равно было бы бессмысленно без любви.

был тесно связан с даром пророчества (Деян. 2:16–18; 19:6; 1 Кор. 14). И в обоих местах неверующие, которые не понимали произнесенной речи, потешались и насмехались (Деян. 2:13; 1 Кор. 14:23). Учитывая такое количество параллелей, невозможно, и даже безответственно, утверждать, что феномен, описанный в 1 Коринфянам, чем-то отличался от такового во второй главе книги Деяний. Поскольку дар языков в день Пятидесятницы — это способность говорить на подлинных иностранных языках, тоже самое верно и для верующих в Коринфе[40].

Из-за своего выразительного характера, а также из-за того, что этот дар впервые проявился у апостолов в день Пятидесятницы, коринфяне ценили этот дар выше всех остальных. Но, как указывает Павел в 1 Коринфянам 14:6–19, без перевода сообщение, произнесенное на иностранном языке, не назидает других членов общины, потому что они не понимают, что говорится.

Вот почему речь человека, говорящего на иностранном языке, было необходимо истолковать (перевести), чтобы слушатели могли получить назидание. Поэтому дар истолкования языков был способностью переводить сказанное на иностранном языке на язык слушателей, чтобы люди могли понимать и получать назидание. Все духовные дары должны использоваться с любовью и для взаимного назидания, поэтому такое толкование было необходимо (1 Кор. 14:26–27). Если не было переводчика, говорящему языками нужно было оставить свое послание при себе (1 Кор. 14:28).

ПРОРОЧЕСТВО И ПРОПОВЕДЬ

И в 1 Коринфянам 12:28, и в Ефесянам 4:11 Павел упоминает «пророков» сразу после «апостолов». Как и апостольство, пророчество было и должностью, и даром. Поскольку им было дано божественное откровение, новозаветные пророки помогали апостолам заложить доктринальный фундамент церкви (Еф. 2:20).

Как и ветхозаветные, так и новозаветные пророки должны были соответствовать самым высоким стандартам точности откровения (см. Втор. 18:20–22; Иез. 13:3–9), доктринальной чистоты (см. Втор. 13:1–5; 2 Пет. 2:1) и нравственной безупречности (см. Иер. 23:14–16; 2 Пет. 2:2–3)[41]. Это было особенно важно из-за постоянной угрозы, которую представляли для ранней церкви лжепророки (см. Матф. 7:15; 24:11; 2 Пет. 2:1–3; 1 Иоан. 4:1; Иуд. 4; 2 Тим. 4:3–4); это объясняет, почему пророчества должны были испытываться на доктринальную ортодоксальность (см. 1 Иоан. 4:1–6; 1 Кор. 14:29; 1 Фес. 5:20–22). Согласно Римлянам 12:6, содержание пророчества должно было измеряться относительно «веры», то есть оцениваться в свете христианской истины, которую Бог Святой Дух уже открыл (см. Иуд. 3, 20; 1 Тим. 3:9; 4:1, 6).

---

[40] Мак-Артур. Чуждый огонь. С. 163–164. См. все обсуждение дара языков приводится там же. С. 133–154.

[41] Что касается новозаветных пророков, важно отметить, что «в Новом Завете используются аналогичные термины для описания как ветхозаветных, так и новозаветных пророков. В книге Деяний пророки Ветхого Завета упоминаются в следующих текстах: Деян. 2:16; 3:24–25; 10:43; 13:27, 40; 15:15; 24:14; 26:22, 27; 28:23. В отношении новозаветных пророков употребляются те же термины без каких-либо различий или оговорок: Деян. 2:17–18; 7:37; 11:27–28; 13:1; 15:32; 21:9–11» (Мак-Артур. Чуждый огонь. С. 145).

С одной стороны, дар пророчества был связан с принятием и провозглашением нового откровения от Бога (см. Деян. 11:27–28; 2 Пет. 1:21; 1 Тим. 4:14), которое иногда имело предсказательный характер (см. Деян. 11:27–28; 21:10–11). С другой стороны, этот дар также включал публичное провозглашение и повторение того, что было открыто ранее, — роль, которая подразумевается в связи пророков с учителями в Деяниях 13:1 (см. Деян. 15:32). Таким образом, дар пророчества проявлялся через провозглашение открытой Богом истины, будь то новой или старой (см. Рим. 12:6). Это передается греческим глаголом *prophēteuō* («пророчествовать»), буквально означающим «провозглашать» или «изрекать». Те, кто пророчествовал или проповедовал от имени Бога, объявляли истину Его Слова, говоря «людям в назидание, увещание и утешение» (1 Кор. 14:3). Как и все остальные, дар пророчества следовало применять с любовью (см. Еф. 4:15).

Хотя коринфяне и возвысили дар языков над даром пророчества, Павел объясняет, что пророчество на самом деле превосходнее, потому что не требует перевода при передаче Божьей истины людям (1 Кор. 14:1–5). Как и в случае с апостольством, служение пророка ушло со сцены вскоре после того, как был завершен канон Нового Завета (см. Откр. 22:18–19) и был заложен доктринальный фундамент церкви (Еф. 2:20). После завершения канона Ветхого Завета служение ветхозаветных пророков прекратилось; и после того, как был закончен Новый Завет, необходимости в новозаветных пророках больше не было.

Однако в некотором смысле пророчество продолжалось в истории церкви через проповедь Писания как пророческого Слова (2 Пет. 1:19; Рим. 12:6). Но с момента завершения канона Бог прекратил Свое действие откровения в церкви. Тем не менее те, кто верно провозглашает истину Божьего Слова, выполняют роль, которая имеет пророческий характер. Павел напомнил Тимофею:

> Все Писание богодухновенно и полезно для научения, для обличения, для исправления, для наставления в праведности, да будет совершен Божий человек, ко всякому доброму делу приготовлен.
> Итак заклинаю тебя пред Богом и Господом нашим Иисусом Христом, Который будет судить живых и мертвых в явление Его и Царствие Его: проповедуй слово, настой во время и не во время, обличай, запрещай, увещевай со всяким долготерпением и назиданием (2 Тим. 3:16–4:2).

СЛОВО МУДРОСТИ И СЛОВО ЗНАНИЯ

О «слове мудрости» и «слове знания» сказано совсем немного (1 Кор. 12:8), но ясно, что они связаны с тем, что человек получает и провозглашает откровение от Бога. Видимо, те, кому было дано «слово мудрости», могли правильно понимать открытую Богом истину и разъяснять ее точное применение для повседневной жизни (см. Матф. 13:54; Марк. 6:2; Деян. 6:10; Иак. 1:5; 3:17; 2 Пет. 3:15). Те, кто сообщал «слово знания», помогали понять глубокие истины Божьего Слова (см. Еф. 3:3; Кол. 1:26; 2:2).

В 1 Коринфянам 13:2 апостол, вероятно, ссылается на эти дары, когда пишет: «Если… знаю все тайны, и имею всякое познание». Поэтому те, кто одарен знанием и мудростью, имели способность понимать тайны божественного откровения и практически применять такую истину. Знание сосредотачивалось на постижении истины, а мудрость объясняла, как действовать согласно ей.

С завершением канона Нового Завета и окончанием апостольской эпохи любое откровение, связанное с этими дарами, прекратилось. Тем не менее Бог по-прежнему дает некоторым из Своих детей особую способность понимать и излагать истину Его Слова. Те, у кого сегодня есть этот дар, особенно хорошо умеют раскрывать истины Писания, чтобы помогать другим их понимать и применять.

РАЗЛИЧЕНИЕ ДУХОВ

Благодаря этому дару Бог дает человеку способность отличать истинные заявления от ложных высказываний людей, выдающих свои слова за пророческие откровения от Бога (1 Кор. 12:10). Применение этого дара видно на примере Петра, когда он распознал духовное двуличие Анании (Деян. 5:3), и Павла, который понял, что служанка была одержима злым духом (Деян. 16:16–18). Это представляет временный, сверхъестественный аспект дара. После завершения канона Нового Завета действие этого дара главным образом состоит в способности выявлять ложь, сравнивая ее с библейской истиной (см. Деян. 17:11; 1 Фес. 5:20–22).

УЧЕНИЕ

Еще одна группа, которую Павел называет в 1 Коринфянам 12:28, — это «учители» (см. Рим. 12:7; Еф. 4:11). Подобно апостольству и пророчеству, учение может подразумевать как должность, так и дар. Дар учения заключается в данной Духом способности ясно и точно толковать и передавать истину Слова Божьего, чтобы другие могли понимать и усваивать ее (см. Деян. 18:24–25; 2 Тим. 2:2). Хотя этот дар обязательно должен быть у пресвитеров (1 Тим. 3:2; Тит. 1:9; см. 1 Тим. 4:16), он может присутствовать не только у них.

Апостольская церковь характеризовалась регулярным объяснением Слова Божьего (Деян. 2:42; 15:35; 18:24–25; 2 Тим. 1:11). Это должно характеризовать каждую церковь, так как учение — это необходимая часть воспитания учеников. Иисус наставлял Своих последователей: «Итак идите, научите все народы… уча их соблюдать все, что Я повелел вам…» (Матф. 28:19–20). Признавая исключительную важность этого духовного труда, Павел дал Тимофею повеление: «…что слышал от меня при многих свидетелях, то передай верным людям, которые были бы способны и других научить» (2 Тим. 2:2). Верные служители церкви — это те, кто верно толкует Слово Божье и преподает его истины церкви (2 Тим. 2:15). Многие простые верующие также наделены этой способностью передавать здравое наставление в церковной общине.

УВЕЩАНИЕ

Греческие слова *parakaleō* («увещать») и *paraklēsis* («увещание») в Римлянам 12:8 состоят из частей *para* («рядом») и *kaleō* («звать»). Из тех же частей составлен титул *paraklētos* («параклит», «утешитель», «защитник», «помощник»), используемый по отношению и к Господу Иисусу (1 Иоан. 2:1), и к Святому Духу (Иоан. 14:16, 26; 15:26; 16:7). Поэтому дар увещания состоит в том, чтобы помогать другим верующим и ободрять их на пути благочестия (см. Евр. 10:24–25). В зависимости от ситуации он может проявляться в том, чтобы укорять впавших в грех, исправлять обольстившихся заблуждением, утешать страждущих или укреплять слабых. Увещание необходимо в различных ситуациях служения и в каждом из них может выглядеть по-разному. Павел писал фессалоникийцам: «Умоляем также вас, братия, вразумляйте бесчинных, утешайте малодушных, поддерживайте слабых, будьте долготерпеливы ко всем» (1 Фес. 5:14; см. 2 Кор. 1:3–5; 2 Тим. 3:16–17; 4:2).

Примером служения увещания были Павел и Варнава в своем первом миссионерском путешествии. Проповедав Евангелие в городах южной Галатии, «они обратно проходили Листру, Иконию и Антиохию, утверждая души учеников, увещевая пребывать в вере и поучая, что многими скорбями надлежит нам войти в Царствие Божие» (Деян. 14:21–22). Те, у кого есть дар увещевания, должны следить за тем, чтобы увещевать в любви (Еф. 4:15). Они также должны ободрять из Писания, признавая, что Божье Слово «полезно для научения, для обличения, для исправления, для наставления в праведности» (2 Тим. 3:16). Если проповедь провозглашает истину Божьего Слова, а учение объясняет ее, то увещание призывает христиан быть исполнителями Слова, а не просто слушателями (Иак. 1:22).

СЛУЖЕНИЕ И ВСПОМОЖЕНИЕ

Дар «служения» (Рим. 12:7) и дар «вспоможения» (1 Кор. 12:28) — это практически синонимы. Слово «служение» — это перевод греческого слова *diakonia*, родственного слову «дьякон». Это широкий термин, который может относиться к любой практической помощи или содействию (см. Деян. 20:35). Слово «вспоможение» (от греч. *antilēmpsis*) — также широкий термин, обозначающий любую помощь или услугу, оказываемую другим. Часто такое служение связано с выполнением обыденных и неприглядных задач. Тем не менее они необходимы для жизни и эффективности церкви. С радостью выполняя такие задачи, помощники, одаренные в области служения, дают возможность одаренным в других областях делать то, на что их особо снарядил Дух. Этот принцип иллюстрируется тем, как выбрали семь братьев раздавать пищу вдовам, чтобы апостолы могли сосредоточиться на молитве и служении Слова (Деян. 6:3–4).

В своем Послании к филиппийцам Павел описывает Епафродита как «сотрудника и сподвижника моего, а вашего посланника и служителя в нужде моей... <...> ...Он за дело Христово был близок к смерти, подвергая опасности жизнь, дабы восполнить недостаток ваших услуг мне» (Флп. 2:25–30). Очевидно, что духовная одаренность Епафродита отчасти состояла в сверхъестественном желании и способности помогать и служить. Его верность Господу выразилась в жертвенном служении Павлу. Хотя они и не очень заметны, те, кто самоотверженно служит в церкви, за кулисами, однажды открыто получат награду от Господа (см. Кол. 3:22–24).

РУКОВОДСТВО И УПРАВЛЕНИЕ

Обладающие даром руководства («начальник», Рим. 12:8) или «управления» (1 Кор. 12:28) несут ответственность как за духовное руководство общиной, так и за повседневный процесс принятия решений. Словом «начальник» переведена форма причастия от греческого глагола *proistēmi* («предстоять»). Он используется в Новом Завете для описания главенства как в семье (1 Тим. 3:4–5, 12), так и в церкви (1 Тим. 5:17). «Управление» — перевод греческого слова *kybernēsis*. В Деяниях 27:11 и Откровении 18:17 этот термин используется для описания кормчего, управляющего кораблем. Это служит иллюстрацией того, как одаренные руководители помогают другим ориентироваться в жизни и служении, направляя их мудростью и добрым советом (см. Прит. 12:5; Иез. 27:8, где тот же греческий термин используется в Септуагинте). Хотя этот дар не ограничен конкретной должностью, в церкви он явно относится к пасторам и пресвитерам, которых Бог поставил пасти Его стадо. Они кормят и ведут Божий народ.

В Римлянам 12:8 подчеркивается, что имеющие эту способность должны руководить «с усердием» (от греч. *spoudē*), что также можно перевести «ревностно». Вместо того чтобы проявлять лень или равнодушие, эффективное духовное руководство должно отличаться искренностью и рвением. В то же время духовное руководство также должно отличаться смирением и бескорыстием (см. Марк. 10:42–45). Апостол Петр подчеркивал эту истину, когда призывал других пресвитеров:

> ...пасите Божие стадо, какое у вас, надзирая за ним не принужденно, но охотно и богоугодно, не для гнусной корысти, но из усердия, и не господствуя над наследием Божиим, но подавая пример стаду; и когда явится Пастыреначальник, вы получите неувядающий венец славы (1 Пет. 5:2–4).

РАЗДАЯНИЕ

В Римлянам 12:8 Павел так описывает дар раздаяния: «Раздаватель ли, раздавай в простоте». Греческое слово, переведенное как «раздаватель», — это форма глагола *metadidōmi*, который также означает «передавать» или «делится». Он говорит о жертвенной щедрости, когда человек отдает свое ради удовлетворения нужд другого (см. 2 Кор. 8:2–5). Хотя все верующие призваны делиться и жертвовать (Еф. 4:28; см. Лук. 3:11), у имеющих дар раздаяния есть особенно сильное желание и готовность жертвенно помогать другим. Поэтому они в полной мере испытывают в своей жизни, что «доброхотно дающего любит Бог» (2 Кор. 9:7).

«Простота» — это перевод греческого слова *haplotēs*, говорящего об искренней щедрости. Такое даяние вызвано не скрытыми мотивами, а искренней любовью к другим людям и, в конечном счете, к Господу. Оно не лицемерно, как напыщенная щедрость фарисеев (Матф. 6:2) или хитрый план Анании и Сапфиры (Деян. 5:1–11). Искреннее желание раздавать и делиться было отличительным признаком ранней церкви (Деян. 2:44–45). Такое отношение и сейчас характеризует тех, кто имеет этот дар.

БЛАГОТВОРЕНИЕ

Список даров в Римлянам 12 завершается словами: «...благотворитель ли, благотвори с радушием» (12:8). Греческий глагол *eleeō* со значением «благотворить» передает и отношение сочувствия к тем, кто страдает, и способность утешать и ободрять их. Те, кто имеет дар благотворения, сверхъестественно чувствительны к печали и страданиям и особо снаряжены Святым Духом на то, чтобы утешать и поддерживать удрученных. Дар благотворения не ограничивается простым чувством жалости к людям; он проявляется в действии, находя способы поддержать других. Такая одаренность часто проявляется в доброте к бездомным, пожилым, больным, инвалидам, страждущим и скорбящим.

Те, кто проявляет этот дар, не считают его бременем или просто обязанностью. Но они с радостью и большим удовольствием служат во имя Бога милости и благодати (см. 1 Пет. 5:10). Господь Иисус постоянно проявлял это качество во время Своего земного служения, милостиво отвечая состраданием на страдания и нужды людей, которые приходили к Нему (см. Лук. 4:18–19). Те, кто проявляет милость и доброту к другим, подражают Его высочайшему примеру.

ВЕРА

Дар веры, описанный Павлом в 1 Коринфянам 12:9, означает необычайную способность доверять Богу перед лицом трудностей и невзгод. Здесь Павел говорит не о спасающей вере, а о непоколебимой уверенности в силе и обещаниях Бога. Обладающие даром веры отличаются постоянством в молитве и уверенностью, что Бог слышит мольбу Своего народа (см. Иак. 5:16–18). Они остро сознают истину слов Иисуса: «...истинно говорю вам: если вы будете иметь веру с горчичное зерно и скажете горе сей: „Перейди отсюда туда“, и она перейдет; и ничего не будет невозможного для вас...» (Матф. 17:20; см. 1 Кор. 13:2).

Вся община укрепляется, когда имеющие этот дар проявляют веру среди испытаний и скорбей. Это качество непоколебимой уверенности в Божьих обещаниях отличало ветхозаветных святых, перечисленных в Евреям 11. Благодаря их примеру веры, устремлявшей свой взор на Христа, появилось «такое облако свидетелей», которому подражают последующие поколения верующих (Евр. 12:1–2). Точно так же на протяжении истории церкви великое множество верующих, обладающих этим даром, перед лицом трудностей, опасностей и даже смерти проявляли непоколебимую решимость и упование на Бога. От скромных рядовых верующих, которые были сильны в вере, до посвященных миссионеров и благородных мучеников, свидетельства героев веры на протяжении веков воодушевляли целые поколения христиан.

ДУХОВНАЯ ПРОНИЦАТЕЛЬНОСТЬ

Слова «иному — различение духов» (1 Кор. 12:10) говорят о постоянном даре духовной проницательности — дарованной Духом способности выявлять доктринальные заблуждения и религиозный обман. Сатана, «отец лжи» (Иоан. 8:44), постоянно стремится подделывать истинные дела Бога, принимая «вид ангела света» (2 Кор. 11:14). Он делает это главным образом через лжеучителей, распространяющих «учения бесовские» (1 Тим. 4:1). Вот почему апостол Иоанн предупреждал своих читателей: «Возлюбленные! Не всякому духу верьте, но испытывайте духов, от Бога ли они, потому что много лжепророков появилось в мире» (1 Иоан. 4:1).

ЕВАНГЕЛИЗМ

Служение или дар евангелиста, упомянутый третьим в Ефесянам 4:11, подразумевает божественную способность объяснять Евангелие, защищать его и применять к неверующим. Павел 21 раз использовал греческий глагол *euangelizō* («проповедовать Евангелие») в своих посланиях. Он призывал Тимофея: «...совершай дело благовестника...» (2 Тим. 4:5) как в целом, так и в Ефесе в частности (см. Деян. 21:8 о Филиппе в Кесарии). Поэтому евангелист, видимо, в первую очередь был основателем новых церквей через проповедь Евангелия. Когда появлялась община, то церковь возглавлял пастырь-учитель, а евангелист отправлялся служить на новое место.

ПАСТЫРСТВО И УЧИТЕЛЬСТВО

Эта должность или дар, упоминаемый четвертым в Ефесянам 4:11, состоит в божественной способности руководить, питать, защищать и в остальном заботиться о верующих в поместных церквях. Например, послание Павла к Титу содержит такие наставления, которые вполне могли быть даны ему, чтобы он мог стать плодотворным пастырем-учителем. Поскольку Послание к Титу — единственное у Павла, в котором нет греческого глагола *euangelizō* или родственного существительного *euangelion* («Евангелие»), можно предположить, что в нем говорится о труде по взращиванию и укреплению поместной церкви после того, как она была создана евангелистом.

Использование даров

Обзор духовных даров, перечисленных в Новом Завете, подчеркивает разнообразие дарованных Духом способностей, которыми Бог наделил верующих, чтобы они помогали друг другу возрастать в Теле Христовом (см. 1 Кор. 12:4–29). Хотя верующие должны размышлять о том, как Бог одарил их для служения, в конечном концов они должны сосредоточиться не на своих дарах, а на Том, Кто их дал. Когда они назидают других верующих, используя свои дары, они одновременно приносят честь Господу церкви. Таким образом, они становятся живой жертвой поклонения, святой и благоугодной Богу (Рим. 12:1). Петр говорит об этом так:

> Служите друг другу, каждый тем даром, какой получил, как добрые домостроители многоразличной благодати Божией. Говорит ли кто, говори как слова Божии; служит ли кто, служи по силе, какую дает Бог, дабы во всем прославлялся Бог через Иисуса Христа, Которому слава и держава во веки веков. Аминь (1 Пет. 4:10–11).

В целом можно сказать, что категории даров служения, не относящихся к чудесным, весьма общие и широкие. Новый Завет не определяет их в узком смысле, поэтому лучше понимать, что Святой Дух применяет эти способности уникальным образом в жизни каждого верующего.

Поскольку Петр говорит, что каждый верующий получил «дар», справедливо предположить, что дар, получаемый каждым верующим,—это сочетание или соединение способностей, необходимых для эффективного служения Телу Христа. Эта одаренность особо определена Богом для каждого верующего, чтобы у него было все необходимое для служения в церкви. Подобно искусному художнику, использующему палитру цветов, Святой Дух уникально смешивает эти дары в каждом верующем. По этой причине не следует давать слишком точное определение своей одаренности. Полезно служить с открытым и щедрым сердцем, радуясь тому, как по-разному Господь использует верующих, чтобы явить Свою славу в церкви.

Предвкушение небес

Завершая обсуждение церкви, уместно вспомнить, что церковь дает верующим предвкушение небес. Несмотря на свое несовершенство, церковь—это единственное место на земле, где отражается то, что происходит на небесах.

Церковь похожа на небеса в нескольких важных отношениях. В церкви народ Божий желает подчиняться Его нравственной воле, записанной в Его Слове (Матф. 6:10). Они стремятся повиноваться Ему из любви и преданности (Иоан. 14:15; 1 Иоан. 2:3). На небесах верующие будут служить Ему совершенным образом (Откр. 22:3–5), и эта надежда на будущее побуждает их стремиться к святости в земной жизни (1 Иоан. 3:2–3).

В церкви верующие приносят Богу постоянное поклонение как жертву хвалы (Евр. 13:15). Такие выражения поклонения характерны для жизни на небесах. Апостол Иоанн позволяет взглянуть на вечное небесное поклонение:

И каждое из четырех животных имело по шести крыл вокруг, а внутри они исполнены очей; и ни днем, ни ночью не имеют покоя, взывая:

> «Свят, свят, свят Господь Бог Вседержитель,
>   Который был, есть и грядет».

И когда животные воздают славу и честь и благодарение Сидящему на престоле, Живущему во веки веков, тогда двадцать четыре старца падают пред Сидящим на престоле, и поклоняются Живущему во веки веков, и полагают венцы свои перед престолом, говоря:

> «Достоин Ты, Господи,
>   приять славу и честь и силу:
> ибо Ты сотворил все,
>   и все по Твоей воле существует и сотворено» (Откр. 4:8–11).

Всю вечность верующие будут превозносить Господа Иисуса за Его искупительную жертву (Откр. 5:11–14; см. Флп. 2:9–11). Поклонение, которое раздается здесь, на земле, в залах церквей, возвеличивающих Христа, будет непрестанно звучать в небесных залах.

В церкви, хотя ее члены еще не достигли совершенства, человек начинает видеть святость и чистоту, характеризующие небеса. Абсолютная святость небес подчеркивается в Откровении 21:8 и 22:14–15, где объясняется, что вечная слава новой земли будет свободна от разврата, идолопоклонства и любых форм нечистоты. Церковь отражает эту святость, когда ее члены живут праведно (1 Пет. 1:16; Еф. 4:1; Флп. 1:27; Кол. 1:10; см. Пс. 14:2) и верно подвергают дисциплине тех, кто упорствует в нераскаянном грехе (Матф. 18:15–20; 1 Кор. 5:13).

В церкви у Божьего народа также есть глубокое общение друг с другом. Это общение предвосхищает совершенное общение, которое однажды будет у них со всеми святыми и со своим Спасителем, Господом Иисусом (см. 1 Иоан. 1:3; 3:2). Когда верующие собираются в церкви, это напоминает им, что они граждане небес (Флп. 3:20–21) и этот мир—не их дом (см. 1 Иоан. 2:15–17). Они часть собрания святых, принадлежащих к «церкви первенцев, написанных на небесах…» (Евр. 12:23).

Покорность Божьей воле, христоцентричное поклонение, стремление к святости и общение с другими верующими—это лишь несколько примеров того, как церковь на земле предвосхищает славу небес. Такие ожидания должны побуждать верующих расти и в любви к церкви, и в стремлении к небесам. Апостол Павел объяснил коринфянам: «Теперь мы видим как бы сквозь тусклое стекло, гадательно, тогда же лицом к лицу; теперь знаю я отчасти, а тогда познаю, подобно как я познан» (1 Кор. 13:12). В свете такого предвкушения небес, какая радость для верующих быть частью общины искупленных, ожидающих «блаженного упования и явления славы великого Бога и Спасителя нашего Иисуса Христа, Который дал Себя за нас, чтобы избавить нас от всякого беззакония и очистить Себе народ особенный, ревностный к добрым делам» (Тит. 2:13–14).

Молитва[42]

Отец, спасибо, что у Тебя был
    готов план искупления,
      благодаря которому спасаются недостойные и виновные в своих бедах
        грешники, получившие свободный доступ в Твое Царство.
Это Царство не только в сфере небесного вечного правления,
    но и вполне весомо явлено на этой земле.
Мы восхищены Твоим замыслом созидать Царство Твое
    с помощью церкви, Тела Христа,
      в котором каждый член играет важную роль.

Вспоминая апостола Павла, мы понимаем, какими уникальными дарами
    и способностями он был наделен, чтобы расширять пределы Царства Твоего,
      но помним мы и о тех,
        кого Священное Писание
          зачислило в ряды его помощников.
Ты окружил Павла людьми, чьих имен мы никогда бы не узнали,
    не упомяни он о них, о тех, кто молился за него,
    ободрял и помогал ему исполнять Твое великое поручение.

Спасибо, Господь, за прекрасный пример
    сотрудничества в Теле Христа.
Мы помним, что Ты не только спас грешников,
    но и собрал их вместе в одно Тело,
      наделив силой Духа Святого,
        чтобы осуществить Твои славные замыслы.
Благодать Твоя проливается на нас дождем.
Мы благодарим Тебя за Благую весть и за все, что она дала нам:
    спасение,
    освобождение,
    исцеление,
    единство
    и надежду.
Спасибо, что снаряжаешь нас и сплачиваешь
    в эту удивительную общность, называемую Телом Христа.

Мы признаем, что временами
    мы совсем не так полезны, как следовало бы,
    а порой даже становимся преградой на пути Твоих свершений.
Мы огорчаем Духа Святого, заглядываемся на мирские наслаждения,
пренебрегаем своим долгом, заигрываем с грехом.

Кроме того, мы исповедуем, что нередко бываем неуживчивыми,
    черствыми, надменными, эгоистичными, нетерпимыми, расчетливыми
    и безразличными к действительно важным вещам вокруг нас.
Нам крайне необходимо обращаться к Тебе,
    чтобы получать очищение и прощение от всего, что пятнает нашу жизнь.

---

[42] Эта молитва воспроизводится дословно из: Мак-Артур Д. У престола благодати. СПб.: Виссон, 2015. С. 209–211.

Помоги нам пресекать грехи наши при малейшем их проявлении,
    чтобы они тут же были умерщвлены!
Ничего мы не желаем так сильно, как явить Христа во всей Его славе.
Мы—Тело, Глава которого—Христос.
Да воздадут Ему все слова и дела наши достойную славу и честь.

А за все оскорбившее Тебя, Господь,
    мы смиренно просим прощения.
Как нам отблагодарить Тебя, не по заслугам простившего нас,
раскаявшихся грешников,
    и возродившего нас для разумного служения?
Наше горячее желание—быть пригодными инструментами в руках Твоих.
Да будет служение наше верным.
Снаряди нас для проповеди Евангелия
    и очисти, чтобы слава Твоя отражалась на лицах наших.

Господь, Ты—все, в чем мы нуждаемся,
    да не пожелаем мы ничего, кроме Тебя.
Ты—наша крепость и Избавитель,
сила и надежда.
Ты направляешь и охраняешь пути наши.
Ты—один истинный Бог и Скала спасения нашего.
Ты «силен обогатить [нас] всякой благодатью,
    чтобы [мы], всегда и во всем имея всякое довольство,
        были богаты на всякое доброе дело».
Да не будем мы расточителями столь превосходных благословений.

Очисти нас от всего плотского, чтобы нам во всей полноте
    отражать славу Христа.
Помоги уже сейчас воздавать Тебе ту хвалу,
    что завладеет сердцами нашими в грядущей вечности.
И, как всегда, мы приносим все эти прошения во имя благословенного Сына Твоего.
Да будут они услышаны и исполнены,
    ибо мы молимся по воле Твоей. Аминь.

«Примкните к Иисусу!»

Примкните к Иисусу,
О, воины креста,
И поднимите знамя
Воскресшего Христа.
Победу за победой
Дарует Бог войскам;
Врагов Христа низложит
Он всех к Его ногам.

Примкните к Иисусу!
Он вас на бой зовет,
Во всеоружье веры
Он Сам вас облечет.

Пусть не страшит вас битва,
Оружий гул и гром,
Христос за вас сразится
С бесчисленным врагом.

Примкните к Иисусу!
Идите вслед за Ним!
Он — крепость и защита,
Он — верный Вождь своим.
Меч Слова обнажите,
Им побеждайте страх
И, бодрствуя в молитве,
Вы стойте на часах.

Примкните к Иисусу!
День битвы пролетит,
И скоро день победы
Сердца все озарит.
Христос венец готовит
Тому, кто верен был,
И хочет, чтоб навеки
Он с Ним во славе жил.

Джордж Даффилд (1818–1888)
(перевод из сборника И. С. Проханова «Гусли»)

Список литературы

Основные труды по систематическому богословию

Беркхоф Л. Систематическое богословие. Мн.: Полиграфкомбинат им. Я. Коласа, 2014. С. 641–758.

Грудем У. Систематическое богословие: Введение в библейское учение. СПб.: Мирт, 2004. С. 963–1228.

* Тиссен Г. Лекции по систематическому богословию. СПб.: Библия для всех, 1994. С. 335–363.

Эриксон М. Христианское богословие. СПб. Библия для всех, 1999. С. 869–965.

Bancroft, Emery H. *Christian Theology: Systematic and Biblical*. 2nd ed. Grand Rapids, MI: Zondervan, 1976. 281–306.

Buswell, James Oliver, Jr. *A Systematic Theology of the Christian Religion*. 2 vols. Grand Rapids, MI: Zondervan, 1962–1963. 2:216–80.

Culver, Robert Duncan. *Systematic Theology: Biblical and Historical*. Fearn, Ross-shire, Scotland: Mentor, 2005. 799–1006.

Dabney, Robert Lewis. *Systematic Theology*. 1871. Reprint, Edinburgh: Banner of Truth, 1985. 758–817.

Hodge, Charles. *Systematic Theology*. 3 vols. 1871–1873. Reprint, Grand Rapids, MI: Eerdmans, 1975. 3:466–709.

Lewis, Gordon R., and Bruce A. Demarest. *Integrative Theology*. 3 vols. Grand Rapids, MI: Zondervan, 1987–1994. 3:241–363.

Reymond, Robert L. *A New Systematic Theology of the Christian Faith*. Nashville: Thomas Nelson, 1998. 805–976.

Strong, August Hopkins. *Systematic Theology: A Compendium Designed for the Use of Theological Students*. Rev. ed. New York: Revell, 1907. 887–980.

* Swindoll, Charles R., and Roy B. Zuck, eds. *Understanding Christian Theology*. Nashville: Thomas Nelson, 2003. 1077–242.

Turretin, Francis. *Institutes of Elenctic Theology*. 3 vols. Edited by James T. Dennison Jr. Translated by George Musgrove Giger. 1679–1685. Reprint, Phillipsburg, NJ: P&R, 1992–1997. 3:1–560.

* Обозначает самые полезные.

Специальные труды

Адамс Д. Руководство по церковной дисциплине: Права и привилегии каждого члена церкви. Одесса: Тюльпан, 2007.

Девер М. Девять признаков здоровой церкви. Чернигов: In Lumine Media, 2011.

Девер М. Церковь: То, что делает Евангелие видимым. Чернигов: In Lumine Media, 2021.

Деянг К., Клак Т. Почему мы любим церковь. Мн.: Позитив-центр, 2018.

Дэвер М., Александер П. Продуманное созидание церкви: Служение, основанное на Евангелии. Б. м.: Славян. еванг. о-во, 2009.

Лиман Д. Церковная дисциплина: Как церковь защищает имя Христа. Чернигов: In Lumine Media, 2017 (9 признаков: Созидаем здоровые церкви).

Лиман Д. Членство в церкви: Как мир узнает, кто представляет Христа. Чернигов: In Lumine Media, 2017 (9 признаков: Созидаем здоровые церкви).

Ллойд-Джонс М. Проповедь и проповедники. Харьков: БІБЛОС, 2003.

Лоусон С. Стон земли: Пламенный призыв к экспозиционной проповеди. Сакраменто: Grace Publishing International, 2006.

* Мак-Артур Д. Поклонение—наивысший приоритет. Киев: Изд-во Христиан. библ. братства св. ап. Павла, 2007.

Мак-Артур Д. Толкование книг Нового Завета: 1-е Послание к Тимофею. Б. м.: Славян. еванг. о-во, 2000.

Мак-Артур Д. Толкование книг Нового Завета: 2-е Послание к Тимофею. Б. м.: Славян. еванг. о-во, 2000.

Мак-Артур Д. Толкование книг Нового Завета: Послание к Титу. Б. м.: Славян. еванг. о-во, 2004.

* Мак-Артур Д. Чуждый огонь: Опасность оскорбления Святого Духа практикой фальшивого поклонения. Одесса: Христиан. просвещение, 2018.

Мак-Артур Д. Я не стыжусь благовествования. Сакраменто: Grace Publishing International, 2011.

Маршал К., Пэйн Т. Шпалера и лоза: Новый взгляд на служение, который меняет все. Чернигов: In Lumine Media, 2014.

* Мейхью Р. Обетование исцеления. СПб.: Библия для всех, 2007.

Монтойя А. Пламенная проповедь. Б. м.: Славян. еванг. о-во, 2006.

Основы веры: 13 уроков для возрастания в благодати и познании Господа Иисуса Христа // Проповеди: Сообщество проповедников Библии. 2011. URL: https://propovedi.ru/resource/fof-teacher/download-pdf (дата обращения: 19.04.2022).

Пайпер Д. Братья, мы не профессионалы. Ровно: Левит, 2019.

Пасторские наставления для мужчин и женщин / Под ред. Уэйна Грудема и Денниса Рэйни. Сакраменто: Grace Publishing International, 2007.

Сперджен Ч. Лекции моим студентам. Одесса: Богомыслие, 1998.

Строк А. Руководство церковью: Библейские принципы. СПб.: Виссон, 2014.

Строк А. Собрания старейшин. СПб.: Виссон, 2015.

Томас Р. О дарах духовных: Систематическое изучение 1 Коринфянам 12—14. Сакраменто: Благодать, 2006.

Duncan, Ligon, and Susan Hunt. *Women's Ministry in the Local Church*. Wheaton, IL: Crossway, 2006.

Edgar, Thomas R. *Satisfied by the Promise of the Spirit: Affirming the Fullness of God's Provision for Spiritual Living*. Grand Rapids, MI: Kregel, 1996.

Gilley, Gary E. *This Little Church Went to Market: Is the Modern Church Reaching Out or Selling Out?* Rev. ed. Darlington, UK: Evangelical Press, 2005.

Gordon, T. David. *Why Johnny Can't Preach: The Media Have Shaped the Messengers*. Phillipsburg, NJ: P&R, 2009.

Hughes, R. Kent, and Douglas Sean O'Donnell. *The Pastor's Book: A Comprehensive and Practical Guide to Pastoral Ministry*. Wheaton, IL: Crossway, 2015.

* Jefferson, Charles. *The Minister as Shepherd: The Privileges and Responsibilities of Pastoral Leadership*. 1912. Reprint, Charleston, SC: BiblioLife, 2006.

Jefferson, Charles. *The Kind of Preaching God Blesses*. Eugene, OR: Harvest House, 2013.

* MacArthur, John, ed. *Evangelism: How to Share the Gospel Faithfully*. The John MacArthur Pastor's Library. Nashville: Thomas Nelson, 2011.

* MacArthur, John. *The Master's Plan for the Church*. Rev. ed. Chicago: Moody Publishers, 2008.

* MacArthur, John, ed. *Pastoral Ministry: How to Shepherd Biblically*. The John MacArthur Pastor's Library. Nashville: Thomas Nelson, 2005.

* MacArthur, John, ed. *Preaching: How to Preach Biblically*. The John MacArthur Pastor's Library. Nashville: Thomas Nelson, 2005.

MacArthur, John. *Reckless Faith: When the Church Loses Its Will to Discern*. Wheaton, IL: Crossway, 1994.

MacArthur, John. *Welcome to the Family: What to Expect Now That You're a Christian*. Nashville: Thomas Nelson, 2004.

* MacArthur, John, and Wayne A. Mack, eds. *Counseling: How to Counsel Biblically*. The John MacArthur Pastor's Library. Nashville: Thomas Nelson, 2005.

Mayhue, Richard. *What Would Jesus Say about Your Church?* Fearn, Ross-shire, Scotland: Christian Focus, 1995.

Mohler, R. Albert, Jr. *He Is Not Silent: Preaching in a Postmodern World*. Chicago: Moody Publishers, 2008.

Piper, John, and Wayne Grudem, eds. *Recovering Biblical Manhood and Womanhood: A Response to Evangelical Feminism*. Wheaton, IL: Crossway, 2012.

* Radmacher, Earl D. *What the Church Is All About: A Biblical and Historical Study*. Chicago: Moody Press, 1978.

* Saucy, Robert L. *The Church in God's Program*. Chicago: Moody Press, 1972.

Schreiner, Thomas R., and Matthew R. Crawford, eds. *The Lord's Supper: Remembering and Proclaiming Christ until He Comes*. NAC Studies in Bible and Theology 10. Nashville: B&H Academic, 2011.

Schreiner, Thomas R., and Shawn D. Wright, eds. *Believer's Baptism: Sign of the New Covenant in Christ*. NAC Studies in Bible and Theology 2. Nashville: B&H Academic, 2007.

Strauch, Alexander. *The New Testament Deacon: Minister of Mercy*. Littleton, CO: Lewis and Roth, 1992.

Waldron, Samuel E. *To Be Continued? Are the Miraculous Gifts for Today?* Merrick, NY: Calvary Press, 2005.

Wright, David F. *Baptism: Three Views*. Downers Grove, IL: IVP Academic, 2009.

* Обозначает самые полезные.

«Аллилуйя, наш Спаситель»

«Муж скорбей» — так назван Тот,
Кто с заоблачных высот
Приходил спасти народ.
Аллилуйя! Наш Спаситель.

Скорбь и боль изведал Он,
Был поруган, осужден,
К древу смерти пригвожден.
Аллилуйя! Наш Спаситель.

Мы греха и зла полны,
Агнец Божий, только Ты
Искупил нас от вины.
Аллилуйя! Наш Спаситель.

«Совершилось!» — возгласил,
За виновных смерть вкусил,
В небо с радостью вступил.
Аллилуйя! Наш Спаситель.

В день, когда опять придет
Взять искупленный народ,
Каждый верный воспоет:
Аллилуйя! Наш Спаситель.

Филип Блисс (1838–1876)
(перевод Д. А. Ясько)

10

Будущее

Эсхатология

> **Основные темы 10-й главы**
> Введение в эсхатологию
> Личная эсхатология
> Космическая эсхатология

Учебники богословия часто слишком мало обсуждают будущие события, особенно в том, что касается ветхозаветных обетований для израильского народа. Поскольку события последнего времени служат кульминацией искупительного Божьего замысла, эта глава ставит своей целью кратко изложить все, что Бог открыл как о личной, так и о пророческой эсхатологии.

Введение в эсхатологию

Определение эсхатологии
Эсхатология в Божьих планах
Эсхатологические модели
Эсхатология и толкование Библии
Эсхатология и Иисус Христос

Определение эсхатологии

Кому не нравится захватывающая развязка великолепной истории? По мере того как повествование продолжается и сюжет развивается, становится интересно, чем же все это закончится? Какие сюрпризы и повороты скрываются впереди? Одержит ли добро победу над злом? Библия представляет собой величайшую из когда-либо рассказанных историй. У нее яркое начало: «В начале сотворил Бог небо и землю» (Быт. 1:1). В ней интересные персонажи: Адам, Ева, Авраам, Моисей, Давид, апостолы, антихрист и другие. Есть главный сюжет о борьбе добра и зла—великая вселенская битва между Богом и сатаной. Есть главный герой—Иисус, начавший Свой путь со скромного происхождения, чтобы совершить величайшую в истории миссию спасения. Еще есть церковь, которая несет весть об Иисусе среди гонений от сатаны и мира. Но что будет дальше?

В истории уже произошли три из четырех основных частей библейского повествования: сотворение, грехопадение и искупление. Последнее, что должно произойти, — это *восстановление*, включающее в себя победу над злом и установление Божьего Царства на земле. Как может кто-то из христиан не испытывать восторга по поводу будущего? Однако христиане иногда неохотно изучают то, что Библия говорит о грядущих событиях. Возможно, они думают, что вопросы последнего времени второстепенны или слишком сложны для понимания. На самом деле примерно четверть Библии была пророчеством в то время, когда была написана. Но конец важнее всего. Это цель всего остального!

Библия описывает славный грядущий конец как высший источник надежды и ободрения для христиан. Рассказав коринфянам о грядущем воскресении и преображении тела, Павел сказал: «Итак, братия мои возлюбленные, будьте тверды, непоколебимы, всегда преуспевайте в деле Господнем, зная, что труд ваш не тщетен пред Господом» (1 Кор. 15:58). Кроме того, чем больше христианин живет в свете пришествия Иисуса, тем больше должно возрастать его благочестие. Иоанн обещал: «Знаем только, что, когда [Иисус] откроется, будем подобны Ему, потому что увидим Его, как Он есть. И всякий, имеющий сию надежду на Него, очищает себя так, как Он чист» (1 Иоан. 3:2–3). Христианин также может радоваться, что трудности этой жизни однажды закончатся. Смерть будет побеждена (1 Кор. 15:54–55). Произойдет воссоединение с умершими близкими (1 Фес. 4:17). Мы увидим лицо Божие (Откр. 22:3–4).

И все же эта история не для всех закончится хорошо. События последнего времени служат предостережением для тех, кто еще не поверил в Иисуса к спасению. Суд приближается. Неверующие должны «бежать от будущего гнева» (Лук. 3:7), принимая верой Иисуса. Они должны покаяться, чтобы день Господень не постиг их внезапно (1 Фес. 5:2–3). Те, кто отвергнет Божий план спасения, будут навеки отделены от славы Царства и изгнаны из Божьего присутствия (2 Фес. 1:9; Откр. 21:8). Итак, изучение эсхатологии включает в себя исследование действий Бога в истории в масштабах всей Вселенной, но в то же время оно чрезвычайно практично, поскольку касается участи человека. Многое стоит на кону! Суть истории именно в том, чем она заканчивается!

При широком рассмотрении христианской веры эсхатология считается завершающей категорией учения. Некоторые ошибочно считают, что последняя *по порядку* — значит последняя *по значению*. Напротив, эсхатология объясняет грядущие события, связанные с наступлением «времен восстановления всего» (Деян. 3:21, Кассиан). Термин «эсхатология» происходит от греческого слова *eschatos*, означающего «последний», «крайний» или «завершающий». Поэтому эсхатология предполагает изучение «последних событий». В контексте христианской доктрины эсхатология — это изучение последнего времени и событий, связанных с возвращением Иисуса, включая скорбь, воскресение, суды и царство.

Будущие события связаны с характером Бога. Люди пытаются предсказывать будущее на основании закономерностей из прошлого, но их предсказания часто ошибочны. Даже с развитием технологий у людей нет возможности влиять на будущее или понимать его. С другой стороны, Бог всемогущ и всеведущ. Поскольку Бог полновластен, Он напрямую контролирует каждую деталь во Вселенной. А поскольку Бог всеведущий, Он все знает и обеспечивает, чтобы произошло именно то, что Он задумал. Такие истины утешают христиан, поскольку они знают, что Божьи замыслы совершатся. Праведность восторжествует. Зло будет побеждено. Библия показывает, что Бог в полной мере контролирует начало и конец. Сам Бог говорит: «...Я Бог, и нет иного Бога, и нет подобного Мне. Я возвещаю от начала, что будет в конце, и от древних времен то, что еще не сделалось, говорю: „Мой совет состоится, и все, что Мне угодно, Я сделаю“» (Ис. 46:9–10).

Есть две основные категории эсхатологии — личная и космическая. Личная эсхатология касается будущей участи человека и таких вопросов, как смерть, промежуточное состояние, воскресение, суд и место его вечного обитания. Она отвечает на вопрос: какова участь человека? Космическая, или пророческая, эсхатология затрагивает более общие вопросы, такие как библейские заветы, восхищение церкви, период скорби, второе пришествие Иисуса, Тысячелетнее царство и вечное состояние. Если личная эсхатология сосредотачивается на участи отдельных людей, то космическая затрагивает более общие вопросы и то, что Бог будет делать со всем Своим творением, будь то на небе или на земле.

Эсхатология в Божьих планах

Библейский сюжет имеет историческую последовательность. У него есть начало, середина и конец, или кульминация. Вначале Бог создает прекрасную Вселенную. Затем происходит трагический поворот, когда появляется обольщающая, искушающая сила (сатана) в виде змея. Носители Божьего образа поддаются сатанинской лжи и согрешают против своего Создателя, вследствие чего в мир входят грех, смерть и проклятия. Затем через обетования и заветы Бог начинает осуществлять план, по которому Он задумал восстановить творение, включая человечество, через совершенного человека и Спасителя — Иисуса Христа (Быт. 3:15; 12:2–3). Спустя много веков приходит обещанный Спаситель и Царь. Иисус приходит к Своим, но они отвергают Его (Иоан. 1:11). Насильственная смерть, которую Он добровольно принял, обеспечивает искупление как основание для примирения всего (Кол. 1:20). Затем Он возвращается на небеса и оттуда изливает Святого Духа на верующих и строит Свою церковь.

В будущем этот Царь изольет божественный гнев на мир в преддверии Своего личного телесного возвращения на землю (Откр. 19:11–16). Когда Он снова придет, то воскресит умерших святых и в награду Своим последователям даст царствовать на земле тысячу лет (Откр. 20:4). После этого царствования сатана и все нечестивые будут окончательно осуждены и брошены навеки в озеро огненное (Откр. 20:11–15). Тогда начнется совершенное вечное состояние на новом небе и новой земле (Откр. 21:1–22:5). Божьи искупленные и прославленные святые будут служить Ему и царствовать вечно (Откр. 22:5). Эсхатология уделяет особое внимание «концу или кульминации» и тому, что произойдет в связи с этим.

Эсхатологические модели

Различные взгляды на эсхатологию часто возникают из-за разных допущений относительно Божьих целей. Сложившиеся представления о том, как действует Бог, могут повлиять на подход к пророческим текстам и сюжету Библии. Неправильные допущения искажают то, что открыл Бог. Христианин должен убедиться, что его понимание Божьих целей исходит из Библии, а не из других мировоззрений или философий.

Существует две модели или два подхода к рассмотрению Божьих целей — модель духовного видения и модель нового творения[1]. Эти модели функционируют как общие подходы к рассмотрению Божьих целей.

МОДЕЛЬ ДУХОВНОГО ВИДЕНИЯ

Модель духовного видения возвышает «духовное» над физическими. Согласно этой точке зрения, между духовным и материальным существует строгий дуализм, причем духовное ценится больше физического. Материальное воспринимаются как плохое, низшее или злое. Модель духовного видения принимает мировоззрение греческого философа Платона (ок. 428–348 гг. до Р. Х.) и философию, вытекающую из его взглядов. Платон учил превосходству духовного над материальным. Религиозные разновидности платонизма часто представляют избавление души от тела и чисто духовное существование как высший идеал и цель. Гностицизм, который представлял серьезную угрозу для ранней церкви, был одной из форм платонизма. Гностицизм принижал благость материального мира.

Хотя большинство первых христиан не были ни платониками, ни гностиками, идеи Платона часто проникали в раннюю церковь. Ориген (ок. 184—

---

[1] Подробнее о модели духовного видения и модели нового творения см.: Craig A. Blaising, "Premillennialism," in *Three Views on the Millennium and Beyond*, ed. Darrell L. Bock (Grand Rapids, MI: Zondervan, 1999), 160–181.

ок. 254 гг. от Р. Х.) был близок к отрицанию телесного воскресения. Влиятельный богослов Августин (354–430 гг. от Р. Х.) считал, что идея земного царства Иисуса была плотской, и придерживался мнения, что Царство Божье — это духовная сущность, церковь. Его духовное представление о Божьем Царстве, изложенное в его труде «О граде Божием», получило название *амилленаризм*. Эти два влиятельных богослова преуменьшали физические аспекты библейских пророчеств и возвышали духовные. Средневековая Римско-католическая церковь, принявшая амилленаристский взгляд Августина, также опиралась на чрезмерно духовные представления о Божьем Царстве.

Небиблейскую смесь идей Платона с христианством называют «христоплатонизмом»[2]. Подобный подход к Божьему замыслу можно увидеть в таких высказываниях: «Бог заинтересован в спасении души, а не тела», «Царство Божье духовное, а не физическое» или «Вечный удел христиан — небо, а не земля». Идеи, сходные с моделью духовного видения, можно также обнаружить во взглядах, что физические, территориальные и национальные обещания, данные Израилю в Ветхом Завете, должны духовно исполниться в церкви или раствориться в личности Христа. Это заметно, когда люди думают, что их вечная участь в том, чтобы бесплотно пребывать на небе или сидеть на облаке целыми днями и ничего не делать. В качестве примера из массовой культуры можно привести знаменитый комикс Гэри Ларсона «The Far Side», в одном из выпусков которого был изображен сидящий на облаке человек с крыльями на спине и нимбом над головой. Явно изнывающий от скуки мужчина говорит себе: «Жаль, что я не захватил журнал». Подтекст — будущее на небесах невыносимо скучно.

На протяжении большей части своей истории церковь принимала чрезмерно духовные взгляды на будущее. Существование на небесах считалось побегом от плотского физического мира. Даже сегодня многие считают, что окончательной вечной участью человека будет постоянное духовное существование на небесах вне всякой физической реальности. Однако есть лучший путь — библейский.

МОДЕЛЬ НОВОГО ТВОРЕНИЯ

Модель нового творения, наоборот, утверждает благость всего Божьего творения, включая его материальную составляющую. Павел пишет: «...ибо Им [Иисусом] создано все, что на небесах и что на земле, видимое и невидимое...» (Кол. 1:16). В творении присутствуют как духовная, так и материальная составляющие, и обе они значимы для Бога. Обе были поражены грехом и падением человека, и обе в итоге будут восстановлены Богом. Петр говорил о грядущем времени «восстановления всего» (Деян. 3:21, Кассиан). Подход нового творения не отрицает важность духовных истин и реалий, он их утверждает. Но он выступает

---

[2] Randy C. Alcorn, *Heaven* (Wheaton, IL: Tyndale, 2004), 475.

против попыток придать физическим реалиям духовный характер или трактовать их как неполноценные. Духовные и физические благословения даруются вместе.

Многие разделы Писания, такие как Исаии 11, 25, 65, 66, Римлянам 8 и Откровение 21, подтверждают, что в Божьих планах о будущем присутствует материальная реальность. Они говорят о возрожденной земле и о таких материальных явлениях, как народы, цари, экономика, сельское хозяйство, животный мир и социально-политические вопросы. Эти понятия не устраняются в Царстве Христа, а восстанавливаются. Говоря о славе грядущей новой земли, Бог заявляет: «Се, творю все новое» (Откр. 21:5). Негативные последствия греха, такие как смерть, тление и проклятие, будут удалены, а основы сотворенного мира будут искуплены. Конечная участь Божьего народа — это не бесплотное духовное присутствие на небесах, а телесное существование на новой земле.

Модель нового творения также подтверждает неизменную важность как отдельных людей, так и целых народов. Бог совершает спасение отдельных людей, а также судит и благословляет народы как единое целое. Наиболее яркий пример — израильский народ (Матф. 19:28; Деян. 1:6). Кроме того, перечисление народов в Бытии 10–11 показывает, что Бог полновластен над всеми народами и заботится о них. Завет с Авраамом показывает, что в Божий замысел входит благословение всех народов (Быт. 12:3; 22:18).

В Библии также говорится, что Бог употребит Израиль как средство благословения народов (Быт. 12:2–3). Израиль был каналом, через который пришел Мессия Иисус, и он же станет центром Царства Мессии, в котором Израиль будет лидировать как в служении, так и в управлении (Ис. 2:2–4; Деян. 3:25; Рим. 11:11–12, 15). В Исаии 19:16–25 говорится о времени, когда Египет и Ассирия станут народом Божьим наряду с Израилем, который также останется Божьим народом. Даже на новой земле будут народы со своими царями (Откр. 21:24, 26). Таким образом, в Божьих планах присутствуют народы, в том числе и Израиль. Иисус дает гармонию между евреями и язычниками, но не стирает этнические различия (Еф. 2:11–22; 3:6). Поэтому следует избегать «национальной предвзятости», определяя, какие упоминания об Израиле или других народах в пророчествах надо трактовать духовно для эпохи церкви.

Модель нового творения также соединяет эсхатологию и протологию. Если *эсхатология* говорит о последних событиях, то *протология* — о первых. Если понимать первоначальный Божий замысел о человеке и творении, то можно лучше понять, что будет дальше. Бог создал материальный мир за шесть дней, и оценил, что все в нем «хорошо весьма» (Быт. 1:31). Благость всего в Божьем творении опровергает восточные религии, такие как индуизм и буддизм, воспринимающие физический мир как иллюзию (*майю*) и как нечто, что надо преодолеть для просвещения. Эта модель также противостоит всем формам платонизма и их негативным взглядам на материальный мир. Хотя Вселенная состоит из материального и нематериального (Кол. 1:16), нет принципиального дуализма, когда считается, что по своей природе духовное превосходит физическое. Сам человек—это совокупность тела и души, материального и нематериального. Бог создал человека как физическое существо для жизни на физической земле. Поэтому Божьи цели включают физическую сферу.

То, что Божий замысел о Царстве связан с этой землей, видно из повелений, данных Адаму в Бытии 1:26–28, где сказано: «...наполняйте землю, и обладайте ею, и владычествуйте...» Бог создал мир и поставил человека посредником, чтобы он управлял им для славы Божьей. Адам не выполнил это повеление и Божий замысел для человечества. Человек был обречен на смерть, а земля была проклята и покорена суете (Быт. 3:17–19; Рим. 8:20). Сейчас человечество греховно, а творение противится человеку. Но Божий план состоит в том, чтобы восстановить и возродить эту землю (Матф. 19:28; Деян. 3:21).

Эсхатология и толкование Библии

Использование правильных принципов толкования крайне важно для понимания библейских пророчеств и эсхатологии. Это предполагает последовательное использование грамматико-исторического толкования во всех разделах Библии, включая пророческие. Этот подход стремится понять первоначальный смысл, вложенный авторами Библии, и то, как его понимали первые читатели. Он опирается на то, что библейские тексты имеют одно значение, а не множественные, скрытые или аллегорические значения. Большинство придерживающихся Библии христиан используют грамматико-историческое толкование для большинства мест Писания. Но, к сожалению, уже давно сложилась практика необоснованного отказа от грамматико-исторического толкования, когда дело касается эсхатологических разделов. Духовный подход к пророчеству часто приводил к убеждению, что церковь—это новый Израиль или что обещания о земле в Ветхом Завете относятся только к духовным благословениям для церкви.

Например, в Исаии 2:2–4 говорится о времени, когда люди из всех народов будут приходить в Иерусалим, чтобы узнать о Боге. В то время не будет войн, только мир, так как Господь будет царствовать над землей. Такого времени всеобщего согласия между народами еще не было, но некоторые придают этому тексту духовный смысл и считают, что он исполнился в наше время, когда люди из разных стран принимают Евангелие и присоединяются к церкви. Однако в данном тексте не говорится о церкви. Еще один пример: в Откровении 7:4–8 говорится о 144 тысячах евреев, по 12 тысяч от каждого из 12 колен Израиля. Эта группа противопоставляется большой группе спасенных язычников «из всех племен и колен, и народов и языков». Группа в Откровении 7:4–8 явно состоит из евреев, но некоторые считают это описанием церкви, а не Израиля. Такой подход не соответствует грамматико-исторической герменевтике, поскольку в контексте нет никаких причин считать, что в этом тексте говорится о ком-то, кроме этнического Израиля.

Из-за отхода от грамматико-исторического толкования также отбрасывают сказанное в Библии о грядущем Тысячелетнем царстве Иисуса. Даже те, кто отрицает будущее земное Царство Христа, признают, что буквальный подход к ветхозаветным пророчествам должен привести к буквальному грядущему земному царству. Например, Освальд Аллис согласился, что «ветхозаветные пророчества, если их толковать буквально, нельзя считать выполненными или выполняемыми в этом веке»[3]. А Флойд Гамильтон писал: «Мы должны откровенно признать, что буквальное толкование ветхозаветных пророчеств дает нам именно такую картину земного царствования Мессии, как рисуют премилленаристы»[4].

Грамматико-исторический подход к толкованию соответствует обычным способам общения. Он также подтверждается тем, что многие пророчества о первом пришествии Иисуса исполнились в обычном буквальном смысле. Иисус родился от девы (Ис. 7:14) в Вифлееме (Мих. 5:2) и умер ужасной смертью за Своих людей (Ис. 53). Если пророчества о первом пришествии Иисуса исполнились буквально, то и пророчества о Его втором пришествии тоже исполнятся буквально.

Эсхатология и Иисус Христос

Иисус находится в центре программы Божьего Царства. Он величайший Царь. И Царь (Христос), и сфера Его Царства—тема многих ветхозаветных пророчеств. В первом стихе Нового Завета сказано: «Родословие Иисуса Христа, Сына Давидова, Сына Авраамова» (Матф. 1:1). Иисус не только законный потомок Давида и Авраама, но Он также способен исполнить Давидов и Авраамов заветы. В Нем исполняются все пророчества и заветы Библии. Поэтому Павел и заявил: «...ибо все обетования Божии в Нем „да“...» (2 Кор. 1:20).

Тем не менее христиане часто не понимают роли Иисуса в исполнении обещаний Ветхого Завета. Некоторые считают, что ветхозаветные обещания, касающиеся Израиля и его земли, исполняются или как-то поглощаются в Иисусе таким образом, что их буквального исполнения в будущем ожидать не следует. Якобы, поскольку Иисус и есть окончательный или истинный Израильтянин, заменивший Израиль, у израильского народа больше нет богословского значения. Но это неправильный подход. Иисус—средоточие Божьих замыслов, и через Него исполнятся все обетования, пророчества и заветы. Это происходит через буквальное исполнение того, что было обещано. Конкретные детали ветхозаветных обетований и пророчеств имеют значение и должны исполниться именно так, как было предсказано.

Отвечая на ошибочное мнение, что Он отменяет еврейские Писания, Иисус сказал:

---

[3] O. T. Allis, *Prophecy and the Church: An Examination of the Claim of Dispensationalists That the Christian Church Is a Mystery Parenthesis Which Interrupts the Fulfilment to Israel of the Kingdom Prophecies of the Old Testament* (1945; repr., Nutley, NJ: Presbyterian and Reformed, 1977), 238.

[4] Floyd E. Hamilton, *The Basis of the Millennial Faith* (Grand Rapids, MI: Eerdmans, 1942), 38.

> Не думайте, что Я пришел нарушить закон или пророков: не нарушить пришел Я, но исполнить. Ибо истинно говорю вам: доколе не прейдет небо и земля, ни одна иота или ни одна черта не прейдет из закона, пока не исполнится все (Матф. 5:17–18).

Когда Иисус ссылался на «закон или пророков», Он имел в виду еврейское Писание в целом, включая его пророчества. В Ветхом Завете обязательно «исполнится все». В том числе каждая «иота» и «черта» в алфавите. Другими словами, всё без исключений. Всё, что предсказывали еврейские Писания, должно произойти так, как было предсказано.

То, что Иисус ожидал буквального исполнения ветхозаветных пророчеств, можно заметить из пророческого раздела Матфея 24–25. Иисус сказал: «Итак, когда увидите мерзость запустения, реченную через пророка Даниила, стоящую на святом месте...» (Матф. 24:15), и затем объяснил, как из-за этого ужасного события людям, живущим в Иудее, придется спасаться от гонений (Матф. 24:16–21). Иисус полагался на буквальное и контекстуальное понимание текста Даниила 9:27, где говорится о грядущем опустошении иудейского храма нечестивым правителем. Иисус не придавал этому ветхозаветному тексту духовное значение и не говорил, что его детали больше не имеют значения, или что детали поглотились в Нем. Он ожидал буквального исполнения этого события. Иисус также сказал, что космические знамения, предсказанные в Исаии 13:10, действительно произойдут (Матф. 24:29). Кроме того, Он опирался на слова в Даниила 7:13, что Сын Человеческий придет на облаках в великой славе (Матф. 24:30). Иисус неоднократно обращал внимание на детали пророчеств Ветхого Завета, которые должны были исполниться именно так, как было сказано в Ветхом Завете. Если Иисус считал, что детали ветхозаветных пророчеств все еще должны исполниться, то и христиане должны так считать.

Подобно Иисусу, авторы Нового Завета также считали, что пророчества Ветхого Завета требуют точного исполнения после первого пришествия Иисуса. И Петр, и Павел говорили, что день Господень еще должен наступить (2 Пет. 3:10; 1 Фес. 5:2). Согласно Даниила 9:27, Павел ожидал, что придет антихрист, «человек греха», который войдет в иудейский храм, возвысив себя и объявив себя Богом (2 Фес. 2:3–4). Павел также провозгласит грядущее спасение для народа Израиля в связи с обещаниями нового завета (Рим. 11:26–27). Новый Завет не заменяет и не изменяет пророческие ожидания Ветхого Завета, но рассматривает ветхозаветные пророчества как исполняющиеся в двух пришествиях Иисуса.

Ветхий Завет предсказывал, что придет Мессия, Который будет царствовать над всем миром (Зах. 14:9), но также пострадает за грехи Своих людей (Ис. 53). При этом в Ветхом Завете едва ли были указания, что будет два пришествия этого Мессии. Истина о двух различных приходах Мессии была открыта в Новом Завете.

Иоанн Креститель и Иисус провозгласили, что Иисус—Царь, и что Царство Небесное близко (Матф. 3:2; 4:17). Исцеления, изгнания бесов, слова и чудеса Иисуса подтвердили это заявление. Но Иисус встретил неприятие со стороны израильского народа. Города не верили в Него (Матф. 11:20–24), а религиозные лидеры Израиля совершили богохульство, заявив, что Иисус действует силой сатаны (Матф. 12:22–32). Вскоре после этого Иисус начал говорить притчами, чтобы скрыть истину от тех, кто отказывался верить, и открыть ее тем, кто имел веру (Матф. 13:10–17). По мере того как раскрывается сюжет Евангелий, становится яснее, что понадобится два пришествия Христа. В Луки 19:11–27 Иисус сравнил Себя со знатным человеком, который отправился в дальнюю страну, чтобы получить царство, а затем вернулся, чтобы править. Иисусу нужно было уйти на время, прежде чем начнется Его царствование. И перед Своей смертью Он сказал: «...лучше для вас, чтобы Я пошел; ибо, если Я не пойду, Утешитель не приидет к вам; а если пойду, то пошлю Его к вам...» (Иоан. 16:7).

Понимание двух пришествий Христа важно для понимания исполнения библейских пророчеств. Два пришествия означают, что исполнение пророчеств, связанных с Ним, также происходит поэтапно. Некоторые пророчества исполнились при первом пришествии Иисуса, а другие исполнятся при Его возвращении. Например, в Деяниях 3:18 Петр сказал: «Бог же, как предвозвестил устами всех Своих пророков пострадать Христу, так и исполнил». Это показывает, что пророчества о страданиях Иисуса и совершенном Им искуплении исполнились при Его первом пришествии. Однако Петр продолжил, говоря, что небеса должны принять Иисуса «до времен совершения всего, что говорил Бог устами всех святых Своих пророков от века» (Деян. 3:21). Время «совершения всего», которое предсказывали пророки, еще было в будущем, и оно наступит, когда Отец пошлет предназначенного им Иисуса Христа (Деян. 3:20).

Для понимания эсхатологии также нужно распознавать, какие детали пророчеств исполнились при первом пришествии Иисуса, а какие ожидают Его второго пришествия. Если слишком многое считать исполнившимся при первом пришествии, будут упущены важные события, которые должны произойти при возвращении Иисуса. С другой стороны, если слишком многое относить ко второму пришествию, можно упустить существенные аспекты того, что исполнились при первом пришествии Иисуса.

В целом, пророчества, касающиеся личности Иисуса и его роли как Мессии и страдающего Раба Господнего, исполнились при Его первом пришествии. Кроме того, исполнились пророчества, касающиеся крестного подвига Иисуса для искупления греха. Значительным исполнением ветхозаветных пророчеств также стало установление нового завета через смерть Иисуса. И все же многое еще должно произойти. Пророчества, касающиеся 70-й седмины Даниила, дня Господнего, спасения Израиля, антихриста, Тысячелетнего царства и других событий, ожидают времени второго пришествия Иисуса.

Личная эсхатология

Смерть
Промежуточное состояние
Воскресение
Вечный ад
Небеса

Что происходит, когда человек умирает? Ответ на этот вопрос связан с личной эсхатологией. Поскольку Библия говорит о вечной участи как верующих, так и неверующих, этот раздел рассматривает личную эсхатологию с точки зрения этих двух групп.

Смерть

Смерть — неприятная тема, но Писание учит тому, что большинство интуитивно знает: людям предстоит умереть. Хотя все признают явную реальность смерти, только Библия раскрывает ее происхождение, значение и то, что должно произойти для победы над ней. Смерть — это не прекращение существования. Основной смысл смерти — это разделение. Поэтому в Бытии 35:18 о Рахили говорится: «...выходила из нее душа, ибо она умирала...» После смерти ее душа продолжала жить, хотя и была разделена с телом.

Библия говорит о трех видах смерти. Во-первых, *физическая смерть* предполагает прекращение телесной жизни. Когда ключевые органы, такие как мозг и сердце, перестают функционировать, наступает физическая смерть. На этом этапе происходит разделение между телом человека и его душой/духом. Иаков заявил: «...тело без духа мертво...» (Иак. 2:26). В Екклесиаста 12:7 говорится о физической смерти: «И возвратится прах [тело] в землю, чем он и был; а дух возвратится к Богу, Который дал его».

Во-вторых, *духовная смерть* предполагает отчуждение от Бога. Человек может быть физически живым, но духовно мертвым. Фактически, все люди зачаты и рождены в состоянии духовного отделения от Бога (Пс. 50:7). Это происходит из-за вмененного греха Адама и греховной природы, унаследованной от наших предков. Павел имел в виду духовную смерть, когда описал неверующих как «мертвых по преступлениям и грехам» (Еф. 2:1). Говоря о состоянии, в котором находились ефесяне, еще не зная Христа, Павел отметил, что они были физически живы, но духовно разделены с Богом.

В-третьих, *вечная смерть* — это вечное наказание и разделение с Богом. Это происходит с теми, кто умирает физически, будучи духовно мертвым. Нераскаявшиеся подвергнутся вечному, сознательному отделению от благословляющего присутствия Бога (2 Фес. 1:9). Их участь — огненное озеро (Откр. 21:8). Однако не все испытают вечную смерть, верующие в Иисуса избегнут ее.

Писание учит и другим важным истинам о смерти. Во-первых, причина смерти — грех. Вопреки светскому мировоззрению, смерть — это не результат естественных процессов, происходящих при беспорядочном и случайном развитии Вселенной. Смерть происходит, потому что первый человек, Адам, согрешил против Творца. Адаму было сказано, что он умрет, если вкусит от дерева познания добра и зла (Быт. 2:15–17), а Римлянам 5:12 объясняет, что «одним человеком [Адамом] грех вошел в мир, и грехом смерть...». По своей сути, смерть — это духовное явление с широкомасштабными и далеко идущими последствиями.

Во-вторых, смерть реальна; это не иллюзия. Отделение тела от души на самом деле происходит. Хотя христиане признают эту истину, некоторые культы и квазихристианские секты отрицают реальность болезней и смерти.

В-третьих, смерть противоестественна. Бог не создавал человека для смерти, и смерть не была первоначальной частью творения (Быт. 1–2). Вот почему со смертью в Библии часто ассоциируются траур и слезы (Быт. 50:1, 3). Иисус по-настоящему плакал о Лазаре (Иоан. 11:35). Смерть — это нарушение жизни. Ее никогда нельзя приукрашивать или преуменьшать. В этом падшем мире смерть может казаться естественной, поскольку она повсюду. Но Бог не создавал человека для смерти, и наступит день, когда смерть будет побеждена. На новом небе и новой земле смерти не будет (Откр. 21–22; особ. 21:4). Поэтому смерть — это вторжение в Божью Вселенную, это враг, которого нужно победить. Что касается грядущего царствования Иисуса, Павел заявил: «Последний же враг истребится — смерть...» (1 Кор. 15:26). Апостол Иоанн также открыл, что смерть будет брошена «в озеро огненное» (Откр. 20:14). Благодаря Иисусу смерть обречена на поражение. Верующие могут радоваться с Павлом, говоря:

«Поглощена смерть победою».
«Смерть! Где твое жало?
Ад! Где твоя победа?» (1 Кор. 15:54–55)

В-четвертых, в этом веке смерть — это неизбежное событие, приводящее человека на суд перед Творцом[5]. Евреям 9:27 гласит: «...человекам положено однажды умереть, а потом суд...» Смерть — это не гарантированный переход в мирное небытие или нирвану. Небеса также необязательно будут уделом всех, кто умирает. Для неверующих смерть страшна, и ее близость должна всех побуждать к покаянию. В притче о богатом глупце Иисус рассказал о богаче, который жадно приобретал житницы, зерно и товары, не думая использовать свое богатство для Бога. И однажды Бог сказал ему: «Безумный! В сию ночь душу твою возьмут у тебя; кому же достанется то, что ты заготовил?» (Лук. 12:20). Богатый глупец внезапно предстанет перед Богом.

В-пятых, смерть — это переход из одного состояния существования в другое. Это не переход от бытия к небытию. Верующие перейдут на промежуточные небеса, где обитают Бог, воскресший Иисус, ангелы и ранее умершие верующие

---

[5] Исключением будут верующие во время восхищения церкви (1 Фес. 4:13–18), и те, кто будет жить при втором пришествии Христа на землю (Матф. 25:31–46).

(Откр. 6:9–11). Неверующие перейдут в ад, временное место наказания для нечестивых (Лук. 16:19–31). О том, что представляют собой промежуточные небеса и ад, будет сказано ниже.

СМЕРТЬ НЕВЕРУЮЩИХ

Смерть служит источником страха только для тех, кто не знает Бога. Для неверующего смерть не только прекращает его нынешнюю, физическую жизнь, но и требует от него напрямую дать ответ Богу за жизнь, прожитую без Него (Евр. 9:27). Иисус предупреждал, что люди должны бояться Бога, Который «может и душу, и тело погубить в геенне» (Матф. 10:28).

Пока люди живы, все они, включая неверующих, испытывают общую Божью благодать в таких благословениях, как пища, воздух, солнечный свет и взаимоотношения. Павел косвенно указывает на это, когда спрашивает: «Или пренебрегаешь богатство благости, кротости и долготерпения Божия, не разумея, что благость Божия ведет тебя к покаянию?» (Рим. 2:4). Однако Павел также предупреждает об отвержении Божьей благости: «Но, по упорству твоему и нераскаянному сердцу, ты сам себе собираешь гнев на день гнева и откровения праведного суда от Бога...» (Рим. 2:5). Когда человек пользуется Божьими благословениями, но не чтит Его, Божий гнев на него усиливается. Кроме того, те, кто умирает в неверии, будут испытывать вечную смерть без шансов на отсрочку или избавление. Хотя приговор к озеру огненному будет вынесен только на последнем суде, участь неспасенных определена с момента смерти. После смерти второго шанса нет. Притчи 11:7 кратко объясняют, что означает смерть для нечестивых: «Со смертью человека нечестивого исчезает надежда...»

СМЕРТЬ ВЕРУЮЩИХ

Верующие во Христа не избегнут последствий физической смерти. Даже для христианина смерть может наступить внезапно, в результате трагического несчастного случая или после долгой мучительной болезни. С одной стороны, христиане — это новое творение (2 Кор. 5:17), и они получили внутреннее обновление благодаря действию Святого Духа, а с другой — их физические тела тоже подвержены тлению. Как сказал Павел: «...но если внешний наш человек и тлеет, то внутренний со дня на день обновляется» (2 Кор. 4:16). По причинам, известным только Богу, Он решил, что уничтожение смерти произойдет в будущем (Ис. 25:8). Как же тогда смерть касается верующего во Христа?

Смерть — это результат греха, но христианину все грехи прощены: «...нет... никакого осуждения тем, которые во Христе Иисусе» (Рим. 8:1). Поэтому для христианина смерть — это не наказание, как для неверующего. Но физическая смерть происходит, потому что мы живем в падшем мире, все еще ожидающем «восстановления всего» (Деян. 3:21, Кассиан). Процесс тления и смерти напоминает христианам об их бренности и полной зависимости от Бога. Страдания и смерть также помогают христианам соединиться с Иисусом и стать ближе к Нему, поэтому Павел и сказал, что стремится «познать Его, и силу воскресения Его, и участие в страданиях Его, сообразуясь смерти Его...» (Флп. 3:10).

На пути к физической смерти христианину не нужно бояться смерти, потому что Христос победил ее (Откр. 1:18). Своей жертвенной смертью Иисус может «избавить тех, которые от страха смерти через всю жизнь были подвержены рабству» (Евр. 2:14–15). Павел сказал: «Ибо я уверен, что ни смерть, ни жизнь... не может отлучить нас от любви Божией во Христе Иисусе, Господе нашем» (Рим. 8:38–39). Собственно говоря, Павел считал трудным выбор между тем, продолжать ли ему служение на земле или уйти, чтобы быть со Христом: «Если же жизнь во плоти доставляет плод моему делу, то не знаю, что избрать. Влечет меня то и другое: имею желание разрешиться и быть со Христом, потому что это несравненно лучше; а оставаться во плоти нужнее для вас» (Флп. 1:22–24). Павел знал, что Бог хочет, чтобы он оставался на земле и служил другим, но он желал пребывать со Христом на небесах. Он не отвращался от смерти, ведь она означала сразу же оказаться с Иисусом.

Павел писал коринфянам: «...мы благодушествуем и желаем лучше выйти из тела и водвориться у Господа» (2 Кор. 5:8). И снова Павел считал, что выйти из тела (физическая смерть) предпочтительнее, поскольку тогда он будет с Иисусом. Эти стихи не только ободряют верующего, но и опровергают небиблейскую концепцию сна души, в которой физическая смерть означает небытие до воскресения. Верующий никогда не отделяется от Христа.

Смерть—это действительно страшный враг, которого нужно победить. Однако благодаря смерти Иисуса власть греха и смерти над христианином разрушена. Окончательное уничтожение смерти произойдет при возвращении Иисуса, но и в этом падшем мире христиане знают, что физическая смерть—это не конец. Она мгновенно и навсегда вводит христианина в присутствие Иисуса. Резкий контраст между смертью неверующих и верующих описан в Притчах 14:32: «За зло свое нечестивый будет отвергнут, а праведный и при смерти своей имеет надежду».

Промежуточное состояние

Промежуточным состоянием называют сознательное существование людей между физической смертью и воскресением тела. Это относится как к верующим, так и к неверующим, хотя участь этих двух групп различна. Поскольку в Новом Завете основное внимание уделяется предстоящему возвращению Иисуса и Царству Божьему на земле (Ис. 11; 65:17–25; Откр. 20–22), в Писании дано мало сведений о промежуточном состоянии. Однако информации достаточно, чтобы иметь реальное понимание этого вопроса.

ПРОМЕЖУТОЧНОЕ СОСТОЯНИЕ НЕВЕРУЮЩИХ

Промежуточное состояние неверующих состоит в сознательном мучении в месте, называемом адом, от греческого слова *hadēs* (букв. гадес), обозначавшего местопребывание умерших[6]. В Септуагинте оно использовалось для перевода еврейского слова *sheol*, которое относилось к царству умерших вообще и не проводило различия между праведными и нечестивыми душами. Однако в Новом Завете слово «ад» описывает место пребывания нечестивых до окончательного осуждения в озеро огненное (Откр. 20:13). Поэтому термин «ад» служит для описания временного места сознательных мучений нечестивых[7].

Самое развернутое обсуждение ада содержится в Луки 16:19–31, в истории о богаче и Лазаре. Купавшийся в роскоши богач мало думал о нищем Лазаре. Когда богач умер, его тело похоронили (16:22); однако его нематериальная часть была перенесена в ад, где он был «в муках» (16:23). Он воззвал к Аврааму о милости, говоря: «Я мучаюсь в пламени сем» (16:24). Богач испытывал мучения. Он также обладал памятью, так что он не только помнил Авраама и Лазаря, но и желал помочь своим пятерым живым братьям. Он понимал, что его пребывание в аду было заслуженным. Авраам также обратился к памяти богача: «Чадо! Вспомни, что ты получил уже доброе твое в жизни твоей, а Лазарь— злое...» (16:25). Все эти детали описывают место мучений, где человек обладает самосознанием и памятью.

Насколько буквально следует понимать этот рассказ, и какие истины о промежуточном состоянии можно почерпнуть из него? Описывает ли эта притча реальный или вымышленный рассказ? Нельзя утверждать, что упоминание имен (Лазарь и Авраам) указывает на фактическое описание реальных людей. Хотя это притча, Господь рассказал ее, чтобы объяснить реальные обстоятельства после смерти.

ПРОМЕЖУТОЧНОЕ СОСТОЯНИЕ ВЕРУЮЩИХ

Промежуточное состояние верующих резко отличается от участи неверующих. Оно состоит в сознательном мирном существовании на небесах с Иисусом с момента физической смерти и до воскресения тела. После физической смерти душа верующего немедленно оказывается в присутствии Иисуса на небесах (2 Кор. 5:8; Флп. 1:22–24). Когда Стефана побивали камнями, он воззвал к Иисусу, Которого увидел на небесах: «Господи Иисусе! Приими дух мой» (Деян. 7:59). Раскаявшемуся разбойнику на кресте Иисус обещал: «Истинно говорю тебе, ныне же будешь со Мною в раю» (Лук. 23:43).

Когда верующий умирает, его тело погребают, а душа немедленно оказывается на небесах. Павел сказал, что пребывать с Господом Иисусом в этом состоянии «несравненно лучше» (Флп. 1:23) физической жизни в падшем мире (2 Кор. 5:8). Однако он также заявил, что промежуточное состояние сравнимо с наготой

---

[6] Этот абзац адаптирован из «Учебной Библии с комментариями Джона Мак-Артура» (Б. м.: Славян. еванг. о-во, 2011. С. 1534).

[7] Словом «ад» называют не только временное, но и вечное место мучений нечестивых. Чтобы избежать путаницы, здесь «ад» используется в узком библейском смысле как эквивалент греческого слова *hadēs*. — *Примеч. ред.*

(2 Кор. 5:3), поскольку люди не были созданы, чтобы быть бесплотными. Человек наиболее полноценен, когда облечен в физическое тело. Павел больше всего желал прославления воскресшего тела (2 Кор. 5:1–2). Для христианина воскресение лучше, чем промежуточное состояние, а оно лучше, чем жизнь в этом падшем мире.

Промежуточное состояние также означает отдых от трудов этой жизни. В Откровении 14:13 Иоанн говорит: «И услышал я голос с неба, говорящий мне: „Напиши: отныне блаженны мертвые, умирающие в Господе; ей, говорит Дух, они успокоятся от трудов своих, и дела их идут вслед за ними“». Откровение 6:9–11 дает очень подробные сведения о промежуточном состоянии. Апостол Иоанн видит сцену, в которой на небесах под жертвенником находятся души. Это «души убиенных за слово Божие и за свидетельство, которое они имели» (6:9). Это христианские мученики, чьи души сейчас находятся на небесах:

> И возопили они громким голосом, говоря: «Доколе, Владыка Святой и Истинный, не судишь и не мстишь живущим на земле за кровь нашу?» И даны были каждому из них одежды белые, и сказано им, чтобы они успокоились еще на малое время, пока и сотрудники их и братья их, которые будут убиты, как и они, дополнят число (Откр. 6:10–11).

В этом можно заметить несколько истин о промежуточном состоянии верующих. Во-первых, находясь на небесах, эти святые обладают острым самосознанием и знанием о других и о жизни в мире. Они знают, что были убиты за свидетельство об Иисусе, и хотят суда земле для своих убийц. Эти святые помнят, что они пережили в прошлом, и имеют надежду на будущее. Во-вторых, они понимают разницу между небом и землей. Даже попав на небеса, они не забывают полностью о земле и не ведут себя так, как будто только небеса имеют значение. В-третьих, небеса для них не окончательная участь. Даже на небесах святые жаждут справедливости на земле — справедливости, которая придет с возвращением Иисуса и святых в Откровении 19:11–21. Промежуточные небеса — это не окончательный дом для них. К этим святым относится истина: «Мы будем царствовать на земле» (Откр. 5:10).

В-четвертых, у святых мучеников на небесах, видимо, есть некая форма, напоминающая тело. Иоанн мог их видеть («...я увидел... души...», Откр. 6:9). Они могут говорить и быть услышанными («И возопили они громким голосом...», 6:10). Они также могут носить одежду («И даны были каждому из них одежды белые...», 6:11). И они существуют в пределах времени («...сказано им, чтобы они успокоились еще на малое время...», 6:11). Поэтому ясно, что святые в промежуточном состоянии на небесах реально существуют. Однако это не телесное существование; физическая смерть наступила, и их тела в ожидании воскресения остаются в земле. К тому же воскресение тела еще в будущем. Тем не менее фактическое и локальное присутствие верующих на небесах представлено как реальность.

ЗНАЧЕНИЕ ПРОМЕЖУТОЧНОГО СОСТОЯНИЯ

Какую роль играет промежуточное состояние в более общих вселенских замыслах Бога? Души неверующих находятся в аду. Души усопших святых и воскресший Иисус находятся на небесах. Поэтому промежуточное состояние весьма важно в Божьих планах. Однако следует избегать крайностей, касающихся значения промежуточного состояния.

Одна крайность преуменьшает значение или даже существование промежуточного состояния. Некоторые учат, что ни у верующих, ни у неверующих нет промежуточного состояния, предпочитая верить в так называемый «сон души». Согласно этому взгляду, когда человек умирает, он перестает существовать до возвращения Иисуса и телесного воскресения. Тогда человек снова оживет. Но многочисленные тексты, в том числе рассмотренные выше, описывают сознательное существование людей между физической смертью и воскресением тела.

С другой стороны, значение промежуточного состояния могут преувеличивать двумя способами. Во-первых, иногда промежуточные небеса считают окончательным состоянием верующих. Когда христиане думают, что их вечная участь—это нынешние небеса, а не новое небо и новая земля (Откр. 21:1), они излишне выделяют нынешние небеса. Некоторые христианские гимны, такие как «Я улечу» (I'll Fly Away) со словами: «В страну, где радости не будет конца, я улечу»,—могут создать впечатление, что участь христианина—остаться там навсегда, а «страна», которую обещает Бог,—это небеса. Но окончательная участь верующих—это не промежуточное небо, а новая земля. Поэтому Петр говорит: «Впрочем мы, по обетованию Его, ожидаем нового неба и новой земли, на которых обитает правда» (2 Пет. 3:13).

Вторая ошибочная точка зрения—считать промежуточное состояние тысячелетним правлением Христа и святых на небесах в эту эпоху. Этого придерживаются некоторые амилленаристы[8]. Но Библия не говорит, что Тысячелетнее царство Иисуса и святых будет на небесах. Напротив, оно совершится на земле—там, где Бог изначально поставил человека править (Быт. 1:26–28). Царствование Христа и святых должно происходить на земле, а не на небесах, где вселенское Божье Царство уже существует. Святые мученики на небесах в Откровении 6:9–11 изображены как жаждущие справедливости на земле. Они еще не царствуют, но ожидают Царства, и это ожидание исполнится, когда святые воскреснут и будут царствовать после возвращения Иисуса (Откр. 20:4). Итак, Тысячелетнее царство Христа и святых—это не скрытое царствование с небес, а видимое, осязаемое правление на земле, для управления которой Бог и сотворил человека.

---

[8] Например, так считает амилленарист Сэм Стормс, заявляющий: «Теперь я убежден, что Откровение 20:4–6 говорит исключительно о *промежуточном состоянии мучеников*» (Sam Storms, *Kingdom Come: The Amillennial Alternative* [Fearn, Ross-Shire, Scotland: Mentor, 2013], 451. Курсив как в оригинале). Он также говорит: «В Откровении 20 он [Иоанн]... описывает промежуточное состояние как то, что *души, живут и царствуют со Христом*» (Ibid., 461. Курсив как в оригинале).

Промежуточное состояние — это состояние умерших верующих на небесах или неверующих в аду на протяжении этого века до второго пришествия Иисуса и телесного воскресения. Но это не окончательное состояние или окончательная участь людей.

Воскресение

Бог создал людей как комплексное единство тела и души. В этом веке физическая смерть приводит к отделению тела от души. Но это состояние не длится вечно. Каждому предстоит воскреснуть в теле, соответствующем его вечной участи.

Поскольку большинство людей физически умирают до возвращения Иисуса, о воскресении часто говорят, что мертвые выйдут из могил. Например, Даниил говорит, что сначала наступит «время тяжкое», а потом «многие из спящих в прахе земли пробудятся, одни для жизни вечной, другие на вечное поругание и посрамление» (Дан. 12:1–2). Те, кто умер и был погребен, однажды «пробудятся». Это физическое воскресение тела. Ту же истину подтверждает Иисус, говоря:

> Не дивитесь сему; ибо наступает время, в которое все, находящиеся в гробах, услышат глас Сына Божия; и изыдут творившие добро в воскресение жизни, а делавшие зло — в воскресение осуждения (Иоан. 5:28–29).

Время и этапы Божьей программы воскресения будут обсуждаться позже, а здесь основное внимание уделяется тому, что означает воскресение для верующих и неверующих. Воскресение происходит для обеих групп, но не все пробуждаются к одной и той же участи. Поскольку Писание дает больше подробностей о воскресении верующих, начнем с него.

ВОСКРЕСЕНИЕ ВЕРУЮЩИХ

Верующим в Бога предстоит воскресение тела. Один из самых ранних библейских героев, Иов, выразил уверенность в воскресении:

> Но я знаю: Искупитель мой жив,
>   и в конце Он встанет над землей;
> и когда моя кожа с меня спадет,
>   я все же во плоти моей увижу Бога... (Иов. 19:25–26, НРП)

Иов знал, что его кожа «спадет» с него (физическая смерть), но это будет не конец. Его «Искупитель... встанет над землей», и в конце Иов «во плоти» увидит Бога. Физическое воскресение реально и происходит благодаря Искупителю. Исаия также говорил о воскресении тел спасенных:

> Оживут мертвецы Твои, восстанут мертвые тела!
>   Воспряните и торжествуйте, поверженные в прахе:
> ибо роса Твоя — роса растений,
>   и земля извергнет мертвецов (Ис. 26:19).

Наиболее обширное обсуждение природы воскресшего тела верующих записано в 1 Коринфянам 15:35–49. Сначала Павел задал такие вопросы: «Как воскреснут мертвые и в каком теле придут?» (15:35). Затем он сравнил несовершенные смертные тела, которые мы имеем сейчас, с прославленными телами, которые получим в веке грядущем. Прославленные тела будут нетленными. Они не ветшают и не умирают как нынешние тленные тела (15:42). Наши будущие тела будут свободны от уничижения греха. Они будут сильными, а не слабыми (15:43). Это будут духовные тела, а не обычные (15:44). Иисус — прообраз прославленных тел, в то время как наши обычные тела соответствуют Адаму (15:45–46).

Под «духовными» телами не подразумеваются тела нематериальные или призрачные. Они духовные, так как происходят от Бога через воскресение и прославление. Павел учил, что прославленные тела будут физическими, говоря, что мы ожидаем «искупления тела нашего» (Рим. 8:23). Он также писал, что Иисус, придя, «уничиженное тело наше преобразит так, что оно будет сообразно славному телу Его...» (Флп. 3:21). Как Иисус, воскреснув из мертвых, имел осязаемое, физическое существование, так будет и с Его последователями. В конце концов, Иисус есть «первенец из умерших» в Нем (1 Кор. 15:20). Прославленные тела нужны, чтобы войти в вечное Божье Царство (1 Кор. 15:50).

Воскресение подразумевает, что тело оживет и воссоединится с душой. Обсуждая восхищение церкви в 1 Фессалоникийцам 4:13–18, Павел сказал: «Умерших в Иисусе Бог приведет с Ним» (1 Фес. 4:14), имея в виду души умерших христиан на небесах. Поэтому при восхищении Бог возьмет души умерших христиан и соединит их с воскресшими телами (1 Фес. 4:16).

Поскольку окончательная участь верующих — это новая земля, то воскресшие тела идеально подходят для вечной жизни на новой земле. На новой земле не будет проклятия, разложения или смерти. И у тех, кто будет жить на ней, тоже не будет этого. Верующим есть чего ожидать.

ВОСКРЕСЕНИЕ НЕВЕРУЮЩИХ

О природе воскресшего тела неверующих Писание говорит меньше, но некоторые выводы можно сделать. В Даниила 12:2 говорится, что неспасенные «пробудятся» на «вечное поругание и посрамление». Неверующие испытают реальное телесное воскресение. Из Даниила 12:2 и Иоанна 5:28–29 видно, что они восстанут из могил. Поэтому из могилы восстает то тело, которое умерло и было похоронено. Тело будет воскресшее, но человек тот же. То есть между ними есть однозначное соответствие.

Во-вторых, воскресшие тела неспасенных пригодны для пребывания в озере огненном. Как верующие получат тела для жизни на новой земле (Откр. 21:1–22:5), а это реальное место, так неверующие получат тела для пребывания в озере огненном, которое также реальное место. Откровение 20:15 говорит: «И кто не был записан в книге жизни, тот был брошен в озеро огненное». Такая параллель между верующими и неверующими объясняется в Исаии 66:22–24, где сначала описываются условия новой земли для верующих (66:22–23), а затем—условия для неспасенных: «И будут выходить и увидят трупы людей, отступивших от Меня: ибо червь их не умрет, и огонь их не угаснет; и будут они мерзостью для всякой плоти» (66:24). Это описывает реальное существование погибших.

И в Откровении 20:15, и в Исаии 66:24 раскрывается ужасная участь нераскаявшихся. Эти тексты описывают бесконечный огненный суд. Апостол Иоанн сказал о неверующих: «...тот будет пить вино ярости Божией, вино цельное, приготовленное в чаше гнева Его, и будет мучим в огне и сере пред святыми ангелами и пред Агнцем; и дым мучения их будет восходить во веки веков, и не будут иметь покоя ни днем, ни ночью...» (Откр. 14:10–11). Это говорит о бедственном существовании: вечные сознательные мучения, не дающие покоя тем, кто там пребывает.

Вечный ад

Библия говорит, что существует вечный ад[9]. Это реальное место вечных огненных мучений для нераскаявшихся, которое часто называют геенной. Из 12 упоминаний о геенне в Библии подавляющее большинство исходит из уст Самого Иисуса[10]. Ниже приводятся примеры Его высказываний на эту тему:

...а кто скажет: «Безумный», подлежит геенне огненной (Матф. 5:22).

И не бойтесь убивающих тело, души же не могущих убить; а бойтесь более Того, Кто может и душу и тело погубить в геенне (Матф. 10:28).

Змии, порождения ехиднины! Как убежите вы от осуждения в геенну? (Матф. 23:33)

И если соблазняет тебя рука твоя, отсеки ее: лучше тебе увечному войти в жизнь, нежели с двумя руками идти в геенну, в огонь неугасимый... (Марк. 9:43)

Греческий термин *gehenna*, который использован в приведенных выше текстах, встречается в Новом Завете 12 раз и относится к долине Еннома к югу и востоку от Иерусалима. Там детей приносили в жертву богу Молоху (4 Цар. 23:10; Иер. 7:31–32). Некоторые считают, что долина Еннома была также местом, где сжигали мертвые тела преступников и животных[11]. Иисус и авторы Нового Завета использовали название этого ужасного места огненного истребления как символ будущего наказания нечестивых. Эти ссылки показывают реальность

---

[9] Как вечное, так и временное место мучений нечестивых называют словом «ад». Чтобы избежать путаницы, вечное место мучений здесь обозначается выражением «вечный ад». — *Примеч. ред.*

[10] Более подробно о геенне см. следующие статьи в *Master's Seminary Journal* 9, no. 2 (1998): Richard L. Mayhue, "Hell: Never, Forever, or Just for a While?," 129–145; Robert L. Thomas, "Jesus' View of Eternal Punishment," 147–167; James E. Rosscup, "Paul's Concept of Eternal Punishment," 169–189; Trevor Craigen, "Eternal Punishment in John's Revelation," 191–201; Larry Dean Pettegrew, "A Kinder, Gentler Theology of Hell?," 203–217.

[11] См.: Paul Enns, *The Moody Handbook of Theology* (Chicago: Moody Press, 1989), 375.

вечного ада. Люди должны стремиться избежать этого ужасного места. Другие тексты, хотя и не используют слово «геенна», дополнительно описывают вечный огонь, ожидающий нечестивых:

> Тогда [Иисус] скажет и тем, которые по левую сторону: «Идите от Меня, проклятые, в огонь вечный, уготованный диаволу и ангелам его…» (Матф. 25:41)

> И третий ангел последовал за ними, говоря громким голосом: кто поклоняется зверю и образу его и принимает начертание на чело свое, или на руку свою, тот будет пить вино ярости Божией, вино цельное, приготовленное в чаше гнева Его, и будет мучим в огне и сере пред святыми ангелами и пред Агнцем; и дым мучения их будет восходить во веки веков, и не будут иметь покоя ни днем, ни ночью поклоняющиеся зверю и образу его и принимающие начертание имени его (Откр. 14:9–11).

> И кто не был записан в книге жизни, тот был брошен в озеро огненное (Откр. 20:15).

Огненные мучения в геенне бесконечны. Кроме того, геенна—это не просто «состояние ума» или какое-то духовное существование. Такие выражения нельзя объяснить только метафорой.

Геенна связана с тремя вечными негативными последствиями: (1) кара, (2) погибель и (3) изгнание. Ни одна из этих концепций не объясняет полностью сущность геенны, но вместе они предлагают многогранное понимание того, почему она так ужасна. Во-первых, нечестивые наказаны и получают возмездие за свои поступки (Лук. 12:47–48). Божье наказание—это не месть, а праведное возмездие за совершенные проступки. Во-вторых, вечный ад предполагает погибель (2 Фес. 1:9), что включает концепции разрушения и опустошения. Те, кто умирает в неверии, упустили возможность прожить жизнь, угодную Богу. Они враги Бога, их удел—гибель и крах (Матф. 7:19). В-третьих, вечный ад означает изгнание. Нечестивые не только наказаны и терпят крах, но они также изгнаны из сферы благословений Божьего Царства и лишены доступа к славе новой земли. Своей царской властью Бог удалил их без надежды войти в Его присутствие (Откр. 22:14–15).

ШЕОЛ

В Библии есть и другие термины, связанные с вечным наказанием. Еврейский термин *sheol* встречается 65 раз в Ветхом Завете. В зависимости от контекста этот термин переводится как «могила», «гроб», «преисподняя» или «ад». В целом, шеол обозначает обитель мертвых. Псалом 87:4 говорит: «…ибо душа моя насытилась бедствиями, и жизнь моя приблизилась к преисподней [евр. *sheol*]». Быть в шеоле—значит быть отрезанным от жизни, не имея доступа к земным делам. И все же шеол не позволяет скрыться от Божьего присутствия. Псалом 138:8 гласит: «…сойду ли в преисподнюю—и там Ты».

ТАРТАР

Еще одна ссылка на ад есть в 2 Петра 2:4: «Ведь если Бог не пощадил даже ангелов, которые согрешили, но бросил их в ад, где они ожидают суда, скованные цепями мрака...» (НРП). Здесь во фразе «бросил их в ад» не используются греческие слова *gehenna* или *hadēs*, но это перевод слова *tartaroō* с тем же корнем, что «тартар». В Новом Завете это слово используется только здесь. В греческой мифологии тартар был подземным царством, даже ниже, чем гадес, где нечестивые терпели наказание. Согласно римской мифологии, тартар был местом, куда изгонялись враги богов. Впоследствии евреи стали использовать этот термин, описывая место, куда были брошены падшие ангелы. Это был самый низший уровень ада, самая глубокая преисподняя и самое ужасное место мучений. Согласно 2 Петра 2:4, когда ангелы согрешили, они были брошены в тартар. Это может относиться к ангелам («сынам Божиим») в книге Бытия, которые согрешили, пытаясь развратить человеческий род, сожительствуя с дочерями человеческими (Быт. 6:2).

БЕЗДНА

Еще один библейский термин, описывающий заключение, хотя и неравнозначное аду, — это «бездна» (греч. *abyssos*). Бездна — это тюрьма для падших ангелов, в которой они лишены доступа на землю или возможности влиять на нее. Когда Христос собирался изгнать многих бесов из человека, как сказано в Луки 8:31, бесы «просили Иисуса, чтобы не повелел им идти в бездну». Бесы боялись бездны, поскольку это означало бы полное прекращение их деятельности на земле. В Откровении 9 сказано, что бесовские существа будут освобождены из бездны, чтобы приносить вред жителям земли (Откр. 9:1–2). Именно освобождение из бездны дает им возможность вредить людям, поскольку, находясь в бездне, они не могут воздействовать на людей на земле.

Бездна снова упоминается в Откровении 20:1–3. Там сказано, что сатана будет брошен в бездну после второго пришествия Иисуса. Как только сатана будет заключен туда, бездна будет закрыта и запечатана «над ним», чтобы в течение тысячи лет сатана не мог прельщать народы (Откр. 20:3). Бездна служит тюрьмой для сатаны. В результате этого на земле прекратится как присутствие сатаны, так действие его обмана, поскольку заключение в бездне полностью устраняет его влияние на землю. По истечении тысячи лет сатана будет освобожден из бездны, чтобы еще раз обольстить народы, но будет сразу же повержен и брошен в озеро огненное навеки (Откр. 20:7–10).

ИСКАЖЕННЫЕ ПРЕДСТАВЛЕНИЯ ОБ АДЕ

Реальный, мучительный и бесконечный ад для погибших настолько ужасен, что многие отказываются в него верить. Были предложены некоторые замены для библейской доктрины вечного ада. Ниже перечислены искажения этой реальности.

Универсализм. Все популярнее становится мнение, что все люди окажутся на небесах и никто не будет проводить вечность в аду. Этот взгляд называется *универсализмом*, поскольку утверждает, что все люди будут спасены. Универсализм может принимать разные формы. Во-первых, некоторые считают, что искупительная жертва Христа будет применена ко всем людям независимо от того, верят ли они или нет. Поэтому все люди войдут в Божье присутствие. Во-вторых, другие считают, что людям, которые умирают в неверии или никогда не слышали об Иисусе, будет дана посмертная возможность поверить в Него, на что все отреагируют положительно. Третья форма универсализма утверждает, что какое-то время люди будут нести наказание в аду, но в конце концов будут приняты на небеса.

Универсализм опровергается многочисленными утверждениями в Писании, что не все будут спасены и что некоторые подвергнутся вечному наказанию (Матф. 25:41, 46; Откр. 20:11–15). Обсуждая славу новой земли (Откр. 21:1–7), Иоанн ясно дал понять, что не все попадут в это место: «Боязливых же и неверных, и скверных и убийц, и любодеев и чародеев, и идолослужителей и всех лжецов участь в озере, горящем огнем и серою. Это смерть вторая» (Откр. 21:8). Вопреки универсализму, история заканчивается хорошо не для всех. Обязательное условие для входа во славу — вера во Христа (Иоан. 3:36). Те, кто не верит, будут нести вечное осуждение за свои грехи.

Аннигиляционизм. Еще одно искажение доктрины вечного ада — это аннигиляционизм, полагающий, что нечестивые перестанут существовать. Это произойдет в момент физической смерти, после грядущего суда или после периода наказания в аду. Якобы наступит момент, когда нечестивых больше не будет. Как аннигиляционисты объясняют библейские утверждения, что наказание в аду будет длиться вечно? Они считают, что вечным будет не существование человека в аду, а последствия его истребления. Вечной погибелью называется то, что человек в наказание навсегда перестанет существовать. Аннигиляционизм иногда связан с верой в условное бессмертие.

Согласно этой точке зрения, у человека нет внутренне присущего бессмертия. Смерть означает, что человек больше не существует. Якобы только верующие в Иисуса в дар от Бога получают бессмертие, а нечестивые не могут продолжать существовать. Но такие библейские выражения, как «огонь вечный» (Матф. 25:41), «дым мучения их будет восходить во веки веков» (Откр. 14:11), и «не будут иметь покоя ни днем, ни ночью» (Откр. 14:11), говорят о нескончаемых мучениях, а не о прекращении существования. Отсутствие покоя означает наличие самосознания. К тому же вечная жизнь и вечное наказание идут параллельно друг другу. Иисус сказал: «И пойдут сии [нечестивые] в муку вечную, а праведники в жизнь вечную» (Матф. 25:46). Как бесконечна вечная жизнь верующего, так же бесконечно и вечное наказание неверующего. Также аннигиляционизм должным образом не учитывает серьезность греха, ведь грех—

это бесконечное посягательство на бесконечно святого Бога, а потому он требует бесконечного наказания. Это вопрос вечности, и он не может быть решен временным наказанием. Если бы это было возможно, грех против Бога был бы ограниченным. Однако ограниченное наказание за грех означало бы ограниченность святости Бога. Но именно потому, что Бог бесконечно свят, даже одно преступление против Его святости требует бесконечного наказания. Следовательно, бесконечность ада нельзя отвергнуть, не подрывая святости Бога.

Духовное наказание. Некоторые считают, что погибшие подвергнутся вечному наказанию и будут сознавать это, но их наказание не будет физическим в буквальном месте огня. По их мнению, огонь не буквален, но означает отчуждение от Бога. Ад—это главным образом духовное отделение от Бога, а не физические муки в материальном огненном озере.

Эта точка зрения, однако, не дает достаточного объяснения тому, что и праведники, и грешники восстанут из мертвых и получат тела, соответствующие их вечной участи. Если озеро огненное—просто метафора для небуквального состояния существования, означает ли это, что новая земля тоже лишь метафора, описывающая духовное состояние существования верующих? Лучше всего понимать, что и праведные, и нечестивые получают тела, соответствующие их вечной участи—будь то на реальной новой земле или в настоящем озере огненном.

Негативные условия в этой жизни. Некоторые низводят ад до образного выражения или метафоры, описывающей трудностей в этой жизни. Такое мышление проявляется в таких утверждениях, как «моя жизнь—сущий ад». Такая точка зрения принижает значение ада и может навести людей на мысль, что эта жизнь—худшее, что может быть. Хотя в этом падшем мире может случиться много ужасного, в нашем опыте присутствует общая Божья благость, например, любовь, личные отношения, пища, дождь и солнечный свет. Ад же будет лишен общей Божьей благости и благодати, и там погибшие должны будут принять беспощадный гнев Божий. Ад гораздо больше, чем метафора для трудностей в этой жизни, поэтому смешивать эти понятия опасно.

Небеса[12]

Термин «небеса» или «небо» встречается в Библии примерно 600 раз. Еврейское слово *shamayim*, обычно переводимое как «небеса», буквально означает «высоты». Греческое слово *ouranos* обозначает то, что поднято или находится высоко. В Библии этими терминами называются три разных места: атмосферное небо, планетарное небо и третье небо.

---

[12] Этот раздел адаптирован из: Мак-Артур Д. Слава небес: Истина о небе, ангелах и вечной жизни. Сакраменто: Grace Publishing International, 2007. С. 59–60.

АТМОСФЕРНОЕ НЕБО

Атмосферное, или первое, небо — это небосвод или тропосфера, то есть область пригодной для дыхания атмосферы, покрывающая землю. О нем говорится в Бытии 7:11–12: «...разверзлись все источники великой бездны, и окна небесные отворились; и лился на землю дождь сорок дней и сорок ночей». Здесь «небесами» назван слой атмосферы вокруг земного шара, в котором происходит формирование осадков. Псалом 146:8 говорит, что Бог «покрывает небо облаками». Бог использует атмосферное небо, чтобы заботиться обо всех людях: «...[Бог] не переставал свидетельствовать о Себе благодеяниями, подавая нам с неба дожди и времена плодоносные и исполняя пищею и веселием сердца наши» (Деян. 14:17).

ПЛАНЕТАРНОЕ НЕБО

Планетарное, или второе, небо — это пространство, где находятся солнце, луна, планеты и звезды. В книге Бытия говорится о небе в таком смысле:

> И сказал Бог: «Да будут светила на тверди небесной для отделения дня от ночи, и для знамений, и времен, и дней, и годов; и да будут они светильниками на тверди небесной, чтобы светить на землю». И стало так. И создал Бог два светила великие: светило большее, для управления днем, и светило меньшее, для управления ночью, и звезды; и поставил их Бог на тверди небесной, чтобы светить на землю... (Быт. 1:14–17)

Планетарное или звездное небо служит нескольким целям. Светила на небе разделяют день и ночь и существуют для знамений и времен года. К планетному небу были привязаны праздники Израиля (Чис. 10:10; 28:14). Планетарное небо также являет славу Божью (Пс. 18:2–5). Кроме того, космические тела планетарного неба свидетельствуют о неизменной верности Бога народу Израиля. Поэтому сразу же после упоминания в Иеремии 31:35 о солнце, луне и звездах Бог заявляет: «Если небо может быть измерено вверху, и основания земли исследованы внизу, то и Я отвергну все племя Израилево за все то, что они делали, говорит Господь» (Иер. 31:37). Планетарное небо будет играть важную роль в грядущем периоде скорби, как сказано в Матфея 24:29: «И вдруг, после скорби дней тех, солнце померкнет, и луна не даст света своего, и звезды спадут с неба, и силы небесные поколеблются...» Сотрясение планетарного неба во время периода скорби покажет, что Божий гнев пришел на неверующий мир того времени (Откр. 6:12–17).

ТРЕТЬЕ НЕБО

Третье небо — это место обитания Бога, святых ангелов и умерших святых. Павел пишет о третьем небе так:

> Знаю человека во Христе [Павла], который назад тому четырнадцать лет (в теле ли — не знаю, вне ли тела — не знаю: Бог знает) восхищен был до третьего неба. И знаю о таком человеке (только не знаю — в теле, или вне тела: Бог знает), что он был восхищен в рай и слышал неизреченные слова, которых человеку нельзя пересказать (2 Кор. 12:2–4).

Утверждать, что Бог обитает на третьем небе, не означает, что Бог находится только там. В 3 Царств 8:27 говорится: «Небо и небо небес не вмещают Тебя...» Бог вездесущий, и Его присутствие распространяется на весь мир. Но третье небо в уникальном смысле дом Божий. Это командный пункт и центр управления для Его вселенского Царства, откуда Он управляет всем, что есть во Вселенной (Пс. 102:19). На небесах находится Божий престол, и именно там Ему поклоняются (Откр. 4). Третье небо—это также место, откуда Новый Иерусалим сойдет на землю после окончания Тысячелетнего царства. Апостол Иоанн в видении видел «великий город, святой Иерусалим, который нисходил с неба от Бога» (Откр. 21:10; см. 3:12).

Что касается обитателей, Бог Отец—это центр третьего неба. Иисус сказал, что мы должны молиться так: «Отче наш, сущий на небесах! Да святится имя Твое...» (Матф. 6:9). Он также учил молиться о том, чтобы Божья воля исполнялась на земле, как она сейчас исполняется на небе (Матф. 6:10). В Откровении 4:2 Иоанн увидел, что «престол стоял на небе, и на престоле был Сидящий», а окружавшие престол постоянно повторяли: «Свят, свят, свят Господь, Бог Вседержитель...» (Откр. 4:8). Псалом 2:4 говорит, что Бог Отец—это «живущий на небесах», Который «посмеется» над мятежными народами на земле, бросающими вызов Его власти.

Воскресший Иисус также находится на третьем небе. При вознесении Иисуса два ангела возвестили: «Мужи галилейские! Что вы стоите и смотрите на небо? Сей Иисус, вознесшийся от вас на небо, придет таким же образом, как вы видели Его восходящим на небо» (Деян. 1:11). Когда Стефана побивали камнями, он воскликнул: «Вот, я вижу небеса отверстые и Сына Человеческого, стоящего одесную Бога» (Деян. 7:56). Присутствие Иисуса на небесах связано с Псалмом 109:1–2, предсказавшим, что Мессия будет восседать по правую руку Бога, прежде чем станет царствовать из Иерусалима (см. Евр. 8:1). Евреям 9:24 говорит, что Христос со Своим священническим служением вошел в небо за нас.

Умершие братья и сестры во Христе тоже находятся на третьем небе. Евреям 12:23 говорит, что верующие приблизились «к торжествующему собору и церкви первенцев, написанных на небесах...». Что касается живых святых, их имена «написаны на небесах» (Лук. 10:20), и их «гражданство уже теперь на небесах» (Флп. 3:20, Кассиан). Также их награда находится на небесах (Матф. 5:12).

Как бы ни было славно нынешнее третье небо, это не окончательное место пребывания Бога и Его святых. В 2 Петра 3:13 говорится: «Впрочем мы, по обетованию Его, ожидаем нового неба и новой земли, на которых обитает правда». Откровение 21:1–2 говорит, что Новый Иерусалим сойдет с неба на новую землю. Там Бог будет обитать со Своим народом (Откр. 21:3). Он отрет их слезы и удалит все оставшиеся негативные последствия ранее проклятого мира (Откр. 21:3–7). Поэтому небеса в самом полном смысле придут на землю. Там не будет ни болезней, ни голода, ни тревог, ни скорбей, только абсолютная радость и вечные благословения.

Космическая эсхатология

Царство Божье
Футуристический премилленаризм
Израиль и церковь
Порядок воскресения
Будущие суды
Заветы
Сроки исполнения библейских пророчеств
Взгляды на Тысячелетнее царство
Пророчество Даниила о «семидесяти седминах»
Грядущие события

Царство Божье[13]

Хотя в Библии есть много важных тем, Царство Божье представляется центральной темой, связывающей все остальные. Как уже говорилось в 1-й главе, *Царство Божье* должно считаться главной, всеобъемлющей темой Писания, охватывающей все остальные основные темы Библии[14]. Здесь мы хотим раскрыть эту идею, рассмотрев более подробно, чему учат Ветхий и Новый Заветы о Царстве Божьем. Прежде чем углубиться в каждую из этих тем, давайте сначала рассмотрим многогранную природу Божьего Царства в следующих контрастах, которые можно найти в описаниях Царства в Писании[15]:

1. В некоторых местах о Царстве говорится как о чем-то, что существовало всегда (Пс. 9:37; 144:11–13), а в других оно имеет определенное историческое начало (Дан. 2:44).

2. Царство описывается как вселенское по своему масштабу (Пс. 102:19), но также раскрывается как правление в определенном месте на земле (Ис. 24:23).

3. Иногда Царство изображается как прямое Божье правление (Пс. 21:29; 58:14); в других случаях оно представлено как Божье правление через посредника (Пс. 2:4–6; Дан. 4:14, 22).

4. В некоторых местах Библия описывает Царство как полностью будущее (Зах. 14:9; Матф. 6:10), а в других оно изображается как нынешняя реальность (Пс. 28:10; Дан. 3:33).

5. С одной стороны, Царство Божье показано как суверенное безусловное правление Бога (Дан. 3:33, 4:31–32); с другой стороны, оно представляется основанным на завете между Богом и человеком (Пс. 88:28–30).

6. Царство Божье названо вечным (Дан. 3:33), но какой-то части Своего Царства Бог положит конец (Ос. 1:4).

---

[13] Этот раздел адаптирован из: Richard L. Mayhue, "The Kingdom of God: An Introduction," *MSJ* 23, no. 2 (2012): 167–71; William D. Barrick, "The Kingdom of God in the Old Testament," *MSJ* 23, no. 2 (2012): 173–92; F. David Farnell, "The Kingdom of God in the New Testament," *MSJ* 23, no. 2 (2012): 193–208. Использовано с разрешения MSJ. Более полное изучение этой темы см. в этих трех статьях и в следующих статьях из того же номера журнала (*MSJ* 23, no. 2 [2012]): Keith Essex, "The Mediatorial Kingdom and Salvation," 209–223; Michael J. Vlach, "The Kingdom of God and the Millennium," 225–254; Nathan Busenitz, "The Kingdom of God and the Eternal State," 255–274; Dennis M. Swanson, "Bibliography of Works on the Kingdom of God," 275–281.

[14] См. «Какова всеобъемлющая и объединяющая тема Писания?» (с. 45).

[15] Первые 5 контрастов были изложены Алвой Макклейном: Alva J. McClain, *The Greatness of the Kingdom: An Inductive Study of the Kingdom of God* (Chicago: Moody Press, 1959), 19–20.

7. Царство—не пища и питье (Рим. 14:17), плоть и кровь его не наследуют (1 Кор. 15:50), однако о Царстве говорится и в земном, физическом смысле (Пс. 2:4–6; 88:28–30).

8. Царство уже было среди евреев (Лук. 17:21), но Иисус также сказал ученикам молиться, чтобы оно пришло (Матф. 6:10).

9. Павел проповедовал «Царство Божье» (Деян. 28:31), однако христиане сейчас живут в «век церкви» (Деян. 2).

10. Сыны Царства могут быть брошены в ад (Матф. 8:12), но только праведные наследуют Царство (1 Кор. 6:9–10).

11. Земная власть временно отдана сатане (Лук. 4:6), но вся земля принадлежит Господу (Пс. 23:1).

12. Царство предназначено для Израиля (2 Цар. 7:11–13), но Христос также дал его народам (Матф. 21:43).

ЦАРСТВО В ВЕТХОМ ЗАВЕТЕ

Программа Божьего Царства началась в Бытии 1, когда Царь Вселенной создал мир за шесть дней. Там есть Царь—Бог. И там есть владения Царя—земля. Человеку, который был сотворен в шестой день как носитель Божьего образа, было дано повеление о Царстве: наполнять землю, обладать ей и владычествовать над ней для славы Божьей (Быт. 1:26–28). Слово «владычествовать» (евр. *radah*)— царский термин, используемый позже по отношению к будущему правлению Мессии: «Жезл силы Твоей пошлет Господь с Сиона: господствуй [*radah*] среди врагов Твоих» (Пс. 109:2).

Но человек не справился с задачей по управлению Царством, когда Адам согрешил против Бога (Быт. 3). Грехопадение помешало человеку исполнить Божье повеление, данное при сотворении. К сожалению, обещанный человечеству потенциал уже не мог полностью реализоваться из-за падшей природы человека. Любое проявление этого первоначального владычества оказывалось неполным и несовершенным. Псалмопевец говорил об этой высокой и благородной роли в Псалме 8:4–10, подтверждающем право человека быть «владыкою над делами рук» Божьих, в том числе над овцами, волами, полевыми зверями, птицами небесными и рыбами морскими. Псалмопевец говорил об идеале для человечества, а не о нынешней реальности, о предстоящем будущем правлении в Царстве, а не об ограниченном прошлом и настоящем. Конечно, Мессия как «Сын Человеческий» выполнит предназначение человечества как его единственный совершенный представитель (см. Евр. 2:5–14). Он будет править землей и станет последним Адамом в мире, где потерпел неудачу первый Адам (см. 1 Кор. 15:20–28, 45).

Средствами для восстановления Божьего посреднического Царства на земле стали четыре вечных и безусловных библейских завета: Ноев, Авраамов, Давидов и новый. Вместе эти заветы раскрыли как царям, так и Царю (Иисусу) планы и детали Божьего Царства. Ноев завет обещал стабильность природы, чтобы цели Божьего Царства могли осуществиться в истории (Быт. 8:21–22). Авраамов завет гарантировал род, идущий от Авраама, и формирование израильского народа, который станет проводником и средством для благословения народов мира (Быт. 12:2–3). Этот завет также обещал Израилю землю (Быт. 12:6–7), которая будет основой для Божьего земного правления и миниатюрным изображением того, что Бог сделает для всех народов (Ис. 2:2–4; 27:6). В Давидовом завете непосредственно обсуждалась роль Давида и его потомков в установлении Божьего Царства на земле, которое станет благословением и для Израиля, и для язычников (2 Цар. 7:12–19). Новый завет раскрыл Божьи планы наделить Свой народ способностью любить Его и служить Ему благодаря новому сердцу и живущему в них Святому Духу (Иер. 31:31–34; Иез. 36:26–27).

Царство Божье на земле было создано после избавления израильтян из Египта, заключения Моисеева завета и овладения землей Ханаанской. На горе Синай Бог сказал израильскому народу: «Вы будете у Меня царством священников и народом святым» (Исх. 19:6). В итоге Израиль получил таких монархов как Саул, Давид и Соломон. Именно через Давида был дан Давидов завет (2 Цар. 7:12–16). Кульминацией Израильского царства было правление Соломона в 3 Царств 8–10, когда потомки Израиля были многочисленны, их земля процветала и правители язычников искали мудрости у царя Израиля (3 Цар. 10:23–25). Но с этого момента положение Израиля стало ухудшаться. В 3 Царств 11 говорится, что Соломон впал в идолопоклонство и Израиль жил в непослушании Богу. Обещанные проклятия Моисеева завета стали сбываться. Израиль разделился на два царства, и оба царства затем оказались в плену и рассеянии. Ассирия завоевала 10 колен Израиля в 722 г. до Р. Х., а Вавилон захватил Иудею и разрушил храм в 586 г. до Р. Х.

В ослабевающем и затем плененном царстве Израиля центральное место представителей Бога заняли пророки. Они обличали и вождей, и народ Израиля за то, что те отвернулись от Бога и нарушили завет Моисея. При этом они также предсказали Царство Мессии в последующие дни (Ис. 2:2–4). Это Царство будет включать восстановление Давидова царства под властью Мессии в Израиле и благословения для народов под властью израильского царя (см. Ам. 9:11–12). Восстановленное Царство будет иметь духовные требования, поскольку вера и желание служить Богу будут необходимы, чтобы войти в него, однако это Царство будет включать физическое и материальное процветание для Израиля и народов. Эта надежда осталась несбывшейся в конце эпохи Ветхого Завета. Хотя часть народа Израиля вернулась в свою землю и в итоге восстановила храм, они оставались под властью и гнетом язычников (см. Дан. 2; 7). Только Мессия может принести необходимое духовное и национальное освобождение.

ЦАРСТВО В НОВОМ ЗАВЕТЕ

В начале эпохи Нового Завета были большие ожидания относительно Мессии и Божьего Царства. Ангел Гавриил сообщил Марии, что у нее будет Сын, Который будет великим и сядет на престоле Своего отца Давида. Он будет править

Израилем вечно (Лук. 1:32–33). Захария пророчествовал, что Бог помнит об Авраамовом завете и избавит Израиль от врагов (Лук. 1:72–74). Он также объявил, повторяя весть ангела Господнего, что дитя, которое должна была родить его жена Елисавета, будет предтечей Мессии, готовящим Его пришествие (Лук. 1:16–17). В Иерусалиме был праведный Симеон, «чающий утешения Израилева; и Дух Святой был на нем» (Лук. 2:25). Пророчица Анна принадлежала к «ожидавшим избавления в Иерусалиме» (Лук. 2:38). Ожидания мессианского Царства были высоки, и эта надежда не осталась неисполненной.

Долгожданным обещанным царем из рода Давида стал Иисус. В первом стихе Нового Завета сказано: «Родословие Иисуса Христа, Сына Давидова, Сына Авраамова» (Матф. 1:1). Иисус и Его предтеча Иоанн Креститель провозглашали одну и ту же весть: «Покайтесь, ибо приблизилось Царство Небесное» (Матф. 3:2; 4:17). Поскольку никакого определения или переопределения Царства не предлагалось, то проповедуемое ими Царство было тем же, что и провозглашенное пророками Ветхого Завета, — земным Царством под руководством Мессии с восстановленным Израилем и благословениями для народов (Матф. 19:28). Условием для вхождения в это Царство было покаяние.

Иисус объяснил, чего Он ожидает от тех, кто войдет в Его Царство (Матф. 5–7). Он также совершал чудеса, чтобы доказать Свои полномочия Царя. Его чудеса в природе, физические исцеления, изгнание бесов и воскресение мертвых исполнили пророчества Ветхого Завета и показали, что Царство достигло людей (Ис. 35; Матф. 11:2–5; 12:28). Весть Царства в то время была обращена исключительно к народу Израиля (Матф. 10:5–7). Однако народ Израиля не покаялся. Города Израиля отвергли весть о Царстве (Матф. 11:20–24), а вожди совершили богохульство против Святого Духа, приписав чудеса Иисуса власти сатаны (Матф. 12:22–32). Это было полное всенародное отвержение Израилем своего Мессии, которое повлекло за собой суд над Израилем в виде разрушения Иерусалима в 70 г. от Р. Х. (Матф. 23:37–39; Лук. 19:41–44). В ответ Иисус начал говорить о Царстве как о том, что наступит в будущем, после Его возвращения на небеса (Лук. 19:11) и после событий периода скорби (Лук. 21:31).

Иисус объяснял «тайны Царства Небесного» посредством притч (Матф. 13:11). Эти притчи открывали новые истины, касающиеся планов Царства между первым и вторым пришествиями Иисуса. В Ветхом Завете прямо не говорилось о двух пришествиях Мессии со значительным промежутком времени между ними. Это было нечто новое в открытой истине. Хотя само Царство не будет установлено до возвращения Иисуса, некоторые истины, связанные с Царством, проявятся в век церкви. Притча о сеятеле показала, что Евангелие Царства будет проповедано, и реакция на него будет разной (Матф. 13:3–9, 18–23). Притча о пшенице и плевелах показала, что сыны Царства и сыны дьявола будут сосуществовать в этом веке и будут отделены только после того, как Иисус вернется в конце веков со Своими ангелами (Матф. 13:24–30, 36–43). Притчи о горчичном зерне и закваске показали, что Царство, представленное своей вестью и своими детьми, начнется с малого, но вырастет и станет большим (Матф. 13:31–33).

В заключительной части земного служения Иисуса Его проповедь была сосредоточена главным образом на предстоящей Ему жертвенной смерти (Матф. 16:21). Однако Он все так же предсказывал пришествие Царства: «Истинно говорю вам, что вы, последовавшие за Мною, — в пакибытии, когда сядет Сын Человеческий на престоле славы Своей, сядете и вы на двенадцати престолах судить двенадцать колен Израилевых» (Матф. 19:28). Здесь Иисус предсказал, что воссядет на славном престоле Давида, а Его ученики будут править вместе с Ним над восстановленным и объединенным народом Израиля во время вселенского обновления, что явно относится к будущему. Также в отношении Своего второго пришествия Иисус сказал: «Когда же приидет Сын Человеческий во славе Своей и все святые ангелы с Ним, тогда сядет на престоле славы Своей...» (Матф. 25:31). Таким образом, Иисус ясно дал понять, что Его земное правление с престола Давида произойдет во время Его возвращения с ангелами.

Своей смертью, воскресением и вознесением Иисус был вознесен как Мессия по правую руку Бога Отца, и там Иисус обладает всей властью на небе и на земле (Матф. 28:18; Еф. 1:20–22). И все же фактическое осуществление Его царской власти на земле относится к будущему. Поэтому автор Послания к евреям говорит: «[Иисус] же, принеся одну жертву за грехи, навсегда воссел одесную Бога, ожидая затем, доколе враги Его будут положены в подножие ног Его» (Евр. 10:12–13). Пребывание Иисуса одесную Отца затем перейдет в царствование на земле из Иерусалима (Пс. 109:1–2). В день Его вознесения апостолы спросили Иисуса, не в это ли время будет восстановлено царство Израиля (Деян. 1:6). Иисус сказал, что время этого события известно только Отцу, а ученики должны сосредоточиться на провозглашении Евангелия до края земли (Деян. 1:7–8).

Новозаветные послания показывают, что в эпоху церкви спасительные блага Царства относятся к верующим. Христиане обретают духовные благословения нового сердца и живущего в них Святого Духа (2 Кор. 3:6). Позиционно они перемещены в Царство Сына Божьего (Кол. 1:13) и получили праведность Царства в своей жизни (Рим. 14:17). И все же земное царствование Иисуса и Его святых относится к будущему. Павел объяснил, что стойкое терпение христиан сейчас приведет к *царствованию* в будущем Царстве Иисуса: «Если терпим, то с Ним и царствовать будем» (2 Тим. 2:12). Этот нынешний век полон испытаний, но для тех, кто их переносит, Царство будет наградой. Поэтому Павел увещал фессалоникийцев «поступать достойно Бога, призвавшего вас в Свое Царство и славу» (1 Фес. 2:12). Ближе к концу своей жизни Павел заявил: «И избавит меня Господь от всякого злого дела и сохранит для Своего Небесного Царства...» (2 Тим. 4:18). Петр наставлял своих читателей утверждаться в своем звании и избрании: «...ибо так откроется вам свободный вход в вечное Царство Господа нашего и Спасителя Иисуса Христа» (2 Пет. 1:10–11). Итак, в посланиях Царство представлено как будущая награда для тех, кто претерпит и устоит в следовании за Богом в нынешнем веке испытаний и гонений.

В книге Откровения Иисус предстает как «Владыка царей земных» (Откр. 1:5), и это владычество будет реализовано при Его втором пришествии на землю и Его правлении, описанном в Откровении 19:11–20:6. Церкви в Откровении 2–3 призваны твердо стоять за Иисуса в нынешнем веке, зная, что их ожидает награда Царства. Тем, кто устоит, Иисус даст «власть над язычниками» (2:26). Они также будут сидеть с Ним на Его престоле (3:21). Откровение 5:9–10 говорит, что те, кто был куплен кровью Иисуса и составляет центр Царства Божьего, будут царствовать на земле: «...Ты... соделал нас царями и священниками Богу нашему; и мы будем царствовать на земле».

По возвращении на землю Иисус будет править народами (19:11–15). Он уничтожит Своих врагов и установит тысячелетнее правление на земле (19:17–20:6). При этом сатана будет связан в бездне (20:1–3), святые мученики воскреснут и начнут править землей (20:4). Конец тысячелетия ознаменуется грандиозным судом, когда Бог уничтожит недавно освобожденного сатану и тех из народов, кто совершит нападение на возлюбленный город Иерусалим (20:7–10). Это Тысячелетнее царство Иисуса сменится вечным Царством, описанным в Откровении 21:1–22:5, где присутствие Бога полностью проявится в Новом Иерусалиме. Отец и Сын будут на престоле, а народ Божий будет царствовать во веки веков (22:1–5).

Больше о Царстве будет говориться ниже в разделах о Тысячелетнем царстве и вечном состоянии. Итак, Царство Божье можно кратко описать следующим образом: вечный триединый Бог буквально сотворил Царство и двух его жителей, которые должны были владычествовать над ним. Но враг лишил их законной верности Царю и завладел первыми гражданами Царства. Бог вмешался и последовали проклятия, которые остаются по сей день. С тех пор Бог продолжает искупать грешных, мятежных людей, чтобы вернуть им право быть гражданами Царства, сейчас в духовном смысле, а потом в Его Царстве на земле. Наконец, враг, как и грех, будет побежден навсегда. Таким образом, Откровение 21–22 описывает заключительное и вечное выражение Царства Божьего, в котором вечный триединый Бог восстановит Царство в его первозданной чистоте, удалив проклятие и создав новое небо и новую землю как вечную обитель для Себя и Своего народа.

Футуристический премилленаризм[16]

Было предложено много различных подходов к космической эсхатологии. Самым верным Писанию мы считаем футуристический премилленаризм. Футуристический премилленаризм, будучи уточнением диспенсационного премилленаризма, утверждает футуристический взгляд на 70-ю седмину Даниила (Дан. 9:27), которая включает в себя события Матфея 24 и суды печатей, труб

---

[16] Значительно более подробное объяснение см.: John MacArthur and Richard Mayhue, gen. eds., *Christ's Prophetic Plans: A Futuristic Premillenial Primer* (Chicago: Moody Publishers, 2012).

и чаш, описанные в Откровении 6–18. Не только Тысячелетнее царство в Откровении 20 еще в будущем, но и период скорби, предшествующий тысячелетию. Это футуристическое понимание 70-й седмины Даниила отличается от других эсхатологических подходов, таких как амилленаризм и постмилленаризм, которые помещают 70-ю седмину Даниила и период скорби в нынешний век.

Футуристический премилленаризм основан на трех основных положениях. Во-первых, он согласуется с последовательным применением грамматико-исторического метода толкования ко всем разделам Библии, включая ее пророческие и эсхатологические тексты. Это значит, что пророческие разделы должны пониматься в соответствии с их нормальным, обычным смыслом. Этот подход учитывает различные жанры в Библии и использование символов, передающих буквальные истины. Как следствие, футуристический премилленаризм придерживается буквального исполнения всех физических, национальных, территориальных и духовных благословений в Библии, включая те, что даны Израилю и язычникам.

Во-вторых, футуристический премилленаризм придерживается библейского различия между Израилем и церковью и считает, что Библия не смешивает их. Под Израилем в Библии всегда подразумеваются физические потомки Авраама, Исаака и Иакова. По сути, все 77 упоминаний Израиля в Новом Завете относятся к этническому Израилю. Иногда термин Израиль используется только по отношению к верующим евреям (Рим. 9:6; Гал. 6:16), но он никогда не говорит о духовной общности, независимой от этнической принадлежности. Кроме того, церковь никогда не называется Израилем. Например, в книге Деяний Лука говорит о церкви 19 раз, а об Израиле — 20 раз, но он никогда не называет церковь Израилем. Это убедительно демонстрирует Божье намерение, чтобы эти понятия отличались друг от друга.

Футуристический премилленаризм отвергает любые формы богословия замещения, или суперсессионизма, когда церковь считают заменой или исполнением обещаний народу Израиля, так что устраняется богословское значение Израиля в Божьих планах. Он утверждает огромную важность церкви в целях Божьего Царства, но при этом настаивает, что Божьи обещания завета Израилю и язычникам исполнятся в будущем Тысячелетнем царстве. Израиль будет спасен и восстановлен, и он будет играть ведущую роль для всех народов. Согласно футуристическому премилленаризму, понятие «Израиль» не расширяется, чтобы включить язычников. Но понятие «народ Божий» расширяется и наряду с верующим Израилем включает и язычников (Ис. 19:24–25). Футуристический премилленаризм также утверждает, что исполнение Божьих обещаний происходит поэтапно. То, что не исполнилось при первом пришествии Иисуса, должно исполниться в событиях, предшествующих Его второму пришествию и включающих его.

В-третьих, футуристический премилленаризм признает, что Писание говорит о грядущем исполнении 70-й седмины Даниила, которая будет семилетним периодом скорби перед земным Тысячелетним царством Иисуса (Дан. 9:27). Хотя церковь в целом испытывает скорби в этом веке, будущий особый период скорби будет включать в себя уникальные и ужасающие Божьи суды и Его гнев на всю землю (Откр. 6–19). В эту скорбь входят суды печатей, труб и чаш, описанные в Откровении 6–16. Эта грядущая скорбь завершится возвращением Иисуса и установлением Его Тысячелетнего царства на земле. Футуристический премилленаризм противоположен богословским взглядам, которые часто считают, что нынешний век между двумя пришествиями Иисуса — это и есть как предсказанный период скорби, так и Царство Христа. С позиции футуристического премилленаризма, скорбь в Откровении 6–18 предшествует возвращению Христа, установлению Его Царства (Откр. 19–20) и вечному состоянию (Откр. 21–22).

Израиль и церковь

Для понимания эсхатологии необходимо знать, как Бог действует и через Израиль, и через церковь.

ИЗРАИЛЬ

Израиль — это нация и народ, происходящие из рода Авраама, Исаака и Иакова. История Израиля начинается в Бытии 12 с призвания Авраама (которого тогда звали Аврам). Фоном для этого служит Бытие 10–11, где описывается эпизод с Вавилонской башней и расселение племен и народов по всему миру. Однако народы остались грешными, не имеющими надежды без Божьего вмешательства. Бытие 12:2–3 показывает, что Авраам и «великий народ», который произойдет от него, будут средством для благословения народов земли (см. 22:18).

Израиль принесет благословение народам двумя основными способами. Во-первых, именно через него придет Спаситель (Мессия). После грехопадения Бог пообещал, что придет определенный потомок женщины, отменит проклятие и победит силу, стоящую за змеем, то есть сатану (Быт. 3:15). Это исполнилось в Иисусе, том самом потомке (Гал. 3:16). Мессианская надежда содержится в Бытии 49:8–12, где Иаков сказал, что от его сына Иуды в последствии придет Царь, Который благословит мир. Он будет назван Примирителем (евр. *shiloh*) или «Тем, Кому принадлежит [царское правление]», и Ему будет «покорность народов» (Быт. 49:10). Итак, от Израиля придет Спаситель, Который также будет Царем мира.

Во-вторых, Израилю предназначена роль служения и руководства для других народов мира. Поскольку Бог запланировал успешное царствование на земле (Ис. 52:13), Он будет использовать израильский народ во главе с Мессией как Своих представителей среди народов (Ис. 2:2–4). Израиль — это средство для всемирных благословений. Израиль как нация/народ, а также земля Израиля призваны служить образцом того, что Бог сделает для всех народов. Израиль также станет платформой для благословений народов. Благословляя Израиль в Земле обетованной, Бог благословит и другие народы и их земли.

Исаия предсказывал: «В грядущие дни укоренится Иаков, даст отпрыск и расцветет Израиль; и наполнится плодами вселенная» (Ис. 27:6).

Чтобы понять будущую роль Израиля как нации, нужно вникнуть в его прошлое. Мы видели аспекты этой истории при обсуждении Царства Божьего, но стоит напомнить ее, особенно с точки зрения Израиля. Выйдя из Египта, растущий народ Израиля был освобожден из рабства, чтобы следовать своему предназначению и стать «царством священников и народом святым» (Исх. 19:6). Священник — это тот, кто представляет других перед Богом, и Израиль как святой народ был призван Богом представлять народы перед Ним. Второзаконие 4:5–6 обещает, что если Израиль будет исполнять Божьи заповеди, то народы земли, «услышав о всех сих постановлениях, скажут: „Только этот великий народ есть народ мудрый и разумный“». Послушание Израиля должно было стать свидетельством для народов, которые таким образом приблизились бы к Богу Израиля.

Казалось, что во время расцвета израильского царства при Соломоне цель была достигнута (3 Цар. 8–10). Потомков Израиля было много, а границы земли — обширны. В это время цари и народы, как видно на примере царицы Савской, искали мудрости Соломона, царя Израиля (3 Цар. 10:1–10, 24). Обещание, что народы земли благословятся через потомков Авраама (Быт. 22:18), было на грани исполнения. Но идолопоклонство Соломона (3 Цар. 11) остановило этот процесс и повело Израиль по пути непослушания и рассеяния. Вместо того чтобы быть народом святым, привлекающим другие народы к Богу, Израиль стал поклоняться их богам и вскоре был взят этими народами в плен. После Соломона царство разделилось, и в итоге как северные колена Израиля, так и южные колена Иудеи пошли в плен. Некоторые евреи вернулись в землю, но всегда оставались под властью язычников и никогда не имели свободы и величия, как в первые годы правления Соломона.

После того как в Израиле закончился период монархии, центральными фигурами стали пророки. Их весть сосредотачивались на трех ключевых сферах: (1) обличение Израиля за нарушение Моисеева завета (напр., Иез. 1–24; Мих. 1–3); (2) предупреждения и предсказания для народов (напр., Ис. 13–23; Иез. 25–32); и (3) обещания славного царства, в котором Израиль под руководством Мессии будет восстановлен, а народы земли благословятся (напр., Ис. 2:2–4; 19:24–25; Ам. 9:11–15).

Когда явился Иисус, Он пришел как потомок Авраама и Давида (Матф. 1:1), возвестив Царство Небесное, предсказанное ветхозаветными пророками (Матф. 4:17). И все же города Израиля отвергли Царя и Его царство (Матф. 11:20–24), а вожди Израиля отвергли Иисуса, приписав Его дела сатане (Матф. 12:24). Это усугубило грех неверия Израиля. Следствием того, что Израиль отверг своего Мессию, стало рассеяние и разрушение израильского храма в 70 г. от Р. Х., предсказанное Даниилом (Дан. 9:26) и Иисусом (Матф. 23:38; Лук. 19:41–44; 21:20–24). После разрушения Иерусалима в 70 г. от Р. Х. для Израиля продолжаются «времена язычников» (Лук. 21:24), когда он находится под гнетом власти язычников.

Итак, какая связь между Израилем и эсхатологией? Первая задача Израиля — стать проводником для прихода Спасителя и Мессии, — уже выполнена. Иисус, главный Израильтянин (Ис. 49:3; Гал. 4:4–5) и потомок Авраама (Гал. 3:16), принес прощение и спасение всем, верующим в Него, независимо от национальности. В этом веке между двумя пришествиями Иисуса прощение грехов и пребывание Святого Духа даются как верующим евреям, так и язычникам. Но роль Израиля в руководстве и служении другим народам все еще ожидает своего осуществления (Ис. 2:2–4). Образ Израиля как выдающейся нации в земном правлении Мессии, описанный пророками, еще в будущем (см. Ис. 60). В Матфея 19:28 Иисус сказал, что во время вселенского обновления («в пакибытии») Он сядет «на престоле славы Своей», а апостолы сядут «на двенадцати престолах судить двенадцать колен Израилевых». Это говорит о восстановленном и едином народе Израиля. Кроме того, после 40 дней наставлений о Царстве из уст воскресшего Иисуса апостолы спросили Его: «Не в сие ли время, Господи, восстановляешь Ты царство Израилю?» (Деян. 1:3, 6). Иисус признал, что они правильно верят в восстановление Царства в Израиле, но сказал им, что время этого события известно только Отцу (Деян. 1:7). Это заявление также утверждает восстановление Царства Израилю.

Павел объявил о будущем спасении Израиля, когда сказал: «...весь Израиль спасется...» (Рим. 11:26). Это спасение Израиля принесет миру еще больше благословений. В Римлянам 11:12 Павел говорит об Израиле: «Если же падение их — богатство миру, и оскудение их — богатство язычникам, то тем более полнота их». А затем добавил: «Ибо если отвержение их — примирение мира, то что будет принятие, как не жизнь из мертвых?» (11:15). В Римлянам 11 Павел обсуждал положение неверующего Израиля в эпоху церкви. Хотя есть верующий остаток еврейского народа, все же народ в целом пребывает в неверии. Но когда Израиль спасется, благословения для мира будут еще больше, чем сейчас. Тогда мир увидит вселенское обновление, предсказанное пророками Ветхого Завета (Ис. 11; 65:17–25).

Впрочем, дорога в это славное будущее для Израиля не будет прямой и ровной. В настоящее время Израиль переживает временное ожесточение и сталкивается с последствиями отвержения Мессии. Иисус заявил, что Израиль «не узнал времени посещения» своего; поэтому в 70 г. от Р. Х. его постиг суд, когда Иерусалим был разрушен, и сейчас для него продолжаются «времена язычников» (Лук. 19:41–44; 21:20–24). Однако и в нынешнем веке есть верующий остаток евреев (Рим. 11:5), которых Павел называет Израилем Божьим (Гал. 6:16). Этот избранный и верный остаток служит напоминанием, что, согласно ветхозаветным пророчествам, в будущем «весь Израиль спасется» (Рим. 11:26–27). Захария предсказал, что придет день, когда Бог изольет «духа благодати» на народ Израиля, и они «воззрят на Него, Которого пронзили, и будут рыдать о Нем» (Зах. 12:10). Это говорит о национальном спасении и восстановлении Израиля и об их вхождении в благословения нового завета.

В будущем наступит семилетний период (Дан. 9:27), когда возобновится Божий план по восстановлению Израиля. Вторая половина этого периода будет включать беспрецедентные гонения и ярость антихриста, который совершит мерзость в Иерусалимском храме (Матф. 24:15; 2 Фес. 2:3–4). Иеремия говорит, что это будет уникальный период, «бедственное время для Иакова, но он будет спасен от него» (Иер. 30:7). Народы соберутся против Иерусалима, чтобы уничтожить его, но Господь Иисус вернется, спасет жителей Иерусалима и установит Свое Царство на земле (Зах. 14:1–9). Тогда народы устремятся в Иерусалим и испытают благословения царских судов Мессии, Который будет править из Иерусалима (Ис. 2:2–4; 9:7).

Бог исполнит все обещания Израилю и библейские заветы с ним, как Он и говорил. Он сделает это не потому, что Израиль так велик, а потому, что Бог безупречно верен Своему имени и Своим обещаниям, данным патриархам Израиля (Втор. 7:6–9). Апостол Павел особенно подчеркнул это: «Итак, спрашиваю: неужели Бог отверг народ Свой? Никак» (Рим. 11:1). А затем связал спасение Израиля с Божьими целями избрания: «...в отношении к избранию, [они] возлюбленные Божии ради отцов. Ибо дары и призвание Божие непреложны» (Рим. 11:28–29). Итак, Израиль имеет важное значение для Божьих целей и не может быть отвергнут без ущерба для верности Бога Своим обещаниям.

ЦЕРКОВЬ

Церковь не была явно предсказана в Ветхом Завете, но она составляет важный этап в программе Божьего Царства и связана с заветами обетования (т. е. Авраамовым, Давидовым и новым заветами). Больший, величайший Сын Давидов (Иисус) пришел, принеся спасение всем верующим в Него. В Галатам 3 Павел утверждает, что христиане из язычников связаны с Божьими обещаниями Аврааму в Бытии 12:3 и 22:18, где говорится, что Божьи благословения однажды распространятся и на язычников. Члены церкви—духовные дети Авраама, связанные с Авраамовым заветом (Гал. 3:7–9, 29). Смерть Иисуса положила начало новому завету, и верующие в Иисуса обретают благословения этого завета. К ним относится и обетование нового завета о пребывающем Святом Духе, благодаря Которому христиане могут повиноваться Богу, как должно (Деян. 2:4, 17; Рим. 8:3–4). Христиане также возвещают этот завет (2 Кор. 3:6; см. Евр. 8:8–13). И духовное единство евреев и язычников под руководством Мессии Израиля уже наступило (Деян. 15:14–18; Еф. 2:11–22; 3:6). Поэтому, хотя Ветхий Завет не предсказывал церковь с ее структурой и миссией для этого века, она связана с обетованиями о спасении, пребывающем служении Святого Духа и искупительном единстве между иудеями и язычниками.

Церковь имеет уникальную миссию до тех пор, когда Иисус вернется, чтобы править народами. Она служит средством для провозглашения Царства, пока Израиль временно ожесточен (Рим. 11:11). Она призвана нести Евангелие и весть Царства народам. Это ее Великое поручение (Матф. 28:19–20). Верующие в Иисуса становятся «сынами Царства» (Матф. 13:38) и должны проявлять праведность Царства в своей жизни (Матф. 5–7).

В нынешнем веке церковь—гонимое меньшинство. Она подвергается преследованиям сатаны и тех, кто следует его воле. Для церкви, действующей в нынешнем злом веке, Божье учение о грядущем служит стимулом в виде обещания награды (Гал. 1:4). Стойкость в этом веке приведет к будущему правлению в Царстве. Павел писал: «Если терпим, то с Ним и царствовать будем» (2 Тим. 2:12). Иоанн записал обещание церкви в Фиатире: «Кто побеждает и соблюдает дела Мои до конца, тому дам власть над язычниками, и будет пасти их жезлом железным...» (Откр. 2:26–27). Те, кто неотступно продолжает делать то, что хочет Иисус, будут править вместе с Ним над народами, когда Он возвратится. Иисус также обещал: «Побеждающему дам сесть со Мною на престоле Моем...» (Откр. 3:21). В нынешнем веке между двумя пришествиями Иисуса церковь сталкивается с трудностями и бедами, но Иисус вознаградит ее, наделив властью при Своем правлении над народами. Глубокая преданность Иисусу сейчас ведет к удивительной награде в будущем.

Однако церковь—это не заключительная фаза Божьей программы Царства перед вечным состоянием. Еще должно исполниться многое, в том числе всемирное правление Мессии на земле. Израиль как нация еще не спасен и не восстановлен. Народы как национальные образования не служат Богу (Ис. 19:24–25), а также нет всемирной гармонии и отсутствия войн (Ис. 2:2–4). Еще должны наступить обновление планеты (Матф. 19:28; Рим. 8:19–23) и гармония в мире животных (Ис. 11:6–9). Сатана по-прежнему активно обольщает мир и преследует Божьих святых (Откр. 12–13). Творение в целом все еще противится человеку, поскольку остается проклятым (Быт. 3:17). Землетрясения, торнадо, укусы змей, малярия, детская смертность и многие другие негативные факторы напоминают всем, что творение не покорено. Человечество, хотя все еще обязано управлять землей для Бога (Пс. 8:7), не управляет землей для славы Божьей, как должно (Быт. 1:26–28; Евр. 2:5–8). Эти условия не соответствуют характеристикам Царства, предсказанным пророками. Прежде чем Иисус передаст Царство Отцу и начнется вечное состояние, должно осуществиться успешное правление Мессии и Его святых на этой земле (1 Кор. 15:24–28). Хотя христиане уже имеют много духовных благословений, еще очень многое должно совершиться.

Понимание того, что церковь—это не заключительная фаза Божьей программы Царства, необходимо для того, чтобы избежать неправильных взглядов на эсхатологию. Некоторые эсхатологические позиции рассматривают этот век как главное исполнение царственного правления Иисуса и утверждают, что церковь—это исполнение или замена Израиля. Многим пророчествам Ветхого Завета придали духовный смысл, чтобы они соответствовали нынешнему веку, хотя на самом деле они описывают условия грядущего Царства на земле. В настоящее время церковь—стратегическое орудие для целей Божьего

Царства в этом веке, и ей поручено нести Евангелие народам. Члены церкви, как живые, так и умершие, будут восхищены (1 Фес. 4:14–17), когда Иисус возьмет всех христиан к Себе на воздух, чтобы они были с Ним и избежали Божьего гнева в грядущий день Господень (1 Фес. 1:10). Когда Иисус придет на землю, церковь вернется с Ним и будет управлять народами в Его Тысячелетнем царстве (Откр. 2:26–27). В целом, церковь сейчас испытывает много великих благословений, но ей предстоит править вместе с Иисусом в Его грядущем Тысячелетнем царстве.

Порядок воскресения

Значение воскресения для отдельных людей обсуждалось выше. Здесь мы более широко обсуждаем Божьи планы воскресения, затрагивая то, когда и для кого происходят различные воскресения в Писании. Такие тексты, как Даниила 12:2, Иоанна 5:28–29 и Римлянам 2:5–8, прямо говорят, что будет воскресение праведных и нечестивых. Но значит ли это, что воскресение обеих групп происходит одновременно? Некоторые так и думают, но мы считаем, что это не так. Программа воскресения происходит поэтапно. Подобно тому как существуют фазы в других аспектах Божьей программы, таких как заветы, Царство, спасение и день Господень, так и суды в Писании тоже происходят поэтапно.

Два текста явно показывают порядок в программе воскресения. Во-первых, Павел упоминает три ее этапа: «Как в Адаме все умирают, так во Христе все оживут, каждый в своем порядке: первенец Христос, потом Христовы, в пришествие Его. А затем конец, когда Он предаст Царство Богу и Отцу, когда упразднит всякое начальство и всякую власть и силу» (1 Кор. 15:22–24). «Порядок» этапов воскресения таков:

Этап 1: Первенец Христос
Этап 2: Потом Христовы, в пришествие Его
Этап 3: А затем конец

Во-вторых, апостол Иоанн говорит о двух воскресениях, разделенных тысячей лет. В Откровении 20:4–5 он пишет о некоторых мучениках: «Они ожили и царствовали со Христом тысячу лет. Прочие же из умерших не ожили, доколе не окончится тысяча лет». Обратите внимание, что есть одна группа, которая оживает (то есть воскресает) и царствует со Христом тысячу лет, а есть и другая группа—«прочие же из умерших», которые не воскреснут, пока не пройдет тысяча лет. Это показывает два воскресения, разделенные тысячей лет. Итак, два библейских текста явно говорят об этапах в программе воскресения. Вместе они описывают четыре фазы воскресения.

Что касается 1 Коринфянам 15:20–24, воскресение Христа около 30 г. от Р. Х. было первым этапом программы воскресения, «первым плодом» того, что должно совершиться. Его телесное воскресение служит эталоном и гарантией воскресения всех верующих в Него.

Второй этап воскресения: «Христовы, в пришествие Его», включает тех, кто воскреснет при втором пришествии Иисуса. Это воскресшие святые церкви, как умершие, так и живые при восхищении церкви, согласно 1 Фессалоникийцам 4:14–17. При восхищении мертвые во Христе воскреснут первыми, а затем живые святые будут «восхищены», чтобы встретить Иисуса «на воздухе».

Третий этап, хотя и не происходит во время восхищения церкви, охватывает воскресших ветхозаветных святых (Дан. 12:2) и святых, принявших мученическую смерть в период скорби (Откр. 20:4). Они воскреснут в результате пришествия Иисуса на землю. Откровение 6:9–11 говорит о мучениках, которые отдали свою жизнь за свидетельство об Иисусе. Эти души на небесах взывают о мести за их кровь на земле, но им сказано немного подождать. И затем их ожидание исполняется: «Они ожили и царствовали с Христом тысячу лет» (Откр. 20:4).

Четвертый этап воскресения — это то, что Павел называет «концом»; он происходит после тысячелетнего правления Иисуса. Согласно Откровению 20:5, к нему относятся «прочие... из умерших», по контексту это неверующие, которых ожидает суд Великого белого престола (Откр. 20:11–15). Поэтому неверующие участвуют в воскресении после тысячелетнего царствования Христа.

Но будет ли кто-либо из верующих участвовать в этом четвертом этапе программы воскресения? На это трудно ответить, но это возможно по следующей причине. Непрославленные святые войдут в Тысячелетнее царство, получив спасение во время семилетнего периода скорби. Это непрославленные святые, у которых родятся дети с непрославленными телами в Тысячелетнем царстве (Ис. 65:20, 23). Однако, поскольку в 1 Коринфянам 15:50 говорится, что непрославленные тела не могут войти в Божье вечное Царство, в какой-то момент эти святые должны получить прославленные тела. Вполне вероятно, что эти непрославленные святые получат воскресшие тела сразу же после смерти или в конце Тысячелетнего царства.

Соединив все это вместе, можно сделать пять выводов относительно порядка воскресений:

1. Библия представляет воскресение искупленных как «первое воскресение» (Откр. 20:5), «воскресение жизни» (Иоан. 5:29) и «жизнь вечную» (Рим. 2:7; Дан. 12:2).

2. Это «первое воскресение» искупленных происходит в три этапа: (а) первенец Христос (1 Кор. 15:23); (б) святые церкви (1 Кор. 15:23, 50–58; 1 Фес. 4:13–18); (в) святые Ветхого Завета (Иез. 37:12–14; Дан. 12:2) и святые Великой скорби (Откр. 20:4).

3. Библия не использует термин «второе воскресение», а воскресение неискупленных описывается как «воскресение осуждения» (Иоан. 5:29) или «смерть вторая» (Откр. 20:6, 14; 21:8).

4. Библия не дает оснований утверждать, что в конце будет только одно общее воскресение праведников.

5. Итак, Писание выделяет четыре события воскресения: (а) воскресение Христа (1 Кор. 15:23); (б) воскресение святых церкви (1 Кор. 15:23, 50–58; 1 Фес. 4:13–18); (в) воскресение святых Ветхого Завета (Иез. 37:12–14; Дан. 12:2) и святых Великой скорби (Откр. 20:4); и (г) воскресение неискупленных всех времен (Откр. 20:5).

Будущие суды

Библия ясно учит, что всех людей ожидает суд Божий, когда только Его решение будет иметь вес. Наступит день расплаты, когда все предстанут перед Творцом, чтобы дать отчет за каждую мысль и каждый поступок.

Бог — суверенный, святой и праведный Творец Вселенной. Человек — Его творение, обладающее волей существо, которое обязано служить Богу и жить в соответствии с Его праведными законами и заповедями. Человек — не самостоятельное существо. Все, что он представляет собой и что он делает, должно сверяться с его Создателем. Поскольку Бог совершенно свят, Он не может позволить греху остаться безнаказанным. Поэтому суд — это божественная необходимость. Нравственные существа должны однажды предстать перед Богом, чтобы дать отчет за свои поступки и побуждения: «И нет твари, сокровенной от Него, но все обнажено и открыто перед очами Его: Ему дадим отчет» (Евр. 4:13).

Как и другие аспекты эсхатологии, Божьи суды многогранны и происходят поэтапно. Некоторые из них, такие как Всемирный потоп, суд над Содомом и Гоморрой и минувшие суды над Израилем и Иудеей, уже произошли. Суды, описанные в Римлянам 1:18–32, происходят на протяжении всей истории человечества, поскольку Божий гнев обрушивается на развращенные общества. Кроме того, гнев Божий в некотором смысле уже пребывает на неверующем (Иоан. 3:36). Однако в этом разделе основное внимание уделяется будущим судам.

СУДИЛИЩЕ ХРИСТОВО

Каждый христианин должен предстать на суд перед Иисусом Христом. Писание прямо упоминает судилище Христово в двух местах, и в каждом из них Павел обращается к христианам:

> ...ибо всем нам должно явиться пред судилище Христово, чтобы каждому получить соответственно тому, что он делал, живя в теле, доброе или худое (2 Кор. 5:10).

> А ты что осуждаешь брата твоего? Или и ты, что унижаешь брата твоего? Все мы предстанем на суд Христов (Рим. 14:10).

Здесь словами «судилище» и «суд» переведено греческое слово *bēma*. В древние времена словом *bēma* называли возвышенную платформу или ступеньку на спортивных или политических аренах[17]. Правители или судьи поднимались

---

[17] См.: Samuel L. Hoyt, *The Judgment Seat of Christ: A Biblical and Theological Study*, rev. ed. (Duluth, MN: Grace Gospel, 2015).

на нее для принятия решений по судебным делам. Со своего судейского места (*bēma*) Пилат судил Иисуса (Матф. 27:19; Иоан. 19:13). На спортивных мероприятиях на месте *bēma* восседал судья, судивший соревнования и награждавший победителей.

Писание раскрывает несколько истин о судилище Христовом. Во-первых, Иисус—это Судья, Который председательствует на этом суде (*bēma*). В 2 Коринфянам 5:10 сказано, что это «судилище *Христово*». И поскольку Отец передал весь суд Сыну (Иоан. 5:22, 27), суд в Римлянам 14:10 также вершит Христос.

Во-вторых, на этом суде будут христиане. И в 2 Коринфянам 5:10, и в Римлянам 14:10 Павел обращается к христианам в Риме и Коринфе. Потом будут и другие суды, в том числе суд Великого белого престола для неверующих (Откр. 20:11–15), но здесь суд—для христиан. В 1 Коринфянам 3:11–15 Павел говорит о суде для христиан, для которых основание—Иисус Христос.

Результатом этого суда будут награды христианам за то, что они делали в своей жизни—«доброе или худое» (2 Кор. 5:10). Это оценка всей жизни. «Доброе»— это дела, сделанные силой Святого Духа, которые приносят славу Богу. «Худое»— это бесполезные дела, которые не приносят славы Богу и совершаются по плоти (Гал. 5:19–21). Эта оценка хороших и плохих дел объясняется так:

> Строит ли кто на этом основании из золота, серебра, драгоценных камней, дерева, сена, соломы,—каждого дело обнаружится; ибо день покажет, потому что в огне открывается, и огонь испытает дело каждого, каково оно есть. У кого дело, которое он строил, устоит, тот получит награду. А у кого дело сгорит, тот потерпит урон; впрочем сам спасется, но так, как бы из огня (1 Кор. 3:12–15).

Золото, серебро и драгоценные камни здесь представляют «доброе» (2 Кор. 5:10), а дерево, сено и солома—«худое». Господь Иисус Своим огненным судом «испытает дело каждого, каково оно есть» (1 Кор. 3:13). За добрые дела будет дана награда (1 Кор. 3:14), а злые сгорят в огне. За них награды не будет. Более того, плохие или бесполезные дела принесут урон (1 Кор. 3:15). Что это за «урон»? Это не может быть потеря спасения, поскольку Павел говорит: «...впрочем, сам [человек] спасется...» (1 Кор. 3:15). Этот урон также не может быть карательным, связанным с осуждением за грех. Для христианина нет никакого осуждения за грех, поскольку Иисус искупил его грехи (Рим. 8:1). «Урон» может состоять в осознании и понимании упущенных возможностей служить Христу и глубоком сожалении о пустой трате ценных возможностей прославить Бога и получить более высокую вечную награду. И все же для христианина предстать перед Иисусом—радостное событие. Павел призвал коринфян жить, «ожидая явления Господа нашего Иисуса Христа, Который и утвердит вас до конца, чтобы вам быть неповинными в день Господа нашего Иисуса Христа» (1 Кор. 1:7–8). Впрочем, христианин должен стремиться избежать этого урона и чувства стыда. Иоанн предупреждал об этом, когда говорил: «Итак, дети, пребывайте в Нем, чтобы, когда Он явится, иметь нам дерзновение и не постыдиться пред Ним в пришествие Его» (1 Иоан. 2:28).

Судилище Христово не ограничивается оценкой поступков, но идет глубже, к побуждениям. В 1 Коринфянам 4:5 сказано, что Господь «осветит скрытое во мраке и обнаружит сердечные намерения, и тогда каждому будет похвала от Бога». Таким образом, суд перед Иисусом проникает настолько глубоко, что оцениваются и мотивы поступков. Важно не только то, что мы делаем, но и то, почему мы это делаем.

Судилище (*bēma*) Иисуса также имеет коллективное значение для церкви. Воскресшая и награжденная церковь победоносно вернется с Иисусом во время Его второго пришествия на землю (Откр. 19:14). Церкви также дано будет право царствовать вместе с Иисусом на престоле Давида (Откр. 3:21) и вместе с Ним править народами (Откр. 2:26–27). Поэтому верное служение христианина в этом веке влияет на его положение в грядущем Царстве Христа. Не все христиане получат одинаковую награду и власть; согласно Луки 19:11–27, некоторым будет дано больше власти, чем другим.

СУД НАД ИЗРАИЛЕМ

Христос вернется на землю и установит Свое Царство (Зах. 14:4, 9). Однако, поскольку войти в него могут только искупленные (Иоан. 3:3), должны состояться суды, которые определят, кто туда войдет. Один из этих судов касается евреев, которые будут жить во время возвращения Иисуса. Иезекииль прямо описывает это событие:

> Живу Я, говорит Господь Бог: рукою крепкою и мышцею простертою и излиянием ярости буду господствовать над вами. И выведу вас из народов и из стран, по которым вы рассеяны, и соберу вас рукою крепкою и мышцею простертою и излиянием ярости. И приведу вас в пустыню народов, и там буду судиться с вами лицом к лицу. Как Я судился с отцами вашими в пустыне земли Египетской, так буду судиться с вами, говорит Господь Бог. И проведу вас под жезлом и введу вас в узы завета. И выделю из вас мятежников и непокорных Мне. Из земли пребывания их выведу их, но в землю Израилеву они не войдут, и узнаете, что Я Господь (Иез. 20:33–38).

Этот грядущий суд над Израилем будет могущественным действием Бога. Бог «излиянием ярости» будет «господствовать» над Израилем (Иез. 20:33). Он соберет евреев «из стран», где они были рассеяны (Иез. 20:34). Местом совершения суда Бог называет «пустыню народов», и это будет реальная встреча лицом к лицу, подобная встрече Бога с Израилем «в пустыне земли Египетской» (Иез. 20:35–36). Израиль пройдет под царским и пастырским жезлом Господа, чтобы войти в «узы завета» (Иез. 20:37). Это относится не к Моисееву завету, а к вступлению Израиля в благословения нового завета. Павел говорит об этом в Римлянам 11:26–27, где спасение «всего Израиля» связано с текстами о новом завете в Исаии 59:20–21 и Иеремии 31:31–34. Новый завет был учрежден смертью Иисуса (Лук. 22:20), и некоторые из его духовных благословений даруются в нынешнем веке, но Израиль вступит в него, когда Иисус установит Свое Царство на земле.

Однако не все израильтяне войдут в это Царство. Господь говорит: «И выделю из вас мятежников...» (Иез. 20:38*а*). Даже израильтянам для входа в Царство Божье требуется духовное рождение. Нечестивые не войдут в царство. Хотя они были собраны для этого суда из народов, «в землю Израилеву они не войдут» (Иез. 20:38*б*).

Этот суд над Израилем может произойти во время грядущего периода скорби или одного из судов сразу после возвращения Иисуса на землю. Суд над Израилем при возвращении Иисуса может также иметься в виду в притчах о десяти девах (Матф. 25:1–13) и талантах (Матф. 25:14–30). В этих притчах говорится, что в пришествие Иисуса будут и глупые, и мудрые люди по отношению к Его возвращению. Применение этих притч, конечно, выходит за пределы Израиля и касается всех, кто ожидает возвращения Иисуса, но благодаря еврейскому контексту Матфея 24–25 применение этих притч к Израилю вполне вероятно, особенно с учетом того, что суд над овцами и козлами, описанный в Матфея 25:31–46, направлен именно на языческие народы.

СУД НАД НАРОДАМИ

Возвращение Иисуса на землю также приведет к суду над живыми язычниками. Об этом прямо говорится в Иоиля 3:1–16 и Матфея 25:31–46. Во-первых, Бог через пророка Иоиля предсказал:

> Ибо вот, в те дни и в то самое время, когда Я возвращу плен Иуды и Иерусалима, Я соберу все народы, и приведу их в долину Иосафата, и там произведу над ними суд за народ Мой и за наследие Мое, Израиля... (Иоил. 3:1–2*а*)

Контекст этих стихов—суды дня Господнего в Иоиля 2, включающие спасение и благословение Израиля. «В то самое время», когда Бог восстановит Израиль, Он соберет «все народы» и произведет над ними суд за Израиль. Языческие народы будут судимы за то, что они рассеяли еврейский народ и разделили землю Израиля, а также за другие злодеяния (Иоил. 3:2*б*–3). Указано определенное место этого суда: долина Иосафата. Там Бог будет судить «все народы отовсюду» (Иоил. 3:12). Итак, Иоиля 3 показывает, что Бог будет судить народы, которые причинили вред Израилю.

Во-вторых, Матфея 25:31–46 также описывает общий суд над языческими народами:

> Когда же приидет Сын Человеческий во славе Своей и все святые ангелы с Ним, тогда сядет на престоле славы Своей, и соберутся пред Ним все народы; и отделит одних от других, как пастырь отделяет овец от козлов... (Матф. 25:31–32)

Этот суд над язычниками часто называют судом овец и козлов, поскольку верующие сравниваются с «овцами», а нечестивые—с «козлами». Цель этого суда— определить, кто может войти в земное Царство Иисуса, а кто—нет. Праведные овцы войдут в Царство Иисуса, а нечестивые будут истреблены.

Этот суд основан на том, как языческие народы относились к другим. Те, кто с добротой и милосердием относился к кому-либо «из сих меньших» (Матф. 25:40, 45), на самом деле относились так к Иисусу, хотя и не знали об этом. Подобным образом, плохое отношение или невнимание к другим показывало неуважение к Иисусу. Этот суд, основанный на делах сострадания, не значит, что спасение основано на делах, но ясно говорит, что дела точно раскрывают характер (см. Рим. 2:5–11). Вера или ее отсутствие подтверждается делами.

Хотя обращение с группой «сих меньших» имеет отношение ко всем людям, этот отрывок также может подразумевать обращение с еврейским народом. Текст Иоиля 3, служащий фоном для суда в Матфея 25:31–46, гласит, что суд над народами происходит ради Израиля и отражает то, как языческие народы обращались с Израилем. То же самое может касаться и Матфея 25, особенно в ввиду того, что Матфея 24:15–28 описывает гонения на евреев.

В Матфея 25 не говорится о воскресении из мертвых тех, кто подвергнется этому суду. Следовательно, этот суд предназначен для язычников, живущих во время возвращения Христа. Там также не говорится о прославлении. «Овцы» входят в земное Царство Иисуса в смертных телах, а «козлы» подвергаются казни и идут в огонь вечный (Матф. 25:41, 46).

СУД НАД САТАНОЙ И БЕСАМИ

Подробнее о суде над сатаной и бесами говорится в разделах «Суды над сатаной» (с. 742) и «Суды над бесами» (с. 758) в 8-й главе. Здесь же рассматриваются только будущие суды над сатаной и всеми его бесами.

Сатана и бесы подверглись первоначальному суду, когда сатана согрешил против Бога на небесах (Откр. 12:1–4). Они также подверглись суду на Голгофе, когда Иисус на кресте сокрушил их власть (Кол. 2:14–15). Однако сатану и бесов ожидают три суда в будущем: суд во Время великой скорби, суд во время Тысячелетнего царства и вечный суд.

Откровение 12:7–13 говорит о суде во время Великой скорби, когда сатана и бесы будут сброшены с небес на землю. С этого момента сатане навсегда будет закрыт доступ на небеса, и он обратит свое внимание на преследование Израиля на земле. Это произойдет примерно в середине 70-й седмины Даниила (Дан. 9:27), поскольку это событие связано с периодом «времени, времен и полувремени» (Откр. 12:14), то есть трех с половиной лет. С этого момента сатана больше не сможет обвинять верующих в грехе перед Богом (Откр. 12:10–11).

В настоящее время сатана активно противостоит Божьим планам, обманывает народы и преследует Божьих святых. Но в Откровении 20:1–3 говорится о грядущем суде во время Тысячелетнего царства после возвращения Иисуса на землю (Откр. 19:11–21), когда сатана будет схвачен, скован и брошен в бездну. Это не озеро огненное, а духовная тюрьма, которая полностью лишит сатану доступа на землю и возможности обманывать людей. Вероятно, что в это время все бесы будут заключены в тюрьму вместе с сатаной, пока Иисус и Его святые в течение тысячи лет будут править землей без препятствий со стороны сатаны и его нечестивых падших ангелов (Откр. 20:4).

Окончательный суд над сатаной и бесами состоится на вечном суде после Тысячелетнего царства (Откр. 20:7–10). Силы ада будут освобождены для заключительного восстания, обреченного на поражение. Сатана, бесы и множество людей, в безумии отвергающих Христа, попытаются напасть на город возлюбленный Иерусалим, но огонь с небес мгновенно пожрет их, совершив суд. После этого сатана и все бесы (Матф. 25:41; 2 Пет. 2:4; Иуд. 6) присоединятся к антихристу и лжепророку в озере огненном (Откр. 20:10). Это окончательный суд над сатаной и его бесами, когда они навсегда будут лишены возможности противостоять Божьему Царству и Божьему народу.

СУД ВЕЛИКОГО БЕЛОГО ПРЕСТОЛА

Всех неверующих в конце ожидает суд Великого белого престола. Это ужасающее событие описано в Откровении 20:11–15:

> И увидел я великий белый престол и Сидящего на нем, от лица Которого бежало небо и земля, и не нашлось им места. И увидел я мертвых, малых и великих, стоящих пред Богом, и книги раскрыты были, и иная книга раскрыта, которая есть книга жизни; судимы были мертвые по написанному в книгах, сообразно с делами своими. Тогда отдало море мертвых, бывших в нем, и смерть и ад отдали мертвых, которые были в них; и судим был каждый по делам своим. И смерть и ад повержены в озеро огненное. Это смерть вторая. И кто не был записан в книге жизни, тот был брошен в озеро огненное.

Этот последний приговор погибшим — самый серьезный, отрезвляющий и трагический текст в Библии. Это последняя судебная сцена в истории.

Этот суд Великого белого престола произойдет после тысячелетнего правления Христа и Его святых (Откр. 20:4–7). Сидящий на престоле — это не кто иной как Бог Всемогущий (Откр. 4:2–11), что, безусловно, должно относиться к Иисусу, поскольку весь суд был отдан Ему (Иоан. 5:22, 26–27).

Цель этого суда — объявить, кто будет отправлен в озеро огненное (Откр. 20:15), что также названо «второй смертью» (Откр. 20:6). Суду Великого белого престола подвергнутся воскресшие неверующие, чьи тела «смерть и ад» отдадут для этого суда (Откр. 20:13).

Основанием суда Великого белого престола будут дела (Откр. 20:13), и свидетельства для этого суда содержатся в книгах, раскрывающих характер и поступки каждого человека. Фраза «книги раскрыты были» может подразумевать записи о делах тех, кто стоит перед престолом. Затем открывается «иная книга», и указано, что это «книга жизни». В этой книге перечислены те, кого спас Иисус. Книга жизни — это свидетельство против неспасенных, имен которых нет в ней. Они брошены «в озеро огненное», и это окончательная участь погибших.

ЯВЛЯЮТСЯ ЛИ СУД ОВЕЦ И КОЗЛОВ И СУД ВЕЛИКОГО БЕЛОГО ПРЕСТОЛА ОДНИМ СУДОМ?[18]

Некоторые богословы считают суд овец и козлов в Матфея 25:31–46 и суд Великого белого престола в Откровении 20:11–15 одним и тем же событием. Они предполагают, что оба описывают суд над нечестивыми и их огненную участь. Но тщательное изучение показывает, что эти два суда не могут быть одним и тем же. Прежде всего, *время* суда овец и козлов очень близко ко второму пришествию Иисуса (см. Матф. 25:31–32). Иисус приходит во славе со Своими ангелами и садится на престоле славы (т. е. на престоле Давида), и тогда все народы собираются перед Ним на суд. Поэтому суд овец и козлов тесно связан со вторым пришествием Иисуса. С другой стороны, суд Великого белого престола происходит после тысячелетнего правления Иисуса и Его святых (Откр. 20:4–7). После того, как окончится тысяча лет (Откр. 20:7), произойдет суд Великого белого престола (Откр. 20:11–15). Уже один этот факт показывает, что это разные суды. Один суд происходит в начале царствования Иисуса, а другой — после Тысячелетнего царства при переходе к вечному состоянию. Кроме того, два воскресения, разделенные тысячей лет (см. Откр. 20:4–5) явно предполагают, что это разные суды.

Помимо времени, есть различия в деталях этих судов. *Цель* суда над овцами и козлами — определить, кто наследует Царство (Матф. 25:34), а кто нет (Матф. 25:41). Цель суда Великого белого престола — определить, кто будет брошен в озеро огненное (Откр. 20:15). Их цели различны, и на суде Великого белого престола нет никакой надежды.

Кроме того, *объект* суда над овцами и козлами — это и верующие, и неверующие, овцы и козлы (Матф. 25:32). А на суд Великого белого престола предстанут только неверующие. Хотя присутствие верующих на этом суде в качестве зрителей не исключается, они не упоминаются в Откровении 20:11–15. На суд над овцами и козлами явятся живые во время второго пришествия Христа, а суд Великого белого престола предполагает воскресение неверующих (Откр. 20:13). Море и ад отдадут своих мертвых на этот суд. Эти различия указывают на то, что оба суда уникальны и происходят в разное время.

Заветы[19]

Заветы занимают центральное место в Божьих планах и представляют собой средства, с помощью которых реализуются цели Божьего Царства. Завет — это официальное соглашение или договор между двумя сторонами с обязательствами и предписаниями. Подавляющее большинство заветов в Библии (1) безусловные или неотменяемые, то есть завет, будучи заключен, должен быть исполнен,

---

[18] Этот раздел адаптирован из: Michael Vlach, "Why the Sheep/Goat Judgment and Great White Throne Judgment Are Not the Same Event," *Mike Vlach* (blog), July 23, 2011, http://mikevlach.blogspot.com/2011/06/why-sheepgoat-judgment-and-great-while.html. Использовано с разрешения автора.

[19] Более подробное обсуждением заветов см. статьи в: *MSJ* 10, no. 2 (1999): 173–280.

и (2) называются вечными. К безусловным заветам относятся Ноев, Авраамов, священнический, Давидов и новый. Единственный условный и временный завет—Моисеев. Это библейские заветы, так как о них прямо сказано в Писании. Изучая эти библейские заветы, можно понять выраженные в них Божьи планы.

Некоторые богословы утверждают, что библейские заветы следует понимать через призму богословски выведенных заветов. Теология завета утверждает, что есть три таких завета: (1) завет дел, (2) завет благодати и (3) завет искупления. Хотя с этими богословскими заветами могут быть связаны определенные истины, например, что у Бога от вечности есть план спасения и что после грехопадения Адама Бог взаимодействует со Своим народом на основе благодати, на самом деле это не те заветы, которые можно найти в Библии. Включать их в обсуждение Божьей программы заветов—значит говорить больше, чем прямо сказано в Писании, и это может привести к путанице и ошибочным взглядам.

Если наложить богословские заветы поверх библейских заветов, то можно исказить задуманное Богом откровение. Богословие завета, к примеру, часто использует небиблейскую идею завета благодати, чтобы отрицать библейское различие между Израилем и церковью. Якобы, если все люди спасаются по благодати только верой, то между Израилем и церковью не может быть никаких различий. Но это неправильный вывод. Утверждение этого завета благодати часто приводило к ложной позиции богословия замещения, или суперсессионизма, когда церковь считают заменой или исполнением Израиля в том смысле, что Бог больше не взаимодействует с Израилем как с нацией. Но хотя святые всех времен спасаются только по благодати и только верой, среди народа Божьего есть различия.

Футуристический премилленаризм, с другой стороны, утверждает, что планы Божьих заветов должны быть укоренены в правильном понимании библейских заветов и того, как они раскрываются в истории спасения. Добавлять богословские заветы не нужно, поскольку программу Божьих заветов можно понять через библейские заветы. Этот подход позволяет понять такие истины, как спасение только по благодати только верой для всех народов, которые верят, и в то же время понимать, что есть и различия в том, что представляют собой и какую имеют структуру и функции Израиль, народы и церковь.

НОЕВ ЗАВЕТ

Человек был создан с непосредственной обязанностью поклоняться и служить Богу, своему Творцу (Быт. 1–2). Поэтому у человека с самого начала были внутренне присущие обязанности перед Богом. И все же первое упоминание слова «завет» (*berit*) встречается уже после грехопадения в Бытии 6:18, где Бог говорит Ною: «Но с тобою Я поставлю завет Мой...» Таким образом, первый библейский завет—это Ноев завет, который также описан как «завет вечный» в Бытии 9:16.

Заключение или подтверждение Ноева завета упоминается в Бытии 6:18, 9:9, 11, 12, 13, 15, 16, 17. Содержание завета описано в Бытии 8:20–9:17. Контекст Ноева завета — это (1) творение (Быт. 1–2); (2) греховность человека (Быт. 6:5–13); (3) обретение Ноем благодати у Бога (Быт. 6:8); и (4) жертвоприношения Ноя (Быт. 8:20–21).

Ноев завет содержит несколько гарантий для человечества. Во-первых, Бог обязуется обеспечить стабильность природы: «...впредь во все дни земли сеяние и жатва, холод и зной, лето и зима, день и ночь не прекратятся» (Быт. 8:22). Это обещание обнадеживает, поскольку оно гарантирует стабильность природы, чтобы человечество могло функционировать без угрозы глобальной катастрофы. «Впредь во все дни земли» люди могут рассчитывать на смену времен года. Это не только благословение для всего творения, как одушевленного, так и неодушевленного, но это также позволяет планам Божьего Царства осуществляться в истории. Таким образом, Ноев завет функционирует как сцена, на которой исполняются планы Божьего Царства и спасения. Это также основа для исполнения других библейских заветов.

Во-вторых, Ною было сказано размножаться и наполнять землю (Быт. 9:1, 7), что повторяет повеление, данное Адаму (Быт. 1:28). Сразу же после Всемирного потопа Ной и его сыновья оказались в положении, подобном Адаму как первоначальному представителю человечества, которому было дано повеление размножаться. В-третьих, Бог вызывает у животных, птиц и рыб страх перед человеком (Быт. 9:2). В-четвертых, животные становятся пищей для человека, подобно растениям при сотворении, хотя люди не должны есть мясо с кровью (Быт. 9:3–4). В-пятых, жизнь человека священна; ни человек, ни животное не должны убивать человека (Быт. 9:5). Это утверждает достоинство человека как носителя Божьего образа даже после грехопадения. В-шестых, для тех, кто убивает носителя Божьего образа, устанавливается смертная казнь (Быт. 9:6). В-седьмых, Бог обещает больше не разрушать мир водой (Быт. 9:15).

Ноев завет — это безусловный вечный завет, и он остается в силе до сих пор. Человек продолжает пользоваться стабильностью природы для осуществления Божьих целей и взаимоотношений человека с другими людьми и животными.

АВРААМОВ ЗАВЕТ

Ноев завет был начальной платформой для Божьих целей, а Авраамов завет подробно описывает, как Бог планирует спасать людей и восстанавливать все. Это восстановление произойдет благодаря исполнению трех великих обещаний: (1) земля для Авраама, (2) множество потомков Авраама и (3) всеобщие благословения для народов.

Авраамов завет также служит основанием для других заветов, которые Бог установит позже. Первоначальные и основополагающие обещания Авраамова завета записаны в Бытии 12:1–3:

И сказал Господь Авраму: «Пойди из земли твоей, от родства твоего и из дома отца твоего, в землю, которую Я укажу тебе; и Я произведу от тебя великий народ, и благословлю тебя, и возвеличу имя твое, и будешь ты в благословение; Я благословлю благословляющих тебя, и злословящих тебя прокляну; и благословятся в тебе все племена земные».

Здесь есть несколько обещаний. Во-первых, Бог обещает произвести от Авраама «великий народ». Этим народом станет Израиль, состоящий из потомков Авраама, Исаака и Иакова. Во-вторых, Бог обещает, что Авраам будет благословлен и его имя станет великим. В-третьих, Авраам будет благословением для других. В-четвертых, Бог будет обращаться с другими людьми согласно тому, как они относятся к Аврааму, благословляя или проклиная его. В-пятых, в Аврааме и происшедшем от него народе благословятся «все племена земные». Таким образом, Авраам и Израиль будут использованы Богом как средство для благословения язычников. В Авраамовом завете Божьи планы включают и Израиль, и язычников.

Другие главы подробнее говорят об обещаниях Аврааму. Бытие 12:6–7 обещает потомкам Авраама землю, а Бытие 13:14–17 обещает им эту землю «навеки». В Бытии 15 Бог обязуется защитить и наградить Авраама (15:1). Потомков Авраама будет столько, сколько звезд на небе (Быт. 15:5). Односторонняя ратификация завета происходит в Бытии 15:7–17, когда Бог проходит между окровавленными частями животных, чтобы показать, что Он без всяких условий обязуется исполнить этот завет. Конкретные размеры обещанной земли даны Богом в Быт. 15:18–21 — от реки Египетской до реки Евфрат (Быт. 15:18).

Бытие 17 дает еще больше деталей. Бог размножит потомков Авраама (Быт. 17:2), и Авраам будет отцом множества народов (Быт. 17:5). От Авраама произойдут цари (Быт. 17:6), что предвосхищает грядущий Давидов завет, подчеркивающий важность царской родословной в Божьей программе (2 Цар. 7:12–16). Авраамов завет назван вечным (Быт. 17:7). Вся земля Ханаанская обещана Аврааму (Быт. 17:8). Обрезание — это знак завета (Быт. 17:10–14). В Бытии 22:15–18 Бог подтверждает Свой завет с Авраамом, заявляя, что потомство Авраама будет бесчисленным (Быт. 22:17) и что народы земли благословятся в его семени (Быт. 22:18).

По завету с Авраамом Бог обязуется благословить три стороны. Некоторые обещания Он дает Аврааму, некоторые — народу Израиля, а другие — племенам земным. Сам Авраам получит благословения, когда Бог сделает его имя великим и сделает его отцом многих народов. Израиль получит благословения, когда станет народом, который навсегда унаследует землю и получит покой от своих врагов. У язычников также будет благословение, когда Бог введет их в Свой завет и благословит как народ Божий вместе с Израилем.

Важно отметить, что хотя заветы в основном касаются Израиля, они не ограничиваются им и не считаются применимыми только к нему. Как показано в Бытии 12:3 и 22:18, Бог задумал включить язычников в обещания завета. Павел подтверждает это в Галатам 3:7–9, связывая спасение язычников в церкви с Божьими обещаниями Аврааму в Бытии 12:3 и 22:18 относительно благословений язычникам. Павел также говорит о значении Авраамова завета в Римлянам 4. Он не только указывает на Авраама как на основной пример вмененной праведности только через веру (ср. Рим. 4:3 с Быт. 15:6), но и говорит, что важно, в какое время Авраам поверил. Праведность вменилась Аврааму до того, как он был обрезан, так что он может быть отцом двух групп—язычников, которые спасены через веру, и верующих евреев (см. Рим. 4:10–12). Верующие язычники и евреи сохраняют свои этнические особенности, но обе группы соединены с Авраамом через веру и считаются потомками Авраама (см. Гал. 3:29). Поэтому Авраамов завет подтверждает, что самые разные люди будут спасены благодатью через веру, подобно Аврааму, но в народе Божьем евреи и язычники сохранят свою этническую самобытность.

В Матфея 1:1 Иисус назван «Сыном Авраама». Мария сказала, что Бог помогает Своему слуге Израилю, «воспомянув милость, как говорил отцам нашим, к Аврааму и семени его до века» (Лук. 1:54–55). Когда Захария, отец Иоанна Крестителя, «исполнился Святого Духа», он пророчествовал, что Бог «помянет святой завет Свой, клятву, которою клялся Он Аврааму, отцу нашему, дать нам, небоязненно, по избавлении от руки врагов наших, служить Ему...» (Лук. 1:67, 72–75). И Мария, и Захария выразили надежду, что Бог спасет Израиль и избавит его от врагов. Этим истинам, касающимся национального спасения и избавления народа Израиля, не следует придавать духовный смысл, как будто они относятся к современной церкви. Но Иисус исполнит их при Своем втором пришествии (см. Зах. 14; Рим. 11:26).

МОИСЕЕВ ЗАВЕТ

Моисеев завет—это закон, который Бог дал Израилю через Моисея для управления жизнью и действиями Израиля в Земле обетованной, в Ханаане (Исх. 19:5–6). В этом завете, данном Израилю после исхода из Египта, были заповеди (Исх. 20:1–17), а также правила, регулирующие общественную жизнь (Исх. 21–23) и поклонение Израиля (Исх. 25–31). В целом, Моисеев завет состоял из 613 заповедей, краткое изложение которых и составляют Десять заповедей (Исх. 20:1–17). Знамением этого завета была суббота (Исх. 31:16–17).

Этот завет был двусторонним, условным и отменяемым, поскольку зависел от послушания Израиля Богу. Соблюдение Моисеева завета было средством, с помощью которого Израиль мог иметь доступ к благословениям Авраамова завета. Соблюдение Моисеева завета из любви к Богу вело к духовному и материальному процветанию, а непослушание вело к суду, включая изгнание из земли и рассеяние среди всех народов (Втор. 28–29).

Моисеев завет был заветом милости. Он был не средством спасения, но назначенным Богом способом, как Израиль мог проявить свою любовь и преданность Богу. Хотя Израиль обещал повиноваться (Исх. 24:1–8), библейская история показывает, что он не повиновался Богу и подвергался проклятиям за нарушение завета. Помимо постоянного нарушения закона Израиль извращал закон двумя основными способами. Во-первых, многие евреи извратили завет, сделав его средством спасения с помощью праведных дел (Рим. 9:30–32). Во-вторых, многие подчеркивали внешние ритуалы завета, пренебрегая главным—любовью (Мих. 6:6–8).

Завет Моисея был святым, праведным и добрым (Рим. 7:12). Поэтому проблема, возникшая с заветом, была в сердцах людей, а не в самом завете. Моисеев завет также показывал греховность людей:

...потому что делами закона не оправдается пред Ним никакая плоть; ибо законом познается грех (Рим. 3:20).

Закон же пришел после, и таким образом умножилось преступление. А когда умножился грех, стала преизобиловать благодать... (Рим. 5:20)

Для чего же закон? Он дан после по причине преступлений, до времени пришествия семени, к которому относится обетование... (Гал. 3:19)

Поскольку Израиль нарушил завет Моисея, Бог пообещал, что этот завет будет заменен лучшим, новым заветом. В книге пророка Иеремии сказано:

Вот наступают дни, говорит Господь, когда Я заключу с домом Израиля и с домом Иуды новый завет, не такой завет, какой Я заключил с отцами их в тот день, когда взял их за руку, чтобы вывести их из земли Египетской; тот завет Мой они нарушили, хотя Я оставался в союзе с ними, говорит Господь (Иер. 31:31–32).

Конец завета Моисея как руководства для жизни наступил со смертью Иисуса, потому что Он выполнил требования этого завета и Своей кровью утвердил новый завет (Лук. 22:20). Павел объясняет: «...потому что конец закона—Христос, к праведности всякого верующего» (Рим. 10:4). Он также сказал, что Христос стал нашим миром, упразднив «закон заповедей, состоявший из предписаний» (Еф. 2:14–15, Кассиан). Автор Послания к евреям также заявил: «Говоря „новый“, показал ветхость первого [завета Моисея]; а ветшающее и стареющее близко к уничтожению» (Евр. 8:13).

Поскольку Моисеев завет был дан только Израилю (Исх. 19:3; 34:27) и поскольку Христос Своей смертью положил ему конец (Еф. 2:14–15), христиане не находятся под заветом Моисея и его законами:

Грех не должен над вами господствовать, ибо вы не под законом, но под благодатью (Рим. 6:14).

Что же? Станем ли грешить, потому что мы не под законом, а под благодатью? Никак (Рим. 6:15).

Если же вы духом водитесь, то вы не под законом (Гал. 5:18).

То, что христиане не под законом Моисея, не означает, что они свободны грешить. Они соединены со Христом и находятся под новым заветом. Поэтому Павел заявил, что теперь он подзаконен Христу, а не закону Моисея:

...[я] стал... для подзаконных, как подзаконный — не будучи сам под Законом, — чтобы приобрести подзаконных; для незнающих Закона, как незнающий Закона — не будучи без закона пред Богом, но под законом Христовым, — чтобы приобрести незнающих Закона... (1 Кор. 9:20–21, Кассиан).

Павел также отметил: «...но ныне, умерши для закона, которым были связаны, мы [христиане] освободились от него, чтобы нам служить Богу в обновлении духа, а не по ветхой букве» (Рим. 7:6). Христианин освободился от закона Моисея, чтобы служить в обновлении Святого Духа. Поэтому христианин не остался без закона, а находится под лучшим законом — законом Христа и нового завета. Только на этот раз Дух дает человеку способность охотно подчиняться Богу.

То, что христиане не под законом Моисея, очевидно, поскольку наказания за нарушение этого завета больше не применяются. Например, по закону Моисея половая безнравственность каралась смертью (Лев. 20:10–16), однако Павел в случае кровосмешения в 1 Коринфянам 5 не призвал церковь казнить этого человека, а повелел: «Итак, извергните развращенного из среды вас» (1 Кор. 5:13).

Тем не менее это не значит, что Моисеев завет не актуален сегодня, поскольку он, безусловно, актуален. «Все Писание богодухновенно и полезно для научения, для обличения, для исправления, для наставления в праведности...» (2 Тим. 3:16). Моисеев завет раскрывает неизменные атрибуты Бога и истины о Его характере, которые лежат в основе установленных Им принципов жизни. Павел иногда цитирует законы Моисея как наставление для правильной жизни (Еф. 6:1–2). Кроме того, Божьи нравственные заповеди в Ветхом Завете прекрасно согласуются с тем, что Бог ожидает от верующих в этом веке. Девять из первоначальных Десяти заповедей взяты и вновь применены как часть закона Христа в Новом Завете, одно исключение составляет заповедь о субботе. Разная реакция израильтян на закон Моисея также служит примером, побуждающим верующих к благочестивой жизни. Относительно израильтян в пустыне Павел увещал: «А это были образы для нас, чтобы мы не были похотливы на злое, как они были похотливы» (1 Кор. 10:6). Он также сказал: «А все, что писано было прежде, написано нам в наставление, чтобы мы терпением и утешением из Писаний сохраняли надежду» (Рим. 15:4).

СВЯЩЕННИЧЕСКИЙ ЗАВЕТ[20]

По священническому завету в Числах 25 Бог обещал потомству Финееса вечное священство, которое будет продолжаться даже во время земного храма Господа в Тысячелетнем царстве. В то время, когда Господь разгневался на Израиль за то, что многие прилепились к Ваал-Фегору, священник Финеес взял копье и пронзил израильтянина и мадианитянку, блудивших в шатре перед обществом Израиля. Господь почтил Финееса заветом мира, включавшим вечное священство для него и его потомков:

---

[20] Этот раздел адаптирован из: Irvin A. Busenitz, "Introduction to the Biblical Covenants: The Noahic Covenant and the Priestly Covenant," *MSJ* 10, no. 2 (1999): 173–189. Используется с разрешения MSJ.

И сказал Господь Моисею, говоря: «Финеес, сын Елеазара, сына Аарона священника, отвратил ярость Мою от сынов Израилевых, возревновав по Мне среди их, и Я не истребил сынов Израилевых в ревности Моей; посему скажи: „Вот, Я даю ему Мой завет мира, и будет он ему и потомству его по нем заветом священства вечного, за то, что он показал ревность по Боге своем и заступил сынов Израилевых"» (Чис. 25:10–13).

Этот завет, данный Финеесу, также включал его потомков (Чис. 25:13). Бог обещал Финеесу и его потомству вечное священство, подчеркивая непреходящую природу священства. Родословная Финееса продолжится в Тысячелетнем царстве через Садока (1 Пар. 6:50–53). Иезекииль указывает, что единственными священниками, которым будет разрешено служить в храме в Тысячелетнем царстве, будут священники из рода Садока (Иез. 44:15; 48:11). Священникам, не принадлежащим к роду Садока, священническое служение будет запрещено из-за прошлого идолопоклонства (Иез. 44:10).

Постоянный характер священнического завета предполагает, что это отдельный завет, а не часть Моисеева завета, временного по характеру. Во-первых, в этом завете используются выражения, сходные с выражениями в Ноевом, Авраамовом, Давидовом и новом завете. Во-вторых, то, что он остается, когда Моисеев завет объявлен устаревшим, еще громче говорит о нем как об отдельном завете. Моисеев завет был отменен новым заветом, но обещание, данное Финеесу, исполнится в Тысячелетнем царстве. В-третьих, Иеремия пишет о постоянстве этого завета в одном ряду с Давидовым заветом, утверждая, что он остается в силе все время, пока продолжается смена дня и ночи: «...так говорит Господь: „Если можете разрушить завет Мой о дне и завет Мой о ночи, чтобы день и ночь не приходили в свое время, то может быть разрушен и завет Мой с рабом Моим Давидом, так что не будет у него сына, царствующего на престоле его, и также с левитами-священниками, служителями Моими"» (Иер. 33:20–21).

ДАВИДОВ ЗАВЕТ

Следующий безусловный завет обетования — Давидов. Контекстом для него было желание Давида построить подходящее жилище для Божьего присутствия. Бог не позволил Давиду построить дом Божий, поскольку Давид был воином, но пообещал его потомкам вечное пребывание на престоле в Израиле. Хотя истины об этом завете раскрываются в нескольких текстах, суть Давидова завета содержится в 2 Царств 7:12–16:

Когда же исполнятся дни твои, и ты почиешь с отцами твоими, то Я восставлю после тебя семя твое, которое произойдет из чресл твоих, и упрочу царство его. Он построит дом имени Моему, и Я утвержу престол царства его на веки. Я буду ему отцом, и он будет Мне сыном; и если он согрешит, Я накажу его жезлом мужей и ударами сынов человеческих; но милости Моей не отниму от него, как Я отнял от Саула, которого Я отверг пред лицом твоим. И будет непоколебим дом твой и царство твое на веки пред лицом Моим, и престол твой устоит во веки.

В этом разделе изложены несколько положений Давидова завета: имя Давида станет великим (7:9); у Израиля будет дом (7:10); Израилю будет дан покой от врагов (7:10–11); дом или династия Давида утвердится (7:11); грядущий сын упрочит это царство (7:12); Соломон построит храм (7:13); царство Соломона будет утверждено навсегда (7:13); Бог будет отцом Соломону, и когда Соломон ослушается, Бог не отнимет у него царство, как Он сделал это с Саулом (7:14–15); династия и царство Давида пребудут вечно, и престол Давида устоит вовеки (7:16).

В 2 Царств 7:18–29 Давид приносит молитву благодарности Господу. О завете, который Бог заключает с ним, сказано, что «это будет Закон [евр. *torah*] для людей» (7:19, НРП). Это значит, что Давидов завет благотворно отразится на язычниках, и подтверждает обетование Авраамова завета о том, что Божьи благословения будут распространяться и на язычников (см. Быт. 12:3; 22:18). Давидов завет также развивает Божьи планы заветов, сосредотачивая внимание на царских потомках из более широкой категории народа, происходящего от Авраама через Исаака и Иакова. Хотя в 2 Царств 7 не упоминается термин «завет», он встречается в Псалме 88:4–5, где сказано: «Я поставил завет с избранным Моим, клялся Давиду, рабу Моему: навек утвержу семя твое, в род и род устрою престол твой».

С наступлением эпохи Нового Завета Иисус предстает как истинный Сын Давидов. Евангелия начинаются так: «Родословие Иисуса Христа, Сына Давидова...» (Матф. 1:1). Иисуса признавали Сыном Давида на протяжении Его земного служения (см. Матф. 9:27; 15:22; 21:15). Ранняя церковь верила, что распятый и воскресший Иисус был исполнением обещанного семени Давида, а потому Он должен был воскреснуть из мертвых (см. Деян. 2:30–36; 13:34–37). В Откровении Иисус описан как «имеющий ключ Давидов» (Откр. 3:7), и Сам Иисус сказал: «Я есмь корень и потомок Давида...» (Откр. 22:16).

В Давидовом завете есть обещания, исполнившиеся при первом пришествии Иисуса, и есть обещания, которые ожидают своего исполнения при Его втором пришествии. Явление Иисуса как Царя из рода Давидова исполнилось при первом пришествии. Верующие в Него позиционно вводятся в Его Царство (Кол. 1:13). Распространение мессианского спасения на язычников также входит в исполнение Давидова завета (Деян. 15:14–18). Но окончательное вступление Иисуса на престол Давида и Его царствование ожидает Его второго пришествия во славе (Матф. 25:31), когда земля будет обновлена, а Он со Своими апостолами будет править объединенным и восстановленным народом Израиля (Матф. 19:28).

НОВЫЙ ЗАВЕТ

Авраамов завет обещал Аврааму множество потомков и великий народ, который произойдет от него. Он и этот народ будут посредниками благословений для всего мира (Быт. 12:2–3). Затем Давидов завет обещал Давиду царский род, который будет править Израилем (2 Цар. 7:12–16) и, в конечном счете, землей (Зах. 14:9; Матф. 25:31–34). Но сердца людей еще нуждались в изменении. Какая польза от потомков, земли и царя без людей, которые любят Бога и желают повиноваться Ему? В этом значимость нового завета. Новый завет—это безусловный и вечный завет, посредством которого Бог дает Своему народу способность и силу охотно служить Ему и пребывать в Его благословениях. Основополагающее описание этого завета дается в книге пророка Иеремии:

> Вот наступают дни, говорит Господь, когда Я заключу с домом Израиля и с домом Иуды новый завет, не такой завет, какой Я заключил с отцами их в тот день, когда взял их за руку, чтобы вывести их из земли Египетской; тот завет Мой они нарушили, хотя Я оставался в союзе с ними, говорит Господь. Но вот завет, который Я заключу с домом Израилевым после тех дней, говорит Господь: вложу закон Мой во внутренность их и на сердцах их напишу его, и буду им Богом, а они будут Моим народом. И уже не будут учить друг друга, брат брата, и говорить: «Познайте Господа», ибо все сами будут знать Меня, от малого до большого, говорит Господь, потому что Я прощу беззакония их и грехов их уже не воспомяну более (Иер. 31:31–34).

Историческим контекстом этого обетования было время отступничества в Иудее. Пророк Иеремия предупреждал, что Божий суд постигнет народ, поскольку они не соблюдали Моисеев завет. Получателем нового завета был Израиль, хотя все безусловные заветы (Авраамов, Давидов, новый) должны были в конечном счете распространиться и на язычников (Быт. 12:3; 2 Цар. 7:19; Ис. 52:15). Бог желал, чтобы Израиль стал проводником Божьих планов завета, ведь когда Израиль получал благословение, то и язычники получали благословение. Бог противопоставил новый завет завету Моисея, указав, что это «не такой завет, какой» Бог заключил с народом во время исхода (Иер. 31:32). Моисеев завет был условным и отменяемым, и Израиль постоянно его нарушал. Бог был верен завету, а Израиль—нет. Суть нового завета в том, что Бог вложит Свой закон внутрь Своего народа и напишет его «на сердцах их» (Иер. 31:33). Они будут Его народом и будут всем сердцем подчиняться Его закону. Им больше не будет нужно принуждение со стороны внешней угрозы. Послушание будет внутренним, и все, участвующие в этом завете, будут знать Бога и повиноваться Ему.

Центр нового завета—новое сердце. Хотя Моисеев закон был святым, праведным и добрым (Рим. 7:12), он не наделял людей способностью повиноваться. А новый завет дает Божьему народу способность служить Ему с любовью. Текст Иезекииля 36:26–27 говорит, что пребывание Святого Духа входит в этот завет, искупительные аспекты которого вступили в силу в 30 г. от Р. Х.:

> И дам вам сердце новое, и дух новый дам вам; и возьму из плоти вашей сердце каменное, и дам вам сердце плотяное. Вложу внутрь вас дух Мой и сделаю то, что вы будете ходить в заповедях Моих и уставы Мои будете соблюдать и выполнять.

Влагая Святого Духа внутрь людей, Бог сделает так, что они будут «ходить в заповедях» Его и «уставы» Его «соблюдать и выполнять».

О новом завете говорится и в других местах. Второзаконие 30:1–6 предсказывает воссоединение и восстановление Израиля, у которого будет новое сердце, покорное Богу, что станет основанием для материальных и территориальных благословений. В Иезекииля 16:53–63 новый завет связан с национальным прощением Израиля. А в Иезекииля 37:21–28 показано, что Бог соберет, объединит и восстановит народ Израиля во главе с грядущим Давидом. Этот Давид будет Царем над Израилем, который будет жить в мире и процветать. Согласно Исаии 32:15–20, Святой Дух изольется на Израиль, и при Царе из рода Давида будет справедливость, процветание и мир (Ис. 32:1). Эти тексты раскрывают важную связь между Давидовым заветом и новым заветом. Благословения нового завета даются в связи с последним Царем из рода Давида, Мессией. Как показано в Исаии 59:20–21, когда Искупитель придет на Сион, Бог изольет на Израиль Своего Святого Духа. Павел цитирует этот текст в Римлянам 11:26–27, обсуждая грядущее спасение Израиля.

Разные тексты о новом завете раскрывают как духовные, так и физические благословения. Новое сердце, пребывание Святого Духа и прощение грехов — духовные благословения, составляющие суть этого завета. Однако есть также национальные и материальные благословения, например, объединенный и восстановленный Израиль в Земле обетованной, восстановление Иерусалима и материальное процветание Израиля (Ис. 61:8; Иер. 32:41; Иез. 34:25–27). Духовные, физические и национальные обещания важны, и все они должны исполниться.

Новый завет безусловно опирается на Божьи гарантии (Иер. 31:31–34; Иез. 16:60–62). Кроме того, во многих случаях этот завет назван вечным (Ис. 24:5; 61:8; Иер. 31:36, 40; 32:40; 50:5; Иез. 37:26). Он и верен, и вечен.

В Новом Завете Иисус представлен как Сын Давидов, Посредник нового завета, Который приносит благословения этого завета. Иоанн Креститель объявил, что Мессия «будет крестить вас Духом Святым и огнем» (Матф. 3:11). Поскольку служение Святого Духа тесно связано с новым заветом, Иоанн объявил, что Иисус — это Тот, Кто принес новый завет верующим. Во время Тайной вечери Иисус прямо связал Свою смерть с новым заветом: «Сия чаша есть новый завет в Моей крови, которая за вас проливается» (Лук. 22:20). Павел пишет об этом: «Также и чашу после вечери, и сказал: „Сия чаша есть новый завет в Моей крови; сие творите, когда только будете пить, в Мое воспоминание"» (1 Кор. 11:25). Христос утвердил новый завет Своей жертвенной смертью как страдающий Раб Господень (Ис. 53:3–6).

Новый завет действует в нынешнем веке церкви. Кто верит в Иисуса Мессию, в тех поселяется Святой Дух, и они пользуются всеми обещаниями нового завета. Те, кто провозглашает Евангелие в этом веке, возвещают новый завет. Павел сказал, что Бог «дал нам способность быть служителями нового завета, не буквы, но духа…» (2 Кор. 3:6). В Евреям 8:8–12, цитируя текст о новом завете из Иеремии 31:31–34, автор Послания к евреям объясняет, что новый завет превосходит старый, описанный как что-то «ветшающее и стареющее» (Евр. 8:13). В Евреям 9:15 и 12:24 утверждается, что Иисус есть «Ходатай нового завета».

И все же, хотя духовные благословения нового завета действуют в церкви, национальные и физические обещания нового завета для Израиля все еще ожидают своего исполнения. Поэтому Господь провозгласил: «Вот, наступают дни» (Иер. 31:27, 31, 38), когда Израиль получит спасение, обещанное в новом завете. Это произойдет, когда вернется Иисус.

Сроки исполнения библейских пророчеств

Изучение эсхатологии предполагает понимание сроков исполнения различных пророчеств. Одни исполнились во дни Ветхого Завета, другие — при первом пришествии Иисуса, а некоторые ожидают исполнения при Его втором пришествии. Но что касается основных пророческих разделов, таких как Даниила 9:24–27, Матфея 24–25, Луки 21, 2 Фессалоникийцам 2 и Откровение 6–20, среди христианских богословов есть разногласия. Некоторые считают, что исполнение этих отрывков относится к прошлому, другие — к настоящему, а третьи — к будущему. Кроме того, некоторые утверждают, что в этих отрывках вопрос о времени вообще не актуален. Четыре взгляда на время исполнения ключевых пророческих разделов — это претеризм, историцизм, идеализм и футуризм. В данной книге утверждается позиция футуризма, но будет полезно кратко объяснить все четыре взгляда.

ПРЕТЕРИЗМ

Слово «претеризм» происходит от латинского термина *praeter*, что значит «прошлое». Претеризм утверждает, что большинство или все эсхатологические тексты, описывающие время скорби и возвращение Иисуса, исполнились в I веке в событиях, связанных с разрушением Иерусалима в 70 г. от Р. Х.[21]

Претеристское понимание в значительной степени опирается на временные показатели в Новом Завете, такие как «близко», «скоро», «вскоре» и «род сей». Особое значение придается следующим словам Иисуса: «...не прейдет род сей, как все сие будет...» (Матф. 24:34). Претеристы считают, что слова «род сей» указывают на живших в то время, когда Иисус произносил эти слова. Поэтому большинство или все события, описанные в Матфея 24, должны были произойти в I веке; то же самое относится и к другим утверждениям, говорящим, что пришествие Иисуса «близко» или «скоро» (Иак. 5:8; Откр. 1:1, 3; 2:16; 22:10, 20). По мнению претеристов, период скорби наступил во время осады Иерусалима в конце 60-х годов, а Иисус пришел в образе римских войск в 70 г. от Р. Х., чтобы разрушить Иерусалим и храм и положить конец эпохе иудеев.

Есть две основные формы претеризма. Во-первых, полный (или последовательный) претеризм утверждает, что все библейские пророчества о втором пришествии Иисуса исполнились в событиях, окружающих 70 г. от Р. Х. Это включает второе пришествие Иисуса, воскресение и вечное состояние. Поэтому

---

[21] Больше о претеризме см.: Richard L. Mayhue, "Jesus: A Preterist or Futurist?," *MSJ* 14, no. 1 (2003): 9–22.

не следует ждать будущего пришествия Иисуса, так как Он уже пришел в 70 г. от Р. Х. Следовательно, сейчас мы находимся на новом небе и новой земле (Откр. 21–22). Во-вторых, частичный или умеренный претеризм утверждает, что основная часть беседы на Елеонской горе и книги Откровение исполнилась в событиях, связанных с разрушением Иерусалима в 70 г. от Р. Х., но некоторые тексты, такие как Деяния 1:9–11; 1 Коринфянам 15:51–53 и 1 Фессалоникийцам 4:16–17 учат будущему телесному возвращению Иисуса Христа. Некоторые частичные претеристы утверждают, что значительная часть беседы на Елеонской горе, Матфея 25:32–46, где описывается суд над народами, ожидает своего исполнения в будущем.

У претеризма есть особенности, которые показывают его ошибочность. Во-первых, он связан с маловероятной датой написания Откровения. Поскольку претеристы считают, что Откровение — это предсказательное пророчество о событиях, приведших к разрушению Иерусалима в 70 г. от Р. Х., то книга Откровения обязательно должна была быть написана до 67 года. Но общепринятое мнение из истории церкви состоит в том, что Откровение было написано в правление Домициана около 95 г. от Р. Х. Например, Ириней писал (ок. 180 г. от Р. Х.), что Откровение было написано ближе к концу правления Домициана. Если Откровение было написано после 67 г. от Р. Х., что очень вероятно, то все формы претеризма распадаются.

Во-вторых, претеристическое понимание временных показателей, таких как «род сей», «близко» и «скоро», вызывает сомнения. Эти выражения не требуют, чтобы Иисус вернулся через несколько лет или десятилетий. Дважды Иисус утверждал, что только Отец знает, когда исполнятся пророческие события. Он сказал: «О дне же том и часе никто не знает, ни ангелы небесные, ни Сын, но один только Отец» (Матф. 24:36, Кассиан). Также, когда Его спросили о времени восстановления народа Израиля, Иисус сказал: «Не ваше дело знать времена или сроки, которые Отец положил в Своей власти» (Деян. 1:7).

Когда Иисус сказал, что «не прейдет род сей, как все сие будет», Он не имел в виду, что пророческие события в Матфея 24–25 должны произойти в ближайшие несколько лет или десятилетий. Он говорил с точки зрения будущего в пророческом контексте. Поколение людей, которое будет в то время, когда начнут исполняться будущие эсхатологические события из Матфея 24, когда бы это ни происходило, станет свидетелем второго пришествия Христа на землю. Когда это будет, неизвестно, но когда события в Матфея 24 начнут сбываться, вскоре после этого вернется Иисус.

Также термины «близко» и «вскоре» не означают «через несколько лет», а передают идею внезапности. Поскольку никто кроме Бога не знает, когда наступит период скорби, каждое поколение должно жить с ожиданием, что эти события могут начаться в любой момент. Внезапность не значит, что события обязательно произойдут через короткое время, но это предупреждение, что они могут произойти в любое время. Вот почему эти предупреждения о близости пришествия

Иисуса могут относиться к любой группе христиан в истории: в I веке, в XXI веке или в любом другом.

В-третьих, события, предсказанные в беседе на Елеонской горе и в Откровении, просто не произошли в I веке. Иисус предсказал, что «многие» придут и будут говорить: «Я Христос» (Матф. 24:5), но в I веке не было многих, притязающих на роль Мессии. До 70 г. от Р. Х. Евангелие не было проповедано по всему миру (Матф. 24:14). Космические знамения, когда солнце померкнет, луна не даст света и звезды спадут с неба, не произошли (Матф. 24:29). Иисус не вернулся на облаках небесных с силой и славой великой (Матф. 24:30). И Он не пришел во славе со всеми Своими ангелами, чтобы сесть на престоле Давида (Матф. 25:31). Народы не были собраны перед Христом на суд, когда праведники войдут в Его Царство, а нечестивые будут брошены в огонь вечный (Матф. 25:32–46). Мы не видели всемирных судов печатей, труб и чаш (Откр. 6–18). Поэтому претеризм не соответствует истине.

ИСТОРИЦИЗМ

Историцизм утверждает, что события, предсказанные в беседе на Елеонской горе и в книге Откровения, описывают исторические события, происходившие на протяжении веков после первого пришествия Христа. Такие события, как землетрясения, гонения, войны и лжепророки, происходящие в нынешнем веке, часто считаются исполнением библейских пророчеств. Пророчества в Откровении о драконе, звере, лжепророке и блуднице Вавилона относят к сатане, действующему через Римскую империю и Римско-католическую церковь, включая папство. Во время Реформации некоторые, например, Мартин Лютер, считали, что папа и папство были предсказанным антихристом. Хотя историцизм можно увидеть на протяжении большей части истории церкви, он был популярен с XVI по XIX век, а в прошлом столетии значительно ослаб, хотя некоторые сторонники и остались.

ИДЕАЛИЗМ

В отличие от претеризма, историцизма и футуризма, позиция идеализма не заявляет об исполнении библейского пророчества в прошлом, настоящем или будущем. Она игнорирует исторические реалии и воспринимает эти пророческие тексты как изложение вневременных истин и принципов для христиан всех поколений. Все христиане должны переносить испытания и трудности, зная, что Бог, Который контролирует все, вознаградит их. Между добром и злом идет настоящая битва, но в конце добро победит. Идеалисты считают, что пророческие истины относятся не только к христианам I века (претеризм) или к последнему поколению христиан (футуризм), но ко всем христианам всех времен.

Привлекательность идеализма в том, что он делает книгу Откровение актуальной для всех поколений христиан. Тем не менее футуризм может сделать то же самое, хотя и с другим акцентом. Кроме того, идеализм не соответству-ет словам Иисуса, что книга Откровение относится к прошлому, настоящему и будущему: «Итак напиши, что ты видел, и что есть, и что будет после сего» (Откр. 1:19). Идеализм оказывается несостоятельным, поскольку Откровение го-ворит о реальных исторических событиях с временными рамками, такими как 42 месяца и 1260 дней, которые не могут быть истолкованы как общие истины для верующих всех веков. Это реальные события, которые должны произойти в истории.

ФУТУРИЗМ

Футуризм утверждает, что пророчества о Великой скорби, возвышении антихри-ста, спасении Израиля, возвращении Иисуса, Тысячелетнем царстве и вечности еще ожидают своего исполнения. События, описанные в Даниила 9:24–27, Мат-фея 24–25 и Откровении 6–20, исполнятся в будущем. Футуризм не утверждает, что все пророчества в Библии относятся к будущему, потому что многие из них уже исполнились, но он утверждает, что есть важные пророчества, которые все еще должны произойти, так же как другие произошли в прошлом.

Доводы в пользу футуризма убедительны. Во-первых, многие пророческие события просто еще не произошли. В 2-й главе 2 Фессалоникийцам Павел пред-сказал, что явится человек греха, который войдет в храм Божий, объявив себя Богом, и таким образом навлечет гнев возвращающегося Сына Божьего, Кото-рый уничтожит этого злодея (2 Фес. 2:3–4, 8). Это событие еще не произошло. В 2 Петра 3 говорится о грядущем дне Господнем, когда земля будет очищена ог-нем. Откровение 6–19 подробно описывает всемирные суды на земле, которые еще не произошли. Возвращение Иисуса тоже еще в будущем.

Согласно футуризму, 70-я седмина Даниила (Дан. 9:27) и связанные с ней события еще в будущем. Футуристы также понимают, что основные области исполнения пророчеств соответствуют двум пришествиям Иисуса. Подобно тому, как первое пришествие Христа привело к исполнению многих проро-честв Ветхого Завета, так будет и с Его вторым пришествием (Деян. 3:18–21). Иногда критики заявляют, что если в книге Откровение говорится о событиях, которые не произойдут еще несколько тысячелетий, то она не имеет никакого значения для первоначальной аудитории Иоанна. Это не так. События, пред-ставленные в Откровении, характеризуются внезапностью, а это значит, что они могут начаться в любой момент и что христиане должны быть духовно го-товы. Оглядываясь назад, мы теперь знаем, что эти события не произошли для первоначальных читателей Откровения, но это не значит, что предостережения, изложенные в Откровении, не имели отношения к первоначальной аудитории. Эти предостережения и описания актуальны для всех поколений, включая наше, даже если пришествие Господа еще задержится.

Футуризм согласуется с наиболее предпочтительным мнением, что апостол Иоанн написал книгу Откровение в 90-е гг. от Р. Х., спустя долгое время после разрушения Иерусалима в 70 году. Это значит, что с его точки зрения Великая скорбь, о которой он писал, не могла исполниться в 70 году, но должна исполниться в будущем.

Взгляды на Тысячелетнее царство

Тысячелетнее царство—один из самых спорных вопросов в эсхатологии. Споры ведутся вокруг значения фразы «тысяча лет», упомянутой шесть раз в Откровении 20:1–7. Эта «тысяча лет» относится к царствованию Иисуса со Своими святыми. В это время сатана будет связан (Откр. 20:1–3), а воскресшие святые будут царствовать с Иисусом тысячу лет (Откр. 20:4). Через тысячу лет сатана будет освобожден и возглавит восстание против Иерусалима, но немедленно будет поражен (Откр. 20:7–10). Этот период иногда называют «миллениум», от латинских слов *mille*, означающего «тысяча», и *annum*—«год». Миллениум—это тысячелетний период. Несмотря на ясность текста, издавна идут споры о том, как понимать тысячу лет в Откровении 20:1–7. Возникло три основных взгляда: амилленаризм, постмилленаризм и премилленаризм.

АМИЛЛЕНАРИЗМ

Амилленаризм утверждает, что тысячелетие из Откровения 20 исполняется духовно в нынешнем веке между двумя пришествиями Иисуса и не связано с реальной тысячей лет. Термин «амилленаризм» не совсем точен. Приставка «а» означает «нет». Но сторонники амилленаризма не говорят, что тысячелетия нет. Они утверждают, что тысячелетнее правление Христа и святых осуществляется сейчас. Таким образом, Тысячелетнее царство продолжается в настоящее время. Некоторые амилленаристы считают, что тысячелетие совершается с небес, когда Иисус и достигшие совершенства святые правят с небес. Другие считают, что царствование происходит с участием церкви на земле или через Божье правление в жизни верующих. Некоторые соединяют эти две идеи.

Чтобы утверждать, что миллениум является современным и духовным, амилленаризм должен в значительной степени полагаться на то, что для структуры Откровения характерна рекапитуляция. При таком подходе считают, что Откровение не излагает события последовательно, а показывает события между двумя пришествиями Иисуса с нескольких ракурсов (возможно, до семи), описывая один и тот же период времени. С учетом рекапитуляции амилленаристы могут трактовать, что второе пришествие в Откровении 19 происходит в конце тысячи лет, упомянутой в Откровении 20, а не до нее. Получается, что Откровение 20 не следует за Откровением 19 хронологически, а возвращает читателя к началу эпохи между двумя пришествиями Христа, в которую происходит связывание сатаны (Откр. 20:1–3) и царствование святых (Откр. 20:4). По мнению амилленаристов, сатана связан в нынешнем веке в том смысле, что он побежден Христом на кресте и не может остановить распространение Евангелия среди народов. И святые Божьи в настоящее время царствуют с Иисусом. Когда эта эпоха Тысячелетнего царства завершится, Иисус вернется с небес. В это время произойдет одно общее воскресение и суд для праведных и нечестивых, и тогда начнется вечное состояние. Для амилленаризма важно, что Великая скорбь и Тысячелетнее царство Христа происходят одновременно в этом веке. Это события настоящего, а не будущего.

Первые два столетия в истории церкви преобладающим взглядом был премилленаризм, а не амилленаризм. Впрочем, в ранней церкви действительно были признаки того, что впоследствии станет амилленаризмом. Например, Ориген (ок. 184–254 гг.) популяризировал аллегорический подход к толкованию Писания и тем самым заложил герменевтическое основание для представления, что обещанное Царство Христа по природе было духовным, а не земным. Евсевий (ок. 260 — ок. 340 гг.), сподвижник императора Константина, считал правление Константина мессианским пиром и был против премилленаризма. Тихоний (ум. ок. 390 г.), африканский донатист IV века, был одним из первых богословов, оспоривших премилленаризм. Он отверг эсхатологический и футуристический взгляд на Откровение 20 и считал первое воскресение в Откровении 20:4 духовным, которое отождествил с возрождением. Августин (354–430 гг.), которого часто называют «отцом амилленаризма», популяризировал взгляды Тихония. Он отказался от премилленаризма из-за того, что считал излишествами и плотскими качествами этого взгляда. Августин первым признал, что церковь в ее видимой форме и есть Царство Божье. По его мнению, тысячелетнее правление Христа происходило в церкви и через церковь. Его книга «О граде Божьем» сыграла важную роль в распространении амилленаризма, который вскоре стал господствующей доктриной Римско-католической церкви, пережил Реформацию и до сих пор принимается многими.

У амилленаризма есть проблемы, которые лишают его силы. Во-первых, этот подход чрезмерно выделяет духовный смысл и не придерживается последовательного грамматико-исторического толкования. Без экзегетического основания он превращает физические и национальные обещания Израилю в духовные обещания для церкви и считает, что церковь стала новым или истинным Израилем. Кроме того, амилленаризм не вписывается в библейский ход событий и не соответствует тому, что Писание говорит о Царстве Иисуса. Правление последнего Адама, Христа (1 Кор. 15:45), должно происходить в той же сфере, где было поручено править первому Адаму, который не справился с этим. Божий план состоит в том, чтобы человек успешно правил на земле (Быт. 1:26–28), которая значительно улучшится благодаря присутствию Мессии (Ис. 11). Амилленаризм же предлагает духовное Царство с небес, почти или совсем не влияющее на землю. Он представляет Тысячелетнее царство Иисуса без каких-либо изменений на земле, где враги Бога неистово бунтуют. Это противоречит Откровению 5:10, где сказано, что правление Иисуса и святых будет «на земле», а Божьи враги будут побеждены (Откр. 19:20–20:3). Царство Иисуса не будет тайным. Когда оно наступит, все будут знать о нем и покорятся ему (Зах. 14:9).

Во-вторых, амилленаризм совершенно необоснованно отделяет Откровение 20 от событий второго пришествия, описанных в Откровении 19. Откровение 19 описывает возвращение Иисуса и поражение Его врагов, включая царей земли, зверя и лжепророка. Затем Откровение 20 описывает заточение величайшего врага Бога—сатаны. Здесь показано участие всех трех врагов. Кроме того, Откровение 20:1–3 лучше всего трактовать как заключение сатаны во время второго пришествия Иисуса. Когда говорится, что сатана скован, запечатан и заключен в бездну, это указывает на его личное заточение и полное прекращение деятельности. Как ни странно, амилленаристское толкование предполагает, что Откровение 20 возвращает читателя к первому пришествию Христа, и позволяет сатане действовать очень активно, за исключением одного—обольщения народов. Но даже в этом есть сложность, поскольку Откровение 12 и 13 говорит, что сатана действительно обманывает народы земли между двумя пришествиями Иисуса. Странно предлагать сценарий, в котором цари земли, зверь и лжепророк будут осуждены при возвращении Иисуса, но заключение сатаны отделено от суда над этими другими группами. Лучше понимать, что все эти группы, включая сатану, будут осуждены при возвращении Иисуса.

В-третьих, заявление амилленаризма, что святые правят в этом веке, основанное на Откровении 20:4, также неверно. Откровение 20:4 описывает победоносное правление мучеников на земле (Откр. 5:10), которые были убиты за свидетельство об Иисусе, как сказано в Откровении 6:9–11. Писание последовательно показывает, что в нынешнем веке церковь стойко переносит испытания и гонения от нечестивых людей и сатаны (Откр. 2–3). Церковь сейчас не царствует, но ей обещано царствование в будущем, если она останется верной в этом веке (Откр. 2:26–27; 3:21).

В-четвертых, амилленаризм проводит неестественное различие между первым воскресением и вторым воскресением в Откровении 20:4–5. Амилленаристы утверждают, что первое воскресение—это духовное воскресение к спасению, или возрождение, а второе воскресение—телесное. Однако в обоих случаях словом «ожили» переводен один и тот же греческий термин *ezēsan*. Трудно привести убедительные аргументы в пользу того, что этот термин относится к духовному воскресению в 20:4, когда он явно означает телесное воскресение в 20:5. Лучший ответ в том, что оба раза слово *ezēsan* указывает на физическое воскресение. В таком случае амилленаризм не может быть верен, потому что телесного воскресения еще никогда не было (кроме воскресения Иисуса); поэтому по отношению к нашему положению в истории они оба должны быть в будущем.

ПОСТМИЛЛЕНАРИЗМ

Постмилленаризм также утверждает, что тысяча лет в Откровении 20 (которое не считается буквальной «тысячей») происходит между двумя пришествиями Иисуса. Благодаря тому, что Иисус правит с небес, а Святой Дух действует через

Евангелие, Царство Божье начнется с малого, но будет все больше расти и распространяться, так что станет господствующим влиянием в мире. Не только спасется большинство людей, но и преобразятся все сферы общества. На земле настанет золотой век мира, процветания и благословения. После длительного периода значительно христианизированного мира это Тысячелетнее царство завершится возвращением Иисуса с небес. Тогда Он воскресит всех людей и будет судить их, как праведных, так и нечестивых.

Постмилленаризм толкует сказанное в Откровении 20:1–6, что сатана связан, а святые царствуют, как происходящее в нынешнем веке. Но в отличие от амилленаризма, постмилленаризм оптимистичен, считая, что это Тысячелетнее царство в конце концов преобразит мир для Христа. Царство, которое началось как духовно-искупительная реальность, в конце концов охватит все творение, приводя его в соответствие с Божьими праведными стандартами. Иисус вернется только после этого золотого века мира и процветания.

В поддержку своего взгляда постмилленаристы предлагают несколько аргументов из Писания. Они используют псалмы и пророчества из Ветхого Завета, описывающие процветание и мир на земле, как доказательство, что Тысячелетнее царство наступит до возвращения Иисуса (напр., Пс. 71; Ис. 65:17–25). Великое поручение (Матф. 28:19–20) понимается как средство для преображения народов. Кроме того, притчи о горчичном зерне и закваске (Матф. 13:31–33) показывают постепенный, но существенный рост Царства после скромного начала.

Несколько серьезных проблем показывают несостоятельность постмилленаризма. Он справедливо утверждает, что Тысячелетнее царство Иисуса приводит к преображению всех аспектов творения и включает в себя не только личное спасение. В этом смысле он лучше амилленаризма, считающего, что Царство Иисуса почти или совсем не оказывает влияния на землю. Однако его главный недостаток—это утверждение, что Тысячелетнее царство и преображение всех аспектов общества происходят до второго пришествия Иисуса. На самом деле нет никаких библейских подтверждений того, что мир будет христианизирован перед вторым пришествием Христа. И премилленаризм, и амилленаризм справедливо утверждают, что в нынешнем веке до возвращения Иисуса условия на земле будут только ухудшаться. Библия отнюдь не учит, что мир идет к христианскому золотому веку перед пришествием Иисуса, но показывает, что условия ухудшаются. Это видно по божественным судам и воздвигнутым сатаной гонениям в Откровении 6–18. Также Павел пишет: «Знай же, что в последние дни наступят времена тяжкие» (2 Тим. 3:1). Он также отметил, что христиане будут подвергаться гонениям, «злые же люди и обманщики будут преуспевать во зле...» (2 Тим. 3:12–13). Иисус ожидал плохих условий в будущем, когда сказал: «Но Сын Человеческий, придя, найдет ли веру на земле?» (Лук. 18:8). Библейские свидетельства, что перед возвращением Христа мир будет становиться только хуже, весьма значительны.

В поддержку своего взгляда постмилленаристы часто цитируют тексты Ветхого Завета, в которых говорится о преображении земли, но и премилленаристы ссылаются на те же самые стихи. Вопрос не в том, изменит ли Царство Мессии все, потому что оно действительно изменит. Основной вопрос заключается в том, *когда* это произойдет. Чего не хватает постмилленаризму, так это подтверждений того, что земля будет преобразована перед возвращением Иисуса и без физического присутствия Мессии на земле. Такие тексты как Псалом 71, Исаии 11 и Захарии 14, безусловно, говорят о земных благословениях, но эти благословения наступают, когда Мессия присутствует на земле. Писание не учит, что условия в мире значительно улучшатся, пока Мессия еще не царствует на земле.

Другая серьезная проблема, связанная с постмилленаризмом, состоит в том, что почти две тысячи лет истории церкви не дали ничего похожего на золотой век христианства, который должен наступить, как утверждает постмилленаризм. Хотя основанием для оценки любого богословского взгляда служит Писание, а не опыт, мир не становится более христианским. Условия продолжают ухудшаться, а не улучшаться. Даже регионы, когда-то пропитанные Евангелием, такие как значительная часть Европы во время Реформации или северо-восток Америки во время Великого пробуждения, теперь стали светскими по мировоззрению. В целом, как в Соединенных Штатах, так и во всем мире, влияние христианства уменьшается. Нехристианские мировоззрения и философские течения, такие как ислам и секуляризм, быстро усиливаются. Хотя технологические достижения сделали мир в чем-то более приятным и удобным, они также повысили вероятность бедствий. Один из примеров—оружие массового поражения.

Постмилленаризм страдает от тех же многочисленных проблем, которые ослабляют амилленаризм. Он также опирается на маловероятное утверждение, что события Откровения 20 происходят до событий второго пришествия, описанных в Откровении 19. Постмилленаризм также испытывает трудности из-за своих представлений, что сатана связан в нынешнем веке. Он ошибочно утверждает, что царствование святых, описанное в Откровении 20:4, происходит сегодня. Эти структурные проблемы делают постмилленаризм несостоятельным.

ПРЕМИЛЛЕНАРИЗМ

Премилленаризм следует ясной последовательной хронологии Откровения Иоанна и утверждает, что царство в Откровении 20:1–7 будет на земле после второго пришествия Христа, описанного в Откровении 19:11–21, но до наступления вечного состояния в Откровении 21:1–22:5. Этот взгляд называют премилленаризмом, потому что Иисус возвратится перед (*пре-*) Тысячелетним царством (*миллениумом*). Поэтому Тысячелетнее царство произойдет в будущем и на земле. Оно в будущем, так как оно не наступит в нынешнем веке, и оно земное, так как это царское правление на земле. Иногда Тысячелетнее царство называют промежуточным, поскольку оно находится между нынешним веком и вечным состоянием (Откр. 21:1–22:5). Большинство премилленаристов считают, что это промежуточное Царство длится буквально «тысячу лет». Что объединяет всех премилленаристов, так это вера в то, что царство Иисуса с Его святыми будет на земле после нынешнего века, но до наступления вечного состояния.

Премилленаризм также учит, что первое и второе воскресения в Откровении 20:5 разделены тысячей лет. В Откровении 20:4 говорится, что мученики за Христа «ожили и царствовали со Христом тысячу лет», но затем в Откровении 20:5 сказано: «Прочие же из умерших не ожили, доколе не окончится тысяча лет». Премилленаризм утверждает, что здесь говорится о двух телесных воскресениях из мертвых, разделенных тысячелетним периодом. Порядок таков: (1) телесное воскресение святых; (2) тысячелетний период; и (3) телесное воскресение неспасенных.

Библейское основание премилленаризма. Премилленаризм опирается на Писание. Во-первых, он предлагает самое ясное понимание раздела Откровения 19:11–21:8, который включает последовательность событий с хронологическим маркером времени—*kai eidon* (греч. «И увидел я» в Откр. 19:11, 17, 19; 20:1, 4, 11, 12; 21:1). Эти маркеры указывают на развитие событий, начиная с периода Великой скорби, за которым следуют второе пришествие Иисуса, Его тысячелетнее правление и, наконец, вечное состояние.

Во-вторых, связывание сатаны, описанное в Откровении 20:1–3, должно относиться к будущему, а не к настоящему[22]. Выражения в 20:1–3 указывают на решительное заключение сатаны в конкретное место—в бездну. Это гораздо больше, чем ограничение действий сатаны по обольщению, это заточение самого сатаны. Сегодня сатана не скован. По сути, способность сатаны обольщать мир очевидна в нынешнем веке. Павел утверждает, что у неверующих «бог века сего [сатана] ослепил умы, чтобы для них не воссиял свет благовествования о славе Христа...» (2 Кор. 4:4). Петр предупреждает: «Трезвитесь, бодрствуйте, потому что противник ваш диавол ходит, как рыкающий лев, ища, кого поглотить» (1 Пет. 5:8). Иоанн заявляет: «...мир в целом лежит во власти лукавого» (1 Иоан. 5:19, Кассиан). Эти тексты, написанные тремя апостолами после смерти, воскресения и вознесения Иисуса, показывают, что сатана активно участвует во всемирном обмане. Кроме того, в Откровении 12:9 говорится, что перед возвращением Иисуса сатана будет активно и с большим успехом обманывать народы: «И низвержен был великий дракон, древний змий, называемый диаволом и сатаною, обольщающий всю вселенную...»

В-третьих, царствование святых, упомянутое в Откровении 20:4, лучше всего соответствует будущему Царству после второго пришествия Иисуса. В этом

---

[22] Этот абзац адаптирован из: Michael J. Vlach, "The Kingdom of God and the Millennium," *MSJ* 23, no. 2 (2012): 246–249. Использовано с разрешения MSJ.

стихе сказано, что святые мученики «ожили», что указывает на физическое воскресение. Эти святые впервые упоминаются в Откровении 6:9–11 как убитые за свидетельство об Иисусе. Слово «ожили» означает воскресение тела этих верных святых, а поскольку физического воскресения еще не было, то «ожили» в Откровении 20:4 указывает на воскресение после возвращения Иисуса. Кроме того, Откровение 5:10 подтверждает, что грядущее правление святых будет на земле: «...и мы будем царствовать на земле». Однако существование церкви в этом веке сопряжено не с царствованием, а с гонениями (Откр. 2–3). Царствование предлагается как поощрение для тех, кто претерпит до возвращения Иисуса (Откр. 2:26–27).

В-четвертых, несколько ветхозаветных текстов указывают на промежуточное царство, которое намного лучше, чем нынешний век, но все же не так совершенно, как вечное состояние. Например, в Исаии 65:17–25 предсказано время невиданного процветания, мира и гармонии творения, когда все же остается возможность смерти. В Исаии 65:20 сказано: «Там не будет более малолетнего и старца, который не достигал бы полноты дней своих; ибо столетний будет умирать юношею, но столетний грешник будет проклинаем». Исаии 65:20 говорит о грядущем земном Царстве, потому что описанные там условия не соответствуют нынешнему веку, когда продолжительность жизни составляет около 80 лет. И они также не соответствуют грядущему вечному состоянию, когда греха не будет и никто не будет умирать. Но они соответствуют промежуточному Царству, описанному в Откровении 20. Некоторые предполагают, что Исаия мог использовать «идеальный язык» для обозначения долгой жизни без фактической смерти, но это маловероятно. В Исаии 25:8 пророк явно предсказывает искоренение смерти («Поглощена будет смерть навеки»), поэтому видно, что он мог выразить мысль, что смерть будет полностью устранена.

В Захарии 14 также описаны условия, соответствующие будущему Тысячелетнему царству. Во вступительных стихах описывается великая осада Иерусалима народами земли (Зах. 14:1–2). Но затем Господь вступит в сражение за Иерусалим, и тогда ноги Господа станут на гору Елеонскую (Зах. 14:4). После этого Господь будет царствовать над землей: «И Господь будет Царем над всею землею; в тот день будет Господь един, и имя Его едино» (Зах. 14:9). И все же в это время правления Господа на земле народы еще будут грешить и страдать от последствий греха. В Захарии 14:16–19 описывается такой сценарий:

> Затем все остальные из всех народов, приходивших против Иерусалима, будут приходить из года в год для поклонения Царю, Господу Саваофу, и для празднования праздника кущей. И будет: если какое из племен земных не пойдет в Иерусалим для поклонения Царю, Господу Саваофу, то не будет дождя у них. И если племя египетское не поднимется в путь и не придет, то и у него не будет дождя и постигнет его поражение, каким поразит Господь народы, не приходящие праздновать праздника кущей. Вот что будет за грех Египта и за грех всех народов, которые не придут праздновать праздника кущей!

Этот текст описывает период, когда народы должны будут приходить в Иерусалим. Тех, кто, подобно Египту, не пойдет, ожидает засуха, поражение и наказание. Такие условия, когда народы земли путешествуют в Иерусалим и могут быть наказаны за непослушание, не соответствуют ни нынешнему веку, ни грядущему вечному состоянию. Сегодня эти условия не выполняются, поскольку ни один народ на земле не служит Господу и даже не пытается совершать паломничества в Иерусалим. Эти условия не применимы и к вечности, где не будет ни греха, ни его последствий. При этом события в Захарии 14 хорошо сочетаются с земным Царством.

Ветхозаветный фон для промежуточного Царства также можно найти в Исаии 24. Первые 20 стихов в Исаии 24 описывают всемирные суды на земле за нарушение Божьих законов (Ис. 24:5). Затем в 24:21–23 говорится о двух этапах суда над врагами Бога: «И будет в тот день: посетит Господь воинство выспреннее на высоте и царей земных на земле. И будут собраны вместе, как узники, в ров, и будут заключены в темницу, и после многих дней будут наказаны. И покраснеет луна...» Суду подвергнутся как духовные злые силы («воинство выспреннее»), так и человеческие («цари земные»). Также будет заключение в темницу. Они «будут собраны вместе, как узники, в ров, и будут заключены в темницу». Но затем там говорится: «...и после многих дней будут наказаны». Порядок событий такой: заключение на много дней, а затем наказание. Фраза «после многих дней» хорошо соответствует концепции промежуточного Тысячелетнего царства в Откровении 20, где говорится, что сатана будет скован в бездне тысячу лет, затем выпущен на короткое время и, наконец, приговорен к озеру огненному (Откр. 20:1–3, 7).

Пятый довод в пользу премилленаризма заключается в том, что он наилучшим образом соответствует искупительной сюжетной линии Библии. Бог создал первого Адама, чтобы он правил на земле. Адам потерпел неудачу, но христиане ожидают, что последний Адам (1 Кор. 15:45) преуспеет там, где первый человек потерпел неудачу. В Бытии 1:26–28 человеку было поручено править землей, находясь на земле. Согласно премилленаризму, именно это сделает Иисус. Он будет успешно править землей, находясь на земле, и Его Царство будет долгим и признаваемыми всеми. Совершив это, Иисус затем передаст Царство Богу Отцу, и тогда начнется вечное Царство (1 Кор. 15:24, 28). Тем, кто принадлежит Иисусу, также предстоит царствовать на земле. Гонения на земле обычны для святых в нынешнем веке, но наступит время, когда святые будут править там, где сейчас их преследуют (Дан. 7:26–27; Откр. 2:26–27; 5:10).

Две формы премилленаризма. Есть две формы премилленаризма: футуристический премилленаризм (см. «Футуризм», с. 931) и исторический премилленаризм.

Футуристический премилленаризм. Прежде всего, футуристический премилленаризм утверждает, что 70-я седмина Даниила и суды печатей, труб и чаш в Откровении 6–18 исполнятся в будущем по отношению к текущему положению в истории. То есть к будущему относится не только Тысячелетнее царство, но и особый период скорби с божественными судами. Это объясняет, почему футуристический премилленаризм называется «футуристическим».

Футуристический премилленаризм также считает, что израильский народ будет играть важную роль в грядущем периоде скорби и Тысячелетнем царстве. Ветхозаветные и новозаветные пророчества, касающиеся Израиля и его роли в будущем, должны буквально исполниться для израильского народа. Поэтому футуристический премилленаризм отвергает все формы богословия замещения, или суперсессионизма, которые считают церковь заменой или исполнением Израиля в том смысле, что отрицается будущее богословское значение Божьих обещаний для Израиля как нации. У Бога есть план не только для отдельных людей и для церкви, у Него также есть план для народов земли, а Израилю отведена роль руководства и служения для народов в Царстве Иисуса (Ис. 2:2–4). Тысячелетнее царство будет временем, когда все аспекты заветов и обещаний, данных Израилю, исполнятся для него.

Исторический премилленаризм. Вторая форма премилленаризма—это исторический премилленаризм. У этого взгляда есть корни в ранней церкви, но самым значительным его представителем в современности был Джордж Элдон Лэдд (1911–1982), чьи взгляды на Царство имеют много последователей сегодня[23].

Как и футуристический премилленаризм, исторический премилленаризм воспринимает Тысячелетнее царство в Откровении 20 как будущее и земное, но отличается от футуристического премилленаризма в четырех отношениях. Во-первых, исторические премилленаристы иногда считают, что 70-я седмина Даниила и суды в Откровении 6–18 происходят на протяжении нынешнего века. Многие исторические премилленаристы также считают, что царствование Иисуса на престоле Давида в некотором смысле уже происходит в этом веке. Таким образом, они утверждают, что в настоящее время продолжается как период скорби, так и Давидово царствование Иисуса.

Во-вторых, некоторые исторические премилленаристы, хотя и утверждают будущее спасение Израиля, но полагают, что Израиль войдет в состав церкви и почти или совсем не будет играть уникальной роли в будущем земном Царстве. Таким образом, придерживаясь спасения этнического Израиля в последние дни, исторические премилленаристы (в традиции Лэдда) часто придерживаются формы богословия замещения, считая, что церковь служит заменой Израиля и получает исполнение данных ему обещаний. Какая бы роль ни отводилась Израилю в Божьих замыслах о будущем, для него нет роли в отрыве от церкви.

---

[23] Не все сторонники исторического премилленаризма принимают взгляды Джорджа Лэдда. Некоторые видят будущую роль Израиля и не верят, что Новый Завет по-новому толкует Ветхий Завет. Тем не менее большинство академических приверженцев исторического премилленаризма в последние полвека поддерживают многие взгляды Лэдда, которые лучше всего представлены в его работе: George Ladd, *The Presence of the Future: The Eschatology of Biblical Realism* (Grand Rapids, MI: Eerdmans, 1974).

В-третьих, в историческом премилленаризме в изложении Лэдда считают, что Новый Завет иногда иначе толкует Ветхий Завет, так что физические обещания, данные Израилю, могут быть заменены на духовные благословения для церкви. Лэдд заявляет:

> Ветхий Завет должен толковаться Новым. В принципе, вполне возможно, что пророчества, адресованные первоначально буквальному Израилю, описывающие физические благословения, исполняются исключительно в духовных благословениях, которые получает церковь. Также возможно, что ветхозаветное ожидание Царства на земле может быть по-новому истолковано Новым Заветом как состоящее лишь из благословений в духовной сфере[24].

Лэдд даже допускал не просто «переистолкование», но «радикальное переистолкование». По поводу того, как Петр понимал вознесение Иисуса в Деяниях 2, Лэдд сказал: «Для этого нужно было достаточно радикально переистолковать пророчества Ветхого Завета, но не больше, чем в ранней церкви был переистолкован весь Божий замысел искупления»[25]. Эта идея «радикального переистолкования» решительно отвергается футуристическими премилленаристами, поскольку нет никаких оснований иначе толковать более раннее богодухновенное откровение.

В-четвертых, исторические премилленаристы считают, что церковь остается на Великую скорбь, а не восхищается перед ней. Таким образом, они придерживаются посттрибуляционного взгляда на восхищение церкви.

Исторический премилленаризм достоин похвалы за утверждение будущего Тысячелетнего царства и спасения этнических евреев в последние времена. Но он заблуждается в принятии «исторического» понимания 70-й седмины Даниила и царствования Иисуса на престоле Давида. Эти события еще в будущем по отношению к нам. Кроме того, он ошибается, смешивая Израиль и церковь и не видя богословского значения израильского народа в будущем (Матф. 19:28; Деян. 1:6). Однако наибольшую тревогу вызывает мнение, что Новый Завет иногда «переистолковывает» Ветхий Завет и придает духовный смысл физическим и национальным обетованиям, относя их к церкви. Исторический премилленаризм также ошибается, когда полагает, что церковь остается на 70-ю седмину Даниила. По этим причинам наиболее предпочтителен футуристический премилленнаризм.

Пророчество Даниила о «семидесяти седминах»

Даниила 9:24–27 с пророчеством о «семидесяти седминах» — один из самых важных пророческих текстов в Библии. Иногда говорят, что это «костяк библейского пророчества», и это справедливо, поскольку несколько пророческих отрывков Нового Завета в значительной степени опираются на его содержание (Матф. 24:15; 2 Фес. 2; Откр. 11–13). На этот раздел ссылаются Иисус, Павел

---

[24] George Eldon Ladd, "Revelation 20 and the Millennium," *RevExp* 57, no. 2 (1960): 167.
[25] Лэдд Д. Богословие Нового Завета. СПб.: Библия для всех, 2003. С. 403.

и Иоанн. Правильное понимание библейского пророчества опирается на правильное толкование этого текста:

> Семьдесят седмин определены для народа твоего и святого города твоего, чтобы покрыто было преступление, запечатаны были грехи и заглажены беззакония, и чтобы приведена была правда вечная, и запечатаны были видение и пророк, и помазан был Святой святых. Итак знай и разумей: с того времени, как выйдет повеление о восстановлении Иерусалима, до Христа Владыки семь седмин и шестьдесят две седмины; и возвратится народ и обстроятся улицы и стены, но в трудные времена. И по истечении шестидесяти двух седмин предан будет смерти Христос, и не будет; а город и святилище разрушены будут народом вождя, который придет, и конец его будет как от наводнения, и до конца войны будут опустошения. И утвердит завет для многих одна седмина, а в половине седмины прекратится жертва и приношение, и на крыле святилища будет мерзость запустения, и окончательная предопределенная гибель постигнет опустошителя.

ОПРЕДЕЛЕНИЕ «СЕМИДЕСЯТИ СЕДМИН»

Контекст этого раздела — то, как Даниил понял пророчество Иеремии о том, что опустошение Иерусалима от рук вавилонян закончится через семьдесят лет (Дан. 9:2; см. Иер. 25:12; 29:10). В книге Левит 25 требовалось, чтобы каждый седьмой год народ израильский давал земле покой. Но 70 раз Израиль не соблюдал субботний год для земли. Семидесятилетний вавилонский плен был тем способом, которым Бог дал земле покой, который Он для нее предусмотрел. Когда Даниил размышлял о пророчестве Иеремии, он молился за свой грешный народ, Израиль (Дан. 9:3–19). Тогда ангел Гавриил пришел к Даниилу и передал ему видение о будущем Израиля.

«Семьдесят седмин» в Даниила 9:24 лежат в основе этого пророчества и касаются «народа» Даниила и «святого города». «Народом» Даниила должен быть Израиль, поскольку вавилонский плен коснулся народа израильского, и молился Даниил именно за Израиль. «Святым городом» назван Иерусалим, поскольку пророчество Иеремии было связано с «опустошением Иерусалима» (Дан. 9:2). Толковать Израиль и Иерусалим как нечто иное — значит нарушать контекст.

Но что такое «семьдесят седмин», о которых говорил Гавриил? На древнееврейском «семьдесят седмин» буквально значит «семьдесят по семь». Семьдесят раз по семь равняется 490. Но 490 чего? Дней? Месяцев? Лет? По контексту видно, что имеется в виду 490 лет, поскольку причиной изгнания Израиля и последующего семидесятилетнего вавилонского плена было несоблюдение субботних лет. (В древности год состоял из 360 дней.) Кроме того, период в 490 дней или 490 месяцев был бы слишком коротким для выполнения шести предсказаний в 9:24.

Этот период в 490 лет в Даниила 9:24 даст шесть результатов: (1) «покрыто было преступление», (2) «запечатаны были грехи», (3) «заглажены беззакония», (4) «приведена была правда вечная», (5) «запечатаны были видение и пророк» и (6) «помазан был Святой святых». Первые три результата сосредоточены на победе над грехом в Израиле. Последние три посвящены позитивным достижениям в связи с Царством, когда будет приведена праведность в Царстве Мессии, исполнятся все пророчества в Писании и будет помазан храм в Иерусалиме. Основание для первых трех было положено при первом пришествии Иисуса благодаря Его смерти, хотя их применение к Израилю как к народу все еще в будущем. Последние три ожидают исполнения при втором пришествии Иисуса. На текущий момент в истории вечная праведность еще не была приведена, еще не все пророчества в Писании исполнились, и храм в Иерусалиме еще не был помазан. Но это произойдет, когда Иисус установит Свое Тысячелетнее царство.

Семьдесят седмин (490 лет) начинаются «с того времени, как выйдет повеление о восстановлении Иерусалима» (Дан. 9:25). Это, вероятно, исполнилось около 445 г. до Р. Х., когда царь Артаксеркс постановил, что евреи могут вернуться и восстановить Иерусалим (Неем. 2:1–8). Далее, «семь седмин», или 49 лет, могут относиться к завершению карьеры Неемии, когда были восстановлены «улицы и стены», а также к окончанию служения Малахии и завершению Ветхого Завета. После этих 49 лет к временной шкале добавляется еще 62 седмины, или 434 года (62 раза по 7). Вместе взятые, эти 483 года после указа Артаксеркса около 445 г. до Р. Х. завершаются входом Иисуса в Иерусалим в марте 30 г. от Р. Х.

В Даниила 9:26 сказано, что «по истечении шестидесяти двух седмин», то есть всего после 69 седмин (7 плюс 62), «Помазанник будет предан смерти, и у Него ничего не останется» (НРП). Через несколько дней после входа в Иерусалим Иисуса распинают. То, что у Мессии «ничего не останется», шокирует. Мессия Израиля приходит, Его убивают, и у Него ничего не остается. Нет ни Царства, ни вечной праведности. Дальше в ст. 26 описываются другие события «по истечении» первых 69 седмин: «…город и святилище разрушены будут народом вождя, который придет, и конец его будет как от наводнения, и до конца войны будут опустошения». Эти слова предсказывают разрушение Иерусалима и еврейского храма во время вторжения римлян в Иерусалим в 70 г. от Р. Х. (Лук. 21:20–24).

В Даниила 9:26 под «народом» подразумеваются римляне, поскольку именно они разрушили Иерусалим в 70 г. от Р. Х. Из этого «народа» будет вождь, «который придет» впоследствии. Это злая фигура антихриста, который явится через некоторое время после разрушения города и святилища. То, что это злая личность, а не Иисус Мессия, подтверждается описаниями в Даниила 9:27, что он совершит мерзость в храме и его постигнет гибель за опустошения. Кроме того, он заключит завет с народом Израиля на одну седмину (семь лет), чего Иисус никогда не делал. Поэтому контекст указывает на злую фигуру антихриста, который также описан как «небольшой рог» (Дан. 7:8) и как царь, поступающий «по своему произволу» (Дан. 11:36). Слова «и до конца предустановлены война и опустошения» (Дан. 9:26, НРП) показывают, что испытания и скорби Иерусалима продолжатся даже после разрушения города. Это, безусловно, так и есть, как показывает неспокойная история Израиля после 70 г. от Р. Х. Сам Иисус предсказал, что «времена язычников» продолжатся даже после разрушения Иерусалима в 70 г. от Р. Х. (Лук. 21:24).

Далее в Даниила 9:27 говорится, что злой вождь из римлян «утвердит завет для многих» на одну седмину. Слово «многих» относится к израильскому народу, а «одна седмина» — это семилетний период. Как первые 69 седмин были буквальными, так и последняя семилетняя седмина должна быть буквальной. Считать последнюю седмину чем-то, кроме семилетнего периода, — значит нарушать контекст. То, что по отношению к нам этот завет еще в будущем, подтверждается тем фактом, что в истории никогда не было семилетнего завета между вождем из Римской империи и еврейским народом.

«В половине седмины» (через три с половиной года) этот вождь нарушит завет с Израилем. По его требованию «прекратится жертва и приношение». То есть он остановит еврейскую систему поклонения. Тот, кто производит запустение, совершит это «на крыле», где «будет мерзость». Этот опустошитель поставит мерзость на территории храма. Иисус использует это выражение, когда говорит: «Итак, когда увидите мерзость запустения, реченную через пророка Даниила, стоящую на святом месте...» (Матф. 24:15).

Однако этот опустошитель обречен на гибель. Хотя он и совершит эту «мерзость», но «окончательная предопределенная гибель постигнет опустошителя» (Дан. 9:27). На этого злого вождя изольется Божий гнев. Павел опирается на Даниила 9:27, когда говорит, что это грядущий «человек греха» (2 Фес. 2:3), которого Иисус убьет Своим приходом: «И тогда откроется беззаконник, которого Господь Иисус убьет духом уст Своих и истребит явлением пришествия Своего» (2 Фес. 2:8).

ПРОМЕЖУТОК ВРЕМЕНИ МЕЖДУ 69-Й И 70-Й СЕДМИНАМИ

Многие толкователи согласны с тем, что 69 седмин (483 года по 360 дней каждый) из пророчества Даниила исполнились в первом пришествии Иисуса и Его смерти около 30 г. от Р. Х. Но есть некоторые разногласия в том, исполнилась ли последняя седмина (семилетний период) сразу после 69 седмин, или же между концом 69-й седмины и началом 70-й есть промежуток времени. Другими словами, прошла ли 70-я седмина Даниила в конце 30-х годов, то есть в следующие семь лет после окончания 69-й седмины около 30 г. от Р. Х., или же 70-я седмина Даниила исполнится в будущем? Второй из этих взглядов правильный.

Противники промежутка часто спрашивают: где в Даниила 9:24–27 можно увидеть подтверждение большого промежутка между 69-й и 70-й седминами? Для них 70-я седмина начинается сразу после 69-й. Однако свидетельства в пользу промежутка между 69-й и 70-й седминами весьма убедительны. Следующие причины объясняют, почему есть этот промежуток.

1. Между первым и вторым пришествиями Иисуса есть промежуток. Библейские пророчества лучше всего понимать в контексте двух пришествий Иисуса. Между первым и вторым пришествиями Христа есть значительный промежуток времени. В связи с этим разумно ожидать промежуток времени в исполнении пророчеств об Иисусе. Например, в Захарии 9:9 предсказано, что Мессия кротко въедет в Иерусалим на осле. Это исполнилось при торжественном входе Иисуса в Иерусалим (Матф. 21:1–8). Но в Захарии 9:10 также провозглашалось всемирное правление Мессии на земле: «...Он возвестит мир народам, и владычество Его будет от моря до моря и от реки до концов земли». Это исполнится при втором пришествии Иисуса, что явно не произошло сразу после того, как Он въехал в Иерусалим на осле в I веке. Таким образом, промежуток времени отделяет 9-й стих от 10-го. Пропуски времени в таких пророческих текстах, как Захарии 9:9–10, показывают, что это может быть и в Даниила 9:24–27. Этого и следует ожидать в отношении двух пришествий Иисуса.

2. В Даниила 9:26 сказано, что Мессия будет предан смерти «по истечении» 69 седмин. Использование Даниилом фразы «по истечении» указывает на промежуток времени. В Даниила 9:26 говорится: «И по истечении шестидесяти двух седмин предан будет смерти Христос...» Мессия будет предан смерти не «в конце» 69 седмин или «в начале» 70-й. Он будет предан смерти «по истечении» 69 седмин. Таким образом, выражения в самом тексте указывают на разрыв между 69-й и 70-й седминами.

3. Разрушение Иерусалима, предсказанное в Даниила 9:26, произошло спустя десятилетия после кульминации 69-й седмины. В Даниила 9:26 сказано: «И по истечении шестидесяти двух седмин... город и святилище разрушены будут народом вождя, который придет...» Это относится к Иерусалиму и храму, которые были разрушены в 70 г. от Р. Х. Если бы все пророчество о 70 седминах продолжалось без промежутка, 70-я седмина закончилась бы в 30-е гг. от Р. Х. Но Иерусалим и храм тогда еще не были разрушены. Поскольку Иерусалим и храм были разрушены спустя почти четыре десятилетия после окончания 69-й седмины, то необходим промежуток между 69-й и 70-й седминами, чтобы включить разрушение в 70 г. от Р. Х.

4. Из шести предсказаний в Даниила 9:24 исполнились еще не все. В Даниила 9:24 упоминается шесть важных предсказаний, которые должны исполниться за 70 седмин: (1) «покрыто было преступление», (2) «запечатаны были грехи», (3) «заглажены беззакония», (4) «приведена была правда вечная», (5) «запечатаны были видение и пророк», и (6) «помазан был Святой святых». Если признать, что 70 седмин закончились в I веке, то все шесть предсказаний должны были до конца исполниться в 30-е годы. Но этого не случилось. Основанием для первых трех стали события первого пришествия Иисуса. И все же грех Израиля против Бога еще не прекратился. Поэтому, хотя смерть Иисуса уже искупила грехи, Израиль еще не обрел этого блага. Спасение Израиля еще впереди (см. Зах. 12:10; Рим. 11:26). Есть и другие моменты, которые еще не произошли. Еще не установлена вечная праведность. Еще не все пророчества исполнились. Еще не произошло помазание храма в Царстве Мессии. Поскольку некоторые пророчества в Даниила 9:24 еще не исполнились, они должны исполниться в будущем.

5. Описанные в Даниила 9:27 события 70-й седмины еще не произошли. То, что на данном этапе истории текст Даниила 9:27 еще не исполнился, показывает, что

70-я седмина Даниила исполнится в будущем. Грядущий злой вождь из Римской империи еще не заключил семилетний завет с еврейским народом. Еще не был нарушен семилетний завет после трех с половиной лет. Антихрист еще не совершил мерзости в храме. И сделавший это еще не был уничтожен. Эти события не совершились в 30-е гг. от Р. Х., поэтому они ожидают исполнения в будущем.

6. Иисус говорит о мерзости запустения из Даниила 9:27 как о будущем после Его первого пришествия. В Матфея 24–25 Иисус предсказал грядущие события. В Матфея 24:15 Он заявил: «Итак, когда увидите мерзость запустения, реченную через пророка Даниила, стоящую на святом месте, — читающий да разумеет...» Это то же самое событие, что предсказано в Даниила 9:27: «...на крыле святилища будет мерзость запустения...» Однако с точки зрения Иисуса это событие было будущим, и оно не исполнилось в 30-е годы.

7. В 50-е гг. от Р. Х. Павел говорил о событиях в Даниила 9:27 как о будущем. В 2 Фессалоникийцам 2 Павел пишет, что откроется «человек греха», который войдет в храм и будет выдавать себя за Бога (2 Фес. 2:3–4). Он также говорит, что этого нечестивого человека постигнет гнев Господа Иисуса, Который убьет его при Своем возвращении: «И тогда откроется беззаконник, которого Господь Иисус убьет духом уст Своих и истребит явлением пришествия Своего» (2 Фес. 2:8). Павел опирается на Даниила 9:27, когда утверждает, что из-за беззаконника будет мерзость запустения и что Бог его истребит. То, что Павел предсказывает эти события в 50-е годы, показывает, что с его точки зрения эти события относились к будущему, то есть они не исполнились в 30-е годы. Богодухновенный комментарий Павла к Даниила 9:27 показывает, что события 70-й седмины Даниила произойдут в будущем.

8. Книга Откровение относит сроки исполнения Даниила 9:27 к будущему. В Даниила 9:27 говорится о семилетнем периоде, когда грядущий вождь заключит завет со «многими» на одну седмину (семь лет). Но в середине этой седмины, то есть через три с половиной года, он нарушит этот завет. Писавший в 90-е гг. от Р. Х. апостол Иоанн неоднократно упоминал о грядущем периоде в три с половиной года. В Откровении 11:2 он говорит, что «святой город» [Иерусалим] будут попирать «сорок два месяца». «Сорок два месяца» — это три с половиной года. А поскольку в Даниила 9:27 также говорится о «мерзости» в Иерусалиме, то Иоанн явно связывает свое утверждение с Даниила 9:27. Так как Иоанн писал через несколько десятилетий после 30-х гг. от Р. Х., с его точки зрения вторая половина 70-й седмины Даниила относится к будущему. И тогда между 69-й и 70-й седминами должен быть промежуток. Иоанн также предсказывает, что израильский народ убежит в пустыню на «тысячу двести шестьдесят дней» (Откр. 12:6). Этот срок равен трем с половиной годам. В Откровении 13:5 Иоанн описывает «зверя», который гордо богохульствует «сорок два месяца». Это соответствует Даниила 9:27, где злодей также связан с периодом в три с половиной года. Итак, поскольку Иоанн ссылается на сроки и события из Даниила 9:27 как на то, что должно исполниться в будущем, это показывает, что события этого периода должны относиться к будущему.

Грядущие события

Несколько пророческих событий ожидают своего исполнения в будущем. К ним относятся восхищение церкви, период скорби, пришествие антихриста, день Господень, второе пришествие Иисуса, Тысячелетнее царство, последний мятеж сатаны и вечное состояние.

ВОСХИЩЕНИЕ ЦЕРКВИ[26]

Восхищение церкви — одно из самых узнаваемых событий эсхатологии. Благодаря популярным книгам и фильмам многие стали обсуждать эту тему. Некоторые увлечены этим вопросом, другие же игнорируют его или относятся к нему с насмешкой. Каков же библейский взгляд на восхищение церкви?

Термин «восхищение» появился как перевод греческого слова *harpazō*. Это слово означает «внезапно убрать» или «выхватить». В Новом Завете оно используется в смысле похищения или грабежа (Матф. 11:12; 12:29; 13:19; Иоан. 10:12, 28, 29), а также устранения (Иоан. 6:15; Деян. 8:39; 23:10; Иуд. 23). Третье значение подчеркивает вознесение на небеса, как видно из посещения Павлом третьего неба (2 Кор. 12:2–4) и вознесения Христа (Откр. 12:5). Словом *harpazō* также названо то, как Бог внезапно возьмет церковь с земли на небеса в первой части второго пришествия Христа (1 Фес. 4:17). Впрочем, само это слово ничего не говорит о времени восхищения церкви по отношению к 70-й седмине Даниила. Время восхищения должно определяться другими факторами.

В 1 Фессалоникийцам 4:16–17 говорится о восхищении, имеющем эсхатологический характер. Здесь слово *harpazō* переводится как «восхищены»:

> ...потому что Сам Господь при возвещении, при гласе архангела и трубе Божией, сойдет с неба, и мертвые во Христе воскреснут прежде; потом мы, оставшиеся в живых, вместе с ними восхищены будем на облаках в сретение Господу на воздухе, и так всегда с Господом будем.

Хотя в 1 Коринфянам 15:51–52 и нет слова *harpazō*, там говорится о том же эсхатологическом событии, что и в 1 Фессалоникийцам 4:16–17:

> Говорю вам тайну: не все мы умрем, но все изменимся вдруг, во мгновение ока, при последней трубе; ибо вострубит, и мертвые воскреснут нетленными, а мы изменимся.

Таким образом, Писание указывает на эсхатологическое восхищение церкви, хотя ни один из этих основополагающих текстов не содержит явных указаний на время.

---

[26] Этот абзац адаптирован из: Richard L. Mayhue, "Why a Pretribulational Rapture?," *MSJ* 13, no. 2 (2002): 241–53. Использовано с разрешения MSJ.

Взгляды на время восхищения. В цитируемых выше стихах упоминается о восхищении и преображении христиан, но в них не говорится, когда произойдет это событие. Есть четыре взгляда на время восхищения. Эти взгляды касаются того, когда произойдет восхищение по отношению к грядущей 70-й седмине Даниила.

Во-первых, претрибулационный («перед скорбью») взгляд на восхищение утверждает, что церковь будет взята до 70-й седмины Даниила. Поскольку весь период скорби отмечен гневом Божьим, церковь должна быть взята перед скорбью, чтобы исполнилось Божье обещание, что церковь избежит Его гнева (1 Фес. 1:9–10; Откр. 3:10). Восхищение перед скорбью подобно спасательной операции, благодаря которой Иисус избавляет Свою церковь от божественного гнева Великой скорби.

Во-вторых, мидтрибулационный («среди скорби») взгляд на восхищение утверждает, что церковь будет восхищена в середине 70-й седмины Даниила. Церковь проходит первую половину скорби, а затем восхищается в ее середине, чтобы избежать самого сурового Божьего гнева, характеризующего последний период 70-й седмины Даниила. Мидтрибулационный взгляд безосновательно не считает первую половину скорби божественным гневом; он утверждает, что в это время будет гнев человека и сатаны, но не гнев Божий.

В-третьих, взгляд о восхищении перед гневом учит, что восхищение произойдет где-то в последней части скорби, так что церковь будет избавлена от судов труб и чаш, определяемых как гнев Божий. Восхищение происходит после середины скорби, но до второго пришествия Иисуса на землю.

В-четвертых, посттрибулационный («после скорби») взгляд на восхищение утверждает, что восхищение происходит в момент второго пришествия и служит начальной фазой телесного возвращения Иисуса. Церковь, пройдя через период скорби, будет восхищена в воздух для встречи с возвращающимся Иисусом, Который затем спустится на землю со Своим народом. Посттрибулационный сценарий подобен тому, как подданные царя выбегают из города, чтобы приветствовать вернувшегося и победившего царя, а затем сразу возвращаются в город. Это единственный взгляд на восхищение, при котором церковь проходит через весь период скорби.

Свидетельства в пользу претрибулационизма. Претрибулационизм имеет наибольшую библейскую поддержку, и мы считаем его правильной точкой зрения по нескольким причинам. Во-первых, Иисус сказал, что церковь будет взята до начала времени искушения, которое наступит на всей земле: «И как ты сохранил слово терпения Моего, то и Я сохраню тебя от годины искушения, которая придет на всю вселенную, чтобы испытать живущих на земле» (Откр. 3:10). За проявление терпения Иисус обещает награду. Эта награда заключается в том, что верующий будет сохранен от уникального периода—«годины искушения, которая придет на всю вселенную». Это помогает ответить на вопрос о причине восхищения. Восхищение — это обещание или награда церкви за терпение во время страданий. Церковь, которая претерпевает испытания нынешнего века, будет сохранена от особого времени испытаний для людей земли.

Означает ли фраза «сохраню тебя от» (греч. *tēreō ek*) в Откровении 3:10 «продолжающееся безопасное состояние за пределами» или «безопасный выход изнутри»? Первое согласуется с претрибулационным восхищением, второе — с посттрибулационным. Греческий предлог *ek* иногда несет идею выхода, но не всегда. Два ярких примера можно найти в 2 Коринфянам 1:10 и 1 Фессалоникийцам 1:10. В первом случае Павел рассказывает, как Бог спас его от смерти. Здесь Павел не вышел из состояния смерти, а был спасен от потенциальной опасности. Еще более убедительный пример — 1 Фессалоникийцам 1:10, где Павел утверждает, что Иисус избавит верующих «от грядущего гнева». Имеется в виду не выход после прохождения через что-то, а защита от вхождения в него.

Кроме того, если в Откровении 3:10 говорится о божественной защите внутри «годины искушений», то как быть с теми, кто умер за Иисуса в это время? Разве они не были защищены? Повсеместное мученичество святых во время скорби требует, чтобы обещание означало «сохранить вне» времени испытаний, а не «сохранить внутри» него.

Во-вторых, церковь не упоминается в Откровении 6–18. Обычный новозаветный термин для «церкви» — это *ekklēsia*. В Откровении 1–3 он используется 19 раз по отношению к исторической церкви I века. А после этого церковь упоминается лишь один раз в эпилоге книги (Откр. 22:16). Нигде в Откр. 6–18 церковь не упоминается. Почему это важно? Маловероятно, чтобы Иоанн перешел от подробных инструкций для церкви в Откровении 1–3 к абсолютному молчанию о ней в 13 главах, если бы церковь оставалась на время скорби. Если бы церковь проходила Великую скорбь, то в самом детальном описании событий скорби наверняка говорилось бы о ее роли в этот период. Но этого не происходит. Претрибулационое восхищение лучше всего объясняет полное отсутствие церкви на земле во время событий Откровения 6–18.

В-третьих, если бы церковь оставалась на скорбь, восхищение было бы несущественным. Если Бог чудесным образом сохранит церковь в период скорби, зачем вообще тогда восхищение? Если оно необходимо, чтобы избежать Божьего гнева в Армагеддоне, почему Бог не продолжит защищать святых на земле (согласно посттрибулационизму), как Он защищал церковь в событиях, предшествовавших Армагеддону, или как Он защищал Израиль от казней в Египте (Исх. 8:22; 9:4, 26; 10:23; 11:7)?

Кроме того, если бы восхищение происходило в связи с пришествием после скорби, последующее отделение овец от козлов в Матфея 25:31–46 было бы излишним. Отделение уже произошло бы при восхищении, так что не было бы нужды еще в одном отделении. Кроме того, если все верующие Великой скорби будут восхищены и прославлены сразу перед Тысячелетним царством, кто тогда будет населять Царство? У всех верующих в то время были бы прославленные тела, и при этом Писание указывает, что живые неверующие будут судимы в конце скорби и удалены с земли (Матф. 13:41–42; 25:41). Это не соответствует учению Библии о том, что в Тысячелетнем царстве у верующих будут рождаться дети и эти дети будут способны согрешить и восстать (Ис. 65:20; см. Откр. 20:7–10), что было бы невозможно, если бы все верующие на земле были прославлены при восхищении после скорби.

Кроме того, посттрибулационное представление, что церковь будет восхищена и затем немедленно возвратится на землю, не оставляет времени для судилища Христова (1 Кор. 3:10–15; 2 Кор. 5:10) или для брачного пира (Откр. 19:6–10). Таким образом, время посттрибулационного восхищения не соответствует хронологии событий. Оно несовместимо с судом над овцами и козлами среди язычников и двумя важнейшими событиями последнего времени. У претрибулационного восхищения нет этих трудностей.

В-четвертых, в посланиях нет предостережений о надвигающейся скорби для верующих века церкви. В посланиях Божьи наставления для церкви содержат много предостережений, но там ничего не говорится о том, что верующие должны готовиться войти в Великую скорбь и перенести ее. Новый Завет настойчиво предупреждает о грядущих заблуждениях и лжепророках (Деян. 20:29–30; 2 Пет. 2:1; 1 Иоан. 4:1–3; Иуд. 4). Он предостерегает от нечестивого образа жизни (Еф. 4:25–5:7; 1 Фес. 4:3–8; Евр. 12:1). Новый Завет призывает верующих проявлять терпение в нынешних скорбях (1 Фес. 2:13–14; 2 Фес. 1:4). Однако о подготовке церкви к глобальной и катастрофической скорби, описанной в Откровении 6–18, ничего не говорится. Трудно представить, чтобы Писание умалчивало о таком ужасном событии, если церковь должна будет его пережить. Если бы церковь должна была пережить какую-то часть Великой скорби, следовало бы ожидать, что послания будут говорить о существовании, цели и поведении церкви в это время. Однако по этому вопросу ничего не говорится. Только восхищение перед скорбью удовлетворительно объясняет такое отсутствие указаний для церкви.

В-пятых, 1 Фессалоникийцам 4:13–18 требует претрибулационного восхищения. Предположим, что верен какой-то другой взгляд на восхищение. Что тогда можно было бы ожидать от 1 Фессалоникийцам 4? Противоположное сказанному там. Прежде всего, следовало бы ожидать, что фессалоникийцы будут радоваться тому, что их близкие уже с Господом и не испытают ужасов Великой скорби. Мы же видим, что фессалоникийцы печалятся, так как боятся, что их близкие пропустят восхищение. Только восхищение перед скорбью объясняет эту печаль. Кроме того, мы бы ожидали, что фессалоникийцы будут печалиться о собственных надвигающихся испытаниях, а не о своих близких, которые их избежали. Более того, мы бы ожидали, что они будут интересоваться своим будущим. Но у фессалоникийцев нет ни страха, ни вопросов по поводу грядущей скорби. Мы бы ожидали, что Павел будет давать указания и наставления о таком серьезном испытании. Но мы не находим никаких указаний на предстоящую им скорбь.

В-шестых, претрибулационное восхищение согласуется с тесными параллелями между Иоанна 14:1–3 и 1 Фессалоникийцам 4:13–18 — двумя текстами, относящимися ко второму пришествию Христа:

1. Обещание быть со Христом:

   «...чтобы и вы были, где Я» (Иоан. 14:3).

   «...И так всегда с Господом будем» (1 Фес. 4:17).

2. Обещание утешения:

   «Да не смущается сердце ваше...» (Иоан. 14:1).

   «Итак утешайте друг друга сими словами» (1 Фес. 4:18).

Иисус сказал ученикам, что идет в дом Своего Отца (небеса), чтобы приготовить для них место. Он пообещал, что вернется и возьмет их, чтобы они были с Ним там, где Он (Иоан. 14:1–3). Фраза «где Я», хотя подразумевает постоянное присутствие вообще, здесь означает именно присутствие на небесах. Господь сказал фарисеям: «...Где буду Я, туда вы не можете прийти» (Иоан. 7:34). Он говорил не о Своем жилище на земле, а о Своем присутствии по правую руку Отца после воскресения. Фраза «где Я» в Иоанна 14:3 должна означать «на небесах», иначе слова Иисуса не имели бы смысла.

Посттрибулационное восхищение требует, чтобы святые встретились со Христом в воздухе и немедленно сошли на землю, не испытав того, что Господь обещал в Иоанна 14. Поскольку в Иоанна 14 говорится о восхищении без упоминания о суде, только претрибулационное восхищение соответствует выражениям в Иоанна 14:1–3 и позволяет святым после восхищения некоторое время жить со Христом в доме Его Отца.

В-седьмых, события при возвращении Христа на землю после скорби отличаются от событий восхищения. Если сравнивать происходящее при восхищении в 1 Фессалоникийцам 4:13–18 и в 1 Коринфянам 15:50–58 с тем, что происходит в последних событиях второго пришествия Христа в Матфея 24–25, можно заметить как минимум восемь существенных контрастов или различий, показывающих, что восхищение церкви и второе пришествие Христа происходят в разное время:

1. При восхищении Христос приходит на воздух и возвращается на небеса (1 Фес. 4:17), а при втором пришествии Он приходит на землю, чтобы остаться и царствовать (Матф. 25:31–32).
2. При восхищении Христос собирает Своих (1 Фес. 4:16–17), а при втором пришествии ангелы собирают избранных (Матф. 24:31).
3. При восхищении Христос приходит, чтобы наградить (1 Фес. 4:17), а при втором пришествии Он приходит, чтобы судить (Матф. 25:31–46).
4. При восхищении воскресение занимает важное место в связи с пришествием Иисуса (1 Фес. 4:15–16), а при втором пришествии Христа воскресение не упоминается.

5. При восхищении верующие покидают землю (1 Фес. 4:15–17), а при втором пришествии неверующие забираются от земли (Матф. 24:37–41).
6. При восхищении неверующие остаются на земле (подразумевается), а при втором пришествии верующие остаются на земле (Матф. 25:34).
7. При восхищении Царство Христа на земле не упоминается, а при втором пришествии Царство Христа на земле устанавливается (Матф. 25:31, 34).
8. При восхищении верующие получат прославленные тела (см. 1 Кор. 15:51–57), а при втором пришествии никто из живущих не получит прославленных тел.

Кроме того, несколько притч Христа в Матфея 13 подтверждают различия между восхищением церкви и вторым пришествием Христа на землю. В притче о пшенице и плевелах в кульминационный момент второго пришествия плеве-лы (неверующие) забираются из среды пшеницы (верующих) (Матф. 13:30, 40), а при восхищении верующие удаляются из среды неверующих (1 Фес. 4:15–17). В притче о неводе плохую рыбу (неверующих) убирают от хорошей рыбы (верую-щие) в кульминационный момент второго пришествия Христа (Матф. 13:48–50), а при восхищении верующие удаляются из среды неверующих (1 Фес. 4:15–17). Наконец, в Матфея 24 и Откровении 19, где подробно говорится о втором при-шествии, восхищение церкви не упоминается.

ВЕЛИКАЯ СКОРБЬ

Иисус обещал Своим последователям, что у них будет скорбь в этом мире (Иоан. 16:33). Это действительно происходит, ведь многие христиане страдают и умира-ют за дело Христа. Но Иисус также предсказал уникальное время, которое будет самым суровым и трудным в истории человечества: «...ибо тогда будет великая скорбь, какой не было от начала мира доныне, и не будет» (Матф. 24:21). Это уни-кальное время называется Великой скорбью или периодом скорби на основании того, как Иисус использовал этот термин в Матфея 24:9, 21. Великая скорбь—это время божественных судов перед возвращением Иисуса Христа и установлени-ем Его Царства на земле. Этот период будет длиться семь лет, что соответствует будущей 70-й седмине Даниила, которая длится семь лет (Дан. 9:27).

О грядущей скорби Библия говорит больше, чем о любом другом пророче-ском событии, которое еще в будущем. В Ветхом Завете предсказывается время скорби для Израиля в связи с тем, что они снова будут собраны от народов. Бог говорит Израилю: «Когда ты будешь в скорби, и когда все это постигнет тебя в последствие времени, то обратишься к Господу, Богу твоему, и послушаешь гласа Его» (Втор. 4:30). Иеремия предсказывает «бедственное время для Иако-ва» (Иер. 30:7). Софония предрекает «день скорби и тесноты» (Соф. 1:15). Исаия описывает это как «день мщения у Господа, год возмездия за Сион» (Ис. 34:8).

Матфея 24–25 (вместе с Марка 13 и Луки 21) и Откровение 6–19 дают самые подробные сведения о Великой скорби в Новом Завете. Иисус говорит, что войны, военные слухи, голод и землетрясения по местам—это «начало мук рождения» (Матф. 24:4–8, Кассиан). Будут сильные гонения на последователей Иисуса (Матф. 24:9). Будет отступничество и предательство (Матф. 24:10). Восстанет много лжепророков (Матф. 24:11), и усилится беззаконие (Матф. 24:12). И все же в разгар этого ужасного периода Евангелие Царства будет проповедано всему миру (Матф. 24:14), так что и евреи, и язычники будут спасаться (Откр. 7:4–9).

Для этого периода стратегически важно исполнение «мерзости запустения», о чем впервые сказано у Даниила (Дан. 9:27). Согласно хронологии Даниила, это особое событие происходит в середине периода скорби или на отметке три с половиной года, и описывает то, как антихрист нарушит свой завет с Израилем и попытается прекратить еврейское поклонение в храме. Павел отмечает, что этот «человек греха» войдет в храм, выдавая себя за Бога (2 Фес. 2:3–4). С этого события начнутся сильные гонения в Израиле, почему Иисус и предупреждает жителей Иудеи бежать и не пытаться вернутся за каким-либо имуществом (Матф. 24:16–20). Конец этого периода отмечен космическими знамениями: «И вдруг, после скорби дней тех, солнце померкнет, и луна не даст света своего, и звезды спадут с неба...» (Матф. 24:29). Христос возвратится на землю в силе и славе (Матф. 24:30) и соберет Своих избранных (Матф. 24:31). После того, как Иисус вернется во славе со Своими ангелами, начнется суд над народами, чтобы определить, кто войдет в Его Царство (Матф. 25:31–46).

Откровение 6–19 подробно описывает происходящие во время скорби суды как печати, трубы и чаши. Эти масштабные суды в основном происходят по очереди и показывают нарастание Божьих судов над неверующим миром и царством антихриста. Поскольку именно Иисус открывает суды печатей, все последующие суды — это гнев Бога и Иисуса (Откр. 6:1). Шесть печатей включают: (1) приход антихриста, (2) войну, (3) голод, (4) смерть, (5) мученичество и (6) землетрясение (Откр. 6:2–12). Они близко соответствуют «началу мук рождения» в Матфея 24:4–7. Во время шестой печати (землетрясение) люди на земле осознают, что это великий гнев Бога и Агнца (Откр. 6:16–17). Гнев Божий не начинается с этого момента, так как он уже начался с первой печати, но в это время жители земли ясно осознают, что они испытывают именно гнев Божий.

Затем седьмая печать начинает вторую волну судов — семь труб:

1. Первая труба: сгорает треть земли, деревьев и травы (Откр. 8:7).
2. Вторая труба: треть морских существ умирает, а корабли гибнут (8:8–9).
3. Третья труба: треть вод загрязнена, и многие от этого умирают (8:10–11).
4. Четвертая труба: треть солнца, луны и звезд меркнет (8:12).
5. Пятая труба: саранча/бесы выпущены, чтобы мучить людей (9:1–11).
6. Шестая труба: четыре связанных беса выпущены, чтобы убить треть людей (9:13–19).
7. Седьмая труба: провозглашается царское правление Христа (11:15–18).

Последняя группа судов — это суды чаш. Они происходят позже в период скорби, быстро сменяя друг друга, и очень суровы:

1. Первая чаша: у людей появляются болезненные раны (Откр. 16:2).
2. Вторая чаша: море становится как кровь, и все в море умирает (16:3).
3. Третья чаша: реки и источники воды превращаются в кровь (16:4–7).
4. Четвертая чаша: солнце жжет людей огнем и зноем (16:8–9).
5. Пятая чаша: тьма и сильная боль поражают человечество (16:10–11).
6. Шестая чаша: река Евфрат пересохла, чтобы приготовить путь для царей с Востока (16:12–16).
7. Седьмая чаша: сильные землетрясения разделяют великий город на три части, города рушатся, и с неба падает большой град (16:17–21).

У Великой скорби двойная цель. Во-первых, Бог использует скорбь, чтобы спасти Израиль. Это включает в себя достижение целей, названных в Даниила 9:24, таких как окончательное устранение греха Израиля, приведение вечной праведности и помазание храма. Кроме того, в Иеремии 30:7 говорится, что это будет «бедственное время для Иакова [Израиля]», но Израиль «будет спасен от него». Он вступает в скорбь, заключая завет с антихристом, но заканчивает этот период, призывая своего Мессию.

Во-вторых, Бог использует скорбь, чтобы судить неверующий мир. В Откровении 3:10 Великая скорбь названа годиной «искушения, которая придет на всю вселенную, чтобы испытать живущих на земле». В Исаии 24 она описана как время всемирного суда, когда «Господь опустошает землю и делает ее бесплодною; изменяет вид ее и рассевает живущих на ней» (Ис. 24:1). Причина заключается в греховности людей: «…ибо они преступили законы, изменили устав, нарушили вечный завет» (Ис. 24:5). Таким образом, Великая скорбь — это время сильного всемирного Божьего гнева против грешного, мятежного мира.

АНТИХРИСТ

Библия предсказывает, что придет антихрист, представитель сатаны, воплощение зла. Термин «антихрист» (греч. *antichristos*) встречается в 1 Иоанна 2:18: «Дети! Последнее время. И как вы слышали, что придет антихрист, и теперь появилось много антихристов...» Иоанн говорит о конкретном грядущем антихристе, но он также упоминает «антихристов», которые уже появились. Они — это не сам антихрист, но действуют в духе антихриста, поскольку противостоят личности и делам Иисуса. Мы можем ожидать многих, обладающих духом антихриста, при этом зная, что и сам антихрист должен прийти.

Приставка *anti-* может означать «против» или «вместо». Итак, будет ли грядущий антихрист открыто «против» Иисуса или же он будет самозванцем, выдающим себя за Мессию? Обе концепции могут иметь место. Он будет выдавать себя за Мессию, поскольку заключит вероломный договор с народом Израиля (Дан. 9:27), притворяясь их спасителем. И при этом он будет против Иисуса, противостоя Ему и Его святым. Он также будет преследовать Израиль в середине 70-й седмины Даниила. Итак, он и притворяется Христом, и противостоит Ему.

Даниил приводит самые подробные сведения об антихристе в Ветхом Завете. Эта злая личность—богохульный политический лидер, «небольшой рог», который говорит великие и высокомерные слова и ведет войну против Божьих святых (Дан. 7:8, 21). Он нечестивый «вождь», который происходит от римлян (Дан. 9:26). Этот вождь заключит завет с еврейским народом на семь лет, но в середине срока нарушит его, прекратив еврейскую систему жертвоприношений и опустошив храм (Дан. 9:27). В Даниила 11:36–45 он своенравный царь, который возвышает себя, говорит против Бога, отвергает любых конкурирующих богов и верит в свою военную мощь.

Апостол Павел называет антихриста «человеком греха» (2 Фес. 2:3). Опираясь на Дан. 9:26–27 и 11:36–45, Павел показывает, что этот нечестивый человек придет в связи с днем Господним (2 Фес. 2:1–2). Это человек, «противящийся и превозносящийся выше всего, называемого Богом или святынею, так что в храме Божием сядет он, как Бог, выдавая себя за Бога» (2 Фес. 2:4). Его присутствие в Божьем храме связано с запустением храма, предсказанным в Даниила 9:27. Иисус описывает это событие как «мерзость запустения, реченную через пророка Даниила, стоящую на святом месте...» (Матф. 24:15). Это ужасное событие запустения приводит к сильным гонениям в Иудее, о которых Иисус предупреждает в Матфея 24:16–22.

Наиболее подробное обсуждение антихриста было открыто апостолу Иоанну и записано в Откровении 13. Иоанн называет его «зверем». Этот зверь происходит из народов и получает власть от сатаны (Откр. 13:1–2). Он выздоравливает от смертельной раны с неким подобием воскресения, которое заставляет мир восхищаться им (Откр. 13:3). Он хулит Бога (Откр. 13:5–6), ведет войну со святыми и властвует над землей (Откр. 13:7–8). Он пытается установить для сатаны постоянное царство на земле.

О том, будет ли антихрист евреем или язычником, ведутся споры. Возможное указание, что он будет евреем, есть в Даниила 11:37, где сказано, что «о богах отцов своих он не помыслит». В некоторых переводах (напр., в Библии короля Якова) здесь используется слово «Бог» в единственном числе. Если так, то антихрист отвергнет Бога еврейских патриархов. Но большинство переводов использует слово «боги», показывая, что имеются в виду языческие боги. Этот второй взгляд более вероятен. Тогда антихрист произойдет из европейских народов (Дан. 7:7–8, 23–25; см. Откр. 13:1). Кроме того, поскольку он будет вождем народа, разрушившего Иерусалим и храм в 70 г. от Р. Х. (Дан. 9:26), он должен прийти из Римской империи, так как именно римляне разрушили Иерусалим и храм. Также пророчество об Антиохе IV Эпифане (215–164 гг. до Р. Х.) в Даниила 8:9–14, 23–25 подтверждает мнение, что антихрист будет язычником. Антиох был сирийцем, который осквернил еврейский храм около 167 г. до Р. Х., учредив в Иерусалиме поклонение Зевсу и заколов свинью в храме. Этот опустошительный поступок, видимо, предвосхищает то, что сделает антихрист в Даниила 9:27. Поскольку Антиох был язычником, то и антихрист, вероятно, также будет язычником.

Хотя антихрист—страшная и могущественная фигура, его история будет недолгой, и он будет уничтожен. Павел говорит, что это «беззаконник, которого Господь Иисус убьет духом уст Своих и истребит явлением пришествия Своего...» (2 Фес. 2:8). Даниил пишет, что «окончательная предопределенная гибель постигнет опустошителя» (Дан. 9:27), и что он «придет к своему концу, и никто не поможет ему» (Дан. 11:45). По возвращении Иисуса этот «зверь» будет брошен в озеро огненное, где его участь будет скреплена навсегда (Откр. 19:20).

ДЕНЬ ГОСПОДЕНЬ[27]

Библейская фраза «день Господень»—ключевой термин для понимания Божьего откровения о будущем. Использование фразы «день Господень» у авторов Нового Завета основано на их понимании ветхозаветных пророков. Обзор Ветхого Завета показывает, что пророки использовали ее, говоря как о близких исторических событиях, так и об эсхатологических событиях далекого будущего, связанных с гневом Божьим. Авторы Нового Завета переняли эсхатологическое употребление и применили фразу «день Господень» к суду, которым завершится период скорби, и к суду, который положит начало новой земле.

Фраза «день Господень» или ее близкие варианты встречается в Ветхом Завете 19 раз (Авд. 15; Иоил. 1:15; 2:1, 11, 31; 3:14; Ам. 5:18 [2×], 20; Ис. 2:12; 13:6, 9; Соф. 1:7, 14 [2×]; Иез. 13:5; 30:3; Зах. 14:1; Мал. 4:5). «День Господень» упоминается в четырех бесспорных новозаветных текстах: Деяния 2:20; 2 Петра 3:10; 1 Фессалоникийцам 5:2 и 2 Фессалоникийцам 2:2. Четыре раза этот период называется «день мщения» (Ис. 34:8; 61:2; 63:4; Иер. 46:10). Новый Завет называет его «день гнева» (Рим. 2:5), «день посещения» (1 Пет. 2:12) и «великий день Бога Вседержителя» (Откр. 16:14).

Со времени грехопадения в Бытии 3 человек продолжает мятеж против своего Создателя, но наступит время, когда Бог будет судить весь мир, изливая Свой гибельный гнев, чтобы подготовить установление Своего Царства. День человека сменится днем Господа. Этот последний день Господень—время окончательного божественного гнева на грешников за их восстание против Бога.

Ветхозаветные пророки гораздо больше писали о дне Господнем и заложили основание для новозаветного употребления, причем они использовали эту фразу в отношении как близкого исторического исполнения, так и эсхатологических событий далекого будущего. Например, в Иоиля 1:15 говорится об историческом дне Господнем, когда произошло опустошительное нашествие саранчи в Израиле, описанное в Иоиля 1. Однако день Господень в Иоиля 2 и 3 относится к будущему дню Господнему, когда Израиль будет восстановлен и благословлен, а языческие народы будут судимы на основании того, как они обращались с народом Божьим, Израилем. Исторический день Господень служит предвестником большего грядущего дня Господнего.

---

[27] Этот раздел адаптирован из: Richard L. Mayhue, "The Bible's Watchword: Day of the Lord," *MSJ* 22, no. 1 (2011): 65–88. Использовано с разрешения MSJ. Более полное обсуждение этой темы см. в указанной статье.

Авторы Нового Завета переняли эсхатологическое употребление и применили эту фразу и к суду, которым завершится период скорби, и к суду, который положит начало новой земле. День Господень происходит через провиденциальные средства (Иез. 30:3) или непосредственно от руки Божьей (2 Пет. 3:10). Иногда близкое исполнение (Иоил. 1:15) предвосхищает далекое исполнение (Иоил. 3:14). Два периода дня Господнего еще не исполнились на земле: (1) суд, который завершает период скорби (2 Фес. 2:2; Откр. 16–18) и (2) окончательный суд над этой землей после Тысячелетнего царства, который положит начало новой земле (2 Пет. 3:10–13; Откр. 20:7–21:1).

Итак, день Господень можно кратко описать в шести утверждениях:

1. День Господень состоит только в суде, а не в суде и благословении.
2. День Господень в Божьем пророческом плане наступит два раза, а не один.
3. День Господень наступит в конце периода скорби, а не на всем его протяжении.
4. День Господень снова наступит в конце Тысячелетнего царства, а не на всем его протяжении.
5. День Господень, как он определен здесь, необязательно доказывает претрибулационизм, но он, безусловно, легко допускает его.
6. День Господень подтверждает футуристический премилленаризм.

ВТОРОЕ ПРИШЕСТВИЕ ИИСУСА

Кульминация грядущих пророческих событий—это второе пришествие Иисуса Христа. Хотя само выражение «второе пришествие» в Писании встречается редко, эта концепция имеет твердое основание (Матф. 25:31; Иоан. 14:3; Деян. 1:11). Вера в возвращение Иисуса—неотъемлемая доктрина библейского христианства. Новый Завет заявляет о необходимости второго пришествия Христа. Слово «второй» используется в Евреям 9:28: «...так и Христос, однажды принеся Себя в жертву, чтобы подъять грехи многих, во второй раз явится не для очищения греха, а для ожидающих Его во спасение». Второе пришествие Иисуса положит конец нынешнему веку и 70-й седмине Даниила, во время которой произойдет вдохновленное сатаной всемирное правление антихриста. Второе пришествие также станет отправной точкой для тысячелетнего правления Иисуса на земле. Возвращение Иисуса служит важным моментом перехода от нынешнего злого века к праведному Царству Иисуса.

Ветхий Завет не говорил явно о двух пришествиях Мессии, разделенных значительным периодом времени. Он предсказывал как страдающего Раба, так и правящего Царя, но не объяснял, что эти роли исполнятся в двух пришествиях. Намек на этот промежуток может присутствовать в Псалме 109, где говорится, что Господь Давида, то есть Мессия, будет восседать по правую руку Бога, «доколе» Мессия будет править Своими врагами из Иерусалима (Пс. 109:1–2). Однако в Писании нет никаких указаний на то, что ветхозаветные святые или даже ученики Иисуса до Его распятия ожидали, что будут второе пришествие Иисуса, отдельное от Его первого пришествия. Имея свидетельство прогрессирующего откровения и оглядываясь на историю, мы можем посмотреть на Ветхий Завет и увидеть, что пророчества о Царстве все еще должны исполниться при втором пришествии Иисуса.

О втором пришествии говорится в Захарии 14. Контекст описывает осаду Иерусалима, после которой Господь возвратится: «Тогда выступит Господь и ополчится против этих народов, как ополчился в день брани. И станут ноги Его в тот день на горе Елеонской, которая перед лицом Иерусалима к востоку...» (Зах. 14:3–4). Поскольку это пророчество не исполнилось при первом пришествии Христа, это должно относиться к Его второму пришествию. Иисус вознесся с горы Елеонской (Деян. 1:12) и при возвращении вернется на то же самое место.

Второе пришествие подробно описано в нескольких разделах Нового Завета. Иисус обсуждал Свое возвращение на землю в беседе на Елеонской горе (Матф. 24–25; Марк. 13; Лук. 21). Ученики спросили Его: «...какой признак Твоего пришествия?..» (Матф. 24:3). Иисус подробно описал несколько событий, а затем сказал: «И вдруг, после скорби дней тех... все племена земные... увидят Сына Человеческого, грядущего на облаках небесных с силою и славою великою...» (Матф. 24:29–30). Он также сказал: «Когда же приидет Сын Человеческий во славе Своей и все святые ангелы с Ним, тогда сядет на престоле славы Своей...» (Матф. 25:31). В Евангелии от Луки Иисус объяснил, что после небесных знамений они «увидят Сына Человеческого, грядущего на облаке с силою и славою великою» (Лук. 21:27). Во время религиозного суда над Ним Иисус сказал первосвященнику Каиафе: «...даже сказываю вам: отныне узрите Сына Человеческого, сидящего одесную силы и грядущего на облаках небесных» (Матф. 26:64). Еще один ключевой текст о втором пришествии—это Деяния 1:9–11:

> Сказав сие, Он поднялся в глазах их, и облако взяло Его из вида их. И когда они смотрели на небо, во время восхождения Его, вдруг предстали им два мужа в белой одежде и сказали: «Мужи галилейские! Что вы стоите и смотрите на небо? Сей Иисус, вознесшийся от вас на небо, придет таким же образом, как вы видели Его восходящим на небо».

Тот же Самый Иисус, Который в течение 40 дней после воскресения телесно был среди Своих учеников, был взят на небеса. Однако Он вернется таким же образом, как ушел. Проповедь Петра в Деяниях 3 раскрывает значение двух пришествий Иисуса и является одним из самых ясных текстов, говорящих о двух пришествиях. Петр заявил: «Бог же, как предвозвестил устами всех Своих пророков пострадать Христу, так и исполнил» (Деян. 3:18). Таким образом, Иисус «исполнил» то, что предсказывали пророки Ветхого Завета о Его страданиях. Затем Петр сослался на второе пришествие и Царство:

> Итак покайтесь и обратитесь, чтобы загладились грехи ваши, да придут времена отрады от лица Господа, и да пошлет Он предназначенного вам Иисуса Христа, Которого небо должно было принять до времен совершения всего, что говорил Бог устами всех святых Своих пророков от века (Деян. 3:19–21).

Этот текст раскрывает необходимость будущего прихода Христа и восстановления всего, что связано с вестью «святых пророков», то есть пророков Ветхого Завета. Поэтому, хотя многие тексты Ветхого Завета связаны со вторым пришествием Христа, учение о нем в первую очередь дано в новозаветном откровении.

Второе пришествие Иисуса произойдет в два этапа. Сначала Иисус спустится с небес, чтобы взять или восхитить Свою церковь в воздух, чтобы она была с Ним на небесах в течение семи лет скорби. Цель этого пришествия — спасательная миссия, чтобы не дать церкви испытать божественный гнев этого периода. А второй этап — это личное и телесное возвращение Иисуса на землю, когда Он установит на ней Свое Царство.

ТЫСЯЧЕЛЕТНЕЕ ЦАРСТВО

Тысячелетнее царство — это грядущее тысячелетнее правление Иисуса и Его святых на земле после нынешнего века и перед вечным состоянием. Оно наступит вскоре после 70-й седмины Даниила и возвращения Иисуса; это время, когда человечество через последнего Адама, Иисуса, выполнит поручение успешно обладать землей и владычествовать над ней от имени Бога (Быт. 1:26–28). Иисус Мессия также выполнит обещание, что главный Сын Давида будет править с престола Давида в Израиле (Лук. 1:32–33) и над всей землей (Зах. 14:9). Враги Иисуса, противостоявшие Ему в период скорби, побеждены (Откр. 19:20–21). Сатана скован (Откр. 20:1–3). Умершие ветхозаветные святые и мученики периода скорби оживают и царствуют со Христом (Дан. 12:2; Откр. 20:4). Иисус правит и разделяет Свое царское правление с церковью нынешнего века, которая осталась верной во время гонений (Откр. 2:26–27; 3:21; 5:10).

Тысячелетнее Царство — это время обновления творения, процветания, праведности, мира и всемирной гармонии на земле (Матф. 19:28; Ис. 2:2–4; 11; 65:17–25). Это также период, когда все обещания завета, духовные и физические, до конца исполняются как для Израиля, так и для народов. Израиль спасен и восстановлен, и он выполняет свою роль руководства и служения народам, действуя из своей столицы, Иерусалима (Ис. 2:2–4). Народы, которые также стали народом Божьим, испытывают духовные и физические благословения вместе с Израилем (Ис. 19:16–25; 27:6). Хотя в вечном состоянии эти характеристики, несомненно, будут проявляться в совершенстве, сначала они должны исполниться при посредническом правлении человека в главном Человеке, Иисусе. Когда последний Адам завершит Свою миссию, тогда Он передаст Царство Богу Отцу, и начнется вечное Царство Отца (1 Кор. 15:24–28).

Тысячелетнее Царство также должно наступить по христоцентричной причине. Должно быть длительное, признанное и видимое правление Иисуса на земле, то есть там, где Его отвергли при первом пришествии. Тогда Иисус пришел к Своим, но они не приняли Его (Иоан. 1:11). Он был отвержен и убит. Тот самый Иисус, Который стоял связанным перед людьми во время Своего страдания, вернется во славе на облаках небесных, чтобы царствовать над землей (Матф. 26:63–66). Тысячелетнее царство подчеркивает признание Иисуса Царем. Он будет царствовать во славе долгое время, прежде чем торжественно передаст Свое Царство Отцу, и тогда начнется вечное состояние (1 Кор. 15:24–28). Это также время, когда Божьи святые будут оправданы и будут царствовать там, где они подвергались гонениям сатаны и всего мира (Откр. 6:9–11; 20:4).

Тысячелетнее царство иногда называют промежуточным, поскольку оно наступает после нынешней эпохи, но до вечного состояния. Оно значительно лучше нынешнего века, но все же не совершенно, как грядущая вечность. Например, младенческая смертность отсутствует, а продолжительность жизни значительно увеличивается, но возможность смерти все еще существует. Человек, умирающий в возрасте ста лет, будет считаться проклятым (Ис. 65:20). Кроме того, в отличие от настоящего времени или грядущей вечности, в Тысячелетнем царстве народы служат Богу, и в то же время есть люди, которые все еще могут грешить и получать наказание (Зах. 14:16–19).

ПОСЛЕДНЕЕ ВОССТАНИЕ САТАНЫ

В конце Тысячелетнего царства сатана будет освобожден из заключения в бездне и возглавит восстание народов против святого города Иерусалима. Участники этого восстания будут сразу уничтожены огнем с небес, а сатана навсегда будет брошен в озеро огненное (Откр. 20:7–10). Ядро этого восстания составят те, кто родился во время Тысячелетнего царства и не поверил в Христа как своего Спасителя. Получив возможность присоединиться к недавно освобожденному сатане, они с радостью это сделают. Это событие не указывает на слабость Бога, но дает возможность явить сокрушительную силу Бога против Его врагов. Хотя участники ожидали войны, результат больше похож на казнь, поскольку они будут немедленно истреблены.

Это восстание подчеркивает две важные истины. Во-первых, присутствие неверующих в Тысячелетнем царстве, пока сатана связан в бездне, показывает, что главная проблема человека—нечестивое сердце, независимо от присутствия или отсутствия сатаны. Даже в идеальных условиях, когда Иисус физически присутствует на земле, некоторые предпочитают греховную непокорность. Во-вторых, восстание показывает проявление Божьей силы против зла перед тем, как состоится суд Великого белого престола (Откр. 20:11–15) и начнется вечное состояние (Откр. 21:1–22:5). Это будет ярким проявлением власти Царства над последним восстанием против Бога в истории человечества.

ВЕЧНОЕ СОСТОЯНИЕ

Новое небо и новая земля—конечная участь искупленного человечества. Тысячелетнее царство прошло. Суд Великого белого престола состоялся. Сатана и все неверующие навсегда брошены в озеро огненное. Божьих святых ожидает славная участь, они будут жить на новой земле с прямым доступом к Богу,

Который будет жить среди них. Именно об этом пишет апостол Иоанн: «И увидел я новое небо и новую землю, ибо прежнее небо и прежняя земля миновали...» (Откр. 21:1).

Эти выражения, «новое небо» и «новая земля», встречается в Библии еще три раза: Исаия 65:17, Исаия 66:22 и 2 Петра 3:13. Последнее упоминание показывает, что новое небо и новая земля и есть то, чего в конечном счете ожидают верующие: «Впрочем мы, по обетованию Его, ожидаем нового неба и новой земли, на которых обитает правда» (2 Пет. 3:13). В Евреям 12:26–27 также есть указание на вечное будущее. Таким образом, главная надежда верующего и пункт его назначения — это не нынешние небеса, а новая земля.

Наиболее обширное обсуждение нового неба и новой земли, что часто называют вечным состоянием, записано в Откровении 21:1–22:5. Выражения Иоанна показывают, что «новое небо» и «новая земля» в чем-то сходны с нынешними небом и землей, а в чем-то отличаются от них. Хотя они и «новые», это все же небо (или небеса) и земля, где будут жить люди. Однако они противопоставляются нынешнему небу и земле в том смысле, что «прежнее небо и прежняя земля миновали».

Новая земля: полностью новая или восстановленная? Будут ли эти новое небо и новая земля совершенно новыми, еще одним Божьим творением из ничего, после того как будут уничтожены первые небо и земля? Или новое небо и новая земля — это восстановление и обновление нынешней планеты? Библейские выражения, описывающие разрушение старого творения, свидетельствует в пользу совершенно новой планеты, поскольку старая прекратит свое существование. Иоанн пишет, что «прежнее небо и прежняя земля миновали» (Откр. 21:1). Также в 2 Петра 3 есть выразительное описание огненного уничтожения:

А нынешние небеса и земля... сберегаются огню... (3:7)

Придет же день Господень, как тать ночью, и тогда небеса с шумом прейдут, стихии же, разгоревшись, разрушатся, земля и все дела на ней сгорят (3:10).

Если так все это разрушится... (3:11)

...Воспламененные небеса разрушатся и разгоревшиеся стихии растают (3:12).

Еще одно подтверждение уничтожения нынешней Вселенной есть в заявлении Иисуса: «...небо и земля прейдут, но слова Мои не прейдут» (Матф. 24:35). В Псалме 101 утверждается, что земля и небо «погибнут» и, «как риза, обветшают» (Пс. 101:26–27). В Исаии 24:20 сказано: «...шатается земля, как пьяный, и качается, как колыбель... она упадет, и уже не встанет». Апостол Иоанн пишет: «Мир проходит...» (1 Иоан. 2:17).

С другой стороны, среди аргументов в пользу обновления этой земли есть следующее. Во-первых, Павел учит, что творение ожидает прославления, а не уничтожения. Он утверждает, что «тварь с надеждою ожидает откровения сынов

Божиих...» (Рим. 8:19) и что «тварь покорилась суете... в надежде...» (Рим. 8:20). Затем он говорит: «...сама тварь освобождена будет от рабства тлению в свободу славы детей Божиих» (Рим. 8:21). Эта картина изображает творение ожидающим прославления, а не уничтожения.

Во-вторых, прославление, предстоящее творению, связано с прославлением народа Божьего (Рим. 8:23). Существует параллель. Верующие будут не уничтожены, а воскрешены. Подобно Иисусу, Который телесно воскрес из могилы, есть однозначное соответствие между верующими сейчас и тем, кем они станут в будущем. Если участь земли подобна участи верующих людей, то существующее сейчас творение также будет существовать в будущем, но в прославленной форме. Как творение пострадало, когда человек впал в грех, так оно будет восстановлено, когда народу Божьему будут даны прославленные тела.

В-третьих, Библия использует язык обновления для описания земли. Иисус пророчествовал о грядущем «пакибытии» (букв. «возрождении») Вселенной (Матф. 19:28). Петр предсказал грядущее восстановление всего (Деян. 3:21, Кассиан). Все небесное и земное примирилось с Иисусом благодаря Его крови, пролитой на кресте (Кол. 1:20). Эти выражения показывают, что Вселенная движется к обновлению, в котором испорченная земля будет исправлена и станет лучше, чем когда-либо. Точка зрения, что творение обновится, показывает, что Бог, а не сатана одержит окончательную победу над Божьим творением, которое «хорошо весьма» (Быт. 1:31).

А как насчет выражений в 2 Петра 3, говорящих о разрушении? Те, кто придерживается взгляда об обновлении, считают, что разрушение—это не аннигиляция. В том же разделе говорится, что мир погиб от воды во времена Ноя (2 Пет. 3:6), но не был уничтожен потопом. Кроме того, 2 Петра 3:10 лучше перевести не как «земля и все дела на ней сгорят», а как «земля и все дела на ней будут обнаружены» (НРП). Идея здесь в «обнаружении» или «выявлении», как металл в огне плавильщика не уничтожается, а очищается (Мал. 3:2–3).

Жизнь на новой земле. Будет ли новая земля совершенно новой или же обновленной планетой, она будет материальным местом, где будут жить верующие в настоящих физических телах. Бог создал человека как комплексное единство тела и души, чтобы он жил в физической среде, и участь человека на новой земле будет включать проживание на физической планете.

Есть 10 проявлений, благодаря которым новая земля действительно будет новой и слава грядущего вечного состояния будет особенно яркой. Иоанн перечисляет эти характеристики в Откровении 21:1–22:5.

1. Новое небо и земля (21:1)
2. Новый Иерусалим (21:2, 9–21)
3. Новый Божий народ (21:3)
4. Новое сострадание (21:4)
5. Новый порядок (21:5–8)

6. Новый храм (21:22)
7. Новый свет (21:23)
8. Новое население (21:24–27)
9. Новая жизнь (22:1–2)
10. Новая слава (22:3–5)

Библия говорит о Новом Иерусалиме, который станет столицей новой земли. Иоанн говорит: «И я, Иоанн, увидел святой город Иерусалим, новый, сходящий от Бога с неба, приготовленный как невеста, украшенная для мужа своего» (Откр. 21:2). Это настоящий город, где Бог будет жить среди Своего народа (21:3). Город «имеет большую и высокую стену, имеет двенадцать ворот» (21:12). Он спланирован в виде квадрата длиной и шириной около 2200 км (21:16). Эти размеры следует понимать буквально, так как все измерено «мерой человеческой» (21:17). Стена города сделана из ясписа, а «город был чистое золото, подобен чистому стеклу» (21:18). Основания городской стены «украшены всякими драгоценными камнями» (21:19). Размер, красоту и величие этого города трудно постичь, но это не умаляет его реальной природы.

В Новом Иерусалиме нет храма. Его храм — это Бог и Иисус (21:22). Поскольку Божья слава освещает город, то нет необходимости в свете солнца или луны (21:23). Народы и цари земные придут в город благодаря его свету и «принесут в него славу и честь свою» (21:24, 26). Присутствие народов и правителей показывает, что на новой земле буквально существуют народы, а за пределами Нового Иерусалима происходят некоторые события. Хотя в отношении спасения есть один народ Божий, присутствие народов показывает этническое и национальное разнообразие на новой земле. Лучшие культурные достижения этих народов приносят в Новый Иерусалим. Эти народы живут в полной гармонии, поскольку листья дерева жизни, которое здесь впервые упоминается после грехопадения человека в Бытии 3, служат «для исцеления народов» (Откр. 22:2). Вход в город всегда открыт, так как «ворота его не будут запираться» никогда, и там никогда не будет ночи (21:25). С престола Бога и Агнца Иисуса течет «река воды жизни» (22:1). Дерево жизни, в последний раз упомянутое в Бытии 3:24, появляется снова. Это «древо жизни, приносящее двенадцать плодов, каждый месяц дающее плод свой» (Откр. 22:2, Кассиан). Фраза «каждый месяц» указывает на то, что на новой земле существует время.

И все же, несмотря на всю красоту этого города, самое лучшее в нем — это присутствие Бога и Агнца, Которые на престоле (21:3; 22:3). Божьи рабы будут служить Ему и «узрят лицо Его» в вечном, ничем не нарушенном общении (22:3–4). Между Богом и Его народом не останется никаких препятствий. Заключительное описание Нового Иерусалима показывает, что святые «будут царствовать во веки веков» (22:5). Бытие 1:26–28 говорит, что Бог создал человека, чтобы он владычествовал и обладал землей, а последний стих, описывающий новую землю, объясняет, что Божий народ будет царствовать. Там уже не будет обмана сатаны (Быт. 3) и возможности для греха. Там будут все, омытые кровью Агнца, и все будут охотно служить Творцу. Нечестивые никогда не войдут в этот город (Откр. 21:27), а для народа Божьего история заканчивается хорошо.

Эта участь, ожидающая верующих, не сказка, и она будет такой же реальной, как и нынешняя планета, на которой живет человечество. Новое небо и новая земля покажут, почему христиане существуют и служат Богу в нынешнем веке. Нынешний падший мир не будет существовать вечно. Грех, проклятие и смерть будут удалены навсегда (Откр. 22:3). Человек будет полностью восстановлен в своих ранее нарушенных отношениях с Богом, другими людьми и творением. Эта картина выражает окончательную надежду эсхатологии. Это реальное, захватывающее завершение действительно великолепной истории. Поэтому наш искренний ответ на завершение истории, которого мы с нетерпением ожидаем и к которому решительно стремимся, должен быть таким, как у апостола Иоанна: «Ей, гряди, Господи Иисусе!» (Откр. 22:20).

Молитва[28]

Отец, спасибо за истину, открытую в Слове Твоем,
    которое свидетельствует нам о Сыне Твоем,
        Господе Иисусе Христе.
Спасибо за Духа Святого,
    засвидетельствовавшего Христа со многими чудесами и знамениями
        на заре эры благовестия.
Спасибо за свидетельство, раздавшееся с небес
    во время крещения Иисуса:
        «Это Сын Мой возлюбленный, в Котором Мое благоволение».
Но прежде всего мы благодарим Тебя за кровь Христа —
    неоспоримое доказательство того, что Христос всегда
        делает то, что угодно Тебе.
Эта драгоценная кровь — достаточная жертва
    за прегрешения всех тех, кто принял
        Твои свидетельства о Христе.
Мы подтверждаем, что все эти безукоризненные свидетельства истинны,
    и признаем, что Христос — воистину Сын Божий
    и единственный Спаситель,
        верой в Которого мы обретаем вечную жизнь.

О, Господь, спасибо, что по милости Своей
    Ты даровал нам вечную жизнь.
И один из чудесных плодов этого несравненного дара — непреходящая радость.
Как изумительна любовь Того, Кто не пожалел для нас Сына Своего,

---

[28] Эта молитва воспроизводится дословно из: Мак-Артур Д. У престола благодати. СПб.: Виссон, 2015. С. 71–73.

но обрек Его на скорбь, страдания и смерть, чтобы мы могли познать *радость*!
Где найти слова, чтобы выразить благодарность Тебе?

Ты заповедал нам радоваться всегда, в любых обстоятельствах,
    даже в испытаниях находим мы повод для радости.
Радость—такая приятная обязанность,
    и все же мы смиренно признаем, что, по слабости и греховности нашей,
    в ответ на житейские трудности
        порой с нашего языка легче сорваться ропоту и жалобам.
Прости нас за угрюмость и неблагодарность в ответ
    на благодать, являемую Тобой ежедневно, и помоги
    уже сейчас стать счастливыми сопричастниками
        Твоей небесной радости.

Сделав радость и привилегией, и обязанностью нашей
    и приготавливая нас к еще большей непреходящей радости,
    Ты являешь Себя Богом ликования и веселья.
И хотя скорбь по причине греха—
    неизбежная часть человеческой жизни,
    Ты противостоишь нашим печалям бесчисленными доводами
        в пользу того, что мы можем быть благодарными и довольными,
        исполненными надежды и преисполненными радостью.
«...Вечером водворяется плач,
    а наутро радость».

Милость Твоя «обновляется каждое утро».
Как благ и милостив Ты к тем грешникам,
    которые не так давно были Твоими врагами!
Мы были не вправе рассчитывать на милость Твою,
    но Ты предпочел благословить нас таким чудесным спасением!
Ты обратил наши сетования в ликование,
    снял с нас вретище и препоясал нас веселием.
Даже в скорби мы находим возможность радоваться
    и благодарить Тебя
        за любовь,
        прощение,
        заботливое милосердие,
        сострадание к нашим слабостям
        и упование на вечное пребывание в Твоем присутствии.

Мы смотрим вперед, предвкушая
    ту бесконечную радость, которая ждет нас,
        когда мы встретимся с Тобой лицом к лицу.

Любящий Господь, наполни наши сердца Своим небесным светом,
    чтобы здесь, на земле, мы жили, не зная поражений,
        которые ранят нас и лишают радости.
Господь, веди нас к послушанию и верности.
    Спасибо за обещанную Тобой силу и заботу.
Во имя Иисуса, Спасителя нашего, мы молимся. Аминь.

«Течет ли жизнь мирно, подобно реке»

Течет ли жизнь мирно, подобно реке,
Несусь ли на грозных волнах,—
Во всякое время, вблизи, вдалеке,
В Твоих я покоюсь руках.

Припев:
Ты со мной, да, Господь,
В Твоих я покоюсь руках.

Ни вражьи нападки, ни тяжесть скорбей
Не склонят меня позабыть,
Что Бог мой меня из пучины страстей
В любви восхотел искупить.

Что в мире сравнится с усладой такой
Мой грех весь, как есть целиком,
К кресту, пригвожден, и я кровью святой
Искуплен всесильным Христом.

От сердца скажу: «Для меня жизнь — Христос,
И в Нем мой всесильный оплот.
Следы от греха, искушений и слез
С меня Он с любовью сотрет».

Господь, Твоего я пришествия жду;
Принять мою душу гряди!
Я знаю, тогда лишь вполне я найду
Покой у Тебя на груди.

Хорейшо Спэффорд (1828–1888)
(перевод из сборника И. С. Проханова «Гусли»)

Список литературы

Основные труды по систематическому богословию

Беркхоф Л. Систематическое богословие. Мн.: Полиграфкомбинат им. Я. Коласа, 2014. С. 763–852.

Грудем У. Систематическое богословие: Введение в библейское учение. СПб.: Мирт, 2004. С. 1231–1316.

* Тиссен Г. Лекции по систематическому богословию. СПб.: Библия для всех, 1994. С. 365–437.

Эриксон М. Христианское богословие. СПб. Библия для всех, 1999. С. 969–1050.

Bancroft, Emery H. *Christian Theology: Systematic and Biblical.* 2nd ed. Grand Rapids, MI: Zondervan, 1976. 345–410.

Buswell, James Oliver, Jr. *A Systematic Theology of the Christian Religion.* 2 vols. Grand Rapids, MI: Zondervan, 1962–1963. 2:281–553.

Culver, Robert Duncan. *Systematic Theology: Biblical and Historical*. Fearn, Ross-shire, Scotland: Mentor, 2005. 1008–156.

Dabney, Robert Lewis. *Systematic Theology*. 1871. Reprint, Edinburgh: Banner of Truth, 1985. 817–62.

Hodge, Charles. *Systematic Theology*. 3 vols. 1871–1873. Reprint, Grand Rapids, MI: Eerdmans, 1975. 3:713–880.

Lewis, Gordon R., and Bruce A. Demarest. *Integrative Theology*. 3 vols. Grand Rapids, MI: Zondervan, 1987–1994. 3:369–499.

Reymond, Robert L. *A New Systematic Theology of the Christian Faith*. Nashville: Thomas Nelson, 1998. 979–1093.

Shedd, William G. T. *Dogmatic Theology*. 3 vols. 1889. Reprint, Minneapolis: Klock & Klock, 1979. 2B:591–754; 3:471–528.

Strong, August Hopkins. *Systematic Theology: A Compendium Designed for the Use of Theological Students*. Rev. ed. New York: Revell, 1907. 981–1056.

* Swindoll, Charles R., and Roy B. Zuck, eds. *Understanding Christian Theology*. Nashville: Thomas Nelson, 2003. 1243–371.

Turretin, Francis. *Institutes of Elenctic Theology*. 3 vols. Edited by James T. Dennison Jr. Translated by George Musgrove Giger. 1679–1685. Reprint, Phillipsburg, NJ: P&R, 1992–1997. 3:561–637.

* Обозначает самые полезные.

Специальные труды

Бенвер П. Как понимать пророчества о конце времен: Комплексный подход. СПб.: Библия для всех, 2013.

Мак-Артур Д. Слава небес: Истина о небе, ангелах и вечной жизни. Сакраменто: Grace Publishing International, 2007.

Мак-Артур Д. Толкование книг Нового Завета: Евангелие от Матфея, 24–28. Б. м.: Славян. еванг. о-во, 2008.

Diprose, Ronald E. *Israel in the Development of Christian Thought*. Rome: Istituto Biblico Evangelico Italiano, 2000.

Erdmann, Martin. *The Millennial Controversy in the Early Church*. Eugene, OR: Wipf & Stock, 2005.

* Feinberg, Charles L. *Millennialism: The Two Major Views: The Premillennial and Amillennial Systems of Biblical Interpretation Analyzed and Compared*. 3rd ed. 1980. Reprint, Winona Lake, IN: BMH, 2006.

Fruchtenbaum, Arnold G. *Israelology: The Missing Link in Systematic Theology*. Rev. ed. Tustin, CA: Ariel Ministries, 2001.

* Horner, Barry E. *Future Israel: Why Christian Anti-Judaism Must Be Challenged*. NAC Studies in Bible and Theology 3. Nashville: B&H, 2007.

House, H. Wayne, ed. *Israel: The Land and the People: An Evangelical Affirmation of God's Promises*. Grand Rapids, MI: Kregel, 1998.

* Ice, Thomas, and Timothy J. Demy, eds. *When the Trumpet Sounds*. Eugene, OR: Harvest House, 1995.

LaHaye, Tim, and Ed Hindson, eds. *The Popular Encyclopedia of Bible Prophecy*. Eugene, OR: Harvest House, 2004.

Larsen, David L. *Jews, Gentiles, and the Church: A New Perspective on History and Prophecy*. Grand Rapids, MI: Discovery House, 1995.

* MacArthur, John. *The Second Coming: Signs of Christ's Return and the End of the Age*. Wheaton, IL: Crossway, 1999.

* MacArthur, John, and Richard Mayhue. *Christ's Prophetic Plans: A Futuristic Premillennial Primer*. Chicago: Moody Publishers, 2012.

Mayhue, Richard L. *1 & 2 Thessalonians: Triumphs and Trials of a Consecrated Church*. Fearn, Ross-Shire, Scotland: Christian Focus, 2005.

Mayhue, Richard L. *Snatched before the Storm!* A Case for Pretribulationism. The Woodlands, TX: Kress Christian Publications, 2008.

* McClain, Alva J. *The Greatness of the Kingdom: An Inductive Study of the Kingdom of God*. 1959. Reprint, Winona Lake, IN: BMH, 2007.

Pentecost, J. Dwight. *Things to Come: A Study in Biblical Eschatology*. Grand Rapids, MI: Zondervan, 1964.

* Peterson, Robert A. *Hell on Trial: The Case for Eternal Punishment*. Phillipsburg, NJ: P&R, 1995.

Saucy, Robert L. *The Case for Progressive Dispensationalism: The Interface between Dispensational and Non-Dispensational Theology*. Grand Rapids, MI: Zondervan, 1993.

* Showers, Renald E. *There Really Is a Difference: A Comparison of Covenant and Dispensational Theology*. Bellmawr, NJ: Friends of Israel Gospel Ministry, 1990.

Thomas, Robert L. *Revelation 1–7: An Exegetical Commentary*. Chicago: Moody Press, 1992.

Thomas, Robert L. *Revelation 8–22: An Exegetical Commentary*. Chicago: Moody Press, 1995.

* Vlach, Michael J. *Has the Church Replaced Israel? A Theological Evaluation*. Nashville: B&H Academic, 2010.

Walvoord, John F. *Daniel*. Revised and edited by Charles H. Dyer and Philip E. Rawley. The John Walvoord Prophecy Commentaries. Chicago: Moody Publishers, 2012.

* Обозначает самые полезные.

Приложение

Развитие откровения[1]

ВЕТХИЙ ЗАВЕТ		
Книга	Приблизительная дата написания	Автор
Книга Иова	неизвестна	неизвестен
Бытие	1445–1405 гг. до Р. Х.	Моисей
Исход	1445–1405 гг. до Р. Х.	Моисей
Левит	1445–1405 гг. до Р. Х.	Моисей
Числа	1445–1405 гг. до Р. Х.	Моисей
Второзаконие	1445–1405 гг. до Р. Х.	Моисей
Псалтирь	1410–450 гг. до Р. Х.	несколько авторов
Книга Иисуса Навина	1405–1385 гг. до Р. Х.	Иисус Навин
Книга Судей	ок. 1043 г. до Р. Х.	Самуил
Книга Руфь	ок. 1030–1010 гг. до Р. Х.	Самуил (?)
Песнь Песней Соломона	971–965 гг. до Р. Х.	Соломон
Книга Притчей	971–686 гг. до Р. Х.	в основном Соломон
Книга Екклесиаста	940–931 гг. до Р. Х.	Соломон
Первая книга Царств	931–722 гг. до Р. Х.	неизвестен
Вторая книга Царств	931–722 гг. до Р. Х.	неизвестен
Книга пророка Авдия	850–840 гг. до Р. Х.	Авдий
Книга пророка Иоиля	835–796 гг. до Р. Х.	Иоиль
Книга пророка Ионы	ок. 760 г. до Р. Х.	Иона
Книга пророка Амоса	ок. 755 г. до Р. Х.	Амос
Книга пророка Осии	755–710 гг. до Р. Х.	Осия
Книга пророка Михея	735–710 гг. до Р. Х.	Михей
Книга пророка Исаии	700–681 гг. до Р. Х.	Исаия

[1] Эти таблицы адаптированы из «Учебной Библии с комментариями Джона Мак-Артура» (Б. м.: Славян. еванг. о-во, 2011. С. xxxiii–xxxiv).

ВЕТХИЙ ЗАВЕТ		
Книга	Приблизительная дата написания	Автор
Книга пророка Наума	ок. 650 г. до Р. Х.	Наум
Книга пророка Софонии	635—625 гг. до Р. Х.	Софония
Книга пророка Аввакума	615—605 гг. до Р. Х.	Аввакум
Книга пророка Иезекииля	590—570 гг. до Р. Х.	Иезекииль
Книга Плач Иеремии	586 г. до Р. Х.	Иеремия
Книга пророка Иеремии	586—570 гг. до Р. Х.	Иеремия
Третья книга Царств	561—538 гг. до Р. Х.	неизвестен
Четвертая книга Царств	561—538 гг. до Р. Х.	неизвестен
Книга пророка Даниила	536—530 гг. до Р. Х.	Даниил
Книга пророка Аггея	ок. 520 г. до Р. Х.	Аггей
Книга пророка Захарии	480—470 гг. до Р. Х.	Захария
Книга Ездры	457—444 гг. до Р. Х.	Ездра
Первая книга Паралипоменон	450—430 гг. до Р. Х.	Ездра (?)
Вторая книга Паралипоменон	450—430 гг. до Р. Х.	Ездра (?)
Книга Есфирь	450—331 гг. до Р. Х.	неизвестен
Книга пророка Малахии	433—424 гг. до Р. Х.	Малахия
Книга Неемии	424—400 гг. до Р. Х.	Ездра

НОВЫЙ ЗАВЕТ		
Книга	Приблизительная дата написания	Автор
Послание Иакова	44—49 гг. от Р. Х.	Иаков
Послание к галатам	49—50 гг. от Р. Х.	Павел
Евангелие от Матфея	50—60 гг. от Р. Х.	Матфей
Евангелие от Марка	50—60 гг. от Р. Х.	Марк
1-е Послание к фессалоникийцам	51 г. от Р. Х.	Павел
2-е Послание к фессалоникийцам	51—52 гг. от Р. Х.	Павел
1-е Послание к коринфянам	55 г. от Р. Х.	Павел
2-е Послание к коринфянам	55—56 гг. от Р. Х.	Павел
Послание к римлянам	56 г. от Р. Х.	Павел
Евангелие от Луки	60—61 гг. от Р. Х.	Лука
Послание к ефесянам	60—62 гг. от Р. Х.	Павел
Послание к филиппийцам	60—62 гг. от Р. Х.	Павел
Послание к колоссянам	60—62 гг. от Р. Х.	Павел
Послание к Филимону	60—62 гг. от Р. Х.	Павел
Деяния апостолов	62 г. от Р. Х.	Лука

НОВЫЙ ЗАВЕТ		
Книга	Приблизительная дата написания	Автор
1-е Послание к Тимофею	62–64 гг. от Р. Х.	Павел
Послание к Титу	62–64 гг. от Р. Х.	Павел
1-е Послание Петра	64–65 гг. от Р. Х.	Петр
2-е Послание к Тимофею	66–67 гг. от Р. Х.	Павел
2-е Послание Петра	67–68 гг. от Р. Х.	Петр
Послание к евреям	67–69 гг. от Р. Х.	неизвестен
Послание Иуды	68–70 гг. от Р. Х.	Иуда
Евангелие от Иоанна	80–90 гг. от Р. Х.	Иоанн
1-е Послание Иоанна	90–95 гг. от Р. Х.	Иоанн
2-е Послание Иоанна	90–95 гг. от Р. Х.	Иоанн
3-е Послание Иоанна	90–95 гг. от Р. Х.	Иоанн
Откровение Иоанна Богослова	94–96 гг. от Р. Х.	Иоанн

Словарь богословских терминов[1]

Авраамов завет. Завет, который Бог заключил с Авраамом в Бытии 12.

Агнец Божий. Так Иоанн Креститель назвал Христа как Того, Кто берет на Себя грех мира, лично принимая наказание за грех (Иоан. 1:29, 36; 1 Пет. 1:18–19; 1 Кор. 5:7).

ад, вечный. Место будущего наказания нечестивых или неверующих; это место великих мучений, где Божье присутствие не благословляет, а только производит суд.

Адам, последний или второй. Так в 1 Коринфянам 15 и Римлянам 5 назван Иисус Христос при противопоставлении с Адамом (первым Адамом).

адопцианство. Тип христологии, согласно которому Бог избрал человека Иисуса, чтобы возвысить Его до божественного сыновства.

аллегорическое толкование. Метод толкования Библии, когда пытаются найти не буквальный смысл, а более глубокий.

амилленаризм. Точка зрения, что ни до, ни после второго пришествия Христа не будет периода Его земного правления. Тысяча лет в Откровении 20:1–7 считается символом, обозначающим либо полноту царствования Христа, либо блаженство верующих на небесах.

ангелология. Учение об ангелах.

ангелофания. Принятие ангелами видимого образа в особых случаях.

ангелы, падшие. Ангелы, которые восстали против Бога и потому пали. Теперь они под руководством сатаны противятся Божьему делу. Их также называют бесами.

ангелы, святые. Ангелы, которые не пали со своего положения послушания.

аннигиляционизм. Мнение, что хотя бы некоторые люди навсегда прекратят существовать в момент смерти или через какое-то время после нее.

антиномизм. Противление закону, в частности, отказ от идеи, что христианская жизнь должна руководствоваться законами или правилами.

антихрист. Противник Христа, выдающий себя за Него. Согласно 1 Иоанна 2:18, 22 и 4:3, антихрист, видимо, — это дух, присутствующий в мире на протяжении всего века церкви. Некоторые пытаются признать антихристом конкретных людей или должности. Реформаторы и другие считали антихристом папство. Видимо, в мире действует дух или принцип непокорности, который в последние дни в полной мере проявится в форме личности.

антропология. Изучение человеческой природы и культуры. Богословская антропология — это богословское учение о человеке.

[1] Словарь с незначительными изменениями взят из: Millard J. Erickson, *The Concise Dictionary of Christian Theology*, rev. ed. (Wheaton, IL: Crossway, 2001). Использовано с разрешения Crossway, издательского служения Good News Publishers, Wheaton, IL 60187, www.crossway.org.

антропоморфизм. Описание Бога как имеющего человеческие качества или существующего в человеческой форме.

антропопатизм. Описание Бога как имеющего человеческие эмоции.

аполлинаризм. Объяснение личности Христа в IV веке: божественный Христос принял не всю человеческую природу, а только плоть; Его человеческая душа (разум или *nous*) была заменена Логосом или Словом.

арианство. Точка зрения на личность Христа, когда Его считают высшим из сотворенных существ, а потому Он по праву считается богом, но не Богом.

арминианство. Точка зрения, отрицающая кальвинистское понимание предопределения. Арминианство утверждает, что Божье решение дать спасение конкретным людям основано на Его предведении о том, кто именно поверит. Оно также придерживается мнения, что подлинно возрожденные люди могут потерять свое спасение, и некоторые действительно его теряют. Арминианство часто имеет менее глубокое представление о человеческой порочности, чем кальвинизм.

архангел. Главный ангел. По имени в Писании назван только архангел Михаил (Иуд. 9). Другое упоминание «архангела» (1 Фес. 4:16) не содержит имени. Гавриил, еще один ангел, упомянутый в Писании по имени (Дан. 8:16; 9:21; Лук. 1:19, 26), не назван архангелом.

атеизм. Вера в то, что Бога нет.

атрибуты Бога. Характеристики или качества Бога, представляющие Его таким, каков Он и есть. Не следует считать, что они что-то Ему приписывают или чем-то дополняют, как будто к Его природе можно что-то добавить. Но это неотъемлемые свойства Его существа.

атрибуты Бога, непередаваемые. Атрибуты Бога, у которых нет соответствующих им качеств в природе человека.

атрибуты Бога, передаваемые. Атрибуты Бога, у которых есть соответствующие им качества в природе человека.

безопасность верующего. Точка зрения, что христиане Божьей силой сохраняются к окончательному спасению. Это учение также называют «неотступность святых».

безошибочность. Качество Библии, состоящее в том, что она абсолютно верна и правдива во всем, о чем говорит.

безусловное избрание. Кальвинистская точка зрения, что Бог избирает определенных людей к спасению независимо от какой-либо предвиденной добродетели или веры с их стороны.

безусловный завет Бога. Соглашение с человечеством, которое Бог выполнит просто потому, что Он так обещал. Это отличается от условного завета, выполнение которого зависит от какого-либо действия или реакции людей.

бесы. Падшие ангелы, которые теперь творят зло под руководством своего предводителя, сатаны.

библеизм. Очень сильная и даже беспрекословная приверженность авторитету Библии.

библейское богословие. Организация богословских доктрин согласно тому, в каких разделах Библии они встречаются, а не по темам. Библейское богословие не пытается переформулировать библейские выражения в современной форме.

библиология. Учение о Писании.

Библия, ее авторитет. Учение о том, что поскольку Бог, высший авторитет, дал нам богодухновенную Библию, то у нее есть производное право предписывать христианам, как надо верить и поступать.

Библия, ее богодухновенность. Действие Святого Духа на авторов Библии, которое гарантирует, что написанное ими точно сохранило божественное откровение, и по сути делает Библию Словом Божьим.

Библия, ее канон. Собрание книг, которые церковь приняла как авторитетные.

благовествование Христово. Термин, которым Павел называет весть о спасении (Рим. 15:19; 1 Кор. 9:12; 2 Кор. 2:12; 9:13; 10:14; Гал. 1:7; Флп. 1:27; 1 Фес. 3:2).

благодать, действенная. Тот факт, что избранные Богом для вечной жизни обязательно придут к вере и спасению.

благодать, ее средства. Каналы, через которые Бог передает Свои благословения людям.

благодать, общая. Благость, направленная на всех людей посредством Божьего общего провидения; например, то, что Бог всем дает солнечный свет и дождь.

благочестие. Сходство с Богом в нравственном и духовном характере.

блюститель. Дословный перевод греческого слова *episkopos*, то есть тот, кому поручен надзор за служением церкви.

Бог, Его благодать. То, что Бог поступает со Своим народом не на основании того, что они заслуживают, а просто по Своей доброте и щедрости применительно к их нуждам.

Бог, Его вечность. Тот факт, что у Бога нет начала и не будет конца. Он всегда был и всегда будет.

Бог, Его гнев. Неприятие Богом зла и ненависть к нему, а также Его намерение наказать зло.

Бог, Его единственность. Тот факт, что Бог, хотя и в трех Лицах, все же один по Своей сущности.

Бог, Его единство. Тот факт, что Бог один, а не много, и что Он не состоит из частей, а является простым и несоставным.

Бог, Его имманентность. Присутствие и деятельность Бога в творении и человеческой истории.

Бог, Его неизменность. Учение о том, что Бог неизменен. В некоторых направлениях греческой мысли это учение практически стало представлением о статичном Боге. Однако при правильном понимании это просто выделение неизменного характера и надежности Бога.

Бог, Его непостижимость. Тот факт, что вследствие величия Бога мы никогда не сможем полностью и исчерпывающе понять Его.

Бог, Его самосуществование. Качество, состоящее в том, что основание жизни Бога находится в Нем Самом и не вызвано ничем внешним.

Бог, Его святость. Отделенность Бога от всего остального и, в частности, от всякого зла.

Бог, Его слава. Красота, величие и великолепие Бога.

Бог, Его совершенство. Абсолютная завершенность и полнота Бога. Он не испытывает ни в чем недостатка и не имеет никакого нравственного несовершенства.

Бог, Его суверенность. Главенство Бога и Его тщательный контроль над всем происходящим.

Бог, Его трансцендентность. Отделенность Бога от творения и истории и превосходство над ними.

богодухновенность, вербальная. Учение, что Святой Дух так направлял библейских авторов, что даже отдельные слова и части слов были такими, как задумал Бог.

богодухновенность, полная. Представление, что богодухновенно все Писание, а не только отдельные книги, части книг или типы материала.

богодухновенность. Действие Святого Духа на авторов Библии, которое гарантирует, что написанное ими точно сохранило божественное откровение, и по сути делает Библию Словом Божьим.

богохульство. Непочтительные и оскорбительные или клеветнические высказывания против Бога.

богоцентричный. Относящийся к чему-то, что сосредоточено на Боге как на высшей ценности.

Богочеловек. Воплощенное второе Лицо Троицы, Иисус Христос.

Божество. Триединый Бог—Отец, Сын и Святой Дух.

Божье извечное решение. Решение Бога, принятое в вечности, благодаря которому становится неизбежным все, происходящее во времени.

буквализм. Библейский перевод или толкование, которое понимает значение языка в его простейшем, наиболее очевидном и зачастую наиболее конкретном смысле.

вездесущность Бога. Тот факт, что Бог присутствует везде и имеет доступ ко всем сферам реальности.

вербальная богодухновенность. Учение, что Святой Дух так направлял библейских авторов, что даже отдельные слова и части слов были такими, как задумал Бог.

ветхий человек. Термин, которым Павел называет невозрожденного человека или человека вне спасения во Христе (Рим. 6:6; Еф. 4:22–24; Кол. 3:9–10); он противоположен новому человеку.

вечная безопасность верующего. Точка зрения, что христиане Божьей силой сохраняются к окончательному спасению. Это учение также называют «неотступность святых».

вечная жизнь. Духовная жизнь, данная верующему; она качественно превосходит естественную жизнь и простирается за ее пределы в вечность.

вечная смерть. Завершение духовной смерти, постоянное отделение грешника от Бога.

вечная участь. Будущее состояние человека, будь то в раю или в аду, с Богом или без Него.

вечное наказание. Бесконечное по своей природе наказание, которое постигнет неискупленных грешников после этой жизни.

вечное рождение. Вечное, необходимое и отличительное действие Бога Отца, посредством которого Он производит личное бытие Сына и тем самым сообщает Ему всю божественную сущность.

вменение. Судебное засчитывание или передача греха или праведности одного человека другому.

вменение, доктрина. Оправдание верующих на основании праведности Христа или осуждение неверующих на основании греха Адама.

вменение праведности Христа. Действие Бога, когда Он засчитывает праведность Христа грешникам, поверившим в Него во спасение.

внебиблейский. Относящийся к чему-то, не упоминающемуся в Библии.

внезапность. Состояние чего-то, что может произойти в любой момент или вот-вот случится. Когда этот термин применяется ко второму пришествию, он означает, что Христос может вернуться в любое время.

вознесение Христа. Телесный уход Иисуса с земли и возвращение на небеса на 40-й день после воскресения (Лук. 24:51; Деян. 1:9).

возрождение. Действие Святого Духа, создающее новую жизнь в грешном человеке, благодаря которому он кается и начинает верить во Христа.

воплощенный Христос. Состояние Христа с того времени, как Он стал человеком.

воскресение Христа. Историческое событие и соответствующее учение, состоящее в том, что Христос вернулся к жизни в воскресенье после Своего распятия.

всеведение Бога. Знание Бога обо всем, что является надлежащим объектом знания, включая все будущие события.

всемогущество Бога. Способность Бога делать все, что является надлежащим объектом силы.

вторая смерть. Окончательное состояние тех, кто умирает без предложенного Богом спасения. Этот термин встречается в Откровении 2:11, 20:6, 14 и 21:8.

гамартиология. Учение о грехе.

геенна. Транслитерация еврейского названия долины Еннома (4 Цар. 23:10). Так стали называть окончательное духовное состояние нечестивых (Матф. 10:28; Марк. 9:43).

герменевтика. Наука толкования Писания.

гнев Божий. Неприятие Богом зла и ненависть к нему, а также Его намерение наказать зло.

гностицизм. Движение в раннем христианстве, начавшееся уже в I веке, которое (1) подчеркивало особую высшую истину, которую получают от Бога только более просвещенные, (2) учило, что материя есть зло, и (3) отрицало человеческую природу Иисуса.

голова. Наиболее заметная часть тела, осуществляющая контроль над остальными. Поэтому Христос назван Главой церкви и всего сущего (Еф. 1:10, 22–23).

гомилетика. Наука и искусство подготовки и изложения проповеди.

господство Христа. Власть и господство Иисуса Христа над всем сущим, особенно как это отражается в жизни христианина.

грамматико-историческая экзегетика. Толкование Библии, подчеркивающее, что отрывок следует объяснять в свете его синтаксиса, контекста и исторической обстановки.

грех Адама. Первоначальный грех Адама в Эдемском саду. Вызвав грехопадение, этот грех имел далеко идущие последствия для человечества.

грех, его повсеместность. Тот факт, что все люди грешники и что грех присутствует во всех культурах, расах и социальных классах.

грех, непростительный. Хула на Духа Святого—грех, за который Иисус объявил «вечное осуждение», в отличие от грехов, которые могут быть прощены (Матф. 12:31–32; Марк. 3:28–29; Лук. 12:10). Иисус сделал это заявление после того, как фарисеи приписали Веельзевулу то, что Иисус совершил силой Святого Духа.

грех, простительный. В римско-католической системе грех, который не ведет к духовной смерти. Простительный грех совершается сознательно, но не с целью противиться Богу во всем, что делает человек.

грех, смертный. Грех, вызывающий духовную смерть. В римско-католическом богословии считается, что смертный грех уничтожает божественную жизнь в душе, в то время как простительный грех лишь ослабляет эту жизнь. В смертном грехе есть сознательная и намеренная решимость противостоять Богу во всем, что человек делает, а в простительном грехе есть противоречие между неправильным действием и совершающим его человеком.

греховность, полная. Идея, что греховность затрагивает всю природу человека и все его действия; это не означает, что каждый человек настолько грешен, насколько только возможно.

грехопадение. Первоначальный грех непослушания Адама и Евы, в результате которого они утратили Божье расположение (Быт. 3).

грехопадение, его буквальное понимание. Убеждение, что грехопадение было реальным событием во времени и пространстве, произошедшим с двумя историческими личностями.

Давидов завет. Завет, по которому Бог даровал Давиду и его потомкам царство навсегда (2 Цар. 7; см. 2 Пар. 13:5).

девственное рождение. Учение, что зачатие Иисуса произошло благодаря чудесному действию Святого Духа без интимных отношений Марии с мужчиной.

деизм. Убеждение, что Бог сотворил мир, но не имеет постоянного участия в нем и в его событиях.

действенная благодать. Тот факт, что избранные Богом для вечной жизни обязательно придут к вере и спасению.

действенное призвание. Божья непреодолимая спасительная благодать, воздействующая на избранных, так что они отвечают верой.

детокрещение. Практика крещения младенцев.

дихотомизм. Точка зрения на человеческую природу, когда ее считают состоящей из двух частей, обычно из материальной и духовной (т. е. тела и души).

докетизм. Мнение, что человеческая природа Иисуса не была подлинной, а Он просто казался человеком.

Дух Божий. В Ветхом Завете выражение, которое часто считают указанием на Святого Духа, и которое так объяснил Петр, процитировав Иоиля 2:29 (см. Деян. 2:18).

духовная война. Борьба христиан против сил духовного мира (Еф. 6:10–17).

духовная смерть. Отделение от Бога.

духовно мертвые. Состояние неверующих. Из-за последствий греха они не принимают духовные истины (1 Кор. 2:14) и совершенно не способны угодить Богу (Рим. 8:7–8).

духовность. Глубокое посвящение и уподобление Богу вследствие возрождающего действия и освящающего влияния Святого Духа.

душа, креацианистский взгляд на происхождение. Убеждение, что Бог непосредственно и особо создает каждую душу при рождении; другими словами, душа не передается от родителей.

душа, традиционистский взгляд на происхождение. Убеждение, что человеческая душа получена путем передачи от родителей при зачатии.

Евангелие. Весть о спасении, предложенная Богом всем верующим; также название каждой из первых четырех книг Нового Завета, повествующих о жизни и учении Иисуса.

евиониты. Ранняя христологическая ересь, считавшая Иисуса человеком, но не Богом.

евтихианство. Учение о том, что у Иисуса была только одна природа.

единственность Бога. Тот факт, что Бог, хотя и в трех Лицах, все же один по Своей сущности.

Еммануил. Имя Иисуса, означающее «с нами Бог» (также Эммануил).

ересь. Верование или учение, противоречащее Писанию и христианскому богословию.

естественное богословие. Богословие, которое формируется независимо от особого откровения в Писании; оно пытается подтвердить некоторые элементы богословия только на основании опыта и разума.

заместительная смерть. Представление, что смерть Христа произошла вместо истинно верующих.

замещение. Действие, когда кто-то занимает место другого.

запечатление Духом. Действие Бога, когда Он отмечает верующего Святым Духом (Еф. 1:13).

запись Писания. Сохранение Богом Его откровения в письменном виде через действие Святого Духа в процессе богодухновенности.

земля, новая. Полностью искупленная Вселенная; она называется «новым небом и новой землей» (2 Пет. 3:13) и будет явлена в будущем благодаря действию Бога (Откр. 21:1).

злые ангелы. Ангелы, которые восстали против Бога и потому пали. Теперь они под руководством сатаны противятся Божьему делу. Их также называют бесами.

злые духи. Бесы.

змей. Существо, которое искусило Еву в Эдемском саду. Обычно это считают явлением сатаны, и этот термин используется по отношению к нему в других местах Писания (Откр. 20:2).

Иерусалим, Новый. В Откровении 3:12 и 21:2 так названо окончательное состояние церкви.

избрание. Божье решение выбрать особую группу или отдельных людей к спасению или к служению. В частности, этот термин используется в смысле предопределения отдельных получателей спасения.

избранные. Те, кто особо избран Богом. Термин может относиться либо к народу Израиля, либо к лицам, предназначенным к спасению или к особому служению.

Иисус из Назарета. Имя, данное Младенцу, рожденному Девой Марией, Который был зачат под влиянием Святого Духа.

Иисус Христос. Составное имя воплощенного второго Лица Троицы: Иисус—имя человека из Назарета, а Христос—греческое слово со значением «Мессия», то есть «Помазанник». Он назван Иисусом Христом в Деяниях 5:42.

имманентность. Присутствие и деятельность Бога в творении и человеческой истории.

инфралапсарианство. Форма кальвинизма, которая учит, что извечное решение о грехопадении логически предшествовало извечному решению об избрании. То есть порядок Божьих извечных решений таков: (1) создать людей; (2) позволить грехопадение; (3) спасти некоторых и осудить других; и (4) обеспечить спасение только избранным.

ипостасное соединение. Соединение божественной и человеческой природ Иисуса в одной личности, неслитно, неизменно, нераздельно и неразлучно.

искупление. Аспект подвига Христа, и особенно Его смерти, обеспечивающий восстановление общения между отдельными верующими и Богом.

искупление, заместительное. Взгляд, что искупительная смерть Христа произошла за грешников.

искупление, неограниченное. Учение, что Христос умер за всех людей, как избранных, так и неизбранных.

искупление, ограниченное. Объяснение искупления, гласящее, что Христос умер только за избранных. Его также называют частным искуплением.

искупление, теория выкупа. Ошибочная теория искупления, что кровь Христа была выкупом, заплаченным сатане, чтобы освободить людей от его власти.

искупление, теория заместительного наказания. Теория искупления, что смерть Христа—это жертва, принесенная в уплату наказания за наши грехи. Бог Отец принимает ее вместо наказания, которое должны были понести верующие во Христа.

искупление, теория нравственного влияния. Неполная теория искупления, что смысл смерти Христа был в том, чтобы продемонстрировать нам Божью любовь и тем самым побудить нас откликнуться на Божье предложение спасения.

искупление, теория примера. Неполная теория искупления, что воздействие искупления состоит в том, что Иисус показал нам пример приверженности Отцу, которому мы должны следовать.

искупление, теория сатисфакции. Неполная теория искупления, что смерть Христа была жертвой Богу, чтобы удовлетворить Его честь, уязвленную злом, совершенным против Него людьми.

искупление, теория управления. Неполная теория искупления, что главным смыслом смерти Христа было продемонстрировать святость Божьего закона и серьезность его нарушения.

исполнение прообраза. Новозаветные реалии, для которых определенные лица, предметы или практики Ветхого Завета служат прообразами или символами.

исполнение Святым Духом. Контроль Святого Духа над всей жизнью христианина. Исполнение Святым Духом может и должно постоянно повторяться. Его следует отличать от крещения Святым Духом, которое происходит один раз в момент возрождения.

исполненный Духа. Характеристика верующих, настолько контролируемых Святым Духом, что вся их жизнь носит духовный характер.

историческое богословие. Изучение хронологического развития богословской мысли; в случае христианства—изучение развития христианского богословия от библейских времен до наших дней.

исхождение Духа. Вечное, необходимое и отличительное действие Отца и Сына, посредством которого Они выдыхают личное существование Духа и тем самым сообщают Ему всю божественную сущность. Восточная православная церковь, возражая против фразы в западной версии Никейского Символа веры, гласящей, что Святой Дух исходит от Отца и Сына (филиокве), отделилась от Западной церкви.

кальвинизм. Идеи Жана Кальвина. Термин применяется, в частности, к доктрине предопределения, согласно которой Бог суверенно избирает людей к спасению не по каким-либо заслугам или даже предвиденной вере, а просто по Своей свободной воле и незаслуженной благодати.

канон. Собрание книг, которые церковь приняла как авторитетные.

канонизация. Процесс признания канона Писания.

кенозис. Самоуничижение Христа через принятие человеческой природы (Флп. 2:7), так что Он стал функционально подчинен Отцу и скрыл Свои божественные атрибуты, хотя и не лишился их.

компатибилистическая свобода. Идея, что человеческая свобода не противоречит Божьему суверенному предопределению всех событий, включая мысли, выбор и действия людей.

конечное состояние. Состояние человека после воскресения, будь то в раю или в аду.

космологический аргумент. Аргумент о существовании Бога: поскольку у всего, что существует во Вселенной, должна быть причина, то должен быть Бог.

крещение верующих. Крещение, при котором сначала требуется заслуживающее доверия исповедание веры.

крещение Духом Святым. Действие Иисуса Христа, когда каждого истинного верующего начиная с Пятидесятницы Он в момент спасения помещает в церковь посредством Духа Святого (1 Кор. 12:13).

крещение младенцев. Практика крещения младенцев.

либерализм. Любое движение, которое открыто для пересмотра или изменения традиционного учения и практики христианства.

личное спасение. Спасение, рассматриваемое с точки зрения отношений человека с Богом, а не с точки зрения изменения структуры общества.

лукавый. Сатана.

мидтрибулационизм. Представление, что церковь пройдет половину Великой скорби, а затем будет восхищена Христом.

миллениум. Период тысячелетнего царствования Христа на земле.

мировоззрение. Широкое концептуальное обобщение, формирующее взгляд человека на всю реальность.

модализм. Взгляд, что три лица Троицы—это разные способы деятельности Бога, а не отдельные личности.

Моисеев завет. Свод законов, данных Богом через Моисея.

монархианство. Подход, подчеркивающий единство Бога, в частности, движение в II и III веках. Оно имело две формы: динамическое монархианство и модалистическое монархианство.

монархианство, динамическое. Точка зрения, что Иисус не имел божественной сущности, но Бог действовал в Нем.

монархианство, модалистическое. Движение, объяснявшее Троицу как последовательные откровения Бога—сначала как Отца, затем как Сына и, наконец, как Святого Духа. Оно возникло в III веке.

монергизм. Представление, что возрождение осуществляется исключительно действием Бога.

монизм. Философия или богословие, когда все объясняют каким-то одним принципом; представление, что реальность бывает только одного типа.

назидание. Буквально «созидание», укрепление духовной жизни христиан и общин.

небеса. Будущая обитель верующих. Место полного счастья и радости, которое особенно отличается присутствием Бога.

неверующий. С христианской точки зрения, не христианин или невозрожденный человек.

невеста Христова. Одно из описаний церкви.

неизменность Бога. Учение о том, что Бог неизменен. В некоторых направлениях греческой мысли это учение практически стало представлением о статичном Боге. Однако при правильном понимании это просто выделение неизменного характера и надежности Бога.

неотступность. Учение о том, что истинные верующие устоят в вере до конца.

непогрешимость. Качество Библии, состоящее в том, что она всегда достигает своей цели.

непорочный Агнец Божий. Иисус как совершенная жертва.

неправедные. Те, кто не был оправдан и прощен.

непреодолимая благодать. Божья благодать при возрождении, посредством которой Бог действенно открывает слепые глаза для славы Христа и сообщает духовную жизнь мертвому сердцу грешника. Это учение иногда также называют действенной благодатью.

неспасенные. Те, кто все еще находится в своих грехах, а потому отделены от Бога.

несторианство. Еретическая точка зрения, по сути разделяющая Христа на две личности—божественную и человеческую.

новая земля. Полностью искупленная Вселенная; она называется «новым небом и новой землей» (2 Пет. 3:13) и будет явлена в будущем благодаря действию Бога (Откр. 21:1).

новое рождение. Возрождение, когда Бог дает верующему новую жизнь.

новое творение. Возрождение, происходящее в верующем человеке, а также будущее обновление и восстановление всего творения.

новое тело. Тело, которое будет получено при воскресении.

новый завет. Христианское домостроительство, установленное Христом и апостолами. В некоторых случаях новый завет используется как синоним Евангелия Христа.

новый человек. Термин, которым Павел называет возрожденного человека (Еф. 4:22–24; Кол. 3:9–10).

нравственный аргумент. Аргумент о существовании Бога: Бог необходим как объяснение нравственных ценностей и нравственного побуждения.

образ Божий. То, что отличает человека от остальных Божьих созданий: человек создан по образу Божьему (Быт. 1:26).

общая благодать. Благость, направленная на всех людей посредством Божьего общего провидения; например, то, что Бог всем дает солнечный свет и дождь.

общность человечества. Представление, что все люди произошли от одних и тех же предков, а потому поражены последствиями действий Адама, в частности, первого греха в Эдемском саду.

ограниченное искупление. Объяснение искупления, гласящее, что Христос умер только за избранных. Его также называют частным искуплением.

одержимость бесами. Состояние, когда бесы живут в человеке и преобладают над ним.

озеро огненное. Место вечного наказания нечестивых. Оно шесть раз упоминается в книге Откровение (19:20; 20:10; 20:14 [2×]; 20:15; 21:8), также называется «озеро, горящее огнем и серой».

онтологический аргумент. Аргумент о существовании Бога, использующий чисто логическое мышление, а не чувственное наблюдение за физической Вселенной. Обычная формулировка такова: Бог—величайшее из всех мыслимых существ. Такое существо должно существовать, потому что если бы его не было, можно было бы представить себе более великое существо, то есть идентичное существо, которое также обладает атрибутом существования. Ансельм и Рене Декарт—два самых известных сторонника онтологического аргумента.

оправдание верой. Провозглашение того, что человек возвращен в состояние праведности через веру во Христа и упование на Его подвиг, а не на основании собственных достижений.

освящение. Так называют первоначальное спасение, затем постепенный рост в уподоблению Христу и, наконец, окончательное освящение, или прославление.

откровение. Объявление того, что неизвестно; раскрытие того, что скрыто.

откровение, общее. Откровение, доступное всем людям во все времена, в частности, через физическую Вселенную.

откровение, особое. То, как Бог проявляет Себя в определенное время и в определенном месте через определенные события, например, исход и видение Исаии в 6-й главе; а также Писание.

откровение, прогрессирующее. Представление о том, что последующее откровение строится на основе предыдущего. Таким образом, оно содержит истины, которые не были известны ранее.

открытый теизм. Отказываясь от классического представления о неизменности и всеведении Бога, это богословие утверждает, что Бог развивается, открывая то, чего Он не знал, и меняет Свои решения. Бог рискнул создать людей, чьи действия Он необязательно мог знать заранее.

отступничество. «Отпадение», обычно намеренный и полный отказ человека от веры, которую он ранее исповедовал.

отцы церкви. Руководители церкви в период, непосредственно следующий за началом эпохи Нового Завета.

очищения, день. День, когда ветхозаветный священник совершал очищение всех грехов народа (Лев. 16).

пантеизм. Вера в божественность всего, устраняющая различие между творением и Творцом.

Параклит. Греческий термин, использованный в отношении Святого Духа (Иоан. 14:16, 26; 15:26; 16:7); обычно переводится как «Советник» или «Утешитель».

патрипассианство. Идея, что Сын на самом деле был Богом Отцом, Который явился в другой форме, так что Отец пострадал и умер на кресте в лице Сына.

пелагианство. Еретическое богословие, восходящее к идеям Пелагия, которое подчеркивает способность и свободу воли человека, а не его испорченность и греховность. По мнению большинства пелагиан, можно жить без греха. Влияние греха Адама на его потомков сводилось к плохому примеру.

первая смерть. Физическая смерть.

первородный грех. Влияние греха Адама на тех, кто соединен с ним. Влияя на наше поведение независимо от наших собственных действий и до них, первородный грех говорит как о вмененной вине, так и о унаследованной греховности Адама для всех людей, кроме Иисуса.

перфекционизм. Небиблейское представление, что в этой жизни можно достичь состояния, когда верующий больше не грешит.

Писание. Канонические книги Ветхого и Нового Заветов.

Писание, его авторитет. Учение о том, что поскольку Бог, высший авторитет, дал нам богодухновенную Библию, то у нее есть производное право предписывать христианам, как надо верить и поступать.

плод Духа. Совокупность духовных добродетелей, перечисленных Павлом в Галатам 5:22–23; например, любовь, радость и мир.

плоть. Человеческая природа. В Библии этот термин имеет как буквальный, так и переносный смысл: он описывает как физическую, так и греховную природу людей.

пневматология. Учение о Святом Духе.

покаяние. Богоугодная печаль о грехе и решимость отвернуться от него.

поклонение. Выражение почтения, чести и хвалы Богу.

политеизм. Вера в более чем одного Бога.

полная греховность. Идея, что греховность затрагивает всю природу человека и все его действия; это не означает, что каждый человек настолько грешен, насколько только возможно.

порядок спасения (*ordo salutis*) Традиционная последовательность рассмотрения различных аспектов спасения; например: возрождение, обращение, оправдание, освящение.

посредник. Тот, кто становится между двумя сторонами, чтобы примирить их. Иисус Христос—единственный спасительный Посредник между Богом и человеком.

постмилленаризм. Эсхатологический подход, когда считают, что Христос вернется после тысячелетнего правления. Это значит, что Он будет править, не присутствуя физически.

посттрибулационизм. Представление, что церковь пройдет Великую скорбь, а затем будет восхищена, чтобы встретить Христа.

праведность. Состояние правоты или нравственной чистоты, будь то своими силами или на основании вмененной добродетели.

пребывание Святого Духа. Присутствие Святого Духа в жизни верующего.

предопределение. В широком смысле, Божье вечное, независимое определение всего сущего; в узком смысле, вечное решение Бога о том, кто будет спасен, а кто будет оставлен и осужден за свой грех.

предопределяющая воля Божья. Божьи решения, из-за которых фактически происходит каждое событие.

предсуществование. Состояние существования до этой жизни. Классическое христианство использует этот термин применительно ко второму Лицу Троицы, при воплощении ставшему Иисусом из Назарета.

премилленаризм. Убеждение, что Христос вернется и затем установит Свое земное правление на период в тысячу лет.

пресвитер. Руководитель в синагоге (старейшина), в ранней церкви или в современной поместной общине в некоторых деноменациях. Требования к должности изложены в 1 Тимофею 3:1–7 и Титу 1:5–9.

претеризм. Толкование эсхатологии и, в частности, книги Откровения, когда считают, что описанные там события уже произошли или происходили во время ее написания.

претрибулационизм. Представление, что Христос возьмет церковь из мира до 70-й седмины Даниила.

призвание. То, как Бог призывает людей к спасению или к конкретному служению.

провидение, божественное. Забота Бога о творении, включающая его сохранение и тщательное руководство им для достижения поставленных Богом целей.

пролегомены. Изучение вводных вопросов богословия.

промежуточное состояние. Состояние людей между временем их смерти и воскресения.

прообраз. Реальное историческое событие или лицо, которое в каком-то смысле символизирует или предвосхищает последующее событие; в частности, ветхозаветное предвосхищение новозаветного события.

пророчество. В широком смысле, авторитетное провозглашение или выступление от имени Бога, подобное проповеди; в более узком смысле, непогрешимое провозглашение божественного откровения, которое часто предсказывает будущее, но не ограничивается этим.

просвещение. Действие Святого Духа, благодаря которому Писание становится понятным, когда его слушают или читают.

прославление. Заключительный шаг в процессе спасения; он включает в себя завершение освящения и устранение всех духовных недостатков.

прославленное тело. Воскресшее или ставшее совершенным тело будущего.

прямой креационизм. Убеждение, что Бог творил непосредственным действием. Часто это также подразумевает, что творение произошло за короткий период времени и что не было естественного развития промежуточных форм.

распят со Христом. Тот факт, что верующий соединен со Христом в Его смерти (Гал. 2:20).

реформатское богословие. Богословие, подчеркивающее суверенность Бога, особенно в вопросе спасения, тесно связанное с богословской традицией, восходящей к Реформации XVI века; иногда его называют изложением доктрин благодати.

савеллианство. Учение, происходящее от идей Савеллия, по сути, представляющее собой модалистическое монархианство: Бог—это одно существо, одна личность, и Он последовательно принимает три различные формы или проявления.

самосуществование. Качество, состоящее в том, что основание жизни Бога находится в Нем Самом и не вызвано ничем внешним.

сатана. Дьявол, один из сотворенных ангелов, который восстал против Бога и поэтому был изгнан с небес. Он возглавил противление Богу и небесным силам.

Святой Дух. Третье Лицо Троицы, полностью божественное и полностью личностное.

синергизм. Идея, что человек сотрудничает с Богом в некоторых аспектах спасения, особенно в возрождении, которое, как утверждается, происходит благодаря совместным усилиям божественной помощи и человеческой веры.

систематическое богословие. Дисциплина, которая стремится упорядочить учение Писания в логически организованной форме.

Слово Божье. Весть, которая пришла от Бога. Иисус и авторы Нового Завета называют Словом Божьим Ветхий Завет (см. Иоан. 10:35). Сегодня всю Библию называют Словом Божьим.

служения Христа. Роли или функции Христа; традиционно это служения пророка, священника и царя.

смерть, вторая. Окончательное состояние тех, кто умирает без предложенного Богом спасения. Этот термин встречается в Откровении 2:11, 20:6, 14 и 21:8.

смерть, первая. Физическая смерть.

собственно богословие. Учение о Боге.

совершенства, абсолютные. Те атрибуты Бога, которые не зависят от его отношения к сотворенным объектам и людям.

совершенство Бога. Абсолютная завершенность и полнота Бога. Он не испытывает ни в чем недостатка и не имеет никакого нравственного несовершенства.

совесть. Чувство, что человек обязан делать правильное и избегать неправильного; иногда считается способностью, присущей человеческой природе.

сотериология. Учение о спасении.

сохранение. Аспект божественного провидения, связанный с тем, что Бог поддерживает существование всего, что Он создал.

социнианство. Еретическое учение, возникшее на основе идей Фауста Социна, которое подчеркивало нравственность, отрицало божественность Христа, предопределение, божественное предузнание и первородный грех, а также считало искупление Христа примером, а не принесенным Отцу удовлетворением.

союз со Христом. Базовый аспект учения о спасении: в результате соединения со Христом в Его искупительной смерти, а также в силе Его воскресения, верующим засчитывается Его праведность и они приобщаются к Его святости.

спасение. Действие Бога по освобождению верующего от власти и проклятия греха, а затем восстановление этого человека в общении с Богом, для которого люди были изначально созданы.

«спасение господства». Учение, что спасительная вера характеризуется покаянием в грехе и принятием Иисуса Христа как Господа и Спасителя.

спасение по благодати. Спасение, понимаемое как бесплатный дар, не заслуженный его получателем.

стойкость. Способность христиан, по милости Божьей, переносить испытания, искушения и скорби.

суверенная воля. Тот факт, что выбор и решения Бога никоим образом не ограничены внешними факторами; а также право Бога принимать решения, не отвечая ни перед кем и ни перед чем, кроме Себя.

суверенность Бога. Главенство Бога и Его тщательный контроль над всем происходящим.

судилище. Возвышение, на котором сидел судья во время судебных слушаний. Термин описывает окончательный суд над истинно верующими, который совершит Христос.

супралапсарианство. Точка зрения, что Божьи извечные решения имеют следующий (логический) порядок: (1) спасти некоторых людей и осудить других; (2) создать как избранных, так и отверженных; (3) позволить грехопадение всех людей; (4) обеспечить спасение только для избранных.

тайна. То, что неизвестно или не полностью понятно. Павел заявляет, что Бог открыл Свои тайны, чтобы они больше не были непонятными (напр., Еф. 1:9; 3:3).

теизм. Вера в личного Бога.

телеологический аргумент. Аргумент о существовании Бога: порядок во Вселенной должен быть делом высшего Дизайнера.

теодицея. Попытка показать, что Бог не может быть виновным или заслуживающим порицания как причина зла.

теофания. Видимое явление или проявление Бога, особенно в Ветхом Завете.

тленное тело. Физическая природа людей, подверженная смерти и тлению.

традуционизм. Убеждение, что человеческая душа получена путем передачи от родителей при зачатии.

трансцендентность Бога. Отделенность Бога от творения и истории и превосходство над ними.

трихотомизм. Точка зрения, что человеческая природа состоит из трех частей, обычно определяемых как тело, душа и дух.

Троица. Учение, что Бог один и при этом Он вечно существует в трех Лицах: Отец, Сын и Святой Дух.

труд Христа. Служение Христа, особенно Его искупительная жизнь и смерть.

Тысячелетнее царство. В премилленаризме — Царство, которое Христос установит на земле на тысячу лет после Своего второго пришествия.

уверенность в спасении. Убежденность, которую Бог дает верующему, что он действительно спасен.

умилостивление. Идея, что Христово искупление удовлетворяет Божий гнев.

универсализм. Небиблейское представление, что в конце концов все люди будут спасены и возвратятся к Богу.

унитарианство. Вера в Бога как только в одну личность.

условное бессмертие. Разновидность аннигиляционизма, согласно которой бессмертие—это особый дар для верующих, а неверующие в момент смерти просто перестают существовать.

усыновление. Аспект спасения, в котором Бог принимает отчужденного грешника, возвращая ему отношения и преимущества, присущие Его детям. По сравнению с обычным прощением и отпущением грехов, этот термин также подразумевает благосклонное отношение.

функциональное подчинение. Идея, что воплощенный Христос, второе Лицо Троицы, не переставая быть равным Отцу в том, Кто Он, подчинился Отцу в том, что Он делал.

футуристический. Относящийся к будущему.

ходатайственный труд Святого Духа. Представление, что Святой Дух ходатайствует за нас, когда мы не знаем, как молиться (Рим. 8:26–27).

ходатайство Христа. Учение о том, что нынешнее служение Христа ради верующих включает в себя посредничество за них перед Отцом (Рим. 8:34; Евр. 7:25).

христианские доктрины. Учения христианства о природе Бога, Его делах и отношениях со Своим творением.

христологический. Относящийся к Христу или, в частности, к учению о Христе.

христология. Учение о личности и делах Христа.

Христос. Буквально «Помазанник», титул, описывающий Иисуса как Мессию.

Христос как заместительная жертва. Идея, что смерть Христа произошла вместо тех, кто поверит в Него.

Христос как Пророк. Одно из трех служений Иисуса Христа, Его труд в откровении.

Христос как Священник. Одно из трех служений Иисуса Христа, Его искупительный и ходатайственный труд.

Христос как Царь. Одно из трех служений Иисуса Христа, Его власть как правителя.

Христос, две Его природы. Учение, что Иисус в одной личности был и Богом, и Человеком.

Христос, Его божественность. Идея, что Христос есть Бог, как и Отец.

Христос, Его заместительная смерть. Представление, что смерть Христа произошла вместо истинно верующих.

Христос, Его предсуществование. Представление, что Человек, родившийся в Вифлееме как Иисус из Назарета, был предсуществующим вторым Лицом Троицы.

Христос, Его человечность. Идея, что Иисус был настолько же человеком, как и мы, за исключением того, что в Нем не было греховной природы и фактического греха.

Христос, неспособность грешить. Убеждение, что Христос не мог согрешить.

Царство Божье. Божье правление, будь то внутренне в сердцах людей или внешне на земле.

церковная дисциплина. Активное попечение церкви о поведении ее членов. Термин часто имеет несколько значений, а именно: или наставления, направленные на исправление, или даже отлучение.

церковь. Люди, истинно верующие во Христа. Этот термин в Новом Завете может обозначать как вселенскую церковь (все истинные верующие), так поместную (конкретная группа верующих, собранных в одном месте).

человек греха. Так переводится фраза, которой Павел описывает антихриста в 2 Фессалоникийцам 2:3. Лучше ее перевести как «человек беззакония».

человек, ветхий. Термин, которым Павел называет невозрожденного человека или человека вне спасения во Христе (Рим. 6:6; Еф. 4:22–24; Кол. 3:9–10); он противоположен новому человеку.

человек, душевный. Человек в неискупленном состоянии, вне спасения в Иисусе Христе.

человек, новый. Термин, которым Павел называет возрожденного человека (Еф. 4:22–24; Кол. 3:9–10).

человекоцентричность. Представление, что центральное положение во Вселенной занимают люди и их ценности, а не Бог и Его ценности.

эволюция. Процесс развития из одной формы в другую; в частности, биологическая теория о том, что все живые формы развились из более простых форм посредством ряда постепенных шагов.

экзегетика. Получение смысла отрывка путем извлечения его из текста, а не привнесения в текст.

экклезиология. Учение о церкви.

эсхатология. Учение о последних событиях или о будущем вообще.

Яхве. Транслитерация основного еврейского имени Бога.

adonai. Древнееврейское имя Бога, означающее «Господь».

analogia scriptura. Убеждение, что поскольку Писание представляет собой единое целое, смысл одной его части становится понятнее при изучении других его частей.

creatio ex nihilo. Буквально «сотворение из ничего» на латыни, идея, что Бог творил без использования предварительно существующих материалов.

el shaddai. Древнееврейское имя Бога, которое подчеркивает Его силу.

elohim. Распространенное древнееврейское обозначение божества, имеющее общий характер, так что оно относится и к языческим богам, и к истинному Богу израильтян.

homoousios. Термин, которым ортодоксальные христиане, в частности, Афанасий и его последователи, выражали тезис, что Иисус имеет ту же природу, что и Отец.

hypostasis. «Ипостась», от греческого слова со значением «сущность» или «природа», означающего реальную природу или сущность чего-либо в отличие от его атрибутов. В христианской мысли этот термин используется для любого из трех Лиц Троицы и особенно для Христа, второго Лица Троицы, в Его божественной и человеческой природах.

imago Dei. Латинский термин со значением «образ Божий».

ousia. Слово, означающее сущность, особенно в отношении неразделенной природы Бога.

Общий список литературы

Основные труды по систематическому богословию

Беркхоф Л. Систематическое богословие. Мн.: Полиграфкомбинат им. Я. Коласа, 2014.

Грудем У. Систематическое богословие: Введение в библейское учение. СПб.: Мирт, 2004.

Тиссен Г. Лекции по систематическому богословию. СПб.: Библия для всех, 1994.

Эриксон М. Христианское богословие. СПб. Библия для всех, 1999.

Bancroft, Emery H. *Christian Theology: Systematic and Biblical.* 2nd ed. Grand Rapids, MI: Zondervan, 1976.

Buswell, James Oliver, Jr. *A Systematic Theology of the Christian Religion.* 2 vols. Grand Rapids, MI: Zondervan, 1962–1963.

Culver, Robert Duncan. *Systematic Theology: Biblical and Historical.* Fearn, Ross-shire, Scotland: Mentor, 2005.

Dabney, Robert Lewis. *Systematic Theology.* 1871. Reprint, Edinburgh: Banner of Truth, 1985.

Hodge, Charles. *Systematic Theology.* 3 vols. 1871–1873. Reprint, Grand Rapids, MI: Eerdmans, 1975.

Lewis, Gordon R., and Bruce A. Demarest. *Integrative Theology.* 3 vols. Grand Rapids, MI: Zondervan, 1987–1994.

Reymond, Robert L. *A New Systematic Theology of the Christian Faith.* Nashville: Thomas Nelson, 1998.

Shedd, William G. T. *Dogmatic Theology.* 3 vols. 1889. Reprint, Minneapolis: Klock & Klock, 1979.

Strong, August Hopkins. *Systematic Theology: A Compendium Designed for the Use of Theological Students.* Rev. ed. New York: Revell, 1907.

Swindoll, Charles R., and Roy B. Zuck, eds. *Understanding Christian Theology.* Nashville: Thomas Nelson, 2003.

Turretin, Francis. *Institutes of Elenctic Theology.* 3 vols. Edited by James T. Dennison Jr. Translated by George Musgrove Giger. 1679–1685. Reprint, Phillipsburg, NJ: P&R, 1992–1997.

Труды по библейскому богословию

Все Писание

Кайзер У. На пути к экзегетическому богословию: Библейская экзегетика для проповедников. СПб.: Библия для всех, 2008.

Schreiner, Thomas R. *The King in His Beauty: A Biblical Theology of the Old and New Testaments*. Grand Rapids, MI: Baker Academic, 2013.

Vos, Geerhardus. *Biblical Theology: Old and New Testaments*. Grand Rapids, MI: Eerdmans, 1948.

Ветхий Завет

Kaiser, Walter C., Jr. *Toward an Old Testament Theology*. Grand Rapids, MI: Zondervan, 1978.

Merrill, Eugene H. *Everlasting Dominion: A Theology of the Old Testament*. Nashville: Broadman & Holman, 2006.

Payne, J. Barton. *The Theology of the Older Testament*. Grand Rapids, MI: Zondervan, 1962.

Zuck, Roy B., ed. *A Biblical Theology of the Old Testament*. Chicago: Moody Press, 1991.

Новый Завет

Лэдд Д. Богословие Нового Завета. СПб.: Библия для всех, 2003.

Guthrie, Donald. *New Testament Theology*. Downers Grove, IL: InterVarsity Press, 1981.

Schreiner, Thomas R. *New Testament Theology: Magnifying God in Christ*. Grand Rapids, MI: Baker Academic, 2008.

Zuck, Roy B., ed. *A Biblical Theology of the New Testament*. Chicago: Moody Press, 1994.

История доктрин

Беркхов Л. История христианских доктрин. СПб.: Библия для всех, 2000.

Пеликан Я. Христианская традиция: История развития вероучения. М.: Духовная б-ка, 2007– .

Allison, Gregg R. *Historical Theology: An Introduction to Christian Doctrine*. Grand Rapids, MI: Zondervan, 2011.

Bray, Gerald. *God Has Spoken: A History of Christian Theology*. Wheaton, IL: Crossway, 2014.

González, Justo L. *A History of Christian Thought*. Rev. ed. 3 vols. Nashville: Abingdon, 1987.

Hannah, John D. *Our Legacy: The History of Christian Doctrine*. Colorado Springs: NavPress, 2001.

Heine, Ronald E. *Classical Christian Doctrine: Introducing the Essentials of the Ancient Faith*. Grand Rapids, MI: Baker Academic, 2013.

Kelly, J. N. D. *Early Christian Doctrines*. 5th ed. London: Continuum, 2000.

Pelikan, Jaroslav. *The Christian Tradition: A History of the Development of Doctrine*. 5 vols. Chicago: University of Chicago Press, 1971–1989.

Schaff, Philip. *The Creeds of Christendom*. 3 vols. New York: Harper & Brothers, 1877.

Shedd, William G. T. *A History of Christian Doctrine*. 2 vols. New York: Charles Scribner, 1863.

Учебники по богословию

Бойс Д. Основы христианской веры: Содержательное и доступное богословие. Киев: Киевская богосл. семинария, 2001.

Ватсон Т. Основы практического богословия. Б. м.: Dutch Reformed Tract Society, 2002.

Пакер Д. Основы богословия. СПб.: Шандал, 2001.

Chafer, Lewis Sperry. *Major Bible Themes: 52 Vital Doctrines of the Scripture Simplified and Explained*. Revised by John F. Walvoord. Grand Rapids, MI: Zondervan, 1974.

Enns, Paul. *The Moody Handbook of Theology*. Chicago: Moody Press, 1989.

Evans, William. *The Great Doctrines of the Bible*. Revised by S. Maxwell Coder. Chicago: Moody Press, 1974.

Lightner, Robert P. *Handbook of Evangelical Theology: A Historical, Biblical, and Contemporary Survey and Review*. Grand Rapids, MI: Kregel, 1995.

Milne, Bruce. *Know the Truth: A Handbook of Christian Belief*. 3rd ed. Downers Grove, IL: InterVarsity Press, 2009.

Богословские словари

Теологический энциклопедический словарь / Под ред. Уолтера Элвелла. М.: Ассоциация «Духов. возрождение», 2003.

Bercot, David W., ed. *A Dictionary of Early Christian Beliefs: A Reference Guide to More Than 700 Topics Discussed by the Early Church Fathers*. Peabody, MA: Hendrickson, 1998.

Cairns, Alan. *Dictionary of Theological Terms: A Ready Reference of over 800 Theological and Doctrinal Terms*. 3rd ed. Greenville, SC: Ambassador-Emerald International, 2002.

Erickson, Millard J. *The Concise Dictionary of Christian Theology*. Rev. ed. Wheaton, IL: Crossway, 2001.

Holloman, Henry W. *Kregel Dictionary of the Bible and Theology: Over 500 Key Theological Words and Concepts Defined and Cross-Referenced*. Grand Rapids, MI: Kregel Academic & Professional, 2005.

Huey, F. B., Jr., and Bruce Corley, eds. *A Student's Dictionary for Biblical and Theological Studies*. Grand Rapids, MI: Zondervan, 1983.

Другие книги по богословию

Akin, Daniel L., ed. *A Theology for the Church*. Nashville: B&H Academic, 2007.

Ames, William. *The Marrow of Theology*. Translated and edited by John D. Eusden. 1629. Reprint, Grand Rapids, MI: Baker, 1997.

Boyce, James P. *Abstract of Systematic Theology*. 1887. Reprint, Hanford, CA: den Dulk Christian Foundation, n. d.

Chafer, Lewis Sperry. *Systematic Theology*. Edited by John F. Walvoord. 4 vols. Grand Rapids, MI: Kregel, 1993.

Dagg, J. L. *Manual of Theology*. 1857. Reprint, Harrisonburg, VA: Sprinkle, 2009.

Dick, John. *Lectures on Theology*. Cincinnati, OH: Applegate, 1856.

Frame, John M. *Systematic Theology: Introduction to Christian Belief*. Phillipsburg, NJ: P&R, 2013.

Gill, John. *A Body of Doctrinal Divinity*. 1769. Reprint, Paris, AR: Baptist Standard Bearer, 1984.

Kuyper, Abraham. *Encyclopedia of Sacred Theology: Its Principles*. New York: C. Scribner's Sons, 1898.

McCune, Rolland. *A Systematic Theology of Biblical Christianity*. 3 vols. Allen Park, MI: Detroit Baptist Theological Seminary, 2009–2010.

Ussher, James. *A Body of Divinity, or, The Sum and Substance of Christian Religion*. 3rd ed. London: Thomas Downes and George Badger, 1649.

О главных редакторах

Джон Мак-Артур, доктор богословия, доктор литературы

Д-р Джон Мак-Артур—старший пастор церкви «Грейс Коммьюнити» в городе Сан-Вэлли, штат Калифорния (с 1969 г. по настоящее время), президент университета и семинарии «Мастерс», а также автор, участник конференций и ведущий учитель медиа-служения «Благодать вам». В 1985 году он стал президентом колледжа «Мастерс» (ранее Лос-анджелесский баптистский колледж), теперь это аккредитованный четырехлетний христианский гуманитарный университет в Санта-Кларите, Калифорния. В 1986 году Джон основал семинарию «Мастерс», магистратуру для подготовки служителей для пасторской и миссионерской работы.

После завершения своего первого бестселлера «Благовествование Христово» (1988 г.) д-р Мак-Артур написал почти 400 книг и учебных пособий, в том числе «Наша достаточность во Христе», «Я не стыжусь благовествования», «Раб», «Чуждый огонь», «Двенадцать обыкновенных мужчин», «The Jesus You Can't Ignore», «The Murder of Jesus», «One Perfect Life», «A Tale of Two Sons», «The Truth War» и другие. Книги д-ра Мак-Артура переведены почти на три десятка языков. «Учебная Библия с комментариями Джона Мак-Артура», краеугольный камень его служения, доступна на английском (ESV, NASB, NIV и NKJV), арабском, испанском, китайском, немецком, португальском, русском и французском языках. Серия толкований на книги Нового Завета, состоящая из 33 томов, была завершена в 2015 году.

Подробнее о служении д-ра Мак-Артура см.: Iain H. Murray, *John MacArthur: Servant of the Word and Flock* (Edinburgh: Banner of Truth, 2011), и *MSJ* 22, no. 1 (2011), юбилейный сборник в честь Джона Мак-Артура.

Ричард Мейхью, доктор богословия

С 1980 по 1984 годы д-р Ричард Мейхью был одним из пресвитеров в церкви «Грейс Коммьюнити», где служил помощником д-ра Мак-Артура в служении обучения и директором ежегодных пасторских конференций. С 1984 по 1989 годы он нес служение пастора в исторической Братской церкви благодати в городе Лонг-Бич, Калифорния. В 1989 году д-р Мейхью стал преподавателем семинарии «Мастерс», а в следующем году был назначен деканом семинарии (1990–2014 гг.). С 2000 по 2008 годы д-р Мейхью также был проректором колледжа «Мастерс».

Он автор, соавтор или редактор более 30 книг, в том числе «Обетование исцеления», «Как самому толковать Библию», «Разоблачение сатаны», «1 & 2 Thessalonians», «Bible Boot Camp», «Christ's Prophetic Plans», «Practicing Proverbs», «Seeking God», «What Would Jesus Say about Your Church?», а также многочисленных журнальных статей.

В 2016 году д-р Мейхью после более 40 лет пасторского и семинарского служения ушел на пенсию как почетный вице-президент, декан и профессор богословия в семинарии «Мастерс». Подробнее о служении д-ра Мейхью, см.: *MSJ* 25, no. 2 (2014), посвященный Ричарду Мейхью, и его личный веб-сайт RichardMayhue.net.

Заключительный гимн для размышления

«Господи Боже, будь светом моим»

Господи Боже, будь светом моим
Голосом чистым, зовущим, живым.
Что мне весь мир и вся жизнь без Тебя?
Ночью ли, днем ли — Ты радость моя.

Будь моей истиной, светлой, благой.
Твой я отныне, навек Ты со мной.
Ты — мой Отец, я покорный Твой сын,
Ты — мое сердце и мой Господин.

Чести, богатства я не восхотел.
Ты — моя слава, мой вечный удел.
Только Тобою я в мире богат,
Только в Тебе я искуплен и свят.

Дал мне победу Твой жертвенный крест.
Скоро вкушу я блаженство Небес.
Как бы дороги мои не легли,
Будь моим светом, Владыка земли!

Древний ирландский гимн
(перевод О. Б. Лукмановой)

Общий указатель

Указатель текстов Писания

Библейское учение

Систематическое изложение библейской истины

Под ред. Джона Мак-Артура и Ричарда Мейхью

Религиозное издание

The Master's Academy International
www.tmai.org
publishing@tmai.org

www.ingramcontent.com/pod-product-compliance
Lightning Source LLC
Chambersburg PA
CBHW061544120626
46550CB00004B/1351